Ευαγγελία Αμοιρίδου

Πτυχές από την ιστορία της αδιαίρετης Εκκλησίας

Θεσσαλονίκη 2012

Κατασκευή Εξωφύλλου: Εκδόσεις Μέθεξις
Επιμ. Έκδοσης: Εκδόσεις Μέθεξις

© Copyright Εκδόσεις Μέθεξις 2012
Καρόλου Ντηλ 27, Θεσσαλονίκη ΤΚ 546 23
Τηλ. - Fax: 2310-278301
e-mail: info@metheksis.gr
www.metheksis.gr

ISBN: 978-960-6796-25-8

Απαγορεύεται η ολική, μερική ή περιληπτική αναδημοσίευση, αναπαραγωγή ή διασκευή του περιεχομένου του παρόντος βιβλίου με οποιονδήποτε τρόπο χωρίς γραπτή άδεια του εκδότη.

Περιεχόμενα

Πρόλογος   5

Εισαγωγή   7

Μέρος Α΄
Θέματα από την εκκλησιαστική ιστορία

Κεφ. 1. Ο Χριστιανισμός από μη επιτρεπόμενη θρησκεία σε επίσημη κρατική θρησκεία (Διωγμοί)   15
Κεφ. 2. Οργάνωση και διοίκηση της Εκκλησίας   47
Κεφ. 3. Οικουμενικές Σύνοδοι   73
Κεφ. 4. Σχίσματα   115
Κεφ. 5. Αιρέσεις   117
Κεφ. 6. Μία πολιτική σύγκρουση με θρησκευτικές προεκτάσεις: εικονομαχία   203
Κεφ. 7. Βυζάντιο - Κωνσταντινούπολη: από αποικία, πρωτεύουσα αυτοκρατορίας.   223

Μέρος Β΄
Κείμενα   259
Διαγράμματα - Πίνακες   325

Πρόλογος

Η Ιστορία είναι από τους πλέον απαιτητικούς επιστημονικούς τομείς, τόσο στο πεδίο της έρευνας όσο και στην παρουσίασή της. Κι αν είναι ήδη δύσκολη η ενδελεχής μελέτη μιας περιορισμένης χρονικής περιόδου, εύκολα γίνεται αντιληπτό πως η ανάλογη μελέτη για την χρονική περίοδο μίας χιλιετίας, όση καλείται να προσεγγίσει το μάθημά μας, συνιστά εγχείρημα ουσιαστικά ακατόρθωτο. Ιδιαίτερα σήμερα, που η βιβλιογραφία αυξάνεται γεωμετρικά, συνάμα δε είναι στο μεγαλύτερο μέρος της προσβάσιμη.

Από την άλλη, η ευρύτερη διάδοση της γνώσης καθώς και η εύκολη πρόσβαση σ' αυτήν επιβάλλουν πλέον την ριζική αλλαγή της μέχρι τώρα προσφερόμενης μέσω των βιβλίων γνώσης. Σε ό,τι αφορά την Ιστορία, τώρα είναι πιο χρηστική η συστηματική προσέγγιση των εκδηλώσεων του ανθρώπου και πιο χρήσιμη η κατανόηση έναντι της απομνημόνευσής τους.

Οι σελίδες που ακολουθούν δεν θα μπορούσαν, επ' ουδενί, να θεωρηθούν ως εκκλησιαστική ιστορία με την κλασσική έννοια του όρου. Με αφετηρία το γεγονός ότι η μεν θρησκευτική κατάρτιση δεν έχει πια το εύρος που είχε παλιότερα, συνεπώς, πολλά από τα θέματα που την αφορούν δεν είναι πλέον το ίδιο κατανοητά από τις νεότερες γενιές, οι σελίδες αυτές θα τολμήσουν να προσφέρουν κάποια στοιχειώδη μονοπάτια ως εργαλεία προσέγγισης και κατανόησης του βίου της Εκκλησίας, του παρελθόντος αλλά και τόσο ζωντανά παρόντος της. Επιλέχθηκαν να παρουσιασθούν σε μία πρώτη, ενδεικτική και οπωσδήποτε όχι εξαντλητική, απόπειρα οι πιο βασικοί τομείς, όσοι θα μπορούσαν στοιχειωδώς να καλύψουν τις ανάγκες της πρώτης επαφής με το αντικείμενο.

Εισαγωγή

Η έννοια της Εκκλησίας

Ως *Εκκλησία* (από το εκκαλείν = συνάθροιση των προσκεκλημένων για συγκεκριμένο λόγο) ορίζεται το σύνολο των ανθρώπων που πιστεύουν στον Ιησού Χριστό, τον αναγνωρίζουν ως δημιουργό και σωτήρα τους και ζουν σύμφωνα με την διδασκαλία του. Το σύνολο λοιπόν αυτών των πιστών, όπως είναι ευνόητο, συνιστά μία θρησκευτική κοινωνία, της οποίας η συμπεριφορά και οι διάφορες εκδηλώσεις πηγάζουν και προσδιορίζονται από την κοινή τους πίστη στον Ιησού Χριστό και την διδασκαλία του. Ως «κοινωνία ανθρώπων» η Εκκλησία αποτελείται από ανθρώπους, γεννήθηκε συγκεκριμένη χρονική στιγμή (την ημέρα της *Πεντηκοστής*) και αναπτύσσεται ακολουθώντας τους νόμους της ανθρώπινης κοινωνικής ανάπτυξης. Το σύνολο της ύπαρξης, ανάπτυξης, έκφρασης και συμπεριφοράς αυτής της *κοινωνίας* συνιστά, όπως είναι φυσικό, τον βίο της.

Ο όρος *εκκλησία* με την έννοια της ιδρυμένης από τον Ιησού Χριστό θρησκευτικής κοινωνίας αναφέρεται ήδη στην Κ.Δ. (Ματθ. 16,18. Α'Κορινθ. 10,32. Γαλατ. 1,13). Λίγο αργότερο η πιο γενικευμένη χρήση του προσθέτει και νέες έννοιες. Έτσι, ο όρος *εκκλησία* χρησιμοποιείται για να εκφράσει: 1) την κατ' οίκον συνάθροιση των πιστών,

2) το σύνολο των πιστών μιας πόλης (π. χ., η Εκκλησία της Θεσσαλονίκης), 3) το σύνολο των πιστών μιας περιοχής (π.χ., η Εκκλησία της Αφρικής), 4) το ναό, τον τόπο συγκέντρωσης των πιστών και 5) το σύνολο των πιστών ως το Σώμα Χριστού.

Εκκλησιαστική Ιστορία

Εκκλησιαστική Ιστορία είναι η επιστήμη, η οποία ερευνά, εξετάζει και καταγράφει τον βίο της Εκκλησίας. Συγκεκριμένα, ερευνά με επιστημονική μέθοδο και εκθέτει με επιστημονική ακρίβεια την ίδρυση της Εκκλησίας, την διάδοση του Ευαγγελίου και την εξάπλωση του χριστιανισμού· παρακολουθεί την διαμόρφωση και την ανάπτυξη της χριστιανικής διδασκαλίας· καταγράφει τον τρόπο, με τον οποίο θρησκεύουν τα μέλη της· μελετά την διαδικασία της οργάνωσής της καθώς και τον τρόπο που διοικείται· διερευνά και αποτυπώνει τα προβλήματα που ανέκυψαν στους κόλπους της είτε λόγω διοικητικών διαφωνιών (σχίσματα) είτε λόγω δογματικών στρεβλώσεων και αποκλίσεων (αιρέσεις). Γενικά, κάθε μορφής έκφραση και εκδήλωση των μελών της Εκκλησίας αποτελεί αντικείμενο μελέτης και καταγραφής της Εκκλησιαστικής Ιστορίας.

Πηγές της Εκκλησιαστικής Ιστορίας

Εφόσον ως ιστορική πηγή θεωρείται και χαρακτηρίζεται ο,τιδήποτε μπορεί να προσφέρει γνώση για ένα γεγονός ή μία κατάσταση, δεν μπορεί παρά να ισχύει το ίδιο και για την Εκκλησιαστική Ιστορία.

Η μεθοδολογική κατάταξη και διαίρεση των πηγών είναι από μόνη της μείζον ζήτημα για την ιστορία της έρευνας. Εδώ θα αρκεσθούμε σε μια ενδεικτική, απλή αναφορά των βασικότερων από αυτές.

Για την περίοδο που θα μας απασχολήσει, την 1η χιλιετία, πηγές για την Ε.Ι. θεωρούνται:

Η Κ α ι ν ή Δ ι α θ ή κ η.

-Η α υ τ ο κ ρ α τ ο ρ ι κ ή ν ο μ ο θ ε σ ί α, βάσει της οποίας ρυθμίζονται οι σχέσεις των πολιτών μεταξύ τους αλλά και προς το κράτος, καθώς και οι σχέσεις της Εκκλησίας με το κράτος. Σημειώνεται ότι με αυτοκρατορικούς νόμους την περίοδο αυτή ρυθμίζονται και ζητήματα οργάνωσης και διοίκησης της Εκκλησίας.

- Τα Π ρ α κ τ ι κ ά και οι κ α ν ό ν ε ς των τοπικών και οικουμενικών συνόδων.

- Τα διάφορα έ γ γ ρ α φ α, αυτοκρατορικά και πατριαρχικά.

- Τα ε κ κ λ η σ ι α σ τ ι κ ά τ υ π ι κ ά, γνωστά και ως Notitiae episcopatuum, στα οποία αποτυπώνεται η διοικητική διάρθρωση της Εκκλησίας, το *πρωτόκολλό* της, καθώς και οι μεταβολές σ' αυτήν.

- Τα έργα των ε κ κ λ η σ ι α σ τ ι κ ώ ν ι σ τ ο ρ ι κ ώ ν, των οποίων το ενδιαφέρον φυσικά επικεντρώνεται στα εκκλησιαστικά ζητήματα, με αναπόφευκτες βέβαια κάποιες γενικές ή και ειδικές αναφορές και στην πολιτική ιστορία. Αξίζει να σημειωθεί ότι στην Ανατολική Εκκλησία όλες οι *εκκλησιαστικές ιστορίες* γράφονται ουσιαστικά μέχρι τα τέλη του 6^{ου} αιώνα. Έκτοτε και εφόσον η Εκκλησία είναι πλέον οργανικό και αναπόσπαστο μέλος της βυζαντινής κοινωνίας, κάθε ιστορία περιέχει οπωσδήποτε και αναφορές σ' αυτήν. Επομένως, πηγές για την Ε.Ι είναι και

- Τα έργα των ι σ τ ο ρ ι ο γ ρ ά φ ω ν, των χ ρ ο ν ο γ ρ ά φ ω ν καθώς και τα *βραχέα χρονικά* και οι *ενθυμήσεις*.

- Τα α γ ι ο λ ο γ ι κ ά έργα (μαρτύρια, βίοι αγίων, εγκώμια).

- Τα διάφορα δ ο γ μ α τ ι κ ά, α ν τ ι ρ ρ η τ ι κ ά κ. ά έργα των πατέρων της Εκκλησίας, αλλά και των διαφόρων εκκλησιαστικών συγγραφέων.

- Τα διάφορα μ ν η μ ε ί α, επιγραφές, έργα ζωγραφικής και μικροτεχνίας, άμφια, σφραγίδες, νομίσματα.

- Χρήσιμες πληροφορίες για την Ε.Ι. αποκομίζει κανείς και από τα διάφορα ρητορικά έργα της εποχής και την επιστολογραφία.

Εκτός από τις πηγές, απαραίτητη για την Ε.Ι είναι και η συνδρομή άλλων τομέων της επιστήμης, μέσω των οποίων θα είναι σε θέση να κατανοεί και να επεξεργάζεται καλύτερα τις διάφορες πληροφορίες. Έτσι, ως β ο η θ η τ ι κ έ ς της επιστήμες κρίνονται: οι διάφορες γλώσσες (κυρίως η αρχαία και η *κοινή ελληνική*), η χρονολογία, η γεωγραφία (γενική και εκκλησιαστική), η εκκλησιαστική φιλολογία, η αρχαιολογία, η ιστορία των θρησκειών, η διπλωματική κ.ά. Δεν θα μπορούσε να αγνοηθεί η συνδρομή που προσφέρουν οι σύγχρονοι τομείς των επιστημών (π.χ., η πληροφορική), καθώς και τα επιτεύγματα της τεχνολογίας (π.χ., Ίντερνετ).

Ιστορία της Εκκλησιαστικής Ιστορίας (α' χιλιετία)

Την πρώτη, στοιχειώδη, Ε.Ι συνέγραψε ο Ευαγγελιστής Λ ο υ κ ά ς. Πρόκειται για τις *Πράξεις των Αποστόλων*, την συνοπτική ιστορία της πρώτης εκκλησίας των Ιεροσολύμων αλλά και της δραστηριότητας των Αποστόλων.

Ο Η γ ή σ ι π π ο ς (εξ εβραίων χριστιανός, β' αι.) στο σύγγραμμά του *Υπομνήματα των εκκλησιαστικών πράξεων* ιστορούσε όσα συνέβησαν στην Εκκλησία από την ίδρυσή της μέχρι την εποχή του, περί το 180. Δυστυχώς το έργο του δεν σώζεται, εκτός από τα ελάχιστα αποσπάσματα που περιέλαβε ο Ε υ σ έ β ι ο ς ο Παμφίλου, επίσκοπος στην Καισάρεια της Παλαιστίνης (270-340), ο θεωρούμενος *πατέρας* της Ε.Ι., αφού είναι ο πρώτος που χρησιμοποιεί τον όρο *Εκκλησιαστική Ιστορία* για να τιτλοφορήσει το έργο του. Στο έργο του διηγείται τα γεγονότα από την γέννηση του Ιησού Χριστού μέχρι το έτος 324. Όπως υπογραμμίζει στο Προοίμιο του έργου του, το ενδιαφέρον του εστιάζεται στην ίδρυση των διαφόρων τοπικών εκκλησιών, στους επισκόπους που ποίμαναν τις επισημότερες εκκλησίες, στους βίους και τα έργα των σημαντικών εκκλησιαστικών συγγραφέων, στους διωγμούς που υπέστησαν οι τοπικές εκκλησίες, καθώς και τα προβλήματα (αιρέσεις και σχίσματα) που εμφανίστηκαν μέχρι τότε. Κινούμενος ο Ευσέβιος στον κύκλο των εμπίστων του αυτοκράτορα Μ. Κωνσταντίνου, είναι βέβαιο ότι είχε άμεση πρόσβαση στα διάφορα αρχεία, απ' όπου άντλησε μεγάλο μέρος του υλικού που περιέλαβε και διέσωσε στο έργο του. Πολλές και χρήσιμες για την Ε.Ι. πληροφορίες περιέχονται και στο άλλο έργο του Ευσεβίου, τον *Βίο* του αυτοκράτορα Κωνσταντίνου.

Ο Σ ω κ ρ ά τ η ς, ο επονομαζόμενος *Σχολαστικός* (Κωνσταντινούπολη, 380), με το ομώνυμο έργο του συνέχισε την Ε.Ι. του Ευσεβίου μέχρι το έτος 439, από τα χρόνια δηλαδή της αρειανικής αίρεσης (την οποία ο Ευσέβιος σχεδόν προσπερνά) και τελειώνει με την βασιλεία του Θεοδοσίου.

Ο Ε ρ μ ε ί α ς Σ ω ζ ο μ ε ν ό ς, επονομαζόμενος και αυτός *Σχολαστικός*, έγραψε και αυτός όπως και ο Σωκράτης συνέχεια της Ε.Ι,. του Ευσεβίου, δηλαδή, από το 320 μέχρι το 423. Αν και αναφέρεται στα ίδια περίπου θέματα με τον Σωκράτη, σε πολλά σημεία είναι γραμμένη πιο αναλυτικά.

Ο Θ ε ο δ ώ ρ η τ ο ς, επίσκοπος Κ ύ ρ ο υ της Συρίας, σύγχρονος περίπου των δύο προηγούμενων συγγραφέων, γράφει και αυτός *Εκκλησιαστική Ιστορία*, συνέχεια του Ευσεβίου, δηλαδή από το 320 μέχρι το 426. Σε σχέση με τους άλλους δύο, αναπτύσσει περισσότερο τα της Β' Οικουμενικής Συνόδου και θεωρείται ότι σε πολλά σημεία τους συμπληρώνει.

Ο Ε υ ά γ ρ ι ο ς, *Σχολαστικός* και αυτός, (Επιφάνεια της Κοίλης Συρίας, 536), στην *Εκκλησιαστική Ιστορία* του περιγράφει τα διαδραματισθέντα από το 431 μέχρι το 594.

Εκκλησιαστική Ιστορία των ετών 320 - 436 συνέγραψε και ο αρειανός Φ ι λ ο σ τ ό ρ γ ι ο ς, την οποία γνωρίζουμε από τα ελάχιστα αποσπάσματα που παραθέτει ο Φώτιος.

Ο Θ ε ό δ ω ρ ο ς ο Α ν α γ ν ώ σ τ η ς (αρχές του στ΄αι.) έγραψε πρώτα μία *επιτομή*, βασισμένη στα έργα των Σωκράτη, Σωζομενού και Θεοδώρητου, και στην συνέχεια *Εκκλησιαστική Ιστορία* από το τέλος της βασιλείας του Θεοδοσίου του Μικρού (439) μέχρι το τέλος της βασιλείας του Ιουστίνου (518).

Οι παραπάνω Ε.Ι. γράφτηκαν στα ελληνικά. Λ α τ ί ν ο υ ς συγγραφείς Ε.Ι. είναι:

Ο Ρ ο υ φ ί ν ο ς (Tyrannius Rufinus, ακμ. περί το 400), μετέφρασε την Ε.Ι του Ευσεβίου (εκτός από το ι' βιβλίο) και πρόσθεσε δύο επιπλέον, από το 20ο έτος της βασιλείας του Μ. Κωνσταντίνου μέχρι τον θάνατο του Μ. Θεοδοσίου.

Ο Σ ο υ λ π ί κ ι ο ς Σ ε υ ή ρ ο ς (Sulpicius Severus, +420) συνέγραψε *Historia sacra* από κτίσεως κόσμου μέχρι το τέλος του δ' αι. Τέλος,

Ο Κ α σ σ ι ό δ ω ρ ο ς (Magnus Aurelius Cassiodorus, +526), έγραψε την *Τριμερή εκκλησιαστική ιστορία* (Historia ecclesiae tripartite), μία σύνθεση των ιστοριών των Σωκράτους, Σωζομενού και Θεοδωρήτου, καθώς και συνέχεια του Σωκράτους μέχρι το 518.

Διαίρεση της Εκκλησιαστικής Ιστορίας

Παλαιότερα η συνήθης διάταξη της ύλης της ιστορίας -και της Ε.Ι.- ήταν χ ρ ο ν ο λ ο γ ι κ ή, κατά έτη ή κατά αιώνες). Η απλή αυτή προσέγγιση και οργάνωση των ιστορικών δεδομένων δεν ακολουθείται πλέον. Εδώ και αιώνες επικράτησε, η ιστορία να προσεγγίζεται -συνεπώς και να διαιρείται- ανάλογα με την οπτική γωνία, υπό την οποία εξετάζεται. Διαφορετική διαίρεση θα ακολουθήσει, π.χ., η ιστορία που μελετά την πορεία της διαμόρφωση του δόγματος από αυτήν που μελετά την εξέλιξη της λατρείας ή της τέχνης. Κοινός παρονομαστής όλων παραμένει φυσικά η συναφής χρονική κατά περιόδους προσέγγιση, με τα όρια όμως αυτών των περιόδων να μην ταυτίζονται πάντοτε. Συνήθως, ως κριτήριο για να ορισθούν αυτού του είδους τα όρια επιλέγονται διάφορα χαρακτηριστικά γεγονότα, τα οποία ή εξαιτίας των οποίων επηρεάζεται ή μεταβάλλεται η μέχρι τότε κατάσταση

Προκειμένου για την Ε.Ι. της δικής μας Εκκλησίας (Πατριαρχείο Κωνσταντινουπόλεως) και ανεξάρτητα από την προσωπική επιλογή του κριτηρίου για την διαίρεση της ύλης από τον κάθε ερευνητή, είναι κοινώς αποδεκτά κάποια σημαντικά γεγονότα, τα οποία θεωρούνται ότι οριοθετούν τις βασικές περιόδους της. Τέτοια είναι το Διάταγμα των Μεδιολάνων (313) και η βασιλεία του Μ. Κωνσταντίνου, το μέγα Σχίσμα (1054) και η Άλωση της Κωνσταντινούπολης (1453). Ειδικά για την πρώτη χιλιετία του βίου της ενιαίας και αδιαίρετης Εκκλησίας μία απλή διαίρεση σε περιόδους είναι η ακόλουθη:

- 1-313, που περιλαμβάνει την πρώτη ανάπτυξη της Εκκλησίας σε συνθήκες εξωτερικής πίεσης. Ειδικότερα, ο 1^{ος} αιώνας ονομάζεται Α π ο σ τ ο λ ι κ ή ε π ο χ ή, ενώ η περίοδος από το 100 μέχρι το Διάταγμα των Μεδιολάνων (313) χαρακτηρίζεται και ως του π ρ ώ ι μ ο υ ή α ρ χ έ γ ο ν ο υ χριστιανισμού.
- 313-1054, όπου η ενιαία και αδιαίρετη Εκκλησία, ως επίσημη πλέον θρησκεία του κράτους, αναπτύσσεται απρόσκοπτα, διαμορφώνει την διδασκαλία της και το πολίτευμά της και οργανώνει την ιεραποστολική της δραστηριότητα.

Χρονολόγηση

Για την εποχή που θα εξετάσουμε δεν ισχύει απ' αρχής μέχρι τέλους της ο ίδιος τρόπος μέτρησης του χρόνου. Σε γενικές γραμμές είναι γνωστό, για παράδειγμα, πως το σύστημα χρονολόγησης των ελλήνων στηριζόταν κυρίως στις ολυμπιάδες, ενώ των ρωμαίων στην υπατική θητεία. Μάλιστα όταν, μετά το 541, δεν αναδεικνύονταν πλέον ύπατοι, η χρονολόγηση βασιζόταν στην αρίθμηση των ετών μετά την υπατεία του τελευταίου. Αυτά, αλλά και διάφορα άλλα συστήματα μέτρησης του χρόνου συναντάμε στα κείμενα και τις επιγραφές της εποχής μέχρι και το ε΄ αιώνα.

Στις αρχές του στ΄ αιώνα ο Διονύσιος ο Μικρός επινόησε ένα σύστημα καθαρά "χριστιανικό", που μετρούσε τον χρόνο *ἀπό κτίσεως κόσμου*. Συγκεκριμένα, ο Διονύσιος "υπολόγισε" πως από την δημιουργία του κόσμου μέχρι την γέννηση του Ιησού Χριστού μεσολάβησαν 5509 χρόνια. Σύμφωνα με το σύστημά του, για παράδειγμα, η Ζ΄ Οικουμενική Σύνοδος έγινε το έτος 6296 (5509+787). Η *ἀπό κτίσεως κόσμου*, μαζί με την *ινδικτιώνα* χρονολόγηση ίσχυσε ως κύρια χρονολόγηση κατά την βυζαντινή περίοδο αλλά και τους πρώτους αιώνες της Τουρκοκρατίας και σιγά σιγά αντικαταστήθηκε από την αρίθμηση *ἀπό τῆς Χριστοῦ γεννήσεως*.

Η ινδικτιώνα (από το λατ. indictio, στα ελληνικά και *ἐπινέμησις*), ρωμαϊκό κατάλοιπο, είναι χρονική περίοδος 15 χρόνων και δήλωνε τον κύκλο διάρκειας ενός φόρου, που ανανεωνόταν κάθε 15 χρόνια. Ο όρος δηλώνει και ολόκληρο τον κύκλο αλλά και τα επιμέρους έτη του και αρχίζει την 1η Σεπτεμβρίου. Η ενδιάμεση περίοδος μετριέται με την θέση του έτους στον κύκλο. Π.χ., *ἰνδικτιῶν γ΄* σημαίνει το 3ο -από τα 15- έτη. Συνήθως στις αναφορές χρονολογίας παρατίθεται και το έτος *ἀπό κτίσεως κόσμου* και η *ἰνδικτιῶν*, γεγονός που σχεδόν εξασφαλίζει τον ακριβή προσδιορισμό της χρονολογίας. Δεν είναι λίγες όμως οι φορές που αναφέρεται μόνο η ινδικτιώνα. Την μέχρι πρό τινος επίπονη αναζήτηση του έτους, στο οποίο αντιστοιχεί, κατάργησε το εξαιρετικό έργο του V. Crumel, *Traité d' études* byzantines. I. La chronologie, Paris 1958, στο οποίο ο εμβριθής αυτός βυζαντινολόγος, εκτός των άλλων, κατάρτισε και συγκριτικούς πίνακες με την αντιστοιχία, μεταξύ άλλων, ινδικτιώνων και ετών. Αντίθετα, η ανεύρεση της τρέχουσας ινδικτιώνας ενός συγκεκριμένου έτους (π.χ., 1959) είναι πιο απλή υπόθεση: προστίθενται στο συγκεκριμένο έτος (1959) ο αριθμός των προ Χριστού ετών (5508) και το άθροισμα διαιρείται με το 15. Το υπόλοιπο της διαίρεσης δίνει τον αριθμό της ινδικτιώνας (1959 + 5508 =7467:15 =(πηλίκο) 497 και υπόλοιπο 12, δηλ. κατά το έτος 1959 ήταν η 12η ινδικτιώνα).

Στην αποκωδικοποίηση ωστόσο του παραπάνω συστήματος χρονολόγησης και την αντιστοίχησή του με το σημερινό πρέπει να υπολογίζεται η εξής σημαντική ιδιαιτερότητα: ότι, η αλλαγή του έτους σ' αυτό γίνεται την 1η Σεπτεμβρίου, ενώ για μας την 1η Ιανουαρίου. Δηλαδή, ένα γεγονός που διαδραματίζεται την 30η Οκτωβρίου, για την βυζαντινή χρονολόγηση συνέβη τον 2ο μήνα του καινούργιου έτους, ενώ για την δική μας τον 10ο του τρέχοντος έτους, γεγονός που δίνει 1 έτος διαφορά στην μέτρηση. Η διαφορά αυτή εξομαλύνεται πολύ απλά: για γεγονότα που διαδραματίζονται από την 1η Ιανουαρίου μέχρι την 30η Αυγούστου αφαιρείται ο αριθμός 5508, ενώ για το υπόλοιπο διάστημα (1η Σεπτεμβρίου - 31 Δεκεμβρίου) ο αριθμός 5509. Όταν στην χρονολογία δεν δίνεται ο μήνας, ισχύει η αφαίρεση και με τους δύο αριθμούς: με τον αριθμό 5508 μας δίνεται το έτος από τον Ιανουάριο μέχρι τον Αύγουστο, ενώ με τον 5509 από τον Σεπτέμβριο μέχρι το τέλος Δεκεμβρίου.

Διωγμοί

Εννοιολογικά.

Ο όρος γενικά σημαίνει το κυνήγι και την καταδίωξη. Με την δεύτερή του έννοια αναφέρεται και στην Καινή Διαθήκη. Διωγμός ονομάζεται η αναταραχή και η καταδίωξη των χριστιανών αμέσως μετά τον μέχρι θανάτου λιθοβολισμό του πρωτομάρτυρα Στεφάνου από τους Ιουδαίους στα Ιεροσόλυμα : «*εγένετο δε εν εκείνη τη ημέρα διωγός μέγας*» (Πρ. 6,11). Και αργότερα διωγμός χαρακτηρίζεται η εκδίωξη των αποστόλων Παύλου και Βαρνάβα από την Αντιόχεια, με πρωτοβουλία πάλι των εκεί Ιουδαίων, οι οποίοι, μετά το κήρυγμα των Αποστόλων στην Συναγωγή της πόλης «παρώτρυναν» τις σεβόμενες και ευσχήμονες γυναίκες και τους πρώτους της πόλεως *και επήγειραν διωγμόν επί Παύλον και Βαρνάβαν και εξέβαλον αυτούς από των ορίων αυτών*» (Πρ. 13,50). Με την ίδια έννοια, της εκδίωξης από έναν τόπο, χρησιμοποιείται και από τον Απόστολο Παύλο ως μία από τις δυσκολίες που συνάντησε και υπέστη κατά την διάρκεια των ιεραποστολικών του ταξιδιών (π. χ., Β΄ Θες. 1,4 και Β΄ Τιμ. 3, 10-13).

Θεολογική θεώρηση.

Για τους πιστούς, το να υφίστανται διώξεις εξαιτίας των πεποιθήσεών τους θεωρείται ως μία από τις συνέπειες του προπατορικού αμαρτήματος, που έχει την μορφή «πολέμου», μεταξύ του Διαβόλου και των οπαδών του, δυνάμεων του κακού, και των πιστών στον Θεό. Ενός πολέμου, που διατρέχει όλη την ανθρώπινη ιστορία και απορρέει από την αναγκαιότητα της συνεχούς επιβεβαίωσης της δυνατότητας που έχει ο άνθρωπος, γνωρίζοντας τις επιπτώσεις σε κάθε περίπτωση να επιλέγει διαρκώς με τίνος το μέρος θα είναι. Πρόκειται για την πιο δύσκολη εμπειρία που μπορεί να υπάρξει στην ζωή της Εκκλησίας, με την πιο ελπιδοφόρα όμως προοπτική, εφόσον θεωρείται ότι θα προηγηθεί των εσχάτων, των γεγονότων δηλαδή που θα σημάνουν την οριστική ήττα των δυνάμεων του κακού και τον οριστικό θρίαμβο των πιστών, που υπέμειναν και άντεξαν τις δοκιμασίες. Λόγω αυτής της θεώρησης ο διωγμός, παρά το γεγονός ότι συνεπάγεται πόνους και θλίψεις, διαφέρει από τις θλίψεις κατά τούτο: οι μεν θλίψεις προσβάλλουν όλους τους ανθρώπους, ακόμα και τους δίκαιους – υπό την θεολογική έννοια του όρου-, μερικές φορές μάλιστα ιδιαίτερα και κυρίως αυτούς, ακριβώς επειδή είναι δίκαιοι και μέσω των θλίψεων ο Θεός, στο σχέδιό του της σωτηρίας των ανθρώπων, αποβλέπει και στο να επαναφέρει, να εξαγνίσει, να βελτιώσει τους αμαρτωλούς αλλά και να δοκιμάσει και να επιβεβαιώσει τους δίκαιους. Ενώ ο διωγμός είναι η πράξη κάποιου που επεμβαίνει στην ζωή των πιστών με πρόθεση και σκοπό να τους απομακρύνει από τον Θεό μέσω των δυσκολιών που επινοεί, παρεμποδίζοντας έτσι την εξέλιξη του σχεδίου του Θεού για την σωτηρία τους.

Ο διωγμός ή οι διωγμοί στην ιστορική τους διάσταση είναι συνυφασμένοι με την ύπαρξη διαφοράς ισχύος ανάμεσα στους ανθρώπους, ουσιαστικά μάλιστα απορρέουν από αυτήν. Διώκει πάντα ο ισχυρότερος έναν λιγότερο ισχυρό ή ανίσχυρο –με τον εξίσου ισχυρό συγκρούεται. Το ερώτημα που προκύπτει από μια τέτοια διαπίστωση είναι, γιατί καταλήγει ένας ισχυρός να εμπλακεί σε διαδικασίες διωγμού, καταδίωξης κάποιου ανίσχυρου. Συνήθως ο λόγος έγκειται στην επιθυμία διατήρησης της ισχύος και στην διαρκή ανάγκη της επιθυμίας αυτής να επιβεβαιώνεται, αλλά και στην υπεροψία που απορρέει από την κατοχή και την διαχείρισή της. Βασικός όμως λόγος, που ο ισχυρός καταδιώκει τον ανίσχυρο, είναι επειδή ή όταν για κάποιο λόγο νιώθει ότι απειλείται από αυτόν.

Η θρησκεία στην Ρωμαϊκή αυτοκρατορία

Στην περίπτωση που θα εξετάσουμε, του διωγμού των χριστιανών από τους Ρωμαίους, την εποχή που γεννιέται ο Χριστιανισμός η αυτοκρατορία της Ρώμης κατέχει το μεγαλύτερο κομμάτι του τότε γνωστού κόσμου, το πιο οργανωμένο, ισχυρό και πολιτισμένο. Διαθέτει εξαιρετική οργάνωση, στρατιωτική και πολιτική, κατασκευάζει τεχνικά έργα πρωτόγνωρα για το κοινό συμφέρον και, γενικά, φροντίζει για την ευημερία της, κυρίως μέσω της ευημερίας των υπηκόων της. Από τις πιο σημαντικές μέχρι και σήμερα ακόμη, παρακαταθήκες της ρωμαϊκής αυτοκρατορίας είναι η πρωτόγνωρη και πρωτοποριακή για ένα κράτος εκείνης της εποχής αντίληψη περί νόμου και δικαίου, γεγονός που απέβη παράγοντας ευημερίας και ενότητας για την ίδια την αυτοκρατορία. Συνέπεια και αποτέλεσμά της υπήρξε το περίφημο ρωμαϊκό δίκαιο, ο κορμός όλων των κατοπινών δυτικών συστημάτων δικαίου. Το γεγονός αυτό σχεδόν αυτόματα υποβάλλει το ερώτημα, πώς στοιχειοθέτησε νομικά την θέση της η αυτοκρατορία στο θέμα του διωγμού ενός μέρους των υπηκόων της, των χριστιανών, συνάμα με το ερώτημα γιατί προέκυψε τελικά θέμα διωγμού των χριστιανών.

Είναι και από άλλες ιστορικές περιπτώσεις γνωστός και αναμφισβήτητος ο ρόλος της θρησκείας ως συνεκτικού δεσμού της κοινωνίας. Έτσι, και στην περίπτωση της ρωμαϊκής αυτοκρατορίας, εκτός από την διοικητική οργάνωση και την δικαϊκή της θεμελίωση και ανάπτυξη, ο παράγοντας που λειτούργησε καταλυτικά στην ενότητα και την σχετικά ειρηνική συνύπαρξη του μεγάλου αριθμού λαών και εθνοτήτων, που βρίσκονταν κάτω από την κυριαρχία των ρωμαίων, ήταν η στάση που η αυτοκρατορία κράτησε απέναντι στις θρησκείες όλων.

Συγκεκριμένα, η Ρώμη, ακόμα και στο απόγειο της δόξας και της μεγαλύτερης εδαφικής έκτασής της, διατήρησε την θρησκεία και τις τελετές των προγόνων της. Ωστόσο, στις δημόσιες τελετές της θέση και τιμή είχαν εξίσου και αυτές των κατακτημένων λαών. Εκτός από την πολιτική σκοπιμότητα αυτής της πρακτικής, εφόσον έτσι διασκεδάζεται και ανακουφίζεται το συναίσθημα καταπίεσης του κατακτημένου και αποσοβούνται περιττές συγκρούσεις, διαφαίνεται και μία σκοπιμότητα θρησκευτική, συνάμα δε βαθιά ανθρώπινη: όσο περισσότερες θεότητες, δικές της και ξένες, φαίνεται ότι τιμά η αυτοκρατορία, τόσο μεγαλύτερη εύνοια και προστασία πιστεύεται ότι θα αποφέρει αυτό στην Ρώμη. Η στάση αυτή ενισχυόταν φυσικά από τον φόβο του πόσο επιζήμια για τα συμφέροντά της θα μπορούσε να σταθεί κάποια ασέβεια. Εξάλλου, όπως χαρακτηριστικά σημειώνει ο Gibbon, «τις διάφορες λατρείες οι λαοί είναι που θεωρούν ως εξίσου αληθινές, οι φιλοσοφίες ως εξίσου λαθεμένες και οι διοικήσεις ως εξίσου χρήσιμες».

Το πρόβλημα για τους χριστιανούς φαίνεται να δημιουργείται από την στιγμή που η κεντρική διοίκηση της αυτοκρατορίας, για λόγους προφανώς μη θρησκευτικούς, αποφάσισε να διευρύνει τον αριθμό των πολιτών της επεκτείνοντας σταδιακά το δικαίωμα του «ρωμαίου πολίτη» και σε υπηκόους της άλλων εθνοτήτων. Αυτό, εκτός από την φορολογική εξομοίωσή τους με τους ρωμαίους πολίτες, πρακτικά σήμαινε γι' αυτούς διπλή υπηκοότητα: παράλληλα με την καινούργια που αποκτούσαν, την ρωμαϊκή, διατηρούσαν και αυτήν της καταγωγής τους. Συνεπαγόταν δε αυτόματα και την διπλή θρησκευτική τους υποχρέωση, τόσο προς τους προγονικούς θεούς της γενέθλιας τους πόλης, όσο –και κυρίως- προς τους θεούς της Ρώμης. Υπενθυμίζεται πως πάντοτε και παντού μέχρι τότε, σε κάθε πόλη-κράτος, η λατρεία των θεών ήταν βασική υποχρέωση των πολιτών της, συνεπώς καθήκον που συνδεόταν με την δημόσια ζωή και όχι απόρροια των θρησκευτικών αναζητήσεων, πεποιθήσεων και επιλογών τους.

Στην Ρώμη, η δημόσια τιμή και λατρεία των θεών ήταν από τον νόμο υποχρεωτική. Συνεπώς, η άρνηση οποιουδήποτε πολίτη να συμμορφωθεί σήμαινε κατ' αρχήν απείθεια στους νόμους του κράτους, συνάμα δε και ασέβεια προς τους θεούς του και τιμωρούνταν ανάλογα. Από την γενική αυτή στάση του ρωμαϊκού κράτους δεν εξαιρούνταν κανείς, ούτε φυσικά οι χριστιανοί πολίτες του. Γι' αυτό η άρνηση των χριστιανών να συμμετέχουν στην δημόσια λατρεία στάθηκε ένα από τα βασικότερα επιχειρήματα για τις κατηγορίες εναντίον τους, όπως θα φανεί στην συνέχεια.

Δεν μπορεί να αμφισβητηθεί το γεγονός ότι η υποχρεωτική λατρεία των θεών της Ρώμης δημιούργησε έναν συνεκτικό δεσμό, που λειτούργησε ως στοιχείο ενότητας μεταξύ των πολυάριθμων λαών της αχανούς αυτοκρατορίας. Το στοιχείο αυτό έγινε εντονότερα ορατό με την λατρεία του αυτοκράτορα, όταν, από τον Καίσαρα Αύγουστο και εφεξής, η αυτοκρατορική λατρεία και οι τελετές που συνδέονταν μ' αυτήν άρχισαν να παίρνουν όλο και πιο σημαντική θέση μέσα στην ρωμαϊκή θρησκευτική έκφραση.

Με αφορμή μάλιστα κάποιες ετήσιες σχετικές τελετές, οι αντιπρόσωποι των υποταγμένων πόλεων με την παρουσία τους σ' αυτές ουσιαστικά υποδήλωναν και ανανέωναν την υποτέλεια και την νομιμοφροσύνη τους προς τον αυτοκράτορα και την Ρώμη. Υπενθυμίζεται εδώ ότι στην Ρώμη το αξίωμα του ιερέα ήταν δημόσιο, κρατικό αξίωμα, οι ιερείς επιλέγονταν ανάμεσα από τους πιο επιφανείς συγκλητικούς, το αξίωμα δε του μέγιστου αρχιερέα (Pontifex maximus) συνειδητά το αναλάμβανε ο ίδιος ο αυτοκράτορας. Το γεγονός αυτό από μόνο του συνδέει, και μάλιστα στενά, την ρωμαϊκή θρησκεία με την δημόσια διοίκηση, οπότε, εύλογα, η άρνηση συμμετοχής στην θρησκευτική λατρεία και τις σχετικές τελετές, εκτός από ασέβεια, εκλαμβάνεται και ως άρνηση υπακοής στην «ιεροποιημένη» δημόσια τάξη, συνεπώς και ως διατάραξη της δημόσιας τάξης, εξ ου και η κατηγορία της εσχάτης προδοσίας εναντίον του οποιουδήποτε παραβάτη.

Η ιουδαϊκή θρησκεία στο ρωμαϊκό κράτος

Η πρακτική της ρωμαϊκής αυτοκρατορίας να σέβεται τις προγονικές θρησκείες και τελετές των λαών που κατέκτησε ισχύει και στην περίπτωση του ιουδαϊκού λαού, με την μοναδική μονοθεϊστική θρησκεία. Θα μπορούσε μάλιστα να θεωρηθεί ότι η πρακτική αυτή στην συγκεκριμένη περίπτωση διευρύνθηκε, αφού, εκτός από την θρησκευτική ιδιαιτερότητα σεβάστηκε και τους κανόνες για την καθημερινή ζωή των ιουδαίων, που απέρρεαν από αυτήν. Σημειώνεται ότι η στάση αυτή του ρωμαϊκού κράτους δεν αποτελούσε κατ' εξαίρεση συμπεριφορά, διότι στην συνείδησή του επρόκειτο για έναν λαό, που κι αυτός είχε το δικαίωμα, όπως άλλωστε όλοι οι λαοί της αυτοκρατορίας, να λατρεύει τον «εθνικό» του θεό, σύμφωνα με τα έθιμά του. Το γεγονός λοιπόν ότι η ιουδαϊκή θρησκεία ήταν η αρχαία και πατρογονική θρησκεία ενός λαού, την κατοχύρωνε και νομιμοποιούσε την θέση της στην ρωμαϊκή αντίληψη των θρησκευτικών θεμάτων, εξασφαλίζοντάς της το προνόμιο της religio licita, επιτρεπόμενης δηλαδή θρησκείας. Εκείνο που ήταν υποχρεωμένοι από την μεριά τους να κάνουν οι ιουδαίοι ήταν να προσφέρουν θυσίες προς τιμήν του αυτοκράτορα και υπέρ της Ρώμης. Και το έκαναν, καθημερινά, με θυσία στον Ναό στα Ιεροσόλυμα και σχετικές προσευχές στις κατά τόπους Συναγωγές.

Με δεδομένη και πάγια αυτήν την συμπεριφορά της ρωμαϊκής αυτοκρατορίας έναντι όλων των θρησκειών του τότε γνωστού κόσμου, εύλογα γεννιέται η απορία, γιατί η δεκτική και "ανεκτική" αυτή αυτοκρατορία και η κοινωνία της κράτησαν τόσο αρνητική στάση, όπως θα φανεί στην συνέχεια, απέναντι στους πιστούς της νέας για την εποχή θρησκείας, του Χριστιανισμού. Γιατί δεν συνέβη το αναμενόμενο, όπως και με όλες τις άλλες θρησκείες. Τί εμπόδισε στο να συμπεριληφθεί και Θεός των Χριστιανών στο ρωμαϊκό πάνθεο. Τί οδήγησε το ανεκτικό αυτό κράτος στο να καταδιώξει τους ίδιους του τους υπηκόους και, κυρίως, πώς ένα κράτος με τόσο ανεπτυγμένο το νομικό του σύστημα στοιχειοθέτησε κάτι τόσο έξω από την αίσθηση του νόμου για ένα μέρος των πολιτών του; Γιατί κατέληξε ένα πανίσχυρο κράτος να καταδιώκει ομάδες ανίσχυρων και απροστάτευτων πολιτών του;

Οι απαντήσεις θα προκύψουν μέσα από την επισταμένη μελέτη των σχετικών παραμέτρων και δεδομένων. Μία όμως επισήμανση κρίνεται εξ αρχής απαραίτητη: όταν γίνεται εδώ λόγος για θρησκευτική ανοχή, είναι προφανές ότι αυτό δεν μπορεί και δεν πρέπει να γίνεται αντιληπτό σύμφωνα με την σύγχρονη αντίληψη της ανεξιθρησκίας και της ελευθερίας της συνείδησης, οι οποίες διαμορφώθηκαν ως έχουν ύστερα από πρακτικές και εμπειρίες πολλών λαών, κατά την διάρκεια πολλών αιώνων.

Α. Το θρησκευτικό πλαίσιο των κατηγοριών κατά του Χριστιανισμού

Τί συνέβη λοιπόν με την περίπτωση της Χριστιανικής θρησκείας; Θεωρητικά, αφού υπήρχε το προηγούμενο αποδοχής μιας μονοθεϊστικής θρησκείας, της ιουδαϊκής, το πιο φυσικό θα ήταν και ο χριστιανισμός να έχει την ανάλογη αποδοχή ή αντιμετώπιση. Ενδεχομένως και οι ίδιοι οι χριστιανοί να προσέβλεπαν σ' αυτό, κάτι που όμως τελικά δεν έγινε.

Βασικός λόγος στάθηκε το γεγονός ότι ο χριστιανισμός, για την ρωμαϊκή αντίληψη των θρησκευτικών πραγμάτων, δεν ήταν η πατροπαράδοτη θρησκεία μιάς πόλης ή ενός λαού. Ως γνωστόν, ήταν θρησκεία που προσήλκυε τα μέλη της από κάθε εθνότητα και θρησκεία. Συνεπώς δεν ίσχυε γι' αυτόν η γενική αρχή της αυτοκρατορίας, του σεβασμού στην θρησκεία ενός λαού ή μιας πόλης, ώστε μέσω αυτού να γίνει και ο Χριστιανισμός *επιτρεπόμενη θρησκεία* (religio licita). Επιπλέον, η εγκατάλειψη της προσήλωσης στην θρησκεία της γενέθλιας πόλης ή του λαού καταγωγής από μόνη της θα μπορούσε να θεωρηθεί –και κάποιες φορές θεωρήθηκε- ως πράξη ασέβειας.

Ένας εξίσου βασικός λόγος στάθηκε η πίστη των χριστιανών στον Ένα και μοναδικό Θεό και η προσήλωσή τους στην διδασκαλία του Ευαγγελίου, η οποία για ευνόητους λόγους καταργούσε οριστικά τους δεσμούς με όλες τις άλλες θρησκείες, συνεπώς και κάθε συμμετοχή στις τελετές τους. Αυτό σήμαινε πως οι χριστιανοί δεν συμμετείχαν φυσικά ούτε στις τελετές της λατρείας του αυτοκράτορα, ούτε προσέφεραν θυσίες στα αγάλματα της πόλεως Ρώμης., γεγονός που τους καθιστούσε αυτόματα υπόλογους για ασέβεια και ύποπτους για έγκλημα καθοσιώσεως. Η στάση τους αυτή, δεδομένης και της αλληλοπεριχώρησης θρησκείας και πολιτικής, δίνει (έδωσε) αφορμή για να υπάρχουν και πολιτικά κίνητρα στην καταδίωξη των Χριστιανών. Για του λόγου το αληθές, ο Πλίνιος, αυτοκρατορικός απεσταλμένος (λεγάτος) στην Βιθυνία, απευθυνόμενος στον αυτοκράτορα Τραϊανό και εκθέτοντάς του την διαδικασία που ακολουθεί κατά τις προσαγωγές χριστιανών ενώπιον του δικαστηρίου του, αναφέρει ότι ζητά από αυτούς να «προσκυνήσουν το άγαλμά του (ενν. του αυτοκράτορα) και τις εικόνες των θεών (ενν. της Ρώμης)» και να προσφέρουν θυμίαμα «στο άγαλμά του και στα αγάλματα των θεών». Το επαναλαμβανόμενο προβάδισμα που δίνει στην αναφορά των αγαλμάτων του αυτοκράτορα ενδεχομένως δείχνει και την πολιτική διάσταση του θέματος. Εξάλλου, πάντα υπήρχε η μέσω της συμμετοχής στην λατρεία του αυτοκράτορα διάσταση επίδειξης και απόδειξης υποταγής και νομιμοφροσύνης, μιας διάστασης ολοκάθαρα πολιτικής που ενυπήρχε σε μία καθαρά θρησκευτική έκφραση. Στην προκειμένη περίπτωση μάλιστα φαίνεται πως το «τα του καίσαρος τω καίσαρι», ως στάση ζωής από μέρους των χριστιανών, από μόνο του δεν ήταν καθόλου πειστικό.

Ως επιβαρυντικός λόγος δεν πρέπει να παραβλεφθεί και ο τρόπος ζωής των χριστιανών, φυσική απόρροια της πίστης τους, ο οποίος, διαφέροντας κατά πολύ από των υπολοίπων είχε ως συνέπεια να μην συναναστρέφονται με μη χριστιανούς. Αυτό είχε ως αποτέλεσμα να σχηματισθεί ένα πέπλο μυστηρίου γύρω από ο,τιδήποτε χριστιανικό, το οποίο δεν άργησε να μετασχηματισθεί σε προκατάληψη αρχικά και αργότερα σε μίσος του λαού εναντίον των χριστιανών. Ό,τι δεν τους ήταν οικείο ή δεν μπορούσαν να το καταλάβουν, το διαστρέβλωναν και οι αρχικές φήμες μετασχηματίσθηκαν σε κατηγορίες. Οι πιο συνήθεις από αυτές ήταν: ότι οι χριστιανοί συμμετείχαν σε ανθρωποφαγικά γεύματα (*θυέστεια δείπνα*), αιμομικτικά όργια και τελετές μαγείας και, ως τέτοιοι, είναι εχθροί του ανθρωπίνου γένους. Είναι προφανές ότι πρόκειται κατ' αρχήν για παρεξήγηση, λόγω άγνοιας, της λατρευτικής έκφρασης των χριστιανών και, στην συνέχεια, ένας βολικός αποδιοπομπαίος τράγος. Συγκεκριμένα, είναι γνωστό πως οι χριστιανικές τελετές δεν ήταν δημόσιες και αυτό από μόνο του παρέπεμπε σε μυστηριακές τελετές, διαδεδομένες άλλωστε εκείνη την εποχή. Η ορολογία της τέλεσης της θείας ευχαριστίας (*Λάβετε, φάγετε, τούτο εστίν το σώμα μου,..πίετε..., τούτο εστίν το αίμα μου...*) μπορούσε πολύ εύκολα να παρερμηνευθεί, όπως επίσης και το ότι οι χριστιανοί συναντιόνταν σε ιδιωτικούς χώρους, αποκαλούνταν μεταξύ τους «αδελφοί» και χαιρετισμός τους ήταν ο *ασπασμός της ειρήνης* (αιμομικτικά όργια). Φυσικά, εύλογη και καχύποπτη απορία, δύσκολη να εξηγηθεί, προκαλούσε στους ειδωλολάτρες η μη συμμετοχή των χριστιανών στα δημόσια θεάματα, ιδιαίτερα μάλιστα σε μια εποχή, που το *άρτος και θεάματα* ήταν σύνθημα και τρόπος ζωής.. Έτσι, μαζί με τα υπόλοιπα η στάση των χριστιανών θεωρήθηκε μισανθρωπία και απετέλεσε τον πυρήνα της εναντίον τους κατηγορίας, ότι είναι εχθροί του ανθρωπίνου γένους. Μίας κατηγορίας τουλάχιστον σκανδαλώδους, όπως και όλες οι υπόλοιπες άλλωστε, δεδομένου ότι αφορούσε και χαρακτήριζε τους ανθρώπους εκείνους, που βίωναν και εφάρμοζαν στην πράξη την αγάπη προς τον πλησίον και την άνευ όρων φιλανθρωπία.

Ύστερα από τα παραπάνω, συνοψίζοντας, για την ρωμαϊκή θεώρηση των θρησκευτικών ζητημάτων ο Χριστιανισμός δεν πληρούσε τις προϋποθέσεις, βάσει των οποίων η ρωμαϊκή αρχή αναγόρευε μία θρησκεία ως επιτρεπόμενη, αφού δεν ήταν αρχαία πατροπαράδοτη θρησκεία κάποιου συγκεκριμένου λαού. Ακόμα και αν υποτεθεί ότι, τελικά, αναγνωριζόταν ως επιτρεπόμενη θρησκεία, δεν είναι καθόλου σίγουρο, αντίθετα είναι μάλλον απίθανο να απαλλάσσονταν οι χριστιανοί από την αυτονόητη υποχρέωση όλων των υπηκόων της αυτοκρατορίας να αναγνωρίζουν και να συμμετέχουν στην λατρεία τουλάχιστον του αυτοκράτορα και της Ρώμης, αν όχι και των υπολοίπων ρωμαϊκών θεοτήτων. Μη συμμετοχή σ' αυτές, ανέκαθεν, για τις ρωμαϊκές αρχές σήμαινε ασέβεια, αθεΐα, έγκλημα καθοσιώσεως. Αξίζει να σημειωθεί ότι για τις κατηγορίες αυτές υπήρχαν ήδη νόμοι που προέβλεπαν σχετικές τιμωρίες, συνεπώς δεν χρειάζονταν καινούργιοι για τις «παραβάσεις» που προέρχονταν από χριστιανούς. Αντίθετα, για τους χριστιανούς συμμετοχή σ' αυτές σήμαινε άρνηση της πίστης στον ένα και μοναδικό Θεό, συνεπώς βαρύτατο αμάρτημα.

Οι διωγμοί των χριστιανών από τους Εβραίους

Ένα σχετικό μέτρο στην προσέγγιση και κατανόηση του λόγου ή των λόγων, για τους οποίους οι Ρωμαίοι κατέληξαν να διώκουν τους χριστιανούς, προσφέρει η παρατήρηση της συμπεριφοράς των Εβραίων απέναντί τους. Όσο κι αν εκ πρώτης όψεως φαίνεται σαν να πρόκειται για αντιδράσεις υποκινημένες από διαφορετικά αίτια, η αναλογία που διαφαίνεται είναι τόση και τέτοια που καθιστά χρήσιμη, ίσως και επιβεβλημένη, την εκ παραλλήλου εξέτασή τους.

Προφανώς δεν θα γίνει ποτέ γνωστό το πως θα είχαν εξελιχθεί τα πράγματα, αν οι εβραίοι είχαν πιστέψει ότι ο Ιησούς Χριστός είναι ο

Μεσσίας, για τον οποίο μίλησαν οι προφήτες τους και γινόταν λόγος στα ιερά τους βιβλία. Κάτι τέτοιο δεν συνέβη ούτε κατά την διάρκεια της επίγειας ζωής του Ιησού Χριστού ούτε στην συνέχεια. Απόρροια μάλιστα αυτής της δυσπιστίας τους ήταν ο διωγμός του, που είχε ως αποτέλεσμα την σταυρική του θυσία, με το πρόσχημα ότι «συμφέρει τον λαό ο θάνατός του, προκειμένου να μην χαθεί όλο το έθνος» (Ιω. 11,50).

Μετά την πρώτη αυτή πράξη διωγμού και μάλιστα εναντίον του ίδιου του Ιησού, φαίνεται πως «μεταξύ των ιουδαίων υπήρχε η βεβαιότητα ότι με τον σταυρικό θάνατό του είχε εξανεμιστεί ο κίνδυνος για την θρησκεία τους από την πλευρά του Ιησού και οι μαθητές του δεν θα μπορούσαν να εμφανισθούν ως συμπαγής ομάδα που θα δημιουργούσε πρόβλημα» (Γλαβίνας, 11). Πολύ σύντομα ωστόσο διαπίστωσαν πως κανένα από τα δύο δεν συνέβη. Έτσι δεν άργησαν να στραφούν εναντίον των μαθητών του Ιησού στην αρχή, αλλά και των πιστών στην συνέχεια.

Στις *Πράξεις των Αποστόλων* αποτυπώνονται με σαφήνεια τόσο οι λόγοι όσο και οι τρόποι, με τους οποίους οι ιουδαίοι δίωκαν τους χριστιανούς. Βασικός λόγος παρέμενε η ζήλια, ο φθόνος από την απήχηση και την αποδοχή που έβρισκε η διδασκαλία του Ιησού, μέσω πλέον του κηρύγματος των Αποστόλων. Ο φθόνος αυτός ενδεχομένως κατά ένα μέρος του να οφειλόταν στο γεγονός ότι κάποιοι ομόπιστοί τους, ασπαζόμενοι την νέα πίστη, εγκατέλειπαν την πατροπαράδοτη. Το μεγαλύτερο όμως μέρος του προφανώς οφειλόταν, ως αντίσταση, στην δική τους αντίθεση στην διαιωνιζόμενη διδασκαλία του Ιησού. Αυτό φαίνεται ξεκάθαρα από τον πυρήνα των κατηγοριών τους εναντίον των χριστιανών, ακόμα και στις περιπτώσεις που καταφεύγουν να τις διατυπώσουν στους ρωμαίους άρχοντες, τους αδιάφορους για τα θρησκευτικά προβλήματα ενός από τους υποταγμένους λαούς.

Έτσι, από το αντιπροσωπευτικό δείγμα, που συνιστά η διήγηση των *Πράξεων των Αποστόλων*, διαφαίνεται πως οι ιουδαίοι, όταν προέβαιναν οι ίδιοι σε διωγμούς και συλλήψεις χριστιανών, η σχετική κατηγορία εναντίον τους ήταν «δια το διδάσκειν αυτούς τον λαόν και καταγγέλλειν εν τω Ιησού την ανάστασιν των νεκρών...» (Πρ. 4,2), καθώς και «αλλαγή των εθών, α δέδωκεν Μωϋσής» (Πρ. 6,11). Μ' αυτές τις κατηγορίες συνέλαβαν τον Πέτρο και τον Ιωάννη και οδήγησαν στον λιθοβολισμό τον πρωτομάρτυρα Στέφανο. Επίσης, εύλογα μπορεί να υποτεθεί πως με αυτές τις κατηγορίες εναντίον των χριστιανών και ο νεαρός ζηλωτής Παύλος είχε την ευχέρεια ή το δικαίωμα «να λυμαίνεται την εκκλησία, μπαίνοντας ακόμα και μέσα στα σπίτια των πιστών, προκειμένου να σύρει έξω άνδρες και γυναίκες και να τους παραδώσει για να φυλακισθούν» (Πρ. 8,3). Όταν όμως οι ιουδαίοι δεν μπορούσαν να παρακάμψουν τις ρωμαϊκές αρχές, προσάρμοζαν τις κατηγορίες εμπλουτίζοντάς τες ώστε να αποκτήσουν το ανάλογο ενδιαφέρον. Χαρακτηριστικό παράδειγμα επ' αυτού είναι η στάση των ιουδαίων της Θεσσαλονίκης, οι οποίοι οδήγησαν στους πολιτάρχες της πόλης τον Ιάσωνα, που φιλοξενούσε στο σπίτι του τον Απόστολο Παύλο και τον Σύλα, με την κατηγορία ότι φιλοξενεί αυτούς που «αναστάτωσαν την οικουμένη και ήρθαν και στην πόλη τους να το συνεχίσουν,... και ότι είναι εχθροί του Καίσαρα, αφού ισχυρίζονται ότι και ο Ιησούς είναι βασιλιάς...» (Πρ. 17,5-8).

Φαίνεται λοιπόν πως «οι Ιουδαίοι αντιδρούν αποκλειστικά και μόνο, φαινομενικά τουλάχιστο, από λόγους θρησκευτικούς. Και πάλι όμως το κακό που προξενούν στην ηγεσία της πρώτης Εκκλησίας αλλά και στους πρώτους χριστιανούς δεν είναι μικρό. Πάντως όμως, πέρα από το ότι η θρησκευτική ηγεσία των Ιουδαίων φανάτιζε τους ομοεθνείς τους εναντίον των χριστιανών, έμμεσα σε ορισμένες περιπτώσεις τροφοδοτούσαν τη ρωμαϊκή διοίκηση με υλικό εναντίον των Χριστιανών και προκαλούσαν τις αρχές να λάβουν μέτρα εναντίον τους με αποκλειστικό σκοπό να ελαχιστοποιήσουν τη δράση τους ή καλλίτερα να την εκμηδενίσουν». (Γλαβίνας, 16).

Χρονολογικά η αντίθεση των Ιουδαίων στην διδασκαλία του Ιησού Χριστού, η οποία εκδηλώθηκε με την μορφή διώξεων τόσο εναντίον του ίδιου όσο και εναντίον των πιστών του, φαίνεται πως εμφανίστηκε και διήρκεσε τις πρώτες δεκαετίες της εξάπλωσης του Χριστιανισμού. Ήδη ο Γαλλίωνας, ανθύπατος της Αχαΐας ενώπιον του οποίου προσήχθη ο Απόστολος Παύλος μετά την σύλληψή του στην Κόρινθο, προσεγγίζει τις εναντίον του κατηγορίες ως «ζητήματα περί λόγου και ονομάτων και νόμου του καθ' υμάς (ενν. ιουδαίων)» και αρνείται να τα κρίνει (Πρ. 18,13).

Η επανάσταση των Ιουδαίων, η οποία κόστισε την καταστροφή της Ιερουσαλήμ, (71 μ. Χ.), μπορεί να μην επέφερε αλλαγή στην στάση του ρωμαϊκού κράτους απέναντι στον λαό και την θρησκεία τους, σίγουρα όμως μείωσε την πρόθεση και την διάθεσή τους να εμφανίζονται οι ίδιοι και ως ταραξίες, προκαλώντας αναταραχή με πράξεις απευθείας καταδίωξης ή καταγγελιών εναντίον των χριστιανών.

Β. Περίοδοι και Χαρακτήρας των Διωγμών

Οι μελετητές, με κριτήριο κυρίως τον χαρακτήρα των διωγμών, τους συνοψίζουν σε τρεις περιόδους: α΄ περίοδος (α΄ αι., Νέρωνας –Δομιτιανός), κατά την οποία οι διωγμοί θα μπορούσαν να θεωρηθούν ως περιστασιακοί, «αντανακλαστικοί» κατά μία έννοια σε κάποια συμβάντα, με ασαφή τόσο τα κίνητρα όσο και τον σκοπό τους. Κύριο χαρακτηριστικό αυτής της περιόδου είναι το ότι, ακόμα, στην συνείδηση των περισσότερων οι χριστιανοί συγχέονται ή ταυτίζονται με τους ιουδαίους. β΄ περίοδος (Τραϊανός – Φίλιππος ο Άραβας), κατά την οποία κηρύσσονται διωγμοί με ειδικές διατάξεις και τοπικού χαρακτήρα, ενώ στην γ΄ περίοδο (Δέκιος -Διοκλητιανός), κατά την οποία οι χριστιανοί διώκονται βάσει συγκεκριμένου διατάγματος σε ολόκληρη πλέον την αυτοκρατορία

Α΄ περίοδος των διωγμών

Νέρωνας (54-68)

Ο διωγμός των χριστιανών κατά την διάρκεια της βασιλείας του Νέρωνα φαίνεται πως είναι συνυφασμένος με μία συγκυρία, αυτήν του τραγικού γεγονότος της πυρκαγιάς που εκδηλώθηκε μια νύχτα στην Ρώμη, (18 Ιουλίου του 64), εξαιτίας της οποίας καταστράφηκαν ολόκληρα τετράγωνα της πόλης. Ανεξάρτητα από το ποιός ή το πώς προκλήθηκε η πυρκαγιά, όπως γίνεται συνήθως σε παρόμοιες περιπτώσεις η αναστατωμένη κοινή γνώμη εκτονώνεται μόνον όταν υποδειχθεί κάποιος ως υπεύθυνος. Ο ιστορικός Τάκιτος στα *Χρονικά* του αναφέρει την εντύπωση που διατηρήθηκε ως την εποχή του, 40 χρόνια αργότερα, ότι η πυρκαγιά συνδεόταν με τον ίδιο τον αυτοκράτορα και με το όραμά του της ανέγερσης νέου, μεγαλειώδους ανάκτορου. «Έτσι, για να απαλλαγεί από την κατακραυγή ο Νέρωνας παρουσίασε ως ένοχους και τιμώρησε με τα πιο περίτεχνα βασανιστήρια εκείνους που ο λαός αποκαλεί χριστιανούς...». *Τα περίτεχνα βασανιστήρια*, ωστόσο, κάποια από τα οποία παραθέτει και ο ίδιος ο Τάκιτος, η όλη γενικώς καταδίκη των χριστιανών αυτήν την περίοδο φαίνεται πως οφειλόταν κυρίως στο περιστατικό της πυρκαγιάς και όχι συγκεκριμένα στις θρησκευτικές πεποιθήσεις τους. Ανάμεσα στο πλήθος των χριστιανών που μαρτύρησαν ήταν και οι Απόστολοι Πέτρος και Παύλος.

Δομιτιανός (81-96).

Στα έργα κατοπινών της εποχής του συγγραφέων ο αυτοκράτορας Δομιτιανός αναφέρεται ότι υπήρξε ο δεύτερος, μετά τον Νέρωνα, διώκτης των χριστιανών, χωρίς ωστόσο να αγγίζει, ούτε στο μισό, την δική του θηριωδία.

Όπως και στην περίπτωση του Νέρωνα, έτσι και τώρα ο διωγμός των χριστιανών σχετιζόταν βασικά με την προσωπικότητα του αυτοκράτορα. Στην συγκεκριμένη περίπτωση ήταν η υπερβολική καχυποψία του Δομιτιανού και η αγωνία του να διατηρηθεί στον θρόνο. Έτσι, η φήμη που έφθασε ως αυτόν, ότι οι απόγονοι του βασιλιά των Εβραίων Δαυίδ ζούσαν στην Παλαιστίνη και με βασιλιά τους κάποιον Χριστό ετοίμαζαν στάση εναντίον της Ρώμης, στάθηκε η αφορμή να διατάξει την εξόντωσή τους. Κάτι τέτοιο δεν συνέβαινε για πρώτη φορά, δεδομένου ότι προηγουμένως και ο αυτοκράτορας Βεσπασιανός (69-79) είχε διατάξει κάτι ανάλογο. Εξάλλου ήταν συνηθισμένο, όσοι θεωρούσαν ότι έχουν δικαιώματα στον θρόνο ενός λαού, ακόμα και όταν έδειχναν να παραιτούνται, δεν περίμεναν παρά τις κατάλληλες συνθήκες για να τα διεκδικήσουν, με συνέπεια να είναι μία αφανής αλλά διαρκής απειλή. Κατά την εκδοχή μάλιστα του Ηγήσιππου, όταν οδηγήθηκαν οι Δαυιδίδες ενώπιον του

Δομιτιανού «τους ρώτησε αν κατάγονται από την γενιά του Δαυίδ κι αυτοί απάντησαν καταφατικά. Τότε τους ρώτησε πόση περιουσία σε κτήματα ή σε χρήματα κατέχουν. Του απάντησαν ότι όλα κι όλα που έχουν είναι εννιά χιλιάδες δηνάρια κι αυτά όχι σε ασήμι, αλλά σε 39 πλήθρα γης, χώρια οι φόροι, κι ότι για να τρέφονται πρέπει να εργάζονται οι ίδιοι. Και του έδειξαν τα χέρια τους και τους ρόζους που αυτά ήταν γεμάτα από την πολλή και σκληρή δουλειά. Κι όταν ρωτήθηκαν για την βασιλεία του Χριστού, τί είδους βασιλεία θα είναι και πότε θα φανεί, απάντησαν πως δεν είναι κάποια κοσμική και επίγεια βασιλεία, αλλά επουράνια κα αγγελική, που θα φανεί στην συντέλεια του αιώνα, τότε που ο Χριστός θα έλθει εν δόξη και θα κρίνει ζωντανούς και νεκρούς σύμφωνα με τις πράξεις τους. Όλ' αυτά φάνηκαν τελικά ευτελή στον Δομιτανό και διέταξε να αφεθούν ελεύθεροι, όπως και να σταματήσει ο διωγμός εναντίον της Εκκλησίας». (Ευσεβίου, Εκκλησιαστική Ιστορία, Γ' 19-20). Φαίνεται λοιπόν πως ο συγκεκριμένος διωγμός δεν έλαβε ούτε μεγάλη έκταση, ούτε εκδηλώθηκε με ιδιαίτερη ένταση.

Επιπλέον, εφόσον αυτό που αναφέρει ο ιστορικός Ευσέβιος (α' μισό του 4^{ου} αι.) ισχύει, ότι δηλαδή κατά την διάρκεια του διωγμού ο Δομιτιανός φόνευσε πολλούς επίσημους άνδρες της Ρώμης και άλλους τους εξόρισε, δημεύοντας παράλληλα και τις περιουσίες τους, αυτό σημαίνει δύο πράγματα: ότι η απόφασή του είχε και οικονομικά κίνητρα, αλλά και ότι ο χριστιανισμός, προς το τέλος του α' αι., είχε πλέον διεισδύσει και στις ανώτερες κοινωνικές τάξεις της Ρώμης.

Β' περίοδος των διωγμών

Τραϊανός (98-117).

Κατά την διάρκεια του μισού και πλέον αιώνα που υπάρχει, ο Χριστιανισμός εξαπλώθηκε αρκετά σ' όλη την λεκάνη της Μεσογείου και διείσδυσε σε όλα τα κοινωνικά στρώματα.. Η εντύπωση, ή μάλλον η γνώση που έχουν οι υπόλοιποι για τα μέλη του σίγουρα δεν είναι ακόμη ακριβής, φαίνεται μόνο πως πλέον δεν τους σχετίζουν με τους ιουδαίους.

Σημαντικά στοιχεία, για τον βαθμό γνώσης και την αντιμετώπιση των Χριστιανών κατά την διάρκεια της βασιλείας του αυτοκράτορα Τραϊανού, μας παρέχει η αλληλογραφία που αντάλλαξαν σχετικά ο αυτοκράτορας με τον Πλίνιο τον Νεώτερο. Ο συγκλητικός Πλίνιος στάλθηκε στην επαρχία της Βιθυνίας στην Μ. Ασία ως αυτοκρατορικός λεγάτος, για να διευθετήσει τα οικονομικά κυρίως σκάνδαλα που εμφανίστηκαν εκεί και να ανασχέσει την κοινωνική αναταραχή που προκαλούσε η δραστηριότητα των «εταιρειών».

Οι εταιρείες ή κολλέγια απαρτίζονταν από κατοίκους των πόλεων και ήταν, ουσιαστικά ενώσεις που αποσκοπούσαν στην αλληλοβοήθεια των μελών τους. Συγκροτούνταν για να καλύψουν βασικές τους ανάγκες και οργανώνονταν με άξονα τη λατρεία ορισμένων θεοτήτων ή το επάγγελμα. Οι ενώσεις αυτές παρείχαν στα μέλη τους, ενόσω βρίσκονταν στη ζωή, περιοδικά εορταστικά δείπνα και, μετά τον θάνατό τους, τους εξασφάλιζαν μια ευπρεπή ταφή, σημαντικό αίτημα των ανθρώπων της εποχής. Πολλοί Ρωμαίοι δεν μπορούσαν να εμπιστευθούν την οικογένειά τους και γι' αυτό προνοούσαν να διευθετήσουν έγκαιρα τα της ταφής τους με την ένταξή τους σε μια ένωση, καταβάλλοντας μια χαμηλή μηνιαία συνδρομή. Λειτουργούσαν επίσης νομίμως ενώσεις θρησκευτικού χαρακτήρα ή σχετικές με την πρόνοια για ευπρεπή ταφή. Μολαταύτα, οι αυτοκράτορες δεν έπαυαν να υποπτεύονται τις οργανώσεις αυτές ως εστίες συγκαλυμμένων πολιτικών δραστηριοτήτων. Έτσι, αυτοκρατορικό διάταγμα απαγόρευε τις συναντήσεις αυτών των ενώσεων συχνότερα από μία φορά κάθε μήνα. Ο Πλίνιος, όταν στάλθηκε με ειδική αποστολή από τον Τραϊανό στην επαρχία της Βιθυνίας / Πόντου, στην οποία ήταν γνωστό ότι επικρατούσε πολιτική και κοινωνική αταξία, έλαβε εντολή να εκδώσει διάταγμα που θα απαγόρευε τη σύσταση και λειτουργία ενώσεων (P. Garnsey- R. Saller, Η Ρωμαϊκή αυτοκρατορία, σ. 220-221). Φυσικά γίνεται εύκολα αντιληπτό ότι οι συγκεντρώσεις των χριστιανών δεν θα μπορούσαν να εξαιρεθούν από μια τέτοια γενική απαγόρευση.

Με την απαγόρευση των εταιρειών ο Πλίνιος βρέθηκε αντιμέτωπος με ένα καινούργιο πρόβλημα. Λόγω των καταγγελιών –ανάμεσα τους και ανώνυμες- που προέκυψαν ως συνέπεια της απαγόρευσης, βρέθηκε να δικάζει και χριστιανούς, κατηγορία για την οποία ο ίδιος ομολογεί ότι ήταν απροετοίμαστος για να την αντιμετωπίσει. Η μόρφωσή του προφανώς και η από την θέση του εμπειρία συνετέλεσαν, ώστε να θέσει ένα –νομικά- αποδεκτό πλαίσιο αντιμετώπισης του θέματος. Ουσιαστικά, αυτό το πλαίσιο γνωστοποιεί στον αυτοκράτορα με την επιστολή του, από τον οποίο φυσικά περιμένει την έγκριση ή την διόρθωση, στα σημεία που τυχόν αυθαιρετεί.

Από όλες τις πληροφορίες που περιέχονται στην επιστολή, αξίζει εδώ να μνημονευθεί η διαδικασία που ο ίδιος αναφέρει ότι, ως δικαστής, τηρούσε ο Πλίνιος καθώς και η ανησυχία του, που την συμμερίζεται με τον αυτοκράτορα. Ως προς το πρώτο, πληροφορεί τον αυτοκράτορα πως όσους φθάνουν ενώπιόν του με την κατηγορία ότι είναι χριστιανοί, τους ρωτά αν πράγματι είναι. Όταν απαντούν καταφατικά, επαναλαμβάνει την ερώτηση, προσθέτοντας συγχρόνως και απειλές. Τέλος, διέταζε την εκτέλεση όσων επέμεναν, διότι, κατά την άποψή του, η άκαμπτη εμμονή τους ήταν που έπρεπε να τιμωρηθεί, άσχετα ή ανεξάρτητα από την φύση των πεποιθήσεών τους. Όσο για την ανησυχία του που εκφράζει στον αυτοκράτορα, αυτή έχει να κάνει με την διαίσθησή του πως, όπως εξελίσσονται τα πράγματα, κινδυνεύει τελικά μεγάλος αριθμός ανθρώπων, αφού ήδη καταγγέλθηκαν πολλοί ως χριστιανοί και, όπως φαίνεται, θα συνεχίσουν να καταγγέλλονται. Η ανησυχία του αυτή, τελείως πρακτική ως προς την αφετηρία της αφού θα σήμαινε για τον ίδιο αυξημένο αριθμό περιπτώσεων και δικών, μάλλον λειτούργησε θετικά υπέρ των χριστιανών, λόγω της αυτοκρατορικής απόφασης που προκάλεσε. Με την απαντητική του επιστολή στον Πλίνιο ο Τραϊανός όρισε πως οι χριστιανοί δεν θα πρέπει να αναζητούνται, απλώς επειδή είναι χριστιανοί. Στην περίπτωση όμως που καταγγέλλονται και παραδέχονται ότι είναι, τότε πρέπει να τιμωρούνται. Ο αυτοκράτορας υπογραμμίζει επιπλέον ότι οι ανώνυμες καταγγελίες δεν πρέπει να λαμβάνονται υπόψη για την προσαγωγή χριστιανών σε δίκη, διότι κάτι τέτοιο και δεν συνάδει με την νοοτροπία της εποχής και θα συνιστούσε καταστροφικό νομικό προηγούμενο.

Πρέπει να σημειωθεί πως στην απάντηση του αυτοκράτορα, περισσότερο από ένδειξη εύνοιας προς του χριστιανούς, αποτυπώνεται η γνώση, ότι τέτοιες συμπεριφορές πολύ εύκολα οδηγούν ακόμα και σε γενικότερο αιματοκύλισμα, κάτι που προφανώς ο ίδιος ήθελε, ει δυνατόν, να αποφευχθεί. Έτσι κι αλλιώς, οι χριστιανοί βρίσκονταν διαρκώς στο έλεος των επαρχιακών διοικητών με τις αυξημένες δικαστικές αρμοδιότητες, που έφθαναν ως την επιβολή της θανατικής ποινής, αλλά και του καθένα που θα μπορούσε να λειτουργήσει ως καταδότης, ο δε αριθμός των καταδοτών συνεχώς μεγάλωνε κι αυτό για διάφορους λόγους, ακόμα και ως στάση που θα έδινε διέξοδο στην ολοένα αυξανόμενη εχθρότητα έναντι των χριστιανών.

Το πιο σημαντικό που γίνεται φανερό από την συγκεκριμένη αλληλογραφία και που έχει να κάνει με την αντιμετώπιση των χριστιανών κατά την περίοδο αυτή των εναντίον τους διωγμών είναι το γεγονός ότι δεν ήταν απαραίτητο να αναζητηθούν εγκλήματα πίσω από κατηγορία ότι κάποιος είναι χριστιανός. Αρκούσε μόνο η ομολογία ότι είναι, ή, όπως πέρασε στα κείμενα, «για το όνομα και μόνον» (per nomen ipsum).

Αδριανός (117-138)

Το γεγονός ότι νομικά δεν γίνονταν δεκτές ανώνυμες καταγγελίες εναντίον των χριστιανών, όπως διευκρίνιζε η απάντηση του Τραϊανού, φαίνεται πως δεν στάθηκε αρκετό για να σταματήσουν οι εναντίον των χριστιανών εχθρικές εκδηλώσεις του πλήθους σε διάφορα σημεία της αυτοκρατορίας. Αυτό διαπιστώνεται από την ανάλογη προς την προηγούμενη αλληλογραφία του αυτοκράτορα Ανδριανού με τον ανθύπατο της Μ. Ασίας, με την οποία εκφράζεται η επιθυμία του να αποφεύγονται, όσο γίνεται, οι άδικες καταδίκες των χριστιανών.

Σε γενικές γραμμές, η κατάσταση, όπως διαμορφώθηκε από την στάση του Τραϊανού, δεν άλλαξε ούτε επί Αδριανού, ούτε επί *Αντωνίνου του Πίου* (138-161). Είναι αξιοσημείωτο ότι την πρωτοβουλία της εχθρικής εναντίον των χριστιανών συμπεριφοράς έχουν οι απλοί πολίτες, οι οποίοι κατέδιδαν τους χριστιανούς στις αρχές κι αυτές τους δίκαζαν και τους καταδίκαζαν, και μάλιστα σε θάνατο, με μόνη την ομολογία τους ότι είναι χριστιανοί. Η κεντρική εξουσία, οι αυτοκράτορες, δεν φαίνεται να ασχολήθηκαν ιδιαίτερα, παρά μόνον αντανακλαστικά και μάλλον κατευναστικά, αφήνοντας να εκδηλωθεί, για να εκτονωθεί ανώδυνα για την ίδια, η «οργή του λαού», προνοώντας μόνον ως προς το να αποφευχθούν ακρότητες.

Μάρκος Αυρήλιος (161-180)

Ηγεμόνας άριστος, ο φιλόσοφος αυτοκράτορας, οπαδός της στωικής φιλοσοφίας και συγγραφέας με αξιόλογο έργο, παρά τις καθαρά πνευματικές προτιμήσεις και ενασχολήσεις του, χρειάστηκε να περάσει πολύ χρόνο στα πεδία των μαχών, λόγω των επιθέσεων που δεχόταν η αυτοκρατορία. Η στάση του απέναντι στους χριστιανούς δεν άλλαξε από αυτήν των προκατόχων του, δεν αυξήθηκε η εναντίον τους επιθετικότητα, ούτε όμως και εμποδίστηκε ώστε να σταματήσει, όπως εύλογα θα περίμενε κανείς από την διοίκηση ενός τέτοιου ηγεμόνα. Ίσως να συνέβαλε σ' αυτό μία σειρά ατυχών συγκυριών εξωτερικών παραγόντων, (επιδημίες, επιθέσεις εχθρών κ. λπ.), που σήμαιναν τέλος για την pax Romana, θεωρήθηκαν φυσικά ως απόδειξη του θυμού των θεών, πίεζαν για την αναζήτηση υπευθύνων γι' αυτό και φυσικά ευνόητο γιατί, υποδείχθηκαν οι χριστιανοί.

Μία τέτοια αντίδραση του πλήθους και τις συνέπειες της κατέγραψε με μορφή επιστολής η κοινότητα της Λυών και της Βιέννης της Γαλλίας και την κοινοποίησε στις εκκλησίες της Μ. Ασίας και της Φρυγίας. Από τα εκτενή αποσπάσματά της που διέσωσε ο Ευσέβιος (Εκκλησιαστική Ιστορία) σχηματίζεται μια ξεκάθαρη εικόνα του διωγμού στην συγκεκριμένη περιοχή της αυτοκρατορίας, η οποία φυσικά δεν ήταν και η μόνη με ανάλογα γεγονότα. Από την συγκεκριμένη επιστολή εκτός των άλλων προκύπτει και αλλαγή στην συμπεριφορά των φορέων εξουσίας απέναντι στους χριστιανούς. Κατ' αρχήν υπήρξε εντολή να αναζητηθούν δημόσια, πράξη που απαγόρευε, όπως είδαμε, η εντολή του Τραϊανού, (Ε',1,14). Επιπλέον, δεν αναγνωριζόταν πια η ενώπιον των δικαστηρίων άρνηση των δικαζόμενων, η απόρριψη του ότι είναι χριστιανοί, ώστε να αφεθούν ελεύθεροι, όπως επίσης ρητά όριζε ο Τραϊανός (Ε',1,33). Βέβαια, όταν ερωτήθηκε σχετικά ο αυτοκράτορας, με αφορμή την σύλληψη του Άτταλου, ενός ονομαστού ρωμαίου, διευκρίνισε πως οι «μετανοούντες», δηλαδή οι αρνητές της πίστης τους χριστιανοί, να ελευθερώνονται, όπως συνήθως.

Ο διάδοχος του φιλόσοφου αυτοκράτορα, ο *Κόμμοδος* (180-192), αν και άφησε την εικόνα ενός ανίκανου και κακού ηγεμόνα, δεν εκδήλωσε ιδιαίτερη εχθρότητα εναντίον των χριστιανών. Η ηπιότητά του μάλιστα απέναντί τους αποδόθηκε στο γεγονός ότι η σύζυγός του Μαρκία ήταν πιθανότατα χριστιανή και ότι ήταν αυτή που μεσολάβησε, ώστε ο αυτοκράτορας να διατάξει την απελευθέρωση των τιμωρημένων με εξορία στα λατομεία της Σαρδηνίας ομολογητών χριστιανών.

Σεπτίμιος Σεβήρος (193-211).

Αφρικανός ο ίδιος στην καταγωγή, παντρεύτηκε την Ιουλία Δόμνα, καταγόμενη από οικογένεια κληρονόμων ιερέων του Ελαγάβαλου. Με τους περισσότερους συμβούλους του να κατάγονται από την Ανατολή, είναι κατανοητό το ότι η προσέγγιση από μέρους του της ρωμαϊκής θρησκείας ήταν αρκετά τυπική και εύλογη η προτίμησή τους προς τις ανατολικές θρησκείες. Η στάση του απέναντι στον Χριστιανισμό θα μπορούσε να θεωρηθεί σχετικά ουδέτερη, ούτε ιδιαίτερα εχθρική ούτε ευνοϊκή. Από την διακυβέρνησή του προέρχεται ένα διάταγμα (202) που απαγόρευε τον προσηλυτισμό από μέρους των ιουδαίων αλλά και των χριστιανών. Η επίταση του διωγμού στην περιοχή κυρίως της Καρχηδόνας αλλά και της Αλεξάνδρειας ενδεχομένως να συνδέεται με το διάταγμα αυτό.

Τα πράγματα δεν φαίνεται να αλλάζουν ιδιαίτερα και στα χρόνια του διαδόχου του Σεπτίμιου Σεβήρου, του αυτοκράτορα *Καρακάλλα* (212-217). Το ενδιαφέρον για την εξέλιξη των σχετικών με τους χριστιανούς πραγμάτων έχει να κάνει με την απόφασή του να διευρύνει το δικαίωμα του ρωμαίου πολίτη, απονέμοντάς το σε όλους τους ελεύθερους πολίτες της αυτοκρατορίας. Το διάταγμα είναι γνωστό σε εμάς χάρη σε έναν πάπυρο που βρέθηκε στην Αίγυπτο. Μ' αυτό ο αυτοκράτορας διευκρινίζει πως με την απόφασή του ήθελε να προσφέρει ευχαριστίες στους θεούς της Ρώμης «προσφέροντάς» τους ένα μεγάλο αριθμό καινούργιων, επιπλέον πιστών που θα τους τιμούν και θα τους λατρεύουν, χωρίς φυσικά να πρέπει προηγουμένως να απαρνηθούν τους προγονικούς θεούς τους. Η ιδιότητα, το προνόμιό τους πλέον του ρωμαίου πολίτη απλώς τους υποχρεώνει κατά βάση να τιμούν εξίσου, αν όχι με προτεραιότητα τους ρωμαϊκούς θεούς και το πνεύμα της πόλης της Ρώμης.

Τον Καρακάλλα διαδέχθηκε ο *Ελαγάβαλος* (218-222), συριακής καταγωγής και από οικογένεια ιερέων του ομώνυμου θεού. Με αυτοκράτορες μη ιταλικής καταγωγής στον θρόνο της Ρώμης, μεταφέρονται πλέον στην πρωτεύουσα της αυτοκρατορίας καινούργιες θεότητες με τις λατρείες τους, γενικά καινούργιες θρησκευτικές νοοτροπίες. Εξαιτίας της καταγωγής του, ο Ελαγάβαλος, με την παρουσία του στο ανώτατο αξίωμα της αυτοκρατορίας επέδειξε, ευνόητο γιατί, χαλαρότητα έναντι όλων των θρησκειών, συνεπώς και απέναντι στον Χριστιανισμό. Η ανεμπόδιστη μετακίνηση και διάδοση θρησκειών, που παρατηρείται αυτήν την εποχή, φυσικά ωφελεί και τον Χριστιανισμό, ο οποίος τώρα γνωρίζει μεγάλη εξάπλωση και διείσδυση σε όλα τα κοινωνικά στρώματα, μέχρι και τις ανώτερες τάξεις της ρωμαϊκής κοινωνίας.

Ο διάδοχός του *Αλέξανδρος Σεβήρος* (222-235) εξεδήλωσε την επιθυμία να επιστρέψει η αυτοκρατορία στις δικές της θρησκευτικές παραδόσεις, χωρίς όμως να δείξει διάθεση καταδίωξης των άλλων θρησκειών. Ευγενής και γενναιόδωρος από την φύση του, φέρεται να εφαρμόζει ένα είδος θρησκευτικού εκλεκτισμού. Η στάση του μάλιστα ήταν τόσο ήπια και διακριτική που η παράδοση αναφέρει γι' αυτόν, ότι στο ιδιωτικό του *λαράριο* είχε και άγαλμα του Ιησού Χριστού και ότι είχε ζητήσει να χαραχθεί στους τοίχους του παλατιού του το «μην κάνεις στους άλλους ό,τι δεν θέλεις να κάνουν οι άλλοι σε σένα». Ο Ευσέβιος αναφέρει ακόμα ότι η μητέρα του, η Ιουλία Μαμαία που ήταν «θεοσεβέστατη», παρακινημένη από την τεράστια φήμη του Ωριγένη, όταν βρέθηκε στην Αντιόχεια τον κάλεσε για να τον γνωρίσει προσωπικά, αλλά και για να γνωρίσει μέσω αυτού περισσότερα για την πίστη του.

Ο αυτοκράτορας *Μαξιμίνος ο Θράξ* (235-238) ήταν στρατιωτικός με ταπεινή καταγωγή και χωρίς μόρφωση, αλλά νικητής στους πολέμους που διεξήγαγε. Ως αυτοκράτορα του ρωμαϊκού κράτους πρωτίστως τον απασχολούσε ο στρατός και η εύρυθμη λειτουργία του. Για να την εξασφαλίζει χρειαζόταν χρήματα και πειθαρχία. Και τα μεν χρήματα του τα προμήθευαν οι πολλοί καινούργιοι φόροι που επέβαλε. Την απαίτησή του για πειθαρχία όμως φαίνεται πως παρεμπόδιζε η φήμη πως υπήρχαν χριστιανοί, που αρνούνταν την στράτευση. Για να αποτρέψει κάτι τέτοιο διέταξε να συλληφθούν και να θανατωθούν οι ηγέτες των χριστιανικών κοινοτήτων, τους οποίους θεωρούσε υπεύθυνους για την διάδοση της υπεύθυνης για την άρνηση στράτευσης διδασκαλίας. Επιπλέον, το γεγονός ότι εκείνη την εποχή συνέβησαν και πολλοί σεισμοί, ιδιαίτερα στην περιοχή της Καππαδοκίας, θεωρήθηκε, όπως είναι ευνόητο, ως έκφραση θυμού από μέρους των θεών, με συνέπεια η κατά τα άλλα γενικώς ήρεμη βασιλεία του να αναστατωθεί από κατά τόπους διώξεις των χριστιανών, οι οποίοι για μιαν ακόμη φορά θεωρήθηκαν υπαίτιοι. για όλα τα δεινά που συνέβαιναν.

Ο καταγόμενος από την περιοχή της Ιορδανίας διάδοχος του Μαξιμίνου *Φίλιππος ο Άραβας* (244-249) έδειξε τόση και τέτοια συμπάθεια προς τους χριστιανούς, που δημιουργήθηκε η φήμη πως και ο ίδιος μεταστράφηκε στον Χριστιανισμό. Αναφέρεται μάλιστα πως κάποια φορά θέλησε και ο ίδιος να συμμετάσχει στην παννυχίδα της παραμονής του Πάσχα, αλλά εμποδίστηκε, υπό τον όρο προηγουμένως να εξομολογηθεί και να μετανοήσει για τις πράξεις του (Ευσέβιος, Στ΄,34) και πως τόσο ο ίδιος όσο και η σύζυγός του υπήρξαν αποδέκτες επιστολών του Ωριγένη.

Η περίοδος θρησκευτικής ηρεμίας και ειρήνης που επικρατούσε συνέβαλε στην απρόσκοπτη αύξηση του αριθμού των χριστιανών, αφού τώρα πια το να είναι κανείς χριστιανός δεν χρειαζόταν να επιβεβαιώνεται μέσω διώξεων. Έτσι, μέσα στο γενικότερα ευνοϊκό κλίμα για την διάδοσή του ο αριθμός των «νεοφύτων», των καινούργιων δηλαδή στην πίστη, ήταν συγκριτικά μεγαλύτερος από ποτέ. Είναι μάλιστα τέτοιος, που φαίνεται να σκανδαλίζει τους πιο συντηρητικούς από τους ρωμαίους πολίτες. Γι' αυτό και το χτύπημα από τον αυτοκράτορα Δέκιο ξάφνιασε πολύ επώδυνα τα μέλη των χριστιανικών κοινοτήτων και προκάλεσε πρωτοφανή προβλήματα, όπως θα δούμε στην συνέχεια.

Γ΄ περίοδος των διωγμών

Φάνηκε ήδη και με αρκετή σαφήνεια ότι αυτό που ενοχλούσε ιδιαίτερα κατά την περίοδο που προηγήθηκε ήταν το πρωτόγνωρο και ανεπίτρεπτο για την ρωμαϊκή αντίληψη της εποχής γεγονός, ότι τα μέλη, οι οπαδοί της νέας θρησκείας συμπεριφέρονταν πρώτα ως χριστιανοί και μετά ως ρωμαίοι πολίτες. Αυτό διαφαίνεται από την επιστολή του Πλίνιου του Νεώτερου, όπου ο ίδιος ομολογεί ότι τιμωρεί όσους από ισχυρογνωμοσύνη επιμένουν να μην θυσιάσουν –κατά σειρά- στο άγαλμα του αυτοκράτορα και στα αγάλματα των θεών. Το γεγονός αυτό συνιστούσε κατ' αρχήν ανυπακοή στην αυτοκρατορική λατρεία και ό,τι αυτό συνεπάγεται, ισχυρογνωμοσύνη και ασέβεια. Επιπλέον δημιουργούσε ένα ένα καινούργιο είδος ενωτικού δεσμού μεταξύ των χριστιανών, τέτοιον που, για ένα κράτος που βασίλευε διαιρώντας, η ενότητα αυτή δημιουργούσε υποψίες ότι πρόκειται για κάτι πολιτικά επικίνδυνο για το κράτος.

Η επέκταση μέσω της απονομής του δικαιώματος του ρωμαίου πολίτη (212) σ' όλους τους κατοίκους παρουσιάστηκε, όπως είδαμε ως προσφορά στις θεότητες της Ρώμης, εφόσον έτσι αυξανόταν ο αριθμός των ανθρώπων που θα τις λάτρευαν και θα τις τιμούσαν. Συνεπώς δεν πρέπει να μας εκπλήσσει η αντίληψη, που άρχισε να διαμορφώνεται κατόπιν, ότι αυτοί που γίνονταν χριστιανοί εγκατέλειπαν ουσιαστικά την πατρογονική τους πίστη, στην οποία έπρεπε με κάθε τρόπο και μέσο να επιστρέψουν.

Δέκιος (249-253)

Η άνοδος στον θρόνο της του Ιλλυριού αυτοκράτορα Δέκιου έγινε αμέσως μετά την χρονιά εορτασμού της χιλιετίας της Ρώμης (248). Επετειακά γεγονότα τέτοιου χαρακτήρα εύλογα δημιουργούν καταστάσεις ευφορίας και υπερηφάνειας, με φυσικό επακόλουθο την πρόθεση και τον σκοπό της διατήρησής της. Από τα πρώτα πράγματα, που θέλησε να κάνει ο γενναίος στρατιώτης αυτοκράτορας ήταν να τονώσει και να ενισχύσει την δύναμη και την μεγαλοπρέπεια της αυτοκρατορίας κι αυτό το έβλεπε άρρηκτα δεμένο με τις παραδόσεις και τις πατρογονικές λατρείες της, που εύλογα θεωρούνταν η πηγή απ' όπου αντλούσε την δύναμή της.

Ως έναν τρόπο επίδειξης αλλά και απόδειξης σεβασμού προς την θεωρούμενη πηγή προέλευσης του μεγαλείου της Ρώμης ο Δέκιος θεώρησε, εκτός των άλλων, το ότι είναι αναγκαίο να υποχρεωθούν όλοι οι ρωμαίοι πολίτες να επιστρέψουν στην λατρεία των αρχαίων θεοτήτων της, κυρίως μάλιστα αυτοί που τις εγκατέλειψαν για να ασπασθούν καινούργιες θρησκείες.

Έτσι, για πρώτη μέχρι τότε φορά (Δεκέμβριος του 249) εκδόθηκε διάταγμα, το οποίο υποχρέωνε όλους ανεξαιρέτως τους κατοίκους της αυτοκρατορίας να δηλώσουν δημόσια την αφοσίωσή τους στις προστάτιδες θεότητες της Ρώμης, προσφέροντας θυμίαμα ή σφάγια. Την πράξη τους αυτή θα επιβεβαίωνε σχετική βεβαίωση από τις αρχές. Για όποιον το απέφευγε, η τιμωρία θα ήταν από δήμευση της περιουσίας και φυλάκιση μέχρι θάνατο.

Για τους μη χριστιανούς υπηκόους το διάταγμα αυτό δεν εσήμαινε παρά μόνο επανάληψη ενώπιον των αρχών μιάς καθημερινής τους πρακτικής, η οποία αυτήν την φορά θα τους απέφερε και το επιβεβαιωτικό πιστοποιητικό. Για τους χριστιανούς όμως δημιουργούσε μείζον πρόβλημα, αφού τέτοιου είδους πράξεις απαγορεύονταν ρητά και κατηγορηματικά από την πίστη τους. Εξάλλου, ήταν γνωστό από το παρελθόν ότι ακόμα και ο θάνατος ως τιμωρία δεν ήταν αρκετά εκφοβιστικός, ώστε να τους υποχρεώσει να προσφέρουν θυσίες στο άγαλμα του αυτοκράτορα και των θεοτήτων της Ρώμης.

Η διαδικασία λοιπόν που ορίστηκε δεν απέβλεπε στο να εντοπίσει τους χριστιανούς για να τους εξολοθρεύσει, - άλλωστε νεκροί θα ήταν άχρηστοι για τις θεότητες- αλλά για να τους «ανακτήσει», να τους ξαναφέρει με κάθε μέσο πίσω στις πατρογονικές τους παραδόσεις. Γι' αυτό επινοήθηκαν μέσα καταναγκασμού που γίνονταν όλο και πιο σκληρά, αφού αποσκοπούσαν στο να δημιουργήσουν όχι καινούργιους μάρτυρες, αλλά αποστάτες από τον χριστιανισμό, που θα επέστρεφαν στις πατρογονικές παραδόσεις.

Ένας σύγχρονος των γεγονότων χριστιανός συγγραφέας, ο επίσκοπος Καρχηδόνας Κυπριανός, αναφέρει χαρακτηριστικά πως τα βασανιστήρια ήταν τέτοια, που πολύ δύσκολα κάποιος κέρδιζε τον στέφανο του μάρτυρα· συνήθως πετύχαιναν τον σκοπό τους, δηλαδή τους έκαναν να λυγίσουν και να υπακούσουν. Σ' αυτό ενδέχεται να συνέβαλε και το γεγονός ότι ένας μεγάλος αριθμός των χριστιανών ήταν «νεόφυτοι», νεοφώτιστοι, οι οποίοι ασπάστηκαν τον χριστιανισμό κατά την προηγηθείσα περίοδο ειρήνης, συνεπώς ήταν τελείως ανίδεοι και απροετοίμαστοι ως προς το τί δεσμεύονταν από την πίστη τους να κάνουν. Έτσι ο διωγμός πολύ γρήγορα έφερε τα αναμενόμενα για το ρωμαϊκό κράτος αποτελέσματα: λίγους μάρτυρες και πάρα πολλούς «αποστάτες», γνωστούς ως πεπτωκότες, που λύγισαν στα βασανιστήρια ή στην ιδέα των βασανιστηρίων και υπάκουσαν, τελικά, στις εντολές και τις απαιτήσεις του διατάγματος.

Αξιοσημείωτο είναι ωστόσο το γεγονός ότι πολλοί από τους πεπτωκότες (lapsi), είτε αμέσως μετά την πράξη τους είτε αργότερα, όταν εκτονώθηκε η ένταση της εφαρμογής του διατάγματος, μετάνιωσαν για την αδυναμία και την ολιγωρία που έδειξαν. Κάποιοι το δήλωσαν στις αρχές για να υποστούν τις προβλεπόμενες συνέπειες, οι περισσότεροι όμως κατέφυγαν στις κοινότητές τους, ικετεύοντας και αναζητώντας τρόπους να τους συγχωρεθεί η αδυναμία τους και να συνεχίσουν να είναι μέλη τους. Εξαιτίας αυτού η Εκκλησία βρέθηκε μπροστά στην θλιβερή πραγματικότητα, να συντάσσει καταλόγους μαρτύρων από την μια και από την άλλη κατηγορίες παραπτωμάτων: αυτοί που στις θεότητες πρόσφεραν θυμίαμα (thurificati), αυτοί που πρόσφεραν σφάγια (sacrificati), αυτοί που «αγόρασαν πιστοποιητικά ότι προσέφεραν θυσία (libellacati), αυτοί που με κάποιο τρόπο φρόντισαν να εγγραφούν στους καταλόγους όσων υπάκουσαν στο διάταγμα (acta facientes). Η κατηγοριοποίηση όμως δεν σταματούσε εδώ, αλλά συνεχιζόταν: με αυτούς που θυσίασαν εξαρχής με την θέλησή τους, αυτούς που λύγισαν και θυσίασαν ύστερα από βασανιστήρια, αυτούς που οι ίδιοι πήγαιναν στις αρχές για να αποκτήσουν το απαλλακτικό πιστοποιητικό, σ' αυτούς που εν αγνοία τους κάποιοι άλλοι το εξασφάλιζαν ή φρόντιζαν ώστε να γραφθεί το όνομά τους στους καταλόγους των «υπάκουων» κ. λπ.. Το σημαντικότερο είναι πως η κατάσταση αυτή, όσο κι αν δεν δεν γίνεται εξαρχής αντιληπτό, εκτός από την αναστάτωση και τους θανάτους αθώων που επέφερε, προκάλεσε στην Εκκλησία ένα ιδιαίτερα οξύ πρόβλημα, επικίνδυνο για τις απρόβλεπτες συνέπειές του, που έφθασαν στο σημείο να προκαλέσουν τα πρώτα σχίσματα στους κόλπους της.

Βαλεριανός (253-260)

Τα πρώτα χρόνια της εξουσίας του Βαλεριανού επέτρεψαν τους χριστιανούς να πάρουν μιαν ανάσα ανακούφισης. Η στάση του καινούργιου αυτοκράτορα όμως δεν άργησε να αλλάξει κι αυτό φαίνεται πως οφείλεται σε δύο παράγοντες: στην εχθρότητα που έτρεφε ο έμπιστος σύμβουλός του Μαρκιανός εναντίον των χριστιανών και στα πολλά προβλήματα, που ανέκυψαν για την αυτοκρατορία, όπως επιθέσεις εχθρών στα σύνορα, διάφορες επιδημίες κ. λπ.. Τα γεγονότα αυτά, όπως συνηθιζόταν άλλωστε, παρουσιάστηκαν ως εκδηλώσεις θυμού των προστατών θεών της αυτοκρατορίας και υποδείχθηκαν για μιαν ακόμα φορά οι χριστιανοί ως υπεύθυνοι για την διατάραξη της pax deorum. Η πιο εύκολη και ανώδυνη για το κράτος αντίδραση ήταν να κηρύξει ένα ακόμα διωγμό εναντίον των χριστιανών. Αυτήν την φορά, αντίθετα από το διάταγμα του Δεκίου που αφορούσε όλους τους υπηκόους της αυτοκρατορίας, ο Βαλεριανός έλαβε μέτρα ειδικά και συγκεκριμένα μόνο για τους χριστιανούς.

Κείμενα των σχετικών αποφάσεων δεν έχουν σωθεί. Ωστόσο το περιεχόμενο και η εφαρμογή τους μπορούν να προσεγγισθούν μέσα από τις πληροφορίες, τις σχετικές με τα θύματα και αυτού του μέτρου.

Τον Αύγουστο του 257 στάλθηκαν γράμματα στους διοικητές των ρωμαϊκών επαρχιών που όριζαν: να παρουσιασθούν οι ηγέτες των χριστιανικών κοινοτήτων στις τοπικές αρχές και να θυσιάσουν στις προστάτιδες θεότητες της αυτοκρατορίας, να απαγορευτούν οι συγκεντρώσεις των χριστιανών καθώς και η πρόσβασή τους στα κοιμητήριά τους. Είναι φανερό πως τα μέτρα αυτά αποσκοπούσαν στο να αποστερήσουν τις χριστιανικές κοινότητες από τις κεφαλές τους και να εμποδίζουν τις λατρευτικές τους συγκεντρώσεις, διότι περίμεναν πως οι χριστιανοί, χωρίς ιερείς και λατρεία, θα μαραθούν και θα συρρικνωθούν. Ένα χρόνο αργότερα (Αύγουστος του 258) με νέο διάταγμα ορίσθηκε να θανατωθούν οι εξόριστοι ηγέτες των χριστιανών που αρνήθηκαν να θυσιάσουν. Το μέτρο διευρύνθηκε και σε λαϊκούς, μη κληρικούς, χριστιανούς των ανώτερων κοινωνικών τάξεων, προφανώς για να απογυμνωθούν οι κοινότητες και από αυτούς που τις ενίσχυαν οικονομικά, επ' ωφελεία φυσικά του ρωμαϊκού κράτους, στα ταμεία του οποίου κατέληγαν οι περιουσίες των τιμωρημένων χριστιανών. Σημειωτέον, ότι κατά την διάρκεια αυτού του διωγμού δεν αναφέρονται πεπτωκότες.

Γαλλιηνός (260-268)

Ο γιός και διάδοχος του Βαλεριανού, ο αυτοκράτορας Γαλλιηνός, ήταν μία ιδιαίτερη προσωπικότητα. Φίλος του περίφημου φιλόσοφου Πλωτίνου, νεοπλατωνιστής και ο ίδιος και μυημένος στα Ελευσίνια μυστήρια, ονειρευόταν ένα κράτος ανάλογο της «Πολιτείας» του Πλάτωνα και λάτρευε την πολυτελή ζωή και τις εκδηλώσεις της. Παρά την εμφανή προτίμησή του στην πολυθεϊστική θρησκεία εξέδωσε διάταγμα (260), με το οποίο αναιρούσε την ισχύ του προηγούμενου, του πατέρα του, σχετικά με τους χριστιανούς.

Αν και το διάταγμα δεν σώζεται, γνωρίζουμε το περιεχόμενό του από μία από τις επιστολές που έστειλε, απευθυνόμενος σε ηγέτες χριστιανικών κοινοτήτων, προς τον Διονύσιο, τον επίσκοπο της Εκκλησίας της Αλεξάνδρειας. Με την επιστολή του αυτή, που την παραθέτει ο Ευσέβιος (Ζ',13), γνωστοποιεί στον επίσκοπο Διονύσιο την «ευεργεσίαν της δωρεάς» του, δηλαδή, την διαταγή του με την οποία επιστρέφονται στους χριστιανούς οι τόποι «θρησκευσίμων», των λατρευτικών τους συνάξεων, οι οποίες πλέον μπορούν να τελούνται ελεύθερα, αλλά και των κοιμητηρίων τους.

Αυτό φυσικά σήμαινε το τέλος του προηγηθέντος διωγμού. Δεν είναι ξεκάθαρο όμως ότι σήμαινε πως αναγνωρίζεται ο Χριστιανισμός ως επιτρεπόμενη στο ρωμαϊκό κράτος θρησκεία και ότι δεν θα ξαναδιωχθεί. Με το διάταγμα αυτό, αν μη τι άλλο, ένας ρωμαίος αυτοκράτορας απευθύνεται για πρώτη φορά σε θρησκευτικούς ηγέτες του Χριστιανισμού, τους επισκόπους, συνάμα δε τους αναγνωρίζει το δικαίωμα της κατοχής περιουσίας, κάτι τέτοιο όμως ίσχυε από πάντα για τα σωματεία (κολλέγια).

Διοκλητιανός (284-305) και ο μεγάλος διωγμός

Για σαράντα περίπου χρόνια οι χριστιανοί αφέθηκαν ελεύθεροι να κάνουν ό,τι όλοι οι υπήκοοι της αυτοκρατορίας, να ζουν και να τελούν τα θρησκευτικά τους καθήκοντα, σύμφωνα με τις επιταγές της πίστης τους. Η «μικρή ειρήνη», όπως είναι γνωστή, είχε ως άμεση συνέπεια οι χριστιανικές κοινότητες να αναπτυχθούν τόσο, ώστε να είναι πλέον «μυρίανδροι» (Ευσέβιος), να μην αρκούν οι υπάρχοντες ναοί για να καλύψουν τις πολυπληθείς κοινότητες και να χρειάζεται να κτιστούν και καινούργιοι, «ευρείς εις πλάτος ανά πάσας τας πόλεις». Αλλά και η αποδοχή, η ενσωμάτωση των χριστιανών στην ρωμαϊκή κοινωνία φαίνεται πως ήταν αυξημένη, με τα θετικά και τα αρνητικά που αυτό σημαίνει και συνεπάγεται. Ως παρενέργεια της πρωτόγνωρης ελευθερίας ο Ευσέβιος πάλι θεωρεί την «χαυνότητα και νωθρία», αλλά και τις μεταξύ των χριστιανών φιλονικίες για τα αξιώματα, συμπτώματα τελείως άγνωστα στην διάρκεια των δύσκολων εποχών που προηγήθηκαν.

Οι χριστιανικές κοινότητες όμως ήταν μέρος της ρωμαϊκής κοινωνίας, που κι αυτή αγωνιζόταν να είναι ήρεμη και να προοδεύει. Τελευταία, η διαδοχή στον αυτοκρατορικό θρόνο εξελισσόταν σε μόνιμη μάχη για την διατήρηση στη ζωή, αφού οι δολοφονίες αυτοκρατόρων και οι πολιτικές συμμαχίες για επικράτηση είχαν γίνει πια σύνηθες φαινόμενο, που τελικά προκαλούσε ή επέτεινε την αναταραχή και την αστάθεια σε όλα τα κοινωνικά στρώματα.

Για να απομακρύνει τις απρόβλεπτες συνέπειες και τους κινδύνους που συνεπάγεται η ασυνέχεια στην διαδοχή του αυτοκρατορικού θρόνου, αλλά και να εξασφαλίσει απρόσκοπτη λειτουργία στην διοίκηση, ο Διοκλητιανός επινόησε ένα καινούργιο σύστημα διοίκησης της αυτοκρατορίας, την *τετραρχία*. Μοιράζοντας την αυτοκρατορία σε δύο τμήματα που θα τα διοικούν δύο αύγουστοι και θα βοηθούνται από έναν καίσαρα ο καθένας τους, ο Διοκλητιανός ήταν πεπεισμένος πως έτσι και ο πρώτος αύγουστος θα είχε βοήθεια στην διοίκηση και η διαδοχή στον θρόνο θα είχε συνέχεια, γεγονός που θα έβαζε τέλος στους σφετερισμούς. Πίστευε ακόμα πως η αποτελεσματικότητα αυτής της «συλλογικής διοίκησης» θα του επέτρεπε να πραγματοποιήσει τον στόχο του, που δεν ήταν άλλος από το να ξαναδώσει στην αυτοκρατορία την προηγούμενη δύναμη, ακεραιότητα και αίγλη της.

Η προσήλωσή του ωστόσο στην ειδωλολατρία δεν ήταν φανατική όπως αυτή του καίσαρά του Γαλέριου, γι' αυτό και πέρασε μία εικοσαετία χωρίς να εκδηλώσει μ' οποιονδήποτε τρόπο αρνητική θέση και στάση απέναντι στους χριστιανούς. Για πολύ καιρό, βασικός υποκινητής του γενικού διωγμού που, τελικά, κήρυξε ο Διοκλητιανός θεωρούνταν ο Γαλέριος, ο οποίος φαίνεται ότι τους μισούσε ιδιαίτερα. Όμως δεν μπορεί να είναι μόνον αυτός ο λόγος, δεν προκύπτει από πουθενά ότι ο Διοκλητιανός άφησε ουσιαστικά να επιβληθεί με την έγκρισή του ένα μέτρο χωρίς να το θέλει ο ίδιος. Στην πραγματικότητα είναι περισσότεροι οι παράγοντες που καθόρισαν την απόφαση του Διοκλητιανού.

Η δεδομένη πρόθεσή του να ξαναδώσει στην αυτοκρατορία δύναμη και αίγλη σημαίνει ότι στρέφει την προσοχή του στον στρατό και την αυλή. Γίνεται έτσι αρκετά επιρρεπής στις προλήψεις και στις απόψεις που του διοχέτευαν σε κάθε περίσταση οι εθνικού ιερείς, οι οποίοι φυσικά είναι πολύ δυσαρεστημένοι από την εξάπλωση του χριστιανισμού και την δυσαρέσκειά τους αυτή την προβάλλουν ως θυμό των θεών. Αλλά δεν είναι οι μόνοι δυσαρεστημένοι. Είναι και οι εθνικοί συγγραφείς (Πορφύριος, Ιεροκλής κ. ά.) που καταφέρονται με τα γραπτά τους εναντίον των χριστιανών. Ο Ιεροκλής μάλιστα, σύμφωνα με τον Λακτάντιο, είναι εκείνος που με το έργο του προσέφερε ιδεολογικό πλαίσιο τέτοιο, που δικαιολογείται η κήρυξη διωγμού. Τέλος, την μέριμνα του Διοκλητιανού να έχει τουλάχιστον τον στρατό πιστό στους θεούς και υπάκουο στον ίδιο, μετέτρεψε σε ανησυχία το γεγονός ότι στην Αφρική παρουσιάστηκε το φαινόμενο άρνησης προσφοράς στρατιωτικών υπηρεσιών από κάποιους πρώην χριστιανούς, που κατέληξαν μανιχαϊστές. Το γεγονός αυτό προκάλεσε την έκδοση διατάγματος από τον Δοκλητιανό (31 Μαρτίου 297), με το οποίο απαγορευόταν ο Μανιχαϊσμός, με το σκεπτικό ότι ήταν νέα θρησκεία, άγνωστη και που αντιβαίνει στην αρχαία θρησκεία. Επίσης, γενίκευσε την απαίτηση από όλους να εκφράσουν την πίστη και την νομιμοφροσύνη τους στην αρχαία θρησκεία, προσφέροντας θυσίες στους θεούς της Ρώμης.

Έτσι, κάτι που ξεκίνησε ως εφαρμογή στρατιωτικής πειθαρχίας εξελισσόταν τελικά, με το πρόσχημα της κάθαρσης του στρατού, σε μια μορφή διωγμού, αφού οι χριστιανοί, προκειμένου να μην προσφέρουν θυσίες, εγκατέλειπαν τις θέσεις που κατείχαν στο στράτευμα, συνάμα δε και τα κεκτημένα δικαιώματά τους.

Ο διωγμός των χριστιανών αποφασίστηκε τελικά, ύστερα από πολλές συζητήσεις κα διαβουλεύσεις. Με δεδομένες –και επίμονες- τις σχετικές απόψεις του καίσαρα Γαλέριου, ο Διοκλητιανός συγκάλεσε αυτοκρατορικό συμβούλιο και τα μέλη του, είτε συμμεριζόμενοι και οι ίδιοι την άποψη του αυτοκράτορα προσωπική είτε από διάθεση κολακείας, συμφώνησαν με την πρόθεση να διώξει τους χριστιανούς. Φυσικά, και το μαντείο του Απόλλωνα της Μιλήτου, όταν ρωτήθηκε σχετικά, κατηύθυνε στην εξαφάνιση του «εχθρού της θείας θρησκείας». Με τα πάντα να συνηγορούν υπέρ της πρόθεσής του, ο Διοκλητιανός αποφάσισε να τιμωρήσει αυστηρά μεν, αλλά ει δυνατόν χωρίς αιματοχυσίες, την «αποστασία από την αρχαία θρησκεία», αποφασισμένος να κάμψει την γνωστή πια εμμονή των χριστιανών στην πίστη τους με επίδειξη ισχύος, που πίστευε ότι θα τον βοηθήσει στην πραγματοποίηση του σχεδίου του.

Έτσι, τον Φεβρουάριο του 303 ξεκίνησε ο διωγμός και συνεχίστηκε κλιμακούμενος για έναν χρόνο. Αφυρμή στάθηκε ο εορτασμός των Τερμηναλίων, κατά την διάρκεια του οποίου καταστράφηκε ολοκληρωτικά ένας χριστιανικός ναός στην Νικομήδεια. Την επόμενη μέρα εκδόθηκε το πρώτο από τα τέσσερα συνολικά σχετικά διατάγματα, που διέταζε: την κατεδάφιση όλων των χριστιανικών ναών, την καύση όλων των ιερών τους βιβλίων, την απώλεια των τιμών και των προνομίων όσων χριστιανών κατείχαν τιμητικές θέσεις και την στέρηση της ελευθερίας όλων των χριστιανών διοικητικών υπαλλήλων. Μ' άλλα λόγια, μετά την κάθαρση του στρατού –που επέβαλε το διάταγμα κατά των Μανιχαίων- ήταν τώρα η σειρά της δημόσιας διοίκησης να «καθαρισθεί» από χριστιανικά στοιχεία.

Το διάταγμα που ακολούθησε όριζε την φυλάκιση όλων των ηγετών της Εκκλησίας, ενώ με το τρίτο υποχρεώνονταν οι φυλακισμένοι πια χριστιανοί να πιεσθούν με κάθε τρόπο να προσφέρουν θυσίες, το δε τέταρτο και τελευταίο γενίκευε την απαίτηση από όλους να προσφέρουν θυσίες παντού, σε κάθε πόλη της αυτοκρατορίας.

Μ' αυτήν την ακολουθία μέτρων κηρύχθηκε ο πιο βασανιστικός διωγμός που υπέστη ο Χριστιανισμός. Ένας διωγμός που, από τις χιλιάδες των χριστιανών που αφορούσε, έστεψε πολλούς μάρτυρες αλλά και δημιούργησε και πολλούς πεπτωκότες. Η απαίτηση του διατάγματος, να παραδώσουν οι χριστιανοί στις αρχές τα ιερά τους βιβλία, δημιούργησε μεν μία καινούργια κατηγορία πεπτωκότων, αυτούς που παρέδωσαν βιβλία, τους *traditores*, η δε μετάνοιά τους δημιούργησε διάφορες σχολαστικές υποκατηγορίες: σ' αυτούς που τα παρέδωσαν αμέσως, σ' αυτούς που τα παρέδωσαν μετά από βασανιστήρια, σ' αυτούς που παρέδωσαν στις αρχές άλλα βιβλία, επί το πλείστον αιρετικά, προκειμένου ν' αποφύγουν τα βασανιστήρια κ. ά..

Ο Διοκλητιανός τελικά παραιτήθηκε (Μάιος του 305) και την θέση του κατέλαβε ο μέχρι τότε καίσαρας στην Ανατολή Γαλέριος, ο οποίος ανέδειξε στην θέση του καίσαρα τον ανεψιό του Μαξιμίνο Ντάγια. Στην Δύση, αύγουστος αναδείχθηκε ο μέχρι τότε καίσαρας Κωνστάντιος, ο πατέρας του Μ. Κωνσταντίνου, και καίσαρας ο Σεβήρος.

Με την δεύτερη γενιά προσώπων στην τετραρχία άρχισαν να αναδεικνύονται τα εγγενή προβλήματα του συστήματος, με κυριότερο αυτό της διάστασης απόψεων στην αντιμετώπιση διαφόρων θεμάτων. Στην Δύση, λόγω του Κωνστάντιου κυρίως και της ήπιας στάσης του στα θρησκευτικά ζητήματα, οι χριστιανοί δεν αντιμετώπιζαν ιδιαίτερα προβλήματα. Στην Ανατολή όμως ο Μαξιμίνος ανανέωσε τα εναντίον των χριστιανών διατάγματα του προκατόχου του στις

Πτυχές από την ιστορία της αδιαίρετης Εκκλησίας

περιοχές της δικαιοδοσίας του (Αίγυπτος, Συρία). Ταυτόχρονα, όντας μάλιστα ο ίδιος με αυξημένη την εξάρτησή του από τα μαντεία και τους χρησμούς, επέβαλε με σπουδή και ενίσχυσε την ανέγερση όλων των κατεστραμμένων εθνικών ναών. Έτσι συνεχίστηκε για ένα διάστημα η αναταραχή σε βάρος των χριστιανών, σε κάποια τμήματα της αυτοκρατορίας.

Το διάταγμα ωστόσο του αύγουστου Γαλερίου (30 Απριλίου 311) έδινε πλέον καινούργια διάσταση στα πράγματα, αφού βασικά επέτρεπε τους μέχρι τότε διωκόμενους «ίνα αύθις ώσιν χριστιανοί». Το διάταγμα συμπληρωνόταν με επιστολή του ίδιου αύγουστου προς τους κατά τόπους δικαστές, με την οποία δηλωνόταν πως το μόνο που όφειλαν να κάνουν οι χριστιανοί ήταν «να παρακαλούν τον θεό τους για την σωτηρία των αρχόντων, των δημοσίων πραγμάτων και την δική τους», ώστε με κάθε τρόπο να συνεχίσουν όλοι να ζουν αμέριμνοι (Ευσέβιος, Η΄, 17,9-10).

Η τομή στα θρησκευτικά ζητήματα που έδινε ένα τέτοιο διάταγμα, ακόμα κι αν δεν είχε από την πρώτη στιγμή της έκδοσής του γενική εφαρμογή, έδινε τροπή στα πράγματα τέτοια, που δύσκολα μπορούσε πλέον να αναστραφεί. Αυτό επιβεβαιώνεται από το γεγονός, ότι μόλις δύο χρόνια αργότερα (313) οι αυτοκράτορες Κωνσταντίνος και Λικίνιος εξέδωσαν το περίφημο Διάταγμα των Μεδιολάνων. Στο διάταγμα αυτό, με αφετηρία την θέση ότι η ελευθερία της θρησκείας «ουκ αρνητέα είναι» οι δύο αύγουστοι, τακτοποιώντας τα θρησκευτικά ζητήματα της αυτοκρατορίας, *εδογμάτισαν «να δοθεί και στους χριστιανούς και σε όλους η ελευθερία να ακολουθούν την θρησκεία με όπυιον τρόπο θέλουν... Ακόμη, κανείς να μην έχει εξουσία να εμποδίσει με κανέναν τρόπο όποιον θέλει να ακολουθήσει την θρησκεία των χριστιανών...»* (Ευσέβιος, Ι΄, 2-7)

Οι συνέπειες του συγκεκριμένου Διατάγματος για τον Χριστιανισμό ήταν θετικότατες και ραγδαίες. Μόλις μία δεκαετία αργότερα, ο αυτοκράτορας του κράτους που καταδίωξε τους χριστιανούς θεμελίωνε καινούργια πρωτεύουσα, με εμφανή –αν όχι αποκλειστικό- τον χριστιανικό της χαρακτήρα και λίγο αργότερα, ανταποκρινόμενος σε αίτημα των χριστιανών υπηκόων του, συγκαλούσε την Α΄ Οικουμενική Σύνοδο της Εκκλησίας. Τελικά ο Χριστιανισμός από διωκόμενη σύντομα αναδείχθηκε σε επίσημη θρησκεία, γεγονός που, όσο και αν φαντάζει οξύμωρο, σημαίνει πως οι διωγμοί εναντίον του δεν τον περιόρισαν, ούτε εμπόδισαν την εδραίωσή του.

Ενδεικτική Βιβλιογραφία
Απ. Γλαβίνα, Οι διωγμοί κατά της Εκκλησίας στην Προκωνσταντίνεια περίοδο, Κατερίνη 1992.
Peter Garnsey – Richard Saller, Η Ρωμαϊκή Αυτοκρατορία. Οικονομία, κοινωνία, πολιτισμός. Ηράκλειο 1995 (τίτλος πρωτοτύπου: The Roman Empire. Economy, Society and Culture, [1892], Gerald Dackworth & Co. Ltd., μετάφρ. Β. Ι. Αναστασιάδης).
W. Ramsay, The Church in the Roman Empire, London 1892.
Ed. Gibbon, The Decline and Fall of the Roman Empire, vol. I, 180 A.D.-395 A.D., New York, The Modern Library. Histoire du Christianisme des origines à nos jours, tome I, Le nouveau peuple (des origines à 250), Paris 2000, tome II, Naissance d' une Chrétienté (250-430), Paris 1995.

Η Οργάνωση της Εκκλησίας

Από την διδασκαλία του Ιησού Χριστού δύο είναι οι εντολές προς τους μαθητές του, που συνδέονται άμεσα με την δημιουργία της Εκκλησίας ως ζώντος οργανισμού: η εντολή για την διάδοση της διδασκαλίας του (*πορευθέντες, μαθητεύσατε...*) και αυτή για την τέλεση της θείας Ευχαριστίας (*τούτο ποιήτε εις εμήν ανάμνησιν...*). Οι παραλήπτες αυτών των εντολών, οι Απόστολοι και οι μαθητές τους, μπορούσαν να ανταποκριθούν σχετικά μόλις τον πρώτο καιρό μετά την Πεντηκοστή, όταν δηλαδή ο αριθμός αυτών που προσέρχονταν στον Χριστιανισμό ήταν ακόμα ελεγχόμενα αυξανόμενος και περιορισμένος στην πόλη της Ιερουσαλήμ.

Πολύ σύντομα όμως, όπως είναι ήδη γνωστό, ο Χριστιανισμός άρχισε να βγαίνει από τα όρια της Ιερουσαλήμ, να εξαπλώνεται και σιγά-σιγά να εδραιώνεται στο μεγαλύτερο μέρος του τότε γνωστού κόσμου.

Η οργάνωση του καθημερινού βίου της εποχής, όπως είναι ευνόητο, καθιστούσε τις πόλεις δελεαστικότερες, από ιεραποστολική σκοπιά, ως αρχικούς τόπους παρουσίασης της νέας διδασκαλίας, αφού εκεί συγκεντρωνόταν μεγαλύτερος αριθμός ανθρώπων, μόνιμων αλλά και μετακινούμενων για λόγους είτε εμπορικούς είτε διοικητικούς. Για τους κήρυκες της νέας θρησκείας, όσο μεγαλύτερος ο αριθμός αυτών που άκουγαν το κήρυγμα, τόσο περισσότερες οι πιθανότητες κάποιοι να το ασπασθούν. Χαρακτηριστικό παράδειγμα αυτής της πρακτικής συνιστά η τακτική του Αποστόλου Παύλου αλλά και των άλλων Αποστόλων, όπως αυτή αποτυπώνεται στο Βιβλίο των *Πράξεων των Αποστόλων*.

Έτσι, δεν είναι παράξενο που τον πρώτο καιρό ο Χριστιανισμός εμφανίσθηκε ως θρησκεία των πόλεων, ιδιαίτερα μάλιστα αφού αυτό διευκόλυνε την τέλεση της θείας Ευχαριστίας από τον έναν και μοναδικό επίσκοπο της κάθε πόλης. Φυσικά, ούτε σήμαινε πως δεν θα μπορούσε να διαδοθεί και να ευδοκιμήσει έξω από τις πόλεις, σε μικρότερες οικιστικές μονάδες, στην ύπαιθρο και σε χωριά, γεγονός που συνέβη άλλωστε.

Πρεσβύτεροι- περιοδευτές πρεσβύτεροι-ενορίες

Όταν ο αριθμός των πιστών εκτός των πόλεων άρχισε να αυξάνει τόσο, που να γίνεται προβληματική η τέλεση της θ. Ευχαριστίας, η αρχέγονη Εκκλησία ανταποκρίθηκε ανάλογα. Δημιουργήθηκαν κοινότητες υπό την επίβλεψη και επιστασία του επισκόπου, ο οποίος βέβαια τελούσε και την θ. Ευχαριστία. Στο κήρυγμα και τις απαραίτητες φιλανθρωπικές δραστηριότητες τον συνέδραμαν πρεσβύτεροι και διάκονοι. Η πλήρωση των θρησκευτικών αναγκών των εκτός των πόλεων κοινοτήτων, πλην αυτής της θ. Ευχαριστίας, ανατέθηκε κατ' αρχήν σε πρεσβύτερους, οι οποίοι φαίνεται πως αναλάμβαναν κυρίως την διδαχή των πιστών, την προετοιμασία των κατηχουμένων, την οργάνωση της προσευχής και την ανάγνωση των Γραφών. Για την θ. Ευχαριστία μετέβαιναν στην πλησιέστερη πόλη, που υπήρχε επίσκοπος και την τελούσε.

Για την κάλυψη μάλιστα των θρησκευτικών αναγκών όσο γίνεται περισσότερων πιστών υπήρξαν και *περιοδευτές* πρεσβύτεροι, στις περιπτώσεις εκείνες που δεν ήταν εφικτή ή σκόπιμη η εγκατάσταση σε κάποιες κοινότητες μονίμων ιερέων. Μόνιμοι ιερείς, όπως είναι ευνόητο, ήταν απόλυτα απαραίτητοι στις απομακρυσμένες περιοχές από πόλεις με επισκοπική έδρα.

Ο γ' αιώνας διαμόρφωσε καινούργιες συνθήκες και δεδομένα στην ζωή και την οργάνωση της Εκκλησίας, με βασικότερη επίπτωση τον ανεπαρκή αριθμό επισκόπων για την κάλυψη των θρησκευτικών αναγκών των κοινοτήτων. Αυτό προέκυψε από δύο κυρίως γεγονότα: κατ' αρχήν, από την ευρύτερη απ' ό,τι προηγουμένως διάδοση του χριστιανισμού. Σ' αυτό συνέβαλε, εκτός από την ιδιαίτερη απήχηση που γνώριζε η διδασκαλία του, και η pax Romana, τα μεγάλα διαστήματα ειρήνης στην αυτοκρατορία. Κατά την διάρκειά τους οι χριστιανικές κοινότητες έγιναν πλέον πολυάριθμες και πολυάνθρωπες σ' όλη την επικράτεια και οι υπάρχοντες επίσκοποι δεν επαρκούσαν για να οργανώνουν, να στηρίζουν και να καλύπτουν τις ραγδαία αυξανόμενες ανάγκες τους, ιδιαίτερα τις ευχαριστιακές.

Επιπρόσθετα δε, τον ήδη ανεπαρκή αριθμό των επισκόπων που υπήρχαν μείωσε ακόμη περισσότερο η πολιτική των ρωμαίων αυτοκρατόρων, κυρίως από τον Δέκιο και μετά, οι οποίοι, με τους διωγμούς που κήρυξαν, οδήγησαν τους περισσότερους από αυτούς στις φυλακές, ενώ άλλους τιμώρησαν με εξορία, εξανάγκασαν σε αποστασία ή ακόμα και να τραπούν σε φυγή. Είναι η εποχή που μεγάλες χριστιανικές κοινότητες, όπως η Εκκλησία της Αλεξάνδρειας, της Καρχηδόνας, ακόμα και της Ρώμης, στερήθηκαν τους επισκόπους τους και παρέμειναν ακέφαλες για αρκετό χρονικό διάστημα.

Το άμεσο και οξύ πρόβλημα και στις δύο περιπτώσεις ήταν η τέλεση της θ. Ευχαριστίας. Η ανάγκη λοιπόν για την εξεύρεση άμεσης και ασφαλούς λύσης ήταν που «ενίσχυσε» την λειτουργική δικαιοδοσία των πρεσβυτέρων, οι οποίοι μέχρι τότε είχαν άλλα καθήκοντα. Ταυτόχρονα αυτό σήμαινε πως πρακτικά δεν ήταν πλέον εφαρμόσιμο το να τελείται μία θ. Ευχαριστία σε κάθε πόλη από τον επίσκοπό της, όπως συνέβαινε προηγουμένως, όταν οι κοινότητες ήταν ακόμα ολιγομελείς. Έτσι, η τέλεσή της ανατέθηκε και στους πρεσβυτέρους, γεγονός που τους συνέδεσε μονιμότερα με τις κοινότητες που εξυπηρετούσαν, σχηματίζοντας έτσι την αρχική μορφή της ενορίας.

Χωρεπίσκοποι
Ωστόσο, ιδιαίτερα σε κάποιες περιοχές, όπως π. χ. στην Ιταλία και κυρίως στην Β. Αφρική, προς τα τέλη του αιώνα (γ' προς δ' αι.) διαπι-

στώνεται πολύ μεγάλος αριθμός επισκόπων, όχι πλέον μόνο στις μεγάλες πόλεις κάθε περιοχής. Αυτό κατ' αρχήν σημαίνει φυσικά την ύπαρξη πολλών κοινοτήτων. Στην περίπτωση όμως της Β. Αφρικής ήταν τα αυξημένα προβλήματα στις κοινότητες, που απαιτούσαν και επέβαλλαν παρουσία επισκόπου στην περιοχή,. Υπενθυμίζεται ότι είναι η εποχή που παρουσιάζονται τα πρώτα σοβαρά προβλήματα, τόσο από τα μέλη της που δοκιμάστηκαν κατά την περίοδο των διωγμών, όσο και από τις πρώτες αιρέσεις που έκαναν την εμφάνισή τους, προβλήματα που απείλησαν ουσιαστικά την ενότητα και την υπόσταση της Εκκλησίας. Προβλήματα που, εκτός των άλλων, χρειάζονταν ενισχυμένο τον επίσκοπο ως προς το αξίωμά του, για να είναι σε θέση να τα επιλύσει

Με τον μεγάλο αριθμό των επισκόπων σε περιοχές συνδέεται και ο θεσμός των «χωρεπισκόπων», που εμφανίζεται αυτήν την εποχή, επισκόπων δηλαδή σε κωμοπόλεις και χωριά. Για τον θεσμό αυτό, που είναι άγνωστο το πότε ακριβώς πρωτοεμφανίζεται, γίνεται αναφορά σε κανόνες αρκετών συνόδων, προς το τέλος δε του 4ου αι. τίθεται σε αχρησία (σύνοδος της Λαοδίκειας, 381, *ου δει εν ταις χώραις καθίστασθαι επισκόπους*). Ο Μητρ. Σάρδεων Μάξιμος παρατηρεί σχετικά, ότι «α) η μείωσις και η εξαφάνισις του θεσμού των χωρεπισκόπων εγένετο βαθμιαίως, των χωρεπισκόπων όντων αρχικώς πλήρων επισκόπων, και β) η κίνησις αύτη εκ των πολλών προς τους ολιγοτέρους επεταχύνθη κατά τον δ' αιώνα, ήτο δε συνδεδεμένη προς την αύξουσαν λειτουργικήν δικαιοδοσίαν των πρεσβυτέρων» (σ. 40).

Πρεσβεία τιμής

Ως προς την οργάνωσή τους λοιπόν εμφανίζονται περιοχές με πολύ μεγάλο αριθμό επισκόπων και επισκοπικών εδρών, ενώ άλλες με πολύ λίγους. Στην δεύτερη περίπτωση, ο κάθε επίσκοπος είναι υπεύθυνος και συντονίζει ευρύτερες περιοχές, κατανεμημένες σε ενορίες υπό την ευθύνη πρεσβυτέρων.

Όλοι οι επίσκοποι είχαν τα ίδια καθήκοντα (να τελούν την θ. Ευχαριστία και τα άλλα μυστήρια, να χειροτονούν πρεσβυτέρους και διακόνους, να κηρύττουν και, γενικώς, να επιλαμβάνονται των ζητημάτων του ποιμνίου τους), την ίδια ευθύνη και θέση, δηλαδή ίσοι μεταξύ τους. Ωστόσο, με τον καιρό κάποιοι επίσκοποι απέκτησαν μια πιο εξέχουσα θέση, έγιναν «πρώτοι μεταξύ ίσων». Αυτό δεν προέκυψε τυχαία, εν μέρει δε συνετέλεσε στο να διαμορφωθεί ένα είδος «εθιμικού δικαίου», το οποίο βρήκε την εφαρμογή του τόσο ως τιμητική αναγνώριση, όσο και ως κάτι το πρακτικά πιο χρηστικό, την σύγκληση των συνόδων για παράδειγμα, όπως θα φανεί στην συνέχεια.

Συγκεκριμένα, ο επίσκοπος μιας νεώτερης κοινότητας, ιδιαίτερα των μικρών πόλεων, για λόγους κατ' αρχήν ουσιαστικούς αλλά και πρακτικούς, τελούσε υπό την εποπτεία του επισκόπου της παλαιότερης, στον οποίο κυρίως οφειλόταν η σύσταση της νέας επισκοπικής έδρας. Το γεγονός αυτό διαμόρφωνε πιο στενές σχέσεις μεταξύ των δύο εκκλησιαστικών κοινοτήτων, συνάμα δε ο ανάλογος σεβασμός δημιουργούσε μία αναγνώριση, που εκφραζόταν με ένα είδος τιμητικού προβαδίσματος που παραχωρούσε η «θυγατέρα-Εκκλησία» προς την Μητέρα-Εκκλησία. Το τιμητικό αυτό προβάδισμα, γνωστό με τον όρο *πρεσβεία τιμής*, με τον καιρό διαφοροποίησε την κατ' αρχήν ισότητα μεταξύ των επισκόπων. Ανάλογο τιμητικό προβάδισμα αναγνωρίσθηκε και στις Εκκλησίες–συνεπώς και στους επισκόπους τους- των πόλεων που ιδρύθηκαν από τους Αποστόλους. Η αναγκαιότητα να λειτουργήσει το σώμα των επισκόπων και ως διοικητικό όργανο της εκκλησίας (*συνοδικό σύστημα*) δημιούργησε ακόμα ένα τιμητικό προβάδισμα, αφού για λόγους καθαρά πρακτικούς λειτούργησε κυρίως πάνω στην βάση της ιεραρχίας της διοικητικής διαίρεσης του ρωμαϊκού κράτους σε επαρχίες. Η πρακτική αυτή προέβαλε τελικά τον επίσκοπο της διοικητικής πρωτεύουσας της επαρχίας, δηλαδή της μητρόπολης, έναντι των άλλων, με αποτέλεσμα να προκύψει ο *μητροπολίτης*, όπως ονομάστηκε, *ή πρώτος, ή προεστώς και πρόκριτος* των επισκόπων της επαρχίας, ο οποίος, κατά τα *πρεσβεία τιμής*, προΐσταται στην χειροτονία επισκόπου και προεδρεύει στις συγκαλούμενες συνόδους της.

Τα πρεσβεία τιμής, όντας ένα κοινά αποδεκτό σύστημα ιεραρχίας, απαραίτητο για κάθε λογής διοίκηση, ουσιαστικά εξυπηρετούν την ενότητα της Εκκλησίας, αφού έτσι αποτρέπονται οι διαγκωνισμοί για την ανάδειξη στην ιεραρχία. Πρέπει να σημειωθεί πως δεν συνοδεύονται από καμία διοικητικής δικαιοδοσίας και φυσικά δεν σημαίνουν πνευματική διαφοροποίηση. Μπορεί ωστόσο να θεωρηθεί, πως τα εθιμικά πρεσβεία τιμής στην συνοδική τους έκφραση συνετέλεσαν στο να αυξηθεί η προβολή και η επιρροή των αρχιεπισκοπικών εδρών, ιδιαίτερα, έναντι όλων των άλλων

Μητροπολίτες-Μητροπολιτικό σύστημα

Ο επίσκοπος της πρωτεύουσας της επαρχίας, ο *μητροπολίτης*, με τον καιρό απέκτησε κάποια υπεροχή και εξουσία έναντι των υπολοίπων επισκόπων της επαρχίας, η οποία εκφραζόταν θετικά με πρακτικούς τρόπους. Κάθε ιεραρχία ωστόσο συνήθως εμφανίζει και εκδηλώσεις δεσποτισμού, σύμπτωμα που δεν είναι ανθρωπίνως εύκολο να περιορισθεί μόνο στα πρακτικά. Συγκεκριμένα, οι μητροπολίτες πήραν το δικαίωμα να συγκαλούν επαρχιακές συνόδους, να προεδρεύουν σ' αυτές και να έχουν την ευθύνη της εκτέλεσης των αποφάσεών της, να χειροτονούν τους νέους επισκόπους αλλά και να επιβλέπουν, γενικώς, όλους τους επισκόπους της επαρχίας. Το ότι η συμπεριφορά των μητροπολιτών δεν περιοριζόταν μόνον στα όντως πρακτικά, διαφαίνεται από τις αντιδράσεις των υπολοίπων επισκόπων της επαρχίας. Κάποια σχετικά περιστατικά αναφέρει ο Ευσέβιος (*Εκκλησιαστική Ιστορία*, Η', 1), κυρίως όμως διαπιστώνεται από το γεγονός ότι μία μεγάλη σύνοδος, η Α' Οικουμενική (Έφεσος 325), συζητάει και αποφασίζει επί του θέματος (κανόνες 4 και 6), προφανώς για να διευθετήσει υπάρχουσες διενέξεις. Έτσι, με τους κανόνες που θεσπίζει, στους οποίους, σημειωτέον, γίνεται για πρώτη φορά αναφορά του όρου «μητροπολίτης», διαμορφώνεται το Μητροπολιτικό σύστημα ως τρόπος διοίκησης της Εκκλησίας.

Πρόκειται για έναν τρόπο διοίκησης προσαρμοσμένο πάνω στην ήδη υπάρχουσα πολιτική και εδαφική διαίρεση σε επαρχίες. Βέβαια, αυτό περίπου συνέβαινε και μέχρι τότε. Το γεγονός όμως ότι δεν υπήρχε επ' αυτού ένα από κοινού αποφασισμένο και σαφές πλαίσιο, επέτρεπε, ή και ευνοούσε, την δημιουργία προστριβών μεταξύ των επισκόπων, ιδιαίτερα στην περίπτωση της ερμηνείας και εφαρμογής του πλησιόχωρου επισκόπου, που όριζαν διάφορες αποφάσεις συνόδων. Και αφού πλέον ορίστηκε από κοινού η διοικητική μονάδα, επόμενο ήταν να καθορισθούν και οι διοικητικές της σχέσεις και η εφαρμογή τους, ιδιαίτερα στην λειτουργία του κατ' εξοχήν οργάνου της, της συνόδου της επαρχίας.

Με τον συγκεκριμένο τρόπο διοίκησης «η μητροπολιτική περιφέρεια κατέστη πλέον ένα αυτοδύναμο εκκλησιαστικό σώμα με πλήρη διοικητική ανεξαρτησία και περιγεγραμμένο εδαφικό πλαίσιο, η δε επαρχιακή σύνοδος κάλυπτε το όλο ζήτημα της εκλογής, της χειροτονίας και της κρίσεως όχι μόνον των επισκόπων, αλλά και του μητροπολίτη της επαρχίας. Με την εισαγωγή δηλαδή του μητροπολιτικού διοικητικού συστήματος καθιερώθηκε για πρώτη φορά στη ζωή της Εκκλησίας ο θεσμός της *εκκλησιαστικής Αυτοκεφαλίας*...» (Βλ. Φειδά, Εκκλησιαστική Ιστορία, Α', σ. 813).

Η διοικητική επάρκεια, απαραίτητη προϋπόθεση ανεξαρτησίας στην μητροπολιτική περιφέρεια, απέρρεε από το γεγονός ότι οριζόταν τόσο ο τρόπος, με τον οποίο η παράδοση του συνοδικού θεσμού της Εκκλησίας μπορούσε πλέον να λειτουργεί με καθαρά διοικητική μορφή σε τοπικό επίπεδο, όσο και ο φορέας που θα διασφαλίζει την λειτουργία της κι αυτός ήταν ο μητροπολίτης.

Στην διοικητική της μορφή η επαρχιακή σύνοδος ορίσθηκε να συγκαλείται δύο φορές ετησίως, να αντιμετωπίζει τα θέματα εκκλησιαστικής τάξης και λειτουργίας (με πλειοψηφικές αποφάσεις), πίστεως (οπωσδήποτε με ομόφωνες και μόνον αποφάσεις), να ρυθμίζει τα της εκλογής, χειροτονίας αλλά και κρίσεως των επισκόπων της επαρχίας. Η ευθύνη για την λειτουργία της θεσπίστηκε να ανατίθεται στον μητροπολίτη, ο οποίος ex officio πλέον την συγκαλεί και προεδρεύει σ' αυτήν, επίσης ευθύνεται και για την εφαρμογή των αποφάσεών της.

Το Μητροπολιτικό αξίωμα -συνεπώς και το σύστημα- εμφανίστηκε και αναπτύχθηκε κυρίως στην Ανατολή, ιδιαίτερα στην Μ. Ασία. Στην Δύση εφαρμόστηκε σταδιακά και κατά τόπους (Ιταλία, Ισπανία, Γαλλία) μετά τα μέσα του $4^{ου}$ αιώνα. Στην Β. Αφρική, όπου δεν υπήρχαν πολλές μεγάλες πόλεις και δεν αναπτύχθηκε το μητροπολιτικό αξίωμα, το σύστημα λειτουργούσε βασιζόμενο στα πρεσβεία χειροτονίας των επισκόπων. Το μητροπολιτικό σύστημα εφαρμόστηκε για την διοίκηση της Εκκλησίας μέχρι τα μέσα περίπου του 5ου αιώνα. Διότι, η Δ΄ Οικουμενική Σύνοδος (451), λαμβάνοντας υπόψη τόσο τα προβλήματα που δημιουργήθηκαν κατά την εφαρμογή του, αλλά κυρίως τα καινούργια ιστορικά δεδομένα που διαμορφώθηκαν, διαφοροποίησε τους κανόνες λειτουργίας της διοίκησης, θέτοντας έτσι σε εφαρμογή το επόμενο διοικητικό σύστημα, το *πατριαρχικό*, βασισμένο πλέον στην σύνδεση «πρεσβείων τιμής» και διοικητικής δικαιοδοσίας. Καθοριστικό ρόλο στην μετάβαση αυτή διαδραμάτισε ο θεσμός των *εξάρχων*.

Έξαρχοι

Ανεξάρτητα από τον τίτλο «επίσκοπος» ή «μητροπολίτης» και τα δικαιώματά του, οι σημαντικές πόλεις της αυτοκρατορίας (Ρώμη, Αλεξάνδρεια, Αντιόχεια, Έφεσος, Θεσσαλονίκη, Κόρινθος, κ. λπ.) ξεχώριζαν, για διαφορετικούς η κάθε μια λόγους, αφού διαδραμάτιζαν σημαντικό ρόλο τόσο στην πολιτική, όσο και στην εκκλησιαστική ζωή κατά την περίοδο που εξετάζουμε. Η σημασία τους κυρίως απέρρεε από το γεγονός ότι ήταν διοικητικές έδρες και άρα συγκέντρωναν μεγάλο αριθμό αξιωματούχων, που με τον τρόπο ζωής τους γίνονταν πόλος έλξης για πολλές ακόμη κατηγορίες επαγγελμάτων, είχαν οικονομική ευμάρεια και οι χριστιανικές τους κοινότητες κέρδισαν την εκτίμηση των υπολοίπων με την στάση τους και την προσφορά τους στους αγώνες της Εκκλησίας. Ήταν φυσικό λοιπόν να ξεχωρίσουν, άλλοτε αυθόρμητα κι άλλοτε προμελετημένα, και οι επίσκοποι των πόλεων αυτών. Η προβολή μάλιστα και η σημασία τους πήρε τελείως διαφορετική διάσταση όταν ο Μ. Κωνσταντίνος αναδιαμόρφωσε διοικητικά την αυτοκρατορία.

Συγκεκριμένα, ο Μ. Κωνσταντίνος διαίρεσε όλο το κράτος σε 4 μεγάλα *Θέματα* ή *Τμήματα* (praefectuae), (Ανατολής, Ιλλυρικού, Ιταλίας και Γαλλίας), αυτά σε Διοικήσεις, τις Διοικήσεις σε Επαρχίες κι αυτές σε Παροικίες, οι δε τίτλοι των διοικητών τους ήταν αντίστοιχα: ύπαρχος, έξαρχος, έπαρχος, πάροχος. Με την καινούργια πολιτική οργάνωση, όπως ήταν αναμενόμενο, συντονίστηκε και η εκκλησιαστική διοίκηση. Κατά συνέπεια, στο *Θέμα ή Τμήμα* της Ανατολής, για παράδειγμα, *έξαρχοι* έγιναν: ο Αλεξανδρείας, (έξαρχος της Διοικήσεως της Αιγύπτου), ο Αντιοχείας (της Διοικήσεως της Ανατολής), ο Ηρακλείας (της Διοικήσεως της Θράκης), ο Εφέσου, (της Διοικήσεως της Ασίας), ο Καισαρείας, (της Διοικήσεως Πόντου).

Με τον 6º κανόνα της η Α΄ Οικουμενική Σύνοδος (325) προσδιόριζε λεπτομερέστερα τα διαμορφωμένα «προνόμια» των εξάρχων και τα επικύρωνε, ως δικαιώματά τους πλέον με την μορφή «εθιμικών υπερδιοικητικών πρεσβείων τιμής» (Φειδάς, Α΄, σ. 820). Η κοινή συνείδηση της Εκκλησίας οδηγήθηκε σε μια τέτοια απόφαση προφανώς επειδή, κατά την διάρκεια της εφαρμογής του μητροπολιτικού συστήματος, πραγματοποιήθηκαν ή ευνοούνταν να πραγματοποιούνται υπερβάσεις από μέρους των μητροπολιτών, κυρίως στο θέμα των χειροτονιών και της κρίσεως επισκόπων, με τρόπο αυθαίρετο και κατά το δοκούν, όπως φάνηκε ιδιαίτερα κατά την διάρκεια της αρειανικής έριδας αλλά όχι μόνον τότε. Γι' αυτό κρίθηκε απαραίτητο να θεσπισθεί εκ νέου και από κοινού η αυθεντία εκείνη, που θα διασφάλιζε την τάξη και την αποφυγή προβλημάτων από την μη τήρησή της, μία εποπτεύουσα αρχή και συνάμα συντονιστική των αυτοτελών διοικητικών μονάδων, των μητροπόλεων. Με βάση, λοιπόν, την ευρύτερη διοικητικά και γεωγραφικά πολιτική Διοίκηση, αναδείχθηκε γι'αυτό ο μητροπολίτης της πρωτεύουσάς της, ο *έξαρχος μητροπολίτης*.

Συνάμα, και στα πλαίσια της τήρησης του «αρχαίου έθους», εξήρε ιδιαιτέρως την τιμή των εξάρχων της Ρώμης, της Αλεξάνδρειας και της Αντιόχειας, τον καθένα για διαφορετικούς λόγους. Και επειδή υπήρχε και η περίπτωση μιας πόλης, της Ιερουσαλήμ, η οποία πληρούσε μεν την προϋπόθεση του «αρχαίου έθους» αλλά όχι την μεταγενέστερη της μητρόπολης ή της εξαρχίας, για την απονομή πρεσβείων τιμής, η ίδια Σύνοδος με τον 7º κανόνα της στον επίσκοπο της Αιλίας Καπιτωλίνας, της πόλης που ανοικοδόμησε ο αυτοκράτορας Αδριανός (135) πάνω στα ερείπια της κατεστραμμένης από τον Τίτο (70) αρχαίας Ιερουσαλήμ, αναγνώρισε το προνόμιο να έχει μεν την «ακολουθίαν της τιμής», χωρίς ωστόσο να ανακαλείται το αξίωμα της μητρόπολης στην περιοχή, που το κατείχε η Καισάρεια της Παλαιστίνης.

Το γεγονός ότι υπήρχαν θεσπισμένοι κανόνες για την ρύθμιση των διοικητικών ζητημάτων, μερικοί μάλιστα από Οικουμενική Σύνοδο, δεν σήμαινε απαραίτητα ότι τηρούνταν πάντοτε με ακρίβεια. Κι αυτό γιατί στη πράξη προέκυπταν συγκρούσεις, άλλοτε λόγω διοικητικών διεκδικήσεων κι άλλοτε λόγω των γεγονότων, που ξεπερνούσαν τα θεσμοθετημένα. Χαρακτηριστικό παράδειγμα, η περίπτωση της Κωνσταντινούπολης: δεν υπάρχει όταν γίνεται η Α΄ Οικουμενική Σύνοδος (325), η Β΄ Οικουμενική (381) της απονέμει, ως πρωτεύουσα πλέον της αυτοκρατορίας, πρεσβεία τιμής πάνω από τις ήδη υπάρχουσες επισκοπικές έδρες στην Ανατολή, ενώ η Δ΄ Οικουμενική (451) της αναβαθμίζει τα πρεσβεία τιμής, αναγνωρίζοντας της ταυτόχρονα και υπερμητροπολιτική δικαιοδοσία (βλ. περισσότερα....). Πράγματι, με βάση τα γεγονότα «η περίοδος μεταξύ της Β΄ και της Δ΄ Οικουμενικής συνόδου (381-451) καλύπτεται από τον αγώνα των πέντε επισημοτάτων θρόνων να συνδέσουν τα υπερδιοικητικά πρεσβεία τιμής με υπερμητροπολιτική δικαιοδοσία στο δίκαιο των χειροτονιών και στο δίκαιο κρίσεως των επισκόπων» (Φειδάς, Α΄, σ. 829).

Πατριαρχικό σύστημα

Η Δ΄Οικουμενική Σύνοδος (451) θέσπισε κανόνες, οι οποίοι αναθεώρησαν και εν πολλοίς ανέτρεψαν την ισχύουσα τάξη στην εκκλησιαστική διοίκηση και οδήγησαν στην διαμόρφωση του επόμενου διοικητικού συστήματος της Εκκλησίας, του πατριαρχικού, που ισχύει μέχρι σήμερα. Ως διοικητική μονάδα για την οργάνωση σε εκκλησιαστικό σώμα δεν λάμβανε υπόψη της κάποια πολιτική διοικητική διαίρεση, όπως προηγουμένως οι επαρχίες ή οι Διοικήσεις. Θεωρώντας ότι όλη η συνοδική συνείδηση της Εκκλησίας συνοψίζεται και εκφράζεται με το ποιος έχει την *δικαιοδοσία*, δηλαδή το δικαίωμα να χειροτονεί και να κρίνει, να δικάζει, έναν επίσκοπο, θέσπισε την δικαιοδοσία όλης της εκκλησιαστικής επικράτειας όχι με βάση πλέον την πολιτική διαίρεση, αλλά με βάση την αυθεντία των επισκοπικών εκείνων εδρών, που είχαν ξεχωρίσει και γι' αυτό τιμηθεί με πρεσβεία τιμής.

Έτσι, στην δικαιοδοσία του πρώτου στην τάξη των πρεσβείων τιμής, του επισκόπου Ρώμης, πέρασε η δικαιοδοσία όλων των Διοικήσεων της Δύσης, ενώ από τις πέντε Διοικήσεις της Ανατολικής αυτοκρατορίας, η δικαιοδοσία της πολιτικής Διοίκησης της Ανατολής κατανεμήθηκε σε δύο, στους επισκόπους Αντιοχείας και Ιεροσολύμων, της Αιγύπτου παρέμεινε στον Αλεξανδρείας, ενώ οι υπόλοιπες τρεις (Ασίας, Πόντου και Θράκης) απετέλεσαν την δικαιοδοσία του Κωνσταντινουπόλεως.

Από την υπαγωγή τους στην δικαιοδοσία κάποιας πατριαρχικής έδρας της Ανατολής εξαιρέθηκε η Εκκλησία της Κύπρου, η οποία είχε αναγνωρισθεί από την Γ΄ Οικουμενική Σύνοδο (431) ως αυτοκέφαλη, η δε *Διοίκηση* του Αν. Ιλλυρικού αντιστεκόταν στην διεκδίκησή της τόσο από τον Ρώμης όσο και από τον Κωνσταντινουπόλεως μέχρι το 535, οπότε εντάχθηκε στην δικαιοδοσία του Ρώμης.

Η κατανομή αυτή είναι που διαμόρφωσε τελικά το πατριαρχικό σύστημα και τον κανονικό θεσμό της *Πενταρχίας* των πατριαρχών, στην δικαιοδοσία των οποίων εντάχθηκαν όλες οι υπάρχουσες μητροπόλεις της Εκκλησίας, τέθηκε δε και το πλαίσιο για την ένταξη και αυτών που επρόκειτο να προκύψουν (βλ. 28ο κανόνα, αλλά και *αρχή της γειτνιάσεως, κριτήριο της εδαφικής συνέχειας*).

Πενταρχία

Οι πέντε καινούργιες διοικητικές μονάδες που προέκυψαν, η *πενταρχία* των πατριαρχείων, θεσπίστηκε να συνιστούν την από κοινού ανώτατη διοικητική αρχή της Εκκλησίας, με κορυφαία έκφρασή της την οικυυμενική σύνοδο, στην οποία, εξυπακούεται, είναι απαραίτητη η συμμετοχή όλων.

Τα πέντε μέλη αυτής της διοικητικής έκφρασης είναι ίσα μεταξύ τους. Η τάξη πρωτοκαθεδρίας που υπάρχει κατά τα πρεσβεία τιμής είναι, κατά κάποιο τρόπο, τιμητική διευθέτηση διοικητικού χαρακτήρα, αφού διευκολύνει την λειτουργία του σώματος σε τακτικές και έκτακτες περιπτώσεις, χωρίς να σημαίνει διαφοροποίηση εξουσίας ή πνευματική υπεροχή. Το κύρος των πρεσβείων τιμής οφείλεται στο γεγονός ότι, θεσμοθετήθηκαν με αποφάσεις Οικουμενικών συνόδων, ως απόρροια εμπειρίας από την εκκλησιαστική πραγματικότητα.

Το κάθε πατριαρχείο ήταν διοικητικά μία πλήρης και αυτοτελής μονάδα. Όφειλε ωστόσο να βρίσκεται σε συνεχή κοινωνία και ενότητα με τα υπόλοιπα. Ορατοί τρόποι επιβεβαίωσης των σχέσεων ενότητας και κοινωνίας μεταξύ των εκκλησιών αναδείχθηκαν : Τα *Δίπτυχα*, δηλαδή οι κατάλογοι με τα ονόματα όλων των πατριαρχών και επικεφαλής των διαφόρων Εκκλησιών. Η αναγραφή των ονομάτων των επικεφαλής στα Δίπτυχα σημαίνει –μέχρι και σήμερα- την κοινωνία, μέσω αυτών και στο πρόσωπό τους, με τις αναγραφόμενες Εκκλησίες. Η διακοπή της κοινωνίας με μία Εκκλησία εκφράζεται με την διαγραφή από τα Δίπτυχα του ονόματος του επικεφαλής της. Η *Κοινωνική ή Συνοδική επιστολή*, η επιστολή δηλαδή που οφείλει να στείλει ο κάθε νεοεκλεγμένος πατριάρχης –μέχρι και σήμερα- και με την οποία δηλώνει ότι αποδέχεται και ομολογεί τα δόγματα της πίστης και ότι θα σέβεται και θα τηρεί τους κανόνες της Εκκλησίας. Την αποδοχή της επιστολής ακολουθεί η αναγραφή του νεοεκλεγέντος στα Δίπτυχα κάθε Εκκλησίας.

Στην περίπτωση που κάποιος από τους πατριάρχες υπέπιπτε σε δογματικό ή κανονικό παράπτωμα, ο καθένας από τους υπόλοιπους είχε από τους κανόνες την ευθύνη και το δικαίωμα να φέρει το θέμα σε σύνοδο προς κρίση και αντιμετώπισή του.

Ο τίτλος που χρησιμοποιήθηκε για να αποδώσει την νέα διοικητική μορφή ήταν αυτός του *αρχιεπισκόπου*, ο τίτλος με τον οποίον *πάντα αποκαλούνταν οι προκαθήμενοι των επισημοτάτων θρόνων*. Κατά τον Βλ. Φειδά, προτιμήθηκε έναντι του τίτλου έξαρχος, ο οποίος «αφ' ενός μεν είχε συνδεθεί με τον πρώτο μητροπολιτικό θρόνο της πολιτικής Διοικήσεως, αφ' ετέρου δε δεν κάλυπτε ουσιώδες στοιχείο του νέου διοικητικού αξιώματος, ήτοι τα κανονικώς κατοχυρωμένα οικουμενικά πρεσβεία τιμής. Η άρρηκτη δηλαδή κανονική σύνδεση του τίτλου «έξαρχος» με την «Διοίκηση» δεν ευνοούσε την απόδοση του ίδιου τίτλου στους επισκόπους των πέντε θρόνων, εφ' όσον η υπερεξαρχική δικαιοδοσία τους δεν καθορίσθηκε επί τη βάσει της κατά πολιτικές διοικήσεις οργανώσεως της εκκλησιαστικής διοικήσεως» (τόμ. Α', σ. 860).

Ο Συνοδικός Θεσμός

Για την εκκλησιαστική πραγματικότητα *σύνοδος* είναι η συγκέντρωση επισκόπων προς διαβούλευση, με σκοπό την επίλυση, την διευθέτηση θεμάτων που άπτονται με την πίστη, αλλά και με την ζωή των μελών της Εκκλησίας, την συντονισμένη και προσανατολισμένη προς την πίστη. Πρόκειται για ένα γεγονός, μία πράξη, που εμφανίστηκε στην ζωή της Εκκλησίας, χωρίς να υπάρχει ως ρητή εντολή γι' αυτό ή παρακαταθήκη της στην Αγία Γραφή. Οι συνέπειες από την εφαρμογή της όμως στάθηκαν τέτοιες, που τελικά ενσωματώθηκε και παγιώθηκε, κατέληξε δε να γίνει θεσμός, και μάλιστα ουσιαστικός (*συνοδικός θεσμός*). Ένας θεσμός, του οποίου η συνεχής χρήση δημιούργησε το ισχυρό εκείνο έρεισμα, που διαμόρφωσε την συνείδηση (*συνοδική συνείδηση*) τόσο για τον λόγο όσο και για τον τρόπο ύπαρξης της συνόδου, ώστε πλέον να μη νοείται άλλη πράξη, με την οποία να διευθετεί η Εκκλησία τα προβλήματά της, παρά με σύνοδο.

Το εν τόπω και χρόνω γεγονός, που συνιστά μία σύνοδος, παρόλο που σχετίζεται με συγκέντρωση ανθρώπων, γίνεται χωρίς την εντολή κάποιου, σχεδόν αυτόματα ή αντανακλαστικά. Θα μπορούσε να λεχθεί πως η ύπαρξη πάσης φύσεως προβλημάτων, που απειλούν ή έχουν ήδη διαταράξει την ενότητα της Εκκλησίας, είναι «εντολή» και λόγος για σύγκληση συνόδου. Διότι, ο ουσιαστικός σκοπός της συνόδου ήταν πάντοτε η προστασία, η διατήρηση ή η αποκατάσταση της ενότητας του σώματος της Εκκλησίας. Το πόσο στενότατα συνδέονται σύνοδος και ενότητα του σώματος της Εκκλησίας διαπιστώνεται αμέσως από αυτό που η σύνοδος αποφασίζει ως τιμωρία για τους παραβάτες: *ανάθεμα*, δηλαδή, αποκοπή και απομάκρυνσή τους από το σώμα της Εκκλησίας.

Προέλευση

Ο όρος «σύνοδος», αναφέρθηκε ήδη, δεν χρησιμοποιείται στην Καινή Διαθήκη. Προέρχεται προφανώς από την αρχαία Ελλάδα, όπου είχε ευρεία χρήση, κατά βάση με την γνωστή μας έννοια, της συγκέντρωσης (για διαβούλευση, στο δικαστήριο, στο πεδίο μάχης, το σύνολο των οργάνων του σώματος, κ. ά.,) και με ανάλογη χρήση στην αστρονομία και την γραμματική. Στην εκκλησιαστική γραμματεία χρησιμοποιήθηκε για να υποδηλώσει, επίσης, την συγκέντρωση πιστών για λατρευτικούς σκοπούς, επιπλέον και ως λέξη συνώνυμη της Εκκλησίας.

Το ερώτημα, πως προέκυψε η σύνοδος στην πράξη της Εκκλησίας, δεν έχει μέχρι σήμερα γενικά αποδεκτή απάντηση, κυρίως εξαιτίας απουσίας σαφών μαρτυριών. Και επειδή δεν υπήρξε κατά την εμφάνισή της το μοναδικό φαινόμενο, εύλογα αναζητήθηκαν οι αναλογίες εκείνες που θα μπορούσαν, αν όχι να ευθύνονται, τουλάχιστον να επηρέασαν την εμφάνιση και την ενσωμάτωσή της στην Εκκλησία.

Συγκεκριμένα, θεωρήθηκε ότι η εξοικείωση που υπήρχε με πρακτικές διοικητικών συστημάτων του ελλαδικού (εκκλησία του δήμου, βουλή, αμφικτυονίες, κοινά), του ρωμαϊκού (σύγκλητος), αλλά και του ιουδαϊκού χώρου επέδρασαν ή συνετέλεσαν στην εμφάνιση του συνέρχεσθαι και ως πρακτική του ίδιου κόσμου, που έχει πλέον καινούργια θρησκεία. Θεωρήθηκε επίσης ως προϊόν, ως απόρροια της ίδιας της ζωής της Εκκλησίας, ότι αποτελεί «ιδιότητα ή εκδήλωση της ενότητας της Εκκλησίας και γι' αυτό συνδέεται με την φύση και την ουσία της» (Σταυρίδης, Ο συνοδικός θεσμός..., σ. 23).

Εμφάνιση της συνόδου στην ζωή της Εκκλησίας

Οι λόγοι του Ιησού Χριστού «...όπου είναι συναγμένοι δύο ή τρεις στο όνομά μου, εκεί είμαι κι εγώ ανάμεσά τους» (Ματθ. 18,20) συνδέονται σχεδόν από όλους τους ερευνητές του με τον συνοδικό θεσμό. Επίσης, ως εκφράσεις συνοδικότητας εικάζονται: ο Μυστικός Δείπνος, η Πεντηκοστή, η συγκέντρωση για την εκλογή του Ματθία (Πρ.1, 15-26) και των 7 διακόνων (Πρ.6, 1-6), κυρίως όμως η Αποστολική Σύνοδος, στα Ιεροσόλυμα (49, βλ. περισσότερα στον τόμ. Α',....).

Για το διάστημα μέχρι τα μέσα του $2^{ου}$ αιώνα δεν υπάρχουν επαρκείς μαρτυρίες, που θα βοηθούσαν να ανασυντεθούν το πλαίσιο και οι συνθήκες, εντός των οποίων λειτούργησε η σύνοδος στην ζωή της Εκκλησίας. Διατυπώθηκαν ωστόσο δύο τάσεις, οι οποίες συνδέουν την ύπαρξη ή την αναγκαιότητα ύπαρξης συνόδου με δύο διαφορετικά δρώμενα της ζωής της πρώτης Εκκλησίας, την συγκέντρωση γύρω από τον επίσκοπο για την τέλεση της θείας Ευχαριστίας (κύριος εκφραστής της ο Μητρ. Περγάμου, καθ. Ιωάννης Ζηζιούλας), και με την συγκέντρωση επισκόπων για την χειροτονία νέου επισκόπου (κύριος εκφραστής της, ο καθηγ. Βλ. Φειδάς).

Σύνοδοι, με τον πυρήνα του θεσμού σε αρχικό, πρωτογενές στάδιο αρχίζουν να εμφανίζονται το β' μισό του 2^{ου} αιώνα, όταν κάνουν την εμφάνισή τους οι πρώτες αιρέσεις (Γνωστικισμός, Μαρκίωνας), αλλά και οι πρώτες διαφωνίες (εορτασμός του Πάσχα). Από την προσέγγιση των πληροφοριών, που θεωρούνται ότι αναφέρονται σε υπάρχουσα ήδη λειτουργία του θεσμού (π. χ., Ευσέβιος, *Εκκλησιαστική Ιστορία*, Ε', 23-25 κ. α.) διαπιστώνεται ότι: ο αριθμός των συνόδων που γίνονται είναι μεγάλος, ασφαλής ένδειξη για ήδη υπάρχουσα και ομαλή λειτουργία του θεσμού, έχουν την μορφή τοπικής ή επαρχιακής συνόδου, πρόεδρός της είναι συνήθως ο μητροπολίτης, στην περιφέρεια του οποίου γίνεται η σύνοδος και συμμετέχει μεγάλος αριθμός επισκόπων της επαρχίας που γίνεται η σύνοδος αλλά και πλησιόχωροι (Σταυρίδης, σ. 33).

Από τον 3ο αιώνα και στην συνέχεια, βάσει των μαρτυριών συνάγεται με ασφάλεια πως η σύγκληση συνόδου είναι πλέον γεγονός σύνηθες και συχνό και εμφανίζεται εκεί, όπου οι χριστιανοί έχουν οργανωθεί σε κοινότητα. Υπενθυμίζεται πως είναι ο αιώνας, που λόγω των διωγμών, η Εκκλησία βρισκόταν σε μεγάλη αναστάτωση. Μάλιστα δε τα βασικά προβλήματά της προήλθαν από τους διωγμούς. Έτσι τις συνόδους απασχολεί κατά κύριο λόγο η αποδοχή των *πεπτωκότων* και το ζήτημα της εγκυρότητας του βαπτίσματος των αιρετικών.

Από τον 4ο αιώνα και μετά η Εκκλησία δεν είναι πλέον μόνον κατά τόπους κοινότητες πιστών, αλλά ένας ισχυρός θρησκευτικός οργανισμός και με αυτοκρατορικό διάταγμα (Θεοδόσιος, 381) αναγνωρίστηκε ως η επίσημη θρησκεία του κράτους. Το γεγονός ότι έλυσε το πρόβλημα της νομιμότητάς της, έλυυε μόνον τα εξωτερικά της προβλήματα, αντίθετα τα εσωτερικά της πολλαπλασιάσθηκαν. Είχε όμως πλέον την τόσο την έξωθεν συνδρομή, (τον αυτοκράτορα), όσο και κυρίως την εσωτερική της εμπειρία και, μέσα από την πράξη και την παράδοση της ενότητας στην πίστη και στην ευχαριστία, κατόρθωσε και διαμόρφωσε συνοδική συνείδηση και κριτήρια, η τήρηση των οποίων κατοχύρωσε τον θεσμό και περιέβαλε την έκφρασή του με κύρος και αυθεντία.

Συνοδικά κριτήρια

Με την λειτουργία της συνόδου συνδέονται πλείστα όσα εκκλησιαστικά προβλήματα, όπως για παράδειγμα: ποιός συγκαλεί την σύνοδο, ποιοί συμμετέχουν, πως ορίζεται η αντιπροσώπευση στην σύνοδο και το ποιά θέματα και πώς θα συζητηθούν, ποιός φέρει την ευθύνη της εφαρμογής των αποφάσεών της, αν μπορούν να συμμετέχουν αιρετικοί και πώς, ποιοί άλλοι, εκτός των επισκόπων, μπορούν να συμμετέχουν κ. ά.. Αυτονόητο είναι ότι η απουσία συστηματικής διδασκαλίας της Εκκλησίας αλλά και το μεταβλητό των συνθηκών επιτρέπουν την προσαρμογή τους, όποτε κρίνεται απαραίτητο, υπό την προϋπόθεση όμως ότι κάθε τέτοια προσαρμογή θα απορρέει από την συνοδική συνείδησή της.

Για να έχει κύρος η σύνοδος και να διεκδικούν αυθεντία και εφαρμογή από όλους οι αποφάσεις της είναι απαραίτητο να είναι εξασφαλισμένο, γνωστό και κοινά αποδεκτό από όλους το πλαίσιο λειτουργίας της. Να υπάρχουν, δηλαδή, σταθερά και αποδεκτά κριτήρια για την λειτουργία της, πράγμα που θα βοηθήσει στο να διασφαλισθεί ακόμα περισσότερο αυτό που επιδιώκεται με μία σύνοδο, η ενότητα των μελών της Εκκλησίας. Τα κριτήρια λοιπόν αυτά κατά κύριο λόγο αφορούν: την *σύγκληση*, την *συγκρότηση* και την *λειτουργία* της συνόδου.

Ως προς την *σύγκληση της συνόδου*, δηλαδή, ποιος είναι το πρόσωπο ή η αυθεντία, που έχει κατά περίπτωση το δικαίωμα, φέρει την ευθύνη να συγκαλεί μια σύνοδο. Στην βασική πιο απλή περίπτωση της συνόδου κάθε επαρχίας την υποχρέωση και την ευθύνη για την σύγκλησή της φέρει ο επίσκοπός της. Στις υπόλοιπες περιπτώσεις τα πρεσβεία τιμής λειτούργησαν ως ένα ασφαλές αλλά και πρακτικό συνάμα κριτήριο ανάθεσης του δικαιώματος και της ευθύνης για την σύγκληση συνόδου: ο μητροπολίτης συγκαλεί την σύνοδο των επισκόπων της επαρχίας του (*τοπική ή επαρχιακή σύνοδος*), ο έξαρχος την σύνοδο των επισκόπων της Διοίκησης (*σύνοδος της Διοικήσεως ή της εξαρχίας*) αλλά και πλησιοχώρων, όταν χρειασθεί να συγκληθεί μείζων σύνοδος, ο πατριάρχης την σύνοδο μητροπολιτών και επισκόπων της δικαιοδοσίας του (*πατριαρχική σύνοδος*). Αξιοσημείωτο είναι το γεγονός ότι όλη την εκκλησιαστική επικράτεια συγκαλούσε ο αυτοκράτορας σε *γενικές ή οικουμενικές συνόδους*, για όσο διάστημα αυτές υπήρξαν. Έτσι, στο ενδεχόμενο σύγκλησης μιας σύγχρονης οικουμενικής συνόδου ένα από τα πρώτα προβλήματα που πρέπει να αντιμετωπισθούν είναι να ορισθεί ο ισότιμος, ισόκυρος και κοινά αποδεκτός αντικαταστάτης του άλλοτε συγκαλούντος την σύνοδο βυζαντινού αυτοκράτορα.

Ως προς την *συγκρότηση της συνόδου*, δηλαδή, ποιοί θα συμμετέχουν. Για μεν τις τοπικές και επαρχιακές συνόδους είναι αυτονόητη και υποχρεωτική η συμμετοχή όλων των επισκόπων της επαρχίας και των περισσότερων δυνατόν στην σύνοδο της εξαρχίας. Στην περίπτωση της οικουμενικής συνόδου επιδιώκεται η όσο το δυνατόν ευρύτερη συμμετοχή από όλες τις Εκκλησίες. Το πρόβλημα του καθορισμού του αριθμού των αντιπροσώπων από κάθε Εκκλησία αντιμετωπίσθηκε κάθε φορά και με διαφορετικό τρόπο, υπήρξαν μάλιστα φορές που καθορίσθηκε από τον αυτοκράτορα. Σημαντική παράμετρος στην αντιπροσώπευση ήταν και το ζήτημα της συμμετοχή ιερέων και διακόνων, λαϊκών –ιδιαίτερα του αυτοκράτορα, αλλά και των αιρετικών. Αν και αυτονόητο πρέπει να αναφερθεί πως η ουσιαστική σημασία και προσφορά μιας συνόδου δεν είναι συνάρτηση ανάλογη του βαθμού συμμετοχής ή αντιπροσώπευσης του σώματος της Εκκλησίας σ' αυτήν. Η ποιότητα και η αξία μιας συνόδου, συνεπώς και το κύρος της, διαπιστώνονται εκ των υστέρων, από την συμβολή τους στην διαφώτιση των ζητημάτων πίστεως, την επίλυση προβλημάτων, την άρση διαφωνιών, την διάρκεια ζωής των αποφάσεών της.

Ως προς την *λειτουργία της συνόδου*, μείζονα, από πρακτική άποψη σημασία έχει το ζήτημα, ποιός προεδρεύει της συνόδου. Και στο θέμα αυτό προκρίθηκε ως ασφαλές κριτήριο η ανάληψη της προεδρίας να γίνεται κατά τα πρεσβεία τιμής. Φυσικά, η λειτουργία μιας συνόδου δεν εξαντλείται μόνο στο θέμα της προεδρίας της. Συνδέεται με μία πλειάδα ακόμα συναφών θεμάτων, όπως, για παράδειγμα, πως αποφασίζεται ποια θέματα θα συζητηθούν και πώς θα διεξαχθεί η συζήτηση, ποιός έχει την ευθύνη τήρησης πρακτικών και της κοινοποίησης των αποφάσεων σε όλες τις Εκκλησίες κ. ά..

Μορφές συνόδου

Η ποικιλία των δεδομένων του εκκλησιαστικού σώματος, όπως είναι φυσικό, συνεπάγεται ποικιλία και στην συνοδική του έκφραση. Με βάση την συχνότητα σύγκλησης, οι σύνοδοι διακρίνονται σε τακτικές, αυτές που συγκαλούνται κατά τακτά διαστήματα, σύμφωνα με προβλεπόμενη διαδικασία και έχουν θεσμικό χαρακτήρα και σε έκτακτες, οι οποίες συγκαλούνται για την αντιμετώπιση συγκεκριμένης ανάγκης. Ως προς την μονάδα συμμετοχής, οι σύνοδοι είναι: *τοπικές ή επαρχιακές, πατριαρχικές, μείζονες σύνοδοι, οικουμενικές.*

Επαρχιακή ή μητροπολιτική σύνοδος είναι η σύνοδος των επισκόπων μιας εκκλησιαστικής επαρχίας. Την συγκαλεί ο μητροπολίτης επίσκοπος, ο οποίος και προεδρεύει, συνήθως στην έδρα της επαρχίας, δύο τουλάχιστον φορές τον χρόνο, πριν την Σαρακοστή και μετά το καλοκαίρι (5^{ος} κανόνας της Α΄ Οικουμενικής Συνόδου). Αρμοδιότητά της είναι η επίλυση όλων των προβλημάτων που απασχολούν την Εκκλησία της κάθε επαρχίας. Η λειτουργία της από νωρίς θεωρήθηκε απαραίτητη, γι' αυτό και θεσπίστηκε ως υποχρεωτική. Η αμέλεια του επισκόπου να την συγκαλέσει επισύρει επιτίμιό του. Ο αριθμός των επισκόπων που απαιτείται για να γίνει δεν ορίζεται, η τάση όμως είναι για τον μεγαλύτερο δυνατόν. Δεσμευτικός είναι μόνον ο ελάχιστος αριθμός επισκόπων που απαιτείται για την χειροτονία επισκόπου, που δεν επιτρέπεται να είναι λιγότεροι από τρεις. Η σύνοδος λειτουργεί και ως δικαστικό όργανο, αφού δικαιούνται να κρίνει τους επισκόπους της επαρχίας, πλην του μητροπολίτη.

Πατριαρχική σύνοδος. Ύστερα από όσα αναφέρθηκαν παραπάνω για την διοικητική οργάνωση της Εκκλησίας, αντιλαμβάνεται κανείς τον κατ' αναλογία προς την επαρχιακή σύνοδο τρόπο λειτουργίας της πατριαρχικής συνόδου: την συγκαλεί και προεδρεύει ο πατριάρχης και συμμετέχουν όλοι οι μητροπολίτες και επίσκοποι της δικαιοδοσίας. Η αρμοδιότητά της είναι διευρυμένη κυρίως ως προς το δικαστικό της σκέλος, αφού δικαιούται να κρίνει τους μητροπολίτες και, σε δεύτερο πλέον βαθμό τους επισκόπους.

Μείζων σύνοδος

Ονομάζεται και *μεγάλη* ή *τοπική* σύνοδος. Πρόκειται για σύνοδο στην οποία μετείχαν επίσκοποι του κλίματος του Οικουμενικού Πατριαρχείου, αντιπρόσωποι των άλλων πατριαρχείων, κάποιες φορές και του πάπα, υπό την προεδρία του οικουμενικού πατριάρχη. Σύμφωνα με τον Μητρ. Μύρων (κατόπιν Εφέσου) Χρυσόστομο «πάσαι αι σύνοδοι αύται συνεκλήθησαν ή δια θεολογικούς και ανθαιρετικούς λόγους, ή δια λόγους εκκλησιαστικής τάξεως και πειθαρχίας, ή και δια θέσπισιν εκκλησιαστικών Διατάξεων, ευρυτέρας όμως πάντοτε εκτάσεως και κύρους επί των επί μέρους Ορθοδόξων εκκλησιών. Αι Σύνοδοι αύται επελήφθησαν, ουχί σπανίως, θεμάτων αναλόγων προς τα των Οικουμενικών Συνόδων, αλλ' ουδέποτε διεξεδίκησαν δι' εαυτάς ή προσέλαβον εν τη ιστορία την ονομασίαν της «Οικουμενικής Συνόδου», είναι όμως γνωστός ο βαθμός κύρους τούτων εν τη Ορθοδόξω Εκκλησία καθόλου» (Βασ. Σταυρίδη, Ο συνοδικός θεσμός..., σ. 228). Τέτοιες σύνοδοι είναι αυτές που έγιναν από τον πατριάρχη Φώτιο (858-867, 877-886) οι είναι γνωστές ως Φωτιανές.

Οικουμενική σύνοδος

Τα προβλήματα που προέκυπταν στην ζωή της κάθε Εκκλησίας συνήθως αντιμετωπίζονταν επί τόπου, από την τοπική εκκλησιαστική διοίκηση και τις συνόδους της. Υπήρξαν όμως και περιπτώσεις, κατά τις οποίες κάποιο πρόβλημα πήρε ευρύτερες διαστάσεις, εξαπλώθηκε και έξω από τα όρια μιας εκκλησιαστικής δικαιοδοσίας, όπως αυτά που προκάλεσαν οι αιρέσεις και οι συνέπειες από την διάδοσή τους. Στις περιπτώσεις αυτές, αντί να αποφασίζει η κάθε εκκλησιαστική περιφέρεια ξεχωριστά για το ίδιο θέμα, ενδεχομένως και διαφορετικά, γεγονός που θα είχε απρόβλεπτες και ανεξέλεγκτες επιπτώσεις στην ενότητα της πίστεως, κρίθηκε ασφαλέστερο να αποφασίζουν όλες μαζί, από κοινού.

Όμως, μέχρι την στιγμή που προέκυψε για πρώτη φορά τέτοιο ζήτημα, την περίπτωση του Αρείου και της διδασκαλίας του (α' μισό του 4ου αι.), η μητροπολιτικά οργανωμένη διοίκηση της εκκλησίας δεν είχε ακόμα προβλέψει θεσμούς και διαδικασίες ευρύτερες από αυτές της μητροπολιτικής δικαιοδοσίας, τους οποίους θα μπορούσε να ενεργοποιήσει για την επίλυση του προβλήματος. Έτσι, οι Εκκλησίες που αντιμετώπιζαν εντονότερα τις επιπτώσεις, στράφηκαν στον αυτοκράτορα Κωνσταντίνο τον Μέγα, ως τον φορέα εκείνο που μπορούσε να εξασφαλίσει την συγκέντρωση των επισκόπων σε γενική σύνοδο. Ο αυτοκράτορας πράγματι ανταποκρίθηκε και με επιστολή του προς τους επισκόπους, τους προσκάλεσε σε συγκεκριμένο τόπο (Νίκαια της Βιθυνία) και συγκεκριμένο χρόνο (Μάιος του 325), να αποφανθούν επί συγκεκριμένων θεμάτων (αντιμετώπιση των προβλημάτων από την αρειανική αίρεση και την έριδα για τον εορτασμό του Πάσχα).

Από τότε, όταν παρουσιαζόταν πρόβλημα μείζονος σημασίας, επαναλαμβανόταν η ίδια διαδικασία. Έτσι λοιπόν, βαθμιαία, διαμορφώθηκε ο θεσμός της οικουμενικής συνόδου, θεσμός κεφαλαιώδους σημασίας στην ζωή της Εκκλησίας, αλλά και της αυτοκρατορίας. Από τον μεγάλο αριθμό ζητημάτων εξαιρετικού ενδιαφέροντος, που σχετίζονται με την σύγκληση, την συγκρότηση, την λειτουργία, το έργο και την σημασία των οικουμενικών συνόδων, ακροθιγώς θα μπορούσαν να αναφερθούν τα ακόλουθα:

Αιτία

Για να κινηθεί σε τόσο μεγάλη κλίμακα ένας διοικητικός μηχανισμός έπρεπε να υπάρχει *εύλογος αιτία και κατεπείγουσα χρεία* σχετικά με ζητήματα πίστεως, τα οποία λόγω διαφορετικής προσέγγισης διασπούσαν ή απειλούσαν να διασπάσουν την ενότητα του σώματος και την αυθεντική παράδοση της Εκκλησίας.

Σύγκληση

Την σύγκληση μιας οικουμενικής συνόδου αναλάμβανε ο αυτοκράτορας, ο οποίος με ειδική επιστολή, την λεγόμενη sacra, που απηύθυνε προς τους επισκόπους όλων των εκκλησιών της οικουμένης (κατά την

Πτυχές από την ιστορία της αδιαίρετης Εκκλησίας

τρέχουσα έννοια της εποχής σήμαινε την ρωμαϊκή αρχικά και μετά χριστιανική επικράτεια), τους προσκαλούσε να συγκεντρωθούν σε συγκεκριμένο τόπο και χρόνο, με σκοπό την αντιμετώπιση συγκεκριμένων προβλημάτων. Αυτή η διαδικασία τηρήθηκε για όλες τις οικουμενικές συνόδους, σε σημείο που να θεωρείται συστατικό της στοιχείο.

Συγκρότηση

Όπως όλες οι σύνοδοι, και η οικουμενική είναι σύνοδος επισκόπων. Επειδή ο αριθμός των μελών της δεν ήταν προκαθορισμένος, διέφερε σε κάθε σύνοδο, χωρίς καμία επίπτωση στον χαρακτήρα και στην αυθεντία της. Υπήρξαν φορές που τον αριθμό και τον τρόπο αντιπροσώπευσης στην σύνοδο τον όρισε ο αυτοκράτορας. Γνωρίζουμε από τις πηγές ότι έλαβαν μέρος και διάκονοι και πρεσβύτεροι, χωρίς δικαίωμα ψήφου, παρά μόνον εφόσον ήταν εξουσιοδοτημένοι ως *την γνώμην έχοντες*, αντιπρόσωποι δηλαδή κάποιου επισκόπου, που δεν μπορούσε να παραστεί ο ίδιος αυτοπροσώπως. Διαφορετικά, αποτελούσαν βοηθητικά μέλη των αποστολών. Γεγονότα, όπως μία οικουμενική σύνοδος, εύλογα δεν άφηναν αδιάφορους μοναχούς αλλά και λαϊκούς, οι οποίοι μπορούσαν μόνον να παρακολουθούν.

Η παρουσία των αιρετικών στην σύνοδο επιτρεπόταν, υπό την προϋπόθεση όμως ότι θα κατέθεταν έγγραφο (*λίβελλο πίστεως*), με το οποίο αποκήρυτταν τις ιδέες τους, και κατόπιν ειδικής συνοδικής διαδικασίας για την αποδοχή τους, διότι, διαφορετικά, η συμμετοχή «αιρετικών επισκόπων σε σύνοδο είναι εκκλησιολογικώς αδιανόητος και κανονικώς ανεπίτρεπτος» (Φειδάς, Η Α΄ Οικουμενική..., σ. 226).

Το εύλογο ενδιαφέρον του βυζαντινού αυτοκράτορα φυσικά δεν περιοριζόταν μόνο στα πρακτικά και διαδικαστικά ζητήματα της συνόδου. Γι' αυτό και φρόντιζαν είτε να παρευρίσκονται οι ίδιοι στις εργασίες της, είτε να έχουν άμεση και διαρκή ενημέρωση μέσω του αντιπροσώπου που όριζαν.

Τόπος

Είναι γνωστό ότι οι οικουμενικές σύνοδοι έγιναν σε διαφορετικό η καθεμιά τόπο, ο οποίος υποδεικνυόταν από τον αυτοκράτορα, αφού προφανώς λάβαινε υπόψη τις τρέχουσες συγκυρίες. Δηλαδή, αν θεωρηθεί ότι η ύπαρξη του προβλήματος προκάλεσε ήδη αντιπαλότητες, ευνόητο είναι ότι η οικουμενική σύνοδος θα έπρεπε να γίνει σε τόπο ουδέτερο, μακριά από τα κέντρα των αντιπάλων. Διαφορετικά είναι αμφίβολο το αν μπορούσε να διασφαλισθεί αμεροληψία στην μεταχείριση των εμπλεκομένων, ή ακόμα η αποφυγή επεισοδίων.

Διάρκεια

Η διάρκεια της οικουμενικής συνόδου δεν θα μπορούσε να ορισθεί εκ των προτέρων, όπως και έγινε. Προβλήματα τέτοιας σημασία, σαν αυτά που προκαλούσαν την σύγκλησή της, έπρεπε να έχουν όσο χρόνο χρειασθεί για να βρουν την λύση τους.

Θέματα

Τα θέματα που επρόκειτο να συζητηθούν στην οικουμενική σύνοδο ορίζονταν και γνωστοποιούνταν με την προσκλητήρια επιστολή του αυτοκράτορα και ήταν δεσμευτικά, για πρακτικούς λόγους. Συγκεκριμένα, γίνεται εύκολα αντιληπτό ότι, όσο κι αν ήταν επιθυμητή η καθολική συμμετοχή στην σύνοδο, ακόμα και η ευρύτερη δυνατή, πρακτικά ήταν ανέφικτη δεδομένων των υπαρκτών δυσκολιών, που απέρρεαν από την απόσταση από τον τόπο σύγκλησης της συνόδου, την ανασφάλεια των ταξιδιών, την ηλικία και την κατάσταση υγείας που απέτρεπε την μετακίνηση πολλών επισκόπων κ.ά.. Έτσι, η προσπάθεια που καταβαλλόταν ήταν κατ' αρχήν για αντιπροσώπευση όλων των εκκλησιών, και μετά για την ευρύτερη δυνατή. Γι' αυτό, αφού τα προς συζήτηση θέματα ήταν γνωστά, θεωρήθηκε ως ασφαλής και πρακτικός τρόπος που εξασφάλιζε το ζητούμενο ως προς την αντιπροσώπευση και μάλιστα μέσα στα πλαίσια της λειτουργίας του συνοδικού θεσμού, αυτά συζητηθούν σε συνόδους των τοπικών εκκλησιών, ώστε οι αντιπρόσωποί τους ουσιαστικά να μεταφέρουν την θέση της εκκλησίας τους. Με αυτό το δεδομένο, η εκ των υστέρων προσθήκη θεμάτων στον υπό συζήτηση κατάλογο θεμάτων της οικουμενικής συνόδου θα αιφνιδίαζε τις αντιπροσωπίες, εφόσον δεν θα είχαν διατυπωμένη επ' αυτού την θέση της εκκλησίας τους.

Έργο-Αποφάσεις

Βασικό της έργο η οικουμενική σύνοδος είχε το να διατυπώσει διασαφηνιστικά την διδασκαλία της πίστεως, ιδιαίτερα τα σημεία εκείνα, τα οποία οι αιρετικοί είχαν παρανοήσει και με την διδασκαλία τους παραμόρφωναν. Τα κείμενα, στα οποία κατέληγε, ονομάζονται *σύμβολα ή όροι*, είχαν και εξακολουθούν να έχουν απόλυτα δεσμευτικό χαρακτήρα για όλη την χριστιανοσύνη, διατηρούν αναλλοίωτο το κύρος και την αυθεντία τους ανά τους αιώνες και συνιστούν κριτήριο *ορθοδοξίας*, ορθής πίστης. Τροποποιητικές επεμβάσεις στις δογματικές αποφάσεις των οικουμενικών συνόδων απαγορεύονται ρητά και κατηγορηματικά. Αν ποτέ προέκυπτε σχετική ανάγκη, χρειάζεται ή θα μπορούσε να γίνει από ισόκυρη αυθεντία, δηλαδή, από οικουμενική σύνοδο.

Η συγκεντρωμένη εμπειρία των μελών μιας οικουμενικής συνόδου χρησίμευε και στην εξέταση ζητημάτων πιο πρακτικού χαρακτήρα, που σχετίζονταν με την εκκλησιαστική τάξη γενικότερα. Οι τέτοιου περιεχομένου αποφάσεις των συνόδων ονομάζονται *κανόνες*. Η επιλογή του σχετικού όρου - το όνομα του γεωμετρικού εκείνου οργάνου που βοηθάει την χάραξη ευθείας γραμμής- δείχνει και την πρόθεση της Εκκλησίας, δηλαδή, πρόκειται για αποφάσεις, οι οποίες βοηθούν τους πιστούς να κινούνται πάνω στην γραμμή του εκκλησιαστικά ορθού. Όπως εξηγεί χαρακτηριστικά ο αρχ. Ειρ. Δεληδήμος, «ο κανών δεν είναι νόμος....Η παράβασις του νόμου απαιτεί τιμωρίαν. Η παράβασις του ιερού κανόνος σημαίνει την παραπλάνησιν και απομάκρυνσιν από της ευθείας οδού, χρειάζεται λοιπόν όχι τιμωρία του πλανηθέντος, αλλά διόρθωσις και επιστροφή εις την ευθείαν οδόν. Ακριβώς προς τον σκοπόν αυτόν βοηθούν τα λεγόμενα «επιτίμια» (αποχή από την θείαν Κοινωνίαν, νηστείαι, κ.ά.), τα οποία δεν είναι καταδικαστικαί τιμωρίαι, όπως αι προβλεπόμεναι υπό των νόμων ποιναί, αλλά μέσα προς διόρθωσιν, ή, όπως συνήθως λέγεται, φάρμακα προς θεραπείαν των ασθενούντων.... Η διαφορά των ιερών κανόνων από τους νόμους καταφαίνεται και εκ της δυνατότητος της «οικονομίας» κατά την εφαρμογήν του κανόνος. Ο Άγιος Νικόδημος ο Αγιορείτης γράφει σχετικώς: «δύο είδη κυβερνήσεως ευρίσκονται εν τη του Χριστού Αγία Εκκλησία· και το μεν πρώτον είδος, ονομάζεται Ακρίβεια, το δε άλλο, ονομάζεται Οικονομία, και συγκατάβασις»» (σ. 26 και 31).

Για αποφάσεις της συνόδου σε θέματα πίστεως είναι απαραίτητη η ομοφωνία. Η έλλειψή της δεν δημιουργεί κανενός είδους πρόβλημα στο κύρος της απόφασης, αλλά, όπως γίνεται εύκολα αντιληπτό, δεν διασφαλίζει την ενότητα.

Η οικουμενική σύνοδος ολοκληρωνόταν όπως άρχισε, με επιστολή, αυτή την φορά «απαντητική» από μέρους των επισκόπων –μελών της προς τον αυτοκράτορα, με την οποία το κοινοποιούσε τις αποφάσεις της, προκειμένου εκείνος να μεριμνήσει για την εφαρμογή τους. Έτσι, η πολιτεία ανέλαβε την ευθύνη εφαρμογής αποφάσεων καθαρά εκκλησιαστικού περιεχομένου, δίνοντας μάλιστα, με την πάροδο του χρόνου, στους κανόνες προβάδισμα έναντι των νόμων (ρλζ' Νεαρά του Ιουστινιανού).

Αναγνώριση. Στην Α' Οικουμενική Σύνοδο ο όρος *οικουμενική* προσδιόριζε περισσότερο το πεδίο της πρόσκλησης σε συμμετοχή. Μετά την απήχηση και την αποδοχή που γνώρισε, η βαρύτητα της έννοιάς του μετατοπίστηκε περισσότερο προς το πεδίο ενδιαφέροντος, σημασίας αλλά και εφαρμογής των αποφάσεών της. Το ενδιαφέρον είναι ότι η εξέλιξη του θεσμού διαμόρφωσε ορθά κριτήρια, ώστε να διαστέλλεται η κατ' όνομα από την κατ' ουσία οικουμενική σύνοδο. Έτσι, παρά το γεγονός ότι υπήρξαν σύνοδοι που κατά την σύγκλησή τους χαρακτηρίστηκαν οικουμενικές, δεν αναγνωρίσθηκαν ως τέτοιες στην συνείδηση του σώματος της Εκκλησίας. Δεν αρκεί, συνεπώς, μάλλον δεν δεσμεύει ο εκ των προτέρων χαρακτηρισμός, αν δεν αποδειχθεί εκ των υστέρων ως τέτοιος, δηλαδή, αν οι αποφάσεις της δεν αναγνωρισθούν από όλες τις εκκλησίες. Σ' αυτό αποσκοπούσε άλλωστε η πρωτοβουλία της ίδιας της συνόδου με τις επιστολές που απηύθυνε προς όλες τις Εκκλησίες, με τις οποίες γνωστοποιούσε τις αποφάσεις της και προέτρεπε για την αποδοχή τους.

Οικουμενικές Σύνοδοι. Α' Οικουμενική Σύνοδος, Νίκαια, 325. Β' Οικουμενική Σύνοδος, Κωνσταντινούπολη, 381. Γ' Οικουμενική Σύνοδος, Έφεσος, 431. Δ' Οικουμενική Σύνοδος, Χαλκηδόνα, 451. Ε' Οικουμενική Σύνοδος, Κωνσταντινούπολη, 553. Στ' Οικουμενική Σύνοδος, Κωνσταντινούπολη, 680-681. Ζ' Οικουμενική Σύνοδος, Νίκαια, 787.

Μετά το Σχίσμα (1054) η Εκκλησία της Ρώμης συνέχισε να συγκαλεί συνόδους και να τις αριθμεί ως οικουμενικές, με τελευταία, (21η) την Β' Βατικάνεια (Ρώμη 1962-1965). Οι Ορθόδοξες Εκκλησίες, όσες φορές χρειάστηκε, συγκεντρώθηκαν σε *Μεγάλες* ή *Μείζονες* συνόδους, όπως συνέβη κατά την διάρκεια του Ησυχασμού (ΙΔ' αι.), αλλά και αργότερα, μετά την εμφάνιση της Μεταρρύθμισης και το θέμα των ορθοδόξων ομολογιών (π. χ., Κωνσταντινούπολη, 1638, 1642, 1672, 1691) κ. ά..

Οι ραγδαίες εξελίξεις και οι επιπτώσεις τους σε όλες τις εκφάνσεις της ανθρώπινης ζωής, ιδιαίτερα κατά τον τελευταίο αιώνα, αποτελούν τουλάχιστον *εύλογον αιτίαν* για την αναγκαιότητα σύγκλησης μιας συνόδου οικουμενικής διάστασης, η οποία χρέος θα έχει να θέσει επί τάπητος όλα τα σύγχρονα δεδομένα που δημιουργούν προβλήματα αλλά και αμφιβολίες στο σώμα της Εκκλησίας, προκειμένου να το συνδράμει ποιμαντικά, όσο γίνεται αποτελεσματικότερα. Κατά την διάρκεια του περασμένου αιώνα, το Οικουμενικό Πατριαρχείο, με την συμμετοχή και των άλλων ορθόδοξων εκκλησιών, πήρε την πρωτοβουλία να θέσει σε λειτουργία τα κανονικά κριτήρια σύγκλησης μιας τέτοιας συνόδου. Οι δυσκολίες που υπήρχαν συχνά γίνονταν αξεπέραστες από την ίδια την πραγματικότητα, όπως, π. χ., το θέμα της αντιπροσώπευσης των περισσότερων σλαβικών Εκκλησιών, λόγω της κατά την διάρκεια του σοβιετικού καθεστώτος διακριτικής παρακολούθησής τους, ο τρόπος κατάρτισης του καταλόγου και τα προς συζήτηση θεμάτων, η δέσμευση ή υποχρέωση των Εκκλησιών που θα συμμετάσχουν ως προς την εφαρμογή των αποφάσεων και πολλά άλλα. Οι *Προσυνοδικές Διασκέψεις*, που γίνονταν για την προετοιμασία της *Αγίας και Μεγάλης Συνόδου* τελευταία έχουν ατονήσει.

Ενδεικτική βιβλιογραφία
Μαξίμου, Μητρ. Σάρδεων, *Το Οικουμενικόν Πατριαρχείον εν τη Ορθοδόξω Εκκλησία, Ιστορικοκανονική μελέτη*, Θεσσαλονίκη 1972. Δαμασκηνού Παπανδρέου, Μητρ. Τρανουπόλεως, «Προοπτικαί και προβλήματα περί την μέλλουσαν Σύνοδον», Συνοδικά Ι(1976), σ. 26-36. Αθ. Γιέβτιτς, «Παράδοσις και Ανανέωσις εν τω θεσμώ των Οικουμενικών Συνόδων», *Συνοδικά* Ι(1976), σ. 65-104. Βλ. Φειδά, Η Α΄ Οικουμενική Σύνοδος. Προβλήματα περί την συγκρότησιν και την λειτουργίαν της Συνόδου", *Συνοδικά*, Ι (1976), σ. 126-227). Βασ. Σταυρίδη, *Ο συνοδικός θεσμός εις το Οικουμενικόν Πατριαρχείον*. Θεσσαλονίκη 1986. Παύλου Μενεβίσογλου, Μητρ. Σουηδίας, *Ιστορική εισαγωγή εις τους Κανόνας της Ορθοδόξου Εκκλησίας*, Στοκχόλμη 1990. Βλ. Φειδά, *Εκκλησιαστική Ιστορία*, Α΄, Αθήναι 1992. Ειρ. Δεληδήμου, Αρχιμ., Γ. Ράλλη και Μ. Ποτλή, *Σύνταγμα των θείων και ιερών Κανόνων, Εισαγωγή εις την νέαν έκδοσιν*, Θεσσαλονίκη 2002, σ. 1-200.

Οικουμενικές Σύνοδοι

Α΄ Οικουμενική Σύνοδος
έτος: 325 (20 Μαΐου - 25 Αυγούστου)
τόπος: Νίκαια της Βιθυνίας (*εἰς τά βασίλεια*)
μέλη: 318 (σύμφωνα με τον Μ. Αθανάσιο, 250, σύμφωνα με τον Ευσέβιο)
αυτοκράτορας: Μέγας Κωνσταντίνος (παρών στην Σύνοδο)
παριστάμενες εκκλησίες: Ρώμης (ο πάπας Σίλβεστρος δια των εκπροσώπων των, των πρεσβυτέρων Βίτωνος και Βικεντίου), Αλεξανδρείας (επίσκοπος Αλέξανδρος), Αντιοχείας (επίσκοπος Ευστάθιος) και Ιεροσολύμων (επίσκοπος Μακάριος)
μορφή: Μέγας Αθανάσιος
αιτία σύγκλισης: η διάσπαση της ενότητητας της Εκκλησίας λόγω της διάδοσης του αρειανισμού και εκτός των ορίων της Αιγύπτου
αίρεση: Αρειανισμός
αποφάσεις:

    1. Τριαδολογικό δόγμα: ο Υιός *ομοούσιος* με τον Πατέρα.

    2. Όρος: τα επτά πρώτα άρθρα του Συμβόλου της πίστεως.

    3. Σχετικά με το Μελιτιανό σχίσμα

    4. Σχετικά με τον εορτασμό του Πάσχα

    5. Κανόνες: 20

α. Τα πριν την Σύνοδο

Στις αρχές του 3ου αιώνα ο Ά ρ ε ι ο ς, Λίβυος στην καταγωγή, με μέτρια μόρφωση αλλά δεινός ιεροκήρυκας, ως πρεσβύτερος στην Αλεξάνδρεια συμπεριέλαβε στα κηρύγματά του τις προσωπικές του απόψεις σχετικά με την Αγία Τριάδα.

Βάση της διδασκαλίας του αποτελούσε η θέση του, ότι ο Υιός δεν είναι αληθινός Θεός. Είναι κτίσμα του, όπως και όλα τα άλλα. Ως Υιός, σημαίνει ότι γεννήθηκε κάποια στιγμή κι αυτή η στιγμή είναι η αρχή του. Άρα, ο Υιός κάποτε δεν υπήρχε (*ἦν ποτε ὅτε οὐκ ἦν και οὐκ ἦν πρίν γένηται*, έλεγε), κι όταν δεν υπήρχε, ο Θεός δεν ήταν Πατέρας. Συνεπώς δεν είναι *άναρχος* (=χωρίς αρχή) όπως ο Θεός, άρα ούτε και αιώνιος. Η διαφορά του με τα άλλα κτίσματα, ως προς την δημιουργία τους, είναι ότι ο Υιός και Λόγος του Θεού δημιουργήθηκε αμέσως με την θέληση του Πατέρα, ενώ τα άλλα κτίσματα δημιουργήθηκαν από τον Θεό δια μέσου του Υιού. Έτσι, ο Υιός έχει την θέση μιας ενδιάμεσης ύπαρξης, μεταξύ Θεού και ανθρώπων. Με την ενανθρώπισή του προσέλαβε μόνο το ανθρώπινο σώμα, όχι όλη την ανθρώπινη φύση, και την θέση της ψυχής κατέλαβε ο κτιστός Λόγος, κι αυτό για να γνωστοποιήσει στους ανθρώπους το θέλημα του Θεού-Πατέρα.

Η προφανώς ορθολογιστική, αναμφίβολα όμως ανορθόδοξη αντίληψη του Αρείου για το δεύτερο Πρόσωπο της Αγίας Τριάδος, τον Ιησού Χριστό, είχε και μία άλλη προέκταση: αναιρούσε το ίδιο το σχέδιο σωτηρίας του ανθρώπου από το προπατορικό του αμάρτημα. Διότι, εφόσον - σύμφωνα με τον Άρειο- ο Χριστός δεν είναι Θεός, δεν θα μπορούσε και να είναι αυτός που θα σώσει τον άνθρωπο.

Ο Άρειος άρχισε από το 318 να κηρύττει τις ιδέες του. Η ευρεία απήχησή τους στα λαϊκά κυρίως στρώματα στην αρχή προκάλεσε συζητήσεις και ανησυχία. Ο επίσκοπος Αλεξανδρείας Αλέξανδρος τον κάλεσε επανειλημμένα και προσπάθησε να τον πείσει τουλάχιστον να σταματήσει να διαδίδει τις απόψεις του και, ει δυνατόν, να τις διορθώσει, χωρίς όμως να καταφέρει τίποτα από τα δύο. Έτσι το 318/9 ο επίσκοπος Αλέξανδρος συγκάλεσε τοπική σύνοδο, προκειμένου να αντιμετωπίσει το πρόβλημα. Σ' αυτήν έλαβαν μέρος 100 επίσκοποι από όλη την Αίγυπτο, οι οποίοι καταδίκασαν την διδασκαλία του Αρείου, καθαίρεσαν και αφόρισαν τον ίδιο και τους υποστηρικτές του. Εκείνος, αγνοώντας τις αποφάσεις της τοπικής αυτής συνόδου συνέχισε να κηρύττει τις κακοδοξίες του. Χρησιμοποίησε ακόμη και έμμετρα κείμενα για την ευκολότερη εκμάθησή τους από το λαό.

Αντί μετά τη σύνοδο το πρόβλημα να εκλείψει, αντίθετα άρχισε να παίρνει όλο και μεγαλύτερες διαστάσεις, ιδιαίτερα από την στιγμή που ο Άρειος βρήκε υποστηρικτές από κάποιους επισκόπους, εκτός της Αιγύπτου, στην Διοίκηση της Ανατολής και την Αντιόχεια. Αυτό σήμαινε ότι η διαμάχη, που άρχισε να μην είναι πλέον μόνον θεολογική, ξέφυγε πλέον από τα όρια της Αιγύπτου και μεταφερόταν σιγά -σιγά κι αλλού. Ο αυτοκράτορας Μ. Κωνσταντίνος, έστειλε ως αντιπρόσωπο τον υπερήλικα επίσκοπο Κορδούης Όσιο, με αποστολή να κατευνάσει και, αν μπορέσει, να μεσολαβήσει ώστε το θέμα να διευθετηθεί. Στην σύνοδο, που συγκάλεσε ο επίσκοπος Αλέξανδρος με την ευκαιρία της παρουσίας του αυτοκρατορικού απεσταλμένου, δεν επήλθε η επιζητούμενη ειρήνευση. Ο επίσκοπος Κορδούης, επειδή κατά την διάρκεια της παραμονής του στην Αίγυπτο διαπίστωσε ότι η Εκκλησία της δεν ταλαιπωρείται μόνον από την αίρεση του Αρείου (αφού τον υποστήριζαν μόνο δύο από τους εκατό και πλέον επισκόπους της), αλλά και - κυρίως- από σχίσματα, του Μελίτιου και του Κολούθου, επιπλέον δε και από την διχογνωμία γύρω από την τέλεση της εορτής του Πάσχα. Με την επιστροφή του επίσκοπος Όσιος και αφού διαπίστωσε ο ίδιος προσωπικά την διάσπαση που επήλθε στο σώμα των επισκόπων, εισηγήθηκε στον αυτοκράτορα την συζήτηση των σχετικών ζητημάτων σε μία μεγάλη σύνοδο. Ο αυτοκράτορας, αντιλαμβανόμενος το επείγον του θέματος, αποφάσισε την σύγκληση συνόδου, κάπου στην Ανατολή, όπου το πρόβλημα ήταν οξύτερο, και με επιστολή (την επονομαζόμενη sacra) κάλεσε όλους τους επισκόπους σε *γενική* σύνοδο, στην Νίκαια της Βιθυνίας, τον Μάϊο του 325.

β. Η Σύνοδος

Ο σκοπός, για τον οποίο συγκλήθηκε η Α΄ Οικουμενική Σύνοδος, δεν ήταν για να αντιμετωπισθεί ο Άρειος και η αίρεσή του. Αυτό είχε ήδη συμβεί στις προηγηθείσες συνόδους, της Αλεξάνδρειας (320) και της Αντιόχειας (324) και δεν συνέτρεχε λόγος για μία επιπλέον. Βασικός σκοπός της αναδείχθηκε η αποκατάσταση της ενότητας της εκκλησίας, η οποία διέτρεχε κίνδυνο λόγω της διάσπασης που προκαλούσε ο αρειανισμός και τα σχίσματα στην Αίγυπτο, αλλά και από την αυξανόμενη διάσταση που έπαιρνε πια η διχογνωμία ως προς τον εορτασμό του Πάσχα.

Οι εργασίες της Συνόδου άρχισαν στις 20 Μαΐου και τελείωσαν στις 19 Ιουνίου, ημέρα που υπογράφτηκε το Σύμβολο της πίστεως και οι εγκρίθηκαν οι 20 κανόνες που θέσπισε.

Συμμετείχαν περίπου 318 επίσκοποι και εκπρόσωποι επισκόπων. Ο πάπας Ρώμης Σίλβεστρος (314-335), ο οποίος λόγω ηλικίας δεν μπορούσε να ταξιδέψει, έστειλε δύο αντιπροσώπους, τους πρεσβυτέρους Βίτωνα και Βικέντιο. Παραβρέθηκαν επίσης οι ο Αλέξανδρος Αλεξανδρείας, ο Ευστάθιος Αντιοχείας. Παραβρέθηκε επίσης και μικρός αριθμός αρειανοφρόνων επισκόπων, οι περισσότεροι από τους οποίους δεν επέμεναν στις απόψεις τους.

Λόγω ελλείψεως πρακτικών και αμέσων μαρτυριών, δεν είναι απολύτως γνωστό ποιός ή ποιοί προήδρευσε (ή προήδρευσαν) στην Σύνοδο. Ο Βλ. Φειδάς, ο οποίος μελέτησε ενδελεχώς το ζήτημα, εκτιμά ότι την προεδρία άσκησε ο επίσκοπος Αντιοχείας Ευστάθιος, ο οποίος και υπέγραψε πρώτος τις αποφάσεις της (Εκκλησιαστική Ιστορία, Α΄, σ.427-439).

γ. Αποφάσεις

1. Όπως χαρακτηριστικά γράφει ο ιστορικός Σωκράτης (*Εκκλησιαστική Ιστορία*, Βιβλ. Α΄, κεφ.9), σχολιάζοντας την επιστολή του αυτοκράτορα Κωνσταντίνου προς την εκκλησία της Αλεξάνδρειας σχετικά με τις αποφάσεις της Συνόδου, ο όρος της πίστεως δεν έγινε έτσι απλά κι όπως έτυχε, αλλά "υπαγορεύθηκε" από την πολλή συζήτηση και δοκιμασία. Επίσης, ότι δεν λέχθηκαν κάποια, επιλεκτικά, κι ούτε κάποια άλλα αποσιωπήθηκαν σκόπιμα, αλλά λέχθηκαν όλα όσα έπρεπε *πρὸς σύστασιν τοῦ δόγματος*. Μάλιστα, δεν ορίσθηκαν απλώς, αλλά προηγουμένως εξετάσθηκαν με ακρίβεια, ώστε να

αποκλεισθούν όλα εκείνα που θα παρείχαν πρόφαση αμφιβολίας ή διχόνοιας. Η αναφορά *γνώμη Θεού* στην επιστολή του αυτοκράτορα, κατά τον Σωκράτη, σημαίνει ότι εμπιστεύεται ως έργο του αγίου Πνεύματος την ομοφωνία τόσων, και μάλιστα των συγκεκριμένων, επισκόπων που παραβρέθηκαν στην Σύνοδο, ... οι οποίοι, παρόλο που ήταν *ἰδιῶται*, απλοί άνθρωποι, φωτίσθηκαν από τον Θεό και την χάρη του αγίου Πνεύματος και *οὐδαμῶς ἀστοχῆσαι τῆς ἀληθείας ἐδύναντο*.

Η διδασκαλία της Εκκλησίας ως προς το δεύτερο Πρόσωπο της αγίας Τριάδος, τον Υιό και Λόγο του Θεού, διατυπώθηκε με τον πλέον οριστικό τρόπο στο Σύμβολο της πίστεως, στα πρώτα επτά άρθρα του. Σ' αυτό συμπυκνώθηκε, με καταφατικό τρόπο, ό,τι είναι ο Ιησούς Χριστός, αποκλείοντας ταυτόχρονα ό,τι δεν είναι, ως απάντηση στην διδασκαλία του Αρείου. Όπως σχολιάζει χαρακτηριστικά ο Σωκράτης, *οὐ μόνον Ἄρειον καί τούς ὁμοδόξους αὐτοῦ ἀνεθεμάτισαν, ἀλλά καί τάς λέξεις τῆς δόξης αὐτοῦ* (*Εκκλησιαστική Ιστορία*, Βιβλ. Α', κεφ.9). Παράλληλα και εφόσον ο Άρειος επέμενε στις απόψεις του, η Σύνοδος επανέλαβε την καταδίκη των αιρετικών δοξασιών του και αναθεμάτισε όσους τις ασπάζονται, συνεπώς και τον ίδιο, στον οποίον επιπλέον -κατά την εκδοχή του Σωζομενού- απαγόρευσε την επιστροφή του στην Αλεξάνδρεια.

2. Η Σύνοδος, αφού συζήτησε το *δεινόν καί ἀπρεπές* της διχογνωμίας ως προς τον εορτασμό του Πάσχα και κατέγραψε τις επιπτώσεις της στους ίδιους τους χριστιανούς αλλά και στην εικόνα του χριστιανισμού προς την κοινωνία, αποφάσισε ότι πρέπει να εορτάζεται από όλους την ίδια μέρα. Δεν σώζεται από την Σύνοδο σχετικός όρος ή κανόνας της. Οι περί αυτού αποφάσεις της ωστόσο περιέχονται στην *Επιστολή*, που απηύθυνε η Σύνοδος στην Εκκλησία της Αλεξάνδρειας, και στην *Επιστολή* που ο Μ. Κωνσταντίνος απηύθυνε προς τις Εκκλησίες, μετά την Σύνοδο. Όπως προκύπτει από το περιεχόμενό τους, η Σύνοδος απέρριψε την "ιουδαϊκή" αντίληψη εορτασμού του και αποδέχθηκε "εκκλησιαστική" αντίληψη, που υπήρχε ήδη στην πράξη των περισσότερων εκκλησιών και γιόρταζαν το Πάσχα την πρώτη Κυριακή μετά την πρώτη πανσέληνο της εαρινής ισημερίας.

3. Ως προς Μελιτιανό σχίσμα, το άλλο ακανθώδες πρόβλημα της εκκλησίας της Αιγύπτου, η Σύνοδος αποφάσισε *φιλανθρωπότερον* για μεν τον Μελίτιο, δηλαδή, αν και η συμπεριφορά του δεν άξιζε συγχώρηση, να διατηρήσει τον τίτλο του χωρίς καμία άλλη δικαιοδοσία. Για τους επισκόπους δε, που ο Μελίτιος χειροτόνησε, όρισε, αρχικά να παραμείνουν ως βοηθοί του κανονικού επισκόπου και, στην συνέχεια, θα μπορούσαν να εκλεγούν σε κενές επισκοπές, εφόσον ήταν άξιοι και είχαν την έγκριση και συγκατάθεση του επισκόπου Αλεξανδρείας.

4. Η Α' Οικουμενική Σύνοδος εξέδωσε 20 κανόνες.

δ. Πρακτικά της Συνόδου

Από την Α' Οικουμενική Σύνοδο δεν διασώθηκαν πρακτικά, αλλά ούτε και ασφαλείς μαρτυρίες περί του αν όντως τηρήθηκαν. Η πιο απλοϊκή υπόθεση θα ήταν, ότι λόγω της σπουδαιότητάς τους σίγουρα θα έπρεπε να υπάρχουν σαφείς αναφορές σ' αυτά μέσα στην πληθώρα των σωζόμενων έργων εκείνης της εποχής. Από την άλλη, δεν αποκλείεται η τήρηση τους, δεδομένου ότι ήταν μια γνωστή διαδικασία. Τα κοπτικά πρακτικά της Συνόδου δεν θεωρούνται γνήσια.

Τα σωζόμενα κείμενα από την Α' Οικουμενική Σύνοδο είναι: Ο Όρος της Συνόδου, το Σύμβολο της πίστεως, οι 2º κανόνες, η επιστολή της Συνόδου προς την εκκλησία της Αλεξάνδρειας, της Λιβύης και της Πενταπόλεως, και ένας κατάλογος των μελών της.

Β' Οικουμενική Σύνοδος (α' Κωνσταντινουπόλεως)
έτος: 381 (Μάιος - Ιούλιος)
τόπος: Κωνσταντινούπολη (ναός της αγίας Ειρήνης;)
μέλη: 150
αυτοκράτορας: Μ. Θεοδόσιος (379-395)
παριστάμενες εκκλησίες: Αντιοχείας (Μελέτιος), Κωνσταντινουπόλεως (Νεκτάριος), Αλεξανδρείας (Τιμόθεος) και Ιεροσολύμων (Κύριλλος). Ο πάπας Ρώμης Δάμασος δεν προσκλήθηκε (ανατολική σύνοδος), αναγνώρισε όμως το κύρος της.
μορφή: Γρηγόριος Νύσσης

αίρεση: Μακεδόνιος - Πνευματομάχοι (αρνούνται την θεότητα του Αγίου Πνεύματος)
πρακτικά: δεν διασώθηκαν στο σύνολό του (βλ. παρακάτω, γ.)
αποφάσεις:

1. Τριαδολογικό δόγμα: ως προς την θεότητα του Αγίου Πνεύματος. Καταδίκη και των νέων αιρέσεων

2. Όρος: συμπληρώνει το Σύμβολο της Πίστεως περί του Αγίου Πνεύματος, του τρίτου προσώπου της Αγίας Τριάδος, με τα πέντε τελευταία άρθρα του.

3. Κανόνες 7

α. Τα πριν την Σύνοδο

Η καταδίκη του Αρείου δεν εξάλειψε και τα προβλήματα που προκάλεσε στους κόλπους της Εκκλησίας η διδασκαλία και η στάση του. Εκκλησιαστικά, προέκυψε μία ανώμαλη κατάσταση: ενώ, σύμφωνα με τις αποφάσεις της Νίκαιας, έπρεπε να καθαιρούνται και να απομακρύνονται από τις επισκοπές τους όσοι δεν ακολουθούσαν την *Ομολογία* της, αρκετοί από αυτούς τους επισκόπους εξακολουθούσαν να παραμένουν στις θέσεις τους -μερικοί μάλιστα κατείχαν τους επισημότερους επισκοπικούς θρόνους - ενώ αντίθετα άρχισαν να εξορίζονται ορθόδοξοι επίσκοποι. Επιπλέον, παρά το γεγονός ότι η Σύνοδος της Νίκαιας διατύπωσε το *Σύμβολο*, προκειμένου να υπάρχει ένα, κοινό για όλους, ώστε να μην υπάρξει κίνδυνος αυθαίρετων διατυπώσεων, εντούτοις, κυκλοφορούσαν διάφορα σύμβολα, γεγονός που προκαλούσε σύγχυση και μάλιστα μεγάλη. Όλα αυτά μαζί επέτειναν την αναστάτωση και έδιναν την εντύπωση, ότι παντού επικρατεί ασάφεια και ότι η αίρεση, αντί να συρρικνώνεται, διευρύνεται.

Οι αποφάσεις της Συνόδου της Νίκαιας, αναφέρθηκε ήδη, δεν έγιναν αποδεκτές από όλους. Φυσικά τις απέρριψαν οι αρειανοί, αλλά και αρκετοί άλλοι, οι οποίοι δυσκολεύονταν να δεχτούν τον όρο *ομοούσιος τῷ πατρί* για τον Ιησού Χριστό και Λόγο, με αποτέλεσμα να δημιουργηθούν καινούργιες αρειανικές και ημιαρειανικές ομάδες. Αυτοί, ανάλογα με την στάση τους απέναντι στον όρο *ομοούσιος*, ονομάζονταν *όμοιοι, ανόμοιοι, ομοιουσιανοί*. Το αξιοσημείωτο είναι ότι, επειδή κατάφεραν να αποκτήσουν οπαδούς και στα ανώτερα κοινωνικά στρώματα, ακόμη και στο αυτοκρατορικό περιβάλλον, ευνοήθηκαν από την εξουσία και, αντί να τιμωρούνται που δεν συμμορφώθηκαν με τις αποφάσεις της Συνόδου, διέδιδαν ανενόχλητοι τις δοξασίες τους. Οι ορθόδοξοι, από την άλλη, αγωνιούσαν και αγωνίζονταν να δείξουν, ότι ορθή *πίστη, ορθοδοξία*, είναι η πίστη που επικύρωσε η Σύνοδος της Νίκαιας, η Α΄ Οικουμενική.

Μέχρι το 365 περίπου, το βάρος της εκπροσώπησης και της υπεράσπισης της ορθοδοξίας το είχε αναλάβει ο Μ. Α θ α ν ά σ ι ο ς. Είτε από την θέση του επισκόπου Αλεξανδρείας, είτε ακόμα και από την εξορία, με τη δράση και τα κείμενά του ανασκεύαζε και ανέτρεπε όλα τα επιχειρήματα του αρειανισμού, αποδυναμώνοντάς τον, δυστυχώς, μόνον στο θεολογικό πεδίο, διότι σε πολιτικό εξακολουθούσε να διατηρεί τα ερείσματά του.

Τότε εμφανίστηκε ο Ε υ ν ό μ ι ο ς, ο οποίος με την διδασκαλία του, γνωστή ως *νεοαρειανισμός*, προσέδωσε νέα επιχειρήματα στον θεολογικά εξαντλημένο αρειανισμό. Μπροστά στη νέα απειλή, η σκυτάλη της προάσπισης της ορθοδοξίας έναντι πλέον και του νεοαρειανισμού, από τα χέρια του γερασμένου πλέον και καταπονημένου Αθανασίου πέρασε σε έναν άλλο *μεγάλο* εκκλησιαστικό άνδρα, τον Μ. Βασίλειο.

Από τη στιγμή που ο Άρειος θεώρησε το Άγιο Πνεύμα ως το πρώτο δημιούργημα του κτιστού Λόγου, ουσιαστικά υποβάθμισε αν δεν αμφισβήτησε τη θεότητα του Αγίου Πνεύματος. Έτσι, το εύλογο ενδιαφέρον μετατοπίστηκε προς την κατεύθυνση αυτή, με αποτέλεσμα την εποχή αυτή να εμφανισθούν και νέες διδασκαλίες, που αμφισβητούσαν τώρα την θεότητα του Αγίου Πνεύματος. Ιδιαίτερα καθοριστική στο θέμα αυτό στάθηκε η εμφάνιση του Α π ο λ λ ι ν ά ρ ι ο υ[1], επίσκοπου Λαοδικείας, ο οποίος ήταν σημαντική προσωπικότητα και με μεγάλη μόρφωση, από τους πιο αφοσιωμένους -αρχικά- υποστηρικτές του Συμβόλου της Νίκαιας, φίλος του Μ. Αθανασίου και του Μ. Βασιλείου. Τελικά, με τις απόψεις που άρχισε να διδάσκει,

---

1 Περισσότερα για την διδασκαλία του βλ. το σχετικό λήμμα στο κεφ. «αιρέσεις»

πέρασε δυναμικά στο άλλο στρατόπεδο. Η ορθόδοξη απάντηση κατά του Απολλιναρίου και των κακοδοξιών του περί του Αγίου Πνεύματος διατυπώθηκε από τον Γρηγόριο τον Θεολόγο.

β. Η Σύνοδος

Προκειμένου να εξαλειφθούν οριστικά οι συνεχιζόμενες αρειανικές έριδες στην Ανατολή και να αντιμετωπισθούν οι νέες, ο αυτοκράτορας Θεοδόσιος ο Μέγας συγκάλεσε σύνοδο στην Κωνσταντινούπολη, το 381. Μείζον πρόβλημα προς την κατεύθυνση αυτή ήταν η κατάργηση των ποικίλων εν χρήσει συμβόλων, ώστε να επικρατήσει παντού ομοιόμορφη ομολογία, αυτή που διασφάλιζε το Σύμβολο της Νίκαιας.

Παρατηρώντας την εκ των υστέρων, διαπιστώνεται ότι η σύνοδος αυτή παρουσιάζει αρκετές ιδιαιτερότητες, οι οποίες προφανώς συνδέονται με την πρόθεση του αυτοκράτορα, ο οποίος φαίνεται πως εκτίμησε, ότι για τα θέματα που επρόκειτο να συζητήσει, δεν ήταν αναγκαία η σύγκληση μιας *γενικής* συνόδου. Αναγνωρίστηκε αργότερα ως *οικουμενική*, από την Δ' Οικουμενική Σύνοδο και από τότε συναριθμείται ως δεύτερη μεταξύ των Οικουμενικών Συνόδων. Έτσι, ως προς την συγκρότησή της, δεν προσκλήθηκαν επίσκοποι από παντού, παρά μόνον από την Ανατολή. Έλαβαν μέρος μόνον επίσκοποι, 150 ορθόδοξοι και 36 αρειανόφρονες. Οι τελευταίοι αποχώρησαν όταν είδαν ότι το *ομοούσιον* παρέμενε ανέπαφο. Ως προς την λειτουργία της, εξελίχθηκε σε δύο αυτοτελείς κύκλους (381, 382).

Πρόεδρος της Συνόδου αναδείχθηκε -λόγω γήρατος- ο Μελέτιος Αντιοχείας, ο οποίος πέθανε κατά την διάρκειά της. Τον διαδέχθηκε στην προεδρία ο Γρηγόριος ο Θεολόγος, ο νεοεκλεγμένος - από την Σύνοδο- επιχώριος επίσκοπος Κωνσταντινουπόλεως, αυτόν δε μετά την παραίτησή του ο - επίσης εκλεγμένος από την Σύνοδο- Νεκτάριος.

γ. Έργο

Η Β' Οικουμενική Σύνοδος ασχολήθηκε με πνευματομάχους και διακήρυξε την ενότητα του Θεού αλλά και την θεότητα Υιού και Αγίου Πνεύματος. Ασχολήθηκε επίσης και με τις νέες αιρέσεις που εν τω μεταξύ εμφανίστηκαν. Με τις αποφάσεις της: 1. επικύρωσε τις αποφάσεις της Α' Οικουμενικής Συνόδου, 2. καταδίκασε τις 6 νέες αιρέσεις, που εμφανίστηκαν στο μεταξύ διάστημα, δηλαδή, των ευνομιανών, των ημιαρειανών ή πνευματομάχων, των σαβελλιανών, των μαρκελλιανών, των φωτεινιανών και των απολλιναριστών. 3. Με τον *Όρο* της, στον οποίο διατήρησε τον όρο «ομοούσιος», συμπλήρωσε με τα πέντε τελευταία άρθρα, στην οριστική και τελική του πλέον μορφή, το Σύμβολο της Πίστεως, που είναι έκτοτε γνωστό ως *Σύμβολο Νικαίας Κωνσταντινουπόλεως*.

Από τους επτά κανόνες που συνέταξε, ιδιαίτερης μνείας χρήζει ο 3ος κανόνας της, ο οποίος έδωσε *πρεσβεία τιμής*[2] μετά τον επίσκοπο Ρώμης, στον επίσκοπο Κωνσταντινουπόλεως, της νέας πρωτεύουσας της αυτοκρατορίας:

> *Μετὰ δὲ τὸν Ῥώμης, τὸν Κωνσταντινουπόλεως ἐπίσκοπον τὰ πρεσβεῖα ἔχειν, ὡς νέας Ῥώμης τὸν θρόνον ἐπιτροπεύοντα. Ἤδη γὰρ οὐ μόνον εἶχε ταύτην τὴν προσηγορίαν ἡ πόλις, καὶ γερουσίᾳ καὶ τάγμασι δήμων καὶ ἀρχαῖς ὁμοίως ἐχρῆτο· ἀλλὰ καὶ τὰ συμβόλαια κατὰ τὰ νόμιμα τῶν ἐν Ἰταλίᾳ Ῥωμαίων ἐκρίνετο, καὶ τὰ δίκαια καὶ τὰ γέρα περὶ πάντα ἑκάτερα ἰσάζετο.*

Επιπλέον, εκτιμήθηκε ότι η συγκυρία της συγκέντρωσης τόσο πολλών επισκόπων συνιστούσε καλή ευκαιρία, προκειμένου να επιλυθούν από κοινού και κάποια διοικητικού χαρακτήρα προβλή-

---

2 Με τον όρο *πρεσβεία τιμής* δηλώνεται η τιμή που απονέμεται σε κάποιες τοπικές εκκλησίες κυρίως λόγω της αποστολικής προέλευσής τους, αλλά και της εμμονής τους στην ορθοδοξία. Η τιμή αυτή, που ξεκίνησε αρχικά ως εμπιστοσύνη στην παράδοση της διατήρησης της ορθής πίστης σ' αυτές τις εκκλησίες, εξελίχθηκε σε αναγνώριση κύρους και εκτός των ορίων των δικαιοδοσιών τους, το οποίο με την σειρά του διαμόρφωσε ένα διοικητικό προβάδισμα αυτών των εκκλησιών έναντι των υπολοίπων. Εντέλει απετέλεσε την κοινώς αποδεκτή βάση για τον σχηματισμό της διοικητικής ιεραρχίας της Εκκλησίας.

ματα, που εκκρεμούσαν ή ανέκυψαν εν τω μεταξύ σε διάφορες εκκλησίες. Οι επ' αυτών αποφάσεις της Συνόδου είναι οι ακόλουθες: i) ακύρωσε την εκλογή του Μάξιμου του Κυνικού ως επισκόπου Κωνσταντινουπόλεως, θεωρώντας παράλληλα άκυρες και τις χειροτονίες που τέλεσε ο ίδιος, ii) αναγνώρισε τον Γρηγόριο Θεολόγο ως *κανονικό επίσκοπο Κωνσταντινουπόλεως*[3], iii) εξέλεξε τον Νεκτάριο ως νέο επίσκοπο Κωνσταντινουπόλεως μετά την παραίτηση του Γρηγορίου του Θεολόγου, iv) αναγνώρισε τον Μελέτιο Α' (360-381) ως *κανονικό επίσκοπο Αντιοχείας* έναντι του Παυλίνου, τον οποίο ανέδειξε επίσκοπό της μία μερίδα των ορθοδόξων της Αντιόχειας κατά την διάρκεια της απουσίας του πρώτου στην Κωνσταντινούπολη, για τις εργασίες της Συνόδου και v) αναγνώρισε τον Κύριλλο Α' (350-386) ως *κανονικό επίσκοπο Ιεροσολύμων*, για τον οποίο είχε προκύψει ζήτημα και ως προς την ορθοδοξία του αλλά και ως προς την *κανονικότητα* (= σύμφωνη με τους σχετικούς κανόνες της Εκκλησίας) της εκλογής του.

δ. *Πρακτικά*

Τα Πρακτικά της Β' Οικουμενικής Συνόδου δεν διασώθηκαν, ούτε ο *Τόμος*, το κείμενο στο οποίο η Σύνοδος περιέλαβε την ορθόδοξη διδασκαλία για την Αγία Τριάδα, η σύνταξη του οποίου βεβαιώνεται από κατοπινές μαρτυρίες. Ωστόσο διασώθηκαν τα εξής σημαντικά: 1. Το Νικαίας-Κωνσταντινουπόλεως Σύμβολο της Πίστεως, 2. Επτά κανόνες, 3. Το απαντητικό (στην αυτοκρατορική σάκρα) έγγραφο -επιστολή της Συνόδου προς τον αυτοκράτορα, στο οποίο καταγράφονται οι αποφάσεις της, 4. Σχεδόν πλήρης κατάλογος των μελών της. Επιπλέον, από την Σύνοδο αυτή σώζονται τα εξής συναφή, όπως

---

[3] Για δεκαετίες ολόκληρες ο επισκοπικός θρόνος της Κωνσταντινούπολης κατεχόταν από αρειανόφρονες. Είναι χαρακτηριστικό το γεγονός ότι, όταν έφθασε σ' αυτήν ο Γρηγόριος ο Θεολόγος, επειδή οι ορθόδοξοι δεν είχαν κανένα ναό δικό τους, διασκεύασε σε ναό τον οίκο "Αναστασία". Το πρόβλημα διευθέτησε ο Μ. Θεοδόσιος, ο οποίος, αμέσως μόλις ανακηρύχθηκε αυτοκράτορας, από την Θεσσαλονίκη και πριν ακόμα φθάσει στην Κωνσταντινούπολη (Νοέμβριος του 379) διέταξε, όλοι οι ναοί να περιέλθουν στους επισκόπους εκείνους, που δέχονται το *ομοούσιον*, όπως ακριβώς οι επίσκοποι Ρώμης Δάμασος και Αλεξανδρείας Πέτρος. Το διάταγμα αυτό εξασφάλισε την αποχώρηση των αρειανών από όλους τους ναούς εντός της Κωνσταντινούπολης.

τα χαρακτηρίζει ο Π. Μενεβίσογλου (*Ιστορική εισαγωγή εις τους Κανόνας της Ορθοδόξου Εκκλησίας*, Στοκχόλμη 1990, σ. 175-177) κείμενα: ι) Ο επικήδειος λόγος του Γρηγορίου Νύσσης για τον Μελέτιο Αντιοχείας, τον προεδρεύοντα, ο οποίος πέθανε κατά την διάρκεια της Συνόδου, ιι) Ο *συντακτήριος λόγος* του Γρηγορίου του Θεολόγου ενώπιον των μελών της συνόδου λόγω της παραίτησής του από τον αρχιεπισκοπικό θρόνο της Κωνσταντινούπολης και της αναχώρησής του από αυτήν, ιιι) η επιστολή που απέστειλε η σύνοδος προς δυτικούς επισκόπους το επόμενο έτος (382), κατά την β' κύκλο των εργασιών της.

Γ' Οικουμενική Σύνοδος
έτος: 431 (22 Ιουνίου - 31 Ιουλίου, 7 συνεδρίες)
τόπος: Έφεσος (καθεδρικός ναός της *Μαρίας* και επισκοπείο)
μέλη: 210 (σύμφωνα με αναγραφή στην επιστολή της προς τον αυτοκράτορα, Mansi 4,1329)
αυτοκράτορας: Θεοδόσιος Β' (408-450)
παριστάμενες εκκλησίες: Ρώμης (ο πάπας Κελεστίνος δια των αντιπροσώπων Κυρίλλου Αλεξανδρείας αρχικά, στην συνέχεια δια των επισκόπων Αρκαδίου και Προϊέκτου και του πρεσβυτέρου Φιλίππου) και Αλεξανδρείας (Κύριλλος)
μορφή: Κύριλλος Αλεξανδρείας (πρόεδρος της Συνόδου)
αίρεση: Νεστοριανισμός
αποφάσεις:

    1. Ως προς το (χριστολογικό) δόγμα: *Όρος* (επιστολή Κυρίλλου) σχετικά με την ένωση των δύο φύσεων του Χριστού και την Θεοτόκο
    2. Καταδικάζει τον Νεστόριο και την διδασκαλία του
    3. Επικυρώνει το Σύμβολο Νικαίας - Κωνσταντινουπόλεως
    4. Καταδικάζει την αίρεση του πελαγιανισμού και των μεσσαλιανών
    5. Κανόνες 8 (αναγνωρίζεται ως αυτοκέφαλη η Εκκλησία της Κύπρου κ.α.)

α. Τα πριν από την Σύνοδο

Ο Ν ε σ τ ό ρ ι ο ς, κληρικός στην Αντιόχεια με αξιόλογη θεολογική κατάρτιση, διακρινόταν για την αυστηρή ασκητικότητα του και την ρητορική του δεινότητα. Γεννήθηκε στη Γερμανίκεια της Συρίας και σπούδασε στην Αντιόχεια, με δάσκαλο το Θεόδωρο Μοψουεστίας. Το 428 αναδείχθηκε αρχιεπίσκοπος Κωνσταντινουπόλεως, ύστερα από πρόταση του αυτοκράτορα Θεοδόσιου Β' (408-450). Ενώ στην αρχή επέδειξε ζήλο για την προάσπιση της ορθοδοξίας και την καταπολέμηση των αιρέσεων, κατέληξε ο ίδιος σε μη ορθόδοξη διδασκαλία σχετικά με τις δύο φύσεις του Χριστού και τον τρόπο της ένωσής τους. Διαχώριζε τελείως τις δύο εν Χριστώ φύσεις, την ανθρώπινη από την θεία και δεν δεχόταν την πραγματική και υποστατική ένωση των δύο αυτών φύσεων. Το πρόβλημά του σχετίζεται με το ότι ο ίδιος κατανοεί τον όρο ουσία με την έννοια της υπόστασης[4] και γι' αυτό και δυσκολεύεται να καταλάβει τον τρόπο που οι δύο πλήρεις φύσεις του Ιησού Χριστού ενώθηκαν, όπως επίσης και την αμοιβαία μεταξύ τους σχέση Κατέληξε ότι ενώθηκαν δύο φυσικά πρόσωπα σε ένα φυσικό πρόσωπο, με κοινή θέληση και ενέργεια.

Ισχυρότατος αντίπαλος του Νεστορίου αναδείχθηκε ο Κύριλλος, επίσκοπος Αλεξανδρείας (412-444). Καταγόμενος από πλούσια οικογένεια έλαβε επιμελημένη μόρφωση και διαμόρφωσε μία εξαιρετικά έντονη προσωπικότητα, με την οποία καθόρισε και σφράγισε ένα μεγάλο μέρος όσων διαδραματίσθηκαν την εποχή του. Χειροτονήθηκε σε νεαρή ηλικία και παρήγαγε ένα πλουσιότατο συγγραφικό έργο, με το οποίο καταπολεμούσε και ανασκεύαζε τις δοξασίες του Νεστορίου.

Η μεταξύ τους σύγκρουση ξεκίνησε σε ήπιους τόνους. Μόλις ο Κύριλλος διαπίστωσε τις εκτροπές στην διδασκαλία του Νεστορίου, άρχισε να του απευθύνει επιστολές, στις οποίες ανέπτυσσε τις θεολογικές αντιρρήσεις του στις δοξασίες του Νεστορίου, ζητώντας του συνάμα να τις αποδεχθεί και να διορθωθεί. Ο Νεστόριος, παραμένοντας αμετάπειστος, του απαντούσε επιφανειακά, χωρίς να υπεισέρχεται στην

---
4 Πολύ σχηματικά και για την καλύτερη παρακολούθηση της διαμάχης, θα μπορούσε απλά να λεχθεί, ότι υπόσταση ή πρόσωπο είναι δηλωτικά του ιδιαίτερου, του μοναδικού χαρακτηριστικού, ενώ φύση ή ουσία δηλωτικά το κοινού χαρακτηριστικού

ουσία. Τελικά ο Κύριλλος απευθύνθηκε στον πάπα Ρώμης Κελεστίνο (422-432), προκειμένου να τον ενημερώσει σχετικά. Στον Κελεστίνο όμως απηύθυνε επιστολή και ο Νεστόριος, στην οποία κατέγραφε τις απόψεις του, προφανώς για να υπερασπισθεί τον εαυτό του και να προσεταιρισθεί τον πάπα με το μέρος του. Με την πράξη του όμως αυτή έδωσε την δυνατότητα στον πάπα να διαπιστώσει *ιδίοις όμμασι* τις κακοδοξίες του. Κατόπιν αυτού ο Κελεστίνος συγκάλεσε σύνοδο στην Ρώμη (430), η οποία καταδίκασε και αποκήρυξε την διδασκαλία του Νεστορίου και εξουσιοδότησε τον Κύριλλο για τα περαιτέρω. Την ίδια χρονιά και για τον ίδιο λόγο έγινε σύνοδος και στην Αλεξάνδρεια, η οποία επικύρωσε τις θεολογικές θέσεις του Κυρίλλου. Ο Κύριλλος, εγκαταλείποντας πλέον την μέχρι τότε ήπια στάση του, αντί *συνοδικής επιστολής* κοινοποίησε στον Νεστόριο τις θεολογικές του θέσεις, επισυνάπτοντας συνάμα και τους περίφημους *δώδεκα αναθεματισμούς* του (προτάσεις) κατά των νεστοριανικών θέσεων. Ο Νεστόριος, εμμένοντας στις θέσεις του, ανταπάντησε με δώδεκα δικούς του αναθεματισμούς εναντίον των θέσεων του Κυρίλλου. Φαίνεται μάλιστα ότι ήταν τόσο βέβαιος για την ορθότητα των απόψεών του, ώστε να μην φοβάται να υποστεί την κρίση μιας οικουμενικής συνόδου, αντίθετα να το επιδιώκει.

Στην διαμάχη αυτή, με τον Κύριλλο τάχθηκαν οι εκκλησίες της Ρώμης, της Αιγύπτου, της Παλαιστίνης και της Μ. Ασίας, ενώ με τον Νεστόριο ακολουθούσε η Κωνσταντινούπολη και η Αντιόχεια. Η διάσπαση της Εκκλησίας ήταν πλέον ορατή.

Μπροστά σ' αυτόν τον κίνδυνο ο αυτοκράτορας Θεοδόσιος Β', κατόπιν και της επίμονης προτροπής της αδελφής του Πουλχερίας, αποφάσισε να συγκαλέσει σύνοδο. Με την sacra που εξέδωσε (19 Νοεμβρίου 430), όρισε ως τόπο σύγκλησης της συνόδου την Έφεσο, και χρόνο, την Πεντηκοστή του 431 (7 Ιουνίου 431), καθορίζοντας παράλληλα και την αντιπροσώπευση εκ μέρους κάθε εκκλησίας: τρεις εκπρόσωποι από κάθε επαρχία.

β. Σκοπός

Από την τροπή που έπαιρναν πλέον τα πράγματα, αυτό που έκανε απαραίτητη την σύγκληση μιας οικουμενικής συνόδου δεν ήταν μόνον η αποκατάσταση της ειρήνης και της ενότητας στο σώμα της Εκκλησίας και η αντιμετώπιση της διδασκαλίας του Νεστορίου. Κυρίως ήταν η αδήριτη ανάγκη, να διατυπωθεί η ορθόδοξη διδασκαλία ως προς το μυστήριο της ενανθρωπήσεως και την σχέση των δύο φύσεων στο πρόσωπο του Ιησού Χριστού.

γ. Η Σύνοδος

Αν και δεν ήταν η πρώτη φορά που λάμβανε χώρα ένα τέτοιο γεγονός, τα πράγματα εξελίχθηκαν αρκετά "ανορθόδοξα" και διαδραματίσθηκαν πρωτόγνωρα συμβάντα. Ωστόσο, κρίνοντας τα κανείς εκ των υστέρων, δεν μπορεί να μην υπογραμμίσει το γεγονός, ότι, παρά τα όσα μεσολάβησαν, εν τέλει κατέληξαν σε αποφάσεις τέτοιες, που τις αναγνώρισε ολόκληρη η Εκκλησία. Τα γεγονότα εξελίχθηκαν ως εξής:

Στην καθορισμένη ημερομηνία (7 Ιουνίου) είχαν ήδη φθάσει στην Έφεσο οι περισσότεροι από αυτούς που προσκλήθηκαν. Αναμένονταν οι εκπρόσωποι του πάπα, οι επίσκοποι από την Διοίκηση της Ανατολής και ο Ιωάννης Αντιοχείας. Η απουσία τους σήμαινε και την καθυστέρηση της έναρξης της Συνόδου. Όμως στις 21 Ιουνίου, ύστερα από μία σύσκεψη του Κυρίλλου Αλεξανδρείας με τον Ιουβενάλιο Ιεροσολύμων και άλλους επισκόπους, αποφασίσθηκε η Σύνοδος να αρχίσει τις εργασίες της από την επομένη, 22 Ιουνίου, παρά τις αντιρρήσεις μερίδος επισκόπων, ότι η έναρξη δεν μπορεί να γίνει πριν την άφιξη και του Ιωάννη Αντιοχείας. Πράγματι, την Δευτέρα 22 Ιουνίου έλαβε χώρα η α' συνεδρίαση της Συνόδου, στην οποία προήδρευσε από μέρους του πάπα Ρώμης ο Αλεξανδρείας Κύριλλος, μιας και η αντιπροσωπεία από την Ρώμη δεν είχε ακόμα φθάσει. Δεν προσήλθαν σ' αυτήν, αν και βρίσκονταν από καιρό στην Έφεσο, ο Νεστόριος -αν και προσκλήθηκε- και οι υποστηρικτές του επίσκοποι, διαμαρτυρόμενοι με τον τρόπο αυτό για την επίσπευση της έναρξης. Θεώρησαν ότι έγινε εσκεμμένα, μόνο και μόνο για να είναι αποδυναμωμένη η παρουσία τους στην Σύνοδο, δεδομένου ότι ο φίλα προσκείμενος στον Νεστόριο Ιωάννης Αντιοχείας ειδοποίησε ότι πλησιάζει. Σ' αυτήν την πρώτη συνεδρίασή της η Σύνοδος αναθεμάτισε και κήρυξε έκπτωτο τον Νεστόριο και καταδίκασε τη διδασκαλία του, ενώ διαβάσθηκε και αναγνωρίσθηκε ως ορθόδοξη η επιστολή του Κυρίλλου προς τον Νεστόριο και οι δώδεκα αναθεματισμοί. Ο Νεστόριος, απευθυνόμενος στον αυτοκράτορα, αμφισβήτησε, όπως ήταν φυσικό, την απόφαση αυτή.

Στο μεταξύ, ο Αντιοχείας Ιωάννης μόλις έφθασε στην Έφεσο, αντί να ενσωματωθεί στην Σύνοδο, όπως έκαναν οι εκπρόσωποι του πάπα Ρώμης, αμέσως (27 Ιουνίου) συγκρότησε "παρασύνοδο" μαζί με τους Ανατολικούς επισκόπους. Σ' αυτήν καταδίκασαν τους δώδεκα αναθεματισμούς του Κυρίλλου, με το επιχείρημα ότι περιείχαν αιρετικές γνώμες του Αρείου, του Απολλιναρίου και του Ευνομίου και καθαίρεσαν τον Κύριλλο Αλεξανδρείας αλλά και τον Μέμνονα, τον επίσκοπο Εφέσου. Κατόπιν αυτού η Σύνοδος σε μία συνεδρίασή της (δ', 16 Ιουλίου) έκρινε ως ανίσχυρες τις αποφάσεις της "παρασυνόδου" και στην επόμενη αποφάσισε *αργία και ακοινωνησία* για τον Ιωάννη Αντιοχείας και τα μέλη της, μέχρι να μετανοήσουν.

Η όλη κατάσταση έφθασε και στον αυτοκράτορα, ο οποίος έστειλε επί τόπου τον κόμητα Ιωάννη με επιστολή, η οποία γνωστοποιούσε ότι θεωρούνται καθηρημένοι αυτοί που καθαιρέθηκαν τόσο από την Σύνοδο, όσο και από την "παρασύνοδο", δηλαδή, ο Κωνσταντινουπόλεως Νεστόριος, ο Αλεξανδρείας Κύριλλος και ο Εφέσου Μέμνωνας, οι οποίοι τέθηκαν υπό περιορισμό. Διαμαρτυρήθηκαν φυσικά και οι δύο πλευρές στον αυτοκράτορα, ο οποίος, τελικά, αναγνώρισε την καθαίρεση του Νεστορίου, στον οποίο επέβαλε εξορία και διέταξε την διάλυση της Συνόδου.

Η διαμάχη μεταξύ των δύο "σχολών", της αντιοχειανής στο πρόσωπο του επισκόπου Ιωάννη και της αλεξανδρινής στο πρόσωπο του Κυρίλλου συνεχίσθηκε αμείωτα, δημιουργώντας, όπως είναι ευνόητο, έκρυθμες καταστάσεις, κυρίως προϋποθέσεις σχίσματος. Από τους πρωταγωνιστές, ο Νεστόριος καθαιρέθηκε και περιορίστηκε στη μονή Ευπρεπίου κοντά στην Αντιόχεια, ο Κύριλλος κατάφερε να αναστρέψει την καταδίκη και να επιστρέψει θριαμβευτής στην Αλεξάνδρεια, ενώ ο Ιωάννης, που κι αυτός δεν καταδικάστηκε, ήθελε, παρά την αντίθεση που εκδήλωσε στην Σύνοδο και τις αποφάσεις

Πτυχές από την ιστορία της αδιαίρετης Εκκλησίας

της, να γνωστοποιήσει και τις προσωπικές του απόψεις. Έτσι, ο μεν Κύριλλος επέμενε στους -σε μερικά σημεία τους εκφραστικά ακραίους - *Δώδεκα αναθεματισμούς*, ισχυριζόμενος ότι αναφέρονται στις κακοδοξίες του Νεστοριανισμού, ο οποίος όμως είχε πλέον επίσημα καταδικαστεί από την Σύνοδο. Άρχισε ωστόσο να δείχνει διαλλακτικότητα, προφανώς υπό το βάρος και της αυτοκρατορικής πίεσης για την αποκατάσταση της ειρήνης. Ο δε Ιωάννης, παραμερίζοντας την προσωπική υποστήριξη στον καταδικασμένο Νεστόριο, αποδεχόμενος δηλαδή και με την υπογραφή του την απόφαση της Συνόδου, αξίωνε πλέον την αλλαγή κάποιων εκφράσεων από τους *Δώδεκα αναθεματισμούς*, οι οποίες δεν θεωρούνταν ορθόδοξες στο αντιοχειανό περιβάλλον.

Προς την εκτόνωση της κατάστασης συνέδραμε σημαντικά η πρωτοβουλία του Μαξιμιανού, διαδόχου στον επισκοπικό θρόνο της Κωνσταντινουπόλεως, με την μεσολάβηση που ανέλαβε μεταξύ των δύο πλευρών. Έτσι, εφόσον το ζήτημα πλέον ήταν θεολογικού χαρακτήρα, με βάση γραπτό επιστολιμαίο κείμενο, όπου ο Ιωάννης αποτύπωσε την *ομολογία* του, ζητήθηκε η συμφωνία και του Κυρίλλου, ο οποίος, εκφράζοντας επιφυλάξεις για κάποια σημεία της τελικά το απέρριψε στο σύνολό του. Ο Ιωάννης στην συνέχεια, επανήλθε με επόμενη επιστολή, που επίσης περιείχε *ομολογία πίστεως*, η οποία συντάχθηκε λαμβάνοντας υπόψη και τις ενστάσεις του Κυρίλλου. Η τελευταία αυτή *ομολογία πίστεως*, την οποία αποδέχθηκε πλήρως και προσυπέγραψε και ο Κύριλλος, ως κοινή πλέον ομολογία πίστεως του Ιωάννη και του Κυρίλλου, έμεινε γνωστή ως *Όρος των Διαλλαγών* (433) και πέτυχε τελικά τον από καιρού επιζητούμενο συμβιβασμό. Δικαιολογημένα λοιπόν η ομολογία αυτή θεωρείται ότι συμπληρώνει τον όρο της Γ' Οικουμενικής Συνόδου.

δ. *Το έργο της*

Η Σύνοδος της Εφέσου, παρά το γεγονός ότι συγκλήθηκε ως οικουμενική, κινδύνεψε να χάσει τον χαρακτήρα της ως τέτοια, λόγω της διαφωνίας που προαναφέρθηκε, διακόπηκε βίαια, χωρίς να ολοκληρώσει φυσιολογικά το έργο της κατά την διάρκειά της.

Ουσιαστικά, το "έργο της Γ' Οικουμενικής Συνόδου ερμήνευε το τί έγινε (πληρότητα των δύο φύσεων) κατά την ένωση της θείας με την ανθρώπινη φύση, δεν απαντούσε στο πώς έγινε (σχέση των δύο φύσεων) η ένωση αυτή στο πρόσωπο του Χριστού" (Φειδάς, Α', σ.619). Το κύριο έργο της Συνόδου αυτής πραγματοποιήθηκε κατά την διάρκεια των εργασιών της α' συνεδρίασής της. Στις υπόλοιπες κυριάρχησαν τα κανονικά ζητήματα, που προέκυψαν στο μεταξύ. Συνολικά η Γ' Οικουμενική Σύνοδος: 1. Καταδίκασε τον Νεστόριο και διδασκαλία του, τον οποίο τιμώρησε με καθαίρεση, ενώ αναγνώρισε ως ορθόδοξη την β' επιστολή του Κυρίλλου Αλεξανδρείας προς τον Νεστόριο, 2. Επικύρωσε το Σύμβολο της Νικαίας - Κωνσταντινουπόλεως, 3. Καταδίκασε τις νέες αιρέσεις του πελαγιανισμού και των μεσσαλιανών και 4. Ρύθμισε διάφορα θέματα διοικητικού περιεχομένου και εξέδωσε 8 κανόνες.

ε. Πρακτικά

Κατά την διάρκεια της Συνόδου (7 συνεδρίες) τηρήθηκαν πρακτικά, τα οποία σώζονται. Περιέχονται δε σε συλλογές εγγράφων, σχετικών με τα διαδραματισθέντα πριν από την σύγκλησή της αλλά και μετά, μέχρι τον συμβιβασμό του 433[5], οι οποίες εκδόθηκαν από τον E. Schwartz στην σειρά *Acta Conciliorum Oecumenicorum* (=ACO) ως ο πρώτος της τόμος.

Δ' Οικουμενική Σύνοδος
έτος: 451 (19 συνεδριάσεις, 8 Οκτωβρίου-1 Νοεμβρίου)
τόπος: Χαλκηδόνα (ναός της αγίας Ευφημίας)
μέλη: 600 (ή 520)
αυτοκράτορας: Μαρκιανός ο Θράξ και η σύζυγός του Πουλχερία
αίρεση: Μονοφυσιτισμός (αρχιμ. Ευτυχής)
παριστάμενες εκκλησίες: Ρώμης (ο πάπας Λέων αντιπροσωπεύθηκε από τους επισκόπους Πασχασίνο, Λουκήνσιο και Ιουλιανό επίσκοπο της Κω και τους πρεσβυτέρους Βονιφάτιο και Βασίλειο), Κων-

---
5 Βλ. αναλυτικά Μητρ. Παύλου Μενεβίσογλου, Ιστορική εισαγωγή εις τους Κανόνας της Ορθοδόξου Εκκλησίας, Στοκχόλμη 1990, σ. 210-218.

σταντινουπόλεως (Ανατόλιος), Αλεξανδρείας (Διόσκορος, μόνο στην 1η συνεδρίαση,μετά καθαιρέθηκε) και ο Ιεροσολύμων Ιουβενάλιος.
προεδρία: την άσκησαν οι αντιπρόσωποι του πάπα και ο Κων/πόλεως Ανατόλιος, αλλά με καθοριστική την παρουσία των αυτοκρατορικών εκπροσώπων.
αποφάσεις: (χριστολογικό δόγμα) *Όρος* σχετικά με την υποστατική ένωση των δύο φύσεων του Χριστού: τέλειος Θεός και τέλειος άνθρωπος
Κανόνες: 30 (28ος κανόνας, ιδρυτικός *Τόμος* του Πατριαρχείου Κων/πόλεως)

α. Πριν από την Σύνοδο

Μέσα στην σύγχυση που προκάλεσε η διδασκαλία του Νεστορίου, που έκανε λόγο για την διάκριση των δύο φύσεων του Χριστού, αναδύθηκε μία καινούργια αίρεση, εντελώς αντίθετη, που δίδασκε την *σύγκραση*, την *"συνένωση"* των δύο φύσεων του Χριστού. Εμπνευστής της ήταν ο Ευτυχής, ηγούμενος ενός από τα πιο μεγάλα μοναστήρια στην Κωνσταντινούπολη, με μέτρια θεολογική κατάρτιση, πολύ γνωστός και σεβαστός για την αυστηρή ασκητική ζωή του και με επιρροή στους κύκλους των μοναχών και του παλατιού. Πολέμιος αρχικά του Νεστορίου και υπερασπιστής της ορθοδοξίας εναντίον όσων δέχονται δύο φύσεις στο Χριστό, οδηγήθηκε τελικά στον μ ο ν ο φ υ σ ι τ ι σ μ ό. Κατά τον Ευτυχή, η ένωση των δύο φύσεων είναι γεγονός και μάλιστα συντελείται κατά τέτοιο τρόπο, ώστε να ξεπερνάει τη φυσική μίξη και την ουσιαστική ένωση. Η ανθρώπινη φύση παύει να υπάρχει, απορροφάται από τη θεία και εξαφανίζεται. Ο ίδιος χαρακτήριζε την ένωση των δύο φύσεων κράση και σύγκραση, στην οποία η ανθρώπινη φύση απορροφήθηκε εντελώς από τη θεία. Δεχόταν λοιπόν μία υπόσταση και ένα πρόσωπο στον ενανθρωπήσαντα Λόγο, διότι οι δύο φύσεις που υπήρχαν πριν από την ένωση, έγιναν μία μετά την ένωση, αυτή του Θεού Λόγου. Το σώμα του Χριστού ήταν ανθρώπινο αλλά όχι ίδιας ουσίας με τους υπόλοιπους ανθρώπους, γιατί ήταν Θεός. Αντιλαμβανόταν το Χριστό μετά την ένωση των δύο φύσεων ως εντελώς ξένο με την ανθρώπινη φύση.

Η διδασκαλία του Ευτυχή, όπως ήταν αναμενόμενο, προκάλεσε αντιδράσεις εντός και εκτός Κωνσταντινουπόλεως. Οι πρώτες αντιδράσεις προήλθαν από τους επισκόπους Κύρου Θεοδώρητο και Αντιοχείας Δόμνο, ο οποίος μάλιστα τον κατήγγειλε ως αιρετικό απευθείας στον αυτοκράτορα. Στην Κωνσταντινούπολη, στην ενδημούσα σύνοδο που συγκάλεσε ο αρχιεπίσκοπος Φλαβιανός (446-449), ο παρευρισκόμενος επίσκοπος Δορυλαίου Ευσέβιος και μέχρι πρότινος φίλος του Ευτυχή, επικαλούμενος τις μεταξύ τους συζητήσεις τον κατήγγειλε επισήμως ως αιρετικό, προκειμένου να ενεργοποιηθεί η κανονική διαδικασία για την κρίση του Ευτυχή ως αιρετικού. Λόγω των ασαφών απαντήσεων του Ευτυχή στα επανειλημμένα ερωτήματα που του έθεσε η σύνοδος αυτή σχετικά με τις μονοφυσιτικές του κακοδοξίες, τιμωρήθηκε με καθαίρεση και αφορισμό. Την απόφαση της συνόδου αυτής ο Φλαβιανός, εφόσον αφορούσε δογματικό ζήτημα, την κοινοποίησε και στους προκαθημένους των άλλων Εκκλησιών. Ως απάντηση ο επίσκοπος Ρώμης Λέων Α΄ απέστειλε στον Φλαβιανό την περίφημη δογματικού περιεχομένου επιστολή (13 Ιουνίου 449), γνωστή ως *Τόμος του Λέοντος*. Αργότερα, η επιστολή αυτή έγινε δεκτή ως δογματικό κείμενο από την Δ΄ Οικουμενική Σύνοδο (451).

Ο δυσαρεστημένος από την απόφαση της ενδημούσας συνόδου Ευτυχής απευθύνεται και αυτός με επιστολή του στον *πάπα Λέοντα*, με την οποία καταγγέλλει την ενδημούσα σύνοδο για εχθρότητα προς το πρόσωπό του και αυθαιρεσίες κατά την διεξαγωγή της. Τις καταγγελίες του αυτές έλαβαν σοβαρά υπόψη οι πολιτικοί υποστηρικτές του. Έτσι, ο αυτοκράτορας Θεοδόσιος Β΄ αποφάσισε (Μάρτιος 449) την σύγκληση συνόδου στην Έφεσο, τον Αύγουστο του ίδιου χρόνου, με σκοπό να αθωώσει τον Ευτυχή γι' αυτό και την οργάνωσε ανάλογα. Συγκεκριμένα, απέκλεισε από την προεδρία της τον Κωνσταντινουπόλεως Φλαβιανό, με την αιτιολογία ότι ήταν αντίδικος του Ευτυχή. Αντ' αυτού όρισε τον Διόσκορο Αλεξανδρείας, φανερό υποστηρικτή του Ευτυχή.

Η σύνοδος έλαβε χώρα στον ναό *της Μαρίας*. Ο Ρώμης Λέων έστειλε αντιπροσώπους, ο Κωνσταντινουπόλεως Φλαβιανός παρευρισκόταν με δικαίωμα λόγου μόνο και όχι ψήφου, ο Θεοδώρητος Κύρου

Πτυχές από την ιστορία της αδιαίρετης Εκκλησίας

αποκλείστηκε, ενώ ο Διόσκορος έφθασε με πολυπληθή αποστολή, στην οποία συμμετείχαν ένα πλήθος μοναχών αλλά και λαϊκοί, οι διαβόητοι *παραβολάνοι* (οι νεκροθάφτες κατά τις περιόδους των επιδημιών), η πρωταγωνίστησε στις πρωτοφανείς βιαιότητες και στην τρομοκρατία, που ασκήθηκε στα υπόλοιπα μέλη της συνόδου. Με την απαραίτητη πλειοψηφία που εξασφάλισε ποικιλοτρόπως ο Διόσκορος και μέσα σε κλίμα έντονης τρομοκρατίας πέτυχε ουσιαστικά να ανατρέψει και να αντιστρέψει τις αποφάσεις της ενδημούσας συνόδου (448), δηλαδή, να αναγνωρίσει και να αποκαταστήσει ως ορθόδοξο τον Ευτυχή, να καταδικάσει και να καθαιρέσει τον Φλαβιανό Κωνσταντινουπόλεως, τόν οποίον μάλιστα οι φανατικοί κακοποίησαν μέσα στην σύνοδο, αλλά και τον επίσκοπο Εδέσσης Ίβα και τον επίσκοπο Κύρου Θεοδώρητο. Οι παπικοί αντιπρόσωποι έφυγαν και εξέθεσαν τα συμβάντα στον *πάπα*, ο οποίος διαμαρτυρήθηκε σφοδρά στον αυτοκράτορα και χαρακτήρισε τη σύνοδο «ληστρική». Η σύνοδος αυτή συγκλήθηκε ως οικουμενική, ποτέ δεν αναγνωρίστηκε ως τέτοια, απεναντίας έμεινε στην ιστορία ως «ληστρική» (Latrocinium ephesinum).

Όταν, μετά το πέρας της συνόδου, έγιναν γνωστά τα διαδραματισθέντα από τις αποστολές που επέστρεψαν, η ανάγκη αντίδρασης εναντίον της εκφράστηκε αμέσως με την διεξαγωγή συνόδων τόσο στην Ρώμη (449), όσο και στην Κωνσταντινούπολη (450) από τον Ανατόλιο, διάδοχο του Φλαβιανού. Και οι δύο καταδίκασαν τα όσα συνέβησαν στην «Ληστρική» σύνοδο και επανέλαβαν την καταδίκη του Ευτυχή και των ομοφρόνων του.

β. Η Σύνοδος

Η σύγχυση που προκλήθηκε από τις διαδοχικές συνόδους, που η μία αναιρούσε την άλλη και η μία αθώωνε αυτούς, που η άλλη καταδίκαζε, αλλά και κυρίως η αμφιβολία που προέκυψε ως προς το ποια από τις αντίθετες απόψεις που διατυπώθηκαν είναι η ορθόδοξη, είναι φανερό ότι μόνον από μία *γενική* σύνοδο θα μπορούσε να διαλυθεί. Τον αυτοκράτορα Θεοδόσιος Β΄, ο οποίος διευκόλυνε αρκετά τον Ευτυχή, διαδέχθηκε μετά τον θάνατό του στον θρόνο ο Μαρκιανός (450-457), ο οποίος με την βοήθεια της συζύγου του Πουλχερίας αντιλήφθηκε την αναγκαιότητα σύγκλησης οικουμενικής συνόδου και με sacra (23 Μαΐου 451) προς τους απανταχού επισκόπους, τους καλεί σε σύνοδο στην Νίκαια, την 1η Σεπτεμβρίου του ίδιου έτους, προκειμένου να διευκρινισθούν οι αμφιβολίες που προέκυψαν και να διατυπωθεί με σαφήνεια η αληθινή πίστη.

Από τους πρώτους που κατέφθασαν στην Νίκαια ήταν ο Διόσκορος, πάλι με πολυπληθή συνοδεία και προσπάθησε πάλι να επαναλάβει όσα με επιτυχία για τους σκοπούς του έκανε στην «Ληστρική» σύνοδο πριν από μία διετία. Αντέδρασαν όμως οι υπόλοιποι και απευθύνθηκαν στον αυτοκράτορα, η απουσία του οποίου έδωσε την ευκαιρία στην Πουλχερία να αναλάβει πρωτοβουλία. Αυτή ζήτησε από τον έπαρχο της Βιθυνίας να απομακρύνει όσους κληρικούς και πολύ περισσότερο λαϊκούς δεν είναι μέλη της Συνόδου. Λίγο αργότερα, με εντολή του αυτοκράτορα η Σύνοδος μεταφερόταν στην Χαλκηδόνα, πιο κοντά στην πρωτεύουσα και την αυτοκρατορική επιτήρηση και προστασία. Εκεί έφθασε και ο αυτοκράτορας και παραβρέθηκε την πρώτη συνεδρίασή της, στις 8 Οκτωβρίου, στο ναό της αγίας Ευφημίας, όπου και πραγματοποιήθηκαν όλες οι συνεδριάσεις της. Τόσο ο ίδιος όσο και οι αντιπρόσωποί του, όταν αυτός απουσίαζε, διαδραμάτιζαν μεν ρόλο επιτηρητή της εύρυθμης λειτουργίας, τελικά όμως παρενέβησαν στην εξέλιξη της διαδικασίας.

Στην πρώτη συνεδρίαση της Συνόδου (8 Οκτωβρίου) και όπως είχε επικρατήσει, διαβάστηκαν τα πρακτικά της προηγούμενης συνόδου, της Ληστρικής, ώστε αυτή να επικυρωθεί ή να αποκηρυχθεί. Όπως ήταν φυσικό, ανέκυψε το ζήτημα της ορθότητας των αποφάσεών της, καθώς και του τρόπου με τον οποίο οδηγήθηκαν σ' αυτές. Κατά την συζήτηση που ακολούθησε την ανάγνωση των πρακτικών, αναδείχθηκε κυρίως η ευθύνη του τότε προέδρου, του Αλεξανδρείας Διοσκόρου, ο οποίος, αίφνης και ενώ έφθασε στην Σύνοδο ως κριτής, βρέθηκε κατηγορούμενος. Οι παριστάμενοι που υπήρξαν και μέλη της Ληστρικής, ανακάλεσαν την υπογραφή τους, στην οποία υποχρεώθηκαν ή εγκλωβίσθηκαν, αποκήρυξαν όσα συνέβησαν εκεί και ζήτησαν την συγγνώμη και την επιείκεια της Συνόδου. Όσοι κρίθη-

Πτυχές από την ιστορία της αδιαίρετης Εκκλησίας

καν υπόλογοι, τιμωρήθηκαν με βάση την ποινή της *ταυτοπάθειας* (6ος κανόνας της Β΄ Οικουμενικής Συνόδου), που προέβλεπε γι' αυτόν που συκοφάντησε ή τιμώρησε άδικα κληρικό, να υποστεί με την ίδια τιμωρία που επέβαλε. (δηλαδή, π.χ., να τιμωρηθούν με τις ποινές που επέβαλαν στον Κωνσταντινουπόλεως Φλαβιανό). Η ειλικρινής στάση των επισκόπων της ελλαδικής αποστολής, η ευθύνη και η συγγνώμη να επιμερισθεί σε όλους[6], δεν εισακούσθηκε και τιμωρήθηκαν με καθαίρεση, εκτός από τον Διόσκορο, οι Ιουβενάλιος Ιεροσολύμων, Θαλάσσιος Καισαρείας, Ευσέβιος Αγκύρας, Ευστάθιος Βυρητού και Βασίλειος Σελευκείας.

Στην διάρκεια της 5ης συνεδρίασης (22 Οκτωβρίου), της σπουδαιότερης, όπως εξελίχθηκαν τα γεγονότα, η Σύνοδος εισήλθε στο κύριο έργο της, την συζήτηση των θεολογικών ζητημάτων. Σ' αυτήν καταδικάστηκε ο Μονοφυσιτισμός του Ευτυχή αλλά και ο Δυοφυσιτισμός του Νεστορίου και συζητήθηκε ο όρος, με βάση το κείμενο που ήδη είχε προετοιμασθεί. Το κείμενο στο οποίο κατέληξαν, ο περίφημος *Όρος και δόγμα της Χαλκηδόνος*, σφράγισε οριστικά τη διακήρυξη της ορθόδοξης πίστης. Το σκόπιμα λιτό αλλά άκρως περιεκτικό κείμενό του συμπεριέλαβε όλες τις ορθόδοξες πηγές, τα πρακτικά των προηγούμενων Συνόδων, τον Τόμο του πάπα Λέοντα Α', την έκθεση πίστεως των «διαλλαγών» του 433, πάνω στην βάση της κυρίλλειας θεολογίας:

> «*Ἑπόμενοι τοίνυν τοῖς ἁγίοις πατράσιν, ἕνα καί τόν αὐτόν ὁμολογεῖν Υἱόν τόν Κύριον ἡμῶν Ἰησοῦν Χριστόν συμφώνως ἅπαντες ἐδιδάσκομεν, τέλειον τόν αὐτόν ἐν θεότητι καί τέλειον τόν αὐτόν ἐν ἀνθρωπότητι, θεόν ἀληθῶς καί ἄνθρωπον ἀληθῶς τόν αὐτόν, ἐκ ψυχῆς λογικῆς καί σώματος, ὁμοούσιον τῷ Πατρί κατά τήν θεότητα, καί ὁμοούσιον τόν αὐτόν ἡμῖν κατά τήν ἀνθρωπότητα, κατά πάντα*

---

6 *Πάντες ἐσφάλημεν, πάντες συγγνώμης ἀξιωθῶμεν,* Mansi 5,

ὅμοιον ἡμῖν, χωρίς ἁμαρτίας. Πρό αἰώνων μέν ἐκ τοῦ Πατρός γεννηθέντα κατά τήν θεότητα, ἐπ' ἐσχάτων δέ τῶν ἡμερῶν τόν αὐτόν δι' ἡμᾶς καί διά τήν ἡμετέραν σωτηρίαν ἐκ Μαρίας τῆς παρθένου, τῆς Θεοτόκου, κατά τήν ἀνθρωπότητα, ἕνα καί τόν αὐτόν Χριστόν, Υἱόν, Κύριον, μονογενῆ, ἐν δύο φύσεσιν ἀσυγχύτως, ἀτρέπτως, ἀδιαιρέτως, ἀχωρίστως γνωριζόμενον. Οὐδαμοῦ τῆς τῶν φύσεων διαφορᾶς ἀνῃρημένης διά τήν ἕνωσιν, σωζομένης δέ μᾶλλον τῆς ἰδιότητος ἑκατέρας φύσεως καί εἰς ἕν πρόσωπον καί μίαν ὑπόστασιν συντρεχούσης, οὐκ εἰς δύο πρόσωπα μεριζόμενον ἤ διαιρούμενον, ἀλλ' ἕνα καί τόν αὐτόν Υἱόν καί μονογενῆ Θεόν Λόγον, Κύριον Ἰησοῦν Χριστόν, καθάπερ ἄνωθεν οἱ προφῆται περί αὐτοῦ καί αὐτός ἡμᾶς ὁ Κύριος Ἰησοῦς Χριστός ἐξεπαίδευσε καί τό τῶν πατέρων ἡμῖν παραδέδωκε σύμβολον...».

Έργο της Συνόδου

Στις 6 πρώτες συνεδριάσεις της η Σύνοδος ασχολήθηκε με τα προβλήματα που προκάλεσε η Ληστρική σύνοδος, καθώς και με τα τρέχοντα δογματικά ζητήματα και διατύπωσε τον Όρο πίστεως, που εξέδωσε. Μετά την απάντηση της Γ' Οικουμενικής στο τί έγινε κατά την ένωση των δύο φύσεων, θείας και ανθρώπινης, στο πρόσωπο του Χριστού, η Δ' Οικουμενική Σύνοδος συμπλήρωσε το δόγμα με την απάντηση στο πώς έγινε αυτή η ένωση. Επιπλέον, αποσαφήνισε και τους όρους[7]: *φύση, ουσία, υπόσταση, πρόσωπο.*

---

7 Οι αποφάσεις της Δ' Οικουμενικής Συνόδου δεν έγιναν αποδεκτές από όλους,

Πτυχές από την ιστορία της αδιαίρετης Εκκλησίας

Στις υπόλοιπες 13 συνεδριάσεις ρύθμισε διοικητικές εκκρεμότητες και διατύπωσε 30 κανόνες. Η Σύνοδος λειτούργησε και δίκην εκκλησιαστικού δικαστηρίου.

Συγκεκριμένα, 1. αποφάνθηκε επί των αποφάσεων της «Ληστρικής» συνόδου: α) αποκήρυξε την «Ληστρική» σύνοδο της Εφέσου (449, δέχεται την διδασκαλία του Ευτυχή, δεν δέχεται την απόφαση της ενδημούσας και καθαιρεί τον Φλαβιανό) και αποκατέστησε στον Κων/πόλεως Φλαβιανό, β) αναγνώρισε και επικύρωσε τις αποφάσεις της ενδημούσας συνόδου στην Κωνσταντινούπολη (448, που καταδίκαζε και καθαιρούσε τον Ευτυχή), γ) δέχθηκε τους επισκόπους Κύρου Θεοδώρητο και Εδέσσης Ίβα αφού αναθεμάτισαν τους Νεστόριο και Ευτυχή και τους αποκατέστησε στις επισκοπές τους, από τις οποίες τους είχε καθαιρέσει η «Ληστρική», 2. Τιμώρησε με καθαίρεση τον Διόσκορο Αλεξανδρείας, κυρίως λόγω των κανονικών παραβάσεων που διέπραξε, 3. Αναγνώρισε την Β΄ Οικουμενική Σύνοδο (Κων/πολη 381), 4. Διατύπωσε σε Όρο, ως προς το χριστολογικό δόγμα, ότι οι δύο φύσεις του Χριστού είναι ενωμένες *ασυγχύτως, ατρέπτως, αδιαιρέτως και αχωρίστως* σε ένα πρόσωπο, μία υπόσταση. 5. Ρύθμισε ζητήματα δικαιοδοσίας μεταξύ των Εκκλησιών Αντιοχείας και Ιεροσολύμων, 6. Αποφάνθηκε για διάφορες εκκλησιαστικές και διοικητικές εκκρεμότητες και 7. Διατύπωσε 30 κανόνες.

Ο 28[ος] κανόνας της επανακαθορίζει τα προνόμια του επισκοπικού θρόνου της Κωνσταντινουπόλεως, ως συνέχεια του 3[ου] κανόνα της

κυρίως όμως από τις ποικίλες ομάδες των μονοφυσιτών, οι οποίες σιγά -σιγά απομονώθηκαν και έχασαν κάθε επαφή με το προηγούμενο οικείο γι' αυτούς περιβάλλον, που τώρα πια μετατράπηκε σε εχθρικό. Ολόκληρες επαρχίες, στην Ανατολή, χάθηκαν για την βυζαντινή αυτοκρατορία, ίσως όχι μόνον εξαιτίας του "μονοφυσιτισμού" τους, σίγουρα όμως η θρησκευτική τους απόκλιση συνέβαλε καθοριστικά., διότι ενίσχυσε τις τάσεις ανεξαρτησίας και εχθρότητας κατά της αυτοκρατορικής εξουσίας και της κεντρικής εκκλησιαστικής διοίκησης της Κωνσταντινούπολης. Τελικά, χωρίς την αυτοκρατορική προστασία η Συρία, η Παλαιστίνη και η Αίγυπτος έγιναν εύκολη λεία των Αράβων.
Συν τω χρόνω σχηματίσθηκαν τέσσερεις μεγάλες μονοφυσιτικές Εκκλησίες: η Αρμενική, η Ιακωβιτική, η Κοπτική και η Αιθιοπική, οι οποίες αποκαλούνται και *Αντιχαλκηδόνιες*, χαρακτηρισμός όμως που δεν αποδίδει την πραγματικότητα. Διότι, οι εκκλησίες αυτές δεν είναι αντίθετες προς το δόγμα της Χαλκηδόνας, απλώς το δέχονται στην μορφή που το γνώριζαν πριν από αυτήν. Υπό το πρίσμα αυτό τις περιγράφει ακριβέστερα ο όρος *Προχαλκηδόνιες*.

Β΄ Οικουμενικής Συνόδου (381). Επιπλέον, του αναγνωρίζει δικαιοδοσία τέτοιας έκτασης, που να θεωρείται ως ο *ιδρυτικός Τόμος* του κατοπινού Πατριαρχείου Κωνσταντινουπόλεως. Αξίζει να σημειωθεί ότι η προηγούμενη απουσία δικαιοδοσίας, προκειμένου για την Αρχιεπισκοπή Κωνσταντινουπόλεως, ευθυνόταν κατά μεγάλο μέρος για την αστάθεια στον θρόνο της, αφού η εκλογή του Αρχιεπισκόπου της αναδείχθηκε σε σημείο σύγκρουσης συμφερόντων των υπολοίπων επισημότατων θρόνων. Η έκταση όμως της δικαιοδοσίας που της προσέδωσε ο κανόνας σχετίζεται προφανώς και με το γεγονός, ότι στο μεταξύ η Κωνσταντινούπολη μεγαλύνθηκε ως πρωτεύουσα της αυτοκρατορίας, ενώ η «αξία» των πόλεων των πρώην διοικήσεων, που της προσδόθηκαν, έβαινε συνεχώς μειούμενη. Στον συγκεκριμένο κανόνα δεν είχαν λόγο να αντιδράσουν οι θρόνοι Αλεξάνδρειας, Αντιόχειας και Ιεροσολύμων, αφού η μεταξύ τους *τάξη πρωτοκαθεδρίας* ορίσθηκε ήδη από την Β΄ Οικουμενική Σύνοδο. Αν και δεν έχασε την πρωτοκαθεδρία της η Εκκλησία της Ρώμης, αφού τα καινούργια προνόμια της Κωνσταντινούπολης είναι *ίσα, μετά τοῦ Ρώμης*, ωστόσο αντέδρασε με το μην αναγνωρίσει τον κανόνα

Πρακτικά και συναφή κείμενα

Κατά την διάρκεια των εργασιών της Δ΄ Οικουμενικής Συνόδου τηρήθηκαν πρακτικά, τα οποία σώζονται, σχεδόν στο σύνολό τους[8], στα ελληνικά. Ως συναφή κείμενα σώζονται από την συγκεκριμένη Σύνοδο: i) η καθαίρεσις που έστειλε στον Διόσκορο, ii) η κοινοποίηση της καθαίρεσης του Διοσκόρου στα μέλη της αλεξανδρινής αποστολής, iii) ο *προσφωνητικός*, η απαντητική επιστολή της Συνόδου προς τον αυτοκράτορα Μαρκιανό και iv) η επιστολή της Συνόδου προς τον πάπα Ρώμης Λέοντα.

Ε΄ Οικουμενική Σύνοδος (β΄ Κωνσταντινουπόλεως)
έτος: 553 (5 Μαΐου-2 Ιουνίου)
τόπος: Κωνσταντινούπολη (Αγία Σοφία)

---

8 Σώζονται πλήρη τα πρακτικά 17 συνεδριών, ημιτελές μίας και μεγάλο μέρος μιας άλλης ενσωματωμένο στο πρακτικό της επόμενης συνεδρίασης, βλ. αναλυτικότερα, Μητρ. Παύλου Μενεβίσογλου, έ.μν., σ. 235-252.

μέλη: 150 (ή 165)

αυτοκράτορας: Ιουστινιανός Α΄ (527-565)

παριστάμενες εκκλησίες: Ρώμης (ο πάπας Βιγίλιος βρίσκεται στην Κων/πολη, δεν παρίσταται, αλλά υπογράφει τα Πρακτικά της), Κων/πόλεως (Ευτύχιος, πρόεδρος της συνόδου), Αλεξανδρείας (Απολλινάριος), Αντιοχείας (Δόμνος) και Ιεροσολύμων (με αντιπροσώπους του πατριάρχη της Ευστόχιου)

αίρεση: Μονοφυσιτισμός – Ωριγένης

απόφαση: *Όρος*, υποστηρικτικός της ορθής πίστης της Εκκλησίας - κατά του Ωριγένη και των *Τριών κεφαλαίων*

κανόνες: δεν συντάχθηκαν

πρακτικά: σε (αυθεντική) λατινική μετάφραση

α. Τα πριν την Σύνοδο

Μετά την Δ΄ Οικουμενική Σύνοδο οι περισσότεροι μονοφυσίτες κατέφυγαν στην Αίγυπτο. Η περιοχή αυτή είχε εξαιρετική σημασία για την αυτοκρατορία, εκτός των άλλων και ως σιτοβολώνας της. Τα ευρύτερα πολιτικά σχέδια του αυτοκράτορα Ιουστινιανού (527-565), να επαναφέρει την αυτοκρατορία στα παλαιά της όρια, και η αποκατάσταση των εκκλησιαστικών σχέσεων με την Ρώμη, τον έκαναν να έχει στραμμένη την προσοχή του και στην Αίγυπτο. Οι μονοφυσίτες-της κατηγορούσαν την Δ΄ Οικουμενική Σύνοδο ότι "νεστοριανίζει" και καταστρέφει το έργο της Γ΄ Οικουμενικής Συνόδου της Εφέσου, για δύο κυρίως λόγους: α) μένοντας οι ίδιοι πιστοί στο παλαιότερο περιεχόμενο των όρων αντιδρούσαν στον τρόπο, με τον οποίο η Σύνοδος χρησιμοποίησε κάποιους από αυτούς, και β) είδαν την Σύνοδο να αποκαθιστά στην εκκλησιαστική κοινωνία τους νεστοριανίζοντες επισκόπους, τον επίσκοπο Κύρου Θεοδώρητο και τον Εδέσσης Ίβα, φυσικά αφού προηγουμένως οι επίσκοποι αυτοί αποκήρυξαν και αναθεμάτισαν τον Νεστόριο. Τις κατηγορίες τους αυτές οι μονοφυσίτες τις ανέπτυξαν και μπροστά στον αυτοκράτορα (532), σκέφτηκε ότι μπορούσε να συνδράμει, ώστε αυτοί να αλλάξουν γνώμη για την Σύνοδο της Χαλκηδόνος.

Έτσι, ως προς την πρώτη κατηγορία τους, με διάταγμά του το 533 πρόσθεσε στον τρισάγιο ύμνο την φράση *τὸν ἕνα τῆς τριάδος-*

πεπονθέναι σαρκί. Η προσθήκη ωστόσο αυτή ανανέωσε τις θεοπασχιτικές έριδες και προκάλεσε αντιδράσεις τόσο στην Κωνσταντινούπολη, όπως και στην Ρώμη. Ως προς την άλλη κατηγορία των μονοφυσιτών εναντίον της Δ' Οικουμενικής, ότι αυτή ευνόησε τους δύο νεστοριανίζοντες επισκόπους, ο Ιουστινιανός εξέδωσε νέο διάταγμα (544), με το οποίο καταδίκαζε, τελικά, τα *Τρία κεφάλαια*⁹. Δηλαδή, τους συγκεκριμένους δύο επισκόπους, Θ ε ο δ ώ ρ η τ ο Κ ύ ρ ο υ και τα έργα του, επειδή έγραψε εναντίον των *12 αναθεματισμών* του Κυρίλλου Αλεξανδρείας και Ι β α Ε δ έ σ σ η ς, για την επιστολή, που έγραψε προς τον Μάρι επίσκοπο του Χαρντασίρ, στην οποία τα κριτικά του σχόλια για τη σύνοδο της Εφέσου πλησίαζαν τις νεστοριανικές διδασκαλίες, αλλά και, το τρίτο κεφάλαιο, τον δάσκαλο του Νεστορίου Θ ε ό δ ω ρ ο επίσκοπο Μ ο ψ ο υ ε σ τ ί α ς, και τα έργα του, ο οποίος δεν απασχόλησε την Σύνοδο και πέθανε σε κοινωνία με την εκκλησία. Ωστόσο, το διάταγμα αυτό θεωρήθηκε ότι θίγει, αντί να συμπληρώνει, την Δ' Οικουμενική και προκάλεσε αντιδράσεις, τις οποίες ο Ιουστινιανός προσπάθησε να μειώσει ζητώντας τις υπογραφές των πατριαρχών. Οι πατριάρχες της Ανατολής, παρά την αρχική τους αντίσταση, κάμφθηκαν και υπέγραψαν το διάταγμα, όχι όμως και ο πάπας Βιγίλιος (537-555). Διότι ο συγκεκριμένο διάταγμα δημιούργησε το εξής πρόβλημα: ο μεν Θεόδωρος Μοψουεστίας είχε πεθάνει ειρηνικά και σε κοινωνία με την εκκλησία και καταδικαζόταν τώρα ύστερα από πολλά χρόνια μετά το θάνατό του, χωρίς να είναι πλέον εφικτό να απολογηθεί ή να μετανοήσει, οπότε και να τύχει συγχωρήσεως, οι δε δύο άλλοι επίσκοποι, οι οποίοι εν ζωή ακολούθησαν την προβλεπόμενη διαδικασία, αποκήρυξαν και αναθεμάτισαν τον Νεστόριο και, στην συνέχεια, αθωώθηκαν και αποκαταστάθηκαν από την Δ' Οικουμενική Σύνοδο (451). Στην συνέχεια, το 548 ο πάπας Βιγίλιος αναγκάστηκε να συντάξει έγγραφο, με το οποίο καταδίκαζε μεν τα *τρία*

---

9 "Ο όρος *κεφάλαιον* υπεδήλωνε συγκεκριμένες θεολογικές θέσεις, οι οποίες κατεγράφοντο συνοπτικά και συνοδεύοντο από αναθεματισμό, αλλά ό όρος κατέληξε να δηλώνη και τη συστηματικότερη θεολογική αναίρεση συγκεκριμένων αιρετικών δοξασιών σε ειδική αντιρρητική πραγματεία.", Φειδάς, *Εκκλησιαστική Ιστορία*, Α', σ. 701.

Πτυχές από την ιστορία της αδιαίρετης Εκκλησίας

κεφάλαια, με την ισχυρή επιφύλαξη όμως ότι δεν βλάπτεται η Δ' Οικουμενική Σύνοδος. Η πράξη αυτή του πάπα προκάλεσε μεγάλες αντιδράσεις στη Δύση, γεγονός που θορύβησε τόσο τον ίδιο όσο και τοναυτοκράτορα. Ο πάπας έπεισε τον Ιουστινιανό να σταματήσουν τη συζήτηση για το θέμα, μέχρι να διαφωτιστούν στη Δύση για τα *τρία κεφάλαια* σε Οικουμενική Σύνοδο.

Το 543 με διάταγμα του Ιουστινιανού καταδικάστηκαν οι ωριγενιστές και καταδιώχθηκαν στην Παλαιστίνη. Ο Θεόδωρος Ασκιδάς (ωριγενιστής ηγούμενος της Νέας Λαύρας), όταν έγινε επίσκοπος Καισαρείας της Καππαδοκίας, προκειμένου να εκδικηθεί τους Παλαιστίνιους που καταδίωξαν τους ωριγενιστές πρότεινε την καταδίκη τριών συμμάχων και φίλων του Νεστορίου, χωρίς να παραμεριστεί η Δ' Οικουμενική Σύνοδος, εναντίον των οποίων είχαν παράπονα και οι μονοφυσίτες. Αυτό ήταν το ζήτημα των *τριών κεφαλαίων*.

Μεσολάβησαν τραγικά γεγονότα και τελικά συγκλήθηκε το 553 στην Κωνσταντινούπολη, από τον Ιουστινιανό, η Ε' Οικουμενική Σύνοδος.

β. Η Σύνοδος

Πρόεδρος ήταν ο πατριάρχης Ευτύχιος και παρόντες 164 επίσκοποι. Η σύγκληση της Ε' Οικουμενικής Συνόδου πρέπει να θεωρηθεί ως μια απόπειρα για την προσέγγιση των μονοφυσιτών, εκ μέρους της αυτοκρατορικής πολιτικής. Κύριος σκοπός της ήταν η καταδίκη νεστοριανικών θέσεων, όπως τις επισήμαιναν διαρκώς οι μονοφυσίτες. Ο Ιουστινιανός πίστευε πως μια καταδίκη εκ νέου μερικών νεστοριανικών αποφάσεων θα ικανοποιούσε τους μονοφυσίτες. Έτσι στη σύνοδο καταδικάστηκαν τα λεγόμενα *τρία κεφάλαια*, δηλαδή ο Θεόδωρος Μοψουεστίας και τα συγγράμματά του, καθώς και τα συγγράμματα του Θεοδώρητου Κύρου και του Ίβα Εδέσσης. Επίσης καταδικάστηκαν όλοι οι προηγούμενοι μεγάλοι αιρεσιάρχες.

Η Σύνοδος αποφάσισε ότι είναι δυνατή η καταδίκη νεκρών που έπεσαν σε αίρεση και καταδίκασε το Θεόδωρο Μοψουεστίας και όλα τα έργα του μετά θάνατον, αν και είχε πεθάνει στους κόλπους της εκκλησίας, τις ασεβείς εκφράσεις των έργων του Θεοδώρητου Κύρου εναντίον της Συνόδου της Εφέσου και των αναθεματισμών του Κυρίλλου Αλεξανδρείας και την επιστολή του Ίβα.

Ο Ιουστινιανός ζήτησε από τη Σύνοδο να καταδικάσει τους ωριγενιστές μοναχούς της Παλαιστίνης, τους *ισοχρίστους* και τον Ωριγένη. Για τον Ωριγένη είχε εκδώσει ο Ιουστινιανός, ήδη από το 543, καταδικαστικό διάταγμα του Ιουστινιανού, το οποίο είχαν προσυπογράψει πατριάρχες και πάπας και θεωρούνταν πλέον εκτός εκκλησίας.

Η Σύνοδος καταδίκασε τους αιρετικούς και αναφέρει και τον Ωριγένη στους αναθεματισμούς.

Ο πάπας περιορισμένος στη Πόλη αναγκάστηκε να αναγνωρίσει την Ε΄ Οικουμενική Σύνοδο, να καταδικάσει τα σφάλματα των *τριών κεφαλαίων* και να τα αναθεματίσει και ο ίδιος.

Οι αποφάσεις της Συνόδου, όπως συνήθως, δεν έγιναν δεκτές από όλους και προκάλεσαν αντιδράσεις. Όπως ήταν άλλωστε αναμενόμενο, η καταδίκη των *τριών κεφαλαίων* δεν έφερε τη συμφιλίωση των μονοφυσιτών και των ορθοδόξων.

Η Ε΄ Οικουμενική Σύνοδος δεν συνέταξε κανόνες. Κράτησαν πρακτικά.

ΣΤ΄ Οικουμενική Σύνοδος (γ΄ Κωνσταντινουπόλεως, εν Τρούλλω)
έτος: 680 Νοέμβριος -681 Σεπτέμβριος (18 συνεδριάσεις)
τόπος: Κωνσταντινούπολη, *Σεκρέτον τοῦ παλατίου, τό λεγόμενος Τροῦλλος*
μέλη: 170 (ή 289)
αυτοκράτορας: Κωνσταντίνος Δ΄ ο Πωγωνάτος
παριστάμενες εκκλησίες: Ρώμης (ο πάπας Αγάθων αντιπροσωπεύθηκε από τους πρεσβυτέρους Θεόδωρο και Σέργιο και τον διάκονο Ιωάννη), Κων/πόλεως (Γεώργιος), Αντιοχείας (Μακάριος, και μετά την καταδίκη του ο διάδοχός του Θεοφάνης), Αλεξανδρείας και Ιεροσολύμων (με τοποτηρητές)
μορφή: Μάξιμος ο Ομολογητής
αίρεση: Μονοθελητισμός
απόφαση: Όρος, ότι στον έχοντα δύο τέλειες φύσεις Ιησού Χριστό υπάρχουν δ ύ ο θ ε λ ή σ ε ι ς.
κανόνες: δεν συντάχθηκαν

α. Τα πριν την Σύνοδο

Σχεδόν κάθε αίρεση, που εμφανίστηκε, προκάλεσε στην συνέχεια και άλλη μία τουλάχιστον αίρεση, διότι υπήρχαν κάποιοι που προσέθεταν ή άλλαζαν κάτι στον πυρήνα της προηγούμενης. Το ίδιο συνέβαινε και μετά σχεδόν κάθε Οικουμενική Σύνοδο, αφού πάντα υπήρχαν εκείνοι, που διαφωνούσαν με την διατυπωμένη στους Όρους ορθόδοξη διδασκαλία. Έτσι, από τον Μονοφυσιτισμό προήλθαν ο Μονοθελητισμός και ο Μονοενεργητισμός.

Ο πατριάρχης Κωνσταντινουπόλεως Σέργιος (610-638), πρόσωπο με έντονη θεολογική δραστηριότητα, που λόγω των περιστάσεων ανέπτυξε και πολιτική δραστηριότητα, ήταν ο ίδιος οπαδός του Μονοθελητισμού. Κατάφερε να πείσει τον αυτοκράτορα Ηράκλειο (610-641) ότι μέσω του Μονοθελητισμού αλλά και του Μονοενεργητισμού θα καταφέρουν κατ' αρχήν να ενώσουν τους Μονοφυσίτες κυρίως της Αιγύπτου, και στην συνέχεια θα αποκαταστήσουν με την αυτοκρατορία γέφυρες τέτοιες, που θα τους κρατήσουν κοντά τους και έτσι δεν θα χαθούν οι *σιτοβολώνες* της, οι τόσο σημαντικές για την αυτοκρατορία περιοχές. Πράγματι, η σκέψη του πατριάρχη απέδωσε καρπούς, αλλά πρόσκαιρους, όπως αποδείχθηκε στην συνέχεια. Αυτό ενθάρρυνε τον αυτοκράτορα να προχωρήσει ένα βήμα περισσότερο και με το διάταγμα που εξέδωσε το 638, γνωστό ως *Έκθεσις*, επέβαλε πλέον τον Μονοθελητισμό, απαγορεύοντας συνάμα κάθε συζήτηση για μία ή δύο ενέργειες του Χριστού. Το διάταγμα αυτό το επικύρωσε η ενδημούσα σύνοδος στην Κωνσταντινούπολη, το αποδέχθηκε δε και οι υπόλοιποι πατριάρχες της Ανατολής, ο Αλεξανδρείας Κύρος, ο Αντιοχείας Μακεδόνιος και ο Ιεροσολύμων Σέργιος. Προηγουμένως ο Σέργιος Κωνσταντινουπόλεως εξασφάλισε την συγκατάθεση του πάπα Ρώμης Ονωρίου. Τον αγώνα της ορθοδοξούσας εκκλησίας εναντίον τους ανέλαβε ο μαχητικός μοναχός και κατόπιν πατριάρχης Ιεροσολύμων Σωφρόνιος και μετά τον θάνατό του ο Μάξιμος ο Ομολογητής.

Ενώ ο διάδοχος πατριάρχης στην Κωνσταντινούπολη Πύρρος (683-641, 655) φρόντισε αμέσως να δηλώσει την συμφωνία του με την πολιτική του Σεργίου, ο διάδοχος του Ονωρίου πάπας Ιωάννης Δ' (640-642) δεν πρέσβευε τα όμοια και συγκάλεσε αμέσως σύνοδο στην Ρώμη (640), η οποία διεκήρυξε *δύο θελήσεις και ενέργειας* στον Χριστό, καταδίκασε και αναθεμάτισε τον Μονοθελητισμό καθώς και τους πατριάρχες Κωνσταντινουπόλεως Σέργιο, Πύρρο και Παύλο Α' (641-654). Εν τω μεταξύ οι Άραβες είχαν πλέον κατακτήσει όλες εκείνες τις περιοχές της Ανατολής, συνεπώς ο θεολογικός συμβιβασμός, στον οποίο αποσκοπούσε η *Έκθεσις* του Ηρακλείου, έχασε πλέον την σκοπιμότητά της. Επιπλέον, κόστισε ένα σχίσμα, την διακοπή των σχέσεων μεταξύ Ρώμης και Κωνσταντινούπολης. Εξακολουθούσε ωστόσο να ισχύει, προφανώς διότι στον πατριαρχικό θρόνο βρισκόταν ο επίσης οπαδός του Μονοθελητισμού Παύλος Α' και ο αυτοκράτορας Κώνστας Β' (641-668) δεν φαινόταν να έχει κανένα λόγο να ανακινήσει το θέμα.

Η μετάβαση όμως ο Μάξιμου του Ομολογητή στην Ρώμη, καθώς και η μετακίνηση ενός μεγάλου αριθμού από την Ανατολή προς την Δύση, μετέφεραν εκεί και το κέντρο του ορθόδοξου αγώνα εναντίον του Μονοθελητισμού. Η αυξανόμενη αντίδραση από μέρους των ορθοδόξων προκάλεσε ανησυχία στην Κωνσταντινούπολη. Ο αυτοκράτορας τότε με διάταγμα, γνωστό ως *Τύπος* (648), κατήργησε την *Έκθεση* και απαγόρευε κάθε συζήτηση γύρω από τον αριθμό των θελήσεων και των ενεργειών στον Χριστό. Το διάταγμα αυτό ωστόσο δεν έλυνε το ζήτημα. Ακολούθησε νέα σύνοδος στην Ρώμη (Λατερανό, 649), η οποία, βασισμένη στην θεολογία του Μαξίμου, διατύπωσε τα περί δύο φυσικών θελημάτων και δύο φυσικών ενεργειών στον Χριστό επανέλαβε τους αναθεματισμούς των τριών πατριαρχών Κωνσταντινουπόλεως. Αν και η άνοδος στον αυτοκρατορικό θρόνο του Κωνσταντίνου Δ' Πωγωνάτου (668-685) σήμαινε και το τέλος της πολιτικής υποστήριξης του Μονοθελητισμού, την ειρήνευση στους κόλπους της εκκλησίας μπορούσε να επιφέρει μόνον η από κοινού αντιμετώπιση του ζητήματος στα πλαίσια μίας οικουμενικής συνόδου.

β. Η Σύνοδος

Οι εργασίες της Συνόδου έλαβαν χώρα στο παλάτι, στην αίθουσα του Τρούλλου, από τις 7 Νοεμβρίου του 680 μέχρι τις 16 Σεπτεμβρίου του 681. Ολοκληρώθηκε σε 18 συνεδριάσεις. Άρχισε με παρόντες 50 επισκόπους και μέχρι την λήξη της ο αριθμός έφθασε τους 174. Το ποιός προήδρευσε στην Σύνοδο είναι άγνωστο και οι περί αυτού απόψεις αναφέρουν κάθε δυνατή πιθανότητα: άλλοι ότι προήδρευσαν οι τοποτηρητές του Πάπα, άλλοι ο αυτοκράτορας, άλλοι ο πατριάρχης Κωνσταντινουπόλεως Γεώργιος Α' (679-686). Το σύνθετο του θέματος συνδέεται με την πράξη που επικράτησε, κατά την συζήτηση μιας διένεξης δεν μπορεί να προεδρεύει κάποιος από τα εμπλεκόμενα μέρη. Έτσι, φαίνεται πιο πιθανό, κατά την διάρκεια τέτοιων συνεδριάσεων να προήδρευσε ο αυτοκράτορας, και σε κάποιες και ο πατριάρχης Κωνσταντινουπόλεως, που τον αναφέρει ο όχι πολύ κατοπινός του πατριάρχης Γερμανός Α' (715-730). Η Σύνοδος δεν πραγματοποίησε συνεδριάσεις από τις 26 Απριλίου μέχρι τις 9 Αυγούστου. Η διακοπή αυτή συνδυάζεται με τον θάνατο του πάπα Αγάθωνα (10 Ιανουαρίου 681), διότι θέτει το διαδικαστικό ζήτημα της ισχύος ή της ανανέωσης της αντιπροσώπευσης στην Σύνοδο.

γ. Το έργο

Όπως κάθε προηγούμενη, η Σύνοδος ασχολήθηκε με τα τρέχοντα θεολογικά προβλήματα. Το πρωτόγνωρο στην συγκεκριμένη είναι, ότι προσκομίσθηκαν και χρησιμοποιήθηκαν νοθευμένα πατερικά έργα, ακόμη και πρακτικά συνόδων. Η διαπίστωση αυτή επιβάρυνε το έργο της Συνόδου με τον απαραίτητο, αλλά και χρονοβόρο, έλεγχο της αυθεντικότητας των κειμένων με την μέθοδο της αντιπαραβολής, η οποία δαπάνησε γι' αυτό τις περισσότερες από τις συνεδριάσεις της (τις πρώτες 11 και η 14η). Μόλις στην 12η συνεδρίαση η διαδικασία της κρίσης του Μονοθελήτη πατριάρχη Αντιοχείας, που παρευρισκόταν, έφθασε στο τέλος της, με την καταδίκη του και την καθαίρεσή του ενώπιον της Συνόδου. Στην επόμενη συνεδρίαση αναθεματίσθηκαν οι επίσης μονοθελήτες πατριάρχες Κωνσταντινουπόλεως (Σέργιος, Πύρρος, Παύλος, Πέτρος), ο πάπας Ονώριος και ο επίσκοπος Φαράν Θεόδωρος.

Δύο συνεδριάσεις δαπανήθηκαν για την εξέταση δύο πρεσβυτέρων, οι οποίοι επέμεναν να εμφανισθούν ενώπιον της Συνόδου και οι οποίοι κρίθηκαν μονοθελήτες και καθαιρέθηκαν. Στην τελευταία συνεδρίαση έγινε η ανάγνωση του *Όρου* και ακολούθησε η υπογραφή του από τα 174 μέλη της Συνόδου και από τον προεδρεύοντα αυτοκράτορα.

Ο *Όρος* της Συνόδου διατύπωνε την διδασκαλία της εκκλησίας για τις δύο φυσικές θελήσεις και ενέργειες του Χριστού. Φυσικά, καταδίκαζε τον Μονοθελητισμό.

Η ΣΤ' Οικουμενική Σύνοδος δεν συνέταξε κανόνες.

Ζ' Οικουμενική Σύνοδος (β' Νικαίας)

έτος: 786 και 787
τόπος: Νίκαια της Βιθυνίας
μέλη: 350
αυτοκράτορας: Κωνσταντίνος ο Στ' και Ειρήνη η Αθηναία, η μητέρα του
αίρεση: Εικονομαχία
παριστάμενες εκκλησίες: Ρώμης (ο πάπας Αδριανός αντιπροσωπεύθηκε από τους: Πέτρο, οικονόμο της εκκλησίας της Ρώμης και Πέτρο, ηγούμενο της μονής του αγίου Σάββα), Κων/πόλεως (Ταράσιος, πρόεδρος της Συνόδου) και με αντιπροσώπους οι εκκλησίες Αλεξανδρείας, Αντιοχείας και Ιεροσολύμων
μορφή: μοναχός Θεοφάνης
αποφάσεις:

 1. *Όρος* σχετικά με την αναστήλωση των ιερών εικόνων
 2. Κανόνες: 22

Η διαμάχη για τις εικόνες αναστάτωσε το Βυζάντιο για διάστημα μεγαλύτερο από έναν αιώνα, καθώς άρχισε το 726 και έληξε το 843 και προκάλεσε τη σύγκληση της Ζ' Οικουμενικής Συνόδου. Η διαμάχη αυτή σχετικά με την τιμή και την προσκύνηση των εικόνων εξελίχθηκε σε δύο φάσεις: στην α' φάση (726-787) με την εκδήλωση της αντίθεσης του αυτοκράτορα Λέοντα Γ' του Ίσαυρου προς την προσκύνηση των εικόνων, που έληξε με την Ζ' Οικουμενική Σύνοδο (787) και στην β' φάση (815-843) με την επαναφορά της απαγόρευσης της προσκύνησης των εικόνων από τον αυτοκράτορα Λέοντα Ε' τον Αρμένιο, που έληξε οριστικά με την απόφαση της συνόδου του 843 για την αναστήλωση των εικόνων. (βλ. αναλυτικότερα το κεφ. *Εικόνες και Ζ' Οικουμενική Σύνοδος*)

Αιτία. Η διαμάχη για την τιμή και προσκύνηση των εικόνων, με την χριστολογική διάσταση που είχε πλέον πάρει, καθώς και τα εκκλησιαστικά προβλήματα που προκλήθηκαν εξαιτίας της, υπήρξαν γεγονότα που διέσπασαν την ενότητα του σώματος της Εκκλησίας και για την αντιμετώπισή τους κρίθηκε απαραίτητη η σύγκληση οικουμενικής συνόδου.

Σύγκληση. Κατά την κρατούσα συνήθεια, τους επισκόπους συγκάλεσαν σε σύνοδο με την τυπική επιστολή (sacra) ο αυτοκράτορας Κωνσταντίνος Στ' και η συμβασίλισσα μητέρα του Ειρήνη. Αν και η σύνοδος είχε γίνει πλέον μόνιμος τρόπος επίλυσης των προβλημάτων που απασχολούσαν την Εκκλησία, την συγκεκριμένη σύνοδο φαίνεται πως διασφάλισε ο όρος που έθεσε ως προϋπόθεση ο πατριάρχης Ταράσιος για να αποδεχθεί το πατριαρχικό αξίωμα.

Τόπος και χρόνος. Ως τόπος που θα λάβει χώρα η σύνοδος ορίστηκε ο ναός των Αγίων Αποστόλων στην Κωνσταντινούπολη, όπου και συγκεντρώθηκαν αρχικά οι συμμετέχοντες, τον Αύγουστο του 786. Όμως οι στρατιώτες της βασιλικής φρουράς, κατ' εντολή των αξιωματούχων που οι περισσότεροί τους υποστήριζαν την εικονομαχική μερίδα, παρά την παρουσία της βασίλισσας Ειρήνης στην εναρκτήρια συνεδρία εμπόδισαν την διεξαγωγή της. Με τις επικρατούσες συνθήκες κρίθηκε φρόνιμο να διαλυθεί η σύνοδος. Για να αποφευχθεί και στο μέλλον κάτι ανάλογο, με το πρόσχημα εκστρατείας εναντίον των Αράβων απομακρύνθηκε ο εικονομαχικός στρατός από την πρωτεύουσα και αντικαταστάθηκε από φιλικά διακείμενο προς τις εικόνες στράτευμα από την Θράκη. Οι νέες προσκλήσεις που στάλθηκαν, όριζαν ως τόπο σύγκλησης της συνόδου την Νίκαια, τον Σεπτέμβριο του 787, όπως και έγινε. Οι επτά, από τις συνολικά οκτώ, συνεδριάσεις της συνόδου έγιναν από τις 24 Σεπτεμβρίου ως τις 13 Οκτωβρίου στον ναό της Αγίας Σοφίας της Νίκαιας, ενώ η τελευταία, στις 23 Οκτωβρίου στο ανάκτορο της Μαγναύρας, στην Κωνσταντινούπολη.

Θέματα. Την σύνοδο απασχόλησε η θεμελίωση της διδασκαλίας για την τιμητική προσκύνηση των εικόνων. Όπως χαρακτηριστικά διατύπωσε στον Όρο της, «... Όσω γαρ συνεχώς δι' εικονικής ανατυπώσεως ορώνται, τοσούτω και οι ταύτας (ενν. τας εικόνας) θεώμενοι δια-

107

νίστανται προς την των πρωτοτύπων μνήμην τε κσι επιπόθησιν, ου μην την κατά πίστιν ημών αληθινήν λατρείαν, η πρέπει μόνη τη θεία φύσει, αλλ' ον τρόπον τω τύπω του τιμίου και ζωοποιού σταυρού και τοις αγίοις ευαγγελίοις και θυμιαμάτων και φώτων προσαγωγήν προς την τούτων τιμήν ποιείσθαι, καθώς Και τοις αρχαίοις ευσεβώς είθισται, η γαρ της εικόνος τιμή επί το πρωτότυπον διαβαίνει και ο προσκυνών την εικόνα, προσκυνεί εν αυτή του εγγραφομένου την υπόστασιν». (Mansi, XIII, 377εξ.). Μία συνεδρία της απασχόλησε η ανασκευή του όρου της συνόδου της Ιέρειας (754) και η αποκατάσταση όσων η σύνοδος εκείνη καταδίκασε, συγκεκριμένα του πατριάρχη Γερμανού, του Ιωάννη Δαμασκηνού και του Γεωργίου Κυπρίου.

Στις πρώτες συνεδριάσεις της συζητήθηκε εκτενώς το θέμα της συμμετοχής στην σύνοδο των επισκόπων εκείνων, που είχαν ταχθεί εναντίον των εικόνων ή είχαν χειροτονηθεί από εικονομάχους επισκόπους. Αποφασίσθηκε να γίνουν δεκτοί αφού πρώτα καταθέσουν *λίβελλο*, έγγραφη ομολογία πίστεως, με την οποία να αποκηρύττουν τις προηγούμενες απόψεις τους.

Μέλη. Στις εργασίες της συνόδου έλαβαν μέρος περισσότεροι από 350 επίσκοποι, υπό την προεδρία του πατριάρχη Ταρασίου. Με την αυτοκρατορική σάκρα προσκλήθηκε να συμμετάσχει και ο πάπας Αδριανός Α' (772-795), ο οποίος έστειλε ως αντιπροσώπους του δύο πρεσβύτερους. Ο πατριάρχης Ταράσιος με την *ειρηνική* επιστολή του προς τους εμπερίστατους, λόγω των αραβικών κατακτήσεων πατριάρχες της Ανατολής, Πολιτιανό Αλεξανδρείας, Θεοδώρητο Αντιοχείας και Ηλία Ιεροσολύμων, τους ενημέρωσε και για την σύγκληση της συνόδου και τους καλούσε να στείλουν τοποτηρητές. Στα Πρακτικά αναφέρονται δύο, οι *Θωμάς και Ιωάννης, οι ευλαβέστατοι πρεσβύτεροι, μοναχοί και τοποτηρηταί των αποστολικών θρόνων της ανατολικής διοικήσεως* (Mansi, XII, 994).

Την σύνοδο παρακολούθησε και μεγάλος αριθμός μοναχών, οι οποίοι έλαβαν μέρος στις συζητήσεις.

Έργο. Η σύνοδος εξέδωσε Όρο και 22 κανόνες, σχετικούς με θέματα εκκλησιαστικής διοίκησης, ευταξίας, λατρείας και μοναχικού βίου. Ένας από αυτούς, ο 8ος κανόνας, όριζε να θεωρούνται χριστιανοί μόνον εκείνοι από τους Εβραίους, οι οποίοι προσήλθαν στον Χριστιανισμό από ειλικρινή πίστη. Φαίνεται πως το διάταγμα του Λέοντα Γ' του Ίσαυρου, που υποχρέωνε όλους τους Εβραίους της αυτοκρατορίας να βαπτισθούν, εξανάγκασε πολλούς από αυτούς να φέρονται ως χριστιανοί, χωρίς στην πραγματικότητα να είναι. Έτσι με τον κανόνα αυτόν ουσιαστικά η Εκκλησία καταργεί το συγκεκριμένο διάταγμα.

Αναγνώριση. Εξαρχής η σύνοδος συνήλθε ως οικουμενική, έφερε όλα τα σχετικά εξωτερικά χαρακτηριστικά της και οι αποφάσεις της έγιναν δεκτές από όλες τις Εκκλησίες. Η αναγνώρισή της ωστόσο και η συναρίθμησή της ως οικουμενική, για διάφορους λόγους, δεν ήταν απρόσκοπτη. Κατ' αρχήν, η διαμάχη για τις εικόνες συνεχίστηκε και πέρασε στην δεύτερη φάση της, κατά την διάρκεια της οποίας, φυσικά, δεν αναγνωρίζονταν οι αποφάσεις της συνόδου της Νίκαιας. Στο μεταξύ, στην Δύση ανέτειλε το άστρο του φράγκου βασιλιά Καρόλου του Μεγάλου, ο οποίος επιχειρούσε να προσδιοριστεί σε αντιδιαστολή με τον αυτοκράτορα του Βυζαντίου. Άδραξε την ευκαιρία και, για λόγους πολιτικής σκοπιμότητας, στα *Καρολίνεια Βιβλία* (Libri Carolini, 790) καταφέρθηκε εναντίον τόσο των αντιπάλων όσο και των υποστηρικτών των εικόνων. Το γεγονός ότι τις αποφάσεις της συνόδου της Νίκαιας πληροφορήθηκε από κάποιες άστοχες λατινικές μεταφράσεις, οι οποίες τις παραμόρφωναν τελείως, δεν φαίνεται να έπαιξε σημαντικό ρόλο στην στάση του, τουλάχιστον όσο η επιθυμία του να δηλώσει την θρησκευτική του ανεξαρτησία. Την στάση του συνέχισε η σύνοδος της φραγκικής ιεραρχίας στην Φραγκφούρτη (794), η οποία, με την παρουσία δύο αντιπροσώπων του *πάπα*, καταδίκασε την σύνοδο της Νίκαιας. Ο πάπας Αδριανός συμφωνούσε μεν με τις αποφάσεις τις συνόδου, τις οποίες μάλιστα υπερασπίστηκε με επιστολή του προς τον Κάρολο, επιφυλάχθηκε όμως ως προς την αναγνώρισή της για να μην διαφοροποιηθεί από αυτόν.

Στην Ανατολή, παρόλο που τα Πατριαρχεία της ποτέ δεν υποστήριξαν ποτέ τις εικονομαχικές απόψεις, χωρίς να έχουν εκφράσει αντιρρήσεις στις αποφάσεις της συνόδου της Νίκαιας, στάθηκαν συγκρατημένα απέναντι στην αναγνώρισή της.

Η επιχειρηματολογία του πατριάρχη Φωτίου στην σύνοδο της Κωνσταντινουπόλεως του 879-880, υπέρ της αναγνώρισης της συγκεκριμένης συνόδου ως οικουμενικής, στάθηκε καθοριστική και η σύνοδος της Νίκαιας του 784 αναγνωρίζεται και αριθμείται ως η Ζ' Οικουμενική Σύνοδος της Εκκλησίας.

Οι αποφάσεις της συνόδου έγιναν δεκτές χωρίς αντιδράσεις από τις δυο πλευρές. Αντέδρασαν μόνον οι Στουδίτες μοναχοί, οι οποίοι ενοχλήθηκαν από την κατά την γνώμη τους επιεική στάση της συνόδου απέναντι στους κληρικούς που είχαν εκδηλωθεί με την πλευρά των εικονομάχων. Η αντίδρασή τους οξύνθηκε ιδιαίτερα μετά την απομάκρυνση της βασιλικής συζύγου, της Μαρίας από την Παφλαγονία, και τον γάμο στην συνέχεια του αυτοκράτορα με την ερωμένη του Θεοδότη, συγγενή των Στουδιτών. Μάλιστα άρχισε να εκφράζονται με αυστηρή πολεμική ακόμη και εναντίον των υποστηρικτών των εικόνων, στάση που προκαλούσε σύγχυση και «παρείχε επιχειρήματα και στους αμετανόητους εικονομάχους» (Φειδάς, Α', 793), συνάμα δε επιβεβαίωνε το ότι «ο βυζαντινός μοναχισμός ύστερα από τη νίκη της ορθοδοξίας βρισκόταν σε μόνιμη δυσαρέσκεια και συχνά σε οξεία αντίθεση προς την κρατική και εκκλησιαστική ηγεσία» (Ostrogorsky, Β', 50).

Εκτροπές από την ορθοδοξία (αιρέσεις) και την ορθοπραξία (σχίσματα και παρασυναγωγές)

Η αλήθεια και το μεγαλείο του κηρύγματος του Ιησού Χριστού αλλά και το παράδειγμα της δικής του ζωής δεν στάθηκαν ικανά να αποτρέψουν κάποιους χριστιανούς από το να εκδηλώσουν τις αρνητικές πτυχές της ανθρώπινης πλευράς τους. Έτσι, η αρχικά σχεδόν ιδανική χριστιανική κοινωνία πολύ νωρίς νόσησε και εμφάνισε εκτροπές, τόσο από την πίστη (α ι ρ έ σ ε ι ς) όσο και από την διοίκησή της (σ χ ί σ μ α τ α). Η Εκκλησία, προκειμένου να προστατέψει τα υγιή μέλη της, αποφάσισε να μην δέχεται πλέον σε κοινωνία, στην κοινωνία της, αυτούς που είχαν εκτραπεί, παρά μόνον εφόσον μετανοούσαν. Οι *μη κοινωνούντες*, λοιπόν, με την καθολική εκκλησία κατατάσσονται από τον Μ. Βασίλειο (α΄ κανονική επιστολή) σε: α ι ρ ε τ ι κ ο ύ ς, σ χ ι σ μ α τ ι κ ο ύ ς και π α ρ α σ υ ν ά γ ω γ ο υ ς.

Πολύ απλά, ως αιρετικοί χαρακτηρίζονται αυτοί που διαστρεβλώνουν την προς τον Θεό πίστη, ως σχισματικοί όσοι αποστατούν από την εκκλησία, ενώ ως παρασυνάγωγοι χαρακτηρίζονται οι ανυπότακτοι κληρικοί (δηλαδή, επίσκοποι και πρεσβύτεροι, που τιμωρήθηκαν με *αργία* και, αντί να εκτίσουν την ποινή που τους επιβλήθηκε, συνεχίζουν να λειτουργούν με όσους τυχόν τους ακολουθούν).

Το μεγαλύτερο πρόβλημα στην Εκκλησία το προκαλούν οι α ι ρ ε τ ι κ ο ί. Αξιοσημείωτο είναι, όπως διαπιστώθηκε από την πορεία των γεγονότων, ότι οι συγκεκριμένοι δεν δημιούργησαν προβλήματα μόνον όσο βρίσκονταν ακόμα εντός της Εκκλησίας, ή και όταν απομακρύνθηκαν από αυτήν. Σημαντικότατα ζητήματα ανέκυψαν από την κατά τα άλλα θετική επιθυμία τους να επανακάμψουν στους κόλπους της *ορθοδοξίας*, με οξύτερο αυτό που αφορούσε το βάπτισμα. Συγκεκριμένα, δεδομένου ότι με το βάπτισμα εισάγεται ο πιστός στην Εκκλησία και καθίσταται μέλος του σώματός της, τί συμβαίνει όταν αυτός επιλέγει να φύγει από αυτήν; Ακόμη, αν η αποκοπή του από την Εκκλησία "ακυρώνει" το βάπτισμα, τότε πώς θα ξαναγίνει μέλος της; Ή, πώς θα ενταχθεί στην εκκλησιαστική κοινωνία αυτός που έλαβε αιρετικό βάπτισμα;

Το καινούργιο αυτό δεδομένο δίχασε, εκ νέου, (όπως και στην περίπτωση των *πεπτωκότων* κατά την διάρκεια των διωγμών που μετανόησαν) την Εκκλησία και προκάλεσε ακόμη έναν κύκλο διαμαχών και σχισμάτων. Του θέματος επιλήφθηκε η Β' Οικουμενική Σύνοδος (Κωνσταντινούπολη, 381), η οποία με τον 7° κανόνα της καθόρισε τον τρόπο προσέλευσης των αιρετικών στην ορθοδοξία. Συγκεκριμένα, τους διαχωρίζει σε δύο κατηγορίες. Στην μία κατηγορία κατατάσσει τους "αποκλίναντες χριστιανούς", (αρειανούς, μακεδονιανούς, ναυατιανούς, απολλιναριστές κ.λπ.) και, αναγνωρίζοντας ουσιαστικά ως έγκυρο το βάπτισμά τους, ορίζει για όσους θέλουν να επιστρέψουν, ότι, αφού πρώτα εγγράφως αναθεματίσουν κάθε αίρεση *οὐ φρονοῦσαν ὡς φρονεῖ ἡ ἁγία τοῦ Θεοῦ καθολικὴ καὶ ἀποστολικὴ Ἐκκλησία*, στην συνέχεια να χρίονται με μύρο. Στην άλλη κατηγορία συμπεριλαμβάνει τους ευνομιανούς, που βαπτίζονται με μία κατάδυση, και τους γνωστικούς (μοντανιστές, σαβελλιανούς κ.λπ.). *Αὐτούς, ορίζει, τοὺς θέλοντας προστίθεσθαι τῇ ὀρθοδοξίᾳ, ὡς ἕλληνας* (=εθνικοί, ειδωλολάτρες) *δεχόμεθα καὶ τὴν πρώτην ἡμέραν ποιοῦμεν αὐτοὺς χριστιανούς, τὴν δὲ δευτέραν κατηχουμένους, εἶτα τῇ τρίτῃ ἐξορκίζομεν αὐτούς, μετὰ τοῦ ἐμφυσᾶν τρίτον εἰς τὸ πρόσωπον, καὶ εἰς τὰ ὦτα, καὶ οὕτω κατηχοῦμεν αὐτούς, καὶ ποιοῦμεν χρονίζειν εἰς τὴν ἐκκλησίαν, καὶ ἀκροᾶσθαι τῶν γραφῶν, καὶ τότε αὐτοὺς βαπτίζομεν.*

Εξυπακούεται ότι οι δίκην παραδείγματος αναφορές αυτές δεν εξαντλούν όλες τις περιπτώσεις. Απλώς, όπως συμβαίνει πάντοτε με τους κανόνες (τις συνοδικές αποφάσεις, δηλαδή, διοικητικού χαρακτήρα), μ' αυτούς ρυθμίζονται τρέχοντα προβλήματα, γι' αυτό και κατά καιρούς εμπλουτίζονται, προσαρμοζόμενοι προς τα καινούργια που ανέκυψαν. Χαρακτηριστικό παράδειγμα προσαρμογής σχετικά με το ζήτημα του βαπτίσματος των αιρετικών συνιστά ο 95ος κανόνας της Πενθέκτης Συνόδου (691), ο οποίος στο μεγαλύτερό του μέρος επαναλαμβάνει τον προαναφερθέντα 7ο κανόνα της Β' Οικουμενικής Συνόδου, ενσωματώνοντας επιπλέον και τις αιρέσεις που εμφανίστηκαν στο διάστημα που διέρρευσε. Συγκεκριμένα ορίζει:

Τοὺς προστιθεμένους τῇ ὀρθοδοξίᾳ καὶ τῇ μερίδι τῶν σωζομένων ἀπό αἱρετικῶν, δεχόμεθα κατά τήν ὑποτεταγμένην ἀκολουθίαν τε καί συνήθειαν. Ἀρειανούς μέν καί Μακεδονιανούς, καί Ναυατιανούς, τούς λέγοντας ἑαυτούς Καθαρούς, καί Ἀριστερούς, καί τούς Τεσσαρεσκαιδεκατίτας, ἤγουν Τετραδίτας, καί Ἀπολλιναριστάς, δεχόμεθα, διδόντας λιβέλλους, καί ἀναθεματίζοντας πᾶσαν αἵρεσιν μή φρονοῦσαν, ὡς φρονεῖ ἡ ἁγία τοῦ Θεοῦ καθολική καί ἀποστολική ἐκκλησία, σφραγιζομένους, ἤτοι χριομένους πρῶτον τῷ ἁγίῳ μύρῳ, τό μέτωπον, καί τούς ὀφθαλμούς, καί τάς ῥίνας, καί τό στόμα, καί τά ὦτα· καί σφραγίζοντες αὐτούς λέγομεν "Σφραγίς δωρεᾶς Πνεύματος ἁγίου". Περί δέ τῶν Παυλιανισάντων, εἶτα προσφυγόντων τῇ καθολικῇ ἐκκλησίᾳ, ὅρος ἐκτέθειται, ἀναβαπτίζεσθαι αὐτούς ἐξάπαντος. Εὐνομιανούς μέντοι, τούς εἰς μίαν κατάδυσιν βαπτιζομένους, καί Μοντανιστάς, τούς ἐνταῦθα λεγομένους Φρύγας, καί Σαβελλιανούς, τούς υἱοπατορίαν δοξάζοντας, καί ἕτερα χαλεπά ποιοῦντας, καί πάσας τάς ἄλλας αἱρέσεις, ἐπεί πολλοί εἰσιν ἐνταῦθα, πάντας τούς ἀπ' αὐτῶν θέλοντας προστίθεσθαι τῇ ὀρθοδοξίᾳ, ὡς Ἕλληνας δεχόμεθα· καί τήν πρώτην ἡμέραν ποιοῦμεν αὐτούς Χριστιανούς, τήν δέ δευτέραν κατηχουμένους, εἶτα τήν τρίτην, ἐξορκίζομεν μετά τοῦ ἐμφυσᾶν τρίτον εἰς τό πρόσωπον, καί εἰς τά ὦτα, καί οὕτω κατηχοῦμεν αὐτούς, καί ποιοῦμεν χρονίζειν ἐν τῇ ἐκκλησίᾳ, καί ἀκροᾶσθαι τῶν Γραφῶν, καί τότε βαπτίζομεν. Καί τούς Μανιχαίους δέ, καί τούς Οὐαλεντιανούς, καί Μαρκιωνιστάς, καί τούς ἐκ τῶν ὁμοίων αἱρέσεων προσερχομένους, ὡς Ἕλληνας δεχόμενοι, ἀναβαπτίζομεν. Νεστοριανούς δέ, καί Εὐτυχιανιστάς, καί Σεβηριανούς, καί τούς ἐκ τῶν ὁμοίων αἱρέσεων χρή ποιεῖν λιβέλλους, καί ἀναθεματίζειν τήν αἵρεσιν αὐτῶν, καί Νεστόριον, καί Εὐτυχέα, καί Διόσκορον καί Σεβῆρον, καί τούς λοιπούς ἐξάρχους τῶν τοιούτων αἱρέσεων, καί τούς φρονοῦντας τά αὐτῶν, καί πάσας τάς προαναφερομένας αἱρέσεις, καί οὕτω μεταλαμβάνειν τῆς ἁγίας κοινωνίας

Δεν θα ήταν υπερβολή να θεωρηθεί ότι ο αυτός δίνει την "τυπολογία" των διαφόρων αιρέσεων, παρέχοντας συνάμα και την ευχέρεια, όποτε προκύπτει μία νέα αίρεση, να είναι εύκολο να βρεθεί ἡ ὑποτεταγμένη ἀκολουθία τε καί συνήθεια, δηλαδή ποιά είναι η τάξη που πρέπει να τηρείται κατά περίπτωση. Συγκεκριμένα ορίζει: α) οι αιρετικοί που δεν δέχονται καθόλου τήν Αγία Τριάδα, γίνονται δεκτοί στην ορθοδοξία δια βαπτίσματος, β) οι αιρετικοί που βαπτίσθηκαν στο όνομα του Πατρός και του Υιού και του Αγίου Πνεύματος (ως Αρειανοί εδώ εννοούνται οι μετριοπαθείς ομοουσιανοί, οι Μακεδονιανοί, οι Ναυατιανοί, οι Απολλιναριστές κ.λπ.) γίνονται δεκτοί μόνο δια του χρίσματος και γ) όσοι διαφοροποιούνταν μόνον ως προς το χριστολογικό ζήτημα (απέρριπταν δηλαδή την Γ΄ ή την Δ΄ Οικουμενικές Συνόδους) γίνονται δεκτοί *δια λιβέλλου*, δηλαδή, με έγγραφη ομολογία ότι αναθεματίζουν τις αιρέσεις τους καθώς και τους ιδρυτές τους (πρβλ. Αρχιμ. Ειρηναίου Δεληδήμου, *Εισαγωγή εις την νέαν έκδοσιν του: Γ. Ράλλη και Μ. Ποτλή, Σύνταγμα των θείων και ιερών κανόνων*, Θεσσαλονίκη 2002, σ. *31-*41).

Αντίθετα με τους αιρετικούς, για την Εκκλησία δεν τίθεται ζήτημα για το βάπτισμα των σχισματικών. Επειδή λογίζονται *ὡς ἔτι ἐκ τῆς ἐκκλησίας ὄντες*, το βάπτισμά τους όταν επιστρέφουν είναι παραδεκτό, όπως και αυτό των παρασυναγώγων (Μ. Βασιλείου, *α΄ κανονική ἐπιστολή*).

Σχίσματα

Τα σχίσματα, ως εκκλησιαστικό πρόβλημα, αν και είναι λιγότερο οδυνηρά στην αφετηρία και την εμφάνισή τους, μπορεί να εξελιχθούν σε πιο επικίνδυνα για την Εκκλησία από τις αιρέσεις. Κυρίως διότι οι οπαδοί τους, επειδή δεν έχουν αποβληθεί από το σώμα της, εξακολουθούν να λειτουργούν παράλληλα προς αυτήν, γεγονός που οπωσδήποτε προκαλεί σύγχυση στο εκκλησιαστικό σώμα.

Στην αφετηρία τους τα σχίσματα έχουν μία διαφωνία, η οποία ενδέχεται να εκδηλωθεί είτε εντός της ίδιας εκκλησίας είτε μεταξύ δύο διαφορετικών εκκλησιών. Και στις δύο περιπτώσεις η συνέπεια είναι εξίσου οδυνηρή και ουσιαστικά αντιβαίνει στην υπόσταση της εκκλησίας, η οποία είναι *μία, αγία, καθολική και αποστολική*.

Σε γενικές γραμμές η διαφωνία αυτή αφορά α) διάσταση απόψεων επί ενός θέματος (όπως συνέβη με το ζήτημα της επιστροφής των *πεπτωκότων* (lapsi) στην Εκκλησία, με κάποιους επισκόπους να τηρούν αυστηρά κριτήρια και κάποιους επιεική), β) διαφωνία στην εκλογή κάποιου επισκόπου ή πατριάρχη, ιδιαίτερα σε περιπτώσεις διαδοχής ή αντικατάστασης κάποιου που απομακρύνθηκε από την θέση του "αντικανονικά", όπως συνέβη για παράδειγμα, στην εκκλησία Κωνσταντινουπόλεως με τις περιπτώσεις του Ιωάννου Χρυσοστόμου, του Ιγνατίου, του Φωτίου, του Αρσενίου κ.ά. Δεν έλειψαν και οι περιπτώσεις, που γ) οι οπαδοί μιας ιδέας (όπως π.χ. οι χιλιαστές, οι τεσσαρεσκαιδεκατίτες) επέλεξαν να δώσουν προβάδισμα στην διαφορετική τους αντίληψη έναντι της κοινής πίστης. Σε όλες τις περιπτώσεις εκδηλώνουν την διαφωνία τους με την αποχώρησή τους από το σώμα της εκκλησίας που ανήκουν και την οργάνωση μίας άλλης, παράλληλης. Η καινούργια αυτή εκκλησία, εφόσον αποτελείται από μέχρι τότε "κανονικά" μέλη (μέλη, στα οποία είχαν τελεστεί κανονικά και έγκυρα μυστήρια), οργανώνεται, θα λέγαμε, με νομότυπο τρόπο αλλά όχι νόμιμο. Γι' αυτό και στις περιπτώσεις που επανέρχονται, τα μυστήριά τους αναγνωρίζονται. Ο μόνος σχετικός περιορισμός συνδέεται με την χρονική απόσταση από την αρχή του σχίσματος: να είναι τέτοια που να διασφαλίζει *κανονικές χειροτονίες*. Επίσης, σχισματικοί επίσκοποι που επέστρεφαν στην εκκλησία τους, αν έτυχε και δεν τους διαδέχθηκε άλλος, επέστρεψαν και στην θέση τους. Διαφορετικά, διατηρούσαν μόνο την ιερωσύνη τους.

Τα σχίσματα που ανακύπτουν μεταξύ δύο εκκλησιών παρουσιάζουν διαφορετικά χαρακτηριστικά. Και σ' αυτά η αφετηρία είναι μία διαφωνία, σε επίπεδο όμως *κορυφής* (προκαθήμενος επίσκοπος ή πατριάρχης, διότι αυτός εκπροσωπεί την τοπική εκκλησία): διαφωνία για το πρόσωπο ή για τον τρόπο που αναδεικνύεται ένας επίσκοπος ή πατριάρχης, αλλά και διαφωνία προς τις απόψεις που αυτός πρεσβεύει. Εκδηλώνονται όμως διαφορετικά, δηλαδή, με την διακοπή των μεταξύ τους σχέσεων Συγκεκριμένα η εκκλησία που διαφωνεί: διαγράφει το όνομα του προκαθημένου της άλλης από τα *Δίπτυχά* της, δεν ανταλλάσσει επίσημες επισκέψεις, ούτε κοινοποιεί τις δικές της εκλογές προκαθήμενων επισκόπων (*ειρηνικές επιστολές*). Συχνά τέτοιου είδους σχίσμα, διακοπή των σχέσεων, χρησιμοποιήθηκε ως διαμαρτυρία, ακόμα και ως απειλή από μέρους μιας εκκλησίας προς την άλλη.

Αιρέσεις

Αίρεση

    1ος αιώνας
1. *Αιρέσεις του ιουδαϊσμού*

    Γραμματείς
    Φαρισαίοι
    Σαδδουκαίοι
    Εσσαίοι
    Σαμαρείτες
    Ζηλωτές

2. *Ιουδαΐζουσες αιρέσεις*
    Ναζωραίοι
    Εβιωνίτες
    Ελκεσαΐτες

3. *Μία χριστιανίζουσα αίρεση: Ημεροβαπτιστές*
4. *Οι πρώτοι γνωστικοί: Σίμων ο Μάγος, Μένανδρος*

2ος αιώνας
1. Γνωστικισμός
   -Κήρινθος
   -Βασιλείδης
   -Βαλεντίνος
   -Αντινομιστές
   -Οφίτες
   -Ναασηνοί
   -Καϊνίτες
   -Καρποκράτης
   -Προδικιανοί
   -Νικολαΐτες
   -Σατουρνίνος
   -Τατιανός
   -Εγκρατίτες
   -Βαρδεσάνης
   -Μανδαίοι

2. Δοκητισμός
3. Μαρκίων / μαρκιωνισμός
4. Χιλιαστές / χιλιασμός
5. Μοντανός / μοντανισμός
6. Πρωτοπασχίτες
Τριαδολογικές αιρέσεις
   Άλογοι
   Μοναρχιανοί / μοναρχιανισμός
   Δυναμικοί μοναρχιανοί ή Υιοθετιστές
   Θεοδοτιανοί / Σχίσμα στη Ρώμη
   Μελχισεδεκιανοί
   Αρτεμονίτες
   Παύλος ο Σαμοσατεύς
   Τροπικοί μοναρχιανοί ή Πατροπασχίτες
   Πραξέας
   Νοητός

Σαβέλλιος
Βήρυλλος

3ος αιώνας
Μάνης / μανιχαϊσμός

4ος αιώνας
1. Τριαδολογικές αιρέσεις
   - Άρειος / αρειανισμός
   - Προβλήματα από τη χρήση του όρου «ομοούσιος»
   - Πνευματομάχοι:
   Μακεδόνιος / Μακεδονιανοί
2. Χριστολογικές αιρέσεις. Έριδες
   Απολλινάριος / απολλιναρισμός
   Ωριγενισμός, Ωριγενιστές, Ωριγενιστικές έριδες

5ος αιώνας
Πελάγιος / πελαγιανισμός
Ημιπελαγιανοί
1. Χριστολογικές αιρέσεις
   -Νεστόριος / νεστοριανισμός
   -Ευτυχής / μονοφυσιτισμός
   -Προχαλκηδόνιοι:
   Ιάκωβος Βαραδαίος / Ιακωβίτες
   Κόπτες
   Μελχίτες

6ος αιώνας
1. Χριστολογικές αιρέσεις
   -Αφθαρτοδοκήτες / αφθαρτοδοκητισμός
   -Ακτιστίτες

7ος αιώνας
1. Χριστολογικές αιρέσεις

Μονοθελητισμός
Μονοενεργητισμός
2. Μαρωνίτες
3. Παυλικιανοί

Αιρέσεις

Α ί ρ ε σ η είναι η διδασκαλία που αποκλίνει ή διαστρεβλώνει την *ορθή δόξα* (=ορθοδοξία) και α ι ρ ε τ ι κ ο ί είναι οι οπαδοί της (*οι περί το ορθόν μη τα αυτά πιστεύοντες*). Η αίρεση, ως διδασκαλία που αποκλίνει από το πλαίσιο μίας συγκεκριμένης θρησκείας, είναι ένα φαινόμενο που παρουσιάζεται σχεδόν σε όλες τις διδακτικές θρησκείες. Στον χριστιανισμό δημιουργήθηκαν από τα πρώτα κιόλας χρόνια της ύπαρξής του. Άλλες κατάγονταν από τον ιουδαϊσμό και άλλες από την ειδωλολατρία. Παράλληλα δημιουργήθηκαν και αιρέσεις εξαιτίας της προσπάθειας κατανόησης ή λογικής εξήγησης των μυστηρίων της χριστιανικής διδασκαλίας, ή ακόμα και από παρανόηση των υψηλών εννοιών της, αλλά και εξαιτίας της απόρριψης ή της παραποίησης κάποιων από τα καθορισθέντα δια των Συνόδων δόγματα της πίστεως.

Εξετάζοντας την συχνότητα εμφάνισης των αιρέσεων, εντοπίζει κανείς ότι σχεδόν όλες συνωστίζονται στους πρώτους κυρίως αιώνες του χριστιανισμού, όταν ακόμα το δόγμα δεν έχει διαμορφωθεί συνολικά και η Εκκλησία δεν έχει ακόμα οργανώσει διοικητικά τον ιστό της. Διότι, παρατηρώντας κανείς την στάση της απέναντί τους, διαπιστώνει ότι η "δράση" των αιρετικών προκάλεσε ως "αντίδραση", απάντηση από μέρους της Εκκλησίας την ενιαία ανάπτυξη και διαμόρφωση της δογματικής της διδασκαλίας. Αυτό προφανώς συνέβη διότι αρχικά ο κύκλος της ήταν περιορισμένος, και δεν χρειάσθηκε μάλιστα να αποσπασθεί από τον φυσικό της χώρο, τον ιουδαϊσμό. Όσο περισσότερο διευρυνόταν ο κύκλος αυτός, τόσο εισχωρούσαν σ' αυτόν νέα μέλη, προσερχόμενα από τελείως διαφορετικά θρησκευτικά περιβάλλοντα, περιβάλλοντα στα οποία η θρησκεία δεν ήταν επιλογή της πίστης, αλλά ένα αποκλειστικά δημόσιο καθήκον. Για πολλά από αυτά τα νέα μέλη δεν ήταν εύκολα αντιληπτό, ότι η προσχώρησή τους στην νέα θρησκεία σήμαινε ότι εγκαταλείπουν μονομιάς και οριστικά κάθε είδους θρησκευτική πρακτική του παρελθόντος τους, συνάμα δε ότι *πιστεύουν*, αποδέχονται συνολικά και απόλυτα την καινούργια διδασκαλία, χωρίς να μπορούν να προσθέσουν, να αφαιρέσουν ή να αλλάξουν το παραμικρό, κυρίως αυτά που τους έφερναν σε αντίθεση με τις παλιές τους πεποιθήσεις και πρακτικές (π.χ. ειδωλόθυτα), και μάλιστα σε μία διδασκαλία τόσο υψηλή σε νοήματα και τόσο μακριά από τις δυνονότητες της ανθρώπινης λογικής.

Θα μπορούσε λοιπόν να θεωρηθεί αναμενόμενο, και ως ένα σημείο ενδέχεται και να είναι, ότι ένας αρχικός, απλός λόγος που προέκυψαν οι αιρέσεις συνδέεται είτε με τον δισταγμό, την απροθυμία να εγκαταλείψει κανείς, μονομιάς και οριστικά, την μέχρι τότε θρησκεία του ίδιου και των προγόνων του για να πάει σε μία άλλη με τελείως διαφορετικά δεδομένα, η οποία μάλιστα είχε τόσα κοινά με την προηγούμενή του, όπως συνέβη με τις ιουδαΐζουσες αιρέσεις, είτε με την συγκάλυψη της αδυναμίας κατανόησης του μυστηρίου του Τριαδικού Θεού (τριαδολογικές και χριστολογικές αιρέσεις). Η εμφάνιση των γνωστικών αιρέσεων, των κυριολεκτικά αιρέσεων κατά τον Θεόδωρο Στουδίτη (*επιστολή προς Ναυκράτιον μοναχόν*, PG 99,1052) φέρνει στο νου την αυτοκρατορική *αποθέωση*, την επιθυμία μερικών από άνθρωποι να γίνουν "θεοί".

Η Εκκλησία, ασφαλώς επειδή κατανοούσε την ανθρώπινη αδυναμία κατανόησης των υψηλών νοημάτων της διδασκαλίας της ως αιτία απόκλισης ή εκτροπής από αυτήν, γι' αυτό και δεν καταδίκαζε τους αιρετικούς εξαρχής οριστικά, αλλά απέναντί τους τηρούσε μία καθαρά παιδαγωγική διαδικασία: πρώτα τους υπεδείκνυε το λάθος τους και τους καλούσε να το διορθώσουν· αν επέμεναν τους επέπληττε και αν ενέμεναν στις απόψεις τους, λόγω του απόλυτου εγωισμού που σημαίνει αυτό, τους απομάκρυνε από το σώμα της. Για την Εκκλησία η απομάκρυνση αυτή, ο *αναθεματισμός*, δεν ήταν οριστική, παρά μόνον αν το επέλεγαν οι ίδιοι, δηλαδή, τους περίμενε να αναγνωρίσουν το λάθος τους, να μετανοήσουν και να ζητήσουν να επιστρέψουν, διότι εκτός της Εκκλησίας δεν υπάρχει σωτηρία και η Εκκλησία *πάντας ἀνθρώπους θέλει σωθῆναι*.

1ος αιώνας

Αιρέσεις του ιουδαϊσμού

Πριν ακόμη από την εμφάνιση του χριστιανισμού υπήρχαν διάφορες αιρέσεις μεταξύ των Ιουδαίων, οι οποίες είχαν και πολιτικό υπόβαθρο εκτός από το θρησκευτικό. Αυτές υπήρχαν και κατά την εποχή του Χριστού και ήταν οι **Γραμματείς**, οι **Φαρισαίοι**, οι **Σαδδουκαίοι**, οι **Εσσαίοι**, οι **Σαμαρείτες** και οι **Ζηλωτές**.

Γραμματείς = είχαν ως έργο τους να μελετούν και να ερμηνεύουν το Μωσαϊκό νόμο, διότι οι Εβραίοι μετά τη Βαβυλώνια Αιχμαλωσία μιλούσαν αραμαϊκά και είχαν ξεχάσει τη γλώσσα των πατέρων τους και των ιερών βιβλίων τους. Την εποχή του Χριστού, οι Γραμματείς ήταν ανεπτυγμένη τάξη και είχαν μεγάλη επίδραση στο λαό. Ήταν δάσκαλοι και λόγιοι, ασχολούνταν με τη Γραφή, τον γραπτό και προφορικό νόμο όπως τον ερμήνευε η παράδοση, ήταν λαϊκοί και το επάγγελμά τους δεν ήταν κληρονομικό.

Φαρισαίοι = πρωτοεμφανίστηκαν στα μέσα του 2ου π.Χ. αι. και το όνομά τους σημαίνει «αποχωρισμένοι», «ξεχωριστοί» γιατί χωρίστηκαν από τους θρησκευτικά ακάθαρτους που ήταν οι αδιάφοροι Ιουδαίοι και οι ειδωλολάτρες. Τηρούσαν αυστηρά και κατά το γράμμα το Μωσαϊκό νόμο, αλλά είχαν και μία προφορική παράδοση, που πολλές φορές υπερίσχυε του νόμου. Πίστευαν στην ανάσταση των νεκρών και στην αθανασία της ψυχής. Θεωρούσαν ότι τα εξωτερικά έργα, δηλαδή οι εκούσιες νηστείες, οι πολλές προσευχές, οι καθαρμοί, ευαρεστούν το Θεό και από αυτήν την ιδέα τους πήγαζε η αλαζονεία και η περιφρόνηση που είχαν για όσους δεν ανήκαν στην αίρεσή τους, ο τυφλός ζήλος και η υποκρισία τους. Βέβαια ανάμεσά τους υπήρχαν και αληθινά ευσεβείς άνδρες, όπως ο Νικόδημος, ο Γαμαλιήλ και άλλοι. Οι Φαρισαίοι ήταν οι νομιμόφρονες και προσαρμόστηκαν στη ρωμαϊκή κυριαρχία, αν και η στάση τους πολλές φορές ήταν επιφυλακτική έως και αρνητική. Δεν ήταν ιδιαίτερα πλούσιοι και οι περισσότεροι ήταν γεωργοί, τεχνίτες και έμποροι. Την εποχή του Ηρώδη του Μεγάλου ήταν πάνω από έξι χιλιάδες.

Πτυχές από την ιστορία της αδιαίρετης Εκκλησίας

Σαδδουκαίοι = είναι αμφίβολο αν έλαβαν το όνομά τους από τη λέξη σαδδόκ που σημαίνει δίκαιος ή από τον Σαδδόκ, μαθητή του Αντιγόνου του Σοχαίου. Από το 6 μέχρι το 70 μ.Χ. όλοι σχεδόν οι αρχιερείς προέρχονταν από τους Σαδδουκαίους. Όσα συνέβαιναν στο Ναό και στο Μέγα Συνέδριο καθορίζονταν από αυτούς. Δεν είχαν θρησκευτικές πεποιθήσεις και επεδίωκαν κοσμικούς σκοπούς. Απέρριπταν την παράδοση και δέχονταν μόνο την Πεντάτευχο και τους προφήτες και έδιναν βαρύτητα στις θυσίες και τις τελετές του Ναού. Αρνούνταν την ύπαρξη των αγγέλων, την ανάσταση των νεκρών και την αθανασία της ψυχής. Ήταν συντηρητικοί. Οι Σαδδουκαίοι είχαν καλές σχέσεις με τους Ρωμαίους κατακτητές, επειδή αυτό εξυπηρετούσε τα συμφέροντά τους. Η αίρεση αυτή αποτελούνταν επί το πλείστον από πλούσιους, μορφωμένους και επιφανείς Ιουδαίους γι' αυτό και ο αριθμός των οπαδών της δεν ήταν μεγάλος.

Εσσαίοι ή Εσσηνοί = το όνομά τους πιθανόν να προέρχεται από τη συριακή λέξη «έσε», που σημαίνει το να θεραπεύεις σωματικές και πνευματικές ασθένειες. Οι Εσσαίοι ιδεολογικά ήταν ανάμεσα στους Φαρισαίους και στους Σαδδουκαίους, διότι πίστευαν όπως οι Φαρισαίοι, αλλά απέρριπταν τις φαρισαϊκές εξηγήσεις του νόμου.

Πίστευαν στην αντίσταση κατά των Ρωμαίων. Ήταν οι πιο αδιάλλακτοι Ιουδαίοι και οργανώθηκαν σε ιδιαίτερη τάξη, αποτελούμενη κατά το πλείστον από άγαμους άνδρες, χωρίς να αποκλείονται και γυναίκες. Ζούσαν δυτικά της Νεκράς Θάλασσας. Είχαν κοινή ζωή, κοινή περιουσία, και λιτή διατροφή. Η ενδυμασία τους ήταν λευκή. Απέφευγαν κάθε σαρκική ηδονή, περιφρονούσαν το γάμο και προσπαθούσαν με την πειθαρχία και την προσευχή να ενωθούν με το Θεό. Στις συνάξεις τους για τροφή και για προσευχή επικρατούσε τάξη και άκρα σιωπή. Τηρούσαν το Σάββατο, δεν πήγαιναν στο ναό ούτε έστελναν θυσίες, αλλά διάβαζαν τις Γραφές. Είχαν εσχατολογικές προσδοκίες περιμένοντας το Μεσσία, που θα ίδρυε στη γη βασίλειο. Οι Εσσαίοι ήταν περί τις τέσσερεις χιλιάδες.

Η αρχαία αυτή ιουδαϊκή αίρεση αποτελούνταν από τέσσερα τάγματα, από τα οποία τα τρία ανώτερα ήταν: οι *Οσσηνοί*, οι *Σαμψαίοι* και οι *Ελκεσαΐτες*. Με την ανακάλυψη των χειρογράφων του Κουμ-

123

ράν το 1947 σε ένα σπήλαιο στις όχθες της Νεκράς Θάλασσας έγιναν γνωστά περισσότερα στοιχεία για τους Εσσαίους.

Σαμαρείτες = αποτελούσαν εντελώς ιδιαίτερη αίρεση. Μεταξύ των Σαμαρειτών και όλων των άλλων Ιουδαίων επικρατούσε αποστροφή και μίσος. Δεν επικοινωνούσαν καθόλου και θεωρούσαν αλλήλους σχισματικούς. Από τους Ιουδαίους ονομάζονταν *Κονταίοι*. Οι Σαμαρείτες ήταν απόγονοι των εθνικών αποίκων (Βαβυλώνιων, Σύρων κ.ά.) και Ισραηλιτών της Παλαιστίνης· γι' αυτό η θρησκεία τους ήταν καταρχήν μίγμα ιουδαϊκής και εθνικής θρησκείας, αλλά τελικά επικράτησε η λατρεία του Ιεχοβά. Την εποχή του Μεγάλου Αλεξάνδρου είχαν δικό τους ναό στο όρος Γαριζίν και λευϊτική λατρεία. Ο ναός σωζόταν μέχρι το 109 π.Χ. και η λατρεία κράτησε μέχρι την εποχή του Χριστού και λίγο αργότερα. Από τις Γραφές δέχονταν μόνο την Πεντάτευχο. Προσδοκούσαν και αυτοί το Μεσσία και είχαν γι' αυτόν καθαρότερη ιδέα από τους Ιουδαίους, όπως φαίνεται από τη συνομιλία του Κυρίου με τη Σαμαρείτιδα.

Ζηλωτές = ήταν μία μικρή, φανατική και δυναμική ομάδα· επαναστάτες, οι οποίοι αντιμάχονταν τη ρωμαϊκή κατοχή και ήθελαν να την ανατρέψουν με τα όπλα. Είχαν και αυτοί θρησκευτικές αρχές και με αυτές περίμεναν να δικαιώσουν τις πολιτικές και κοινωνικές τους προσδοκίες. Ο Μεσσίας που περίμεναν θα ήταν ο αρχηγός, που θα τους ελευθέρωνε από το ρωμαϊκό ζυγό και θα ίδρυε τη δική του θεοκρατική βασιλεία. Ο Σίμων ο Κανανίτης, πριν γίνει μαθητής του Χριστού, πρέπει να ήταν Ζηλωτής και ίσως και ο Ιούδας ο Ισκαριώτης.

Ιουδαΐζουσες αιρέσεις

Είναι προφανές ότι οι πρώτοι χριστιανοί προέρχονταν από τους Ιουδαίους. Οι περισσότεροι εξ Ιουδαίων χριστιανοί εξακολουθούσαν να τηρούν το Μωσαϊκό νόμο, παρόλο που ο Παύλος διακήρυττε ότι ο Χριστός κατήργησε το νόμο και τα τυπικά του παραγγέλματα δεν συντελούν καθόλου στη σωτηρία. Αυτοί λοιπόν οι χριστιανοί, που συνέχιζαν να τηρούν το νόμο, ήταν οι *Ιουδαιοχριστιανοί* και ανάμεσά τους υπήρχαν δύο μερίδες οι απλώς ιουδαΐζοντες χριστιανοί και οι σφόδρα ιουδαΐζοντες, που ήταν οι πιο αυστηροί.

Πτυχές από την ιστορία της αδιαίρετης Εκκλησίας

Οι πρώτοι απλώς εξακολουθούσαν να τηρούν το νόμο, χωρίς όμως να εξαρτούν τη σωτηρία τους από αυτόν και χωρίς να επιβάλουν την τήρησή του, ως απαραίτητο καθήκον, σε άλλους Ιουδαιοχριστιανούς και σε χριστιανούς εξ εθνικών.

Οι δεύτεροι είχαν πάνω από όλα το νόμο και πίστευαν ότι η τήρησή του ήταν προϋπόθεση για τη σωτηρία και, επομένως, ήταν αναγκαία και απαραίτητη για όλους και για τους εξ εθνικών χριστιανούς. Επίσης, τηρούσαν και την περιτομή και το Σάββατο.

Κυρίως από τους Ιουδαιοχριστιανούς, που έμεναν προσκολλημένοι στο Μωσαϊκό νόμο προήλθαν διάφορες ιουδαϊκές πλάνες και οι πιο αυστηροί από αυτούς κατάντησαν αιρετικοί.

Οι ιουδαΐζοντες άρχισαν να εγκαταλείπουν σιγά-σιγά το νόμο και να συντάσσονται με τους άλλους χριστιανούς, ενώ κάποιοι από αυτούς οι οποίοι αποκόπηκαν αποτέλεσαν την ομάδα των **Ναζωραίων**.

Από τους σφόδρα ιουδαΐζοντες χριστιανούς διαμορφώθηκαν σιγά-σιγά οι ιουδαΐζουσες αιρέσεις των **Εβιωνιτών** και των **Ελκεσαϊτών**.

Ναζωραίοι = ιουδαΐζοντες χριστιανοί, που έμειναν μακριά από την Ιερουσαλήμ, όταν ο αυτοκράτορας Αδριανός (117-138) την ξανάχτισε και απαγόρευσε την είσοδο των Ιουδαίων και των Ιουδαιοχριστιανών σ' αυτήν. Όσοι από τους ιουδαΐζοντες χριστιανούς εγκατέλειψαν τον ιουδαϊσμό τους, μπήκαν στην Ιερουσαλήμ και ενώθηκαν με τους εκεί χριστιανούς υπό τον επίσκοπο Μάρκο. Δεν το έκαναν όμως όλοι. Υπήρχαν κάποιοι που μαζί με τη χριστιανική πίστη συνέχισαν να τηρούν και το Μωσαϊκό νόμο, έμειναν μακριά από την ανάπτυξη της εκκλησίας κι αποτέλεσαν μία ομάδα χριστιανών σχισματική περισσότερο παρά αιρετική. Αυτοί επέλεξαν για τους εαυτούς τους ή διαφύλαξαν το όνομα Ναζωραίοι, το οποίο αρχικά έφεραν όλοι οι χριστιανοί της Παλαιστίνης.

Τηρούσαν το νόμο, την περιτομή, το Σάββατο. Διακρίνονταν από τους σφόδρα ιουδαΐζοντες, καθώς θεωρούσαν αναγκαία την τήρηση του νόμου μόνο για τους εξ Ιουδαίων χριστιανούς και όχι και για τους χριστιανούς εξ εθνικών, γι' αυτό και δεν αποστρέφονταν τον απόστολο Παύλο, αλλά τον αποδέχονταν ως αληθινό απόστολο. Για το Χριστό πίστευαν ότι είναι υιός του Θεού εκ παρθένου γεννηθείς.

Ίσως να πρέσβευαν και οι Ναζωραίοι, όπως πολλοί από τους αρχαίους χριστιανούς, το χιλιασμό. Είχαν δικό τους ευαγγέλιο, το Καθ' Εβραίους. Στην Ανατολή υπήρχαν πολλές κοινότητες της αίρεσης μέχρι και τον 5ο αιώνα.

Εβιωνίτες ή Εβιωναίοι = αίρεση που προερχόταν από τους σφόδρα ιουδαΐζοντες μετά το σχίσμα στην Ιερουσαλήμ (63), από όπου έφυγαν και δεν επέστρεψαν. Εγκαταστάθηκαν πέρα από τον Ιορδάνη και σχημάτισαν μία εκκλησία, η οποία έζησε αποχωρισμένη από τους άλλους χριστιανούς και δέχτηκε αιρετικές ιδέες.

Για την προέλευση του ονόματός τους υπάρχουν δύο απόψεις. Άλλοι (Τερτυλλιανός, Επιφάνιος) πιστεύουν ότι ονομάστηκαν Εβιωνίτες από κάποιον Εβίωνα, που ήταν αρχηγός της αιρέσεως και άλλοι (Ωριγένης) παράγουν το όνομα από την εβραϊκή λέξη «φτωχός».

Δύο είναι τα κύρια χαρακτηριστικά τους: η προσκόλληση στο Μωσαϊκό νόμο και η άρνηση της θεότητας του Χριστού. Πίστευαν ότι ο Μωσαϊκός νόμος είναι απαραίτητος για τη σωτηρία και αφορά όλους ανεξαιρέτως τους χριστιανούς, γι' αυτό απέρριπταν τον Παύλο και τις επιστολές του.

Αρνούνταν κατηγορηματικά τη θεότητα του Χριστού και, καθώς απέρριπταν τη βιβλική κοσμολογία, δεν δέχονταν ότι ο Χριστός, ως άσαρκος Λόγος, στην ιστορία του περιούσιου λαού, συγκροτούσε τα θεμέλια της μελλοντικής εκκλησίας.

Πίστευαν ότι ο Ιησούς ήταν ψιλός άνθρωπος, γιος του Ιωσήφ και της Μαρίας, που στάλθηκε στον κόσμο από το Θεό ως προφήτης και αναδείχθηκε ως τέτοιος όταν έλαβε το Άγιο Πνεύμα στο βάπτισμα. Επειδή πίστευαν ότι ο Ιησούς, λόγω της αφοσίωσής του στο νόμο, έγινε αργότερα Χριστός, γι' αυτό έλεγαν ότι μπορούσαν να τον μοιάσουν. Θεωρούσαν ότι ο Χριστός είναι ο Μεσσίας που προφητεύτηκε, αλλά η αποστολή του συνίστατο στην επέκταση και τελειοποίηση του νόμου με νέες εντολές. Πίστευαν στη δεύτερη έλευση του Χριστού, οπότε και θα εγκαθίδρυε την επίγεια βασιλεία του. Η αντίληψή τους για το Χριστό είναι συνέπεια της ιδέας τους για το Μωσαϊκό νόμο.

Επηρεάστηκαν από την επαφή τους με τους Εσσαίους και έτσι διαμόρφωσαν διδασκαλία για την αγαθή και την κακή δημιουργία.

Είχαν την περιτομή μαζί με το βάπτισμα, ήταν χορτοφάγοι και στη θεία ευχαριστία χρησιμοποιούσαν νερό αντί για κρασί.

Είχαν ιδιαίτερο ευαγγέλιο, το οποίο έλεγαν ότι είναι δήθεν το πρωτότυπο του αποστόλου Ματθαίου. Επέζησαν μέχρι τον 5ο αι. σε διάφορες πόλεις και στην Κύπρο.

Ελκεσαΐτες = κατά μία άποψη η αρχική αίρεση προέρχεται από κάποιον Ιουδαίο με το όνομα Ελξαί ή Ελκεσαί (=μυστική γνώση), ο οποίος προερχόταν από την ιουδαϊκή αίρεση των Εσσαίων και μετανάστευσε πέρα από τον Ιορδάνη την εποχή του Τραϊανού (περί το 101). Σύμφωνα με τον Επιφάνιο, αυτός έγινε αρχηγός της αιρέσεως των Ελκεσαϊτών, την οποία ασπάστηκαν πολλοί Εβιωνίτες.

Πιθανότερο όμως φαίνεται το όνομα Ελξαί ή Ελκεσαί να μην είναι το όνομα του ιδρυτού της αιρέσεως, αλλά του τάγματος στο οποίο ανήκε αυτός όταν ήταν στην αίρεση των Εσσαίων. Επί Τραϊανού, κάποιοι από αυτό το τάγμα των Εσσαίων ενώθηκαν κάποιους Εβιωνίτες και αποτέλεσαν την αίρεση των Ελκεσαϊτών.

Πίστευαν ότι το πνεύμα του Θεού εμφανίστηκε, ως κεκαλυμμένη δύναμη, με πολλούς τρόπους διά του Αδάμ, του Ενώχ, του Αβραάμ, του Ισαάκ, του Μωϋσή, του Χριστού και τέλος διά της βίβλου, για την οποία έλεγαν ότι έπεσε από τον ουρανό. Σκοπός αυτού του αποκαλυπτόμενου θείου πνεύματος ήταν η διδασκαλία της αλήθειας. Το κοινό τους με τους Ιουδαίους ήταν η τήρηση του Μωσαϊκού νόμου και με τους Εσσαίους η αυστηρή άσκηση και η αποστροφή προς τις θυσίες. Εν τούτοις όμως συνιστούσαν το γάμο αντίθετα με τους Εσσαίους. Απαγόρευαν το κρέας και το κρασί, όπως οι Εβιωνίτες.

Διέσωζαν λίγα χριστιανικά στοιχεία. Είχαν βάπτισμα παρόμοιο με το χριστιανικό και συχνούς ιεροτελεστικούς καθαρμούς. Δίδασκαν ότι το να αρνηθεί κανείς το Χριστό, ευρισκόμενος σε μεγάλη ανάγκη, ήταν αποδεκτό αρκεί μόνο να πίστευε σ' αυτόν η καρδιά του. Τον Ιησού τον θεωρούσαν ως ψευδομεσσία, αλλά τιμούσαν τον Ιωάννη το Βαπτιστή.

Η διδασκαλία τους έχει στοιχεία από τον ιουδαϊσμό, το χριστιανισμό και τον ελληνισμό. Στη Μεσοποταμία οι Ελκεσαΐτες αναμίχθηκαν με τους *Μανδαίους*, που ήταν γνωστικοί.

Λείψανα της αίρεσης των Ελκεσαϊτών σώζονταν μέχρι τα τέλη του 4ου αι.

Η χριστιανίζουσα αίρεση των Ημεροβαπτιστών

Στην Καινή Διαθήκη συναντούμε κάποιους που ονομάζονται «μαθηταί Ιωάννου» (Πραξ. 18,25 κ.εξ., 19,1 κ.εξ.). Αυτοί ήταν Ιουδαίοι ελληνιστές, τους οποίους βρήκε ο Ιωάννης ο Βαπτιστής στην Ιερουσαλήμ και τους μίλησε για το Χριστό, τον οποίο πίστεψαν ως Μεσσία. Δεν είχαν άλλες άλλες επαφές με την εξελισσόμενη χριστιανική θρησκεία. Από άλλες πολλοί, που δεν αφομοίωσαν εντελώς τη διδασκαλία για το Χριστό αποτέλεσαν μία ιδιαίτερη αίρεση, αυτή των Ημεροβαπτιστών.

Στα τέλη του 2ου αι., στον Ψευδοκλήμεντα (Ομιλ. 2,23) συναντούμε ίχνη των μαθητών αυτών του Ιωάννη, που φέρουν τον τύπο αιρέσεως που αποκλίνει προς τις δοξασίες των γνωστικών. Από τον ίδιο συγγραφέα και άλλες ο Ιωάννης ο Βαπτιστής ονομάζεται Ημεροβαπτιστής.

Στα μέσα του 17ου αι. Καρμηλίτες Ιησουΐτες ιεραπόστολοι, που βρίσκονταν στην Περσία, γνώρισαν κάποιους αιρετικούς που περιφέρονταν στην Ασία και οι Οθωμανοί τους ονόμαζαν Ζαβαίους, δηλαδή Βαπτιστές, ενώ οι ίδιοι αυτοαποκαλούνταν *Ναζωραίοι* και *Μανδαίοι* (=γιγνώσκοντες) και ισχυρίζονταν ότι κατάγονταν από τη Γαλιλαία και ότι η πίστη τους προερχόταν από τον Ιωάννη το Βαπτιστή. Ορισμένοι ερευνητές πιστεύουν ότι πρόκειται για λείψανα της αρχαίας αίρεσης των Ημεροβαπτιστών, πράγμα που δεν φαίνεται απίθανο, η οποία άλλες με το πέρασμα των αιώνων αναμείχθηκε με άλλες άλλες αιρέσεις και διαμορφώθηκε από τους γνωστικούς της Ανατολής.

2ος αιώνας

Συγκρητισμός

Θρησκευτικός Συγκρητισμός = η ανάμιξη και σύγκραση των θρησκειών. Υπήρχε έντονα τα πρώτα χρόνια της ρωμαϊκής εποχής μέσα στην αυτοκρατορία. Ο συγκρητισμός ενισχύθηκε τόσο πολύ με το πέρασμα του χρόνου ώστε οι άνθρωποι άρχισαν να πιστεύουν ότι λατρεύουν την ίδια θεότητα με διαφορετικά ονόματα· έτσι προχωρούσαν προς ένα είδος συγκρητικής μονοθεΐας.

Χριστιανική θρησκεία, ιουδαΐζουσες χριστιανικές αιρέσεις, ελληνικές θρησκευτικές ιδέες και φιλοσοφία, θρησκευτικές ιδέες και θρησκείες των λαών της Ανατολής, αναμίχθηκαν σε μια εποχή που υπήρχε έντονη η αίσθηση ότι ο αρχαίος κόσμος εξαντλήθηκε θρησκευτικώς και δεν ήταν ικανός να αναστείλει την επαπειλούμενη θρησκευτική αποσύνθεση. Από την άλλη πλευρά, οι κοινωνικές συνθήκες μέσα στο απέραντο και απρόσωπο ρωμαϊκό κράτος, η αστάθεια της εποχής και η οικονομική εξαθλίωση μεγάλου αριθμού ανθρώπων συνετέλεσαν στην έξαρση της θρησκευτικότητας, ενώ άρχιζε να επικρατεί η ανάγκη για μία αποκαλυμμένη λυτρωτική θρησκεία.

Όταν, κατά τα τέλη του 2ου αι., η αυτοκρατορία αντιμετώπισε προβλήματα, τότε στην κοινωνία επικράτησε ο φόβος της αποσύνθεσης και πολλοί ήταν αυτοί που στράφηκαν στις θρησκείες της αρχαιότητας, αλλά με μία νέα προσέγγιση. Αυτό το συνοθύλευμα των διάφορων αντιλήψεων περί θεού ήταν και επικίνδυνο και ανώφελο.

Γνωστικισμός

Ο γνωστικισμός ανήκει στα μεγάλα πνευματικά κινήματα της ιστορίας. Στην αρχή δεν ήταν χριστιανική αίρεση, αλλά υπήρχε στο χώρο της Μεσογείου πριν από την εμφάνιση του χριστιανισμού. Οι ρίζες του ξεκινούν από τους ελληνιστικούς χρόνους, κατά τους οποίους ήταν ένα κράμα ελληνικής φιλοσοφίας, ανατολικών θρησκευτικών ιδεών και ιουδαϊκής αντίληψης για το Θεό. Άρχισε όμως να μορφοποιείται, να αναπτύσσεται και να ωριμάζει κυρίως από τα μέσα του 1ου αι. μ.Χ., καθώς μετά την εμφάνιση του χριστιανισμού, πήρε από αυτόν διάφορα στοιχεία στη διδασκαλία του, έγινε ελκυστικός και γνώρισε μεγάλη διάδοση, επικίνδυνη για την εκκλησία, γιατί τα συστήματά του προσαρμόζονταν στις τοπικές περιστάσεις και έτσι διαδίδονταν πιο εύκολα. Έφτασε στη μεγάλη ακμή του κατά το 2º και 3º αιώνα.

Η Μέση Ανατολή και ο ελληνορωμαϊκός χώρος αποτέλεσαν μια τεράστια χοάνη, όπου συναντήθηκαν τέσσερεις μεγάλοι πολιτισμοί: ο ελληνικός, ο αιγυπτιακός, ο βαβυλωνο-περσικός και ο ιουδαϊκός, οι οποίοι εξέφραζαν φιλοσοφικές και κοσμολογικές αντιλήψεις, αλλά και μεταφυσικά βιώματα και βαθιές θρησκευτικές εμπειρίες και πεποιθήσεις. Στη συνάντηση αυτή η Ανατολή πρόσφερε κυρίως το θρησκευτικό της πάθος και η Ελλάδα το φιλοσοφικό της λόγο. Έτσι, αναπτύχθηκε μία ολόκληρη σειρά από ποικίλα συστήματα, που πολλές φορές διέφεραν μεταξύ τους ακόμη και στις βασικές ιδέες, έχουν όμως ορισμένα κοινά χαρακτηριστικά:

1) τη δυαρχία, δηλαδή την ιδέα ότι στην αρχή δεν υπήρχε τίποτε άλλο παρά μόνο η δυάδα του καλού και του κακού. Δέχονταν την αντίθεση του αγαθού Θεού προς την αιώνια και κακή ύλη. Ο αγαθός Θεός είναι έξω από τον κόσμο, απρόσιτος και αμέτοχος του κόσμου και του κακού.

2) δέχονταν την αρχή της απόρροιας ή της προβολής, δηλαδή τη θεωρία ότι από ένα ή δύο όντα προέρχονται από απόρροια ή προβολή άλλα ομοειδή όντα. Αυτά τα πολυάριθμα μεσάζοντα όντα, οι Αιώνες, γεφυρώνουν το χάσμα ανάμεσα στο Θεό και την ύλη. Γεννώνται από τον ύψιστο Θεό, αλλά όσο περισσότερο απομακρυσμένοι είναι από αυτόν τόσο κατώτεροι είναι.

3) δέχονταν την ιδέα ότι δημιουργός του κόσμου δεν ήταν ο ύψιστος Θεός, αλλά ένας κατώτερος Αιώνας, ο Δημιουργός, που ταυτίζεται με τον οργισμένο Θεό της Παλαιάς Διαθήκης. Ο Δημιουργός φέρει την ευθύνη για το φυσικό και ηθικό κακό στον κόσμο. Η άρση του κακού και η λύτρωση του ανθρώπου απαιτεί την ήττα του Δημιουργού και τη γεφύρωση της αβύσσου μεταξύ υψίστου Θεού και ανθρώπου.

4) δέχονταν τη σωστική ιδιότητα της γνώσης. Η σωτηρία δεν έχει καμιά σχέση ούτε με το σώμα ούτε με την ψυχή, αλλά η γνώση αποτελεί το κλειδί για την άνοδο των ψυχών στη νοητή διάσταση. Έτσι, η γνώση παίρνει θρησκευτικό περιεχόμενο και ταυτίζεται με τη λύτρωση.

Ο γνωστικισμός, επειδή υπήρξε αποτέλεσμα συγκρητισμού, δεν οργανώθηκε σε ένα σύστημα ενιαίο και σταθερό. Αντίθετα παρουσιάστηκε με ποικίλες μορφές και τάσεις. Η εμφάνιση μιας ισχυρής φιλοσοφικοθρησκευτικής προσωπικότητας στους κόλπους του γνωστικισμού σήμαινε και νέο σύστημα ή τουλάχιστον παραλλαγή ενός παλαιότερου. Έτσι, αναπτύχθηκε μία ολόκληρη σειρά από συστήματα που ζητούσαν να ανταποκριθούν στον πόθο του εθνικού κόσμου για σωτηρία και προσπαθούσαν να σύρουν το χριστιανισμό στο συγκρητισμό του πολιτισμού και της φιλοσοφίας της εποχής. Στην πραγματικότητα όμως κατέστρεψαν ολοκληρωτικά τη δομή της πίστεως και της διδασκαλίας για τη σωτηρία. Πίστευαν σε γνώση που δεν ήταν φιλοσοφία προερχόμενη από τις νοητικές δυνάμεις του ανθρώπου, αλλά αποκαλυμμένη και παραδομένη σε όσους ήταν μυημένοι σ' αυτήν. Ήταν εσωτερική μυστική παράδοση προερχόμενη, όπως έλεγαν, από τους αποστόλους και προφήτες, που παραδόθηκε σ' αυτούς και φυλάγεται μεταξύ τους στις συνάξεις τους.

Έλεγαν ότι το πνεύμα είναι αγαθό και φυλακίστηκε μέσα στην κακή ύλη, γι' αυτό χρειάζεται η σωτηρία, δηλαδή η απελευθέρωση του πνεύματος από την ύλη. Η σωτηρία επιτυγχάνεται με την αποκαλυμμένη διδασκαλία, που παραδίνεται με τη μορφή μυστηρίων και απελευθερώνει βαθμιαία τον κάτοχό της και τον ξαναφέρνει στο βασίλειο του καθαρού πνεύματος. Οι γνωστικοί προσπαθούσαν να στηρίξουν τη διδασκαλία τους στις ιουδαϊκές και χριστιανικές Γραφές, που τις ερμήνευαν αλληγορικά και στην απόκρυφη διδασκαλία του Χριστού και των αποστόλων, που έλεγαν ότι παραδόθηκε σ' αυτούς μυστικά με τη διαδοχή των διδασκάλων.

Έλεγαν ότι οι άνθρωποι αποτελούνται από ύλη και πνεύμα γι' αυτό πρέπει να λυτρωθούν, να ελευθερωθούν από την ύλη οι σπινθήρες του φωτός που είναι φυλακισμένοι μέσα σ' αυτήν και να έρθουν στο βασίλειο του φωτός. Αυτό το πετυχαίνουν με έναν υψηλότερο Αιώνα, το Νου ή Λόγο ή Σωτήρα Χριστό, ο οποίος αποκάλυψε στους ανθρώπους τον αληθινό Θεό και το βασίλειο του φωτός και δίδαξε πώς θα νικήσουν την ύλη. Στους ανθρώπους κυριαρχεί ή το πνευματικό ή το ψυχικό ή το υλικό στοιχείο και ανάλογα χωρίζονται σε πνευματικούς, ψυχικούς και υλικούς. Πνευματικοί είναι οι γνωστικοί, αυτοί που με τη γνώση και την άσκηση μπορούσαν να ελευθερωθούν από την ύλη και θα σωθούν στο πλήρωμα της θεότητας. Ψυχικοί είναι οι χριστιανοί που έχουν μόνο την πίστη όχι όμως και τη γνώση, αυτοί θα πετύχουν μία σωτηρία δεύτερης κατηγορίας. Υλικοί είναι οι κοινοί άνθρωποι που θα καταστραφούν, όπως και η ύλη.

Στους κύκλους των γνωστικών αναπτύχθηκαν δύο βασικές τάσεις: 1) η άκρα ασκητική ζωή, η εγκράτεια από τις απολαύσεις της ζωής και η αποφυγή κάθε επαφής με την ύλη και το ανθρώπινο σώμα και 2) η ακόρεστη απόλαυση κάθε υλικής ηδονής, για να φθείρουν τη σάρκα ώσπου η ύλη να συντριβεί και να ανοίξει ο δρόμος προς την καθαρή γνώση και τη λύτρωση.

Δεν είχαν οργανωμένες κοινότητες, ήταν χωρισμένοι και οι διαφορές τους ήταν τόσες, ώστε δεν μπορούσαν να ενωθούν. Αλλού έμεναν μέσα στην εκκλησία και κήρυτταν τις δικές τους ιδέες και αλλού σχημάτιζαν δικές τους κοινότητες, που είχαν τη δική τους λατρεία. Η λατρεία τους μιμήθηκε τη λατρεία της εκκλησίας και των μυστηριακών θρησκειών.

Στην Αίγυπτο και τη Συρία, ο γνωστικισμός έλαβε τόσα πολλά χριστιανικά στοιχεία ώστε να εμφανίζεται ως χριστιανίζων γνωστικισμός και αποτέλεσε μεγάλο κίνδυνο για την εκκλησία. Οι οπαδοί του παρουσιάζονταν, έναντι των μελών της εκκλησίας, ως εκλεκτοί διότι δήθεν κατείχαν εξαιρετικά ανώτερη γνώση. Αυτό δημιουργούσε μεγάλη σύγχυση στους κόλπους της εκκλησίας καθώς πλήθος χριστιανών δεν μπορούσε να διακρίνει μεταξύ εκκλησίας και χριστιανίζοντος γνωστικισμού με αποτέλεσμα να προσχωρεί εύκολα στις τάξεις του τελευταίου. Η σύγχυση μεγάλωνε με την εκτεταμένη συγγραφή γνωστικών έργων, τα οποία κατά τους πρώτους αιώνες ήταν πολυπληθέστερα από τα χριστιανικά. Η εκκλησία αγωνίστηκε για δύο και πλέον αιώνες για να δείξει με σαφήνεια την ψευδοχριστιανικότητα του γνωστικισμού. Σπουδαίοι αντιαιρετικοί συγγραφείς είναι ο Βίκτωρ Α' Ρώμης, ο Διονύσιος Κορίνθου, ο Ειρηναίος Λυών, ο Ιππόλυτος Ρώμης κ. ά.

Μέσω των εκκλησιαστικών συγγραφέων, που τον καταπολέμησαν, σώθηκαν τα περισσότερα γνωστικά κείμενα που γνωρίζαμε παλαιότερα. Αυτό συνέβη διότι, προκειμένου να αναιρέσουν το γνωστικισμό, παρέθεταν μικρά ή μεγάλα αποσπάσματα κειμένων στα δικά τους έργα και έτσι σώθηκε ένα μικρό μέρος της γνωστικής φιλολογίας. Οι γνώσεις μας όμως εμπλουτίστηκαν όταν το 1945 βρέθηκαν πάπυροι των γνωστικών στο Ναγκ-Χαμαντί (Nag-Hammadi) της Αιγύπτου, από τους οποίους μάθαμε πολύ περισσότερα για το γνωστικισμό.

Μερικοί από τους σπουδαιότερους γνωστικούς είναι ο Σίμων ο Μάγος, ο Μένανδρος, ο Κήρινθος, ο Βασιλείδης, ο Βαλεντίνος, οι Οφίτες, ο Καρποκράτης, ο Σατουρνίνος, ο Τατιανός, ο Βαρδεσάνης, ο Μαρκίων.

Δοκητισμός = είναι μία από τις τάσεις του γνωστικισμού. Κυριάρχησε κατά τους πρώτους μεταχριστανικούς αιώνες.

Ο δοκητισμός, ως καθαρή ελληνική αντίληψη για τη δυαρχία αισθητού και νοητού κόσμου, δεν ανέχεται καμία προσέγγιση του πνευματικού με το υλικό. Συνεπώς, σε καμία περίπτωση δεν θα μπορούσε να κάνει λόγο για την ένωση θεότητας και ανθρωπότητας στο ένα πρόσωπο ή στη μια υπόσταση του Λόγου. Οι δοκήτες αποκλείουν ριζικά την ίδια τη βιβλική ιστορία· κατ' αυτούς ο Σωτήρας δεν ήρθε ποτέ σε επαφή με την ύλη. Αρνήθηκαν εντελώς τη δυνατότητα της ενανθρώπησης. Εξαιτίας αυτής της αντιλήψής τους, ισχυρίστηκαν ότι ο Χριστός ενανθρώπησε και σταυρώθηκε κατά φαντασίαν, δηλαδή είχε φαινομενικό σώμα. Υποστήριζαν ότι ο Χριστός δεν πήρε σάρκα απλώς κάτι τέτοιο φάνηκε στη φαντασία και τελικά σταυρώθηκε ο Σίμων ο Κυρηναίος.

Γνωστικοί του 1ου αι. στη Σαμάρεια

Κατά τα πρώτα του χριστιανισμού υπήρξαν κάποιοι, που θέλησαν να αναμίξουν τον ιουδαϊσμό και μάλιστα το σαμαρειτικό με στοιχεία άλλων ανατολικών θρησκειών και με χριστιανικές ιδέες και έγιναν αρχηγοί νέων αιρέσεων, οι οποίες στηρίχθηκαν στη μαγεία και τη γοητεία με σκοπό την κερδοσκοπία. Τέτοιοι ήταν ο Δοσίθεος, ο Σίμων ο Μάγος και ο Μένανδρος.

Σίμων ο Μάγος = καταγόταν από τη Γκίττα της Σαμάρειας και έκανε πολλά θαύματα και μαγικές πράξεις. Η διδασκαλία του στηρίζεται κυρίως στη συροφοινικική μυθολογία, στον ανατολικό συγκρητισμό με γνωστικές θεωρίες, ενώ χρησιμοποιεί πολύ λίγο υλικό και από το χριστιανισμό. Χαρακτηρίζεται από τους εκκλησιαστικούς συγγραφείς ως ο αρχαιότερος αντίπαλος του ευαγγελίου και μάλιστα ως προπάτορας όλων των αιρετικών και πατήρ των γνωστικών αιρέσεων.

Δεχόταν την ύπαρξη Αιώνων και δίδασκε ότι υπάρχει ένας άγνωστος και απρόσιτος Θεός, από τον οποίο προέρχεται η δημιουργία και ο οποίος εκπροσωπείται από μία Δύναμη. Αυτή η Μεγάλη Δύναμη ήταν ο Σίμων, δηλαδή θεωρούσε τον εαυτό του ως φανέρωση του άγνωστου Θεού.

Κατ' αναλογία με τη χριστιανική διδασκαλία περί Αγίας Τριάδος έλεγε ότι ο Θεός φανερώθηκε τρεις φορές στον κόσμο με τρία διαφορετικά ονόματα, πρώτα στους Ιουδαίους με το όνομα Υιός, μετά στους Σαμαρείτες με το όνομα Πατήρ και τελευταία στα άλλα έθνη με το όνομα Άγιο Πνεύμα. Όταν εμφανίστηκε με τη μορφή του Υιού έπαθε κατά δόκηση, δηλαδή φαινομενικά. Επίσης, από το χριστιανισμό πήρε την ιδέα της σωτηρίας και την προσάρμοσε στη διδασκαλία του.

Οι ιδέες του εξαπλώθηκαν στη Συρία, τη Φρυγία και τη Ρώμη. Στα μέσα του $2^{ου}$ αι. υπήρχαν πολλοί οπαδοί του Σίμωνα. Η αίρεσή του, αν και κατακερματίστηκε πολύ νωρίς σε πολλές άλλες αιρέσεις, εν τούτοις επέζησε μέχρι τον 5° αιώνα.

Σιμωνία = έτσι ονομάστηκε το φαινόμενο απόκτησης εκκλησιαστικού αξιώματος, ύστερα από την καταβολή χρημάτων ή δώρων. Γενικότερα, σημαίνει την εξαγορά της χάρης του Αγίου Πνεύματος με χρήματα. Ως όρος και ως πρακτική προέρχεται από την πρόταση που έκανε ο Σίμων ο Μάγος προς τον Πέτρο και είναι γνωστή από τη διήγηση των Πράξεων των Αποστόλων (8,9 κ.εξ.). Όταν οι απόστολοι στην Ιερουσαλήμ έμαθαν ότι ο διάκονος Φίλιππος είχε πάει στη Σαμάρεια και κήρυττε και βάπτιζε πολλούς, έστειλαν τον Πέτρο και τον Ιωάννη για να μεταδώσουν στους βατισθέντες το Άγιο Πνεύμα με την επίθεση των χεριών τους. Μεταξύ των βαπτισθέντων από το Φίλιππο ήταν και ο μάγος Σίμων, ο οποίος ήταν ήδη ξακουστός στην περιοχή για τις μαγείες του. Αυτός, όταν είδε τα θαύματα που επιτε-

Πτυχές από την ιστορία της αδιαίρετης Εκκλησίας

λούσαν οι απόστολοι, τους θεώρησε μεγαλύτερους και ισχυρότερους μάγους από αυτόν και πήγε και τους πρόσφερε χρήματα ζητώντας να του δώσουν την εξουσία να μεταδίδει κι αυτός το Άγιο Πνεύμα με την επίθεση των χεριών του. Ο απόστολος Πέτρος αρνήθηκε να του μεταδώσει το Άγιο Πνεύμα με χρήματα και τον προέτρεψε σε μετάνοια. Σύμφωνα με τις απόκρυφες Πράξεις Πέτρου, συναντήθηκαν πάλι στη Ρώμη, όπου ο Σίμων βρήκε κακό τέλος.

Το φαινόμενο της Σιμωνίας φαίνεται ότι ήταν διαδεδομένο κατά τη βυζαντινή εποχή και γνώρισε έξαρση κατά την περίοδο της τουρκοκρατίας.

Μένανδρος = συμπατριώτης και μαθητής του Σίμωνα του Μάγου με παρόμοια διδασκαλία. Δημιούργησε δική του αίρεση από τη στιγμή που κήρυξε τον εαυτό του ως ενσάρκωση της Μεγάλης Δυνάμεως και ως Μεσσία. Στο βάπτισμα χρησιμοποιούσε ύδωρ και πυρ και επαγγελλόταν ότι με το βάπτισμα αυτό, το οποίο γινόταν στο όνομά του, εισερχόταν κανείς στην αιώνια ζωή.

Γνωστικοί της Αιγύπτου του 1ου και 2ου αιώνα

Εκπροσωπούν την τάση του γνωστικισμού που δεχόταν ότι η ακόρεστη απόλαυση οδηγεί στη φθορά της σάρκας και η φθορά στη γνώση και στη λύτρωση.

Κήρινθος = ήταν Ιουδαίος στην καταγωγή και έζησε στα τέλη του 1ου αι. στη Μ. Ασία. Για ένα χρονικό διάστημα πήγε στην Αίγυπτο, όπου μυήθηκε στον αλεξανδρινό γνωστικισμό και στην αίρεση των Εβιωνιτών, ενώ παράλληλα έμεινε αυστηρά προσκολλημένος στον ιουδαϊσμό. Όταν επέστρεψε στη Μ. Ασία έγινε αρχηγός δικής του αίρεσης.

Δεχόταν το Μωσαϊκό νόμο και την περιτομή. Πίστευε στην ανάσταση των νεκρών. Θεωρούσε ότι δημιουργός του κόσμου ήταν ένας άγγελος. Για τον Ιησού, έλεγε ότι ήταν απλός άνθρωπος, στον οποίο με τη μορφή περιστεριού ήρθε ο θεϊκός Χριστός για να αποκαλύψει τον άγνωστο Πατέρα στους ανθρώπους. Όταν σταυρώθηκε ο Ιησούς, ο θεϊκός Χριστός τον εγκατέλειψε. Ο Κήρινθος είναι και χιλιαστής. Τον πολέμησε ο ευαγγελιστής Ιωάννης στην Έφεσο. Ο Ειρηναίος μάλιστα αναφέρει ότι ο Ιωάννης έγραψε το ευαγγέλιό του κατά του αιρετικού αυτού. Ο Κήρινθος χρησιμοποιούσε το Καθ' Εβραίους ευαγγέλιο, όπως και οι ιουδαΐζουσες χριστιανικές αιρέσεις, αλλά διασκευασμένο σύμφωνα με τις ιδέες της γνωστικής αιρέσεώς του. Οι οπαδοί του ονομάζονταν Κηρινθιανοί.

Βασιλείδης = έζησε το πρώτο μισό του 2^{ου} αι., καταγόταν από τη Συρία και έδρασε στην Αλεξάνδρεια. Έγραψε ένα ευαγγέλιο, ψευδεπίγραφο του αποστόλου Ματθία και Εξηγητικά, δηλαδή υπομνήματα στο ευαγγέλιό του. Δάσκαλο είχε το Γλαυκία, που δήθεν υπήρξε διερμηνέας του αποστόλου Πέτρου. Ο Βασιλείδης έλεγε ότι τη διδασκαλία του την είχε από τον απόστολο Ματθία και το Γλαυκία.

Το σύστημά του κλίνει περισσότερο στις αριστοτελικές και στωϊκές αντιλήψεις περί χάους και αρχής του κόσμου. Χρησιμοποιεί την αιγυπτιακή αστρονομία και την πυθαγόρεια μυστική αριθμολογία. Από το σύστημά του λείπει η ιδέα περί δύο αρχών και η ιδέα περί απόρροιας ή προβολής, που έχουν άλλοι γνωστικοί.

Δεχόταν μία απόλυτη αρχή των πάντων, τον ύψιστο Θεό, που έδωσε ύπαρξη στο χάος μόνο με τη θέλησή του και δημιούργησε τα πάντα. Στο χάος βρίσκονταν τα σπέρματα κάθε νοητής και αισθητής κτίσεως, τα οποία είχαν μέσα τους τη δύναμη και τους νόμους της ανάπτυξής τους, όπως ακριβώς στο σπόρο υπάρχει εν δυνάμει το δένδρο με τους καρπούς του. Από τα σπέρματα αυτά, στα οποία ενεργεί ο ύψιστος Θεός, συστάθηκε ο αισθητός και ο νοητός κόσμος.

Ο αισθητός κόσμος αποτελείται από τις ατελέστερες φύσεις. Ο νοητός κόσμος, δηλαδή το Πλήρωμα, αποτελείται από 365 βασίλεια πνευμάτων ή ουρανών ή Αιώνων. Το σύνολο αυτό των Αιώνων το ονόμαζε με τη μαγική λέξη Αβρασάξ ή Αβραξάς, της οποίας η αριθμητική αξία είναι ίση προς το 365, επειδή κάθε ελληνικό γράμμα της λέξης αντιστοιχεί σε έναν αριθμό και το σύνολο είναι ακριβώς 365 (α=1, β=2, ρ=100, α=1, ξ=60, α=1, ς=200). Η συμβολική αυτή λέξη με τη σκοτεινή ετυμολογία είναι συγγενική προς τη λέξη αβρακαδάβρα. Αργότερα η λέξη χρησίμευσε ως επωδός και μαζί με άλλα μαγικά σχήματα χαρασσόταν πάνω σε λίθους, που ονομάζονταν Αβραξάςλίθοι, οι οποίοι αποτελούσαν ένα είδος φυλακτού και ένας μεγάλος αριθμός σώζεται μέχρι σήμερα.

Κατώτερη σειρά Αιώνων ή ουρανών ήταν του Δημιουργού, που παριστάνεται με το γνωστό μας ουρανό. Ο Δημιουργός και τα πνεύματά του δημιούργησαν τον κόσμο και τους ανθρώπους. Τον αγαθό Θεό, άγνωστο στους ανθρώπους, τον έκανε γνωστό ο Νους ή Χριστός, ένας από τους ανώτερους Αιώνες. Ο Βασιλείδης υποστήριζε ότι ο Χριστός δεν πήρε σάρκα, αλλά είχε φαινομενικό σώμα και δεν σταυρώθηκε πραγματικά, αλλά φαινομενικά. Τελικά σταυρώθηκε ο Σίμων ο Κυρηναίος. Ο Χριστός τον έβλεπε από μακριά και γελούσε. Γι' αυτό και έλεγε ότι όσοι πιστεύουν στο σταυρωμένο Χριστό είναι δούλοι του Δημιουργού. Όσοι γνωρίζουν το μυστικό της απαλλαγής του Χριστού από το θάνατο, θα απαλλαχθούν από την εξουσία του θανάτου. Οι οπαδοί του Βασιλείδη ονομάζονταν Βασιλειανοί και παραμόρφωσαν την αρχική αίρεση. Προέβαιναν σε κάθε ακολασία και χαρακτηρίζονταν ως πολύ επικίνδυνοι για την εκκλησία. Η αίρεση διαδόθηκε στην Αίγυπτο και από εκεί, αργότερα, πέρασε στη Δύση. Οπαδοί του υπήρχαν μέχρι τον 4ο αιώνα.

Βαλεντίνος = είναι ίσως ο σημαντικότερος μεταξύ των αρχηγών των γνωστικών αιρέσεων. Γεννήθηκε στην Αίγυπτο από γονείς Ιουδαίους χριστιανούς και διακρίθηκε ήδη από τη νεότητα του για τα μεγάλα πνευματικά του χαρίσματα και την ευγλωττία του. Σπούδασε στην Αλεξάνδρεια, όπου γνώρισε την ελληνική και την ιουδαϊκή σοφία, ιδίως του Φίλωνα και του Πλάτωνα. Δίδαξε για λίγο καιρό εκεί και το 140 πήγε στη Ρώμη. Επειδή ματαιώθηκε η ελπίδα του να γίνει επίσκοπος οργίστηκε και γεμάτος εκδίκηση άρχισε να διασπείρει την αίρεσή του ήδη από τη Ρώμη. Όταν τον απέκοψαν τρεις φορές από την εκκλησιαστική κοινωνία μετέβη στην Κύπρο, όπου ανέπτυξε την αιρετική διδασκαλία του και απέκτησε πολλούς οπαδούς. Πέθανε το 160 στην Κύπρο.

Από τα κηρύγματά του σώθηκαν μόνο αποσπάσματα και επίσης ύμνοι και επιστολές. Ο Βαλεντίνος διαμόρφωσε τη διδασκαλία των προγενεστέρων του με ιδιαίτερο τρόπο και ίδρυσε νέο σύστημα, που εξελίχθηκε σε διδασκαλία για τους Αιώνες με μετριότερη όμως δυαρχία.

Το σύστημά του έχει δύο χαρακτηριστικά:

α) την ιδέα της προβολής των Αιώνων κατά δυάδες. Η προβολή αυτή γίνεται σύμφωνα με ένα νόμο, που είναι θεμελιωμένος στα βάθη της θείας φύσεως, στον οποίο ακόμη και ο ύψιστος Θεός υπόκειται. Τις δυάδες αυτές τις περιγράφει με συζυγίες σε ζεύγη. Έτσι, την πρώτη και απόλυτη δυάδα ή συζυγία την αποτελεί ο ύψιστος Θεός ή Βυθός και η Σιγή ή Χάρις. Από το ζευγάρι Βυθός – Σιγή προήλθαν οι τρεις πρώτες συζυγίες Αιώνων (Νους – Αλήθεια, Λόγος – Ζωή, Άνθρωπος (το πρωτότυπο του ανθρώπου) – Εκκλησία). Συνολικά, από την πρώτη δυάδα απορρέουν 15 συζυγίες, στις οποίες το ένα μέλος νοείται πάντοτε γένους θηλυκού.

Αυτοί οι 30 Αιώνες ονομάζονται Πλήρωμα και απέναντί τους βρίσκεται το Κένωμα, δηλαδή ο κενός χώρος, η σκιά. Για τη συντήρηση της τάξης και της αρμονίας στο Πλήρωμα δημιουργείται και ακόμη ένας Αιώνας χωρίς σύζυγο, ο Όρος.

Ο τελευταίος από τους Αιώνες, η Σοφία, άφησε το σύζυγό της και θέλησε να πλησιάσει το Βυθό, γι' αυτό θα διαλυόταν στο Κένωμα, αλλά σώθηκε από τον Όρο, που φύλαγε τα σύνορα. Η Σοφία μετάνιωσε και γύρισε στη θέση της, αλλά η πονηρή σκέψη της έφτασε στο Κένωμα και έγινε Ενθύμηση. Ο Νους για να συνετίσει τους Αιώνες έφτιαξε ένα νέο ζευγάρι, το Χριστό και το Πνεύμα (εβρ. Ρούαχ θηλυκού γένους). Οι Αιώνες πραγματικά αφού συνετίστηκαν δημιούργησαν το Σωτήρα, χωρίς γένος.

Η Ενθύμηση, που αρχικά δεν είχε μορφή, έλαβε μορφή από το Σωτήρα και ονομάστηκε Άνω Σοφία ή Αχαμώθ, ήθελε να πλησιάσει το Πλήρωμα, αλλά εμποδίστηκε από τον Όρο. Από την αγάπη της προς το Βυθό παράγεται το ψυχικό στοιχείο και από το πάθος και την αγωνία της παράγεται το υλικό στοιχείο. Από το ψυχικό στοιχείο έπλασε η Αχαμώθ το Δημιουργό· αυτός έπλασε τον άνθρωπο από ψυχικά και υλικά στοιχεία.

Η Σοφία θέλει να λυτρώσει τη θυγατέρα της, την Αχαμώθ, έτσι ο Σωτήρας της δίνει μορφή και γνώση και τότε αυτή γεννά το πνευματικό στοιχείο. Η Αχαμώθ δίνει πνεύμα στον άνθρωπο και έτσι αναπλήρωσε το υστέρημα. Έπρεπε όμως ο άνθρωπος να ελευθερωθεί από την αιχμαλωσία και το έργο αυτό ανέλαβε ο Σωτήρας, ο οποίος πήρε ψυχή και πνεύμα, όχι όμως σώμα. Τα πνευματικά στοιχεία με τη λύτρωση θα επιστρέψουν στο Πλήρωμα, τα ψυχικά θα μείνουν ανάμεσα στο Πλήρωμα και στον ουρανό, ενώ τα υλικά θα φθαρούν.

β) το δεύτερο χαρακτηριστικό του συστήματος του Βαλεντίνου είναι η ιδέα ότι τα τρία κρίσιμα σημεία της ιστορίας του κόσμου, δηλαδή η δημιουργία, η πτώση και η σωτηρία προτυπώθηκαν στο Πλήρωμα.

Αντινομιστές = Οφίτες, Καρποκρατιανοί, Προδικιανοί, Νικολαΐτες κ.ά. πρέσβευαν ότι πρέπει να αντιτάσσεται κανείς στο νόμο και να το δείχνει αθετώντας τον. Έτσι εξηγείται η κοινή ονομασία Αντιτάκται (=Αντινομιστές), την οποία φέρουν όλες οι αιρέσεις αυτού του είδους. Οι Αντινομιστές ακολουθούσαν την τάση εκείνη του γνωστικισμού, που θεωρούσε την ύλη ως πηγή του κακού. Έτσι, στρέφονταν στην ακολασία λέγοντας ότι η ακόρεστη απόλαυση κάθε υλικής ηδονής οδηγεί στη φθορά της σάρκας, την οποία πρέπει να νεκρώσουν διά της ασελγείας και της ακολασίας. Οι Οφίτες και οι Καρποκρατιανοί ήταν ανήθικοι από την αρχή. Οι άλλοι εκτραχηλίστηκαν με τον καιρό. Τους πρώτους ξεπέρασαν σε αναισχυντία οι αιρέσεις των Προδικιανών και των Νικολαϊτών.

Οφίτες ή Οφιανοί = η αίρεση εμφανίστηκε λίγο μετά το 150. Η διδασκαλία τους μοιάζει πολύ με του Βαλεντίνου με τη διαφορά ότι αυτοί θεωρούν το Θεό των Ιουδαίων άσπονδο εχθρό των ανώτερων Αιώνων.

Διδάσκονταν επτά ευχές, που όφειλαν να τις κατευθύνουν προς τους άρχοντες των επτά βασιλείων, τα οποία επρόκειτο να περάσουν όταν θα εγκατέλειπαν τον κόσμο αυτό προκειμένου να φτάσουν στο Πλήρωμα.

Ερμήνευαν διαφορετικά τη διήγηση της Παλαιάς Διαθήκης σχετικά με την πτώση των πρωτοπλάστων. Κατ' αυτούς, στον Όφι που εξαπάτησε την Εύα δεν κρυβόταν κακή δύναμη, αλλά θείο και αγαθό πνεύμα ενώ η πτώση του ανθρώπου γι' αυτούς ήταν ανάσταση και αρχή της σωτηρίας του ανθρώπινου γένους. Ο Όφις χρησίμευσε ως όργανο σε έναν από τους Αιώνες για να απαλλάξει την ανθρωπότητα από τα χέρια του Σατανά και του Ιαλδαβαώθ (έτσι ονόμαζαν το Θεό των Ιουδαίων). Λάτρευαν τον Όφι ως αρχηγό της ζωής και πρώτο χορηγό της γνώσεως, γι' αυτό και ονομάζονταν Οφίτες. Αναπτύχθηκαν στη Συρία και συγγενείς αιρέσεις ήταν: των Σηθιανών, των Νααοηνών, των Καϊνιτών και των Περατικών, στους οποίους επεκτεινόταν και το όνομα Οφίτες.

Νααοηνοί = ήταν γνωστικοί που λάτρευαν τον Όφι, τον οποίο θεωρούσαν κύριο παράγοντα της ζωής.

Καϊνίτες = ήταν γνωστικοί, που έπεσαν στην ακολασία και θεωρούσαν ως γνήσιους λάτρεις του αληθινού θεού και ως μάρτυρες της αληθείας όσους καταδικάζονται στην Παλαιά Διαθήκη και πρώτο τον Κάιν. Τιμούσαν, δηλαδή όλους όσους αναφέρονται στην Παλαιά Διαθήκη ως δυσεβείς και παράνομοι. Έτσι, ο Κάιν ήταν ο πρώτος που αρίστευσε διότι στράφηκε κατά του Θεού των Ιουδαίων και τελευταίος ήταν ο Ιούδας ο Ισκαριώτης, ο οποίος κατάφερε να προσηλώσει στο σταυρό τον ψυχικό Μεσσία, να καταστρέψει το βασίλειο του Ιαλδαβαώθ και να σώσει το ανθρώπινο γένος. Γι' αυτό και τιμούσαν εξαιρετικά τον Κάιν και τον Ιούδα.

Στους Καϊνίτες, ιδίως, ταιριάζουν όσα λέει ο Ωριγένης γενικά περί των Οφιτών, ότι δηλαδή αυτοί ουδόλως μπορούν να ονομάζονται χριστιανοί.

Οπαδοί όλων αυτών των αιρέσεων βρίσκονταν σποράδην μέχρι και τον 6ο αι., διότι το 530 εξέδωσε νόμους κατ' αυτών ο Ιουστινιανός.

Καρποκράτης = καταγόταν από την Αλεξάνδρεια. Στο σύστημά του υπάρχει ένας καθαρός πανθεϊσμός και πολλές πλατωνικές ιδέες περί προϋπάρξεως των ψυχών, περί αναμνήσεως, περί μετεμψυχώσεως κλπ. Διαφέρει από τους άλλους αλεξανδρινούς γνωστικούς ως προς τη θεωρία περί σωτηρίας. Δίδασκε ότι η σωτηρία επιτυγχάνεται με την πίστη και την αγάπη και όλα τα άλλα είναι ασήμαντα.

Θεωρεί το Θεό ως αιώνια Μονάδα και πηγή από την οποία ανέβλυσαν τα πάντα και στην οποία τείνουν να επιστρέψουν τα πάντα. Ο κόσμος αυτός είναι δημιούργημα των πονηρών αγγέλων, οι οποίοι εξέπεσαν από την ενότητα με το Θεό, διαμόρφωσαν τον αισθητό κόσμο, μοιράστηκαν τα διάφορα μέρη του και έδωσαν τις θρησκείες και τους νόμους· έτσι εξηγούσε το πλήθος και η διαφορά των θρη-

Πτυχές από την ιστορία της αδιαίρετης Εκκλησίας

σκειών και νόμων. Σύμφωνα με τον Καρποκράτη μόνο η αθέτηση όλων αυτών των θρησκειών και νόμων μπορεί να οδηγήσει τον άνθρωπο στην ενότητα με το Θεό. Διδάσκοντας την καταπάτηση και την παράβαση κάθε θρησκείας και κάθε ηθικού και κοινωνικού νόμου ουσιαστικά δίδασκε την καταστροφή της κοινωνίας. Οι οπαδοί του χαρακτηρίζονται για την ακολασία τους.

Σέβονταν και τιμούσαν με ειδωλολατρικό τρόπο το Χριστό και τους Έλληνες φιλοσόφους ως ήρωες της ανθρωπότητος, διότι αυτοί διακρίθηκαν και εκτός των άλλων δίδαξαν στον κόσμο την αληθινή γνώση υποδεικνύοντας το δρόμο της σωτηρίας.

Ο γιος του Καρποκράτη, ο Επιφανής, δίδαξε την κοινοκτημοσύνη των αγαθών και των γυναικών. Είχε μεγάλη φήμη στην Κεφαλλονιά, ιδιαίτερα στη Σάμη, την πατρίδα της μητέρας του. Πέθανε 17 χρονών και τον τίμησαν εκεί ως Θεό, του αφιέρωσαν ναό όπου θυσίαζαν και έψαλαν ύμνους.

Προδικιανοί = είχαν ως αρχηγό κάποιον Πρόδικο και κήρυτταν ότι ήταν το «βασίλειον γένος» και ως βασιλόπαιδες ήταν ανώτεροι πάντων και εκτός κάθε νόμου. Τους διέκρινε η αναίδεια, η ατιμία, η αισχρότητα και η περιφρόνηση κάθε εξωτερικής λατρείας και της προσευχής.

Νικολαΐτες = ήταν γνωστικοί της Μ. Ασίας, που έλεγαν ότι ακολουθούσαν το Νικόλαο, έναν από τους επτά διακόνους της εκκλησίας της Ιερουσαλήμ. Το ενδεχόμενο όμως να είναι θεμελιωτής της αιρέσεως ο διάκονος Νικόλαος είναι και απίθανο και αβέβαιο. Απέρριπταν εντελώς τον ιουδαϊκό νόμο και καλλιέργησαν τον αντινομισμό σε σημείο που έφτανε ως την έσχατη ακολασία. Σ' αυτή τη θέση τους οφείλεται το ότι είχαν ελεύθερα ήθη. Δίδασκαν ότι πρέπει να φθείρεται η σάρκα για να καταστραφεί η επιθυμία και αυτό επιτυγχάνεται με την ακολασία και μάλιστα ισχυρίζονταν ότι αυτήν τη θεωρία τους την είχαν κληρονομήσει από το Νικόλαο, ο οποίος, καθώς έλεγαν, δίδασκε και μάλιστα και έπραττε πορνείες και παρά φύσιν μίξεις. Ασκούσαν τη μαγεία και τη γοητεία. Αρνούνταν την εν Χριστώ ενανθρώπηση του Θεού Λόγου λέγοντας ότι αυτή έγινε κατά δόκηση και φαντασία.

Ο Ειρηναίος και ο Επιφάνιος κάνουν σαφή λόγο για τους Νικολαΐτες, ως γνωστικούς αιρετικούς του 2ου αι., πράγμα που καθιστά αναμφίβολη την ύπαρξή τους.

Οι Νικολαΐτες αναφέρονται στην Αποκάλυψη του Ιωάννη (Αποκ. 2,6). Το όνομά τους είναι αναμφίβολα συμβολικό και είναι μετάφραση του ονόματος «Βαλααμίται», που προσδιόριζε όσους ακολουθούσαν το ολέθριο σύστημα της ανηθικότητας του Βαλαάμ (Αποκ. 2,14-15). Στο όνομα «Βαλααμίται» αντιστοιχεί το ελληνικό «νικάν τον λαόν». Το «Νικολαΐται», επομένως, δεν ήταν το όνομα που πήρε η αίρεση από τον αιρεσιάρχη, αλλά μία προσηγορία την οποία ο συγγραφέας της Αποκαλύψεως έδωσε σ' αυτούς που πράττουν όμοια με τον Βαλαάμ (Αριθμ. 31,16). Επειδή όμως τα ονόματα των αιρέσεων συνήθως προέρχονταν από το όνομα του αρχηγού τους, δεν ήταν δύσκολο κάποιοι να πιστέψουν ότι οι Νικολαΐτες είχαν αρχηγό το Νικόλαο από τους επτά διακόνους της εκκλησίας της Ιερουσαλήμ και από αυτόν ονομάστηκαν έτσι. Ο Κλήμης και ο Θεοδώρητος διαμαρτυρήθηκαν κατά της συγχύσεως αυτής και βέβαια, αν υπήρχε δόση αληθείας, θα είχαμε αξιόπιστες ειδήσεις και από τις Πράξεις.

Το ότι η αίρεση των Νικολαϊτών του 2ου αι. αποτελεί συνέχεια των Νικολαϊτών της Αποκαλύψεως δεν προέρχεται μόνο από τις αλαζονικές εκφράσεις των ίδιων των αιρετικών, αλλά ίσως να έχει κάποια αλήθεια. Έτσι, είναι πιθανόν ότι το όνομα «Νικολαΐται», που υπάρχει στην Αποκάλυψη συμβολικά, να το διάλεξαν οι Νικολαΐτες του 2ου αι. για να δώσουν κύρος στην αίρεσή τους, ότι τάχα αυτή είναι αρχαιότατη, ή ίσως να ήταν πράγματι λείψανο των αρχαίων εκείνων «Νικολαϊτών» και διαμόρφωσαν την αίρεσή τους κατά τις ιδέες των γνωστικών.

Γνωστικοί της Συρίας του 2ου αιώνα

Εκπροσωπούν την τάση του γνωστικισμού που δεχόταν ότι η ύλη είναι κακή και γι' αυτό επιδίδονταν σε ακραίο ασκητισμό και εγκράτεια από τις απολαύσεις της ζωής, αποφεύγοντας κάθε επαφή με την ύλη και το ανθρώπινο σώμα.

Σατουρνίνος ή Σατουρνίλος = παρουσιάζεται πρώτος μεταξύ των Σύρων γνωστικών. Γεννήθηκε στην Αντιόχεια και άκμασε γύρω στο

115. Δίδασκε την αποφυγή κάθε επικοινωνίας με την ύλη και εξαρτούσε το κάθε τι από την εφαρμογή αυτής της θεωρίας. Γι' αυτό και, μεταξύ των άλλων, ασκούσε αυστηρότατη εγκράτεια απέχοντας κυρίως από το γάμο και την κρεωφαγία. Αυτά τα χαρακτηριστικά εμφανίζονται σε όλους τους Σύρους.

Τατιανός = καταγόταν από τη Συρία. Αρχικά ήταν εθνικός, περιηγήθηκε σε πολλές πόλεις και γνώρισε τα ήθη και τα θρησκεύματα των Ελλήνων και των Ρωμαίων και πείστηκε για τη σαθρότητά τους. Κατέληξε στη Ρώμη, όπου έκανε το ρήτορα και όταν έπεσε στα χέρια του η Αγία Γραφή έγινε χριστιανός. Υπήρξε μαθητής του Ιουστίνου του φιλοσόφου και μάρτυρος. Ήταν περιβόητος στην εκκλησία και έγραψε απολογία υπέρ των χριστιανών για να αναιρέσει τις πλάνες των ειδωλολατρών. Μετά όμως στράφηκε στο γνωστικισμό και τον υποστήριξε με ζήλο.

Δεχόταν δύο ψυχές στον άνθρωπο μία άλογη και μία λογική. Πίστευε ότι ο άνθρωπος έγινε αθάνατος από τη στιγμή που ο αγαθός Θεός του μετέδωσε το πνεύμα και ότι ο Αδάμ ούτε σώθηκε ούτε θα σωθεί ποτέ. Ήταν υπερβολικός ως προς την άσκηση. Απαγόρευε αυστηρά το γάμο και συνιστούσε αποχή από κρέας και ποτό.

Πέθανε το 174. Η αίρεσή του διαδόθηκε στη Συρία και την Κιλικία.

Εγκρατίτες ή Εγκρατευτές = έτσι ονομάζονταν οι οπαδοί του Τατιανού επειδή διακρίνονταν για τον ασκητισμό και την αυστηρή εγκράτεια. Δεν δέχονταν το γάμο και απείχαν από κρέας και κρασί. Επειδή θεωρούσαν την οινοποσία αμαρτία, τελούσαν τη θεία ευχαριστία με νερό και γι' αυτό ονομάστηκαν και *Υδροπαραστάτες*. Πίστευαν στους Αιώνες κατά συζυγίες, όπως και οι Βαλεντινιανοί.

Αν και το όνομα Εγκρατίτες το έφεραν κατ' εξοχήν οι οπαδοί του Τατιανού, φαίνεται όμως ότι αποδόθηκε και σε πολλούς άλλους γνωστικούς, που είχαν ως αρχή τους την αυστηρή άσκηση και εγκράτεια. Μερικοί νεότεροι ερευνητές ισχυρίζονται ότι οι Εγκρατίτες ήταν μέσα στην εκκλησία, ζώντας αυστηρότερη ζωή, αργότερα όμως δέχτηκαν γνωστικές ιδέες. Η αίρεσή τους επέζησε μέχρι τον 4ο αιώνα.

Βαρδεσάνης = ήταν Σύρος και έζησε περί το 170 στην Έδεσσα, στην αυλή του βασιλέως Αβγάρου Μαάν και ήταν ονομαστός για την πολυμάθεια, την ποιητική και τη μουσική τέχνη του. Κατ' άλλους ήταν γνωστικός και μετά έγινε χριστιανός αν και δεν απέβαλλε εντελώς όλες τις αιρετικές ιδέες του. Κατ' άλλους συνέβη το αντίθετο. Όμως σύμφωνα με τον Εφραίμ το Σύρο, ο οποίος είναι και ο μάλλον αξιόπιστος, ο Βαρδεσάνης υπήρξε από την αρχή μέχρι το τέλος ένας μέτριος γνωστικός, που ακολουθούσε στη βασική διδασκαλία το Βαλεντίνο, αλλά έκλινε προς τις διδασκαλίες του χριστιανισμού. Μία από τις κακοδοξίες του ήταν ότι ο Ιησούς δεν γεννήθηκε αλλά διήλθε μέσα από την Παρθένο Μαρία, διότι το σώμα του ήταν ουράνιο, όμοιο με των αγγέλων που εμφανίστηκαν κατά καιρούς στους ανθρώπους. Ο Βαρδεσάνης στο σύγγραμμά του «Περί ειμαρμένης» πολέμησε τις αντιλήψεις περί ειμαρμένης και αστρονομίας των άλλων Σύρων γνωστικών. Τεμάχιο του συγγράμματος αυτού διέσωσε ο Ευσέβιος.

Ο Βαρδεσάνης έφτιαχνε, στα συριακά, ύμνους με φαντασία, με ωραία μελωδία και ρυθμό και έτσι κατόρθωσε να εισάγει τη γνωστική αίρεσή του στο λαό και να παρατείνει τη ζωή της. Πολύ συνετέλεσε σ' αυτό και ο γιος του Αρμόνιος, που τον διαδέχθηκε στην αρχηγία της αιρέσεως και διακρίθηκε επίσης στην υμνογραφία. Τα αιρετικά άσματα του Βαρδεσάνη και του Αρμονίου εξακολούθησαν να τα ψάλλουν οι οπαδοί τους στη Συρία μέχρι και τον 5ο αιώνα. Εναντίον των ασμάτων αυτών αντέταξε ο Εφραίμ ο Σύρος χριστιανικά άσματα με την ίδια μελωδία. Σ' αυτά μπορεί να ξεχωρίσει κανείς εν μέρει τις κακοδοξίες του Βαρδεσάνη.

Μανδαίοι = ήταν γνωστικοί της ευρύτερης περιοχής της Μέσης Ανατολής και υπάρχουν απομεινάρια τους και σήμερα ακόμη. Το όνομά τους προέρχεται από τη λέξη «μαντά», που σημαίνει γνώση.

Βασικά πίστευαν στον ιουδαϊσμό, γιατί ακολουθούσαν το Μωσαϊκό νόμο, αλλά χωρίς αιματηρές θυσίες. Διέσωζαν όμως και λίγα χριστιανικά στοιχεία. Είχαν βάπτισμα παρόμοιο με το χριστιανικό και συχνούς ιεροτελεστικούς καθαρμούς. Απαγόρευαν το κρέας και το κρασί. Δέχονταν δύο αρχές: μία αρσενική, βασιλιά του φωτός και μία θηλυκή, Άγιο Πνεύμα (εβρ. Ρούχα θηλυκού γένους).

Έλεγαν ότι ο Σωτήρας Χριστός ήταν ο πρώτος απεσταλμένος του υψίστου Θεού, μία φανταστική προέκταση του Αιώνος, που ενσωματώθηκε στον Αδάμ. Τον Ιησού όμως τον θεωρούσαν ως ψευδομεσσία και τιμούσαν τον Ιωάννη το Βαπτιστή.

Στη μανδαϊκή λειτουργία αργότερα επέδρασε ο παρσισμός (η αρχαία περσική θρησκεία), από τον οποίο καταγόταν η δυαρχία του αγαθού Θεού του φωτός και του κακού Θεού του σκότους και ο ισλαμισμός.

Μαρκίων / μαρκιωνισμός = γεννήθηκε το 85 στη Σινώπη του Πόντου και ήταν γιος επισκόπου. Ήταν προικισμένος με πολλά πνευματικά χαρίσματα και κατείχε πολλές γνώσεις, αλλά είχε εκκεντρικό χαρακτήρα. Κατανάλωσε τα υπάρχοντά του σε φιλανθρωπικά έργα και επιδόθηκε με ενθουσιασμό στον ασκητικό βίο.

Επειδή ίσως εκδήλωσε αιρετικά φρονήματα ή, κατά τον Επιφάνιο, επειδή αποπλάνησε ένα κορίτσι, ο πατέρας του τον έδιωξε από τον Πόντο. Έτσι, βρέθηκε στη Σμύρνη όπου συνάντησε τον επίσκοπο Πολύκαρπο, ο οποίος τον αποκήρυξε ως αιρετικό. Αργότερα πήγε στη Ρώμη, μεταξύ 140 και 150, όπου ανέπτυξε τη διδασκαλία του. Ως πλούσιος πλοιοκτήτης, προσέφερε στην εκκλησία μεγάλη χρηματική δωρεά, αλλά ο επίσκοπος Πίος έκοψε την κοινωνία μαζί του το 144 γιατί φανέρωσε τις αιρετικές ιδέες του, απόκτησε οπαδούς και δημιούργησε ταραχές στην εκκλησία. Αργότερα, λένε, ότι μετανόησε και ζήτησε να προσέλθει στην εκκλησία και η μετάνοιά του έγινε δεκτή, αλλά δεν πρόλαβε να επιστρέψει γιατί πέθανε.

Υπήρξε ο πιο ριζικός και σταθερός αντίπαλος της εκκλησίας.

Ήταν δυαρχικός και αντιιουδαϊκός στο έπακρο και κήρυττε το δοκητισμό και τον ασκητισμό. Δεν μπορεί να θεωρηθεί καθαρά γνωστικός, αν και έχει κοινά σημεία με το γνωστικισμό, όπως για παράδειγμα το δοκητισμό του που συμφωνεί με το δοκητισμό των γνωστικών. Το σύστημά του διαφέρει διότι όλοι σχεδόν οι άλλοι γνωστικοί επεδίωκαν να επεκτείνουν τα όρια του χριστιανισμού αναμιγνύοντάς τον με άλλες ιδέες περί Θεού. Ο Μαρκίων όμως συστέλλει τα όρια του χριστιανισμού απορρίπτοντας τις μυστικές και απόκρυφες παραδόσεις, τις οποίες χρησιμοποιούσαν οι άλλοι γνωστικοί. Επίσης, δεν ισχυριζόταν ότι κατέχει κάποια μυστική πηγή γνώσεως, όπως έκαναν οι γνωστικοί, όμως ενδιαφερόταν και αυτός για τη σωτηρία του ανθρώπου, την οποία δεν τη θεωρούσε ως αποτέλεσμα μυήσεως σε μυστική γνώση, αλλά προϊόν της απλής πίστεως στο ευαγγέλιο, το οποίο προσάρμοσε στις αντιλήψεις του. Δίδασκε ότι η εκκλησία επισκότισε το ευαγγέλιο, γιατί το συνδύασε με τον ιουδαϊσμό και αυτός είχε αποστολή να κηρύξει αγνή την αλήθεια. Επίσης, έλεγε ότι ο απόστολος Παύλος κατάλαβε καλύτερα το ευαγγέλιο, γιατί έκανε διάκριση ανάμεσα στο νόμο και στη χάρη, που είναι η δωρεά του Θεού στους ανθρώπους και το πιο σημαντικό στοιχείο του ευαγγελίου. Έτσι, έκανε συλλογή από τις επιστολές του αποστόλου Παύλου διατηρώντας μόνο δέκα, αφού απέκλεισε τις Ποιμαντικές και την προς Εβραίους, τις οποίες ξεκαθάρισε από τα στοιχεία που θεωρούσε ότι είναι μεταγενέστερες προσθήκες. Παρουσιάζεται ως μεταρρυθμιστής που προσπαθεί να επαναφέρει την εκκλησία στην παλιά της καθαρότητα με τη μελέτη των πρώτων κειμένων.

Δίδασκε ότι ο Θεός της Παλαιάς Διαθήκης και των Ιουδαίων ήταν μεν δίκαιος, αλλά με τη σκληρή έννοια, κακός και πονηρός. Ο κακός αυτός κόσμος είναι έργο του κακού Θεού της Παλαιάς Διαθήκης, του Δημιουργού, ο οποίος δημιούργησε επίσης το σώμα και την ψυχή του ανθρώπου. Ο Θεός αυτός διέταξε αιματηρές θυσίες, προκαλούσε μάχες, τον ευχαριστούσε η αιματοχυσία και ήταν εκδικητικός. Έδωσε επίσης αυστηρό και αμείλικτο νόμο, ήταν απόλυτος στην εφαρμογή του, ζητούσε υπακοή και διάλεγε τους εκλεκτούς του αυθαίρετα. Επειδή είχε περιορισμένη γνώση και δύναμη δημιούργησε τον κόσμο από κακή ύλη, γι' αυτό ο κόσμος είναι ατελής και οι άνθρωποι ταλαίπωροι και αμαρτωλοί, αφού έλαβαν από το Δημιουργό τους αγαθά δεύτερης ποιότητας. Για τους λόγους αυτούς ο Μαρκίων αρνήθηκε επίμονα και απέρριψε κατηγορηματικά την Παλαιά Διαθήκη.

Δεχόταν ότι αντίθετα με το Θεό των Ιουδαίων υπάρχει και ένας άλλος Θεός, άγνωστος και ξένος, γι' αυτό και η διδασκαλία του Μαρκίωνος ονομάστηκε «Ευαγγέλιο περί του ξένου Θεού». Ο Θεός αυτός είναι γεμάτος αγάπη και παρακινημένος από αυτήν αποφάσισε να σώσει τους ανθρώπους, γιατί είδε τη σκληρή τύχη τους, αν και δεν είχε ευθύνη γι' αυτή. Ήταν κρυμμένος ώσπου τον αποκάλυψε ο Ιησούς Χριστός, που ήταν εικόνα του και Υιός του. Ο Χριστός κατέβηκε από τον ουρανό και άρχισε να διδάσκει για τη νέα βασιλεία, την απελευθέρωση από το νόμο του κακού Δημιουργού και τη σωτηρία. Ο Χριστός δεν χρωστούσε τίποτε στο Δημιουργό γιατί δεν γεννήθηκε όπως οι υπόλοιποι άνθρωποι, που ήταν πλάσματα του Δημιουργού· είχε σώμα φαινομενικό, ήταν φάντασμα και φαινόταν άνθρωπος. Ο Χριστός παρουσιάστηκε ενήλικος στη συναγωγή της Καπερναούμ, όπου άρχισε το κήρυγμά του. Οι πιστοί του Δημιουργού τον σταύρωσαν, έτσι όμως συνετέλεσαν στη δική του ήττα, γιατί ο θάνατος του Χριστού ήταν η τιμή με την οποία ο Θεός της αγάπης εξαγόρασε τους ανθρώπους από το Δημιουργό. Απέρριπτε την ανάσταση.

Εξέθεσε τις ιδέες του στο έργο του «Αντιθέσεις», που σε σώζεται.

Ο Μαρκίων ίδρυσε ιδιαίτερη εκκλησία, στην οποία οι λαϊκοί δεν διακρίνονταν σαφώς από τους κληρικούς. Οι οπαδοί του διαιρούνταν σε δύο τάξεις: των εκλεκτών και των κατηχουμένων. Από τους εκλεκτούς απαιτούσε αυστηρότατη άσκηση, αποχή από ηδονές, από κρέας, κρασί και γάμο κι έτσι οι σύζυγοι χωρίστηκαν. Μόνο όσοι ήταν στην τάξη των κατηχουμένων δεν εφάρμοζαν αυστηρό ασκητισμό. Επαινούσε το μαρτύριο και οι οπαδοί του έδειξαν καρτερία στους διωγμούς. Οι Μαρκιωνίτες νήστευαν το Σάββατο και τελούσαν τη θεία ευχαριστία με άρτο και νερό. Έκαναν και δεύτερο βάπτισμα στις περιπτώσεις που κάποιος έχανε τη χάρη εξαιτίας θανάσιμου αμαρτήματος. Μπορούσαν να τελούν βάπτισμα και οι γυναίκες.

Ο μαρκιωνισμός διαδόθηκε ευρύτατα στην Ανατολή, όπου διατηρήθηκαν υπολείμματά του μέχρι τον 7ο αιώνα. Από τους Μαρκιωνίτες προήλθαν οι Παυλικιανοί, που πήραν στοιχεία και από τους Μανιχαίους.

Ο μαρκιωνισμός πέρασε και στη Δύση, όπου οι Μαρκιωνίτες συγχωνεύτηκαν με τους Μανιχαίους.

Χιλιαστές / χιλιασμός

Ήδη από τα πρώτα χρόνια, μετά την ανάσταση του Χριστού, οι απόστολοι (π.χ. Ιάκωβος και Ιωάννης) και οι άλλοι πιστοί περίμεναν να επανέλθει γρήγορα ο Χριστός στη γη για να κρίνει τον κόσμο. Η αναμονή αυτή δημιούργησε ένα ιδιαίτερο κλίμα, με ενθουσιαστικές τάσεις. Ίσως μάλιστα μέσα σ' αυτό το κλίμα να εντάσσεται και ο χαιρετισμός που χρησιμοποιούσαν με τη χρήση της φράσης «μαράν αθά», που σημαίνει «ο Κύριος εγγύς». Σύντομα οι περισσότεροι κατάλαβαν ότι η παρουσία αυτή δεν θα γίνει άμεσα και χρειάζεται προετοιμασία και μακροχρόνια αναμονή. Υπήρχαν όμως και άλλοι που εξακολούθησαν να έχουν την αντίληψη για τη γρήγορη επάνοδο του Χριστού. Η αντίληψη αυτή εξελίχθηκε στο χιλιασμό, δηλαδή στην πίστη ότι ο Χριστός θα έρθει σε λίγο πάλι στη γη, θα κατατροπώσει τα ασεβή έθνη, θα αναστήσει τους ευσεβείς και τους δίκαιους και θα βασιλέψει μαζί τους για χίλια χρόνια με κέντρο την Ιερουσαλήμ.

Τέτοιου είδους χιλιαστές υπήρχαν πάρα πολλοί κατά το 2ο και 3ο αι. μεταξύ των χριστιανών είτε αυτοί προέρχονταν από τους Ιουδαίους είτε από τους εθνικούς. Δεν υπάρχει όμως αμφιβολία ότι η δοξασία αυτή προήλθε από τους ιουδαΐζοντες χριστιανούς και μεταδόθηκε και στους άλλους. Χιλιαστές ήταν οι Ναζωραίοι, οι Εβιωνίτες και γενικότερα, όλες οι ιουδαιοχριστιανικές παραφυάδες. Ενώ επηρέασε και τους Μοντανιστές.

Στην εκκλησία ο χιλιασμός παρουσιάστηκε, ως γενική θεολογική σκέψη, πρώτα στη Φρυγία και πήρε μία πιο πνευματική χροιά. Ο πρώτος γνωστός υπέρμαχός του ήταν ο Παπίας επίσκοπος Ιεραπόλεως Φρυγίας, ο οποίος φημιζόταν ότι μαθήτευσε κοντά στον ευαγγελιστή Ιωάννη και γι' αυτό είχε βαρύτητα η δοξασία του και για την ορθότητα και για τη διάδοσή της. Από τους πατέρες του 2ου αι. χιλιαστικές ιδέες είχαν ο Ιουστίνος ο φιλόσοφος και μάρτυς, ο Ειρηναίος, ο Ιππόλυτος, ο Βικτωρίνος κ.ά.

Οι χιλιαστικές προσδοκίες για τους χριστιανούς συνδυάζονταν με την ηθική εξαχρείωση της εποχής, με τα βάσανα που υπέφεραν από τους διωγμούς και με άλλα δεινά, που ενέτειναν την προσδοκία της ένδοξης έλευσης και βασιλείας του Κυρίου. Οι χιλιαστικές ιδέες στηρίζονταν στις προφητείες της Παλαιάς Διαθήκης και στην Αποκάλυψη του Ιωάννη (κεφ. 13 και 20 – 21). Εχθρός των χιλιαστών υπήρξε ο Ωριγένης, ο οποίος καταπολέμησε την πλάνη.

Μοντανός / μοντανισμός = ο Μοντανός καταγόταν από το Αρδαβάν της Μυσίας, που βρισκόταν κοντά στην Φρυγία. Αρχικά ήταν

Πτυχές από την ιστορία της αδιαίρετης Εκκλησίας

ειδωλολάτρης και μάλιστα ιερέας της Κυβέλης και γύρω στο 150 έγινε χριστιανός. Γρήγορα όμως εξέπεσε από την πίστη και διάφορα φυσικά γεγονότα και διωγμοί τον έπεισαν ότι σε λίγο έρχεται ο Χριστός και η χιλιετής βασιλεία του. Έτσι, άρχισε να προφητεύει και να κηρύττει για τον εαυτό του ότι τον κάλεσε ο Θεός για να μεταρρυθμίσει τη ζωή της εκκλησίας. Έδρασε στην πόλη Πέπουζα της Φρυγίας μεταξύ του 156 και 172. Η Φρυγία ήταν τόπος όπου, ήδη από την αποστολική εποχή, υπήρχαν γνωστικά και ιουδαϊκά στοιχεία που αναγεννήθηκαν στο κίνημα του Μοντανού. Έγινε αρχηγός μίας νέας φατρίας που δεν άργησε να ταράξει τη ζωή της εκκλησίας, εξαπλώθηκε, διήρκεσε και αποκηρύχθηκε από την εκκλησία ως αιρετική. Ο Μοντανός έπεφτε σε έκσταση, προφήτευε και έλεγε ότι τα κηρύγματά του προέρχονται από τον Παράκλητο, που υποσχέθηκε ο Χριστός να στείλει στους μαθητές του, γι' αυτό και τον ταύτισαν με τον Παράκλητο. Μαζί του είχε και αρκετές προφήτιδες, μεταξύ των οποίων διακρίνονταν η Πρίσκα και η Μαξιμίλλα.

Κήρυττε ότι το τέλος του κόσμου πλησιάζει και η νέα Ιερουσαλήμ θα κατέβαινε σύντομα στην Πέπουζα. Όλες οι προφητείες τους στρέφονταν στη συντέλεια του κόσμου, την έλευση του Ιησού και τη χιλιετή βασιλεία του. Η επάνοδος συνδυαζόταν με την ανάσταση και την κρίση. Σ' αυτές τις προφητείες στηριζόταν η διδασκαλία του για την προετοιμασία που όφειλαν να κάνουν οι χριστιανοί για την υποδοχή του Κυρίου, δηλαδή αυστηρός ηθικός βίος και ασκητισμός. Πολλαπλασίασε τις νηστείες και απαγόρευε το κρέας. Καταδίκαζε το δεύτερο γάμο και πήρε θέση εναντίον της συγχωρήσεως των αμαρτιών, δηλαδή δεν αναγνώριζε τη μετάνοια, γιατί πίστευε ότι οδηγούσε στη χαλάρωση του ηθικού βίου. Κήρυττε ότι η εκκλησία δεν πρέπει να συγχωρεί τα βαριά αμαρτήματα για να μη γίνει το κακό χειρότερο. Θεωρούσε άρνηση του Χριστού το να φεύγει κανείς και να κρύβεται σε καιρό διωγμού, γι' αυτό οι Μοντανιστές επιζητούσαν το μαρτύριο και είχαν πολλούς μάρτυρες. Κατέκριναν με φανατισμό ο,τιδήποτε θεωρούσαν ως αγάπη προς τα εγκόσμια, θέατρο, επιστήμες, κυρίως τη φιλοσοφία, τέχνες, ακόμη και τη στρατιωτική υπηρεσία.

Επειδή η προφητεία και ο ενθουσιασμός ήταν από τα κύρια χαρακτηριστικά τους, γι' αυτό και η λατρεία τους προσαρμόστηκε σ' αυτά. Τα επτά πνεύματα της Αποκαλύψεως παριστάνονταν από επτά παρθένους, που έρχονταν στις συναθροίσεις και προφήτευαν. Στις συνάξεις των Μοντανιστών είχαν την ηγεσία οι προφήτες, τα λόγια των οποίων τα συγκέντρωναν και αποτέλεσαν την τρίτη βίβλο αποκαλύψεως μαζί με την Παλαιά και την Καινή Διαθήκη. Η εκκλησία δεν δέχτηκε το είδος της προφητείας που εισήγαγαν οι Μοντανιστές, ούτε τον εκστατικό ενθουσιασμό τους, ούτε την ηθική τους αυστηρότητα και την επέκταση του κανόνα της Αγίας Γραφής.

Είχαν γενική ιερωσύνη και αργότερα την ειδική, όπως και η εκκλησία, αν και θεωρούσαν ότι η διαφορά κληρικών και λαϊκών οφείλεται σε ανθρώπινο θέσπισμα και όχι σε θεία εντολή. Επειδή μία μερίδα τους τελούσε τη θεία ευχαριστία με άρτο και τυρί, γι' αυτό ονομάστηκαν *Αρτοτυρίτες*. Έφεραν πολλά ονόματα περιφρονητικά είτε από την πόλη ή τη χώρα που ζούσαν: *Καταφρύγες* ή *Πεπουζιανοί* ή *Πεποζίται* είτε από τους αρχηγούς τους *Κωϊντιλιανοί, Πρισκιλλιανοί, Τερτυλλιανισταί* είτε από έθιμα *Αρτοτυρίται, Τασκοδρουγίται* κ.ά.

Ο μοντανισμός διαδόθηκε ευρύτατα στη Μ. Ασία και γύρω στο 170 συγκλήθηκαν οι πρώτες σύνοδοι που ασχολήθηκαν μ' αυτόν και οι οποίες καταδίκασαν και αποκήρυξαν τους Μοντανιστές ως αιρετικούς. Όμως, ενώ έτσι περιεστάλη σημαντικά στην Ασία, πέρασε στη Δύση όπου διένυσε το δεύτερο και εξίσου σημαντικό στάδιο του. Την καταδίκη του μοντανισμού από τις εκκλησίες της Ασίας αναγνώρισε και η Ρώμη και τον πολέμησε· όμως είχε ήδη αποκτήσει πολλούς οπαδούς στη Δύση και κυρίως στη Β. Αφρική. Τα πρώτα χρόνια του 3ου αι. στην Καρχηδόνα εισήλθε στις τάξεις του μοντανισμού ο πρεσβύτερος Τερτυλλιανός, ένας από τους πιο διάσημους δασκάλους της δυτικής εκκλησίας την εποχή εκείνη. Αφιέρωσε όλη την πνευματική του δύναμη για να καταστήσει τις διδασκαλίες των Μοντανιστών κοινές και προσιτές και με τα συγγράμματά του υποστήριξε τις ιδέες τους.

Λείψανα του μοντανισμού διατηρήθηκαν στη Δύση μέχρι το τέλος του 6ου αι. και στην Ανατολή μέχρι τον 9ο αιώνα.

Πτυχές από την ιστορία της αδιαίρετης Εκκλησίας

Τεσσαρεσκαιδεκατίτες

Έτσι ονόμαζαν οι άλλοι χριστιανοί τους χριστιανούς της Μ. Ασίας επειδή γιόρταζαν το Πάσχα πάντοτε στις 14 του μήνα Νισάν. Σχετικά με το χρόνο της εορτής του Πάσχα δεν υπήρχε μία πρακτική γιατί η ακριβής ημερομηνία του θανάτου και της αναστάσεως του Χριστού δεν ήταν εξακριβωμένη. Έτσι, οι εκκλησίες ακολουθούσαν τις δικές τους παραδόσεις και υπήρχαν δύο τρόποι εορτασμού, κατά το 2ο αι., χωρίς να δημιουργείται σοβαρό πρόβλημα.

α) Οι εκκλησίες της Μ. Ασίας γιόρταζαν το Πάσχα, ακολουθώντας τους Ιουδαίους, την 14η του μήνα Νισάν, την ημέρα της πανσελήνου της εαρινής ισημερίας, οποιαδήποτε ημέρα της εβδομάδας και αν έπεφτε. Στις εκκλησίες αυτές οι χριστιανοί αμέσως μετά την ώρα του θανάτου του Ιησού, δηλαδή την τρίτη ώρα μετά μεσημβρίαν, έλυαν τη νηστεία και τελούσαν τη θ. ευχαριστία. Αυτοί ονομάζονταν «Τεσσαρεσκαιδεκατίτες», επειδή γιόρταζαν πάντοτε την 14η του Νισάν.

β) Οι άλλες εκκλησίες της Ανατολής (Παλαιστίνης, Πόντου, Αλεξανδρείας κτλ.) και της Δύσης κρατούσαν την ημέρα της εβδομάδος, Παρασκευή. Εάν η 14η του Νισάν δεν έπεφτε Παρασκευή, τότε γιόρταζαν την αμέσως επόμενη Παρασκευή μετά τη 14η του Νισάν. Οι εκκλησίες αυτές άρχιζαν τη νηστεία την εσπέρα της Παρασκευής, νήστευαν ολόκληρο το Σάββατο και τα μεσάνυχτα του Σαββάτου ή τα ξημερώματα της Κυριακής εόρταζαν το Πάσχα. Έπαυαν, δηλαδή τη νηστεία του Πάσχα πάντοτε κατά την ημέρα της αναστάσεως.

Όλοι υποστήριζαν ότι οι πρακτικές τους έχουν άμεση αποστολική παράδοση. Οι μεν εκκλησίες της Ασίας έφεραν ως εισηγητές τον ευαγγελιστή Ιωάννη και τον απόστολο Φίλιππο. Οι δε εκκλησίες της Δύσης τους κορυφαίους Πέτρο και Παύλο.

Οι διαφορετικές πρακτικές σχετικά με τον εορτασμό του Πάσχα επικρατούσαν για πολλά χρόνια μεταξύ των χριστιανών χωρίς να υπάρχουν συγκρούσεις και ταραχές. Το 115 ο επίσκοπος Σμύρνης Πολύκαρπος πήγε στη Ρώμη και στις συζητήσεις με τον Ανίκητο Ρώμης ούτε ο ένας ούτε ο άλλος παραιτούνταν από τη συνήθεια της εκκλησίας του επικαλούμενος την αποστολική παράδοση και την

151

πρακτική των προκατόχων του και ενώ δεν συμφώνησαν και δεν κατέληξαν σε συνεννόηση, χώρισαν ειρηνικά.

Όμως το 170 παρουσιάστηκε στη Λαοδίκεια της Συρίας μία διένεξη για το Πάσχα μεταξύ Εβιωνιτών και χριστιανών Τεσσαρεσκαιδεκατιτών. Τελικά, στιγματίστηκε η εβιωνική πρακτική ως αιρετική. Στη Ρώμη όμως, εξαιτίας του θέματος των Εβιωνιτών, στράφηκαν και κατά της πρακτικής των Τεσσαρεσκαιδεκατιτών και έτσι προκάλεσε ένταση το ζήτημα της εορτής του Πάσχα, το οποίο ποτέ ως τότε δεν είχε προκαλέσει σύγκρουση στην εκκλησία, παρά τη διαφωνία που υπήρχε.

Λίγο αργότερα ο επίσκοπος Ρώμης Βίκτωρ (189-198) ζήτησε να γίνουν σύνοδοι στην Ανατολή και στη Δύση για να καθιερωθεί ο εορτασμός την πρώτη Κυριακή μετά τη 14η του Νισάν. Απαίτησε να εγκαταλείψουν τη συνήθειά τους όσοι είχαν άλλη πρακτική και απειλούσε να τους αποκόψει από την εκκλησιαστική κοινωνία αν δεν συμφωνούσαν. Πράγματι, έγιναν σύνοδοι και όλες αποφάνθηκαν ότι σε καμία άλλη μέρα δεν πρέπει να εορτάζεται η ανάσταση του Κυρίου παρά μονάχα την Κυριακή και τότε να λύεται η νηστεία του Πάσχα. Δεν συμφώνησαν οι Μικρασιάτες, οι οποίοι επέμεναν στο δικό τους τρόπο εορτασμού. Τότε ο Βίκτωρ επιχείρησε να αποκόψει από την εκκλησιαστική ενότητα όλες τις εκκλησίες της Ασίας ως ετεροδοξούσες και έστειλε επιστολές, όπου τις στηλίτευσε και τις ανακήρυξε ακοινώνητες. Οι αντιδράσεις όμως πλήθους επισκόπων τον ανάγκασαν να αναδιπλωθεί και να ειρηνεύσει με τους αντιπάλους του. Για πρώτη φορά ο επίσκοπος Ρώμης ενήργησε κατά τέτοιο τρόπο, στηριζόμενος, όπως έλεγε, στην παράδοση του αποστόλου Πέτρου, αδιαφορώντας για την αποστολική παράδοση των άλλων εκκλησιών.

Τον 3ο αι. παρουσιάστηκε και ένα ζήτημα αστρονομικό, δηλαδή πότε είναι η 14η Νισάν και πώς θα συμβιβαστεί το σεληνιακό με το ηλιακό έτος.

Το έτος των Ιουδαίων άρχιζε την άνοιξη με πρώτο μήνα το Νισάν και η 14η του μηνός συνέπιπτε σχεδόν με την πρώτη πανσέληνο μετά την εαρινή ισημερία και τότε γιόρταζαν το Πάσχα. Μετά την άλωση της Ιερουσαλήμ όμως άρχισαν για τον προσδιορισμό αυτό να μην παρατηρούν τις φάσεις της σελήνης, αλλά στηρίζονταν στην παράδοσή τους, δεν λάμβαναν υπόψη την ισημερία και γι' αυτό πολλές φορές εόρταζαν το Πάσχα τους και πριν από την εαρινή ισημερία.

Οι χριστιανοί λοιπόν, που είχαν ως οδηγό απλώς τη 14 Νισάν, συνέβαινε επίσης να γιορτάζουν πριν την ισημερία. Αυτό το παρατήρησαν πολλοί πατέρες της εκκλησίας και διαμαρτυρήθηκαν, λέγοντας, ότι η ημέρα θανάτου του Κυρίου ορίστηκε σύμφωνα με την παλαιά συνήθεια των Ιουδαίων και γι' αυτό πρέπει σύμφωνα με εκείνη να ορίζεται η ημέρα του Πάσχα των χριστιανών, δηλαδή οφείλουν να γιορτάζουν πάντοτε μετά την εαρινή ισημερία. Όφειλαν να προσδιορίζουν την ημέρα από την πρώτη πανσέληνο μετά την εαρινή ισημερία ασχέτως αν οι Ιουδαίοι το έτος εκείνο μπορεί να γιόρταζαν λάθος κατά ένα μήνα πριν.

Έτσι, κατά τον 3ο αιώνα ορισμένοι πατέρες ασχολήθηκαν με τον προσδιορισμό της ημέρας του Πάσχα, όπως ο Ιππόλυτος στη Δύση, ο Αλεξανδρείας Διονύσιος ο μέγας, ο Ανατόλιος Λαοδικείας.

Όμως μεταξύ Ανατολικών και Δυτικών ανεφύησαν και άλλες διαφορές από την παρατήρηση της ισημερίας. Στην Αλεξάνδρεια γιόρταζαν το Πάσχα έχοντας 19ετή κύκλο και ισημερία στις 21 Μαρτίου, που ήταν και αρκετά ακριβές. Στη Δύση, όσοι ακολουθούσαν τον Ιππόλυτο, γιόρταζαν το Πάσχα κατά τον 16ετή κύκλο και έχοντας ισημερία στις 18 Μαρτίου. Έτσι, όταν συνέβαινε να γίνει πανσέληνος στις 19 Μαρτίου τη θεωρούσαν ως πανσέληνο μετά την εαρινή ισημερία και γιόρταζαν ενώ η πανσέληνος αυτή κατά τους Αλεξανδρινούς ήταν πριν από την ισημερία και επομένως περίμεναν τη νέα πανσέληνο και τότε γιόρταζαν το Πάσχα ένα μήνα μετά τους Δυτικούς.

Η μεγάλη αυτή ασυμφωνία μόνο προβλήματα προκαλούσε, γι' αυτό το 314 η σύνοδος της Αρελάτης θέσπισε στον πρώτο κανόνα της, στο εξής να εορτάζουν το Πάσχα την ίδια μέρα όλοι οι χριστιανοί. Η σύνοδος αποδέχθηκε και κύρωσε το πασχάλιο της ρωμαϊκής εκκλησίας και αυτό συνιστούσε σε όλους. Αλλά ο κανόνας μίας τοπικής συνόδου δεν ήταν δυνατόν να γίνει αποδεκτός από όλους.

Έτσι, το θέμα του εορτασμού του Πάσχα απασχόλησε και την Α' Οικουμενική Σύνοδο της Νικαίας (325). Η απόφαση της Συνόδου ήταν ότι το Πάσχα στο εξής έπρεπε να τελείται την ίδια μέρα από όλους τους χριστιανούς και ότι όλοι όφειλαν να συμμορφωθούν προς την επικρατέστερη πράξη, εκείνη κατά την οποία το Πάσχα των χριστιανών δεν είχε καμία σχέση με το Πάσχα των Ιουδαίων. Για να μην ακολουθούν το λανθασμένο ημερολόγιο των Ιουδαίων και γιορτάζουν κι αυτοί το Πάσχα δύο φορές την ίδια χρονιά, όρισε ως χρόνο εορτασμού την πρώτη Κυριακή μετά την πανσέληνο της εαρινής ισημερίας (21 Μαρτίου), διότι μόνο έτσι δεν θα συνέβαινε στους χριστιανούς σε ένα (ηλιακό) έτος να γιορτάζουν δύο φορές το Πάσχα. Η Σύνοδος όρισε να εξετάζει και να προσδιορίζει την ημέρα του Πάσχα η εκκλησία της Αλεξανδρείας, επειδή υπερείχε σε τέτοιου είδους γνώσεις, και να το ανακοινώνει ύστερα σε όλες τις εκκλησίες.

Βέβαια, μετά την απόφαση της Α' Οικουμενικής Συνόδου πάλι δεν άρθηκε η διαφορά. Η Ρώμη δεν ακολούθησε την Αλεξάνδρεια.

Ο αυτοκράτορας Μ. Θεοδόσιος ζήτησε από τον πατριάρχη Αλεξανδρείας Θεόφιλο να επιληφθεί του θέματος και εκείνος κατέστρωσε πασχάλιο με βάση τις αλεξανδρινές αρχές για 418 έτη, το οποίο όμως και πάλι δεν δέχθηκε η Δύση. Ο Κύριλλος Αλεξανδρείας (412-444) έκανε επιτομή του πασχαλίου του θείου του Θεοφίλου, το έστειλε στον πάπα Λέοντα Α' (440-461) και του επεσήμανε τα σφάλματα του ρωμαϊκού πασχαλίου. Ο Λέων πολλές φορές προσάρμοζε το ρωμαϊκό προς το αλεξανδρινό πασχάλιο.

Άλλη απόπειρα προσέγγισης του ρωμαϊκού προς το αλεξανδρινό πασχάλιο έγινε περί το 457 από κάποιον Βικτόριο, μετά από πρόταση του αρχιδιακόνου Ρώμης και μετέπειτα πάπα Ιλαρίου. Διορθώθηκαν οι μεγαλύτερες διαφορές έτσι που πολλές φορές το Πάσχα των Λατίνων καθόλου ή λίγο να απέχει από των Αλεξανδρινών. Αλλά και του Βικτορίου οι εργασίες δεν κατόρθωσαν να άρουν κάθε διαφορά.

Το 525 ο Διονύσιος ο Μικρός έθεσε ως βάση τον 19ετή κύκλο των Αλεξανδρινών και έδωσε στους Λατίνους πασχάλιο σε όλα σύμφωνο με το αλεξανδρινό και επήλθε αρμονία. Η Ρώμη και όλη σχεδόν η Ιταλία το αποδέχθηκε, αλλά στη Γαλλία και στη Βρετανία συνέχιζαν να γιορτάζουν διαφορετικά. Τελικά, επί Μ. Καρόλου εισήχθη ο 19ετής κύκλος σε όλη τη Δύση και για πρώτη φορά συμφώνησε ο χριστιανικός κόσμος της Δύσης και με τον εαυτό του και με την Ανατολή.

Το 16º αι. ο πάπας Γρηγόριος ΙΓ' εισήγαγε το νέο ημερολόγιο και το θέμα άνοιξε πάλι.

Σχίσμα των Τεσσαρεσκαιδεκατιτών (400)

Μετά την Α' Οικουμενική Σύνοδο (325) ούτε και στην Ανατολή έπαψαν αμέσως όλες οι διαφορές, διότι πολλοί εξακολούθησαν να γιορτάζουν όπως παλιά, μαζί με τους Ιουδαίους. Έτσι, αναγκάστηκε η τοπική σύνοδος της Αντιοχείας, το 341, να απαγορεύσει την πράξη αυτή επιβάλλοντας βαρύτατα επιτίμια. Παρ' όλα αυτά κάποιοι εξακολούθησαν και γι' αυτό μετά τη σύνοδο της Αντιοχείας αποσχίσθηκαν. Έτσι, το 400 συναντάμε ένα σχίσμα στην εκκλησία με το όνομα «Τεσσαρεσκαιδεκατίται».

Ο Επιφάνιος λέει, ότι ήταν ορθόδοξοι με τη διαφορά ότι ακολουθούσαν το ιουδαϊκό Πάσχα, το οποίο γιόρταζαν μία μόνο ημέρα και όχι μία εβδομάδα και νήστευαν στις 14 Νισάν μέχρι τις 3 μετά μεσημβρίαν και ακολούθως έλυαν τη νηστεία και τελούσαν Πάσχα. Κάποιοι από αυτούς, στην Καππαδοκία, γιόρταζαν το Πάσχα πάντοτε στις 25 Μαρτίου οποιαδήποτε ημέρα της εβδομάδος και αν έπεφτε. Άλλοι πάλι μαζί με την 25ʰ Μαρτίου κρατούσαν και τη 14ʰ Νισάν και επομένως γιόρταζαν την πανσέληνο που ήταν μετά την 25ʰ Μαρτίου.

Πρωτοπασχίτες = έτσι ονομάστηκαν όσοι χριστιανοί ακολουθούσαν το εσφαλμένο ιουδαϊκό ημερολόγιο και γιόρταζαν με τους Ιουδαίους, χωρίς να παρατηρούν την εαρινή ισημερία με αποτέλεσμα πολλές φορές να γιορτάζουν το Πάσχα πριν από την εαρινή ισημερία. Αυτό συνέβαινε σε μερικές εκκλησίες της Μ. Ασίας, της Μεσοποταμίας, της Συρίας και της Κιλικίας, αλλά και στη Δύση όσοι αγνοούσαν ή παραμελούσαν τις νέες αστρονομικές παρατηρήσεις γιόρταζαν πριν την ισημερία. Κατά συνέπεια όλοι αυτοί γιόρταζαν το Πάσχα πριν απ' τον υπόλοιπο χριστιανικό κόσμο.

Οι πρώτες Τριαδολογικές αιρέσεις (τέλη του 2ου - μέσα του 3ου αι.)

Άλογοι = εμφανίστηκαν στη Μικρά Ασία περί το 170. Υπήρξαν οι πρώτοι που αρνήθηκαν την αυθυπαρξία του Λόγου για να περισώσουν τη μοναρχία στη θεότητα. Απέρριπταν την αποκάλυψη και το ευαγγέλιο του Ιωάννη, ο οποίος στον πρόλογο του ευαγγελίου του παρουσιάζει το Λόγο αυθυπόστατο, δηλαδή το ευαγγέλιο του Ιωάννη το απέρριπταν για λόγους αντιτριαδικούς και θεωρούσαν ως συγγραφέα του ευαγγελίου τον Κήρινθο. Την αίρεση αυτή φαίνεται ότι την προκάλεσε ο μοντανισμός. Οι Άλογοι ήταν πολέμιοι των Μοντανιστών. Το δυσήμαντο όνομα Άλογοι τους το έδωσε ο Επιφάνιος εύστοχα διότι αθετούν αφ' ενός τον εν Χριστώ θείο Λόγο και αφ' ετέρου το ευαγγέλιο του Λόγου.

Μοναρχιανοί / μοναρχιανισμός = ο Τερτυλλιανός ονόμασε Μοναρχιανούς εκείνους που δέχονταν πως ο Λόγος δεν είναι ιδιαίτερη υπόσταση ή πρόσωπο, αλλά απλώς μία όψη του ενός Θεού. Αυτοί υποστήριζαν τη μοναρχία ή ενότητα στο Θεό, δηλαδή, δέχονταν το Θεό ως μία μονάδα, ως ένα πρόσωπο, αυτό που αποκαλούνταν Πατέρας και δεν δέχονταν τη διδασκαλία για το Λόγο. Κατά τα τέλη του 2ου αι. μέχρι τα μέσα του 3ου αι. επίκεντρο του μοναρχιανισμού έγινε η Ρώμη. Εμφανίστηκαν δύο παρατάξεις: ο δυναμικός και ο τροπικός μοναρχιανισμός, οι οποίες καταδικάστηκαν αμείλικτα από την Εκκλησία και οι οπαδοί τους θεωρήθηκαν αβάπτιστοι. Οι μοναρχιανές τάσεις στο τριαδικό δόγμα διαμόρφωσαν και αντίστοιχη αιρετική Χριστολογία.

Δυναμικοί μοναρχιανοί ή Υιοθετιστές = ισχυρίζονταν ότι ο Λόγος είναι απλώς δύναμη του Θεού Πατέρα, γι' αυτό και ονομάστηκαν δυναμικοί. Ο Θεός είναι ένα και μόνο πρόσωπο. Ο Ιησούς ήταν ένας κοινός άνθρωπος, ο οποίος υιοθετήθηκε από το Θεό Πατέρα διαμέσου της θείας δύναμης, δηλαδή ενοίκησε σ' αυτόν το «πνεύμα του Θεού», το Άγιο Πνεύμα, ως απρόσωπη δύναμη, κατά το βάπτισμα. Οπότε αποκλήθηκε από το Θεό «Υιός» και καταστάθηκε Χριστός. Εξαιτίας αυτής της θέσης τους ονομάστηκαν και *Υιοθετιστές* και φυσικά αρνούνταν τη θεότητα του Χριστού. Κύριοι εκπρόσωποι του δυναμικού μοναρχιανισμού είναι ο Θεόδοτος ο σκυτεύς, ο Θεόδοτος ο τραπεζίτης και σημαντικότερος ο Παύλος ο Σαμοσατεύς.

Πτυχές από την ιστορία της αδιαίρετης Εκκλησίας

Θεοδοτιανοί / Σχίσμα στη Ρώμη = ένας από τους οπαδούς της αίρεσης των Αλόγων ήταν ο Θεόδοτος ο σκυτεύς, καταγόμενος από το Βυζάντιο. Ονόμαζε το Χριστό ψιλό άνθρωπο, αποδεχόταν όμως ότι γεννήθηκε εκ Πνεύματος αγίου και Μαρίας της Παρθένου. Κατά τα τέλη του 2^{ου} αι. πήγε στη Ρώμη, όπου απέκτησε οπαδούς, που πήραν το όνομά τους από τον ηγέτη τους. Ο επίσκοπος Ρώμης Βίκτωρ Α' (189-199) τον αποκήρυξε από την εκκλησιαστική κοινωνία. Μετά το θάνατο του Θεοδότου οι οπαδοί του θέλησαν να αποκτήσουν δική τους κοινότητα στη Ρώμη και δελέασαν με χρήματα τον ομολογητή Νατάλιο και τον έπεισαν να γίνει επίσκοπός τους. Ο Νατάλιος αποδέχθηκε όμως ύστερα από λίγο καιρό συμφιλιώθηκε με τον επίσκοπο Ρώμης Ζεφυρίνο (199-218) και επέστρεψε στην εκκλησία.

Μελχισεδεκιανοί = με το όνομα αυτό ήταν γνωστό ένα τμήμα της αιρέσεως των Θεοδοτιανών, καθώς ένας μαθητής του Θεοδότου του σκυτέως, ονομαζόμενος και αυτός Θεόδοτος ο τραπεζίτης, διαχώρισε τη διδασκαλία του και δίδασκε ότι η εν Χριστώ θεία δύναμη ήταν λιγότερη από αυτήν του Μελχισεδέκ, ως εκ τούτου αυτός έγινε μεσίτης μεταξύ θεού και αγγέλων ενώ ο Ιησούς έγινε μεσίτης μεταξύ θεού και ανθρώπων.

Αρτεμονίτες = γύρω στο 270, ο Αρτέμων ή Αρτεμάς ηγήθηκε στη Ρώμη μίας παραφυάδας των Θεοδοτιανών. Οι Αρτεμονίτες θεωρούσαν ότι η έξωση του Θεοδότου του σκυτέως δεν οφειλόταν στην κακοδοξία του, αλλά στο ότι αρνήθηκε το Χριστό σε καιρό διωγμού. Ασχολούνταν με τις μαθηματικές επιστήμες, τη διαλεκτική, την κριτική, τη φιλοσοφία. Ο χριστιανισμός τους ήταν του σκεπτόμενου νου χωρίς κανένα στοιχείο μυστικής θεολογίας, χωρίς κανένα δόγμα που να μην μπορεί να το αντιληφθεί η διάνοια. Διακήρυτταν ότι η πίστη τους είναι η ίδια με αυτή της ρωμαϊκής εκκλησίας μέχρι την εποχή του Ζεφυρίνου (199-218) και ότι η διδασκαλία τους είναι ίδια με της Καινής Διαθήκης και για να το στηρίξουν αυτό κατέφυγαν σε μία αυθαίρετη κριτική της Γραφής, ισχυριζόμενοι ότι δήθεν διόρθωσαν το ιερό κείμενο. Αναφέρεται δε ότι κυκλοφορούσαν πάρα πολλά αντίγραφα της Καινής Διαθήκης, που διαφωνούσαν μεταξύ τους και τα οποία ήταν έργα της αυθαίρετης και προσωπικής κριτικής των αρχηγών της αιρέσεως.

Παύλος ο Σαμοσατεύς = έδρασε στα μέσα του 3ου αιώνα. Γύρω στο 260 ήταν επίσκοπος Αντιοχείας. Ως δυναμικός μοναρχιανός υποστήριξε μία διδασκαλία κατηγορηματική ως προς την αντιτριαδικότητά της.

Κατά το Σαμοσατέα, υπάρχει ένας Θεός Πατέρας, ο οποίος είναι ένα και μόνο πρόσωπο και ο Λόγος είναι απλή και απρόσωπη δύναμη, που δεν έχει υπόσταση, αλλά ανήκει εξ ολοκλήρου στον Πατέρα. Ο Ιησούς ήταν ένας κοινός άνθρωπος, που συνδεόταν με τον Θεό με την αγάπη και τη θέληση και βαθμιαία προόδευσε ηθικά. Σ' αυτόν ενοίκησε η απρόσωπη δύναμη του Θεού, δηλαδή ο Λόγος τον γέμισε εσωτερικά, την ώρα που βαπτιζόταν. Έτσι ο Ιησούς, διαμέσου της απρόσωπης θείας δύναμης, υιοθετήθηκε από το Θεό Πατέρα. Συνεπώς, στο πρόσωπο του Ιησού δεν ενώθηκαν η θεότητα και η ανθρωπότητα για να αποτελέσουν μια προσωπικότητα, δεν υπήρχε φυσική ένωση. Κατ' αυτόν τον τρόπο ο Σαμοσατεύς καταλήγει κατ' ανάγκην και σε αιρετική Χριστολογία.

Το 268 έγινε σύνοδος στην Αντιόχεια, η οποία καταδίκασε και καθαίρεσε τον Παύλο και τον απέκοψε από την εκκλησιαστική κοινωνία. Ο Παύλος δεν υποχώρησε και επειδή είχε την υποστήριξη της Ζηνοβίας, της βασίλισσας της Συρίας, δεν έχασε την επισκοπική του έδρα. Το 272 η Ζηνοβία νικήθηκε από τον αυτοκράτορα Αυρηλιανό, ο οποίος βρέθηκε μπροστά στο παράδοξο γεγονός να του ζητούν οι Αντιοχείς να απομακρύνει τον επίσκοπό τους. Συμβουλεύτηκε την εκκλησία της Ρώμης, η οποία τον ενημέρωσε ότι ο Παύλος δεν ήταν κανονικός επίσκοπος και έτσι τον απομάκρυνε από το θρόνο. Είναι η πρώτη φορά που Ρωμαίος ειδωλολάτρης αυτοκράτορας λύνει ένα εσωτερικό εκκλησιαστικό ζήτημα. Οι ιδέες του Σαμοσατέα έζησαν ορισμένο χρονικό διάστημα. Οπαδοί της αιρέσεως περιφέρονταν μέχρι τον 4ο αι. με τα ονόματα *Παυλιανοί, Παυλιανίσαντες, Παυλιακιανιστές, Σαμοσαταίοι.* Η Α' Οικουμενική Σύνοδος με τον 19ο κανόνα της θέσπισε αναβαπτισμό για τους οπαδούς του Σαμοσατέα, εφόσον αυτοί θα ήθελαν να επιστρέψουν στην εκκλησία.

Τροπικοί μοναρχιανοί ή Πατροπασχίτες = ισχυρίζονταν ότι ο Λόγος είναι ένας τρόπος αποκάλυψης του ενός Θεού. Ο Ιησούς δεν είναι ένας απλός και κοινός άνθρωπος, στον οποίο ενοικεί η θεία δύναμη, αλλά είναι η ένσαρκη παρουσία του ενός Θεού. Με βάση αυτό, ο Ιησούς ονομαζόταν και Υιοπάτωρ. Εύκολα βγαίνει το συμπέρασμα ότι αυτός που πάσχει είναι ο ίδιος, ο ένας και μοναδικός Θεός. Εξαιτίας αυτής της θέσης τους ονομάστηκαν και *Πατροπασχίτες*. Στον τροπικό μοναρχιανισμό μπορεί κανείς να κάνει λόγο για Πατέρα, Υιό και Άγιο Πνεύμα, αλλά σε καμία περίπτωση δεν εννοεί τρεις ξεχωριστές υποστάσεις. Πρόκειται για τρεις ονομασίες του ενός Θεού. Ο ένας Θεός παίρνει τρία διαφορετικά προσωπεία, του Πατέρα, του Υιού και του Αγίου Πνεύματος.

Κύριοι εκπρόσωποι του τροπικού μοναρχιανισμού είναι ο Πραξέας, ο Νοητός και σημαντικότερος ο Σαβέλλιος, ο οποίος και τον διαμόρφωσε ως σύστημα.

Πραξέας = καταγόταν από τη Μ. Ασία και επί Μάρκου Αυρηλίου έγινε ομολογητής και απέκτησε τιμή αφού βασανίστηκε στο διωγμό. Στο τέλος του 2ου αι. πήγε στη Ρώμη και με δικές του εισηγήσεις ο επίσκοπος Ρώμης Βίκτωρ Α' (189-199) κήρυξε τους Μοντανιστές ακοινώνητους.

Ο Πραξέας δίδασκε ότι ο Πατήρ ήταν ο εν Χριστώ ενανθρωπήσας, παθών, σταυρωθείς και αναστάς. Ο Τερτυλλιανός επεσήμανε την πλάνη του Πραξέα και τότε σηκώθηκε εναντίον του γενική κατακραυγή. Ο Πραξέας για να ησυχάσει τα πνεύματα έγραψε μια πραγματεία, όπου φαινόταν ότι διόρθωσε τα φρονήματά του. Μετά από λίγο όμως έφυγε από τη Ρώμη και τότε απροκάλυπτα πια άρχισε να διαδίδει την πλάνη του και να διασύρει την αίρεση των Μοντανιστών. Ο Τερτυλλιανός, που ήταν ήδη οπαδός του μοντανισμού, αντιτάχθηκε στον Πραξέα και κατέδειξε το σαθρόν της θεωρίας του.

Νοητός = γεννήθηκε στη Σμύρνη κατά τα τέλη 2ου αιώνα. Ίσως να ήταν επίσκοπος κάποιας μικρής πόλης της Μ. Ασίας. Πίστευε ανάλογα με τον Πραξέα. Δεχόταν ένα πρόσωπο στο Θεό, το οποίο εμφανίζεται στον κόσμο ανάλογα με τις ανάγκες και ονομάζεται διαφορετικά, πότε Πατήρ, πότε Υιός και πότε Άγιο Πνεύμα. Αυτό το ίδιο πρόσωπο είναι που γεννήθηκε και έπαθε υπέρ της σωτηρίας του κόσμου. Δίδασκε ότι οι αντιλήψεις του χριστιανισμού για το Λόγο ήταν άρνηση της ενότητας του Θεού. Κατά το Νοητό η ενανθρώπηση δεν διέφερε ουσιαστικά από τις θεοφάνιες που προηγήθηκαν, αλλά ήταν ένας βαθμός θεοφάνιας.

Και ο Νοητός και ο Πραξέας, για να στηρίξουν τις θέσεις τους έφερναν ως μαρτυρία χωρία της Γραφής και κυρίως τον απόστολο Παύλο.

Ο Νοητός απέκτησε πολλούς οπαδούς στη Μικρά Ασία. Το 190 καταδικάστηκε από σύνοδο, καθώς, ενώ τον κάλεσαν να δώσει εξηγήσεις, εκείνος έμεινε στην ετεροδοξία του χωρίς να μετανοήσει. Έτσι, τον έθεσαν εκτός εκκλησίας και μετά από λίγο πέθανε.

Η αίρεση του Νοητού, μετά από λίγο, μεταφυτεύτηκε στην Ιταλία όπου προκάλεσε ταραχές. Ο μαθητής του Νοητού, ο Επίγονος, μετέφερε τη διδασκαλία στη Ρώμη, όπου υπήρχαν ήδη πολλοί που ήταν ευνοϊκά διακείμενοι στην αίρεση του Πραξέα και εγκολπώθηκαν στην αίρεση στου Νοητού. Λείψανα αυτής της αντιτριαδικής αιρέσεως σώζονταν μέχρι τα μέσα του $3^{ου}$ αιώνα.

Σαβέλλιος = καταγόταν από τη Λιβύη και γύρω στο 215 με 230 βρισκόταν στη Ρώμη, όπου επικρατούσε η αίρεση των Νοητιανών. Ο επίσκοπος Ρώμης Κάλλιστος Α' (218-222) τον απέκλεισε από την εκκλησιαστική κοινωνία, απλώς και μόνο για να μην δίνει αφορμές να τον κατηγορούν. Το Σαβέλλιο, ως αιρετικό, τον βρίσκουμε 30 χρόνια μετά στην Πτολεμαΐδα της Πενταπόλεως της Αιγύπτου, όπου είχε το βαθμό του πρεσβυτέρου.

Υποστήριζε ότι ο ένας Θεός αποκαλύπτεται με τρία διαφορετικά πρόσωπα, ως Πατέρας, ως Υιός και ως Άγιο Πνεύμα. Η λέξη «πρόσωπο» που χρησιμοποίησε σήμαινε τον τρόπο εκδήλωσης, δηλαδή είχε την έννοια του προσωπείου, της μάσκας. Ο Σαβέλλιος καθόριζε και τα στάδια αυτής της αποκάλυψης, λέγοντας ότι ο Θεός εμφανίζεται ως Πατέρας με τη δημιουργία και τη νομοθεσία, ως Υιός με την ενανθρώπηση και την ανάληψη και ως Άγιο Πνεύμα με τη δωρεά της χάρης μέσα στους κόλπους της εκκλησίας. Για το Σαβέλλιο ο Ιησούς είναι η ένσαρκη παρουσία της ίδιας και της μίας θεότητας, έτσι όταν πάσχει ο Ιησούς πάσχει ο ένας Θεός. Κατ' αυτόν τον τρόπο ο Σαβέλλιος καταλήγει κατ' ανάγκην και σε αιρετική Χριστολογία.

Οι Σαβελλιανοί χρησιμοποιούσαν για τον Υιό και το Άγιο Πνεύμα τη λέξη «ομοούσιος» για να δηλώσουν ότι ο Θεός είναι ένα ον, ένα και το αυτό πρόσωπο. Η από μέρους τους χρήση αυτής της λέξης δημιούργησε αργότερα προβλήματα στην εκκλησία, όταν αυτή χρησιμοποίησε την ίδια λέξη δίνοντάς της όμως διαφορετικό περιεχόμενο.

Η Β' Οικουμενική Σύνοδος με τον 7ο κανόνα της θέσπισε αναβαπτισμό για τους Σαβελλιανούς, εφόσον αυτοί θα ήθελαν να επιστρέψουν στην εκκλησία.

Βήρυλλος = ο Βήρυλλος επίσκοπος Βόστρων κατατάσσεται στους Πατροπασχίτες, αν και αυτό αμφισβητείται. Σύμφωνα με τον Ευσέβιο, ο Βήρυλλος πίστευε ότι ο Χριστός πριν την έλευση στον κόσμο δεν ήταν ενυπόστατος και έτσι υπήρχε μόνο η πατρική θεότητα. Αλλά και μετά την ενανθρώπηση η θεία υπόσταση του Χριστού δεν ήταν ξεχωριστή από τον Πάτερα, απλά η πατρική υπόσταση διά της ενανθρωπήσεως προσέλαβε ένα άλλο πρόσωπο, που πριν δεν το είχε. Η θέση αυτή τείνει σε σαβελλιανισμό. Το 244 έγινε σύνοδος στην Αραβία, με την παρουσία του Ωριγένη, ο οποίος έπεισε τον Βήρυλλο ότι ήταν σε πλάνη, εκείνος αποκήρυξε την κακοδοξία του και μετανόησε.

Πολέμιοι του μοναρχιανισμού

Ο Τερτυλλιανός και ο Ωριγένης είναι δύο μεγάλες μορφές που αντιτάχθηκαν στις μοναρχιανές κακοδοξίες, αλλά στην προσπάθειά τους να υπερασπιστούν την Τριάδα έπεσαν σε σκόπελο και εξέφρασαν θέσεις που δεν είναι αποδεκτές, αλλά ασφαλώς δεν μπορούμε να πούμε ότι ήταν αιρετικές από πρόθεση.

Τερτυλλιανός = γεννήθηκε στην Καρχηδόνα γύρω στο 155, σπούδασε νομικά και ασκούσε το επάγγελμα του δικηγόρου στη Ρώμη. Ήταν εθνικός και όταν ήταν σε ώριμη ηλικία μεταστράφηκε στο χριστιανισμό. Επέστρεψε στην Καρχηδόνα και έμεινε εκεί μέχρι το θάνατό του, μετά το 220. Υπήρξε Απολογητής και υποστήριξε την αθωότητα των χριστιανών, λέγοντας ότι αυτοί είναι οι μόνοι πολίτες του ρωμαϊκού κράτους που καταδικάζονταν μόνο για το όνομα «χριστιανός». Η προσωπική του ηθική αυστηρότητα ήταν μεγάλη και έγινε ακόμη μεγαλύτερη μετά το διωγμό του Σεπτιμίου Σεβήρου, οπότε προσχώρησε στο μοντανισμό, ο οποίος τον προσέλκυσε με τα αυστηρά και ασκητικά του κηρύγματα. Το 207 αποχωρίστηκε οριστικά από τη δυτική εκκλησία.

Στην προσπάθειά του να ανασκευάσει τις ιδέες του Πραξέα και να υπερασπιστεί την τρισυπόστατη θεότητα, διολίσθησε και ο ίδιος.

Δίδασκε ότι ο Υιός δεν είχε από την αρχή υπόσταση, ήταν μέσα στον Πατέρα ως ενέργεια, αλλά δεν υπήρχε ως ξεχωριστό πρόσωπο. Ο Υιός εξήλθε εκ του Πατρός και αποτέλεσε ξεχωριστό πρόσωπο, μέσω του οποίου ο Πατέρας πραγματοποίησε τη δημιουργία. Τέλος, ο Υιός εισήλθε στον κόσμο με την ενανθρώπηση.

Μ' αυτόν τον τρόπο όμως υποβίβασε το Λόγο, όπως και το Άγιο Πνεύμα, καθώς δεν τον θεωρούσε σύγχρονο και συναΐδιο με τον Πατέρα. Δεχόταν, δηλαδή την υποταγή του Υιού και του Αγίου Πνεύματος στον Πατέρα.

Ωριγένης = γεννήθηκε στην Αλεξάνδρεια το 185. Εργάστηκε ως γραμματοδιδάσκαλος και κατηχητής και απέκτησε μεγάλη φήμη. Ζούσε λιτότατο βίο. Ανέλαβε τη διεύθυνση της περίφημης Κατηχητικής Σχολής της Αλεξάνδρειας, όπου εργάστηκε με θαυμαστό ζήλο και λαμπρά αποτελέσματα. Διάφορα γεγονότα όμως όξυναν τις σχέσεις του με τον Αλεξανδρείας Δημήτριο. Γύρω στο 231 χειροτονήθηκε πρεσβύτερος στην Καισάρεια της Παλαιστίνης χωρίς τη γνώμη του Δημητρίου. Ο Δημήτριος με σύνοδο απαγόρευσε στον Ωριγένη να μείνει στην περιφέρειά του αφαιρώντας του το δικαίωμα να διδάσκει στην Αίγυπτο, ενώ με άλλη σύνοδο τον καθαίρεσε. Τις αποφάσεις της αλεξανδρινής Εκκλησίας απέρριψαν οι Εκκλησίες Παλαιστίνης, Αραβίας, Φοινίκης, Ελλάδας.

Ο Ωριγένης εγκαταστάθηκε το 234 στην Καισάρεια της Παλαιστίνης, όπου έγινε δεκτός με αγάπη και ίδρυσε θεολογική σχολή συνεχίζοντας το διδακτικό έργο. Με την οικονομική βοήθεια του Αμβροσίου, ενός πλούσιου μαθητή του, έγραψε μεταξύ 234 και 250 πλήθος έργων, έχοντας στη διάθεσή του για το σκοπό αυτό ταχυγράφους.

Το 249-250 κατά το διωγμό του Δεκίου φυλακίστηκε και υπέστη βασανιστήρια, τα οποία αντιμετώπισε με καρτερία ομολογώντας την πίστη του. Τελικά αφέθηκε ελεύθερος, αλλά η αυστηρή άσκηση, η εξουθενωτική εργασία και οι κακουχίες του διωγμού τον οδήγησαν στο θάνατο. Πέθανε το 253 ή το 254 στην Τύρο της Φοινίκης.

Ο Ωριγένης δεχόταν τα τρία πρόσωπα στη θεότητα, αλλά και αυτός δεν απέφυγε το σκόπελο του υποβιβασμού στη διδασκαλία του. Θεώρησε τον Υιό ως δευτερεύον και υποταγές πρόσωπο, καθώς ο γεννητός Υιός και Λόγος του Θεού ήταν κατώτερος του αγέννητου Πατρός. Σ' αυτήν την άποψη του Ωριγένη στηρίχτηκε η εναντίον του κατηγορία ότι δέχεται το σύστημα της υποταγής του Υιού σε σχέση με τον Πατέρα, για το οποίο καταδικάστηκε αργότερα. Η αποδοχή όμως μίας τέτοιας θέσης δεν πρέπει να θεωρηθεί ως αιρετική διδασκαλία, αλλά πρέπει να θεωρηθεί υπό το πρίσμα της πολεμικής προς το μοναρχιανισμό. Ο σκοπός των αντιμοναρχιανών, όπως ο Ωριγένης, ήταν ένας και μοναδικός, να περισώσουν στη θεολογική σκέψη το αυθυπόστατο του Λόγου.

Δεχόταν την προϋπαρξη των ψυχών και πίστευε ότι οι τιμωρίες των ασεβών και των δαιμόνων είναι πρόσκαιρες. Δεν υπάρχει αιώνια καταδίκη και όλοι θα σωθούν αφού καθαρθούν από το Λόγο. Μετά τη γενική κάθαρση θα ηττηθεί ο διάβολος, θα υποταγεί κι αυτός και θα ακολουθήσει η «αποκατάσταση των πάντων», θα πραγματοποιηθεί η νέα έλευση του Χριστού, η ανάσταση των ανθρώπων με πνευματικά σώματα που θα ζουν σε κοινωνία με το Θεό όπως στην αρχέγονη κατάσταση.

Μετά το θάνατό του ήταν πολλοί αυτοί που ασπάστηκαν διάφορα στοιχεία από τη διδασκαλία του, τα οποία αλλοίωσαν ή παρερμήνευσαν δημιουργώντας διάφορες παράξενες διδασκαλίες και προκλήθηκαν έριδες μεταξύ των μοναχών. Όλα αυτά συνέβαλαν στο να καταδικαστεί ο Ωριγένης, αιώνες μετά το θάνατό του, από την Ε' Οικουμενική Σύνοδο το 553. Η ΣΤ' Οικουμενική Σύνοδος επανέλαβε την καταδίκη και όλες οι μεταγενέστερες την υιοθέτησαν.

Όμως ο Ωριγένης δεν ήταν κατά πρόθεση αιρετικός. Αν και διέπραξε θεολογικά σφάλματα (προϋπαρξη ψυχών, πτώση των ψυχών και τιμωρία διά εγκλεισμού σε σώματα, μετενσάρκωση, άρνηση της ανάστασης των σωμάτων, «αποκατάσταση των πάντων»), για τα οποία πολεμήθηκε από πολλούς και τελικά καταδικάστηκε, κανείς δεν μπορεί να αμφισβητήσει το ζήλο του για την Εκκλησία, την αγνότητα των προθέσεων και την αγάπη για το Χριστό. Η επίδραση της σκέψης του στην ανάπτυξη της θεολογίας είναι τεράστια και η προσφορά του υπήρξε πολύπλευρη.

Οι μεγάλοι θεολόγοι, οι κατ' εξοχήν Πατέρες και διδάσκαλοι της εκκλησίας γνώριζαν πολύ καλά τον Ωριγένη, τον χρησιμοποιούσαν, αλλά είχαν και βαθιά συνείδηση των παρεκκλίσεων και των κακοδοξιών του. Ο Μέγας Αθανάσιος μιλάει επαινετικά για τον Ωριγένη, ο Μέγας Βασίλειος και ο Γρηγόριος ο Θεολόγος συνέταξαν τη Φιλοκαλία του Ωριγένη, που περιλαμβάνει εκλογές έργων του, ο Γρηγόριος Νύσσης, ο Ιωάννης ο Χρυσόστομος και ο Αμβρόσιος Μεδιολάνων τον χρησιμοποίησαν ποικιλοτρόπως.

3ος αιώνας

Μάνης / μανιχαϊσμός = η αίρεση εμφανίστηκε στα μέσα του 3ου αι. και ιδρυτής της ήταν ο Μάνης ή Μανιχαίος. Γεννήθηκε το 216 στη Βαβυλώνα. Καταγόταν από ιερατική οικογένεια και ήταν συγγενής της βασιλικής οικογένειας των Αρσακιδών της Περσίας. Ο πατέρας του Πατίκιος ανήκε σε μία παραφυάδα γνωστικών, διαδεδομένη στη Συρία. Ο Μάνης στη Βαβυλώνα γνώρισε την παραδοσιακή περσική θρησκεία, το βουδδισμό, τον ιουδαϊσμό, το μαρκιωνισμό καθώς και το χριστιανισμό, από τον οποίο παίρνοντας κάποια στοιχεία έδινε στην αίρεσή του χριστιανική χροιά για ευκολότερη διάδοση. Από τη γνώση όλων αυτών των θρησκειών και των συστημάτων διαμόρφωσε τη διδασκαλία του, που είναι προϊόν ενός φοβερού συγκρητισμού και γνώρισε μεγάλη διάδοση διότι ο Μάνης είχε το προσόν να μπορεί να την προσαρμόζει στον εθνικό χαρακτήρα και τη θρησκεία κάθε λαού.

Από τα έργα του σώζονται αποσπάσματα. Έγραψε στην περσική γλώσσα, όμως γρήγορα τα έργα του μεταφράστηκαν και σε άλλες γλώσσες.

Ύστερα από αποκάλυψη, άρχισε την αποστολή του περιοδεύοντας. Επέστρεψε στην Περσία και βρήκε στο θρόνο το Σαπώρ Α', ο

Πτυχές από την ιστορία της αδιαίρετης Εκκλησίας

οποίος τον προστάτεψε και του επέτρεψε να κηρύττει. Όταν οι ιερείς της αυλής τον διέβαλαν στο βασιλιά, ο Μάνης προτίμησε να φύγει. Την περίοδο 241-263 οργάνωσε τρεις αποστολές για τη διάδοση των ιδεών του, μία στην Αίγυπτο και δύο στην Ασία, φτάνοντας μέχρι την Ινδία και την Κίνα. Επέστρεψε στην Περσία όταν βασίλευε ο Βαράμ Α' (274-277), ο οποίος με προτροπή των ιερέων του παρσισμού, που πάντα καταδίωκαν το Μάνη ως παραχαράκτη της θρησκείας τους, τον θανάτωσε το 277.

Η θρησκεία που ίδρυσε ο Μάνης ονομάστηκε «Εκκλησία της Δικαιοσύνης» ή «Θρησκεία του Φωτός». Πίστευε ότι η διδασκαλία του είναι ανώτερη και ισχυριζόταν ότι και ο ίδιος ήταν ανώτερος, γιατί ήταν ο τελευταίος προφήτης και γιατί ο Παράκλητος, που υποσχέθηκε να στείλει ο Ιησούς, ενσαρκώθηκε σ' αυτόν. Η διδασκαλία του διαδόθηκε γρήγορα και μετά το θάνατό του οι οπαδοί του αυξήθηκαν και στην Ανατολή και στη Δύση.

Η διδασκαλία του ασχολείται με το πρόβλημα του κακού στον κόσμο και για τη λύση του εισηγείται τη δυαρχία. Υπάρχουν δύο υπέρτατα όντα, το αγαθό, το βασίλειο του φωτός, και το κακό, το βασίλειο του σκότους. Οι δύο αυτές αρχές είναι αιώνιες, ισοδύναμες και βρίσκονται πάντα αντιμέτωπες. Και τα δύο βασίλεια αναπτύσσουν με προβολές αντίστοιχα δύο αντιμέτωπα βασίλεια Αιώνων.

Ο κόσμος είναι αποτέλεσμα καταστροφής και προήλθε από την πάλη των δύο βασιλείων· στο ανάμικτο αυτό κακό σύμπαν η ουσία του φωτός φυλακίστηκε στο σκοτάδι. Ο άνθρωπος μετέχει και στα δύο αυτά βασίλεια και έχει μέσα του φυλακισμένο το φως. Για να ελευθερωθεί το φως από τα δεσμά της ύλης ο Νους έστειλε έναν Αιώνα, τον Ιησού, ο οποίος εναντρώπησε κατά δόκηση, με φαινομενικό σώμα και φανέρωσε στους ανθρώπους την αληθινή τους καταγωγή και το σκοπό της ζωής. Υπέστη πάθη φαινομενικά και όχι πραγματικά. Οι απόστολοί του ήταν ατελείς και έτσι ο Χριστός δεν μπόρεσε να ολοκληρώσει το έργο της σωτηρίας και επαγγέλθηκε την αποστολή του Παρακλήτου, ο οποίος επρόκειτο να καθαρίσει τη διδασκαλία του, η οποία παρερμηνεύτηκε και να αποδείξει τη συμφωνία της με την καθαρή περσική θρησκεία και να οδηγήσει στη σωτηρία. Ήρθε τελικά ο Παράκλητος, δηλαδή ο Μάνης, που υποσχέθηκε ο Ιησούς, και δίδαξε με ποιο τρόπο θα ελευθερωθεί το φως από τα δεσμά του σκότους. Αυτό θα γίνει με τις τρεις σφραγίδες, τη σφραγίδα του στόματος (αποφυγή ακάθαρτων λέξεων και τροφών), τη σφραγίδα των χεριών (απαγόρευση οποιασδήποτε κατώτερης εργασίας) και σφραγίδα της κοιλιάς (αποφυγή του γάμου και τεκνοποίησης).

Ακόμη, τόνιζαν ότι τη σωτηρία τη φέρνει η γνώση και η μύηση στην αλήθεια που αποκαλύφθηκε με το Μάνη.

Υπήρχαν δύο τάξεις στο μανιχαϊσμό: α) οι εκλεκτοί ή τέλειοι, που ζούσαν αυστηρή ασκητική ζωή, μετείχαν στα μυστήρια, ήταν στο τελευταίο στάδιο του καθαρισμού, τελούσαν με ακρίβεια την πρακτική διδασκαλία, δηλαδή είχαν τις τρεις σφραγίδες και μετακινούνταν διαρκώς για να κηρύττουν τη διδασκαλία τους. β) οι κατηχούμενοι ή ακροώμενοι, που ήταν οι ατελέστεροι και οι περισσότεροι. Προμήθευαν με τροφή στους εκλεκτούς, αν και λόγω αυτής της εργασίας αμάρταναν, όμως λάβαιναν συγχώρηση. Μπορούσαν να κάνουν γάμο, αλλά όχι παιδιά. Με τις ελεημοσύνες άνοιγαν το δρόμο και για τη δική τους λύτρωση. Μετά από μακρά δοκιμασία έμπαιναν και αυτοί στην τάξη των τελείων.

Οι Μανιχαίοι απέρριπταν τελείως την Παλαιά Διαθήκη ενώ από την Καινή έπαιρναν στοιχεία και τα διέστρεφαν σύμφωνα με τις αρχές τους.

Η αίρεση οργανώθηκε ιεραρχικά, όπως και η χριστιανική εκκλησία. Ο Μάνης είχε δώδεκα αποστόλους, οι διάδοχοί του ονομάζονταν διδάσκαλοι και είχαν 70 μαθητές – επισκόπους, υπήρχαν πρεσβύτεροι, διάκονοι, ευαγγελιστές και τέλος οι εκλεκτοί και οι κατηχούμενοι.

Τελούσαν με μυστικότητα τη λατρεία τους. Δεν έχουμε ακριβείς πληροφορίες ούτε για τον αριθμό των μυστηρίων ούτε για τον τρόπο τέλεσής τους. Είχαν ύμνους, προσευχές και εορτές. Γιόρταζαν και νήστευαν την Κυριακή. Η μεγάλη ετήσια εορτή ήταν το Βήμα κάθε άνοιξη, σε ανάμνηση της αποκάλυψης που δέχθηκε ο Μάνης και της επετείου του μαρτυρικού θανάτου του.

Ο μανιχαϊσμός διαδόθηκε πολύ γιατί ήταν ελκυστικό σύστημα, ήταν όμως και αντικοινωνικό, με τόσο ασκητισμό και απαγορεύσεις, γι' αυτό και οι Ρωμαίοι αυτοκράτορες τον κατεδίωξαν. Το 297, επί Διοκλητιανού διώχθηκαν οι Μανιχαίοι με τη δικαιολογία ότι είναι εγκληματίες και αμφισβητούν ό,τι καθιερώθηκε από την αρχαία εποχή. Αλλά και αργότερα οι χριστιανοί αυτοκράτορες κράτησαν την ίδια στάση. Όμως εξακολούθησαν να υπάρχουν και επηρέασαν, αργότερα, τους Παυλικιανούς και τους Βογομίλους. Ο μανιχαϊσμός επέζησε μέχρι το 13ο αιώνα.

Εναντίον των Μανιχαίων έγραψαν πολλοί χριστιανοί συγγραφείς, όπως ο Τίτος Βόστρων, ο Εφραίμ ο Σύρος, ο Κύριλλος Ιεροσολύμων, ο Επιφάνιος Κύπρου και ο Αυγουστίνος, ο οποίος είχε γίνει Μανιχαίος για ένα χρονικό διάστημα. Επίσης, εναντίον των Μανιχαίων έγραψαν και νεοπλατωνικοί φιλόσοφοι, όπως ο Πλωτίνος, ο Πορφύριος, ο Αλέξανδρος Λυκοπολίτης.

Οι γνώσεις μας για το μανιχαϊσμό περιορίζονταν παλαιότερα στις πληροφορίες των εκκλησιαστικών συγγραφέων. Όμως το 1901 βρέθηκαν έργα του Μάνη και των οπαδών του στην Τουρφάν του κινεζικού Τουρκεστάν και το 1931 βρέθηκαν κι άλλα στο Φαγιούμ της Αιγύπτου σε κοπτική γλώσσα. Βρέθηκαν επίσης και επιγραφές και έτσι οι πληροφορίες για το Μανιχαϊσμό είναι τώρα πληρέστερες.

4ος αιώνας

1. Τριαδολογικές αιρέσεις

Την εποχή αυτή προκλήθηκε σοβαρός κίνδυνος στην εκκλησία από τη διδασκαλία του Αρείου γιατί με αυτήν άρχισε η συζήτηση για το αν ο Χριστός είναι θείο πρόσωπο. Ήδη στην Ανατολή, εκτός από τη διδασκαλία της εκκλησίας, υπήρχαν και άλλες αντιλήψεις, όπως του Ωριγένη, των Υιοθετιστών (δυναμικοί μοναρχιανοί) και των Σαβελλιανών (τροπικοί μοναρχιανοί), που αναφέρονταν βέβαια στην ύπαρξη της Τριάδας, έβαζαν όμως τα θεμέλια για τις Χριστολογικές αιρέσεις του 4ου και του 5ου αιώνα..

Άρειος / αρειανισμός = ο Άρειος καταγόταν από τη Λιβύη και το 318 ήταν πρεσβύτερος στην εκκλησία της Βαυκάλεως· την ίδια εποχή στον επισκοπικό θρόνο της Αλεξανδρείας ήταν ο Αλέξανδρος και είχε να αντιμετωπίσει το πρόβλημα του Μελιτιανού σχίσματος.

Ο Άρειος ήταν μία λεπτοκαμωμένη, μελαγχολική και ασκητική μορφή, που μιλούσε ευγενικά και πειστικά και γι' αυτό είχε πολλούς οπαδούς.

Δίδασκε ότι ο Θεός είναι ένας, άναρχος, άκτιστος και αιώνιος. Ο,τιδήποτε ακολουθεί είναι δημιούργημα εν χρόνω, δηλαδή όλα τα άλλα όντα είναι κτίσματα του Θεού και ο Λόγος είναι το πρώτο κτίσμα. Ο Λόγος δεν έχει σχέση με την ουσία του Πατρός, δεν είναι αιώνιος και ενώ ο ίδιος είναι δημιούργημα, όμως δημιούργησε τα υπόλοιπα πλάσματα και έτσι ονομάστηκε Θεός. Όλη η κτίση, δηλαδή, είναι εξαρτημένη από το πρώτο δημιούργημα του Θεού που είναι ο κτιστός Λόγος. Ο Άρειος, λοιπόν, έβαλε μία ενδιάμεση πραγματικότητα μεταξύ του άκτιστου Πατέρα και της κτίσης. Έβαλε, δηλαδή, το τελειότατο πρώτο κτίσμα, το Λόγο, ως ενδιάμεσο κρίκο μεταξύ του άκτιστου Πατέρα και της κτίσης και έφτιαξε μ' αυτόν τον τρόπο τον πρώτο κτιστό κρίκο στην αλυσίδα των κτιστών πραγμάτων.

Ο Θεός υιοθέτησε το Λόγο γιατί προέβλεπε την αρετή του και γιατί ο Λόγος είχε ελεύθερη βούληση και μπορούσε να πάθει ηθική μεταβολή, έτσι έγινε Υιός του. Με άλλα λόγια, ο Λόγος, το τελειότατο αυτό ον, είχε φτάσει στην ακρότατη ηθική προκοπή, με την υπακοή και τη βουλητική του συμμόρφωση προς το θέλημα του Θεού Πατέρα. Αυτή όμως η ιδιότητα του Υιού δεν έχει ως συνακόλουθο τη θεία φύση ή την ομοιότητα με αυτήν. Δεν έγινε, δηλαδή, όμοιος με το Θεό ούτε ως προς την ουσία ούτε ως προς την αιωνιότητα.

Το Άγιο Πνεύμα ήταν το πρώτο δημιούργημα του Λόγου και κατώτερος Θεός από το Λόγο. Η κτίση, ως δημιούργημα από το μη ον, δεν έχει ανάγκη να μετέχει άμεσα στις ενέργειες του όντος για να κατοχυρώσει την ύπαρξη και τη θέωση. Όλα τα ετερούσια όντα βελτιώνονται με την ηθική σχέση προς το Θεό, φτάνοντας σε μια προκοπή, όπως ακριβώς έγινε και με το πρώτο κτίσμα, το Λόγο που ενανθρώπησε για να καταστεί ηθικό πρότυπο της ανθρωπότητας.

Ο Λόγος ενανθρώπησε, δηλαδή, κατέλαβε στον άνθρωπο Χριστό τη θέση της ψυχής. Σύμφωνα, λοιπόν, με την αντίληψη αυτή ο Υιός ήταν κτίσμα, ξένος προς την ουσία του Πατρός, ο Θεός ήταν μονάδα που είχε μέσα τον απρόσωπο Λόγο, δημιούργησε το Λόγο Υιό και αυτό το κτίσμα ενσαρκώθηκε. Ο Άρειος αρνήθηκε με τη διδασκαλία του αυτή την τριαδικότητα του Θεού και τη θεότητα του Χριστού· ο Χριστός δεν ήταν ούτε τέλειος Θεός ούτε τέλειος άνθρωπος, αλλά ένα ον ανάμεσα στο Θεό και στον άνθρωπο και κατά συνέπεια ανίκανος να σώσει τον άνθρωπο και να δώσει πρότυπο για την τέλεια ανθρώπινη ζωή.

Ο Άρειος άρχισε από το 318 να κηρύττει τις ιδέες του και προκάλεσε συζητήσεις και ανησυχία στους ακροατές, σε τέτοιο σημείο μάλιστα ώστε να δημιουργηθεί ακόμη και σχίσμα στην εκκλησία της Αλεξανδρείας, το λεγόμενο Κολλουθιανό σχίσμα.

Ο επίσκοπος Αλεξανδρείας Αλέξανδρος προσπάθησε να μεταπείσει τον Άρειο, όμως εκείνος έμενε σταθερός στις δοξασίες του και έτσι το 318/9 ο Αλέξανδρος κάλεσε σύνοδο από 100 επισκόπους οι οποίοι καταδίκασαν, καθαίρεσαν και αφόρισαν τον Άρειο και τους υποστηρικτές του. Αυτός αγνόησε τις αποφάσεις της τοπικής συνόδου και συνέχισε να διαδίδει τις κακοδοξίες του, ακόμη και με έμμετρα κείμενα για την ευκολότερη εκμάθησή τους από το λαό.

Μετά την καταδίκη του το ζήτημα αντί να λυθεί, αντίθετα περιπλέχθηκε, καθώς ο Άρειος είχε βρει πολλούς υποστηρικτές. Οι επίσκοποι της Ανατολής φαίνονταν χωρισμένοι. Οι θρησκευτικές διαφωνίες απειλούσαν την ενότητα του κράτους και δυσαρεστούσαν τον αυτοκράτορα Μ. Κωνσταντίνο, ο οποίος έστειλε στην Αλεξάνδρεια τον επίσκοπο Κορδούης της Ισπανίας Όσιο εφοδιασμένο με επιστολές προς τον Αλέξανδρο και τον Άρειο, με τις οποίες ζητούσε να παύσουν οι συζητήσεις για λεπτομέρειες, όπως ο ίδιος τις θεωρούσε. Όταν έφθασε ο Όσιος στην Αλεξάνδρεια έγινε σύνοδος, η οποία τακτοποίησε κάποια ζητήματα και διευθέτησε και το Κολλουθιανό σχίσμα. Ο Όσιος πληροφόρησε τον αυτοκράτορα ότι η κατάσταση δεν μπορούσε να εξομαλυνθεί εύκολα, διότι υπήρχαν πολλά ζητήματα που προκαλούσαν διαφορές και εισηγήθηκε ότι έπρεπε να γίνει μία μεγάλη σύνοδος για την αντιμετώπιση του θέματος του Αρείου και ο Μέγας Κωνσταντίνος συμφώνησε. Έτσι, ο αυτοκράτορας κάλεσε τους επισκόπους στη Νίκαια της Βιθυνίας όπου συγκλήθηκε η Α' Οικουμενική Σύνοδος το έτος 325. Στη Σύνοδο ο Άρειος δεν μίλησε, αλλά μίλησαν οι επίσκοποι που είχαν τις ίδιες αντιλήψεις. Όμως λίγοι ήταν διατεθειμένοι ν' ακούσουν δικαιολογίες και έτσι ο Άρειος καταδικάστηκε και αφορίστηκε. Η Σύνοδος διατύπωσε την ορθή πίστη στα πρώτα επτά άρθρα του συμβόλου της πίστεως.

Ο Άρειος εξορίστηκε, μαζί με άλλους δύο ομοϊδεάτες του επισκόπους, στην Ιλλυρία.

Παρά την καταδίκη του Αρείου τα προβλήματα δεν έπαψαν. Η κατάσταση επιδεινώθηκε, καθώς τους κυριότερους επισκοπικούς θρόνους κατείχαν επίσκοποι που δεν ακολουθούσαν την ομολογία της Νίκαιας και φαινόταν ότι επικράτησε η ασάφεια και η αίρεση.

Λίγα χρόνια αργότερα, ο Άρειος υπέβαλε μία διφορούμενη ομολογία πίστεως στον αυτοκράτορα Κωνσταντίνο, την οποία όμως ο αυτοκράτορας δέχτηκε.

Το 335 έγινε σύνοδος στην Τύρο, που αποφάσισε μεταξύ άλλων να γίνουν δεκτοί σε κοινωνία οι Αρειανοί και να αποκατασταθεί ο Άρειος. Μετά την αποκατάστασή του επέστρεψε στην Αλεξάνδρεια, όπου δεν μπόρεσε να παραμείνει γιατί συνάντησε ισχυρές αντιδράσεις και έτσι επέστρεψε στην Κωνσταντινούπολη. Εκεί, ενώ περίμενε την επίσημη αποδοχή του σε εκκλησιαστική κοινωνία, τον βρήκε ο θάνατος.

Μετά το θάνατο του Αρείου ο αρειανισμός θριάμβευσε, καθώς οι σπουδαιότερες επισκοπικές έδρες ήταν στα χέρια Αρειανών. Όμως και αυτοί ήταν διαιρεμένοι και δημιουργούνταν συνεχώς προβλήματα, αφού η πίστη της Συνόδου της Νικαίας δεν είχε επιβληθεί και επικρατούσαν διάφορα σύμβολα. Γι' αυτό το 381 συγκλήθηκε η Β' Οικουμενική Σύνοδος στην Κωνσταντινούπολη. Επικύρωσε τις αποφάσεις της Α' Οικουμενικής και συμπλήρωσε με τα πέντε τελευταία άρθρα το σύμβολο, διατυπώνοντας την ορθή πίστη και εναντίον αιρέσεων που είχαν εμφανιστεί στο μεταξύ, όπως για το Άγιο Πνεύμα.

2.Προβλήματα από τη χρήση του όρου «ομοούσιος»

Στο σύμβολο που διατύπωσε η Α' Οικουμενική Σύνοδος (325) χρησιμοποιήθηκε η λέξη «ομοούσιος» για να διατυπωθεί η θέση της εκκλησίας έναντι της διδασκαλίας του Αρείου, ότι δηλαδή ο Υιός είναι ομοούσιος με τον Πατέρα, άρα Θεός και όχι κτίσμα. Όμως αυτή η λέξη προκάλεσε αντιρρήσεις γιατί υπήρχε ο φόβος μήπως κάποιοι την εννοήσουν με την έννοια ότι ο Υιός δεν είχε δική του προσωπικότητα, δεν αποτελούσε ξεχωριστή ύπαρξη, αφού έως τότε δεν είχε καθιερωθεί και δεν είχε αποσαφηνιστεί η ταυτότητα της ουσίας και η ετερότητα των προσώπων στην Τριάδα. Δηλαδή, υπήρχε ο φόβος του μοναρχιανισμού, καθώς η λέξη «ομοούσιος» είχε ήδη χρησιμοποιηθεί από το Σαβέλλιο, το Σαμοσατέα, αλλά και τους γνωστικούς, επίσης δεν υπήρχε στη Γραφή.

Η καθιέρωση του όρου «ομοούσιος» πέρασε από πολλά στάδια μετά το Μέγα Αθανάσιο. Έτσι, μετά την Α΄ Οικουμενική Σύνοδο της Νικαίας (325) και ως τη Β΄ Οικουμενική Σύνοδο της Κωνσταντινουπόλεως (381) διαμορφώθηκαν τέσσερεις ομάδες που εκπροσωπούσαν τέσσερεις διαφορετικές ερμηνείες του «ομοουσίου».

α. **Ομοουσιανοί** ή ομοούσιοι = ήταν οι ορθόδοξοι, αυτοί που δέχονταν ταυτότητα ουσίας Πατέρα και Υιού. Οι οπαδοί του συμβόλου της Νικαίας, με απαραχάρακτο τον όρο «ομοούσιος», οι ασυμβίβαστοι υποστηρικτές της αθανασιανής θεολογίας.

β. **Ομοιουσιανοί** = ημιαρειανοί που παραδέχονταν αληθινή ομοιότητα ανάμεσα στον Πατέρα και τον Υιό. Ο Ευσέβιος Καισαρείας χρησιμοποιούσε τον τύπο: ο Υιός είναι «όμοιος κατά πάντα τω Πατρί» και οι μετριοπαθείς Αρειανοί που τον ακολουθούσαν, δέχονταν ότι ο Υιός είναι όμοιος κατ' ουσίαν με τον Πατέρα. Αυτή η μερίδα προσπαθούσε να μετριάσει τις αντιθέσεις και να δημιουργήσει γέφυρες συνδιαλλαγής. Λίγο αργότερα, άρχισαν να εμφανίζονται διάφορα ασαφή σύμβολα και προέκυψε και ένας άλλος όρος αυτός του «ομοιούσιου». Ηγέτης αυτής της μερίδας ήταν ο Βασίλειος Αγκύρας, ο οποίος δεχόταν το νέο όρο «ομοιούσιος» και πίστευε ότι μ' αυτόν τον όρο και όλοι θα συμφωνούσαν και η πίστη δεν θα βλαπτόταν. Οι οπαδοί αυτής της λύσης ονομάστηκαν Ομοιουσιανοί και προσέγγιζαν το δόγμα του ομοουσίου, εφόσον χρησιμοποιούν το «ομοιούσιος» με την έννοια του «ομοούσιος», πράγμα που είχε κάνει και ο Μ. Αθανάσιος. Τελικά οι Ομοιουσιανοί, μετά τη σύνοδο που έγινε το 362 στην Αλεξάνδρεια, προσέγγισαν τους ορθόδοξους με βάση το ομοούσιο της Νικαίας και ενώθηκαν με τους ορθόδοξους. Όταν, χάρη τους Καππαδόκες, οι λέξεις ουσία και υπόσταση έπαψαν να ταυτίζονται, οι Ομοιουσιανοί δέχτηκαν τη φράση: μία ουσία και τρεις υποστάσεις και αναγνώρισαν την απόλυτη ομοιότητα και ισότητα της ουσίας του Υιού και του Πατρός, όπως και οι ορθοδοξοι. Όταν αργότερα η διαφωνία κάποιων από αυτούς περιορίστηκε μόνο στο Άγιο Πνεύμα ονομάστηκαν Πνευματομάχοι και Μακεδονιανοί.

γ. **Όμοιοι** = η τρίτη αυτή μερίδα ήταν Αρειανοί, που έλεγαν ότι ο Υιός είναι «όμοιος» με τον Πατέρα χωρίς να προσδιορίζουν την ομοιότητα, για να μην προκαλούν διαφωνίες. Χρησιμοποιούσαν τον τύπο «όμοιος» με γενική έννοια, δίχως την προσθήκη του «κατά πάντα», αν και ουσιαστικά δέχονταν ότι ο Υιός είναι όμοιος με τον Πατέρα μόνο κατά τη βούληση και τις ενέργειες. Δεν είχαν ιδιαίτερη θεολογία και έκλιναν πότε στην πλευρά των Ομοιουσιανών και πότε στην πλευρά των Ανομοίων. Αρχηγός της μερίδας των Ομοίων ήταν ο Ακάκιος Καισαρείας της Παλαιστίνης.

δ. **Ανόμοιοι** = ήταν οι ακραίοι Αρειανοί, που δέχονταν ότι ο Πατέρας είναι κτίστης και ο Υιός είναι κτίσμα. Ονομάστηκαν Ανόμιοι διότι δεν δέχονταν καμία ομοιότητα του Υιού προς τον Πατέρα. Πρωτοστάτες των Ανομοίων υπήρξαν: ο Ευδόξιος επίσκοπος Αντιοχείας και αργότερα Κωνσταντινουπόλεως, ο Ευζώιος επίσκοπος Αντιοχείας, ο Αέτιος από την Αντιόχεια, ο Ευνόμιος.

3. Πνευματομάχοι

Έτσι ονομάστηκαν γενικά όσοι αμφισβήτησαν τη θεότητα του Αγίου Πνεύματος. Άλλοι από αυτούς ήταν καθαροί Αρειανοί, που, συνεπείς στις θέσεις τους, θεωρούσαν το Άγιο Πνεύμα κτίσμα του ενός Θεού και δεν δέχονταν τη θεότητα του Αγίου Πνεύματος γιατί έλεγαν ότι αυτό δεν αναφέρεται πουθενά στη Γραφή. Άλλοι ήταν ημιαρειανοί, δηλαδή οι Ομοιουσιανοί εκείνοι που, μετά τη σύνοδο του 362 στην Αλεξάνδρεια, προσέγγισαν τους ορθόδοξους με βάση το ομοούσιο της Νικαίας, αλλά δεν το δέχτηκαν και για το Άγιο Πνεύμα. Έλεγαν ότι δεν συγκαταλέγεται στη θεότητα, αλλά είναι στην κορυφή των δημιουργημάτων. Αυτοί θεωρούσαν ηγέτη τους τον επίσκοπο Κωνσταντινουπόλεως Μακεδόνιο (342-346, 351-360).

Με τους Πνευματομάχους ασχολήθηκε η Β' Οικουμενική Σύνοδος της Κωνσταντινουπόλεως (381), η οποία τους καταδίκασε και με τον 1° κανόνα της αναθεμάτισε την αίρεσή τους.

4. Μακεδόνιος / Μακεδονιανοί

Ο Μακεδόνιος ήταν Αρειανός και υπήρξε δύο φορές επίσκοπος Κωνσταντινουπόλεως (342-346, 351-360), διαδεχόμενος και τις δύο φορές τον ορθόδοξο Παύλο. Οι Αρειανοί εκείνη την εποχή φαινόταν ότι επικρατούσαν, καθώς κατείχαν πολλούς σπουδαίους θρόνους και είχαν και την υποστήριξη του αυτοκράτορα Κωνστάντιου. Έτσι, βρίσκουμε το Μακεδόνιο και δεύτερη φορά στο θρόνο (351-360). Οι Πνευματομάχοι Ομοιουσιανοί, που έλεγαν ότι το Άγιο Πνεύμα δεν συγκαταλέγεται στη θεότητα, αλλά είναι κτίσμα στην κορυφή των δημιουργημάτων, θεωρούσαν το Μακεδόνιο ως ηγέτη τους, γι' αυτό ονομάστηκαν και Μακεδονιανοί. Η δεύτερη άνοδός του στο θρόνο έληξε με την καταδίκη του από τη σύνοδο της Κωνσταντινουπόλεως το 360. Το Μακεδόνιο καταδίκασε και η σύνοδος της Αντιοχείας του 379.

5. Χριστολογικές αιρέσεις

Απολλινάριος / απολλιναρισμός = ο Απολλινάριος ήταν επίσκοπος Λαοδικείας της Συρίας· από τους πιο αφοσιωμένους υποστηρικτές του συμβόλου της Νικαίας, φίλος του Μ. Αθανασίου και του Μ. Βασιλείου, ήταν μια σημαντική προσωπικότητα με μεγάλη μόρφωση. Μπήκε στο προσκήνιο των χριστολογικών αιρέσεων με πολλές αξιώσεις. Ακολουθώντας τον Άρειο ως προς τη χριστολογική αίρεση, δεχόταν ότι το σώμα που προσέλαβε ο Λόγος ήταν δίχως νου. Πίστευε ότι η σωτηρία επιτυγχάνεται από τέλειο άνθρωπο ενωμένο με τον τέλειο Θεό. Κατά την άποψή του τέλεια φύση και πρόσωπο είναι αχώριστα, αν λοιπόν δεχόταν δύο τέλειες φύσεις θα δεχόταν και δύο τέλεια πρόσωπα, όμως δύο πρόσωπα είναι αδύνατο να ενωθούν, γι' αυτό έλεγε δύο τέλεια εν γενέσθαι ου δύναται. Ο Χριστός δεν θα μπορούσε να έχει δύο πρόσωπα. Για να λύσει το πρόβλημα δέχτηκε ότι ο άνθρωπος είναι τρισύνθετος, όπως έλεγε και ο Πλάτωνας, δηλαδή έχει σώμα, λογική ψυχή ή νου και άλογη ψυχή. Η ανθρώπινη φύση του Χριστού είχε σώμα και άλογη ψυχή, ενώ τη θέση του νου την πήρε ο θείος Λόγος· έτσι, επειδή ελάττωνε το ανθρώπινο στοιχείο του Χριστού, θεωρούσε ότι δεν ότι ήταν πρόσωπο γιατί δεν ήταν τέλειο, επομένως ο Χριστός έχει ένα πρόσωπο, αυτό του θείου Λόγου.

Στην αρχή, αντιλήφθηκαν μόνο την πλάνη του σχετικά με την ελάττωση του ανθρώπινου μέρους στο Χριστό, όμως μία τέτοια θεωρία έχει και σωτηριολογικές συνέπειες. Ο Λόγος ενανθρώπησε, δηλαδή έλαβε ακέραια την ανθρώπινη φύση, για να οδηγήσει τον άνθρωπο στη σωτηρία. Γι' αυτό και ο Γρηγόριος ο Θεολόγος αναίρεσε τον απολλιναρισμό με επιχειρήματα καθαρά σωτηριολογικά και μάλιστα έλεγε ότι αν ο Λόγος δεν προσέλαβε το νου δεν είναι δυνατή η σωτηρία του, διότι *το απρόσληπτον και αθεράπευτον*. Ο απολλιναρισμός ήταν επικίνδυνος γιατί ο Απολλινάριος διέδιδε τις ιδέες του με βιβλία ψευδεπίγραφα με τα ονόματα διακεκριμένων πατέρων της εκκλησίας.

Μαθητής του Απολλιναρίου υπήρξε ο διακεκριμένος θεολόγος Θεόδωρος επίσκοπος Μοψουεστίας, ο οποίος καταδικάστηκε (το 533) πολλά χρόνια μετά το θάνατό του.

Τον καταδίκασαν στη Ρώμη το 377, στην Αλεξάνδρεια, στην Αντιόχεια και τελικά τον καταδίκασε και η Β' Οικουμενική Σύνοδος της Κωνσταντινουπόλεως (381) όμως η διδασκαλία του είχε εμφανείς επιπτώσεις σε όλες τις μετέπειτα χριστολογικές αιρέσεις. Ο Απολλινάριος θεωρείται ως πρόδρομος του μονοφυσιτισμού.

Ωριγενισμός, Ωριγενιστές, Ωριγενιστικές έριδες = η διδασκαλία, οι αρχές και η μέθοδος του Ωριγένη αποτέλεσαν ένα ιδιαίτερο θεολογικό σύστημα, με βασικές θέσεις του Ωριγένη αλλά συγκεχυμένες, που ονομάστηκε ωριγενισμός και γνώρισε μεγάλη διάδοση στην Παλαιστίνη και την ευρύτερη περιοχή της. Μετά το θάνατο του Ωριγένη ήταν πολλοί αυτοί που ασπάστηκαν διάφορα στοιχεία από τη διδασκαλία του, τα οποία αλλοίωσαν ή παρερμήνευσαν δημιουργώντας διάφορες παράξενες διδασκαλίες. Αυτοί αργότερα ονομάστηκαν Ωριγενιστές.

Πτυχές από την ιστορία της αδιαίρετης Εκκλησίας

Το αποτέλεσμα ήταν να εξελιχθούν ωριγενιστικές ομάδες και κινήματα, τα οποία είχαν λίγη ή καθόλου σχέση με την πραγματική διδασκαλία του. Ο Ωριγένης ενώ πάντα διαβαζόταν, έγινε αντικείμενο επίθεσης στο τέλος του 3ου αι. ως τις αρχές του 6ου αιώνα. Άλλοι τάχθηκαν υπέρ και άλλοι κατά. Από τη μία πλευρά υπήρξαν οι Ωριγενιστές, που υποστήριξαν με κάθε τρόπο τον Ωριγένη και το έργο του, από την άλλη οι αντιωριγενιστές, που τάχθηκαν κατά του Ωριγένη και πολέμησαν το έργο του με πάθος. Οι ωριγενιστικές έριδες, που κράτησαν περισσότερο από τρεις αιώνες, προκάλεσαν μεγάλη κρίση στους κόλπους της Εκκλησίας. Μπορούμε να διακρίνουμε τρεις φάσεις.

Α' φάση (αρχές 4ου αι.), πολέμιοι των αρχών του Ωριγένη αυτήν την εποχή υπήρξαν ο Πέτρος Αλεξανδρείας, ο Μεθόδιος Ολύμπου, ο Ευστάθιος Αντιοχείας κ.ά., ο αγώνας των οποίων περιοριζόταν στον επιστημονικό και ακαδημαϊκό τομέα και δεν είχε εκκλησιαστική χροιά.

Β' φάση (τέλος 4ου – αρχές 5ου αι.), ο ωριγενισμός ήταν πολύ διαδεδομένος στην Παλαιστίνη και την ευρύτερη περιοχή της κατά την εποχή αυτή και ήταν ένα κράμα από διδασκαλίες κυρίως του Ευαγρίου (Ευάγριος ο Ποντικός, ασκητής του 4ου αι.). Πολλοί μοναχοί της Παλαιστίνης και της Αιγύπτου ασπάστηκαν τις διδασκαλίες του Ευαγρίου και ξέσπασαν ταραχές. Ο αγώνας πήρε εκκλησιαστική μορφή. Στην Παλαιστίνη όσοι δέχονταν την ερμηνεία και τη διδασκαλία του ονομάζονταν **Ωριγενιστές**. Οι αντιωριγενιστές ονομάζονταν **Ανθρωπομορφίτες**, αυτοί είχαν συντηρητικές αρχές ερμήνευαν την Αγία Γραφή κατά γράμμα και απέδιδαν στο Θεό ανθρώπινες ιδιότητες, γι' αυτό και ονομάζονταν Ανθρωπομορφίτες. Ο Επιφάνιος Κύπρου είναι ο πιο θερμός αντιωριγενιστής της περιόδου αυτής.

Γ' φάση (6ος αι.), άρχισαν πάλι οι συζητήσεις στην Παλαιστίνη, όπου ήταν το κέντρο των αντιωριγενιστών, ειδικά η Μεγάλη Λαύρα του αγ. Σάββα. Εξήντα Ωριγενιστές μοναχοί, οι πιο λόγιοι, της μονής του αγ. Σάββα αποσχίστηκαν και ίδρυσαν νέο μοναστήρι, τη Νέα Λαύρα, κοντά στη Βηθλεέμ, η οποία έγινε το κέντρο του ωριγενισμού. Αυτοί δέχονταν την προΰπαρξη των ψυχών, τη μετεμψύχωση και την αποκατάσταση όλων των πλασμάτων στη μέλλουσα ζωή. Οι ιδέες αυτές διαδόθηκαν στην Παλαιστίνη και προκάλεσαν αντιδράσεις, ειδικά κατά τη δεκαετία 527-537. Ο Θεόδωρος Ασκιδάς, ωριγενιστής ηγούμενος της Νέας Λαύρας, διαδραμάτισε σημαντικό ρόλο στην εξέλιξη πολλών διεργασιών την εποχή εκείνη. Πήγε στην Κωνσταντινούπολη, απέκτησε γνωριμίες στα ανάκτορα, έγινε επίσκοπος Καισαρείας της Καππαδοκίας, αλλά δεν πήγε.

Το 539 έγινε σύνοδος στη Γάζα, η οποία καταδίκασε τον ωριγενισμό και ο πατριάρχης Ιεροσολύμων Πέτρος επιφόρτισε τον αποκρισάριο του πάπα και κάποιους Παλαιστίνιους μοναχούς, που θα πήγαιναν στην Κωνσταντινούπολη, να ζητήσουν από τον αυτοκράτορα να επέμβει εναντίον του ωριγενισμού.

Έτσι, οι ωριγενιστικές έριδες, που δημιουργήθηκαν στην Παλαιστίνη τον 6º αι., ανάγκασαν τον Ιουστινιανό να εκδώσει διάταγμα το 543 με το οποίο καταδίκαζε τις κακοδοξίες που υπήρχαν στα έργα του Ωριγένη, αλλά στρεφόταν και κατά του ίδιου του Ωριγένη με 10 αναθεματισμούς και επίσης, αποτελούσε και καταδίκη των Ωριγενιστών. Το διάταγμα υπέγραψαν οι πατριάρχες, ο πάπας και στην ενδημούσα σύνοδο της Κωνσταντινουπόλεως (543) το υπέγραψε και ο Θεόδωρος Ασκιδάς. Όμως οι αρχηγοί των Ωριγενιστών στην Παλαιστίνη δεν το υπέγραψαν και τους κατεδίωξαν. Οι ταραχές συνεχίστηκαν· οι Ωριγενιστές μοναχοί διασπάστηκαν και συγκρούονταν ανυποχώρητα, προξενούσαν εντάσεις και ήταν πρόβλημα για την αυτοκρατορική πολιτική. Οι Ωριγενιστές χωρίστηκαν σε δύο σκληροπυρηνικές παρατάξεις και, σύμφωνα με τις θεολογικές τους διαφορές, ονομάστηκαν **Ισόχριστοι** και **Πρωτοκτίστες** ή Πρωτοκτιστίτες ή Πρωτόκτιστοι.

Οι **Ισόχριστοι** δέχονταν ότι στη μέλλουσα ζωή οι ψυχές των ανθρώπων θα είναι ίσες προς την ψυχή του Χριστού, αφού οι ψυχές προϋπήρχαν. Γενικά είχαν πιο ακραίες θέσεις. Οι **Πρωτοκτίστες** έλεγαν ότι η ψυχή του Χριστού είναι πρώτη και ανώτερη από τις ανθρώπινες ψυχές από την αρχή, όμως τελικά απαρνήθηκαν την ιδέα της προϋπαρξης των ψυχών και συμμάχησαν με τους αντιωριγενιστές.

Στο μεταξύ, ο Θεόδωρος Ασκιδάς, που διατηρούσε τη μεγάλη επιρροή του, κατάφερε να τοποθετήσει τους εκδιωγμένους αρχηγούς των Ωριγενιστών σε άλλες καίριες θέσεις και για να εκδικηθεί τους Παλαιστίνιους, που κατεδίωξαν τους Ωριγενιστές, πρότεινε στον

Ιουστινιανό σχέδιο για την καταδίκη τριών συμμάχων και φίλων του Νεστορίου, χωρίς να παραμεριστεί η Δ' Οικουμενική Σύνοδος, εναντίον των οποίων είχαν παράπονα και οι μονοφυσίτες. Αυτό ήταν το ζήτημα των «*τριών κεφαλαίων*». Το σχέδιο αυτό του Ασκιδά το υποστήριξε η Θεοδώρα και συμφώνησε και ο Ιουστινιανός και το 543 δημοσίευσε διάταγμα, με το οποίο καταδίκαζε το Θεόδωρο Μοψουεστίας και τα έργα του, το Θεοδώρητο Κύρου και τα έργα του και τον Ίβα Εδέσσης και τα έργα του που πλησίαζαν τις νεστοριανικές διδασκαλίες. Το ζήτημα όμως της καταδίκης των «*τριών κεφαλαίων*» ούτε απλό ήταν ούτε όλοι συμφωνούσαν γι' αυτήν την καταδίκη.

Η ανάμιξη των μοναχών είχε οξύνει τον αγώνα και το πρόβλημα του ωριγενισμού οδήγησε την εκκλησία να λάβει μέτρα, αφού πολλά μέλη της κινδύνευαν να χάσουν την πίστη τους, καθώς πέρασαν αντιλήψεις ή κακοδοξίες που ανήκαν ή προσγράφονταν στον Ωριγένη. Αυτές ήταν πολλές και οι περισσότεροι δεν μπορούσαν να διακρίνουν μεταξύ Ωριγένη και ωριγενισμού και επειδή όλες συνδέονταν με το πρόσωπο του Ωριγένη, η εκκλησία έπρεπε να καταδικάσει ευθέως το πρόσωπο του Ωριγένη.

Έτσι, το 553 συγκλήθηκε η Ε' Οικουμενική Σύνοδος στην Κωνσταντινούπολη, η οποία καταδίκασε τα «*τρία κεφάλαια*» και ο Ιουστινιανός ζήτησε τη Σύνοδο να καταδικάσει τους Ωριγενιστές μοναχούς της Παλαιστίνης, τους Ισοχρίστους και τον Ωριγένη. Ο Ωριγένης είχε ήδη καταδικαστεί με το διάταγμα του Ιουστινιανού το 543 και από την ενδημούσα σύνοδο του 543, υπό τον πατριάρχη Μηνά. Η Σύνοδος καταδίκασε τον Ωριγένη και τον Ευάγριο. Σε τελική ανάλυση η καταδίκη του Ωριγένη απευθυνόταν σε όλες τις ωριγενιστικές δοξασίες. Οι μοναχοί της Νέας Λαύρας αρνήθηκαν να υπογράψουν τις αποφάσεις της Συνόδου και ο πατριάρχης Αντιοχείας τους έδιωξε από τη Νέα Λαύρα. Η ΣΤ' Οικουμενική Σύνοδος επανέλαβε την καταδίκη και όλες οι μεταγενέστερες την υιοθέτησαν.

5ος αιώνας

Πελάγιος / Πελαγιανισμός = ο Πελάγιος ήταν Βρετανός μοναχός και διακρινόταν για την ασκητική ζωή του. Το 400 εγκαταστάθηκε στη Ρώμη. Ήταν μορφωμένος, κάτοχος ελληνικής παιδείας και γνώστης της ελληνικής γλώσσας. Εξέφρασε απόψεις για την ανθρωπολογία και τη σωτηρία, διότι το θέμα που τον απασχόλησε ήταν το προπατορικό αμάρτημα. Δίδασκε ότι ο άνθρωπος πλάστηκε θνητός και ο επίγειος θάνατος δεν είναι συνέπεια της αμαρτίας. Οι άνθρωποι μπορούν να γίνουν αγαθοί ή κακοί ανάλογα με τη χρήση της ελευθερίας που θα κάνουν και με την καταπολέμηση του κακού. Κατά την άποψή του, το προπατορικό αμάρτημα δεν προξένησε καμία σοβαρή αλλοίωση στην ανθρώπινη φύση και στο αυτεξούσιό της, επιπλέον, αποτελεί απλώς ένα κακό παράδειγμα των προπατόρων και επομένως δεν υπάρχει καμιά κληρονόμηση φθοράς και ενοχής. Το αμάρτημα του Αδάμ, δηλαδή, δεν μεταβιβάστηκε στους απογόνους του και η φύση του ανθρώπου έμεινε ουσιαστικά αγαθή. Βέβαια, κληρονόμηση ενοχής ούτε η ορθόδοξη θεολογία αποδέχεται. Επίσης, δίδασκε ότι το βάπτισμα είναι μία πιστοποίηση της διόρθωσης των προσωπικών σφαλμάτων του καθενός και σ' αυτήν τη διόρθωση πρωταρχικό ρόλο παίζει η βούληση και διαμέσου αυτής η μίμηση του ηθικού προτύπου, που είναι ο Χριστός. Η χάρη του Θεού δεν είναι απόλυτα αναγκαία για τη σωτηρία του ανθρώπου, βοηθάει μόνο τον άνθρωπο με το παράδειγμα και τη διδασκαλία του Χριστού, ο οποίος ενανθρώπησε για να μας δώσει αυτά τα μέσα. Κατά συνέπεια, ο νηπιοβαπτισμός δεν έχει κανένα νόημα. Αυτές είναι οι κυριότερες θέσεις του, με τις οποίες αρνήθηκε το προπατορικό αμάρτημα και εξάρτησε τη σωτηρία από την ελευθερία του ανθρώπου.

Μετά από την επιδρομή του Αλάριχου στη Ρώμη το 410, ο Πελάγιος αναγκάστηκε μαζί με το φίλο του και περίφημο νομικό Κελέστιο και άλλους να καταφύγει στην Καρχηδόνα. Ο Κελέστιος προχώρησε περισσότερο από τον Πελάγιο και διατύπωσε τις παραπάνω θέσεις με άκρα οξύτητα και αναδείχθηκε ως ο πιο σκληρός οπαδός του πελαγιανισμού. Έλεγε ότι ο Αδάμ ήταν από τη φύση του θνητός και ότι με το νηπιοβαπτισμό δεν συγχωρούνται οι αμαρτίες των νηπίων και αντίστροφα η παράλειψή του δεν τα στερεί από την αιώνια ζωή. Θεωρούσε ότι το προπατορικό αμάρτημα είναι ένα θέμα ανοιχτό για συζήτηση. Ο Κελέστιος καταδικάστηκε από τοπική σύνοδο στην

Καρχηδόνα το 411. Η σύνοδος καταδίκασε επίσης και τις εξής θέσεις του πελαγιανισμού:

1. Ο Αδάμ δημιουργήθηκε θνητός, επομένως ο θάνατος θα συνέβαινε και χωρίς το προπατορικό αμάρτημα.

2. Η αμαρτία του Αδάμ δεν επιδρά διόλου στους απογόνους του, είναι αμαρτία καθαρά προσωπική.

3. Τα νήπια είναι στην ίδια κατάσταση αθωότητας, στην οποία βρισκόταν ο Αδάμ.

4. Ούτε ο θάνατος του Αδάμ συμπαρασύρει την ανθρωπότητα ούτε και η ανάσταση του Χριστού.

5. Ο νόμος οδηγεί στη βασιλεία του Θεού, όπως και το Ευαγγέλιο.

6. Υπήρχαν αναμάρτητοι άνθρωποι και πριν από το Χριστό.

Μετά την καταδίκη του ο Κελέστιος έφυγε για την Έφεσο, όπου χειροτονήθηκε πρεσβύτερος και συνάντησε τον Πελάγιο, ο οποίος είχε φύγει νωρίτερα για την Ανατολή. Ο Πελάγιος πήγε στα Ιεροσόλυμα, όπου έγινε δεκτός από τον επίσκοπο Ιωάννη. Έγιναν όμως γνωστές οι ιδέες του και το 415 ο Ιωάννης κάλεσε σύνοδο στην Ιερουσαλήμ για να εξετάσει το θέμα. Ο Πελάγιος δεν έδωσε σαφείς απαντήσεις στη σύνοδο. Οι κατηγορίες εναντίον του συνεχίστηκαν και ο Ευλόγιος Καισαρείας της Παλαιστίνης κάλεσε σύνοδο στη Λύδδα (Διόσπολη), όπου ο Πελάγιος έδωσε εξηγήσεις για τις αντιλήψεις του και αναθεμάτισε όσους εξακολουθούσαν να τις πιστεύουν, καθώς και τις αντιλήψεις του Κελεστίου, και έτσι η σύνοδος τον αθώωσε. Στη Β. Αφρική όμως δεν ικανοποιήθηκαν από την απόφαση, γι' αυτό έκαναν δύο συνόδους το 416 και καταδίκασαν τον Πελάγιο, επίσης έγραψαν και στον πάπα Ιννοκέντιο Α' (401-417), ζητώντας να καταδικάσει κι εκείνος τον Πελάγιο. Το 417 ο πάπας καταδίκασε και τον Πελάγιο και τον Κελέστιο.

Τον πάπα Ιννοκέντιο διαδέχθηκε ο Ζώσιμος (417-418) και τότε ο Κελέστιος πήγε στη Ρώμη και υπέβαλε μια ασαφή ομολογία πίστεως, η οποία έγινε δεκτή με τη σύσταση να παύσει τις συζητήσεις. Το ίδιο έκανε και ο Πελάγιος. Ο πάπας έγραψε στους επισκόπους της Αφρικής ότι ο Πελάγιος είναι αθώος. Αμέσως έγινε σύνοδος στην Καρχηδόνα, το 418, αναθεμάτισε προσωπικά τον Πελάγιο και τον

Κελέστιο και τις διδασκαλίες τους και θέσπισε μάλιστα οκτώ κανόνες εναντίον του πελαγιανισμού. Ο αυτοκράτορας Ονώριος (395-423) τους έδιωξε από τη Ρώμη με διάταγμα και τότε τους καταδίκασε και ο πάπας Ζώσιμος.

Ο Πελάγιος πέθανε ίσως το 422. Ο Κελέστιος με μία ομάδα Πελαγιανών προσέφυγε στην Κωνσταντινούπολη και προσπάθησε να πλησιάσει το Νεστόριο, που ήταν τότε πατριάρχης, αλλά έγιναν γνωστές οι πλάνες του αφού ο Νεστόριος ζήτησε πληροφορίες από τον πάπα Κελεστίνο Α' (422-432). Ο αυτοκράτορας Θεοδόσιος Β' με διάταγμα εξόρισε τον Κελέστιο. Η Γ' Οικουμενική Σύνοδος στην Έφεσο (431) με τον 1ο και τον 4ο κανόνα έκανε δεκτή την καταδίκη του Κελεστίου και συγκαταλέγει τον πελαγιανισμό στις επικίνδυνες αιρέσεις, που έχουν κατά βάση σχέση με το νεστοριανισμό. Έτσι, καταδίκασε και το νεστοριανισμό και τον πελαγιανισμό. Η Σύνοδος έστειλε επιστολή προς τον Ρώμης Κελεστίνο, με την οποία οι πατέρες γνωστοποίησαν στον πάπα την καταδικαστική απόφαση εναντίον του πελαγιανισμού.

Η σοβαρή αυτή αίρεση, που προερχόταν από τη Δύση, ασχολήθηκε με τον ανθρωπολογικό παράγοντα και έδινε ηθικό περιεχόμενο στη σωτηρία· μία σωτηρία ηθική και νομική. Κατά την ορθόδοξη θεολογία, ο πελαγιανισμός απορρίπτεται γιατί αγνοεί τη σχέση μετοχής κτιστού και ακτίστου, μετοχής του μη όντος στο ον. Πάντως ευθύς εξαρχής υπήρξε συμφωνία μεταξύ Ρώμης και Ορθόδοξης Εκκλησίας. Τον καταδίκασε και η Ανατολή και η Δύση και τον πολέμησε ο Αυγουστίνος.

Ημιπελαγιανισμός / Ημιπελαγιανοί = μετά από την καταδίκη του πελαγιανισμού έμειναν ορισμένοι οπαδοί του, οι οποίοι είχαν μετριοπαθέστερες ιδέες και είχαν σκανδαλιστεί και από τις υπερβολικές ιδέες του Αυγουστίνου. Ο Ιωάννης Κασσιανός (+ 435) από τη Δοβρουτσά, ηγούμενος της μονής του Αγ. Βίκτωρος, επιχείρησε να καταδείξει τη συγγένεια των ιδεών του νεστοριανισμού και του πελαγιανισμού.

Ο Ιωάννης στο ζήτημα της σωτηρίας εξέφρασε μία άποψη, η οποία βρισκόταν ανάμεσα στις δύο αντίθετες διδασκαλίες του Πελάγιου και του Αυγουστίνου. Τόνιζε το ρόλο που παίζει η ελευθερία στη σωτηρία του ανθρώπου. Δεχόταν το προπατορικό αμάρτημα και την αναγκαιότητα της χάρης του Θεού διότι με την πτώση εξασθένησε η θέληση του ανθρώπου και απέρριπτε τη θέση του Αυγουστίνου ότι η σωτηρία εξαρτάται αποκλειστικά από τη θεία εκλογή. Ο Κασσιανός δίδασκε ότι η ανθρώπινη θέληση έχει την πρωτοβουλία για το αγαθό και αυτή είναι που δέχεται τη χάρη του Θεού, η οποία δίνεται χωρίς διάκριση σε όλους, γιατί ο Θεός θέλει τη σωτηρία όλων των ανθρώπων.

Η διδασκαλία αυτή καταδικάστηκε από σύνοδο στο Αραούσιο.

Το 16ο αι. ονόμασαν ημιπελαγιανούς όσους δέχτηκαν τη διδασκαλία του Κασσιανού γιατί τους θεώρησαν ως υπολείμματα του πελαγιανισμού.

5ος αιώνας

Χριστολογικές αιρέσεις

Νεστόριος / νεστοριανισμός = ο Νεστόριος γεννήθηκε στη Γερμανίκεια της Συρίας κατά τα τέλη του 4ου αι. και σπούδασε στην Αντιόχεια, όπου είχε δάσκαλο το Θεόδωρο Μοψουεστίας. Ήταν μοναχός και ιερέας στην Αντιόχεια, διακρινόταν για την αυστηρή ασκητική ζωή του και τη ρητορική του ικανότητα όχι όμως και για τη θεολογική του κατάρτιση.

Το 428 έγινε επίσκοπος Κωνσταντινουπόλεως, μέχρι το 431, και έδειξε ζήλο για την καταπολέμηση των αιρέσεων, αλλά ο ίδιος κατέληξε σε μία συγκεκριμένη διδασκαλία για τις δύο φύσεις του Χριστού και για τον τρόπο της ένωσής τους. Ο Νεστόριος ενώ δίδασκε ότι στο Χριστό υπάρχουν δύο πλήρεις φύσεις, χωρίς σύγχυση, ενωμένες σε ένα πρόσωπο, όμως δεχόταν αυτήν την ένωση με λάθος τρόπο. Δεν δεχόταν την πραγματική και ουσιαστική ένωση των δύο φύσεων του Χριστού και επέμενε στην οξεία διάκρισή τους. Η ένωση που δεχόταν ήταν απλώς ηθική και προερχόταν από την ενοίκηση της θεότητας στον άνθρωπο. Κάθε φύση, έλεγε, έχει τη δική της προσωπικότητα επομένως η ένωση έγινε ανάμεσα στις δύο προσωπικότητες που υπήρχαν και ήταν χωριστές, ήταν δύο υιοί, ο άνθρωπος Ιησούς και ο Λόγος και προέκυψε μια νέα προσωπικότητα, ο Χριστός, τον οποίο ονόμαζε πρόσωπο της ενώσεως. Αυτή η προσωπικότητα του Χριστού ήταν διαφορετική από την προσωπικότητα του Λόγου και την προσωπικότητα του ανθρώπου. Η ένωση των δύο φύσεων έγινε κατ' ευδοκία και όχι κατά φύση. Ο Νεστόριος αυτή τη δυαδικότητα δεν κατόρθωσε να την ξεπεράσει ποτέ. Ο άνθρωπος Ιησούς και ο Λόγος ήταν δύο διαφορετικές υποστάσεις και μολονότι ενώθηκαν ηθελημένα σε μια ηθική σχέση, παρά ταύτα αποτελούν δύο χωριστά και διακεκριμένα πράγματα. Η διαίρεση αυτή θεωρήθηκε αιρετική και βλάσφημη.

Ο Θεός Λόγος, κατά το Νεστόριο, απλώς πέρασε διαμέσου της Παναγίας για να κάνει τον άνθρωπο Ιησού κατοικητήριο, ή όχημα, ή ναό, ή φορείο, ή ένδυμα. Γι' αυτό ο Ιησούς δεν ήταν Θεός παρά μονάχα θεοφόρος. Δεν δεχόταν ότι ο Θεός γεννήθηκε από την Παρθένο, ότι έπαθε με τη σάρκα και πέθανε. Αυτή η χριστολογική αίρεση είχε σοβαρή επίπτωση και στον τρόπο θεώρησης της Παναγίας καθώς έλεγε ότι η Παναγία γέννησε έναν κοινό άνθρωπο, προορισμένο να γίνει όχημα της θεότητας· στον άνθρωπο αυτόν ήρθε και εγκαταστάθηκε ο Λόγος. Κατά το Νεστόριο αυτή η ενοίκηση της θεότητας στην ανθρωπότητα έγινε ήδη στη μήτρα της Μαρίας, γι' αυτό ονόμαζε την Παρθένο όχι Θεοτόκο αλλά *Χριστοτόκο* δίνοντας τη σημασία της λέξης *ανθρωποτόκος*, καθώς η Μαρία δεν γέννησε Θεό, αλλά άνθρωπο θεοφόρο. Αυτή η άρνηση, όπως ήταν φυσικό, προκάλεσε το κοινό αίσθημα και ξέσπασε σάλος, ιδιαίτερα στην Κωνσταντινούπολη.

Σπουδαίο ρόλο διαδραμάτισε ο Κύριλλος Αλεξανδρείας, ο οποίος αμέσως απέκρουσε τις δοξασίες του Νεστορίου. Έστειλε επιστολή στο Νεστόριο και του ζητούσε να δεχθεί την Παρθένο Μαρία ως Θεοτόκο. Ο Νεστόριος απάντησε χωρίς να δώσει ιδιαίτερη σημασία. Σε δεύτερη επιστολή του προς το Νεστόριο, τόνισε την πραγματική ένωση των δύο φύσεων στο πρόσωπο του Χριστού και κατά συνέπεια τη σωστή ονομασία της Παρθένου ως Θεοτόκου. Ο Νεστόριος απάντησε αδιάφορα.

Ο Κύριλλος και ο Νεστόριος απευθύνθηκαν στον *πάπα Καιλεστίνο* (422-432), ο οποίος με σύνοδο στη Ρώμη το 430, καταδίκασε το Νεστόριο ως αιρετικό. Ο Νεστόριος όφειλε να αποκηρύξει τις πλάνες του, διαφορετικά θα τον τιμωρούσαν με αφορισμό και καθαίρεση. Ανέθεσαν στον Κύριλλο να επιβλέψει την εκτέλεση των αποφάσεων της συνόδου.

Ο Νεστόριος αρνήθηκε να δεχθεί τη λέξη Θεοτόκος, ισχυριζόμενος ότι οδηγεί στον απολλιναρισμό και απευθύνθηκε στον αυτοκράτορα Θεοδόσιο Β'(408-450).

Ο Κύριλλος έστειλε στο Νεστόριο τρίτη επιστολή στην οποία επισύναψε και τους περίφημους δώδεκα αναθεματισμούς του (προτάσεις) κατά των νεστοριανικών θέσεων και του ζητούσε να υπογράψει το κείμενο για να απαρνηθεί με τον τρόπο αυτό τις πλάνες του.

Ο Νεστόριος με τη σειρά του, έχοντας την υποστήριξη του αυτοκράτορα, αρνήθηκε τις κατηγορίες και απάντησε με δώδεκα δικούς του αναθεματισμούς, αναιρώντας τις θέσεις του Κυρίλλου και απορρίπτοντας την πραγματική ένωση των φύσεων στο πρόσωπο του Χριστού και μιλώντας περί ενοικήσεως του Λόγου στον άνθρωπο Ιησού, δεχόμενος ουσιαστικά την ύπαρξη δύο προσώπων στο Χριστό.

Ύστερα από την αναταραχή αυτή, με πρωτοβουλία του αυτοκράτορα Θεοδοσίου Β', συγκλήθηκε η Γ' Οικουμενική Σύνοδος στην Έφεσο το 431, υπό την προεδρία του Κυρίλλου Αλεξανδρείας. Η Σύνοδος κάλεσε το Νεστόριο, ο οποίος βρισκόταν στην Έφεσο, να παρουσιαστεί αλλά εκείνος αρνήθηκε. Τελικά, τον αναθεμάτισε, τον κήρυξε έκπτωτο και καταδίκασε τη διδασκαλία του.

Ο Νεστόριος, ήδη από το 431, περιορίστηκε στη μονή Ευτρεπίου κοντά στην Αντιόχεια. Το 435 μεταφέρθηκε στην Πέτρα της Αραβίας και τελικά εξορίστηκε στην Μεγάλη Όαση στην Αίγυπτο. Πέθανε το 451 χωρίς να αρνηθεί τις ιδέες του. Ο νεστοριανισμός διαδόθηκε ευρύτατα στη Συρία, στην Περσία, την Ινδία και έφτασε μέχρι την Κίνα.

Ευτυχής / μονοφυσιτισμός = ο αρχιμανδρίτης Ευτυχής ήταν ηγούμενος σ' ένα από τα πιο μεγάλα μοναστήρια της Κωνσταντινουπόλεως και υπήρξε υπόδειγμα ασκητικής ζωής. Ο Ευτυχής δεν θέλησε να δεχτεί ούτε τις απόψεις του Νεστορίου, του οποίου ήταν αντίπαλος από την αρχή, ούτε όμως και τις θέσεις της ορθοδοξίας. Κινούμενος από αντινεστοριανικό πάθος θεωρούσε αιρετικούς όλους όσους δέχονταν δύο φύσεις στο Χριστό, εισήγαγε το λεγόμενο μονοφυσιτισμό και αναδείχτηκε αρχηγός του.

Ο Ευτυχής πίστευε ότι η ένωση των δύο φύσεων είναι γεγονός και μάλιστα συντελείται κατά τέτοιο τρόπο, ώστε η ανθρώπινη φύση παύει να υπάρχει. Πίστευε ότι η ένωση αυτή έγινε ως κράση και σύγκραση, κατά την οποία η ανθρώπινη φύση απορροφήθηκε από τη θεία και εξαφανίστηκε. Ο Ευτυχής δεχόταν μία υπόσταση και ένα πρόσωπο στον ενανθρωπήσαντα Λόγο και έλεγε ότι πριν από την ένωση υπήρχαν δύο φύσεις, μετά την ένωση όμως υπήρχε μία φύση, του Θεού Λόγου. Το σώμα του Χριστού ήταν ανθρώπινο, αλλά όχι ίδιας ουσίας με εμάς γιατί ήταν Θεός. Έλεγε ότι η ανθρώπινη φύση μετά την ένωση με το Λόγο θεώθηκε, χωρίς όμως να προσδιορίζει τη θέωση αυτή. Έτσι, γίνεται αντιληπτό ότι μετά την ένωση των δύο φύσεων έβλεπε το Χριστό ως εντελώς ξένο με την ανθρώπινη φύση.

Ο Ευτυχής ανέπτυξε τις ιδέες του προφορικά και σύντομα σημειώθηκαν αντιδράσεις εναντίον του. Το 448 ο επίσκοπος Δορυλαίου Ευσέβιος κατήγγειλε τον Ευτυχή στον πατριάρχη Κωνσταντινουπόλεως Φλαβιανό (446-449). Στην ενδημούσα σύνοδο της Κωνσταντινουπόλεως το 448, ο πατριάρχης κάλεσε τον Ευτυχή να παρουσιαστεί. Εκείνος αναγκάστηκε να παρουσιαστεί, αλλά ούτε τις ιδέες του ανακάλεσε ούτε την ορθή πίστη ομολόγησε ξεκάθαρα. Τελικά η σύνοδος τον καθαίρεσε, τον αφόρισε και του αφαίρεσε το αξίωμα του ηγουμένου και του πρεσβυτέρου.

Όταν ο πάπας Ρώμης Λέων Α' (440-461) έλαβε τις αποφάσεις της συνόδου του 448 έγραψε προς τον πατριάρχη Φλαβιανό την περίφημη δογματική επιστολή του, τον Τόμο, όπου αντιτάχθηκε στη φράση του Ευτυχή: μία φύση μετά από την ένωση.

Ο Ευτυχής αν και καταδικάστηκε δεν υποχώρησε, αλλά απευθύνθηκε στο Διόσκορο Αλεξανδρείας, στο Λέοντα Ρώμης και στους επισκόπους Ιεροσολύμων και Θεσσαλονίκης, ζητώντας την αποκατάστασή του. Ο Διόσκορος θεώρησε τις αποφάσεις της συνόδου του 448 άκυρες και δέχθηκε τον Ευτυχή σε κοινωνία.

Ο αυτοκράτορας Θεοδόσιος Β', κατόπιν αιτήματος του Ευτυχή, συγκάλεσε σύνοδο στην Έφεσο το 449, στην οποία κάλεσε και το Διόσκορο και τον πάπα Λέοντα. Ο πάπας έστειλε αντιπροσώπους. Η σύνοδος συγκλήθηκε με σκοπό να αθωώσει τον Ευτυχή. Πρόεδρος της συνόδου ορίστηκε ο Διόσκορος Αλεξανδρείας, φίλος του Ευτυχή, ο οποίος μεθόδευσε τα πράγματα όσο μπορούσε προκειμένου να πετύχει ένα ευνοϊκό κλίμα και μία αθωωτική απόφαση για τον Ευτυχή. Αρνήθηκε το αίτημα των παπικών αντιπροσώπων να διαβαστούν οι επιστολές του πάπα. Κάλεσαν τον Ευτυχή, ο οποίος ισχυρίστηκε ότι η σύνοδος του 448 δεν τον άφησε να απολογηθεί, γι' αυτό ζητούσε δικαιοσύνη. Επανέλαβε τη γνωστή θέση του και είπε ότι δεχόταν δύο φύσεις πριν την ένωση και μία φύση μετά την ένωση. Δεν επέτρεψαν σε κανέναν να απαντήσει στον Ευτυχή, αποχώρησαν πολλοί επίσκοποι και τελικά όσοι έμειναν, με δολοπλοκίες από την πλευρά του Διόσκορου για να έχει την πλειοψηφία, αναγνώρισαν τον Ευτυχή ως ορθόδοξο και τον αποκατέστησαν ως πρεσβύτερο και ως ηγούμενο.

Ο Διόσκορος όμως ήθελε να τιμωρήσει εκείνους που είχαν καταδικάσει τον Ευτυχή. Έτσι, αφού ασκήθηκαν πιέσεις και βία στους επισκόπους, που μετείχαν στη σύνοδο, τελικά υπέγραψαν και την καθαίρεση και τον αφορισμό του Φλαβιανού Κωνσταντινουπόλεως και του Ευσεβίου Δορυλαίου. Επίσης, ο Διόσκορος στράφηκε εναντίον όσων θεωρούνταν υποστηρικτές των νεστοριανικών ιδεών, γι' αυτό καθαιρέθηκε ο Δόμνος Αντιοχείας, ενώ ερήμην καταδικάστηκαν και αφορίστηκαν ο Ίβας Εδέσης και ο Θεοδώρητος Κύρου.

Οι παπικοί αντιπρόσωποι έφυγαν και ανέφεραν τα γεγονότα στον πάπα Λέοντα και εκείνος διαμαρτυρήθηκε εγγράφως στον αυτοκράτορα και χαρακτήρισε τη σύνοδο ως «**Ληστρική**» και ζητούσε νέα σύνοδο για να τακτοποιήσει την κατάσταση. Πράγματι η σύνοδος αυτή, αν και συγκλήθηκε ως οικουμενική, ποτέ δεν αναγνωρίστηκε ως τέτοια, απεναντίας έμεινε στην ιστορία ως «**Ληστρική**».

Μετά από όλα αυτά, τους κυριότερους θρόνους τους κατείχαν πια φίλοι του Διόσκορου και φάνηκε ότι η αίρεση επιβλήθηκε με βίαια μέσα.

Τελικά, συγκλήθηκε η Δ' Οικουμενική Σύνοδος στη Χαλκηδόνα το 451, η οποία καθαίρεσε το Διόσκορο, επικύρωσε τις αποφάσεις της συνόδου της Κωνσταντινουπόλεως του 448 και συνεπώς επικύρωσε και την καταδίκη του Ευτυχή και αναίρεσε τις καταδίκες που είχε κάνει η «Ληστρική». Και βέβαια, η Σύνοδος συνέταξε τον περίφημο όρο της Χαλκηδόνος, που ορίζει ρητώς ότι μετά την ενανθρώπηση υπάρχουν δύο φύσεις ενωμένες σε ένα πρόσωπο, αυτό του Θεού Λόγου. Οι έννοιες φύση και πρόσωπο ξεκαθάρισαν πια και έπαψαν να ταυτίζονται.

Μετά από την Δ' Οικουμενική Σύνοδο (451) αποκαλούνταν μονοφυσίτες όσοι μιλούσαν για μία φύση στο Χριστό μετά την ένωση, αυτοί ήταν οι οπαδοί του Ευτυχή. Ομοίως και όσοι μιλούσαν για μία φύση στο Χριστό μετά την ένωση, έστω και αν προσέθεταν το ασυγχύτως και ατρέπτως και αυτοί αποκαλούνταν μονοφυσίτες, αλλά ήταν οι μετριοπαθείς.

Προχαλκηδόνιοι = η Δ' Οικουμενική Σύνοδος (451) δεν έγινε αποδεκτή από όλους, κυρίως όμως από τις ποικίλες ομάδες των μονοφυσιτών. Την εποχή αυτή η αυτοκρατορία του Βυζαντίου συγκλονίστηκε και τελικά ακρωτηριάστηκε· χάθηκαν ανατολικές επαρχίες για λόγους πολιτικούς, πολιτιστικούς και θρησκευτικούς. Κύριο αίτιο δεν ήταν μονάχα ο μονοφυσιτισμός, αλλά βοήθησε κι αυτός τις τάσεις ανεξαρτησίας και εχθρότητας κατά της αυτοκρατορικής εξουσίας και κατά του πατριαρχικού θρόνου της Κωνσταντινουπόλεως. Τελικά αποσπάστηκαν η Συρία, η Παλαιστίνη και η Αίγυπτος και έγιναν εύκολη λεία των Αράβων. Τέσσερεις μεγάλες μονοφυσιτικές Εκκλησίες αποτέλεσαν ιδιαίτερους κλάδους: η Αρμενική, η Ιακωβιτική, η Κοπτική και η Αιθιοπική. Στο σύνολό τους οι Εκκλησίες αυτές διατήρησαν κατά πολύ το ορθόδοξο ήθος και καλούνται Αντιχαλκηδόνιες, αλλά η πιο επιτυχής ονομασία είναι, η επικρατέστερη σήμερα, Προχαλκηδόνιες. Ο λόγος είναι προφανής· η διαφορά δεν είναι θέμα αντίθεσης, αλλά πρόκειται για μια ιδιαίτερη τάση εξαιτίας της διαφορετικής πολιτιστικής και θεολογικής κατάστασης αυτών των ανατολικών λαών που δεν μπόρεσαν να παρακολουθήσουν τις θεολογικές εξελίξεις ούτε να τις ακολουθήσουν μετά. Προσπάθειες για διαλογική επαφή έγιναν αμέσως μετά τη Σύνοδο από τον 5ο ως τον 7ο αι., αλλά δεν είχαν αποτέλεσμα. Το 12ο αι. οι προσπάθειες οργανώθηκαν συστηματικά, αλλά κι αυτές δεν απέδωσαν τίποτα. Σήμερα γίνεται διάλογος στα πλαίσια της οικουμενικής κίνησης, με τις τέσσερεις αυτές Εκκλησίες και με την Εκκλησία του Μαλαμπάρ των Ινδιών. Ύστερα από αλλεπάλληλες ανεπίσημες διασκέψεις ορθοδόξων και προχαλκηδόνιων θεολόγων από το 1971 ο διάλογος άρχισε να παίρνει επίσημο χαρακτήρα.

Ιάκωβος Βαραδαίος / Ιακωβίτες = μετά το θάνατο του Ιουστινιανού το 565 οι μονοφυσίτες της Συρίας κατόρθωσαν να αναδιοργανωθούν. Αυτός που εργάστηκε σκληρά, με τη βοήθεια επισκόπων από την Αίγυπτο, και ουσιαστικά τους οργάνωσε ήταν ο μονοφυσίτης Ιάκωβος Βαραδαίος ή Ζάνζαλος (541-578), ο οποίος έγινε επίσκοπος Εδέσσης, αλλά δεν έγινε ποτέ πατριάρχης. Ο Ιάκωβος οργάνωσε τους μονοφυσίτες σε κοινότητες, ίδρυσε μητροπόλεις και χειροτόνησε κληρικούς. Απ' αυτόν οι μονοφυσίτες στη Συρία έλαβαν την επωνυμία Ιακωβίτες. Ήταν ο εντόπιος πληθυσμός και αισθάνονταν αποστροφή προς το Βυζάντιο και τον αυτοκράτορα γιατί τους κατεδίωκαν. Χρησιμοποιούσαν στη λατρεία τους τη συριακή (αραμαϊκή) γλώσσα.

Κόπτες = το όνομα αυτό δηλώνει τον εντόπιο αρχαίο κάτοικο της Αιγύπτου και στη συνέχεια δόθηκε στους μονοφυσίτες της Αιγύπτου. Αυτοί είχαν μείνει χωρίς πατριάρχη όταν πέθανε ο Θεοδόσιος το 556, ο οποίος αν και ήταν εξόριστος στους Δέρκους της Θράκης επικοινωνούσε μαζί τους. Επί δέκα χρόνια έμεναν χωρίς πατριάρχη και οι επίσκοποι έμεναν κρυμμένοι. Μετά το θάνατο του Ιουστινιανού το 565 οι μονοφυσίτες της Αιγύπτου κατόρθωσαν να αναδιοργανωθούν. Πήγε εκεί ο Ιάκωβος ο Βαραδαίος από τη Συρία και βοήθησε το μονοφυσίτη πατριάρχη Αλεξανδρείας Πέτρο και οργάνωσαν δική τους εκκλησία. Οι Κόπτες της Αιγύπτου σήμερα υπολογίζονται σε 9 εκατομμύρια.

Μελχίτες = σημαίνει Βασιλικοί και έτσι ονομάστηκαν οι ορθόδοξοι της Συρίας και της Αιγύπτου, δηλαδή των χωρών όπου επικράτησε ο μονοφυσιτισμός, γιατί ακυλουθούσαν την πίστη του αυτοκράτορα και ήταν αφοσιωμένοι σ' αυτόν σε αντίθεση με τους μονοφυσίτες Ιακωβίτες της Συρίας και τους Κόπτες της Αιγύπτου. Οι Μελχίτες δεν ανήκαν στον εντόπιο πληθυσμό.

Τρία κεφάλαια = Θεόδωρος Μοψουεστίας, Θεοδώρητος Κύρου, Ίβας Εδέσσης, μεγάλοι θεολόγοι της Αντιοχειανής Σχολής, είναι τα λεγόμενα «*τρία κεφάλαια*». Επέμεναν υπέρ το δέον στην ηθική πλευρά της σωτηρίας. Δεν είναι απόλυτα ξεκάθαρο αν αρνήθηκαν το μυστήριο της ενανθρώπησης, πάντως οι απόψεις τους για τον τρόπο ένωσης των δυο φύσεων του Χριστού έδωσαν αφορμές για παρερμηνείες.

Θεόδωρος επίσκοπος Μοψουεστίας (+428), διακρίθηκε ως ερμηνευτής και θεολόγος. Ακολουθούσε την ιστορική μέθοδο στην ερμηνεία της Αγίας Γραφής. Υπήρξε δάσκαλος του Νεστορίου. Για να αποκρούσει τον αρειανισμό και τον απολλιναρισμό επέμενε στο χωρισμό των δύο φύσεων του Χριστού και έτσι δεχόταν και δύο πρόσωπα. Δεχόταν ότι ανάμεσα στον άνθρωπο Ιησού και το θείο Λόγο υπήρχε φαινομενική προσωπική ένωση, που εκδηλωνόταν ως ενότητα γνώμης.

Θεοδώρητος επίσκοπος Κύρου (+457), υπήρξε μαθητής του Θεοδώρου Μοψουεστίας, επίσκοπος και επιφανής λόγιος. Διακρινόταν για την ευγένεια και την ευθύτητα του χαρακτήρα του, δεν ήταν ιδιοτελής και αγωνίστηκε για την αλήθεια. Οι μονοφυσίτες τον κατηγορούσαν ως Νεστοριανό γιατί ήταν μαθητής του Θεοδώρου Μοψουεστίας. Δεν συμφωνούσε με τον Κύριλλο Αλεξανδρείας και έγραψε εναντίον των 12 αναθεματισμών του Κυρίλλου. Καταδικάστηκε ερήμην και αφορίστηκε από τη «Ληστρική» σύνοδο της Εφέσου (449). Αλλά στην Δ' Οικουμενική Σύνοδο (451) έγινε δεκτός ως ορθόδοξος, αφού καταδίκασε το Νεστόριο και όσους δεν ονόμαζαν Θεοτόκο τη Μαρία. Έτσι, τον αποκατέστησαν στην επισκοπή του, όπου έζησε ειρηνικά μέχρι το θάνατό του.

Ίβας επίσκοπος Εδέσσης, υπήρξε διευθυντής της σχολής της Εδέσσης, που έκλινε προς το νεστοριανισμό. Ο ίδιος δέχτηκε την καταδίκη του Νεστορίου μετέφρασε όμως συγγράμματα του Θεοδώρου Μοψουεστίας. Δεχόταν δύο φύσεις και ένα πρόσωπο σύμφωνα με τη νεστοριανή αντίληψη. Έγινε επίσκοπος Εδέσσης. Καταδικάστηκε ερήμην και αφορίστηκε από τη «Ληστρική» σύνοδο της Εφέσου (449), γιατί έγραψε περιφρονητικά για τους 12 αναθεματισμούς του Κυρίλλλου. Αλλά η Δ' Οικουμενική Σύνοδος (451) τον αθώωσε και τον αποκατέστησε, αφού προηγουμένως είχε αναθεματίσει τον Νεστόριο.

«Τρία κεφάλαια», η καταδίκη

Οι ωριγενιστικές έριδες, που δημιουργήθηκαν στην Παλαιστίνη τον 6º αι., ανάγκασαν τον Ιουστινιανό να εκδώσει, το 543, διάταγμα με το οποίο καταδίκαζε τις κακοδοξίες, που υπήρχαν στα έργα του Ωριγένη και επίσης αποτελούσε και καταδίκη των ωριγενιστών. Μετά από το διάταγμα αυτό οι ωριγενιστές της Παλαιστίνης καταδιώχθηκαν. Ο Θεόδωρος Ασκιδάς, ωριγενιστής ηγούμενος της Νέας Λαύρας της Παλαιστίνης, που βρισκόταν στην Κωνσταντινούπολη και είχε πολλές γνωριμίες, για να εκδικηθεί τους Παλαιστίνιους, που καταδίωξαν τους ωριγενιστές, πρότεινε ένα σχέδιο για την καταδίκη τριών συμμάχων και φίλων του Νεστορίου, χωρίς να παραμεριστεί η Δ' Οικουμενική Σύνοδος, εναντίον των οποίων είχαν παράπονα και οι μονοφυσίτες. Αυτό το σχέδιο ήταν η καταδίκη των *«τριών κεφαλαίων»*. Η καταδίκη θα αποτελούσε απόδειξη για τους μονοφυσίτες ότι οι ορθόδοξοι δεν έκλιναν στο νεστοριανισμό, όπως τους κατηγορούσαν, και ακόμη ότι στη Χαλκηδόνα δεν καταστράφηκε το έργο της συνόδου της Εφέσου, όπως ισχυρίζονταν. Το σχέδιο αυτό του Ασκιδά το υποστήριξε η Θεοδώρα και συμφώνησε και ο Ιουστινιανός και το 543 εξέδωσε διάταγμα, με το οποίο καταδίκαζε α) το Θεόδωρο Μοψουεστίας και τα έργα του, γιατί ήταν δάσκαλος του Νεστορίου, β) το Θεοδώρητο Κύρου και τα έργα που έγραψε εναντίον των 12 αναθεματισμών του Κυρίλλου Αλεξανδρείας και γ) τον Ίβα Εδέσσης και την επιστολή του που έγραψε προς τον επίσκοπο Μάρι του Χαρντασίρ (Σελεύκεια-Κτησιφών), στην οποία τα κριτικά του σχόλια για τη σύνοδο της Εφέσου πλησίαζαν τις νεστοριανικές διδασκαλίες.

Στο διάταγμα πρόσθεσε και αναθεματισμούς (κεφάλαια) γι' αυτό και το διάταγμα πήρε την ονομασία αυτή, ώστε κατάντησε κατόπιν *«τρία κεφάλαια»* να σημαίνει και τα έργα που καταδικάστηκαν.

Σχετικά με το διάταγμα αυτό υπήρχε η δυσκολία ότι ο μεν Θεόδωρος Μοψουεστίας είχε πεθάνει ειρηνικά σε κοινωνία με την εκκλησία και καταδικαζόταν τώρα ύστερα από πολλά χρόνια μετά το θάνατό του, οι δε δύο άλλοι είχαν αθωωθεί και είχαν αποκατασταθεί από την Δ' Οικουμενική Σύνοδο (451), αφού πρώτα είχαν αναθεματίσει και αποκηρύξει το Νεστόριο. Γι' αυτό και το διάταγμα έγινε απρόθυμα δεκτό και εξαιτίας του προκλήθηκαν μακρές και λυπηρές έριδες. Οι πατριάρχες της Ανατολής το υπέγραψαν με δισταγμό και ύστερα από πίεση. Στη Δύση το αποδοκίμασαν σαφώς και τελικά το 548 ο πάπας Βιγίλιος (537-555) αναγκάστηκε να συντάξει έγγραφο με το οποίο καταδίκαζε τα «*τρία κεφάλαια*» με την ισχυρή επιφύλαξη όμως ότι δεν βλάπτεται η Δ' Οικουμενική Σύνοδος. Η απόφαση του *πάπα* προκάλεσε μεγάλες αντιδράσεις στη Δύση γεγονός που θορύβησε τόσο τον *πάπα* όσο και τον Ιουστινιανό. Ο *πάπας* έπεισε τον Ιουστινιανό να σταματήσουν τη συζήτηση για το θέμα αυτό μέχρι να διαφωτιστούν στη Δύση για τα «*τρία κεφάλαια*» σε Οικουμενική Σύνοδο. Ο Ιουστινιανός συμφώνησε αφού πρώτα ο *πάπας* ορκίστηκε εγγράφως ότι θα ασκήσει την επιρροή του για την καταδίκη των «*τριών κεφαλαίων*».

Μεσολάβησαν τραγικά γεγονότα και τελικά συγκλήθηκε το 553 η Ε' Οικουμενική Σύνοδος στην Κωνσταντινούπολη από τον Ιουστινιανό, ως μία απόπειρα της αυτοκρατορικής πολιτικής για την προσέγγιση των μονοφυσιτών, εφόσον ο αυτοκράτορας πίστευε πως μία καταδίκη εκ νέου μερικών νεστοριανικών θέσεων θα ικανοποιούσε τους μονοφυσίτες. Έτσι, στη Σύνοδο καταδικάστηκαν τα λεγόμενα «*τρία κεφάλαια*», δηλαδή ο Θεόδωρος Μοψουεστίας και τα συγγράμματά του, και τα συγγράμματα του Θεοδωρήτου Κύρου και του Ίβα Εδέσσης. Η Σύνοδος δήλωσε ότι είναι δυνατή η καταδίκη νεκρών που έπεσαν σε αίρεση και καταδίκασε προσωπικά τον Θεόδωρο Μοψουεστίας. Ωστόσο, προσωπική καταδίκη δεν υπήρξε ούτε για τον Θεοδώρητο Κύρου ούτε για τον Ίβα Εδέσσης, αλλά καταδικάστηκαν οι ασεβείς εκφράσεις των έργων του Θεοδώρητου Κύρου εναντίον της Συνόδου της Εφέσου και των αναθεματισμών του Κυρίλλου Αλεξανδρείας και η επιστολή του Ίβα προς τον επίσκοπο Μάρι, όπου αρνιόταν την ενσάρκωση του Λόγου και κατηγορούσε τον Κύριλλο ότι ήταν απολλιναριστής.

Η Σύνοδος εξέδωσε 14 αναθεματισμούς εναντίον των «*τριών κεφαλαίων*», οι οποίοι δεν καταδικάζουν καμιά νέα αίρεση, αλλά απλώς επαναλαμβάνονται σε γενικές γραμμές οι νεστοριανικές θέσεις και αποδοκιμάζονται. Επίσης, καταδικάστηκαν όλοι οι προηγούμενοι μεγάλοι αιρεσιάρχες.

Οι αποφάσεις της Συνόδου δεν έγιναν δεκτές από όλους, υπήρξαν αντιδράσεις και φυσικά η καταδίκη των «τριών κεφαλαίων» δεν έφερε τη επιθυμητή συμφιλίωση των μονοφυσιτών και των ορθοδόξων.

Η Ρώμη καταρχήν δεν ήταν σύμφωνη. Ο πάπας Βιγίλιος δεν πήγε στη Σύνοδο, μολονότι βρισκόταν περιορισμένος στην Κωνσταντινούπολη. Ο αυτοκράτορας παρουσίασε έγγραφα, στα οποία φαινόταν ότι ο πάπας υποσχέθηκε ότι θα συμφωνούσε μαζί του, αλλά δεν το έκανε. Γι' αυτό και ζήτησε από τη Σύνοδο να διαγραφεί το όνομα του πάπα από τα δίπτυχα. Η Σύνοδος τον διέγραψε, αλλά δεν τον αφόρισε. Ένα χρόνο αργότερα, το 554, ο πάπας αναγκάστηκε να αναγνωρίσει την Ε' Οικουμενική Σύνοδο, να καταδικάσει τα σφάλματα των «τριών κεφαλαίων» και να τα αναθεματίσει και ο ίδιος. Η Δύση αργότερα δέχτηκε την καταδίκη των «τριών κεφαλαίων».

Εγκύκλιον του Βασιλίσκου (475)

Μετά την Δ' Οικουμενική Σύνοδο της Χαλκηδόνος (451) και την καταδίκη του μονοφυσιτισμού δεν ήρθε ειρήνη στην εκκλησία. Δημιουργήθηκαν μεγάλες αντιδράσεις στην Παλαιστίνη, στη Συρία και στην Αίγυπτο. Ήταν πάρα πολλοί αυτοί που θεώρησαν ότι η Σύνοδος ήταν προδοσία της πίστεως και επικύρωση του Νεστορίου, αφού μιλούσε για δύο φύσεις. Σημειώθηκαν εξεγέρσεις σε πολλές περιοχές, κυρίως όμως στην Αίγυπτο. Το 474 πέθανε ο Λέων Β' και στο θρόνο της Κωνσταντινουπόλεως ανέβηκε ο γαμπρός του ο Ζήνων (474-475). Προκάλεσε όμως δυσαρέσκεια και έτσι η ίδια η πεθερά του υποστήριξε την επανάσταση του αδελφού της Βασιλίσκου εναντίον του Ζήνωνος. Φυσικά, οι πολιτικές μεταβολές είχαν αντίκτυπο και στα εκκλησιαστικά ζητήματα.

Ο Βασιλίσκος (475-476) για να μπορέσει να κρατηθεί στο θρόνο στηρίχθηκε στους μονοφυσίτες. Το 475 εξέδωσε το Εγκύκλιον, ένα διάταγμα με το οποίο ουσιαστικά επέβαλε το μονοφυσιτισμό, καθώς παραμέριζε τη Σύνοδο της Χαλκηδόνος, προκειμένου να ενώσει τους μονοφυσίτες με τους ορθόδοξους, αναγνώριζε τις δύο συνόδους της Εφέσου την Γ' Οικουμενική Σύνοδο (431) και τη «Ληστρική» (449) και αποδοκίμαζε τις πλάνες του Ευτυχή. Ο Βασιλίσκος απαίτησε να υπογράψουν όλοι οι επίσκοποι το Εγκύκλιον και απείλησε κληρικούς και λαϊκούς για να μην αντιδράσουν. Το υπέγραψαν σχεδόν όλοι οι επίσκοποι και προς στιγμήν οι μονοφυσίτες ήταν ικανοποιημένοι γιατί πίστευαν ότι μπορούν να επικρατήσουν.

Ο πατριάρχης Κωνσταντινουπόλεως Ακάκιος (471-489) δεν το υπέγραψε και το θεωρούσε μάλιστα απειλή για την πίστη. Στο μεταξύ, η πολιτική κατάσταση δεν ήταν σταθερή και υπήρχε δυσαρέσκεια εναντίον του Βασιλίσκου, την οποία ο Ακάκιος ενίσχυε. Ο Βασιλίσκος βλέποντας τη δύναμή του να εξαντλείται, έφυγε από την Κωνσταντινούπολη και έτσι το 476 επέστρεψε ο Ζήνων (476-491). Η ειρήνευση στην εκκλησία όμως εξακολουθούσε να είναι ζητούμενο. Ήταν πολλοί οι επίσκοποι που δεν υποστήριζαν τη Σύνοδο της Χαλκηδόνος και από την άλλη μεριά αυξανόταν η δύναμη των μονοφυσιτών.

Ενωτικόν του Ζήνωνος (482)

Στην Κωνσταντινούπολη επιθυμούσαν διακαώς να πετύχουν την ένωση με τους μονοφυσίτες. Ο πατριάρχης Ακάκιος ήταν πιστός στη Χαλκηδόνα, όμως έβλεπε πως είχε διαμορφωθεί η κατάσταση. Ο Ζήνων περίμενε από αυτόν να βοηθήσει στη διευθέτηση των πραγμάτων.

Έτσι, το 482 ο πατριάρχης Ακάκιος Κωνσταντινουπόλεως συνέταξε ένα διάταγμα γνωστό ως Ενωτικόν, το οποίο εξέδωσε ο αυτοκράτορας Ζήνων. Με το διάταγμα αυτό ο Ζήνων επιχειρούσε να παρουσιάσει διαλλακτικές τάσεις, προκειμένου να αποκατασταθεί η πολιτική και εκκλησιαστική τάξη που είχε διαταραχθεί. Σ' αυτό εξέθετε την πίστη όπως περιέχεται στο σύμβολο της πίστεως της Νικαίας και της Κωνσταντινουπόλεως και στην Γ' Οικουμενική Σύνοδο της Εφέσου (431). Αναθεμάτιζε το Νεστόριο και τον Ευτυχή και δεχόταν τους 12 αναθεματισμούς του Κυρίλλου Αλεξανδρείας. Αποδοκίμαζε την Δ' Οικουμενική Σύνοδο της Χαλκηδόνας και το ζήτημα της ενώσεως των δύο φύσεων στο Χριστό προσδιοριζόταν χωρίς να γίνεται λόγος

Πτυχές από την ιστορία της αδιαίρετης Εκκλησίας

για μία ή για δύο φύσεις μετά την ένωση. Έτσι, δεν αναφέρεται η φράση *εν δύο φύσεσιν* της Δ΄ Οικουμενικής Συνόδου, που δεν άρεσε στους μονοφυσίτες, ούτε όμως και η φράση *μία φύσις*, που δεν άρεσε στους ορθοδόξους. Το Ενωτικόν ήταν ένα ειρηνικό διάταγμα, που αποτελούσε όμως υποχώρηση. Αν θα γινόταν δεκτό θα αποτελούσε εγκατάλειψη βασικών σημείων της πίστεως, δηλαδή του Τόμου του Λέοντος και του όρου της Συνόδου της Χαλκηδόνος, που είχαν γίνει δεκτά στην Ανατολή και στη Δύση. Γι' αυτό προκάλεσε σκληρές και ανυποχώρητες αντιδράσεις εκ μέρους των ορθοδόξων, αλλά και εκ μέρους των μονοφυσιτών η αποδοχή του ήταν διάφορη.

Στην Αλεξάνδρεια ο μονοφυσίτης Πέτρος Μογγός (δεν ήταν οπαδός του Ευτυχή, αλλά ακολουθούσε τη διδασκαλία του Κυρίλλου χωρίς να δέχεται την Δ΄ Οικουμενική Σύνοδο) το υπέγραψε και αναγνωρίστηκε πατριάρχης, όμως οι οπαδοί του δεν το δέχτηκαν γιατί ζητούσαν μία σαφή καταδίκη της Δ΄ Οικουμενικής Συνόδου. Ο Πέτρος προσπαθούσε να πείσει τους οπαδούς του να συμφωνήσουν, όμως η αντίδραση μεγάλωνε και τελικά έκοψαν την κοινωνία με τον πατριάρχη τους τον Πέτρο Μογγό και έτσι έγινε σχίσμα στην Αίγυπτο. Αυτούς που αποκόπηκαν από τον Πέτρο τους ονόμασαν **Ακέφαλους** ή Αποσχίτες. Στη συνέχεια Ακέφαλους ονόμασαν όλους τους μονοφυσίτες που δεν δέχτηκαν το Ενωτικόν.

Στην Αντιόχεια ο Πέτρος Γναφεύς υπέγραψε το Ενωτικόν χωρίς να συναντήσει αντίδραση στη Συρία. Επίσης, το υπέγραψαν ο Ακάκιος Κωνσταντινουπόλεως και ο Ιεροσολύμων Μαρτύριος.

Η πρωτοβουλία του Ζήνωνος υπέρ του μονοφυσιτισμού προξένησε και το Ακακιανό σχίσμα με τη Δύση.

6ος αιώνας

Χριστολογικές αιρέσεις

Αφθαρτοδοκήτες / αφθαρτοδοκητισμός = μετά από την Ε΄ Οικουμενική Σύνοδο της Κωνσταντινουπόλεως (553) μία μερίδα μονοφυσιτών υποστήριζε ότι το σώμα του Χριστού, αμέσως μετά την ενανθρώπηση, ήδη από τη σύλληψη, ήταν άφθαρτο κατά πάντα, μη υποκείμενο ούτε στα αδιάβλητα φυσικά πάθη· ήταν απαλλαγμένο από τις ανάγκες και τη φθορά και στο σταυρό οι πόνοι έγιναν πραγματικοί με θαύμα που οφειλόταν στη θέληση του Χριστού. Αυτοί ονομάστηκαν αφθαρτοδοκήτες, δεν δέχονταν το δόγμα της Χαλκηδόνας και οι κυριότεροι εκπρόσωποί τους ήταν ο Ιουλιανός μονοφυσίτης επίσκοπος Αλικαρνασσού της Μ. Ασίας και ο Γαϊανός Αλεξανδρείας.

Ο αφθαρτοδοκητισμός είχε διαδοθεί στην Αίγυπτο με μεγάλη επιτυχία. Ο Ιουστινιανός πίστεψε ότι η διδασκαλία του αφθαρτοδοκητισμού μπορούσε να ερμηνευθεί με ορθόδοξο τρόπο σε συνδυασμό με την Δ΄ Οικουμενική Σύνοδο κι έτσι να προσελκυσθούν οι μονοφυσίτες. Το 564 εξέδωσε ένα διάταγμα, με το οποίο επέβαλε τον αφθαρτοδοκητισμό και ζήτησε να το υπογράψουν όλοι οι επίσκοποι. Συνάντησε όμως αντιστάσεις. Ο Αναστάσιος Αντιοχείας κάλεσε σύνοδο, η οποία αποδοκίμασε το διάταγμα και γνωστοποίησε στον αυτοκράτορα την απόφασή της. Ο θάνατος του Ιουστινιανού (565) σταμάτησε την ενδεχόμενη αντίδρασή του.

Ακτιστίτες = παραφυάδα μονοφυσιτών, οι οποίοι ήταν ακραίοι αφθαρτοδοκήτες, που ακολουθούσαν τον Αμμώνιο. Δεν αποδέχονταν το δόγμα της Χαλκηδόνος και πίστευαν ότι το σώμα του Χριστού ήταν άλλου είδους, άφθαρτο και ουράνιο, αλλά και άυλο, άκτιστο, όπως η θεία ουσία, γι' αυτό και ονομάστηκαν ακτιστίτες. Έτσι όμως δεν ακολουθούσαν τις συνέπειες της υποστατικής ένωσης των δύο φύσεων του Χριστού. Η απουσία πραγματικών αδιάβλητων παθών και ανθρώπινων ενεργειών έδειχνε πως στο Χριστό δεν υπήρχε ακέραιη η κτιστή ανθρώπινη φύση.

7ος αιώνας

Χριστολογικές αιρέσεις

Μονοθελητισμός = από τις αρχές του 7ου αι. ο μονοθελητισμός εισάγεται στη θεολογία των μονοφυσιτικών κύκλων, καταρχήν, της Αλεξάνδρειας. Ύστατη απόπειρα για τον προσεταιρισμό των μονοφυσιτών και τη διάσωση του ανατολικού τμήματος της βυζαντινής αυτοκρατορίας έκαναν οι αυτοκράτορες Ηράκλειος (610-641) και

Κώνστας Β' (641-668), δίχως ωστόσο να προκύψει θετικό αποτέλεσμα. Στη νέα αυτή προσπάθεια κυρίαρχο και επίμαχο θέμα έγινε ο μονοθελητισμός και κατ' ακολουθία ο μονοενεργητισμός. Η διδασκαλία αυτή, ενώ αποδεχόταν τις δύο φύσεις του Χριστού έκανε λόγο για μία θέληση και μία ενέργεια του Χριστού. Αυτό σημαίνει πως μετά την ένωση των δύο φύσεων, θεότητας και ανθρωπότητας, στη μία υπόσταση του Θεού Λόγου, το ένα πρόσωπο σ' αυτή την ένωση είχε μία θέληση και μία ενέργεια. Ο μονοθελητισμός λοιπόν, ακολουθούμενος από το μονοενεργητισμό, εισβάλλει στους θεολογικούς κύκλους της Κωνσταντινουπόλεως.

Ο αυτοκράτορας Ηράκλειος, με εισήγηση του πατριάρχη Σεργίου Α' (610-638), είδε το μονοθελητισμό σαν μία μοναδική ευκαιρία προσεταιρισμού των μονοφυσιτών. Ήδη ο αυτοκράτορας κατά την εκστρατεία του στην Αρμενία και το ταξίδι του στα Ιεροσόλυμα είχε γνωρίσει αρκετούς μονοφυσίτες, συζήτησε μαζί τους και συμπάθησε πολύ τη φιλοσοφία τους. Εξάλλου, οι Αρμένιοι τον είχαν βοηθήσει σε στρατιώτες και υλικό. Από την άλλη μεριά ο πατριάρχης Σέργιος, καταγόμενος από τη Συρία, ήταν θερμός υποστηρικτής του μονοθελητισμού και ανέπτυξε μεγάλη δραστηριότητα στο θεολογικό και πολιτικό χώρο, επιδιώκοντας να επιβάλει τα σχέδιά του για μία συμβιβαστική λύση του προβλήματος. Έγραψε επιστολή στον πάπα Ονώριο Α' (625-638), στην οποία πολύ προσεκτικά διατύπωσε τα θετικά αποτελέσματα που θα είχε η ενωτική πολιτική του Ηρακλείου που στηριζόταν στη φράση: ένα θέλημα και μία ενέργεια στο Χριστό, αλλά δεν εξήγησε σαφώς τι εννοούσε. Η άποψη του Σεργίου είναι σαφής ως προς την αιρετική απόκλιση: ένας είναι ο Χριστός, ο αληθινός Θεός, που ενεργεί τα θεία και τα ανθρώπινα, αλλά δεν είναι δυνατόν να έχει ο ίδιος δύο θελήματα.

Μεγάλη αντίδραση πρόβαλε ο μοναχός Σωφρόνιος από τη Δαμασκό, ο οποίος αργότερα έγινε πατριάρχης Ιεροσολύμων. Ο Σωφρόνιος με σκληρή γλώσσα καταδίκασε το μονοθελητισμό και το μονοενεργητισμό, τονίζοντας ότι η νέα αίρεση είναι ο ίδιος ο μονοφυσιτισμός.

Το 638 ο αυτοκράτορας Ηράκλειος υπέγραψε διάταγμα, την περίφημη **Έκθεσιν**, όπου κάνει λόγο για ένα θέλημα του Χριστού. Βέβαια, η Έκθεσις είναι έργο του πατριάρχη Σεργίου, ο οποίος όταν είδε τις αντιδράσεις που προκάλεσε, αναδιπλώθηκε για λίγο. Όμως την ίδια χρονιά (638) πέθανε ο Σέργιος και οι Άραβες κυρίευσαν την Ιερουσαλήμ και λίγο αργότερα κατέλαβαν τη Συρία, την Αίγυπτο και όλη τη Β. Αφρική. Ο νέος πατριάρχης Πύρρος (638-641, 655) ήταν ομοϊδεάτης του Σεργίου, γι' αυτό αναγνώρισε την Έκθεση το 639 και ζήτησε από όλους τους κληρικούς να την υπογράψουν. Στη Ρώμη ο νέος *πάπας Ιωάννης Δ'* (640-642) καταδίκασε την Έκθεση και έστειλε την απόφαση στον Πύρρο. Ο Ηράκλειος δεν έλαβε μέτρα και είπε ότι ο Σέργιος από μόνος του συνέταξε την Έκθεσιν, άλλωστε ήταν ήδη άρρωστος και ανήσυχος από τις αραβικές κατακτήσεις.

Όταν ανέβηκε στο θρόνο ο Κώνστας Β' (641-668) αντικατάστησε τον πατριάρχη Πύρρο με τον ομοϊδεάτη του Παύλο Β' (641-654). Ο Πύρρος κατέφυγε στη Β. Αφρική, όπου επιδόθηκε σε έναν άοκνο αγώνα υπέρ του μονοθελητισμού. Προκλήθηκαν αναταραχές, καθώς αντέδρασαν οι ορθόδοξοι. Σφοδρός πολέμιος των ιδεών του Πύρρου αναδείχθηκε ο Μάξιμος ο ομολογητής. Ηττημένος ο Πύρρος από τη μεταξύ τους αντιπαράθεση, *πήγε στη Ρώμη όπου υπέβαλε ομολογία πίστεως στον πάπα Θεόδωρο Α' (642-649)*, καταδίκασε την Έκθεση και την αίρεση των προκατόχων του και έτσι ο *πάπας τον αναγνώρισε ως πατριάρχη Κωνσταντινουπόλεως*.

Στη Β. Αφρική έγιναν τρεις σύνοδοι, οι οποίες καταδίκασαν το μονοθελητισμό και έστειλαν επιστολή στον πάπα για να τον ενημερώσουν, στον αυτοκράτορα και στον πατριάρχη Κωνσταντινουπόλεως.

Ο Πύρρος επέστρεψε στη θεωρία του μονοθελητισμού και ο πάπας τον αφόρισε. Ο αυτοκράτορας Κώνστας Β' ανήσυχος για τη θρησκευτική κατάσταση που επικρατούσε στη Δύση και για την εξάπλωση του μονοθελητισμού στη Β. Αφρική, εξέδωσε το 648 τον *Τύπον*, ένα διάταγμα με το οποίο παραμέριζε την Έκθεση και απαγόρευε κάθε συζήτηση για μία ή για δύο θελήσεις.

Στο μεταξύ ο νέος πάπας Μαρτίνος Α' (649-655) κάλεσε σύνοδο στο Λατερανό το 649 και καταδίκασε το μονοθελητισμό και το μονοενεργητισμό, καθώς και όλους τους πατριάρχες που πρέσβευαν αυτές τις ιδέες, δηλαδή το Σέργιο, τον Πύρρο και τον Παύλο. Στη σύνοδο

Πτυχές από την ιστορία της αδιαίρετης Εκκλησίας

αυτή κύριο ρόλο έπαιξε ο Μάξιμος. Ο πάπας Μαρτίνος έστειλε τις αποφάσεις της συνόδου στον αυτοκράτορα, αλλά όχι και στον πατριάρχη, τον οποίο δεν αναγνώριζε. Η καταδίκη των μονοθελητών πατριαρχών ολοκλήρωσε τη διάσταση μεταξύ Ανατολής και Δύσης. Αυτό είναι το τρίτο σχίσμα μεταξύ των δύο εκκλησιών.

Ο αυτοκράτορας είχε ζητήσει από τον πάπα να προσυπογράψει το διάταγμα που είχε εκδώσει και ήταν αποφασισμένος να τον εξαναγκάσει. Το 653 απήγαγαν τον πάπα και τον οδήγησαν στην Κωνσταντινούπολη, όπου τον κατηγόρησαν, τον φυλάκισαν και τελικά τον εξόρισαν στη Χερσώνα της Κριμαίας, όπου και πέθανε το 655.

Ο Μάξιμος, που υποστήριζε τον πάπα Μαρτίνο, συνελήφθη, κατηγορήθηκε για συνομωσία, εξορίστηκε επανειλημμένα, διαπομπεύθηκε, φυλακίστηκε, ακρωτηριάστηκε και υπέφερε κάθε είδους βάσανο, ώσπου πέθανε εξόριστος στον Καύκασο το 662.

Όταν πατριάρχης στην Κωνσταντινούπολη έγινε ο Πέτρος (655-666) και πάπας στη Ρώμη ο Βιταλιανός (657-672) τότε αποκαταστάθηκαν οι σχέσεις και το όνομα του Βιταλιανού γράφτηκε πάλι στα δίπτυχα.

Η αποτυχία όλων των προηγούμενων προσπαθειών για προσεταιρισμό των μονοφυσιτών, η ανησυχητική εξάπλωση του μονοθελητισμού στη Β. Αφρική, η οριστική απώλεια των ανατολικών λαών και η πικρή πείρα του παρελθόντος ίσως συνετέλεσαν στο να αλλάξει η αυτοκρατορική πολιτική. Οι χριστολογικές έριδες δεν μπορούσαν να επιλυθούν παρά μονάχα με μία νέα Οικουμενική Σύνοδο. Έτσι, ο Κωνσταντίνος Δ' ο Πωγωνάτος (668-685) συγκάλεσε στην Κωνσταντινούπολη την ΣΤ' Οικουμενική Σύνοδο, οι εργασίες της οποίας άρχισαν το Νοέμβριο του 680 και τελείωσαν το Σεπτέμβριο του 681. Η Σύνοδος θέσπισε όρο πίστεως, όπου καταρχήν αναφέρονται όλες οι προηγούμενες σύνοδοι, τα σχετικά σύμβολα και οι όροι, απαριθμούνται οι κατά καιρούς αιρεσιάρχες, θίγεται το άμεσο πρόβλημα του μονοθελητισμού, καταδικάζονται οι πρωτεργάτες μονοθελήτες. Το θεολογικό περιεχόμενο του όρου αναφέρεται στη διδασκαλία για τα δύο φυσικά θελήματα και τις δύο φυσικές ενέργειες κατά την υποστατική ένωση των δύο φύσεων του Χριστού. Τα δύο φυσικά θελήματα του Χριστού, που αντιστοιχούν στις δύο καθ' υπόσταση ενωμένες φύσεις, τη θεότητα και την ανθρωπότητα, είναι και αυτά ενωμένα «αδιαιρέτως, ατρέπτως, αμερίστως, ασυγχύτως». Και εδώ νεστοριανισμός και μονοφυσιτισμός αποκρούονται. Με τη διάκριση όμως των δύο θελημάτων και την ταυτόχρονη ένωση κατά τρόπο ασύγχυτο, άτρεπτο, αδιαίρετο και αμέριστο αποδοκιμάζεται και ο μονοθελητισμός με τις παραφυάδες του. Αυτό τονίζεται με κατηγορηματικό τρόπο και επαναλαμβάνεται η διδασκαλία για την υποστατική ένωση των δύο φύσεων του δόγματος της Χαλκηδόνας, ενώ επισημαίνεται το γεγονός ότι φύσεις και θελήματα είναι οργανικά συνυφασμένα και εξαρτημένα. Με άλλα λόγια η θέληση είναι ιδιότητα της φύσης, αν αναιρεθεί η θέληση αναιρείται και η φύση και το αντίστροφο. Αυτή λοιπόν ήταν η κρυφή και πλάγια παραχάραξη, που επιχειρούσε ο μονοθελητισμός, μία παραχάραξη που κατέστρεφε το δόγμα της Χαλκηδόνας και ευνοούσε την αίρεση του μονοφυσιτισμού.

Μονοενεργητισμός = είναι συνέπεια του μονοθελητισμού. Η διδασκαλία αυτή που έκανε λόγο για μία θέληση του Χριστού δεχόταν και μία ενέργεια. Αυτό σημαίνει πως μετά την ένωση των δύο φύσεων, θεότητας και ανθρωπότητας, υποστατικά, στη μία υπόσταση του Θεού Λόγου, το ένα πρόσωπο σ' αυτή την ένωση είχε μία θέληση και μία ενέργεια. Την ιδέα του μονοενεργητισμού είχε παρουσιάσει ήδη ο Σεβήρος Αντιοχείας, αλλά η ιδέα αυτή προκάλεσε έντονες συζητήσεις και διχογνωμίες όταν την προέβαλε ο πατριάρχης Κωνσταντινουπόλεως Σέργιος Α' (610-638) κατά τις προσπάθειες για άρση των διαφορών μεταξύ ορθοδόξων και μονοφυσιτών.

Ο μονοενεργητισμός αποδοκιμάστηκε εξίσου με το μονοθελητισμό από τη δογματική διδασκαλία της ΣΤ' Οικουμενικής Συνόδου (680-681), η οποία αποσαφήνισε ότι οι δύο φυσικές ενέργειες είναι η αυτονόητη κατάληξη των δύο φυσικών θελημάτων. Θεία ενέργεια και ανθρώπινη ενέργεια είναι ενωμένες «αδιαιρέτως, ατρέπτως, αμερίστως, ασυγχύτως», όπως ακριβώς τα φυσικά θελήματα και καταρχήν οι δύο φύσεις. Επομένως, ο ένας Κύριος, έχοντας δύο φύσεις ενωμένες κατ' ουσίαν, έχει δύο θελήματα και δύο ενέργειες πάντοτε σε άρρηκτη συνάρτηση προς τις φύσεις.

Μαρωνίτες = ήταν λαός που είχε καταγωγή από τον Ταύρο της Μ. Ασίας, και κατοίκησε γύρω από το μοναστήρι του Αγ. Μάρωνος, κοντά στην Απάμεια της Συρίας, από το οποίο πήραν και το όνομά τους. Η ονομασία αυτή εμφανίστηκε για πρώτη φορά τον 8ο αιώνα. Ο άγιος Μάρων ταυτίζεται με διάφορα πρόσωπα διαφορετικών εποχών, του $1^{ου}$ ή του $4^{ου}$ ή του $6^{ου}$ αιώνα. Με τις κατακτήσεις των Αράβων αναγκάστηκαν να συγκεντρωθούν στο όρος Λίβανος. Οι Μαρωνίτες χαρακτηρίζονταν ως πολεμικός λαός καθώς, ζώντας στα βουνά του Λιβάνου, πολεμούσαν με σφοδρότητα τους Βυζαντινούς και τους Σαρακηνούς. Μετά την ΣΤ' Οικουμενική Σύνοδο (680-681) μόνο αυτοί έμειναν πιστοί στο μονοθελητισμό.

Οι Μαρωνίτες δεν ήταν μονοφυσίτες ούτε και ορθόδοξοι, γι' αυτό και συγκρότησαν δική τους εκκλησία, ίδρυσαν δικό τους πατριαρχείο και διατήρησαν τα ήθη και τα έθιμά τους. Νεότεροι Μαρωνίτες συγγραφείς ισχυρίζονται ότι αυτοί ήταν πάντοτε ορθόδοξοι.

Επικεφαλής τους είναι ο πατριάρχης, που εκλέγεται από τους επισκόπους και φέρει τον τίτλο του Αντιοχείας. Οι Μαρωνίτες επίσκοποι του Λιβάνου, αλλά και διαφόρων πόλεων γειτονικών χωρών, υπάγονται στον πατριάρχη και εκλέγονται από σύνοδο που συγκροτεί η εκκλησία των Μαρωνιτών. Στη Μαρωνιτική εκκλησία οι πρεσβύτεροι είναι έγγαμοι και ο μοναχισμός παρουσιάζει αξιόλογη ανάπτυξη.

Ορισμένοι Μαρωνίτες εγκαταστάθηκαν στη Συρία και στην Κύπρο. Στο Λίβανο και τα γειτονικά κράτη βρίσκονται περί τις 600.000 ενώ διαβιούν και περίπου 60.000 στις Η.Π.Α..

Κατά την περίοδο των Σταυροφοριών ένας αριθμός Μαρωνιτών προσηλυτίστηκε στη Ρωμαιοκαθολική εκκλησία και κατά το 15ο αι. όλοι οι Μαρωνίτες ενώθηκαν με τη δυτική εκκλησία.

Παυλικιανοί / Παυλικιανισμός = αίρεση που εμφανίστηκε τον 7ο αι. με κέντρο δράσης την Αρμενία. Το όνομα των οπαδών της αιρέσεως δεν προέρχεται από τον απόστολο Παύλο, αλλά από το Παυλίκ, που είναι το αρμενικό υποκοριστικό του Παύλου και σημαίνει τον μικρό και άθλιο Παύλο· έτσι τους ονόμασαν οι Βυζαντινοί.

Κέντρο της αιρέσεως ήταν η βορειοανατολική Μ. Ασία και εισηγητές της θεωρούνται δύο αδελφοί, ο Παύλος και ο Ιωάννης. Όμως ο πρώτος οργανωτής των Παυλικιανών είναι ο Κωνσταντίνος Σιλουανός από τη Μανάναλη της Αρμενίας. Ο αυτοκράτορας Κωνσταντίνος Δ' Πωγωνάτος (668-685) σκότωσε το Σιλουανό και καταδίωξε τους οπαδούς του. Το έργο του Σιλουανού συνέχισε ο Συμεών-Τίτος, τον οποίο καταδίωξε και σκότωσε ο Ιουστινιανός Β' (685-695, 705-711). Ο διάδοχος του Συμεών, ο Αρμένιος Παύλος ήταν αυτός που ανασύνταξε τους Παυλικιανούς.

Όταν ο αυτοκράτορας Κωνσταντίνος Ε' (741-775) κυρίευσε τη Μελιτηνή και τη Θεοδοσιούπολη, μετέφερε τους Παυλικιανούς από εκεί και τους εγκατέστησε στη Θράκη, όπου τους παραχώρησε άφθονα μέσα για την καλή διαβίωσή τους, για να ενισχύσει την άμυνα των συνόρων στο νευραλγικό αυτό σημείο, αλλά και γιατί τους συμπαθούσε. Έτσι, η αίρεση διαδόθηκε και στη Βαλκανική. Σημαντικότερος ηγέτης τους αναδείχθηκε ο Σέργιος, ο οποίος αναδιοργάνωσε και ισχυροποίησε την κοινότητα. Όταν στράφηκαν εναντίον των Βυζαντινών με ορμητήριο την Τεφρική και συνεργαζόμενοι με τους Άραβες, τότε διώχθηκαν από τη Θεοδώρα. Μετά από το διωγμό αυτό οι σχέσεις τους με το Βυζάντιο έγιναν εχθρικές. Εναντίον τους κινήθηκε και ο Βασίλειος Α' Μακεδών, ο οποίος τους νίκησε και σκότωσε τον αρχηγό τους, το στρατηγό Χρυσόχειρα (873). Από τότε έμειναν ως οργανωμένη θρησκευτική κοινότητα και αργότερα ο Ιωάννης Τσιμισκής τους μετέφερε στη Φιλιππούπολη, που την είχε απελευθερώσει από τους Βουλγάρους (974-5). Στη Βουλγαρία, αυτοί που είχαν μεταφερθεί παλαιότερα αλλά κι οι νέοι, βρήκαν κατάλληλο έδαφος για προσηλυτισμό νέων οπαδών γιατί εκεί επικρατούσε ανώμαλη θρησκευτική κατάσταση, αυτοί ήταν πιο πολιτισμένοι και οργανωμένοι από τους Βουλγάρους και είχαν αναπτυγμένο προσηλυτιστικό σύστημα. Επειδή είχαν προσηλυτιστικό ζήλο και ικανότητα γι' αυτό και εξαπλώθηκαν ευρύτατα.

Η αίρεση των Παυλικιανών προήλθε από τους Μαρκιωνίτες με την επίδραση της αιρέσεως των Μανιχαίων. Ήταν και αυτοί δυαρχικοί. Δέχονταν έναν αγαθό Θεό, που δεν είχε σχέση με τον κόσμο αυτό, και έναν πονηρό Θεό, το δημιουργό του ορατού κόσμου. Ο αγαθός Θεός έστειλε το Λυτρωτή, που ήταν κτίσμα του, για να σώσει τον κόσμο. Η ενανθρώπιση έγινε κατά δόκηση. Πίστευαν ότι η διδασκαλία του Χριστού ασκεί λυτρωτική επίδραση, γι' αυτό και δεν δέχονταν μυστήρια. Απέρριπταν την Παλαιά Διαθήκη ενώ από την Καινή δέχονταν τα περισσότερα βιβλία χωρίς να έχουν όλοι τον ίδιο αριθμό.

Ονόμαζαν τους ορθόδοξους «Ρωμαίους», τους εαυτούς τους «χριστιανούς», την εκκλησία τους «καθολική και αποστολική εκκλησία», τους αρχηγούς τους «διδασκάλους» και «αποστόλους του Χριστού» και το Σέργιο «παράκλητο». Οι αρχηγοί τους έπαιρναν ονόματα των συνεργατών του αποστόλου Παύλου και στις ιδρυόμενες κοινότητες έδιναν ονόματα από τις εκκλησίες που ίδρυσε ο απόστολος Παύλος. Οι τόποι συνάθροισής τους ονομάζονταν «προσευχές» και δεν είχαν καμία εσωτερική διακόσμηση. Δεν τιμούσαν τη Θεοτόκο, τους αγίους, τις εικόνες, το σταυρό και τα λείψανα. Έλεγαν ότι οι άγιοι πήραν τη θέση του Θεού στην τιμή, που οι άνθρωποι έπρεπε να αποδίδουν σ' αυτόν. Για τον απόστολο Πέτρο αισθάνονταν μίσος, όμως τιμούσαν εξαιρετικά τον απόστολο Παύλο. Δεν είχαν νηστείες ούτε περιουσία, πήγαιναν στο στρατό και πολεμούσαν. Στην αρχή τα ήθη τους ήταν αυστηρά, ύστερα όμως παρατηρήθηκε χαλάρωση. Πίστευαν στη μέλλουσα ζωή, την οποία έλεγαν ότι θα κληρονομήσουν μόνον οι Παυλικιανοί, ενώ οι ορθόδοξοι, οι άγιοι, η Θεοτόκος και οι κληρικοί θα αποκλειστούν από αυτή γιατί δεν γνώρισαν τον αληθινό Θεό.

Η Διαμάχη για τις Εικόνες και η Ζ' Οικουμενική Σύνοδος

Η διαμάχη που ξέσπασε σχετικά με μία από τις σπουδαιότερες και πιο διαδεδομένες μορφές ευσέβειας του βυζαντινού κόσμου, την τιμή και την προσκύνηση των εικόνων, αναστάτωσε το Βυζάντιο για διάστημα μεγαλύτερο από έναν αιώνα. Άρχισε το 726 και έληξε το 843, εξελίχθηκε δε σε δύο φάσεις: η α' (726-787), με την εκδήλωση της αντίθεσης του αυτοκράτορα Λέοντα Ε' του Ίσαυρου προς την προσκύνηση των εικόνων, που λήγει με την Ζ' Οικουμενική Σύνοδο (787), και η β'(815-843), με την επαναφορά της απαγόρευσης της προσκύνησης των εικόνων από τον αυτοκράτορα Λέων Ε' τον Αρμένιο και έληξε με την απόφαση της συνόδου του 843 για την αναστήλωση των εικόνων, οριστική πλέον αυτή την φορά, όπως αποδείχθηκε από τα πράγματα. Για την σημαντική αυτή περίοδο οι πληροφορίες που υπάρχουν είναι αρκετές και προέρχονται από έργα ιστορικών και χρονογράφων, από θεολογικά και αγιολογικά έργα, από τα σωζόμενα πρακτικά των συνόδων που έγιναν κατά την διάρκειά της, αλλά και από δυτικές πηγές. Σχεδόν στο σύνολο τους οι πληροφορίες προέρχονται από υποστηρικτές των εικόνων. Καθοριστικό ρόλο σ' αυτό διαδραμάτισε η απόφαση της Ζ' Οικουμενικής Συνόδου (9ος κανόνας, *Περί των κρυπτόντων τα κατά των εικόνων βιβλία*), που όριζε την παράδοση στον επίσκοπο Κωνσταντινουπόλεως όλων των συγγραμμάτων που καταφέρονταν εναντίον των εικόνων, «ίνα αποτεθώσιν μετά των λοιπών αιρετικών βιβλίων». Τα ελάχιστα αποσπάσματά τους που έχουν διασωθεί, περιέχονται σε έργα υποστηρικτών των εικόνων, οι οποίοι τα παραθέτουν προκειμένου να τα αντικρούσουν. Οι Όροι των εικονομαχικών συνόδων καθώς και αποσπάσματα από τους σχετικούς λόγους του αυτοκράτορα Κωνσταντίνου Ε' περιέχονται στα Πρακτικά της Ζ' Οικουμενικής Συνόδου, κυρίως όμως στα συγγράμματα του πατριάρχη Νικηφόρου.

Πηγές.

α)*Ιστορικά έργα –Χρονογραφίες*: το Χρονικό του πατριάρχη Νικηφόρου, η Χρονογραφία του Θεοφάνη, το Χρονικό του Γεώργιου Μοναχού, τα τρία πρώτα βιβλία τόσο του Ιωσήφ Γενέσιου, όσο και του Συνεχιστή του Θεοφάνη. β)*Αγιολογικά έργα*: ο Βίος του Στεφάνου του Νέου (†767), ο Βίος του Νικήτα, ηγουμένου της μονής Μηδίκου (†824), ο Βίος Φιλαρέτου του Ελεήμονος (†729, συντάχθηκε το 821/822). γ) *Θεολογικά έργα*: οι Επιστολές του πατριάρχη Γερμανού, οι Λόγοι του Ιωάννη Δαμασκηνού, η Νουθεσία του Γεωωργίου Κυπρίου, έργα και επιστολές του Θεοδώρου Στουδίτη, οι Πραγματείες του πατριάρχη Νικηφόρου, στις οποίες περιέχονται και αποσπάσματα των δύο Λόγων του αυτοκράτορα Κωνσταντίνου Ε'. δ) Τα Πρακτικά και οι αποφάσεις της Ζ' Οικουμενικής Συνόδου (Mansi, XII, XIII). ε)Οι επιπτώσεις της εικονομαχικής διαμάχης στις σχέσεις της Κωνσταντινούπολης με την Ρώμη καταγράφονται: στις *επιστολές* του *πάπα Γρηγορίου Β'* προς τον αυτοκράτορα Λέοντα Γ' (αμφιβαλλόμενες) και τον πατριάρχη Γερμανό, του *πάπα Αδριανού Α'* προς τον Κάρολο τον Μέγα και τους αυτοκράτορες του Βυζαντίου, στον *Βίο* του πάπα Γρηγορίου Γ' και στα γνωστά *Καρολίνεια βιβλία*.

Το γύρισμα του έβδομου προς τον όγδοο αιώνα ήταν δύσκολη εποχή για την βυζαντινή αυτοκρατορία. Οι επιδρομές τόσο των αράβων όσο και των βουλγάρων στα εδάφη της εξελίσσονταν σε πραγματική απειλή, ενώ οι συχνές αλλαγές αυτοκρατόρων και οι συχνές επαναστάσεις επιβάρυναν την πολιτική αστάθεια. Σε μία από τις επανα-

Πτυχές από την ιστορία της αδιαίρετης Εκκλησίας

στάσεις, εναντίον του Θεοδοσίου Γ΄, πρώην εφοριακού υπαλλήλου στο *θέμα* του Οψικίου και παρά την θέλησή του αυτοκράτορα, ο πρωταγωνιστής της Λέων, στρατηγός του Ανατολικού *θέματος*, έφθασε ως την Κωνσταντινούπολη και στέφθηκε αυτοκράτορας.

Ο Λέων Γ΄ ο Ίσαυρος (717-741), συνέδεσε το όνομά του με την έναρξη μιας περίπλοκης διαμάχης σχετικά με τις εικόνες, που προκάλεσε εξαιρετική αναστάτωση στην αυτοκρατορία για περισσότερο από έναν αιώνα και με ανυπολόγιστες συνέπειες. Η οικογένειά του, με καταγωγή από την Ισαυρία και πολύ ταπεινής προέλευσης, βρέθηκε στην Θράκη με το εποικιστικό πρόγραμμα του Ιουστινιανού Β΄ (685-695, 705-711). Οι στρατιωτικές και διπλωματικές του ικανότητες τον έφτασαν ως την θέση του στρατηγού του *θέματος* των Ανατολικών κι από εκεί, αφού εκμεταλλεύτηκε κατάλληλα τις συγκυρίες, ανήλθε στον θρόνο. Όντας στρατιωτικός, η πρώτη του φροντίδα φυσικά ήταν να οργανώσει τον στρατό, για να είναι σε θέση να αντιμετωπίσει αποτελεσματικά τους διάφορους εισβολείς. Στην συνέχεια, φρόντισε και την διοικητική αναδιοργάνωση της αυτοκρατορίας. Το καινούργιο μέτρο που επέβαλε, ο καταμερισμός των μεγάλων *θεμάτων* σε μικρότερα, είχε ως αποτέλεσμα την διοικητική ευελιξία και, ταυτόχρονα, την προστασία του θρόνου, αφού αποδυνάμωνε τους φιλόδοξους διοικητές, που μπορούσαν εύκολα να συγκεντρώσουν μεγάλες δυνάμεις, από ενδεχόμενες βλέψεις τους στον θρόνο. Το ενδιαφέρον του άγγιξε και το δίκαιο. Το νομοθετικό έργο που δημοσιεύτηκε (726) με το όνομα του, η *Εκλογή*, θεωρείται «ορόσημο στην ιστορία της κωδικοποιήσεως της βυζαντινής νομοθεσίας,... που εκτός των άλλων, άσκησε μεγάλη επίδραση κι έξω από τα σύνορα της βυζαντινής αυτοκρατορίας, στην ανάπτυξη του δικαίου των σλαβικών χωρών» (Ostrogorsky, σ. 23-24).

Με αυτά τα ενδιαφέροντα και τις δραστηριότητες πέρασε μία δεκαετία. Η μόνη θρησκευτικού περιεχομένου απόφασή του σ' αυτό το διάστημα ήταν, το ότι επέβαλε στους Ιουδαίους της επικράτειας να βαπτισθούν.

Οι πηγές μαρτυρούν πως ο Λέων Γ΄ άρχισε να εκφράζεται αρνητικά εναντίον των εικόνων το 726. Η στάση του αυτή, και μάλιστα σε

205

χρονική στιγμή που δεν φαίνεται να υπήρχε ορατό πρόβλημα ούτε για την Εκκλησία ούτε, πολύ περισσότερο, για την διοίκηση του κράτους, ώστε να δικαιολογεί την παρέμβασή του, δίχασε και προκάλεσε ιδιαίτερη αναστάτωση στην αυτοκρατορία, με αλυσιδωτές επιπτώσεις για περισσότερο από έναν αιώνα. Φαίνεται όμως πως το πρόβλημα υπέβοσκε, αφού η παραδοσιακή θέση που κατείχαν οι εικόνες στην λατρευτική ζωή των χριστιανών είχε αρχίσει να αλλοιώνεται από τις υπερβολές και τις εκτροπές, με τις οποίες εκδήλωναν τον σεβασμό και την τιμή τους προς αυτές εκείνη την εποχή, κυρίως οι κάτοικοι της Κωνσταντινούπολης. Πράγματι, την οφειλόμενη τιμή στο εικονιζόμενο πρόσωπο βαθμιαία αντικατέστησε η προσκύνηση και η λατρεία της ίδιας της εικόνας. Μαρτυρείται ότι η λατρεία αυτή έφθασε σε τέτοιο σημείο, ώστε να νοθεύσει και να υποκαταστήσει και μυστήρια ακόμα, αφού πολλοί τις χρησιμοποιούσαν ως αναδόχους κατά την βάπτιση των παιδιών τους, αναμίγνυαν ξύσμα από τα χρώματά τους στην Θ. Ευχαριστία, πιστεύοντας ότι έτσι ενισχύεται περισσότερο η δύναμή της κ. ά.. Η ανορθόδοξη αυτή συμπεριφορά αναμφίβολα δεν είναι αποδεκτή και ο χαρακτηρισμός «εικονολατρία» την αποδίδει με ακρίβεια. Ένας βασικός λόγος για να εμφανίζονται τέτοιες συμπεριφορές είναι το χαμηλό μορφωτικό επίπεδο των ανθρώπων, που ευνοεί την ανάπτυξη δεισιδαιμονιών και επιτρέπει την θρησκευτική προθυμία και ευπιστία να γίνονται αντικείμενο εκμετάλλευσης και μέσο χειραγώγησης Η μη αναφορά ποιμαντικής αντιμετώπισης αυτών των εκτροπών από μέρους της Εκκλησίας επιτρέπει την υπόθεση της ανοχής από μέρους της. Η πρώτη σχετική διαφωνία καταγράφεται από κάποιους επισκόπους, αλλά κι αυτή μόνον όταν ο αυτοκράτορας εκδηλώθηκε αρνητικά εναντίον της προσκύνησης των εικόνων, όταν συμφώνησαν και ενίσχυσαν τις δικές του απόψεις.

Η κατά βάση ορθή και θεμιτή πρωτοβουλία του αυτοκράτορα να θέσει δημόσια το θέμα, βρήκε υποστηρικτές κυρίως από το περιβάλλον των αξιωματούχων. Από τον εκκλησιαστικό χώρο αυτοί που συντάχθηκαν υπέρ των απόψεών του ήταν οι επίσκοποι, Κωνσταντίνος, επίσκοπος Νακωλείας της Φρυγίας, Θεοδόσιος, επίσκοπος Εφέσου και Θωμάς, επίσκοπος Κλαυδιουπόλεως. Όταν ο αυτοκράτορας, με

Πτυχές από την ιστορία της αδιαίρετης Εκκλησίας

το επιχείρημα ότι οι εικόνες δεν πρέπει να προσκυνούνται, πρότεινε την κατάργηση της τιμής τους, ο πατριάρχης Γερμανός Α' (715-730) διαφώνησε, χαρακτήρισε «καινοτομία» για την πίστη την κατάργηση της προσκύνησης των εικόνων, συνεπώς θέμα, για το οποίο αρμόδια είναι μόνο η σύνοδος να αποφανθεί, και μάλιστα οικουμενική. Η επιμονή του αυτοκράτορα στην προώθηση των απόψεών του και άρνηση του πατριάρχη να συμφωνήσει, οδήγησαν τον δεύτερο σε παραίτηση και στην θέση τον σύγκελλό του Αναστάσιο (730-752).

Ο Λέων Γ' συγκάλεσε σιλέντιον, σύναξη όλων των ανωτέρων κοσμικών και εκκλησιαστικών αξιωματούχων (17 Ιανουαρίου 730), ζητώντας από όλους να προσυπογράψουν την απόφασή του, δηλαδή το διάταγμα που όριζε την καταστροφή των εικόνων. Ως πρώτη πράξη εφαρμογής του σχετικού διατάγματος μαρτυρείται η καταστροφή της εικόνας του Ιησού Χριστού «αντιφωνητή», που ήταν αναρτημένη στην γνωστή ως Χαλκή πύλη, πράξη που, όπως ήταν αναμενόμενο, προκάλεσε την αντίδραση του πλήθους που παρακολουθούσε, κόστισε τον θάνατο στον στρατιώτη που εκτελούσε την διαταγή και την σύλληψη και τιμωρία όσων από το πλήθος αντέδρασαν. Το γεγονός αυτό σηματοδότησε την μακρά εκείνη περίοδο, κατά την οποία το ορθό και το λάθος προσδιοριζόταν από την θέση που έπαιρνε κανείς στο θέμα της τιμής και προσκύνησης των εικόνων. Είναι χαρακτηριστικό ότι από τότε και μέχρι την οριστική λήξη της διαμάχης, η ύπαρξη ή όχι εικόνας στην Χαλκή πύλη έδειχνε τι επικρατούσε στην Κωνσταντινούπολη σχετικά με τις εικόνες.

Η απόφαση του Λέοντα Γ', όπως ήταν επόμενο, αναστάτωσε, δίχασε, προκάλεσε βιαιότητες, οι οποίες δεν στρέφονταν μόνον εναντίον των εικόνων, αλλά και των ανθρώπων, με αποτέλεσμα να προκύψουν νέοι μάρτυρες.

Η σοβαρότερη και ουσιαστικότερη αντίδραση στις απόψεις του αυτοκράτορα προήλθε από τον Ιωάννη Δαμασκηνό, τον μεγαλύτερο θεολόγο της εποχής του. Προσωπικότητα με ιδιαίτερη μόρφωση, υψηλή κοινωνική θέση και ανώτερο αξίωμα στην αυλή του χαλίφη της Δαμασκού, επέλεξε να γίνει μοναχός στην μονή του αγίου Σάββα, στα Ιεροσόλυμα. Διακρίθηκε και ως συγγραφέας, με αξιολογότατο έργο.

Στους περίφημους τρεις *Λόγους Προς τους διαβάλλοντας τας αγίας εικόνας* (βλ. πρόχειρα: Patrologia Graeca 94, 1232-1420), αναπτύσσει θεολογία περί των εικόνων, προκειμένου να καταρριφθεί η βασική εναντίον τους κατηγορία, ότι δηλαδή, η εικόνα είναι ανάλογη του ειδώλου, συνεπώς η προσκύνησή της σημαίνει ειδωλολατρία. Επικεντρώθηκε ιδιαίτερα στο να εξηγήσει την από θεολογικής πλευράς σχέση της εικόνας με το πρωτότυπό της, για να αναδειχθεί ότι η τιμή της από τους πιστούς δεν απευθύνεται στην εικόνα, αλλά στον εικονιζόμενο άγιο, το «πρωτότυπο» της εικόνας.

Η Εκκλησία της Ρώμης

Μία, αφανής εκ πρώτης όψεως, παράμετρος του θέματος έχει να κάνει με την Εκκλησία της Ρώμης. Όπως συνήθως συνέβαινε μέχρι το Σχίσμα (1054), όταν υπήρχε διαφωνία στην Κωνσταντινούπολη, καθένας από τους διαφωνούντες αναζητούσε υποστηρικτή στο πρόσωπο του επισκόπου της Ρώμης. Έτσι και τώρα, με την έναρξη της διαμάχης στο πάπα Γρηγόριο Β' (715-731) απευθύνθηκαν και ο αυτοκράτορας και ο πατριάρχης. Ο μεν πατριάρχης Γερμανός για να τον ενημερώσει για όσα διαδραματίζονταν στην Κωνσταντινούπολη, ο δε αυτοκράτορας για να έχει την εκκλησιαστική υποστήριξη που του αρνιόταν ο πατριάρχης. Δεδομένου ότι στην Εκκλησία της Ρώμης δεν υπήρξε πρόβλημα υπερβολών στην τιμή των εικόνων, ο ηγέτης της δεν είχε κανένα λόγο να αλλάξει την πράξη που ίσχυε στην εκκλησία της, μόνο και μόνο για να συμφωνήσει με τον αυτοκράτορα. Έτσι, αποδοκίμασε τις θέσεις του, καταδίκασε την παρέμβασή του σε θέματα πίστης και δεν αναγνώρισε τον καινούργιο πατριάρχη.

Η άρνηση του πάπα προκάλεσε την οξεία αντίδραση του αυτοκράτορα, η οποία εκδηλώθηκε αρχικά με την απειλή, ότι θα εκστρατεύσει εναντίον της Ρώμης, και στην συνέχεια με την απόσπαση από την δικαιοδοσία του περιοχών της Ν. Ιταλίας, τις οποίες, μαζί με το Α. Ιλλυρικό, υπήγαγε στην δικαιοδοσία του πατριαρχείου της Κωνσταντινούπολης. Η αντίδρασή του είχε αφετηρία της την πεποίθησή του, ότι, ως αυτοκράτορας, εκτός από πολιτική εξουσία φέρει και ιερατική: *Βασιλεύς ειμι και ιερεύς*, έγραψε στον πάπα. Η αντίληψη του αυτή δείχνει, ότι ανεξάρτητα ή παράλληλα με την στάση του στο θέμα της τιμής των εικόνων, ήταν γι' αυτόν και μία ευκαιρία προσωπικής του παρέμβασης και στα εκκλησιαστικά. Στην συνέχεια, εκτός από αυτά που προκάλεσε στην αυτοκρατορία η διαμάχη όσο διαρκούσε, της κόστισε και κάτι ακόμα, που στην πορεία του χρόνου εξελίχθηκε σε εφιαλτικό σενάριο: την οριστική απομάκρυνση της Ρώμης από την σφαίρα επιρροής του Βυζαντίου, με συνέπειες που φάνηκαν πολύ αργότερα. Είναι η εποχή που οι Λομβαρδοί πλησιάζουν απειλητικά την Ρώμη κι ο πάπας απευθύνει εκκλήσεις στον Λέοντα Γ' για αποστολή βοήθειας, τις οποίες ο αυτοκράτορας αγνοεί, θεωρώντας ότι έτσι τον τιμωρεί για την αντίθεση που εξέφρασε στις απόψεις του. Η άρνηση του αυτοκράτορα ουσιαστικά εξώθησε τον πάπα να αναζητήσει την προστασία του πλησιέστερου ισχυρού ηγεμόνα κι έτσι στράφηκε στους Φράγκους. Και το σημαντικό δεν είναι τόσο το ότι έκτοτε δεν επέστρεψε ποτέ στην σφαίρα επιρροής του μέχρι τότε φυσικού της χώρου, της ρωμαϊκής αυτοκρατορίας του Βυζαντίου, όσο το ότι τα συμφέροντα Ρώμης και Κωνσταντινούπολης αναπτύσσονταν πλέον παράλληλα, ώσπου κατέληξαν συγκρουόμενα, με τις γνωστές κατοπινές συνέπειες.

Προσέγγιση των αιτίων της διαμάχης

Τον ακριβή προσδιορισμό των αιτίων της διαμάχης γύρω από τις εικόνες καθιστά αδύνατο η καταστροφή των μαρτυριών της εικονομαχικής πλευράς. Αλλά και οι σωζόμενες μαρτυρίες της άλλης πλευράς επιμένουν περισσότερο στα γεγονότα που εκτυλίχθηκαν και στην αναίρεση των απόψεων των εικονομάχων. Έτσι, οι λόγοι που ώθησαν έναν αυτοκράτορα, πρώην στρατιωτικό, να ανακινήσει αιφνιδιαστικά ένα θέμα σχεδόν εκ του μη όντος και να πάρει μάλιστα γι' αυτό τέτοιες αποφάσεις, μένει να αναζητηθούν σε γενικότερα πλαίσια, κυρίως πίσω από τα γεγονότα που διαδραματίστηκαν.

Η χρονική στιγμή, που εμφανίστηκε η διαμάχη καθώς η καταγωγή του αυτοκράτορα για τους περισσότερους ερευνητές συνδέονται με την εμφάνιση και εξάπλωση, μέσω των αραβικών κατακτήσεων, του μωαμεθανισμού, που απαγορεύει τελείως τις απεικονίσεις. Τις σημαντικότερες από τις εκτιμήσεις της σύγχρονης έρευνας ως προς τα αίτια της διαμάχης ο Βλ. Φειδάς συνοψίζει στις ακόλουθες: α) η πρόθεση πολιτικής και θρησκευτικής αναμόρφωσης και κοινωνικής μεταρρύθμισης του αυτοκράτορα Λέοντα Γ΄, β) η αναζήτηση πνευματικότερης έκφρασης της λατρευτικής ζωής των χριστιανών, γ) ο σφετερισμός της εκκλησιαστικής περιουσίας, δ) η αναθεώρηση των σχέσεων Εκκλησίας και Πολιτείας, ε) μία ενδεχόμενη αγροτική μεταρρύθμιση, με κύριο στόχο την μοναστική περιουσία, στ) η αναδιοργάνωση του κρατικού μηχανισμού, που μοιραία άγγιξε και την Εκκλησία, ζ) η πιθανή τάση προσέγγισης των τριών βιβλικών θρησκειών, του Χριστιανισμού, του Ιουδαϊσμού και του Μωαμεθανισμού, δεδομένου ότι οι στις δύο τελευταίες δεν επιτρέπεται κανενός είδους απεικόνιση, η) η προσπάθεια βίαιου εξανατολισμού του Βυζαντίου με την υποβάθμιση της ελληνικής παράδοσης, θ) η θεολογική διάσταση του θέματος (Α΄, σ. 769-770).

Συνήθως μονοπωλεί το ενδιαφέρον η αναζήτηση των αιτίων της συμπεριφοράς του αυτοκράτορα Λέοντα Γ΄ και παραβλέπεται η αναζήτηση των αιτίων της απήχησης σε διάφορες κοινωνικές ομάδες που βρήκαν οι ιδέες του, απήχηση που σε κάποιο μέτρο συνέβαλε στην έκταση που πήρε η διαμάχη

Ένα ιδιαίτερο χαρακτηριστικό αποτελεί η έντονη και ενεργητική εμπλοκή των λαϊκών και ιδιαίτερα των γυναικών στην διαμάχη, σχεδόν αποκλειστικά στην πλευρά των υποστηρικτών των εικόνων. Προφανώς, συνδέεται με το γεγονός ότι αυτή αφορούσε όχι ένα θέμα κατεξοχήν θεολογικό, όπως συνέβη τους προηγούμενους αιώνες με το τριαδικό δόγμα ή τον τρόπο της ένωσης των δύο φύσεων στο πρόσωπο του Χριστού, αλλά κάτι το συγκεκριμένο και απτό, που ο κάθε άνθρωπος, ακόμα και ο πιο απλός, το έβλεπε παντού, σε ναούς, σε δημόσια κτίρια, στα σπίτια, μπορούσε να το έχει επάνω του. Στα μάτια του πολύ εύκολα η εικόνα και το αντικείμενο που την φέρει ταυτίζονται με το πρωτότυπο. Γι΄ αυτό και η απομάκρυνση, πολύ περισσότερο η καταστροφή τους, είναι σαν απομάκρυνση από το πρωτότυπο και γι΄ αυτό επώδυνη.

Μετά τον θάνατο του Λέοντα Γ' (740) στον θρόνο ανήλθε ο γιος του Κωνσταντίνος Ε' (740-775). Πολύ σύντομα και με πρόσχημα την αποκατάσταση της τιμής και προσκύνησης των εικόνων επαναστάτησε εναντίον του ο γαμπρός του Αρτάβασδος, ο οποίος τελικά κατόρθωσε να στεφθεί αυτοκράτορας. Για το λίγο διάστημα που έμεινε στον θρόνο, τήρησε την υπόσχεσή του και επανέφερε την προσκύνηση των εικόνων. Όταν ο Κωνσταντίνος Ε' επανήλθε, εκτός από τον σφετεριστή, τιμώρησε με διαπόμπευση και τον πατριάρχη Αναστάσιο, ο οποίος, πραγματοποιώντας την επιθυμία και του πρόσκαιρου αυτοκράτορα, τάχθηκε αυτή την φορά υπέρ των εικόνων, καταδικάζοντας και την πολιτική εναντίον των εικόνων και τον αυτοκράτορα.

Και ο Κωνσταντίνος Ε' αποδείχθηκε με ιδιαίτερες στρατιωτικές ικανότητες στους πολέμους που διεξήγαγε εναντίον των αράβων και των βουλγάρων. Στο φλέγον όμως ζήτημα αναδείχθηκε σφοδρότερος πολέμιος των εικόνων από τον πατέρα του. Έχοντας αποκτήσει, ως διάδοχος, πολύ καλύτερη γενική μόρφωση από εκείνον, επιπλέον δε και θεολογική, οργάνωσε διαφορετικά την τακτική του.

Κατ' αρχήν, συνέγραψε ο ίδιος πραγματείες, στις οποίες ανέπτυξε τις ιδέες του θεμελιωμένες πάνω σε θεολογικά επιχειρήματα. Συνδέοντας όμως την απεικόνιση του Ιησού Χριστού με το χριστολογικό δόγμα, προκειμένου να υποδείξει ως αιρετικούς όσους προσκυνούσαν τις εικόνες, ουσιαστικά έδωσε διαφορετική τροπή στο ζήτημα, αφού τώρα πια η μέχρι πρότινος διαμάχη γύρω από ένα λατρευτικού τύπου θέμα, τον ορθό τρόπο τιμής και προσκύνησης των εικόνων, έπαιρνε πλέον θεολογικό περιεχόμενο και χριστολογική διάσταση. Συνήθιζε μάλιστα να στέλνει τα συγγράμματά του στους επισκόπους, για να τους προϊδεάζει για τις απόψεις του, απόψεις που ήθελε να επιβάλει ως αποφάσεις συνόδου. Στην συνέχεια, για να έχουν και την εκκλησιαστική κατοχύρωση, εξασφάλισε υπέρ των απόψεών του την πλειοψηφία των επισκόπων, προωθώντας σε επισκοπικές έδρες ανθρώπους που τις επικροτούσαν. Μάλιστα, αύξησε τον αριθμό των ομοϊδεατών του επισκόπων διαιρώντας τις υπάρχουσες επισκοπές και ιδρύοντας και νέες. Με τον τρόπο αυτό είχε εξασφαλισμένη πλέον και την πλειοψηφία στην σύνοδο, όποτε αυτή γινόταν.

Σύνοδος της Ιέρειας (754)

Τελικά, η μεθοδικά προετοιμασμένη από τον αυτοκράτορα σύνοδος συνήλθε στο ανάκτορο της Ιέρειας, που βρισκόταν στην μικρασιατική ακτή του Βοσπόρου, μεταξύ της Χαλκηδόνας και της Χρυσούπολης (10 Φεβρουαρίου 754). Έλαβαν μέρος 388 επίσκοποι, αλλά κανένας πατριάρχης ή εκπρόσωποί τους («ακέφαλη σύνοδος»), αφού μετά τον θάνατο του πατριάρχη Κωνσταντινουπόλεως δεν είχε ακόμα εκλεγεί νέος και οι ηγέτες των Εκκλησιών Ρώμης, Αλεξάνδρειας, Αντιόχειας και Ιεροσολύμων είχαν ταχθεί εναντίον της εικονομαχίας. Την προεδρία της συνόδου άσκησε ο Εφέσου Θεοδόσιος. Η θέση που θα έπαιρνε η σύνοδος ως προς τις εικόνες ήταν προδιαγεγραμμένη και δεν θα ήταν άλλη από αυτήν που διατύπωσε ο αυτοκράτορας στις πραγματείες του. Ο Όρος, που διατύπωσε, καταδίκαζε την τιμή και προσκύνηση των εικόνων, με την αιτιολογία ότι κάτι τέτοιο, εκτός του ότι οδηγεί σε ειδωλολατρία, δεν παραδόθηκε από την Αγία Γραφή ούτε θεσπίστηκε από τις Οικουμενικές συνόδους. Γι' αυτό όριζε «να μην τολμήσει κανείς, από εκείνη την στιγμή και μετά, να κατασκευάσει, ή να προσκυνήσει, ή να τοποθετήσει σε ναό ή σε οικία, ή να κρύψει εικόνες. Όποιος συλληφθεί να το κάνει, αν είναι κληρικός να καθαιρείται, αν είναι μονάζων ή λαϊκός, να αναθεματίζεται και να υπόκειται σε ό,τι προβλέπει σχετικά ο βασιλικός νόμος». (Mansi, XIII, 324-332).

Όπως γινόταν σε ανάλογες περιπτώσεις, με την υπογραφή του ο Όρος πήρε την ισχύ νόμου του κράτους, δίνοντας συνάμα στον αυτοκράτορα την ικανοποίηση να έχει, ως βασιλεύς, γνώμη και για θέματα πίστης, την οποία επιπλέον μπορεί και να επιβάλλει. Με την απόφαση αυτή οι υποστηρικτές της τιμής και προσκύνησης των εικόνων θεωρούνταν ταυτόχρονα αιρετικοί, αλλά και απειθούντες κατά του αυτοκράτορα. Έτσι άρχισε η καταστροφή των ιερών εικόνων, όπου κι αν βρίσκονταν, και η αντικατάστασή τους με εικόνες με κοσμικά θέματα. Το όλο θέμα όμως είχε καταντήσει πλέον εμμονή για τον αυτοκράτορα, ο οποίος με υπερβάλλοντα ζήλο στράφηκε, καθ' υπέρβαση των αποφάσεων της συνόδου της Ιέρειας, και εναντίον των ιερών λειψάνων, έφθασε δε και στο σημείο να απαγορεύσει και την λατρεία της Θεοτόκου.

Η αναστάτωση που προκλήθηκε στην συνέχεια δεν προερχόταν μόνο από τις καταστροφές και τις διώξεις κατά την εφαρμογή των αποφάσεων της συνόδου, αλλά και από την σύγχυση που προκαλούσε στον κόσμο η ομόφωνη απόφαση των επισκόπων που έλαβαν μέρος στην σύνοδο και γενικότερα η επαινετική τους στάση προς τον αυτοκράτορα.

Το ότι η απόφαση της συνόδου της Ιέρειας, ως προς την τιμωρία των παραβατών της, διαχώριζε τους *μονάζοντες* από τους κληρικούς και όριζε να τιμωρούνται όπως οι λαϊκοί, εύκολα γίνεται αντιληπτό ότι έπληττε ιδιαίτερα τους μοναχούς, αφού η καθημερινή τους ζωή, ως καθαρά λατρευτική, ήταν προσανατολισμένη στην νυχθημερόν προσευχή και τιμή των αγίων, με άμεση δηλαδή σχέση τόσο με εικόνες όσο και με ιερά λείψανα και, όπως ήταν φυσικό, αντιδρούσαν σθεναρότερα από όλους. Έτσι, οι μοναχοί, που θεωρούνταν ήδη ως οι κύριοι υπεύθυνοι για τις υπερβολές στην προσκύνηση των εικόνων, βαρύνονταν πλέον και με την ευθύνη για την αντίσταση που συναντούσε η αποδοχή των εικονομαχικών ιδεών. Γι' αυτό και βρέθηκαν στο στόχαστρο των διώξεων, ιδιαίτερα μετά το 761, οπότε και, κατά την εκτίμηση μερικών, η εικονομαχία έγινε «μοναχομαχία». Διώκονταν και εξωθούνταν με διάφορους τρόπους στο να πάψουν να είναι μοναχοί: υποχρεώνονταν να αποβάλουν το μοναχικό ένδυμα, να συνυπάρξουν με γυναίκες, ακόμα και να παντρευτούν. Διακόπηκε η λειτουργία πολλών μονών, που μετατράπηκαν στην συνέχεια σε στρατώνες, λουτρά ή άλλους δημόσιας χρήσης χώρους. Κατασχέθηκαν και δημεύθηκαν πολλά μοναστικά κτήματα και περιουσίες, που εκείνη την εποχή ήταν τεράστια. Εξ αυτού θεωρήθηκε ως απώτερος σκοπός της εικονομαχίας ο περιορισμός της αυξημένης επιρροής που ασκούσε ο πανίσχυρος την εποχή εκείνη μοναχισμός και ο έλεγχος της τεράστιας περιουσίας που κατέληξε να έχει.

Ένας μεγάλος αριθμός μοναχών, προκειμένου να αποφύγει τις διώξεις, αναζήτησε καταφύγιο σε απομακρυσμένες από τα διοικητικά κέντρα περιοχές, κυρίως όμως στην Κάτω Ιταλία, όπου με την εγκατάστασή τους συνετέλεσαν στο να δημιουργηθούν καινούργια μοναστικά και, γενικότερα, πνευματικά κέντρα. Το αξιοσημείωτο είναι ότι τα κέντρα αυτά, με τον εμφανή βυζαντινότροπο χαρακτήρα τους, εμφανίστηκαν, άνθησαν και αύξησαν την επιρροή και την επίδρασή τους κατά την εποχή, που λόγο πιο βόρεια κάθε βυζαντινή επιρροή διακόπηκε οριστικά, όταν και το εξαρχάτο της Ραβέννας πέρασε στα χέρια των Λομβαρδών (751). Την χρονιά μάλιστα που έγινε η σύνοδος της Ιέρειας (754) ο πάπας Στέφανος Β' με τον ηγεμόνα των Φράγκων Πιπίνο Α' είχαν, με αφορμή το αίτημα του *πάπα* να ζητήσει από τον Πιπίνο την προστασία που του αρνήθηκαν οι βυζαντινοί αυτοκράτορες, μία ιστορικής σημασίας συνάντηση, η οποία έμελλε να σταθεί η αφετηρία της επί μακρόν κοινής τους πορείας αλλά και της ίδρυσης του ρωμαϊκού εκκλησιαστικού κράτους, γεγονότα που διέρρηξαν οριστικά κάθε δεσμό μεταξύ των δύο πρωτευουσών, της παλαιάς και της νέας Ρώμης. Η απομάκρυνση αυτή, που επέφερε τον αλληλοπαραμερισμό των δύο κέντρων, επιπλέον «*σήμαινε ότι άρχισαν να κλονίζονται και η οικουμενικότητα της βυζαντινής αυτοκρατορίας όπως και η οικουμενικότητα της ρωμαϊκής εκκλησίας*» (Ostrogorsky, Β', 37).

Μετά τον θάνατο του Κωνσταντίνου Ε' (775) ανέβηκε στον θρόνο ο γιος του Λέων Δ' (775-780), ο οποίος είχε σύζυγό του την Ειρήνη την Αθηναία. Κατά την διάρκεια της σύντομης βασιλείας του τήρησε μάλλον ανεκτική στάση στο πρόβλημα με τις εικόνες: δεν αναίρεσε μεν την ισχύ των εικονομαχικών διαταγμάτων, επέτρεπε όμως την λατρεία της Θεοτόκου και δεν εμπόδιζε την προσκύνηση των εικόνων, αρκεί να μην γινόταν με υπερβολές. Σταμάτησε ωστόσο την δίωξη των μοναχών, πολλοί από τους οποίους άρχισαν να επιστρέφουν στις μονές τους. Κάποιους από αυτούς μάλιστα τους τοποθέτησε σε σημαντικές επισκοπικές έδρες.

Ο πρόωρος θάνατος του Κωνσταντίνου Ε' (780) έφερε στον θρόνο τον ανήλικο γιο του Κωνσταντίνο Στ' και την μητέρα του, ως κηδεμόνα του, στην της αντιβασιλεία. Στο μεταξύ, στην κενή θέση, που άφησε ο θάνατος του πατριάρχη Νικήτα (780), ο αυτοκράτορας είχε υποδείξει τον Παύλο Δ' (780-784), υποχρεώνοντας τον να υποσχεθεί ότι δεν θα αλλάξει συμπεριφορά στο ζήτημα της προσκύνησης των εικόνων.

Η Ειρήνη αποδείχθηκε «η πρώτη γυναίκα που κυβέρνησε το κράτος όχι μόνο ως επίτροπος ενός ανήλικου ή ανίκανου αυτοκράτορα αλλά και ως κυρίαρχος μονάρχης. Την εποχή αυτή το αξίωμα του αυτοκράτορα ήταν, σύμφωνα με τη ρωμαϊκή παράδοση, στενά συνδεδεμένο με την ηγεσία του στρατεύματος και γι' αυτό το δικαίωμα μιας γυναίκας να ασκήσει αυτή την εξουσία ήταν τουλάχιστον αμφισβητήσιμο. Έτσι είναι χαρακτηριστικό το γεγονός ότι η Ειρήνη στα νομοθετικά διατάγματα δεν ονομάζεται «βασίλισσα» αλλά «βασιλεύς»» (Ostrogorsky, Β΄, 50). Έχοντας προφανώς επίγνωση των συνεπειών, που προκαλούν οι αποφάσεις που επιβάλλονται χωρίς προηγουμένως να έχουν προετοιμασθεί κατάλληλα, παρόλο που η ίδια ανέκαθεν υποστήριζε την προσκύνηση των εικόνων, δεν βιάστηκε να το εκδηλώσει και να το επιβάλει. Γνώριζε εξάλλου ότι ανατρέποντας ό,τι ίσχυε ως τότε, θα πολλαπλασίαζε τον πυρήνα της εναντίον της αμφισβήτησης και εχθρότητας, που προέρχονταν από τους αξιωματούχους του στρατεύματος, οι οποίοι συνήθως υποστήριζαν την εικονομαχική πλευρά. Θα έλεγε κανείς ότι η Ειρήνη ακολούθησε την τακτική του πεθερού της Κωνσταντίνου Ε΄, αλλά προς την αντίθετη κατεύθυνση, ενισχύοντας και αναδεικνύοντας σε αξιώματα υποστηρικτές της προσκύνησης των εικόνων. Η συνεχιζόμενη μάλιστα επιστροφή των μοναχών στην πρωτεύουσα, εκτός από τον συρρικνωμένο μοναχισμό, ενίσχυε και αριθμητικά τους υποστηρικτές των εικόνων.

Διάδοχος του παραιτηθέντος πατριάρχη Παύλου αναδείχθηκε ο Ταράσιος (784-806), ανώτατος αξιωματούχος προηγουμένως και υπέρμαχος της προσκύνησης των εικόνων, ο οποίος, για να δεχθεί, έθεσε ως όρο, ότι η αυτοκράτειρα θα αναλάμβανε την σύγκληση οικουμενικής συνόδου το συντομότερο δυνατό, για να επιληφθεί του προβλήματος.

Από τα γεγονότα που ακολούθησαν, αξίζει να αναφερθεί η πράξη της αυτοκράτειρας Ειρήνης, η οποία, έχοντας ενοχληθεί από τον παραμερισμό της όταν ο ενήλικος πια γιος της ανέλαβε πλήρως τα αυτοκρατορικά του καθήκοντα (790), προκειμένου να τον απομακρύνει οριστικά από την εξουσία και να επανέλθει η ίδια, δεν δίστασε να διατάξει την τύφλωσή του (797).

Η Ζ' Οικουμενική Σύνοδος (787)[10]

Αιτία. Η διαμάχη για την τιμή και προσκύνηση των εικόνων, με την χριστολογική διάσταση που είχε πλέον πάρει, καθώς και τα εκκλησιαστικά προβλήματα που προκλήθηκαν εξαιτίας της, υπήρξαν γεγονότα που διέσπασαν την ενότητα του σώματος της Εκκλησίας και για την αντιμετώπισή τους κρίθηκε απαραίτητη η σύγκληση οικουμενικής συνόδου.

Σύγκληση. Κατά την κρατούσα συνήθεια, τους επισκόπους συγκάλεσαν σε σύνοδο με την τυπική επιστολή (sacra) ο αυτοκράτορας Κωνσταντίνος Στ' και η συμβασίλισσα μητέρα του Ειρήνη. Αν και η σύνοδος είχε γίνει πλέον μόνιμος τρόπος επίλυσης των προβλημάτων που απασχολούσαν την Εκκλησία, την συγκεκριμένη σύνοδο φαίνεται πως διασφάλισε ο όρος που έθεσε ως προϋπόθεση ο πατριάρχης Ταράσιος για να αποδεχθεί το πατριαρχικό αξίωμα.

Τόπος και χρόνος. Ως τόπος που θα λάβει χώρα η σύνοδος ορίστηκε ο ναός των Αγίων Αποστόλων στην Κωνσταντινούπολη, όπου και συγκεντρώθηκαν αρχικά οι συμμετέχοντες, τον Αύγουστο του 786. Όμως οι στρατιώτες της βασιλικής φρουράς, κατ' εντολή των αξιωματούχων που οι περισσότεροί τους υποστήριζαν την εικονομαχική μερίδα, παρά την παρουσία της βασίλισσας Ειρήνης στην εναρκτήρια συνεδρία εμπόδισαν την διεξαγωγή της. Με τις επικρατούσες συνθήκες κρίθηκε φρόνιμο να διαλυθεί η σύνοδος. Για να αποφευχθεί και στο μέλλον κάτι ανάλογο, με το πρόσχημα εκστρατείας εναντίον των Αράβων απομακρύνθηκε ο εικονομαχικός στρατός από την πρωτεύουσα και αντικαταστάθηκε από φιλικά διακείμενο προς τις εικόνες στράτευμα από την Θράκη. Οι νέες προσκλήσεις που στάλθηκαν, όριζαν ως τόπο σύγκλησης της συνόδου την Νίκαια, τον Σεπτέμβριο του 787, όπως και έγινε. Οι επτά, από τις συνολικά οκτώ, συνεδριάσεις της συνόδου έγιναν από τις 24 Σεπτεμβρίου ως τις 13 Οκτωβρίου στον ναό της Αγίας Σοφίας της Νίκαιας, ενώ η τελευταία, στις 23 Οκτωβρίου στο ανάκτορο της Μαγναύρας, στην Κωνσταντινούπολη.

---

10 Για να μην διακοπεί η παρουσίαση των Οικουμενικών Συνόδων, αλλά και να μην κολοβωθεί η Εικονομαχία, η συγκεκριμένη παράγραφος παρατίθεται και στα δύο κεφάλαια.

Θέματα. Την σύνοδο απασχόλησε η θεμελίωση της διδασκαλίας για την τιμητική προσκύνηση των εικόνων. Όπως χαρακτηριστικά διατύπωσε στον Όρο της, «... *Όσω γαρ συνεχώς δι' εικονικής ανατυπώσεως ορώνται, τοσούτω και οι ταύτας* (ενν. τας εικόνας) *θεώμενοι διανίστανται προς την των πρωτοτύπων μνήμην τε κσι επιπόθησιν, ου μην την κατά πίστιν ημών αληθινήν λατρείαν, η πρέπει μόνη τη θεία φύσει, αλλ' ον τρόπον τω τύπω του τιμίου και ζωοποιού σταυρού και τοις αγίοις ευαγγελίοις και θυμιαμάτων και φώτων προσαγωγήν προς την τούτων τιμήν ποιείσθαι, καθώς Και τοις αρχαίοις ευσεβώς είθισται, η γαρ της εικόνος τιμή επί το πρωτότυπον διαβαίνει και ο προσκυνών την εικόνα, προσκυνεί εν αυτή του εγγραφομένου την υπόστασιν*». (Mansi, XIII, 377εξ.). Μία συνεδρία της απασχόλησε η ανασκευή του όρου της συνόδου της Ιέρειας (754) και η αποκατάσταση όσων η σύνοδος εκείνη καταδίκασε, συγκεκριμένα του πατριάρχη Γερμανού, του Ιωάννη Δαμασκηνού και του Γεωργίου Κυπρίου.

Στις πρώτες συνεδριάσεις της συζητήθηκε εκτενώς το θέμα της συμμετοχής στην σύνοδο των επισκόπων εκείνων, που είχαν ταχθεί εναντίον των εικόνων ή είχαν χειροτονηθεί από εικονομάχους επισκόπους. Αποφασίσθηκε να γίνουν δεκτοί αφού πρώτα καταθέσουν *λίβελλο,* έγγραφη ομολογία πίστεως, με την οποία να αποκηρύττουν τις προηγούμενες απόψεις τους.

Μέλη. Στις εργασίες της συνόδου έλαβαν μέρος περισσότεροι από 350 επίσκοποι, υπό την προεδρία του πατριάρχη Ταρασίου. Με την αυτοκρατορική σάκρα προσκλήθηκε να συμμετάσχει και ο πάπας Αδριανός Α΄ (772-795), ο οποίος έστειλε ως αντιπροσώπους του δύο πρεσβύτερους. Ο πατριάρχης Ταράσιος με την *ειρηνική επιστολή* του προς τους εμπερίστατους, λόγω των αραβικών κατακτήσεων πατριάρχες της Ανατολής, Πολιτιανό Αλεξανδρείας, Θεοδώρητο Αντιοχείας και Ηλία Ιεροσολύμων, τους ενημέρωσε και για την σύγκληση της συνόδου και τους καλούσε να στείλουν τοποτηρητές. Στα Πρακτικά αναφέρονται δύο, οι *Θωμάς και Ιωάννης, οι ευλαβέστατοι πρεσβύτεροι, μοναχοί και τοποτηρηταί των αποστολικών θρόνων της ανατολικής διοικήσεως* (Mansi, XII, 994).

Την σύνοδο παρακολούθησε και μεγάλος αριθμός μοναχών, οι οποίοι έλαβαν μέρος στις συζητήσεις.

Έργο. Η σύνοδος εξέδωσε *Όρο* και 22 *κανόνες,* σχετικούς με θέματα εκκλησιαστικής διοίκησης, ευταξίας, λατρείας και μοναχικού βίου. Ένας από αυτούς, ο 8ος κανόνας, όριζε να θεωρούνται χριστιανοί μόνον εκείνοι από τους Εβραίους, οι οποίοι προσήλθαν στον Χριστιανισμό από ειλικρινή πίστη. Φαίνεται πως το διάταγμα του Λέοντα Γ' του Ίσαυρου, που υποχρέωνε όλους τους Εβραίους της αυτοκρατορίας να βαπτισθούν, εξανάγκασε πολλούς από αυτούς να φέρονται ως χριστιανοί, χωρίς στην πραγματικότητα να είναι. Έτσι με τον κανόνα αυτόν ουσιαστικά η Εκκλησία καταργεί το συγκεκριμένο διάταγμα.

Αναγνώριση. Εξαρχής η σύνοδος συνήλθε ως οικουμενική, έφερε όλα τα σχετικά εξωτερικά χαρακτηριστικά της και οι αποφάσεις της έγιναν δεκτές από όλες τις Εκκλησίες. Η αναγνώρισή της ωστόσο και η συναρίθμησή της ως οικουμενική, για διάφορους λόγους, δεν ήταν απρόσκοπτη. Κατ' αρχήν, η διαμάχη για τις εικόνες συνεχίστηκε και πέρασε στην δεύτερη φάση της, κατά την διάρκεια της οποίας, φυσικά, δεν αναγνωρίζονταν οι αποφάσεις της συνόδου της Νίκαιας. Στο μεταξύ, στην Δύση ανέτειλε το άστρο του φράγκου βασιλιά Κάρολου του Μεγάλου, ο οποίος επιχειρούσε να προσδιοριστεί σε αντιδιαστολή με τον αυτοκράτορα του Βυζαντίου. Άδραξε την ευκαιρία και, για λόγους πολιτικής σκοπιμότητας, στα *Καρολίνεια Βιβλία* (Libri Carolini, 790) καταφέρθηκε εναντίον τόσο των αντιπάλων όσο και των υποστηρικτών των εικόνων. Το γεγονός ότι τις αποφάσεις της συνόδου της Νίκαιας πληροφορήθηκε από κάποιες άστοχες λατινικές μεταφράσεις, οι οποίες τις παραμόρφωναν τελείως, δεν φαίνεται να έπαιξε σημαντικό ρόλο στην στάση του, τουλάχιστον όσο η επιθυμία του να δηλώσει την θρησκευτική του ανεξαρτησία. Την στάση του συνέχισε η σύνοδος της φραγκικής ιεραρχίας στην Φραγκφούρτη (794), η οποία, με την παρουσία δύο αντιπροσώπων του πάπα, καταδίκασε την σύνοδο της Νίκαιας. Ο πάπας Αδριανός συμφωνούσε μεν με τις αποφάσεις τις συνόδου, τις οποίες μάλιστα υπερασπίστηκε με επιστολή του προς τον Κάρολο, επιφυλάχθηκε όμως ως προς την αναγνώρισή της για να μην διαφοροποιηθεί από αυτόν.

Στην Ανατολή, παρόλο που τα Πατριαρχεία της ποτέ δεν υποστήριξαν ποτέ τις εικονομαχικές απόψεις, χωρίς να έχουν εκφράσει αντιρρήσεις στις αποφάσεις της συνόδου της Νίκαιας, στάθηκαν συγκρατημένα απέναντι στην αναγνώρισή της.

Η επιχειρηματολογία του πατριάρχη Φωτίου στην σύνοδο της Κωνσταντινουπόλεως του 879-880, υπέρ της αναγνώρισης της συγκεκριμένης συνόδου ως οικουμενικής, στάθηκε καθοριστική και η σύνοδος της Νίκαιας του 784 αναγνωρίζεται και αριθμείται ως η Ζ΄ Οικουμενική Σύνοδος της Εκκλησίας.

Οι αποφάσεις της συνόδου έγιναν δεκτές χωρίς αντιδράσεις από τις δυο πλευρές. Αντέδρασαν μόνον οι Στουδίτες μοναχοί, οι οποίοι ενοχλήθηκαν από την κατά την γνώμη τους επιεική στάση της συνόδου απέναντι στους κληρικούς που είχαν εκδηλωθεί με την πλευρά των εικονομάχων. Η αντίδρασή τους οξύνθηκε ιδιαίτερα μετά την απομάκρυνση της βασιλικής συζύγου, της Μαρίας από την Παφλαγονία, και τον γάμο στην συνέχεια του αυτοκράτορα με την ερωμένη του Θεοδότη, συγγενή των Στουδιτών. Μάλιστα άρχισε να εκφράζονται με αυστηρή πολεμική ακόμη και εναντίον των υποστηρικτών των εικόνων, στάση που προκαλούσε σύγχυση και «παρείχε επιχειρήματα και στους αμετανόητους εικονομάχους» (Φειδάς, Α΄, 793), συνάμα δε επιβεβαίωνε το ότι «ο βυζαντινός μοναχισμός ύστερα από τη νίκη της ορθοδοξίας βρισκόταν σε μόνιμη δυσαρέσκεια και συχνά σε οξεία αντίθεση προς την κρατική και εκκλησιαστική ηγεσία» (Ostrogorsky, Β΄, 50).

Β΄ φάση της διαμάχης

Η Ειρήνη εκθρονίστηκε (802) και στον θρόνο ανέβηκαν, ο λογοθέτης του γενικού Νικηφόρος Α΄ (802-811), ο Σταυράκιος (811) και ο Μιχαήλ Α΄ Ραγκαβές (811-813), ο οποίος με την παραίτησή του, διευκόλυνε την άνοδο στον θρόνο του Λέοντα Ε΄ του Αρμενίου (813-820).

Η σχεδόν τριαντακονταετής ύφεση, που περνούσε η διαμάχη για τις εικόνες, φαίνεται πως ήταν συγκυριακή, αφού δεν χρειάστηκε κάτι το ιδιαίτερο για να αναθερμανθεί. Ο νέος αυτοκράτορας *Λέων Ε΄ ο Αρμένιος* δεν δυσκολεύτηκε να βρει οπαδούς των εικονομαχικών αντιλήψεών του, που σημαίνει ότι η επικράτηση των υποστηρικτών των εικόνων δεν εξάλειψε την υπάρχουσα διάσταση απόψεων, αλλά και ότι κάποιοι, χωρίς ιδιαίτερες αναστολές, μετέφεραν την υποστήριξή τους. Το γεγονός, ότι οι αυτοκράτορες που υποστήριζαν τις εικόνες υπέστησαν σοβαρότατες ήττες στα πεδία των μαχών, εύκολα συνδέθηκε με το ζήτημα των εικόνων και συσπείρωσε τους στρατιωτικούς κυρίως και τους αξιωματούχους εναντίον των εικόνων.

Στα σχέδια του Λέοντα Ε' ήταν και μία σύνοδος, η οποία θα ισχυροποιούσε τις απόψεις του. Για τον λόγο αυτό ανέθεσε στον Ιωάννη Γραμματικό και στον Αντώνιο Κασσιματά να επεξεργαστούν ένα υπόμνημα με θεολογικό αποδεικτικό υλικό, το οποίο να αποτελέσει το πλαίσιο των συζητήσεων της μελλοντικής συνόδου.

Ο πατριάρχης Νικηφόρος (806-815) έλαβε γνώση του υπομνήματος και το απέρριψε, πράξη που του κόστισε την καθαίρεσή του και εξορία. Οι Στουδίτες μοναχοί, οι οποίοι είχαν αντιδράσει στην εκλογή του Νικηφόρου ως πατριάρχη, του πρόσφεραν την υποστήριξή τους όταν εκδηλώθηκαν οι προθέσεις του αυτοκράτορα και, από κοινού πλέον, ιδιαίτερα ο Θεόδωρος Στουδίτης και ο Νικηφόρος με τα συγγράμματά τους, υποστήριζαν θερμά την τιμή των εικόνων, συνάμα δε κατέκριναν την ανάμιξη του αυτοκράτορα σε ζητήματα πίστεως. Όπως ήταν αναμενόμενο, και οι Στουδίτες δεν απέφυγαν την εξορία και τις κακοποιήσεις.

Η σύνοδος του 815

Στην θέση του Νικηφόρου πατριάρχης εκλέχθηκε ο Θεόδοτος Κασσιτεράς (815-821), ο οποίος και προήδρευσε στην σύνοδο, που συνήλθε στην Αγία Σοφία, τον Απρίλιο του 815. Και αυτής της συνόδου οι αποφάσεις δεν σώζονται, παρά μόνον κάποια ελάχιστα αποσπάσματα. Όπως ήταν αναμενόμενο, απέρριψε τις αποφάσεις της Συνόδου της Νίκαιας, της Ζ' Οικουμενικής. Το διαφορετικό στην σύνοδο αυτή ήταν η διαλλακτικότερη διατύπωση των κατά βάση ίδιων απόψεων: δεν θεωρούσε πλέον είδωλα τις εικόνες, ωστόσο διέταζε την καταστροφή τους. Σύμφωνα με τον Ostrogorsky, ο οποίος μελέτησε ιδιαίτερα τα σωζόμενα εικονομαχικά αποσπάσματα «τις ιδέες της άντλησε η σύνοδος αυτή από τα πρακτικά της συνόδου του 754. Επανέλαβε την παλαιά εικονοκλαστική διδασκαλία αμβλύνοντάς την όμως σημαντικά και αποφεύγοντας ουσιαστικά δογματικά ζητήματα με διφορούμενες και κενές φράσεις. Όπως η ίδια η νέα εικονοκλαστική κίνηση, το ίδιο και η σύνοδος του 815 έχει την σφραγίδα της επιγονικής αδυναμίας. Ενώ η εικονομαχία του Λέοντα Γ' και του Κωνσταντίνου Ε' ήταν μια κίνηση με μεγάλο σθένος και δυναμισμό, η εικονομαχία του ένατου αιώνα ήταν μία αντιδραστική και μιμητική προσπάθεια» (Β', σ. 75).

Το κλίμα είχε αρχίσει να αλλάζει. Ο αυτοκράτορας δεν είχε πλέον το έρεισμα που είχαν οι εικονομάχοι αυτοκράτορες του προηγούμενου αιώνα. Επιπλέον, οι υποστηρικτές των εικόνων γνώριζαν πια πώς να οργανώσουν αποτελεσματικότερα την αντίδραση και τα επιχειρήματά τους. Έτσι λοιπόν τα πράγματα λειτούργησαν αντίστροφα: η καταστροφή των εικόνων και οι διώξεις συσπείρωναν περισσότερο τους υποστηρικτές τους. Ο Θεόδωρος Στουδίτης, εξέχουσα μορφή αυτής της δεύτερης φάσης των διενέξεων, «με επιστολές προσπαθούσε να τονώσει το φρόνημα των εικονοφίλων και δεν δίσταζε να καταφεύγει ακόμα και σε υπερβολές για την εξασφάλιση της καθολικότερης αντίδρασης εναντίον των εικονομαχικών διαταγμάτων» (Φειδάς, Α', σ.796).

Η δολοφονία του Λέοντα Ε' (Χριστούγεννα του 820) έφερε στον θρόνο τον *Μιχαήλ Β' Τραυλό* (820-829), έναν μετριοπαθή στρατιωτικό, ο οποίος σταμάτησε τις διώξεις και επέτρεψε την επιστροφή των εξορίστων. Στο επίμαχο ζήτημα των εικόνων, απαγόρευσε κάθε σχετική συζήτηση και απέρριψε τις αποφάσεις τόσο της συνόδου της Ιέρειας (754) όσο και της Νίκαιας (787) και ανέδειξε πατριάρχη τον προσκείμενο στους εικονομάχους Αντώνιο Κασσιματά (821-837).

Τον Μιχαήλ Β' Τραυλό διαδέχθηκε ο γιος του *Θεόφιλος* (829-842), κατά την διάρκεια της βασιλείας του υιωίου η διαμάχη για τις εικόνες είχε την τελευταία της αναλαμπή. Ο νέος αυτοκράτορας είχε διαμορφωμένη προσωπική γνώμη κατά των εικόνων, την οποία εν μέρει καλλιέργησε ο δάσκαλός του Ιωάννης Γραμματικός, ο σύμβουλος για τα θεολογικά ζητήματα του αυτοκράτορα Λέοντα Ε' και κατοπινός πατριάρχης (837-842). Μετριοπαθής στην αρχή, δεν άργησε να προβεί σε σκληρούς διωγμούς, καταδιώκοντας ιδιαίτερα τους αγιογράφους αλλά και όσους υποστήριζαν με συγγράμματα ή κηρύγματα τις εικόνες.

Η κατάσταση άλλαξε άρδην μετά τον θάνατο του Θεόφιλου. Η κηδεμονία του ηλικίας τριών ετών γιου του και διαδόχου *Μιχαήλ Γ'* (842-867) επέτρεψε την μητέρα του *Θεοδώρα* να ασκήσει την αντιβασιλεία. Τάχθηκε αμέσως υπέρ της αποκατάστασης των εικόνων, παύοντας φυσικά κάθε δίωξη εναντίον των υποστηρικτών τους. Με την υπόδειξη της αυτοκράτειρας αναδείχθηκε πατριάρχης ο επί επταετία φυλακισμένος Μεθόδιος (843-847). Συνήλθε αμέσως σύνοδος στην Κωνσταντινούπολη (Μάρτιος του 843), η οποία αποφάσισε την αναστήλωση των εικόνων. Η διαμάχη, μετά από διάφορα στάδια και διακυμάνσεις, έπαψε πλέον να επισήμως να υπάρχει, αν και πρέπει να θεωρηθεί βέβαιο, πως κάποιοι θα διατήρησαν τις αντίθετες απόψεις τους τουλάχιστον για ένα διάστημα, απλώς δεν ευνοούνταν πλέον να τις εκδηλώνουν. Η απόφαση της συνόδου και η επιθυμία από την αυτοκρατορική πλευρά να ισχύσει έφεραν την ηρεμία, ύστερα από έναν αιώνα και πλέον. Την απόφαση αυτή υπενθυμίζει συνεχώς η καθιέρωσή της να εορτάζεται την πρώτη Κυριακή της Μ. Σαρακοστής, ως *Κυριακή της Ορθοδοξίας*.

Πτυχές από την ιστορία της αδιαίρετης Εκκλησίας

Βυζάντιο – Κωνσταντινούπολη: από αποικία, πρωτεύουσα της αυτοκρατορίας

Πηγές

Ευσέβιος Καισαρείας, *Εκκλησιαστική Ιστορία*, Migne, Patrologia Graeca, 20, 40 - 906

Ευσέβιος Καισαρείας *Εις τον βίον Κωνσταντίνου*, Migne, Patrologia Graeca, 20, 1233 – 1316.

Θεοδώρητος Κύρου, *Εκκλησιαστική Ιστορία*, Migne, Patrologia Graeca, 82, 881 - 1280

Θεοδώρητος, *Αιρετικής κακομυθίας επιτομή*, Migne, Patrologia Graeca, 83, 335 – 556.

Θεοφάνης, Χρονογραφία

Νικηφόρος, πατριάρχης Κωνσταντινουπόλεως, Επίσκοποι Βυζαντίου ..., Migne, Patrologia Graeca 100, 1041 – 1049.

Νικηφόρος Κάλλιστος, *Εκκλησιαστική Ιστορία*, Migne, Patrologia Graeca, 145, 146, 147.

Παλλάδιος, *Διάλογος ιστορικός περί του βίου Ιωάννου του Χρυσοστόμου*, Migne, Patrologia Graeca, 47, 5 – 82.

Σωκράτης, *Εκκλησιαστική Ιστορία*, Migne, Patrologia Graeca, 67, 29 – 842.

Σωζομενός, *Εκκλησιαστική Ιστορία*, Migne, Patrologia Graeca, 67, 843 – 1630.

Mansi J., *Sacrorum Conciliorum nova et amplissima Collectio*, t. I – XXXI, Fiorentinae et Venetiis 1759 -1798.

Schwartz E., *Acta Conciliorum Oecumenicorum*, t. I – IV, Berolini – Lipsiae 1914 -1940.

Το 325, χρονιά που γινόταν η Α' Οικουμενική Σύνοδος στην Νίκαια της Βιθυνίας (στα ΒΔ της Μικράς Ασίας), λίγο πιο βόρεια κι απέναντι, στην ευρωπαϊκή πλευρά, το Βυζάντιο, η παλιά αποικία των Μεγαρέων, κυριολεκτικά μεταμορφωνόταν. Ο αυτοκράτορας Κωνσταντίνος, μονοκράτορας πια του -ακόμα – απέραντου ρωμαϊκού κράτους, το επέλεξε και το προετοίμαζε για να γίνει η νέα πρωτεύουσά του. Η Ρώμη, η μέχρι τότε πρωτεύουσα και ψυχή της αυτοκρατορίας, τελευταία ήταν συνδεμένη με γεγονότα και καταστάσεις (δολοφονίες αυτοκρατόρων, σφετερισμοί του θρόνου, κ. ά.), που πολλοί αυτοκράτορές της δεν ήθελαν να θυμούνται. Ήδη από τα μέσα του $3^{ου}$ μ. Χ. αι., και κυρίως από τον Διοκλητιανό και μετά, τους αυτοκράτορες ήλκυε περισσότερο η Ανατολή, στην οποία πια διέμεναν για μεγάλα χρονικά διαστήματα, άλλοτε από επιλογή κι άλλοτε από ανάγκη, εξαιτίας των πολλών επιθέσεων που δεχόταν η αυτοκρατορία από λαούς, που ζούσαν στα ανατολικά σύνορά της. Ευνόητο είναι πως την πόλη, που επέλεγαν να μείνουν, την φρόντιζαν ιδιαίτερα, ώστε να αποκτήσει όψη αντάξια της αυτοκρατορικής αίγλης, όπως έγινε κυρίως με την Αντιόχεια, την Νικομήδεια κ. ά.. Έτσι και ο Κωνσταντίνος, μετατοπίζοντας εμφανώς το κέντρο βάρους της αυτοκρατορίας στα ανατολικά, επέλεξε το Βυζάντιο για να γίνει, όχι απλώς πόλη αυτοκρατορικής διαμονής, αλλά η νέα πρωτεύουσα της αυτοκρατορίας και το 324 χάραζε ο ίδιος, σύμφωνα με την παράδοση, τα όριά της. Η επιλογή του αυτή, που από την συνέχειά της αποδείχθηκε μεγαλοφυής, αναμφίβολα επηρέασε καταλυτικά τον ρου της Ιστορίας, είτε εκτιμώμενη μεμονωμένα, είτε –πολύ περισσότερο-σε συνδυασμό με την κορυφαία πράξη του συγκεκριμένου αυτοκράτορα, αυτήν της προστασίας και προβολής του Χριστιανισμού ως θρησκείας της αυτοκρατορίας. Σ' ό,τι αφορά ιδιαίτερα το Οικουμενικό Πατριαρχείο, είναι τόσο σαφές όσο και αυτονόητο, πως η ύπαρξη και η διαμόρφωσή του συνδέονται, και μάλιστα αμεσότατα, με την μεταφορά της πρωτεύσας του ρωμαϊκού κράτους από την Ρώμη στο Βυζάντιο.

Το Βυζάντιο

Θεωρείται βέβαιο το ότι Μεγαρείς, περί το 650 π. Χ., ήρθαν κι εγκαταστάθηκαν στην περιοχή που έγινε γνωστή ως Βυζάντιο. Δεν έχει

Πτυχές από την ιστορία της αδιαίρετης Εκκλησίας

όμως ακόμα απαντηθεί οριστικά το ερώτημα, αν αυτοί είναι και οι ιδρυτές του. Διότι, παρουσιάζεται αρκετά ισχυρή και η άποψη, ότι το Βυζάντιο το ίδρυσαν αυτόχθονες Θράκες, κοντά στους οποίους εγκαταστάθηκαν και οι Μεγαρείς και, με την πάροδο του χρόνου, αναπτύχθηκαν περισσότερο και επιβλήθηκαν. Ως προς την προέλευση του ονόματός του επίσης, κάποιοι θεωρούν ότι προέρχεται από τον Βύζαντα, που ήταν είτε ο Μεγαρέας οικιστής είτε κάποιος βασιλιάς της Θράκης, ή είναι λέξη θρακικής προέλευσης, με γεωγραφικό περιεχόμενο και σημαίνει τον «στενό τόπο».

Για την πορεία του Βυζαντίου, από την ίδρυσή του μέχρι την επιλογή του από τον Κωνσταντίνο, δεν είναι πολλά αυτά που μας είναι γνωστά. Ο Ηρόδοτος αναφέρει ότι από την αδυναμία τους να αντισταθούν στον Δαρείο και τους συμμάχους του, όταν αυτός εξεστράτευε εναντίον της Σκυθίας (513 π.Χ.), οι Βυζάντιοι εγκατέλειψαν την πόλη τους, όπως και το ότι πέρασαν κάτω από την κυριαρχία των Ελλήνων συμμάχων, μετά από τους περσικούς πολέμους. Την εποχή της κυριαρχίας των μεγάλων δυνάμεων, της Αθήνας, της Σπάρτης, της Μακεδονίας, το Βυζάντιο είτε άλλαζε επικυρίαρχο είτε τους συμμάχους του, παραμένοντας πάντα αυτοδιοίκητο, ακόμα κι όταν πέρασε στην κυριαρχία των Ρωμαίων. Όταν όμως πήρε το μέρος του αντίπαλου του Σεπτίμιου Σεβήρου (193-211), του Νίγηρα, προσφέροντάς του μάλιστα και καταφύγιο, προκάλεσε φυσικά τον θυμό του αυτοκράτορα. Ύστερα από τριετή εξαντλητική πολιορκία, το κυρίευσε ισοπεδώνοντάς το κυριολεκτικά, ενώ, διοικητικά, από την τάξη της ανεξάρτητης *πόλης* το υποβίβασε στην τάξη της *κώμης*, υπάγοντάς το στην Πέρινθο, την κατοπινή Ηράκλεια της Θράκης. Τα πλεονεκτήματα όμως της γεωγραφικής θέσης του Βυζαντίου έγιναν πολύ νωρίς αντιληπτά στον ίδιο τον Σεπτίμιο Σεβήρο, αναγκάζοντάς τον ουσιαστικά να το ξανακτίσει, αφού λίγο μετά την καταστροφή του οι Γότθοι περνούσαν τελείως ανενόχλητοι προς την Μεσόγειο. Τελευταία, ο αυτοκράτορας Κωνσταντίνος βρέθηκε να πολιορκεί το Βυζάντιο, το οποίο τελικά του παραδόθηκε (324), επειδή είχε καταφύγει σ' αυτό ο συναυτοκράτοράς του Λικίνιος, μετά την ήττα του στην Αδριανούπολη.

Ευαγγελία Αμοιρίδου

Η διάδοση του Χριστιανισμού στο Βυζάντιο

Ακριβείς πληροφορίες, σχετικές με το πότε και από ποιόν διαδόθηκε ο Χριστιανισμός στο Βυζάντιο, δεν σώζονται. Κατά την παράδοση, ιδρυτής της Εκκλησίας του θεωρείται ο Απόστολος Ανδρέας, η ημέρα μνήμης του οποίου (30 Νοεμβρίου) εορτάζεται ως η θρονική του Πατριαρχείου Κωνσταντινουπόλεως. Σύμφωνα μάλιστα με την Χρονογραφία του πατριάρχη Νικηφόρου (τέλη του 8^{ου} αι., βλ. παρακάτω, Κείμενα, Δ.), «Ανδρέας ο Απόστολος εν Βυζαντίω τον λόγον κηρύξας, ευκτήριον οίκον πέραν εν Αργυρουπόλει δειμάμενος, χειροτονεί επίσκοπον της αυτής πόλεως Στάχυν, ου μέμνηται Παύλος εν τη προς Ρωμαίους επιστολή» (Migne, Patrologia Graeca, 100, 1043-1044).

Η απουσία ωστόσο σαφών αναφορών στις σωζόμενες πηγές των πρώτων αιώνων δεν αποκλείει το ενδεχόμενο, τα πράγματα να εξελίχθηκαν και για το Βυζάντιο κατά ανάλογο με τις άλλες πόλεις και περιοχές τρόπο.

Συγκεκριμένα, ως πόλη χτισμένη κοντά σε πολυσύχναστη διέλευση, όπως αυτή των στενών των Δαρδανελίων, σίγουρα θα αποτελούσε ενδιάμεσο σταθμό εμπόρων και ταξιδιωτών. Όσοι από αυτούς ήταν χριστιανοί, σίγουρα θα επωφελήθηκαν από την ευκαιρία, όπως γινόταν συνήθως, να μιλήσουν για την διδασκαλία του Ευαγγελίου. Επιπλέον, εκτός από τους διερχόμενους, ήταν εύκολα προσβάσιμο και πολύ κοντά σε περιοχές, όπου από νωρίς δημιουργήθηκαν σημαντικές χριστιανικές κοινότητες: η Τρωάδα, από την οποία ο Απόστολος Παύλος (μέσα του α΄ αι. περίπου) διέβη προς την Μακεδονία δεν απέχει πολύ από το Βυζάντιο, όπως επίσης και η Βιθυνία, στην οποία ο απεσταλμένος από τον αυτοκράτορα Τραϊανό έπαρχος Πλίνιος (α΄ μισό του α΄ αι΄) βρήκε μία κοινότητα χριστιανών, που αριθμούσε ήδη αρκετά μέλη. Έτσι, όταν ο αριθμός των χριστιανών στο Βυζάντιο αυξήθηκε αρκετά, προφανώς οργανώθηκε σε κοινότητα γύρω από έναν επίσκοπο. Η στιγμή αυτή δεν μπορεί από τις πηγές να προσδιορισθεί χρονικά, δεδομένων και των περιπετειών (πολιορκίες και λεηλασίες) που το έπληξαν. Αργότερα, όταν πλέον η Εκκλησία άρχισε να οργανώνεται μητροπολιτικά, ο επίσκοπος του Βυζαντίου υπήχθη στην δικαιοδοσία του πλησιόχωρου μητροπολίτη, στην προκειμένη περίπτωση της *Περίνθου*, κατοπινής Ηράκλειας της Θράκης, η οποία ορίσθηκε πρωτεύουσα της *διοικήσεως* της Θράκης κατά την επί Διοκλητιανού (αρχές 4ου αι.) διαίρεση της αυτοκρατορίας σε επαρχίες και διοικήσεις.

Ο σωζόμενος *κατάλογος επισκόπων* του Βυζαντίου, τον οποίο ο ιερέας Προκόπιος (αρχές του 6ου αι.) αποδίδει στον Δωρόθεο Τύρου (Migne, Patrologia Graeca, 92, 1073), κατονομάζει 22 επισκόπους Βυζαντίου, με πρώτον τον Στάχυ, τον οποίον εγκατέστησε ο Απόστολος Ανδρέας (βλ. τον *Επισκοπικό Κατάλογο Κωνσταντινουπόλεως*, στο τέλος του παρόντος τόμου)

Τελευταίος επίσκοπος του Βυζαντίου παραδίδεται ο Μητροφάνης († 325;), επί των ημερών του οποίου άρχισε το κτίσιμο της Κωνσταντινούπολης. Σύμφωνα με ένα μέρος των πηγών, το βαθύ γήρας του τον εμπόδισε από το να συμμετάσχει ο ίδιος στην Α' Οικουμενική Σύνοδο, που έγινε στην Νίκαια της Βιθυνίας (325) και τον αντιπροσώπευσε ο πρεσβύτερός του τότε Αλέξανδρος, τον οποίο άλλες πηγές παρουσιάζουν ως ήδη επίσκοπο (βλ. περισσότερα: Γενναδίου, Ιστορία ..., σ. 53-55)

Αξίζει να σημειωθεί ότι παλιότερα, όταν ακόμη ο χριστιανισμός ήταν νεοπαγής, είχε ιδιαίτερη σημασία το ποιος ήταν ο ιδρυτής μιας τοπικής Εκκλησίας, διότι σχετιζόταν άμεσα με την αυθεντικότητα της διδασκαλίας που αυτή παρέλαβε, γεγονός που της προσέδιδε επιπλέον κύρος, αίγλη, αλλά και διοικητικά προνόμια, αργότερα. Γι' αυτό και ήταν ζωτικού ενδιαφέροντος για την διοικητική ισχυροποίησή της το να επικαλείται την *αποστολικότητά* της, την ίδρυσή της, δηλαδή από έναν Απόστολο. Αυτό ίσχυε για τις τοπικές εκκλησίες. Προκειμένου τώρα για την εκκλησία του Βυζαντίου, η ανάδειξή της από επισκοπή υπαγόμενη στον *πλησιόχωρο μητροπολίτη* σε αρχιεπισκοπή καταρχήν και πατριαρχείο στην συνέχεια, ήταν μάλλον αναπόφευκτη, θα συνέβαινε δε – για λόγους που θα εξηγηθούν παρακάτω- ανεξάρτητα από το αν ήταν *αποστολική* ή όχι.

Κωνσταντινούπολη, η «δευτέρα Ρώμη»

Το να αλλάξει ένα κράτος ή ένας πολιτισμός κατά την διάρκεια της ιστορίας του την πρωτεύουσα του, ήταν κάτι που συνήθως προέκυπτε από την εξέλιξη διάφορων γεγονότων. Η κατόπιν απόφασης όμως αλλαγή της ήταν πράξη μάλλον ασυνήθιστη και εκ των πραγμάτων ιδιαίτερα τολμηρή. Αν σκεφτεί μάλιστα κανείς ότι, στην περίπτωση του αυτοκράτορα Κωνσταντίνου, ως νέα πρωτεύουσα δεν επιλέχθηκε καν μία περιοχή στον ίδιο με την παλαιά γεωγραφικό και πολιτισμικό χώρο, τότε η απόφασή του αυτή εκ πρώτης όψεως μοιάζει περισσότερο με πείραμα, παρά με κάτι το εφικτό και, κυρίως, βιώσιμο. Χρειάστηκε, όπως είναι εύλογα αντιληπτό, η απόλυτη αφοσίωση του αυτοκράτορα αλλά και η μέγιστη δυνατή γενναιοδωρία του, ώστε, μόλις μια πενταετία αργότερα, ο πυρήνας της νέας πρωτεύουσας να είναι έτοιμος για να στηρίξει, όχι απλώς την ζωή μιας καινούργιας πόλης, αλλά την ομαλή και εύρυθμη λειτουργία της διοίκησης της μεγαλύτερης τότε αυτοκρατορίας.

Στις 30 Μαΐου ο Κωνσταντίνος εγκαινίαζε την *νέα Ρώμη* κι από τότε η ημερομηνία αυτή γιορταζόταν με κάθε επισημότητα, ως γενέθλια μέρα της *Βασιλεύουσας*. Ενεργώντας δε, όπως ήταν άλλωστε φυσικό, σύμφωνα με τα ρωμαϊκά έθιμα, δεν παρέλειψε την ανέγερση στην νέα αγορά ναού αφιερωμένου στην *Τύχη της Ρώμης*. Εξάλλου και όσον αφορά τις θρησκευτικές του πεποιθήσεις, είναι γνωστό πως ο αυτοκράτορας Κωνσταντίνος δεν γεννήθηκε χριστιανός, αλλά στράφηκε στον Χριστιανισμό κατά την διάρκεια της ζωής του, μία μεταστροφή, η οποία συζητήθηκε κατά κόρον, χωρίς να έχει ακόμα απαντηθεί οριστικά ως προς τα κίνητρά της, αν ήταν δηλαδή από ειλικρινή πίστη ή πράξη πολιτικής σκοπιμότητας.

Την καινούργια πόλη, «ην Βυζάντιον καλουμένην το πρότερον, ηύξησε τείχη μεγάλα περιβαλών, και διαφόροις κοσμήσας οικοδομήμασιν. Ίσην τε τη βασιλευούση Ρώμη αποδείξας, Κωνσταντινούπολιν μετονομάσας, χρηματίζειν δευτέραν Ρώμην νόμω εκύρωσεν», σύμφωνα με τον ιστορικό Σωκράτη (*Εκκλησιαστική Ιστορία*, Migne, Patrologia Graeca, 67,11-17). Φυσικά, ανάμεσα στα διάφορα *οικοδομήματα*, με τα οποία ο αυτοκράτορας Κωνσταντίνος στόλισε την πόλη, οπωσδήποτε συμπεριλαμβάνεται και ένας αριθμός χριστιανικών ναών (Αγία Σοφία στην αρχική της μορφή, Άγιοι Απόστολοι, ανακαίνιση του ναού της Ειρήνης ή, αλλιώς, αγίας Ειρήνης κ. ά.).

Η Αρχιεπισκοπή Κωνσταντινουπόλεως

Η Α' Οικουμενική Σύνοδος (325) με τον 6ο κανόνα της, επικυρώνοντας την κρατούσα παράδοση και, προφανώς, για λόγους διοικητικής τάξης, προσδιόρισε τα όρια στις δικαιοδοσίες των εκκλησιών Ρώμης, Αλεξάνδρειας και Αντιόχειας, ενώ με τον 7ο κανόνα, απένειμε πρεσβεία τιμής στον επίσκοπο Ιεροσολύμων. Το Βυζάντιο, που μερικούς μήνες πριν με αυτοκρατορική απόφαση άρχισε να μεταμορφώνεται σε πρωτεύουσα της αυτοκρατορίας, δεν κατονομάζεται σε κανένα σημείο των αποφάσεων της συγκεκριμένης Συνόδου. Αυτό σημαίνει προφανώς, πως μέχρι εκείνη την στιγμή τίποτα δεν άλλαξε στην εκκλησιαστική κατάστασή του, δηλαδή, εξακολουθούσε να αποτελεί επισκοπή, υπαγόμενη στην μητρόπολη Ηρακλείας της Θράκης. Κατά την διάρκεια του μισού αιώνα, που μεσολάβησε ως την Β' Οικουμενική Σύνοδο (381), το Βυζάντιο ολοκλήρωσε την μετεξέλιξή του και έγινε η Κωνσταντινούπολη, η καινούργια πρωτεύουσα. Κατά το ίδιο διάστημα, όπως είναι φυσικό, άρχισε και η Εκκλησία του να αναπτύσσεται και, ως Εκκλησία πλέον της καρδιάς της αυτοκρατορίας, να αποκτά περίοπτη θέση, χωρίς ωστόσο αυτό να συνοδεύεται από ανάλογη, ή οποιαδήποτε άλλη, εκκλησιαστική διοικητική αναβάθμιση.

Η Β' Οικουμενική Σύνοδος με τον 3ο κανόνα της αντιμετώπισε το ζήτημα, που εκ των πραγμάτων δεν θα μπορούσε να αναβληθεί περισσότερο και όρισε: *τον μέντοι Κωνσταντινουπόλεως επίσκοπον έχειν τα πρεσβεία της τιμής μετά τον Ρώμης επίσκοπον, δια το είναι αυτήν Νέαν Ρώμην.*

Ο κανόνας αυτός δεν εισάγει κάτι καινούργιο στην τάξη της διοίκησης της Εκκλησίας, αφού, κατά την πάγια τακτική της, αυτή συντονιζόταν με τα πολιτική διοίκηση. Στην συγκεκριμένη όμως περίπτωση, ο συντονισμός αυτός, εκτός του ότι εισήγαγε έναν καινούργιο «φορέα διοίκησης», τον επίσκοπο Κωνσταντινουπόλεως, για να μην είναι ανακόλουθος με την προηγηθείσα πρακτική, έπρεπε να του δώσει και την ανάλογη θέση. Για να συμβεί αυτό, στην τότε υπάρχουσα τάξη των Εκκλησιών (Ρώμη, Αλεξάνδρεια, Αντιόχεια, Ιεροσόλυμα) η Εκκλησία της πρωτεύουσας της αυτοκρατορίας δεν θα μπορούσε απλώς να προστεθεί στο τέλος αυτής της σειράς, για λόγους ουσίας κυρίως και όχι τόσο γοήτρου. Αλλά για οποιαδήποτε άλλη θέση μέσα σ' αυτήν την τάξη, έπρεπε να υπερσκελίσει την θέση κάποιας ή κάποιων Εκκλησιών. Κάτι αντίστοιχο δεν είχε αντιμετωπίσει μέχρι τότε η Εκκλησία στην πορεία της.

Με τον συγκεκριμένο κανόνα, τελικά, η Εκκλησία προσάρμοσε τα καινούργια της δεδομένα πάνω στην παράδοσή της, αναθεωρώντας ό,τι ήταν απλό και ανώδυνο να αναθεωρηθεί και καταφέρνοντας να μην ανατραπούν οι αρχές της διοικητικής της δομής. Συγκεκριμένα, διατήρησε στην θέση της την πρώτη στην τάξη Εκκλησία, αυτήν της Ρώμης, για ένα σύνολο λόγων, ένας από τους οποίους ήταν και το ότι υπήρξε η παλαιά πρωτεύουσα της αυτοκρατορίας. Τον ίδιο αυτό λόγο επικαλέστηκε ως κριτήριο για να τοποθετήσει αμέσως μετά από αυτήν, στην δεύτερη θέση της τάξης, την εκκλησία της καινούργιας πρωτεύουσας, της *Νέας Ρώμης*, ενώ οι υπόλοιπες Εκκλησίες έμεναν κατά μία θέση πίσω. Θα μπορούσε να θεωρηθεί, ότι με τον κανόνα αυτόν α) ρυθμίζεται ένα ζήτημα «πρωτοκόλλου» μεταξύ των Εκκλησιών, και β) ο επίσκοπος Κωνσταντινουπόλεως γίνεται πλέον *αρχιεπίσκοπος*, δηλαδή, επίσκοπος ανεξάρτητος από τον οικείο Μητροπολίτη. Σημειωτέον, ότι ούτε στον συγκεκριμένο κανόνα ούτε σε κάποιον άλλον της ίδιας ή της επόμενης (Γ' Οικουμενικής) Συνόδου γίνεται λόγος για επαρχία ή όρια δικαιοδοσίας του αρχιεπισκόπου Κωνσταντινουπόλεως.

Η ρύθμιση που επέφερε ο κανόνας αυτός δεν προκάλεσε την διαμαρτυρία καμίας από τις Εκκλησίες εκείνες, που μετακινήθηκαν από την μέχρι τότε θέση τους, κάτι που θα ήταν άλλωστε κατανοητό, αλλά του επισκόπου εκείνης που διατήρησε και την θέση και όλα τα προνόμιά της, δηλαδή του Ρώμης, ο οποίος, διαμαρτυρόμενος, επικαλέστηκε την υπεράσπιση της θέσης και των προνομίων των υπόλοιπων Εκκλησιών.

Εντωμεταξύ, η οριστική πλέον εγκατάσταση του αυτοκράτορα στην Κωνσταντινούπολη και η μονιμότητα που αυτή συναποκομίζει έδωσαν καινούργια διάσταση στα πράγματα, με τον αυτοκράτορα να βρίσκεται στο επίκεντρο ενός κύκλου, όπου όλοι επιδιώκουν και διαγκωνίζονται να έχουν πρόσβαση, αφού τα οφέλη από την εύνοιά του αλλά και της συνύπαρξης κοντά του εξαργυρώνονταν με πολλούς τρόπους. Συνάμα η πρωτεύουσα, ως διοικητικό κέντρο και όχι μόνο, έγινε δημοφιλής προορισμός και περιζήτητη πρόσβαση επιπλέον, λόγω του κύρους που προσέδιδε η παρουσία του αυτοκράτορα και της συγκλήτου στην λειτουργία των θεσμών. Ευνόητο είναι, ότι όλη αυτή η περιρρέουσα ατμόσφαιρα δεν θα μπορούσε να μην συμπεριλαμβάνει και τον επίσκοπο της πρωτεύουσας, ο οποίος σιγά-σιγά άρχισε να εξελίσσεται σε ρυθμιστικό παράγοντα πολλών και ποικίλων καταστάσεων.

Με το κύρος του να ανεβαίνει ραγδαία και την ισχύ του να πολλαπλασιάζεται, ο αρχιεπίσκοπος Κωνσταντινουπόλεως έγινε το πρόσωπο, στο οποίο προσέφευγαν και πολλοί επίσκοποι, ζητώντας την παρέμβαση ή την μεσολάβησή του για θέματα των επαρχιών τους, φυσικά εκτός των ορίων της δικής του επισκοπικής δικαιοδοσίας. Από τις μαρτυρίες επισκόπων, που περιλαμβάνονται στα Πρακτικά των συζητήσεων της Δ΄ Οικουμενικής Συνόδου (451), διαπιστώνεται ότι δεν ήταν λίγοι αυτοί που επεδίωκαν ακόμα και να χειροτονηθούν από αυτόν. Όμως, η καθ' όλα περίοπτη και γι' αυτό περιζήτητη θέση του Επισκόπου της πρωτεύουσας της αυτοκρατορίας αποδείχθηκε εκ των πραγμάτων ότι, στην ουσία, ήταν «ένας γίγαντας χωρίς πόδια», ένας επιφανειακός πύργος χωρίς καθόλου στηρίγματα. Δεν ήταν λίγες οι φορές, που η επιθυμία και η φιλοδοξία πολλών να αποκτήσουν πρόσβαση στην εύνοια του αυτοκράτορα μέσω του ελέγχου ή μέσω της σχέσης τους με τον επίσκοπο της πρωτεύουσας, προκάλεσε αναστάτωση στην διοίκηση της εκκλησίας της Κωνσταντινούπολης και διενέξεις μεταξύ των υπολοίπων Εκκλησιών. Αυτό γινόταν ιδιαίτερα αντιληπτό στις περιπτώσεις εκλογής αρχιεπισκόπου, όπου όλοι αγωνίζονταν να επιβάλουν τον δικό τους υποψήφιο, κάτι που θα είχε αποτραπεί, αν, όπως συνέβαινε με όλες τις άλλες Εκκλησίες, υπήρχε εκκλησιαστική επαρχία - κατά συνέπεια και σύνοδος επισκόπων, που θα είχε αυτή την αρμοδιότητα να εκλέγει τον προκαθήμενό της και να προστατεύει τα συμφέροντά του. Μέσα σ' αυτό το πλέγμα των διενέξεων, για να αναφέρουμε δύο χαρακτηριστικές περιπτώσεις, ο

Γρηγόριος ο Ναζιανζηνός και ο Ιωάννης ο Χρυσόστομος είναι δύο από τους αρχιεπισκόπους Κωνσταντινουπόλεως, που ο μεν πρώτος εξαναγκάστηκε σε παραίτηση, ο δε άλλος καθαιρέθηκε και πέθανε στην εξορία, για λόγους τελείως άσχετους με την διαποίμανση της επισκοπής τους ή, γενικότερα το θρησκευτικό τους φρόνημα.

Το όλο θέμα ρυθμίστηκε από την Δ΄ Οικουμενική Σύνοδο (451), με τον περίφημο 28º κανόνα της (βλ. παρακάτω, *Κείμενα*, Α.). Με τον κανόνα αυτόν τρεις μέχρι τότε ανεξάρτητες *εκκλησιαστικές επαρχίες (Διοικήσεις)* υπάγονταν πλέον στην δικαιοδοσία του αρχιεπισκόπου Κωνσταντινουπόλεως. Συγκεκριμένα, ο 28ος κανόνας όριζε ότι πλέον ο αρχιεπίσκοπος Κωνσταντινουπόλεως θα χειροτονεί τους *μητροπολίτας μόνους της Ποντικής, Ασιανής και Θρακικής Διοικήσεως*, οι οποίοι, στην συνέχεια, μαζί με την σύνοδο των επισκόπων της επαρχίας τους, θα τελούν τις εκείνοι πλέον τις χειροτονίες των νέων επισκόπων της. Επιπλέον, στον αρχιεπίσκοπο Κωνσταντινουπόλεως ανατίθεται και η χειροτονία των επισκόπων, *των εν τοις βαρβαρικοίς των προειρημένων Διοικήσεων*, προφανώς των επισκόπων κάποιων επαρχιών κοντά στις παραπάνω Διοικήσεις, που ήταν διάσπαρτες και, χωρίς να είναι ανεξάρτητες, δεν υπάγονταν σε κάποια επαρχιακή σύνοδο.

Τόσο κατά την εποχή της σύνθεσης αυτού του κανόνα όσο και κατά τους επόμενους αιώνες, το συγκεκριμένο σημείο, «εν τοις βαρβαρικοίς των προειρημένων Διοικήσεων», προφανώς ήταν σαφές και ως προς την τρέχουσα σημασία του, αλλά και ως προς την εν δυνάμει προοπτική του. Κι αυτό διαπιστώνεται από το γεγονός, ότι δεν προέκυψε ποτέ ζήτημα αμφιβολίας, ώστε να χρειασθεί διευκρίνισή του. Εξάλλου, παράγοντες, όπως η ακμή της βυζαντινής αυτοκρατορίας που ακολούθησε, η περίοπτη θέση της Εκκλησίας της και οι ιεραποστολές που από κοινού Εκκλησία και Πολιτεία οργάνωσαν προς περιοχές γενικώς εννοούμενες ως «βαρβαρικές», το εμπερίστατο και η αδυναμία των υπολοίπων Εκκλησιών της Ανατολής, ακόμα και οι συνθήκες κατά την περίοδο της Οθωμανικής κυριαρχίας κ. ά., οι παράγοντες λοιπόν αυτοί συνέβαλλαν στο να μην χρειάζεται η επίκληση του 28ου κανόνα για την επιβεβαίωση της δικαιοδοσίας του αρχιεπισκόπου Κωνσταντινουπόλεως. Τα πράγματα άλλαξαν ριζικά κατά την διάρκεια των τελευταίων αιώνων, ιδιαίτερα μετά τις μεγάλες μεταναστεύσεις που δημιούργησαν καινούργιες θρησκευτικές κοινότητες εκτός των μέχρι τότε γνωστών ορίων και δικαιοδοσιών, άλλοτε ανατρέποντας και άλλοτε καταργώντας πολλά από όσα ίσχυαν μέχρι τότε. Οι καινούργιες αυτές συνθήκες επαναφέρουν συχνά στην επικαιρότητα την συγκεκριμένη αναφορά του 28^{ου} κανόνα, καθιστώντας τον *σημείον αντιλεγόμενον*, κυρίως μεταξύ Εκκλησιών αλλά και ερευνητών.

Έτσι, για να επανέλθουμε στα του κανόνα, η εκκλησία της Κωνσταντινουπόλεως παύει πλέον να είναι απλώς *αρχιεπισκοπή*, αποκτά δομή και οργάνωση όπως όλες οι υπόλοιπες Εκκλησίες, που σημαίνει ότι αποκτά επαρχίες και κυρίως σύνοδο επισκόπων, η οποία είναι πλέον αρμόδια, εκτός των άλλων, και για την εκλογή του αρχιεπισκόπου της, ζήτημα που της προκάλεσε αναρίθμητα προβλήματα κατά το παρελθόν.

Όπως προκύπτει από την μελέτη των Πρακτικών των συζητήσεων της Συνόδου, η διευθέτηση των θεμάτων της εκκλησίας της Κωνσταντινούπολης δεν υπήρξε απόρροια επιθυμίας ή σχετικού αιτήματος του επισκόπου της, ούτε φαίνεται να προκάλεσε την διαμαρτυρία των επαρχιών, που περνούσαν πλέον στην δικαιοδοσία του. Το γεγονός αυτό, κατά την κοινώς παραδεκτή άποψη, σημαίνει πως επρόκειτο για εξέλιξη τόσο αναμενόμενη, ώστε να θεωρηθεί φυσικό επακόλουθο. Υπενθυμίζεται ότι ήδη πολλοί από τους επισκόπους των εκκλησιαστικών επαρχιών αυτών των Διοικήσεων είχαν χειροτονηθεί από τον αρχιεπίσκοπο Κωνσταντινουπόλεως, καιρό προτού περάσουν στην δικαιοδοσία του, χωρίς αυτό να γίνεται καταναγκαστικά, αφού δεν υπήρξε καμία σχετική διαμαρτυρία.

Οι επαρχίες που ο 28^{ος} κανόνας υπήγαγε στην δικαιοδοσία του αρχιεπισκόπου Κωνσταντινουπόλεως ήταν οι εξής:

Της *Ποντικής Διοικήσεως*: α) Βιθυνίας, β) Ονωριάδος, γ) Παφλαγονίας, δ) Γαλατίας, ε) Γαλατίας Σαλουταρίας, στ) Καππαδοκίας πρώτης, ζ) Καππαδοκίας Δευτέρας, η) Ελλενοπόντου, θ) Πόντου Πελεμονιακού, ι) Αρμενίας πρώτης, ια) Αρμενίας δευτέρας.

Της *Ασιανής Διοικήσεως*: α) Ασίας, β) Ελλησπόντου, γ) Φρυγίας Πακατιανής, δ) Λυδίας, ε) Πισιδίας, στ) Λυκαονίας, ζ) Φρυγίας Σαλουταρίας, η) Παμφυλίας, θ) Λυκίας, ι) Καρίας, ια) Κυκλάδων.

Της *Διοικήσεως Θράκης*: α) Ευρώπης, β) Ροδόπης, γ) Θράκης, δ) Αιμιμόντου, ε) Μυσίας, στ) Σκυθίας.

Οι επαρχίες αυτές, οι οποίες αποτελούσαν ένα μέρος της επικράτειας της αυτοκρατορίας, ουσιαστικά αποτέλεσαν τον κορμό της εκκλησιαστικής Διοίκησης του *Πατριαρχείου*, πλέον, Κωνσταντινουπόλεως, γι' αυτό και ο 28ος κανόνας της Δ' Οικουμενικής Συνόδου θωρείται ως ο *ιδρυτικός του τόμος*. Σημειωτέον, ότι ένα άλλο μεγάλο και σημαντικό τμήμα της αυτοκρατορίας, το *Ανατολικό Ιλλυρικό*, που περιλάμβανε τις (σημερινές) περιοχές από την κεντρική και νοτιοανατολική πρώην Γιουγκοσλαβία, δυτική Βουλγαρία, Αλβανία και πιο νότια, την Ελλάδα (εκτός από το ανατολικό τμήμα της Θράκης), εκκλησιαστικά υπαγόταν στην εκκλησία της Ρώμης. Η δικαιοδοσία στο τμήμα αυτό πέρασε στο πατριαρχείο Κωνσταντινουπόλεως με αποφάσεις αυτοκρατόρων. Η πρώτη απόφαση (421), αυτή του Θεοδοσίου Β', παρά το γεγονός ότι συμπεριλήφθηκε στις διατάξεις του Θεοδοσιανού κώδικα και στην συνέχεια του Ιουστινιάνειου, δεν εφαρμόσθηκε *εν τοις πράγμασι*. Έτσι, το Ανατολικό Ιλλυρικό, ενώ διοικητικά υπαγόταν στην Κωνσταντινούπολη, εκκλησιαστικά συνέχισε να παραμένει στην δικαιοδοσία του επισκόπου Ρώμης. Η επόμενη, του Λέοντα Γ' του Ίσαυρου, την επανέφερε σε ισχύ και, μαζί με τις επαρχίες της Κάτω Ιταλίας, που περιλάμβανε η απόφασή του, καθώς και τις καινούργιες, που σχηματίζονταν από τις ιεραποστολικές δραστηριότητες του Βυζαντίου, διαμόρφωσαν το *κλίμα του Πατριαρχείου Κωνσταντινουπόλεως, του Οικουμενικού Πατριαρχείου*.

Το Πατριαρχείο Κωνσταντινουπόλεως. Δικαιοδοσία – Τακτικά – Επισκοπικοί Κατάλογοι

Όπως αναφέρθηκε ήδη, μέχρι την Δ' Οικουμενική Σύνοδο η Κωνσταντινούπολη διοικητικά είχε την θέση επισκοπής στην αρχή και αρχιεπισκοπής αργότερα και με τον 28ο κανόνα της δόθηκε δικαιοδοσία επί των επαρχιών τριών *Διοικήσεων*. Έτσι, η καινούργια διοικητική θέση της την έφερε *προκαθήμενη* των 13 μητροπόλεων και 67 επισκοπών της Διοίκησης του Πόντου, των 13 μητροπόλεων και 263 επισκοπών της Διοίκησης της Ασίας, των 5 μητροπόλεων και 36 επισκοπών της Διοίκησης της Θράκης. Στην δικαιοδοσία της επίσης υπάγονταν και οι επισκοπές στις περιοχές της Αλανίας, της Γοτθίας, των Ζήκχων, των Κόλχων και των Αβασγών. Αργότερα προστίθενται και οι επαρχίες του Ανατολικού Ιλλυρικού (Ελλάδας, Μακεδονίας, Θεσσαλίας, Κρήτης, Σερβίας, Μαυροβουνίου, Δαλματίας, Κροατίας) της Καλαβρίας, του Υδρούντα και της Σικελίας (Κάτω Ιταλία), και επαρχίες που δημιουργήθηκαν από την ιεραποστολική δραστηριότητα στην Ρωσία, τις Παραδουνάβιες χώρες, την Βουλγαρία. Όπως γίνεται εύκολα αντιληπτό, είναι πολύ δύσκολο να εξακριβωθεί ο ακριβής αριθμός όλων των μητροπόλεων και επισκοπών της δικαιοδοσίας του Οικουμενικού Πατριαρχείου.

Τακτικά (Notitia Episcopatuum)

Η οργάνωση των παραπάνω επαρχιών μεταφέρθηκε μεν ως είχε, η σύνθεσή τους όμως στην καινούργια τους κατάσταση έκανε επιτακτική την δημιουργία καινούργιας διοικητικής διάρθρωσης. Ο μεγάλος αριθμός των επαρχιών, αλλά και οι εξαρτώμενες από εξωγενείς συνήθως παράγοντες πολλές μεταβολές που συνέβαιναν, οδήγησαν στην καθιέρωση ενός «αρχείου», όπου θα καταγράφονταν τόσο η διοικητική διάρθρωση, όσο και οι μεταβολές σ' αυτήν. Το αρχείο αυτό είχε την μορφή καταλόγων, οι οποίοι περιείχαν όλες τις μητροπόλεις, αρχιεπισκοπές και επισκοπές που υπάγονταν στην δικαιοδοσία του Πατριαρχείου και είναι γνωστοί ως *Τακτικά, (Notitia Episcopatuum), Εκθέσεις, Κλήσεις μητροπόλεων, Τάξις πρωτοκαθεδρίας*.

Ο σκοπός, για τον οποίον συντάχθηκαν οι κατάλογοι αυτοί «απέβλεπεν εις την οργάνωσιν την χριστιανικής Εκλησίας. Η δε οργάνωσις κατέστησεν απαραίτητον την ιεραρχικήν σειρά και οι υχέυεις της εκκλησίας και πολιτείας συνετέλεσαν εις τούτο. Αι διάφοροι συγκεντρώσεις των ιεραρχών είτε εις συνόδους, είτε εις τελετάς, είτε η παρουσία αυτών εις γεύματα αυτοκρατορικά ή άλλας συναθροίσεις κατέστησεν απαραίτητον την σύνταξιν των «εκθέσεων» ή «τακτικών» λεγομένων, δηλαδή του εκκλησιαστικού πρωτοκόλλου» (Γενναδίου, Μητρ. Ηλιουπόλεως, Ιστορία, σ. 260).

Στους καταλόγους αυτούς, οι οποίοι όπως είναι φυσικό έχουν ιδιαίτερο ενδιαφέρον, καταγράφεται: ι) η εξέλιξη της δικαιοδοσίας του Πατριαρχείου, γεγονός που σχετίζεται άμεσα και ουσιαστικά με την ίδια του την ιστορία, ιι) η διοικητική οργάνωσή του στο σύνολό της και κατά περιοχές, ιιι) οι μεταβολές στην οργάνωσή του και οι παράγοντες που συνετέλεσαν σ' αυτό. Η μελέτη τους μάλιστα συμβάλλει καθοριστικά στην γνώση της ιστορίας της Εκκλησίας, είτε σε γενικό είτε σε επιμέρους επίπεδο. Σύμφωνα με τον Γερ. Κονιδάρη, μία εξίσου σημαντική και πολύτιμη συμβολή των *Τακτικών* είναι η συνεισφορά τους στην γενικώς παραμελημένη στο Βυζάντιο Μεσαιωνική Γεωγραφία (Γερ. Κονιδάρη, Αι Μητροπόλεις και Αρχιεπισκοπαί του Οικουμενικού Πατριαρχείου και η «τάξις» αυτών από του 4^{ου} / 5^{ου} – 20^{ου} αιώνος, τόμ. Α΄, Athen 1934, σ. 1).

Δυστυχώς, όπως διαπιστώνεται από την έρευνα, ούτε οι αναγραφές στα Τακτικά ήταν συνεχείς και ακριβείς, ούτε τα σωζόμενα σήμερα χειρόγραφα που τα περιέχουν είναι τέτοιας πληρότητας, ώστε να είναι δυνατή η ανασύνταξή τους, γεγονός που θα οδηγούσε στην κατά τον δυνατόν ακριβέστερη εικόνα των επαρχιών του πατριαρχείου και των μεταβολών τους. Η σύγχρονη έρευνα, στην προσπάθειά της να συγκεντρώσει κάθε δυνατή πληροφορία προς την κατεύθυνση της ανασύνταξης των Τακτικών χρησιμοποιεί κάθε σχετική πληροφορία απ' όπου και προέρχεται, κυρίως δε τις υπογραφές επισκόπων στις διάφορες συνόδους, επιγραφικό υλικό, σφραγίδες κ. ά..

Η παλαιότερη γνωστή καταγραφή προέρχεται από τις αρχές του 7^{ου} αι. και επιγράφεται «Επιφανίου Αρχιεπισκόπου Κύπρου έκθεσις πρωτοκλησιών τε και μητροπολιτών», την οποία ο Κωνσταντίνος Πορφυρογέννητος απέδωσε στον άγιο Επιφάνιο Σαλαμίνος, (β΄ μισό 4^{ου} αι.), περιέχει την δικαιοδοσία του Πατριαρχείου Κωνσταντινουπόλεως κατά την εποχή του Ιουστινιανού. Επόμενη γνωστή καταγραφή είναι αυτή που περιέχεται στον παρισινό κώδικα 1555 Α, στον οποίο υπάρχουν, επιπλέον του προηγουμένου, οι αρχιεπισκοπές του Ιλλυρικού και της Κάτω Ιταλίας, τις οποίες, όπως ήδη αναφέρθηκε, υπήγαγε στην δικαιοδοσία του Πατριαρχείου με διάταγμά του ο Λέων Γ' ο Ίσαυρος (717 – 741), αποσπώντας τις από την δικαιοδοσία του Πάπα, όπου υπάγονταν. Η εποχή που ακολούθησε, μέχρι το τέλος περίπου της χιλιετίας, παρουσιάζει εξαιρετικό ενδιαφέρον, λόγω της γενικότερης αναστάτωσης που προκάλεσαν οι πολλές επιδρομές εναντίον της αυτοκρατορίας. Η εγκατάσταση πολλών από αυτούς σε εδάφη της επηρέασε σημαντικά την σύσταση του πληθυσμού των περιοχών αυτών, με άμεσο αντίκτυπο στην δομή και στην διοίκησή τους. Η συρρίκνωση μάλιστα του πληθυσμού επέφερε τέτοιο μαρασμό, που, σ' ό,τι αφορά την εκκλησιαστική διάρθρωση, οδήγησε στην κατάργηση μητροπόλεων και επισκοπών. Η ενδιαφέρουσα λοιπόν αυτή περίοδος δυστυχώς δεν άφησε ακριβείς αναγραφές τακτικών, αφού, σύμφωνα με τον Γερ. Κονιδάρη, ό,τι υπάρχει από αυτήν την εποχή είναι περισσότερο *φιλολογική παραγωγή* (Αι Μητροπόλεις ..., σ. 3), δηλαδή, ελάχιστα τροποποιημένη αντιγραφή με τις προσθήκες του 9^{ου} αιώνα.

Επισκοπικοί – πατριαρχικοί κατάλογοι

Το δεδομένο της ύπαρξης καταλόγων των επαρχιών του Πατριαρχείου επιτρέπει την βάσιμη υπόθεση, ότι θα πρέπει να υπήρχε ανάλογο αρχείο, όπου θα καταγράφονταν οι εκλεγμένοι επίσκοποι κάθε επαρχίας και φυσικά οι πατριάρχες. Το κενό που υπάρχει από την απώλειά τους προσπαθεί να το αναπληρώσει η επιστήμη, εκμεταλλευόμενη κάθε στοιχείο, που θα μπορούσε να συμβάλει στον καταρτισμό, κατά το δυνατόν, επισκοπικών καταλόγων των επαρχιών του Πατριαρχείου. Τα στοιχεία τα αναζητά τόσο στα ιστορικά κείμενα, τις χρονογραφίες και τα Σύντομα Χρονικά, όσο και στις διάφορες υπογραφές εγγράφων και κυρίως των συνόδων, τις σφραγίδες, τις επιγραφές κ. α.. Κατά καλή τύχη σώθηκαν μερικοί από τους πατριαρχικούς καταλόγους που καταρτίσθηκαν. Από τους παλιότερους γνωστούς είναι ο φερόμενος επ' ονόματι του Δωροθέου Τύρου (αρχές του 6^{ου} αι.) και αυτός του πατριάρχη Κωνσταντινουπόλεως Νικηφόρου (τέλη του 8^{ου} αι.). Οι περισσότεροι από τους πατριαρχικούς καταλόγους που εντοπίσθηκαν παρουσιάζουν συγκεκριμένη τυπολογία, με βάση την οποία κατατάσσονται στις εξής κατηγορίες: καταλόγους α) με πολύ λιτή περιγραφή, μόνο με τα ονόματα των πατριαρχών και τον χρόνο πατριαρχίας του και χωρίς ιδιαίτερες λεπτομέρειες, β) άλλους λίγο περισσότερο εμπλουτισμένους με πληροφορίες γεγονότων και δογματικών δοξασιών των πατριαρχών, γ) με επιπλέον πληροφορίες για τα οφφίκια του πατριάρχη πριν την εκλογή του, το όνομα του αυτοκράτορα, τον χρόνο θανάτου του πατριάρχη, και δύο κατηγορίες έμμετρων καταλόγων, σύντομους και πιο εκτενείς (βλ. για παράδειγμα, Γενναδίου, Ιστορία, σ. 264-268).

Αρχιεπίσκοπος Κωνσταντινουπόλεως και Οικουμενικός πατριάρχης

Η συνήθως γενικευμένη αναφορά στον «αρχιεπίσκοπο Κωνσταντινουπόλεως» και στον «πατριάρχη Κωνσταντινουπόλεως» δεν κάνει αμέσως διακριτή την διττή υπόστασή του, το γεγονός, δηλαδή, ότι ένα και το αυτό πρόσωπο φέρει την ευθύνη δύο διαφορετικών αρμοδιοτήτων, παρόλο που δηλώνονται στους τίτλους που φέρει: Αρχιεπίσκοπος Κωνσταντινουπόλεως και Οικουμενικός Πατριάρχης.

Είναι, κατ' αρχήν, ο *επίσκοπος Κωνσταντινουπόλεως*, που κατά την υπό συζήτηση περίοδο είναι η πρωτεύουσα της αυτοκρατορίας. Το βασικό του μέλημα σ' αυτήν την περίπτωση είναι, όπως και κάθε άλλου επισκόπου φυσικά, η φροντίδα και η διοίκηση της επισκοπής του: «Καθήκοντα ποιμαντορικά, λειτουργικά, διδακτικά, οικονομική διαχείρισις, διάφοραι συγκεκριμέναι και ωργανωμέναι εκδηλώσεις της φιλανθρωπίας, καθήκοντα κριτού δια τας μεταξύ των Χριστιανών διαφοράς και άλλα ήσαν τα έργα με τα οποία ησχολείτο ο επίσκοπος» (Γενναδίου, Ιστορία ..., σ. 383). Μόνο που στην προκειμένη περίπτωση το μέγεθος, τόσο της φροντίδας όσο και της διοίκησης αλλά και των συναφών προβλημάτων και δυσκολιών τους, ήταν σαφέστατα πολλαπλάσια πιο σύνθετο, λόγω του πραγματικού μεγέθους της δικής του επισκοπής, που ήταν η μεγαλύτερη πόλη της εποχής της για μεγάλο χρονικό διάστημα. Μια πόλη, που η αιώνων ζωή -της δημιούργησε έναν πιο σύνθετο διοικητικά ιστό από τις σύγχρονές της πόλεις κι από αυτόν φυσικά δεν θα μπορούσε να εξαιρείται η δομή και η οργάνωση της Εκκλησίας της.

Πτυχές από την ιστορία της αδιαίρετης Εκκλησίας

Για να γίνει αυτό έστω και εν μέρει αντιληπτό, ας θυμηθεί κανείς τον μεγάλο αριθμό ναών, μονών, κληρικών και μοναχών, που ήταν συγκεντρωμένος στην πρωτεύουσα και το μέγεθος της φροντίδας που απαιτείται για την εύρυθμη ζωή και λειτουργία τους. Η παρουσία επίσης του αυτοκράτορα στην πρωτεύουσα, όπως ήταν φυσικό, επιβάρυνε τον επίσκοπό της και με όλες εκείνες τις υποχρεώσεις και αναγκαιότητες της ζωής της αυλής, των τελετών και του πρωτοκόλλου της. Επιπλέον, η Κωνσταντινούπολη ήταν η έδρα του επισκόπου της και ως πατριάρχου, γεγονός που απέφερε επιπλέον υποχρεώσεις, όπως π. χ., την σύγκληση συνόδων, τις επισκέψεις – εθιμοτυπικές και διοικητικές – άλλων ιεραρχών και την φιλοξενία τους κ. ά..

Για την αποτελεσματικότερη διεκπεραίωση όλων των υποχρεώσεων, που απέρρεαν από τις αρμοδιότητες τόσο του Αρχιεπισκόπου όσο και του πατριάρχου, οργανώθηκε ένας ιστός από πρόσωπα, στα οποία ανατέθηκαν οι διάφορες υποχρεώσεις ως *διακονήματα* και έφεραν την ευθύνη της διεκπεραίωσής τους. Στα πρόσωπα αυτά απονέμονταν ένας τιμητικός τίτλος, *οφφίκιον* ως αναγνώριση της προσφοράς τους και είναι οι γνωστοί *οφφικίαλοι* ή *οφφικιούχοι*. Με την πάροδο του χρόνου και την αύξηση των υποχρεώσεων, μεγάλωσε και ο αριθμός των οφφικιούχων και συστηματοποιήθηκε η *τάξη* τους. Η διαίρεση των οφφικίων και η αρμοδιότητα του καθενός περιγράφονται αναλυτικά παρακάτω (Βλ. Διον Βαλαή, Το Οικουμενικό Πατριαρχείο κατά τους χρόνους της Οθωμανικής κυριαρχίας, τόμ. 7, Πιο αναλυτικά βλ. τον J. Darrouzès, Recherches sur les de l' Église Byzantine, Paris 1970).

Παράλληλα, ως *πατριάρχης*, είναι και ο προκαθήμενος μιας ευρύτατης επαρχίας, που, γεωγραφικά, για ένα διάστημα ταυτιζόταν με τα όρια της αυτοκρατορίας, υπήρξαν όμως και διαστήματα που τα ξεπερνούσε. Αρκεί να θυμηθεί κανείς την συρρικνωμένη αυτοκρατορία, όταν τα περισσότερα εδάφη της πέρασαν πλέον υπην κυριαρχία των Τούρκων, των Βενετών, των Γενοβέζων, εξακολουθούσαν όμως να ανήκουν εκκλησιαστικά στο Πατριαρχείο Κωνσταντινουπόλεως. Είναι η «ζώσα εικών Χριστού και έμψυχος», όπως αποτυπώνει χαρακτηριστικά ο Ματθαίος Βλάσταρης την αντίληψη, που διαμορφώθηκε στην βυζαντινή κοινωνία, για την θέση και τον σκοπό του πατριάρχη (Ματθαίου του Βλάσταρη, Σύνταγμα κατά στοιχείον π, Κεφ. Β', Περί Πατριάρχου, στο: Ράλλη – Ποτλή, Σύνταγμα, Στ', σ. 428-429)

Η ευθύνη και οι αρμοδιότητες, που απορρέουν από την θέση του προκαθήμενου του πατριαρχείου θα μπορούσαν, ακροθιγώς και μόνον, να συνοψισθούν: α) στην – αυτονόητη - φροντίδα του για την απαρασάλευτη διατήρηση του δόγματος και της πίστης, β) στην ομαλή και την σύμφωνη με τους κανόνες εκκλησιαστική διοίκηση των περιοχών της δικαιοδοσίας του, καθώς και για την χειροτονία των μητροπολιτών τους, γ) στην επίλυση διαφορών μεταξύ των κληρικών όλων των επαρχιών, όσων προσφεύγουν σ' αυτόν σε επίπεδο έφεσης. Επιπλέον, με την διασταλτική ερμηνεία, που λαμβάνει ο 17^{ος} κανόνας της Δ' οικουμενικής Συνόδου (451), στον πατριάρχη δύναται να καταφεύγει όποιος θεωρεί ότι αδικείται από τον απόφαση του μητροπολίτη του : «Ει δε τις αδικοίτο παρά του ιδίου μητροπολίτου, αρά τω εξάρχω της διοικήσεως, ή τω Κωνσταντινουπόλεως θρόνω δικαζέσθω,...» (Ράλλη –Ποτλή, Σύνταγμα, Β', σ. 258), δ) στην ευθύνη της επίβλεψης των σταυροπηγιακών (δηλαδή, των μονών που δεν υπάγονται στην δικαιοδοσία του επιχώριου επισκόπου αλλά απευθείας στον Πατριαρχείο), ε) στην – εκκλησιαστικώς ορθή – οργάνωση των νέων επαρχιών, που δημιουργήθηκαν από την ιεραποστολική δραστηριότητα της Εκκλησίας του, στ) στην συμμετοχή του στην αυτοκρατορική διπλωματία, παράλληλα με την διαμόρφωση της «εκκλησιαστικής διπλωματίας», απαραίτητης για την επικοινωνία με τις άλλες Εκκλησίες και χρήσιμης για τις σχέσεις με άλλα έθνη.

Ο τίτλος

Το όνομα «πατριάρχης» δεν εμφανίζεται μόνον ως τίτλος του προκαθήμενου ευρύτατης εκκλησιαστικής δικαιοδοσίας. Είναι γνωστό ότι στην Παλαιά Διαθήκη εσήμαινε τον αρχηγό της φυλής. Στον χριστιανικό κόσμο, όπου πέρασε πολύ νωρίς, απαντάται ως επωνυμία κατ' αρχήν επιφανών ιεραρχών και αργότερα του πρώτου επισκόπου μεγάλης διοικητικής περιφέρειας. Με την πάροδο του χρόνου (μετά τα μέσα του 5^{ου} αι.) ο «πατριάρχης» παγιώθηκε ως μόνιμος τίτλος για τον προκαθήμενο των εξαρχιών της Ανατολής και το «πατριαρχείον» σημαίνει τα όρια της δικαιοδοσίας του (Κωνσταντινουπόλεως, Αλεξανδρείας, Αντιοχείας, Ιεροσολύμων). Για τον προκαθήμενο της Εκκλησίας της Ρώμης η επωνυμία «πάπας» επικράτησε του αντίστοιχου τίτλου του.

Ο τίτλος «οικουμενικός» για τον πατριάρχη Κωνσταντινουπόλεως άρχισε να χρησιμοποιείται, σποραδικά για ένα μεγάλο χρονικό διάστημα, προς τα τέλη του 5^{ου} αι.. Για πρώτη φορά τον συναντούμε ως προσφώνηση του πατριάρχη Ακακίου (472-488), η οποία μάλιστα προκάλεσε την διαμαρτυρία του πάπα Ρώμης Φήλικα Γ' (483-492). Η χρήση του όμως στις Νεαρές του Ιουστινιανού είναι τέτοια, που επιβεβαιώνει ότι επρόκειτο για τίτλο μάλλον συνήθη και τιμητικό, που δεν συνεπαγόταν επιπλέον εξουσία, επομένως δεν ανέτρεπε την ισορροπία της Πενταρχίας.

Η *οικουμένη*, δηλαδή, το τμήμα εκείνο της γης που κατοικούνταν, δεν άργησε να διασταλεί ως προς την αρχική της έννοια και να ταυτισθεί με την έκταση, τα όρια, της ρωμαϊκής αυτοκρατορίας στην αρχή (*εξήλθε δόγμα παρά Καίσαρος Αυγούστου απογράφεσθαι πάσαν την οικουμένην*, Λουκ. 2,1) και, φυσικά, αργότερα με την βυζαντινή αυτοκρατορία. Συνεπώς, εφόσον η Κωνσταντινούπολη ανυψώθηκε σε πρωτεύουσα του κράτους που ταυτιζόταν με την τότε επικρατούσα έννοια της οικουμένης, ήταν φυσικό επακόλουθο αυτό να φαίνεται και στον τίτλο του αρχιεπισκόπου της. Το «οικουμενικός», ως τιμητικός τίτλος του αρχιεπισκόπου Κωνσταντινουπόλεως, αναφέρεται και χρησιμοποιείται στις πηγές και τα διάφορα έγγραφα, αλλά μόνον κατά την διάρκεια της Λατινοκρατίας, όταν στην Κωνσταντινούπολη έδρευε ο καθολικός πατριάρχης και ο ορθόδοξυς είχε ακολουθήσει τον αυτοκράτορα στην Νίκαια, ο πατριάρχης Γερμανός ο Β' (1222-1240) προσέθεσε τον τίτλο «οικουμενικός» στην υπογραφή του. Έκτοτε καθιερώθηκε, εξακολουθεί να ισχύει και να αποτελεί διεθνώς τον κατ' εξοχήν διακριτικό τίτλο του πατριάρχη Κωνσταντινουπόλεως.

Εκλογή του πατριάρχη

Η εκλογή του πατριάρχη Κωνσταντινουπόλεως, αλλά και όλων των ορθοδόξων πατριαρχών, γίνεται σύμφωνα με τα όσα ορίζουν οι ισχύοντες κανόνες για την εκλογή μητροπολιτών. Είναι γνωστό, άλλωστε, πως δεν πρόκειται για διαφορετικό βαθμό ιερωσύνης, αλλά για την ανάδειξή του σε «πρώτο μεταξύ ίσων» μητροπολίτη. Οι κανόνες λοιπόν προβλέπουν σχετικά, οι μητροπολίτες (δηλαδή, οι επίσκοποι της διοικητικής πρωτεύουσας) να εκλέγονται από σύνοδο επισκόπων της οικείας εκκλησιαστικής περιφέρειας -μητροπόλεως. Κατά την περίοδο που εξετάζεται εδώ, συνήθως οι πατριάρχες προέρχονταν από το ιερατείο, τις τάξεις των μοναχών, αλλά και από μετάθεση από άλλη επισκοπική έδρα. Υπήρξαν όμως και περιπτώσεις «αθρόον» ανάδειξης πατριάρχη, δηλαδή, κάποιου λαϊκού, που μέσα σε ελάχιστα εικοσιτετράωρα ανερχόταν όλες τις βαθμίδες της ιερωσύνης – γεγονός που απαγορεύεται ρητά από τους κανόνες - για να εκλεγεί αμέσως πατριάρχης. Πιο γνωστή περίπτωση αθρόον εκλογής πατριάρχη είναι και αυτή του Φωτίου. Ο Μ. Γεδεών καταμετρά, επί συνόλου 132 πατριαρχών μέχρι την Άλωση, 6 ή 7 περιπτώσεις *αθρόον* εκλογής, 26 από μετάθεση επισκόπων εκλεγμένων σε άλλη έδρα και τους υπόλοιπους να προέρχονται από το ιερατείο, κυρίως της Μεγάλης Εκκλησίας.

Την χειροτονία του πατριάρχη τελούσε ο μητροπολίτης Ηρακλείας της Θράκης. Η παράδοση αυτή θεωρείται ότι διατηρεί την πράξη των πρώτων χριστιανικών αιώνων, τότε που η επισκοπή Βυζαντίου υπαγόταν στην μητρόπολη Ηρακλείας, της οποίας ο μητροπολίτης, κατά την τάξη, χειροτονούσε όλους τους υπαγόμενους στην δικαιοδοσία του επισκόπους, συνεπώς και τον επίσκοπο Βυζαντίου. Στις ελάχιστες περιπτώσεις, κατά τις οποίες δεν υπήρχε μητροπολίτης Ηρακλείας, την χειροτονία τέλεσε ο μητροπολίτης Καισαρείας, ως *πρωτόθρονος*, δηλαδή πρώτος στην τάξη των μητροπολιτών.

Προκειμένου όμως για την εκλογή του πατριάρχη Κωνσταντινουπόλεως, η παρουσία του αυτοκράτορα και, γενικότερα το πλέγμα της πολιτικής θεωρίας περί των δύο εξουσιών -πολιτικής και θρησκευτικής-, δημιούργησε το έθος, να είναι απαραίτητη η συναίνεση και του αυτοκράτορα. Η συναίνεση αυτή, δηλαδή η «πολιτειακή» αναγνώριση του θρησκευτικώς πρώτου της αυτοκρατορίας, εκφραζόταν με ιδιαίτερη τελετή, την *πρόβλησιν*, κατά την διάρκεια της οποίας ο αυτοκράτορας «πρόβαλλε», παρουσίαζε τον νέο πατριάρχη στην σύγκλητο και στους μητροπολίτες (βλ. παρακάτω, Κείμενο Β'). Ωστόσο, και από την απλή ανάγνωση των σχετικών με τις εκλογές των πατριαρχών πληροφοριών, διαπιστώνεται πως το έθος αυτό δεν λειτούργησε πάντοτε ομαλά, δηλαδή η μεν εκλογή να γίνεται σύμφωνα με τους κανόνες και ο αυτοκράτορας απλώς να την περιβάλλει με την ισχύ του κράτους. Υπήρξαν φορές, ιδιαίτερα μάλιστα σε περιόδους εκκλησιαστικών αναταραχών αλλά όχι μόνον τότε, που ο αυτοκράτορας όχι απλώς δεν περιοριζόταν στην αποδοχή του εκλεγμένου, αλλά επέβαλε ο ίδιος πρόσωπο της προτίμησής του.

Εύκολα γίνεται αντιληπτό πως η εμπλοκή του αυτοκράτορα δεν περιοριζόταν μόνο στην ανάδειξη του πατριάρχη, αλλά εκδηλωνόταν και ως αντίθεση ή δυσαρέσκεια προς το πρόσωπό του, που συχνά οδηγούσε στην *παύση* του, παρά το γεγονός ότι η εκλογή ενός πατριάρχη, όπως κάθε επισκόπου, είναι ισόβια. Εννοείται, ότι το ισόβιο της εκλογής δεν ισχύει στις περιπτώσεις που κάποιος έχει υποπέσει σε *κανονικά παραπτώματα*, τέτοια που να επισύρουν την προβλεπόμενη γι' αυτά ποινή της καθαίρεσης.

Ο χρόνος που μεσολαβούσε ως την ανάδειξη διαδόχου του πατριάρχη, από την στιγμή που ο προηγούμενος είτε είχε πεθάνει είτε είχε καθαιρεθεί, ήταν πάντοτε πολύ σύντομος. Μόνη γνωστή εξαίρεση είναι το χρονικό διάστημα μιας τετραετίας, από την στιγμή της παραίτησης του πατριάρχη Αντωνίου Γ' (973-980) ως την εκλογή του Νικολάου Β' του Χρυσοβέργη (984-993). Σημειωτέον ότι αυτό ίσχυσε από τα πατριαρχεία της Ανατολής μόνο για το Κωνσταντινουπόλεως, δεδομένου ότι για τα υπόλοιπα, λόγω κυρίως των αραβικών κατακτήσεων, προέκυψαν εξαιρετικά δυσμενείς συνθήκες, τέτοιες που έθεταν θέμα επιβίωσης των πατριαρχείων και, φυσικά, ανέκοπταν για πολύ μεγάλα χρονικά διαστήματα την ομαλή λειτουργία της εκκλησιαστικής ζωής και τάξης τους.

Κατοικία

Αν και η κατοικία των επισκόπων του Βυζαντίου δεν είναι με ακρίβεια γνωστή, κατά πάσα πιθανότητα βρισκόταν, όπως όριζε η τάξη, κοντά στον καθεδρικό ναό, το *κυριακόν* της πόλης, τον ναό δηλαδή που είχε ως έδρα του ο επίσκοπος. Από τους ιστορικούς της εποχής ωστόσο γνωρίζουμε, ότι ο αυτοκράτορας Κωνσταντίνος έναν από τους καινούργιους ναούς, με τους οποίους στόλισε την καινούργια πρωτεύουσα, αυτόν της Μεγάλης Εκκλησίας, ήτις Σοφία προσαγορεύεται, τον έχτισε ουσιαστικά μέσα στον περίβολο του προϋπάρχοντος εκεί ναού της (αγίας) Ειρήνης, τον οποίο επέκτεινε και εξωράισε (Σωκράτης, *Εκκλησιαστική Ιστορία*, Migne, Patrologia Graeca, 67). Η πληροφορία αυτή οδήγησε τους ερευνητές στο συμπέρασμα, ότι αυτός ήταν ο μέχρι τότε επισκοπικός ναός του Βυζαντίου, συνεπώς κοντά εκεί μάλλον έπρεπε να βρίσκεται και η επισκοπική κατοικία. Σύμφωνα με τον Αρ. Πασαδαίο, «το περί την Αγία Ειρήνη συγκρότημα και μετά τα εγκαίνια της πόλεως (330) εξακολουθούσε ν' αποτελή την έδρα των επισκόπων της έως την αποπεράτωση (360) του νέου καθεδρικού ναού. Την ίδρυση του ναού της του Θεού Σοφίας φαίνεται ότι οραματίστηκε ο Μέγας Κωνσταντίνος για να προσδώση στην πρώτη εκκλησία του κράτους την αίγλη που της ταίριαζε, συνδυάζοντάς την άμεσα προς τα περί το Αυγουσταίο σημαίνοντα πολιτικά κτίρια, τη Σύγκλητο, τον Ιππόδρομο και το Παλάτι. Στο συμπέρασμα αυτό καταλήγει κανείς διαπιστώνοντας ότι ο νέος ναός είναι ενταγμένος στη γενική πολεοδομική σύνθεση της περιοχής, πράγμα για το οποίο δεν προσφερόταν ο περισσότερο απομακρυσμένος ναός της Αγίας Ειρήνης». (*Ο πατριαρχικός οίκος του Οικουμενικού θρόνου*, Θεσσαλονίκη 1976, σ. 31 [Ίδρυμα Μελετών Χερσονήσου του Αίμου, 157].

Η ραγδαία ανάπτυξη της πρωτεύσας της αυτοκρατορίας με τις πολυάριθμες και ποικίλες ανάγκες της αυτοκρατορικής αυλής και διπλωματίας, συμπαρέσυραν σε αύξηση και τις υποχρεώσεις του αρχιεπισκόπου της, ο οποίος ήταν επιπλέον επιφορτισμένος και με τις ανάλογες υποχρεώσεις του εκκλησιαστικού προκαθήμενου της αυτοκρατορίας. Τώρα πια, τον όρο *επισκοπείον*, - κατοικία του επισκόπου - σιγά – σιγά αντικαθιστά (μετά τον 6° αι.) το *πατριαρχείον* ή *πατριαρχεία* (τα), με τον οποίον πλέον δηλώνεται το συγκρότημα που περιλαμβάνει την πατριαρχική κατοικία, τους απαραίτητους χώρους για την διοίκηση της αρχιεπισκοπής και του πατριαρχείου, και τον τόπο διαμονής όσων *οφφικιάλων* προβλεπόταν από την τάξη.

Πτυχές από την ιστορία της αδιαίρετης Εκκλησίας

Η βασική μορφή του συγκροτήματος του Πατριαρχικού οίκου, απέναντι από την είσοδο του παλατιού, μπορεί να θεωρηθεί ότι ολοκληρώθηκε μετά την στάση του Νίκα (532). Έτσι, δεδομένου ότι η «ιδιότυπη δυαρχία στο πρόσωπο του Πατριάρχου και του Ισαποστόλου Βασιλέως» (Πασαδαίος, σ. 44), συνετέλεσε ώστε το Πατριαρχείο και το Παλάτι να αποτελέσουν ενιαίο σύνολο, διαμορφωμένο για να ανταποκρίνεται στις ανάγκες της αυτοκρατορικής και εκκλησιαστικής καθημερινότητας στην βυζαντινή κοινωνία. Στις διηγήσεις διαφόρων γεγονότων και κυρίως περιγραφές των τελετών, που περιέχονται *στην Έκθεσιν της βασιλείου τάξεως*, βρίσκονται διάφορες αναφορές στα κτίρια και τις λειτουργίες του πατριαρχικού οίκου, δυστυχώς όμως όχι πάντοτε με τρόπο που να βοηθούν στο να σχηματίσει κανείς σήμερα σαφή εικόνα της μορφής που είχε. Ωστόσο, πρέπει να θεωρείται βέβαιο, ότι μετά από κάθε πυρκαγιά, σεισμό, ή άλλη φθορά που συνέβαινε στην Κωνσταντινούπολη και στα *πατριαρχεία*, το συγκρότημα επιδιορθωνόταν αμέσως, ώστε η μεγαλοπρέπειά του να είναι ανάλογη τόσο του παρακείμενου παλατιού, όσο και του συμβόλου της χριστιανικής πρωτεύουσας, του ναού της Αγίας Σοφίας.

Το διοικητικό σύστημα του Πατριαρχείου Κωνσταντινουπόλεως

Το συνοδικό σύστημα ως διοικητικός θεσμός της Εκκλησίας εξετάσθηκε αναλυτικά πιο πάνω. Εδώ θα παρουσιασθεί η λειτουργία του στο Πατριαρχείο Κωνσταντινουπόλεως.

Όσο ακόμα το Βυζάντιο ήταν μία απλή πόλη, πρέπει να θεωρείται βέβαιο ότι ο επίσκοπός ήταν μέλος της επαρχιακής συνόδου της Μητροπόλεως Ηρακλείας. Στο διάστημα που διέρρευσε από τα εγκαίνιά της ως πρωτεύουσας της αυτοκρατορίας μέχρι την Δ' Οικουμενική Σύνοδο η Κωνσταντινούπολη εμφάνιζε την εξής ιδιαιτερότητα ως προς την εφαρμογή του συνοδικού συστήματος: ο επίσκοπός της δεν μπορεί να συγκαλεί σύνοδο, αφού αυτό είναι αρμοδιότητα του υπερκειμένου του μητροπολίτη, μπορεί όμως να φιλοξενεί σύνοδο στην έδρα του. Έτσι, οι πηγές παραδίδουν πληροφορίες, σχετικές με συνόδους που έλαβαν χώρα στην πρωτεύουσα, όχι όμως και αντιδράσεις ή διαμαρτυρίες ως προς την μη τήρηση των σχετικών κανόνων. Αυτό σημαίνει ότι η λειτουργία του συνοδικού συστήματος χρειάστηκε ενδεχομένως να προσαρμοσθεί στην ιδιομορφία που παρουσίαζε η επισκοπή της πρωτεύουσας. Όμως λειτούργησε και μάλιστα απροβλημάτιστα.

Το συνοδικό σύστημα, με το οποίο διοικήθηκε το Πατριαρχείο κατά την περίοδο που εδώ εξετάζεται, λειτούργησε με τις εξής μορφές:

α) Της ενιαύσιας συνόδου. Κατά την διάρκεια της διαμόρφωσης του συνοδικού συστήματος θεσπίσθηκε το κατ' ελάχιστο της σύγκλησής, μία ή δυο φορές τον χρόνο σε κάθε επαρχία, διασφαλίστηκε όμως και η συχνότητα σύγκλησής της («Σύνοδον οφείλειν συνάγεσθαι ... οσάκις αν κοινή χρεία καλέσοι», 95ος κανόνας της Καρθαγένης, 420). Ο Ιουστινιανός αργότερα με την 137η Νεαρά, που εκδόθηκε το 565, επέβαλε στους πατριάρχες να συγκαλούν σύνοδο οπωσδήποτε μία φορά τον χρόνο, τον Ιούνιο ή τον Σεπτέμβριο, ορίζοντας συνάμα και το ποιοι θα συμμετέχουν σ' αυτήν: «Κελεύομεν πάσι τρόποις μίαν σύνοδον γίνεσθαι καθ' έκαστον έτος εν εκάστη επαρχία, ή τω Ιουνίω ή τω Σεπτεμβρίω, και συνιέναι παρά μεν τοις μακαριωτάτοις πατριάρχαις εκείνους τους παρ' αυτών χειροτονουμένους, μη έχοντας δε δίκαιον άλλους επισκόπους χειροτονείν· παρά δε τοις οσιωτάτοις μητροπολίταις εκάστης επαρχίας τους υπ' αυτών χειροτονουμένους. Σημείωσαι ουν από ταύτης της νεαράς την αιτίαν, δι' ην λέγονται επαρχιώται του πατριάρχου Κωνσταντινουπόλεως ο Δέρκου, ο Μεσσήνης, ο Παρίου, ο Απρου και άλλοι τινές αρχιεπίσκοποι και μητροπολίται, μη έχοντες επισκόπους· ούτοι αναγκάζονται και μόνοι παρά τω πατριάρχη άπαξ του ενιαυτού συνέρχεσθαι...». Συνεπώς, η ενιαύσια ή πατριαρχική ήταν η υποχρεωτική ετήσια σύνοδος του Πατριαρχείου, στην οποία συμμετείχαν οι μητροπολίτες και οι αρχιεπίσκοποι της δικαιοδοσίας του.

β) Της ενδημούσας συνόδου. Πρόκειται για την σύνοδο εκείνη, στην οποία συμμετείχαν όλοι οι ιεράρχες που για οποιονδήποτε λόγο «ενδημούσαν», βρίσκονταν στην Κωνσταντινούπολη κατά την σύγκλησή της. Ο όρος διαφοροποιεί την συγκεκριμένη σύνοδο από την προηγούμενη και ως προς τα μέλη που την απαρτίζουν, αλλά και ως προς την συχνότητα σύγκλησής της.

Η εμφάνιση αυτής της μορφής συνόδου φαίνεται ότι προέκυψε για λόγους πρακτικούς. Η για οποιοδήποτε λόγο συγκέντρωση ιεραρχών θεωρήθηκε ως χρήσιμη ευκαιρία για την από κοινού συζήτηση και αντιμετώπιση τρεχόντων ζητημάτων, όπως λόγου χάρη, όταν οι παρευρισκόμενοι στην πόλη για τα εγκαίνιά της ιεράρχες συγκρότησαν σύνοδο και εξέλεξαν επίσκοπο Κωνσταντινουπόλεως τον Αλέξανδρο για την κενή της έδρα.

Έτσι, δεδομένου ότι ο αριθμός των παρεπιδημούντων στην πρωτεύουσα ιεραρχών έβαινε συνεχώς αυξανόμενος (τόσο που κάποια στιγμή αργότερα, ο πατριάρχης Αθανάσιος ζητούσε να απαγορευθεί η μακροχρόνια παραμονή ιεραρχών στην πρωτεύουσα, διότι απέβαινε σε βάρος της σωστής λειτουργίας της τοπικής τους εκκλησίας), πολλαπλασιάσθηκαν και οι ενδημούσες σύνοδοι, έλαβαν δε μονιμότερο χαρακτήρα. Εξάλλου, το ευέλικτο της συγκρότησής της και ο πολύ συχνά επείγοντας χαρακτήρας πολλών ζητημάτων την καθιστούσε πιο χρηστική από την οπωσδήποτε χρονοβόρα ως προς την σύγκλησή της πατριαρχική σύνοδο, καθώς και πιο αποτελεσματική στην άμεση αντιμετώπιση των θεμάτων που προέκυπταν καθ' όλη την διάρκεια του χρόνου στην ευρύτατη δικαιοδοσία του Πατριαρχείου.

Την ενδημούσα σύνοδο συγκαλούσε, όποτε εκτιμούσε ότι συνέτρεχε λόγος γι' αυτό, ο πατριάρχης, ο οποίος και προήδρευε, συνέβη ωστόσο να την συγκαλέσει και ο αυτοκράτορας. Τα ζητήματα με τα οποία ασχολούνταν ήταν ποικίλα, κυρίως όμως διοικητικής και δικαστικής φύσεως. Το βάρος της λειτουργίας της, κυρίως πρακτικό, το επωμίζονταν οι διάφοροι οφφικιούχοι, κάποιοι από τους οποίους, όπως *ο νοτάριος, ο πριμικήριος, ο υπομνηματογράφος, ο ιερομνήμων, ο χαρτοφύλαξ* κ. α., μάλλον ήταν επιφορτισμένοι μόνο για την λειτουργία της.

γ) *Της μείζονος συνόδου.* Ονομάζεται επίσης *μεγάλη* ή *τοπική* σύνοδος. Πρόκειται για σύνοδο στην οποία μετείχαν επίσκοποι του κλίματος του Οικουμενικού Πατριαρχείου, αντιπρόσωποι των άλλων πατριαρχείων, κάποιες φορές και του πάπα. Η διαφορά της με την προηγούμενη μορφή συνόδου έγκειται κυρίως στην αιτία της σύγκλησής της, που ήταν σημαντικό ζήτημα δογματικής φύσεως ή, γενικώς, τέτοιο, που δεν θα μπορούσε να αφεθεί στην περιστασιακή σύνθεση της ενδημούσας συνόδου και η αντιμετώπισή του χρειαζόταν το αυξημένο κύρος, που προσδίδει σε μία σύνοδο και τις αποφάσεις της η ευρύτερη συμμετοχή. Σύμφωνα με τον Μητρ. Μύρων (κατόπιν Εφέσου) Χρυσόστομο «πάσαι αι σύνοδοι αύται συνεκλήθησαν ή δια θεολογικούς και ανθαιρετικούς λόγους, ή δια λόγους εκκλησιαστικής τάξεως και πειθαρχίας, ή και δια θέσπισιν εκκλησιαστικών Διατάξεων, ευρυτέρας όμως πάντοτε εκτάσεως και κύρους επί των επί μέρους Ορθοδόξων εκκλησιών. Αι Σύνοδοι αύται επελήφθησαν, ουχί σπανίως, θεμάτων αναλόγων προς τα των Οικουμενικών Συνόδων, αλλ' ουδέποτε διεξεδίκησαν δι' εαυτάς ή προσέλαβον εν τη ιστορία την ονομασίαν της «Οικουμενικής Συνόδου», είναι όμως γνωστός ο βαθμός κύρους τούτων εν τη Ορθοδόξω Εκκλησία καθόλου» (Βασ. Σταυρίδη, Ο συνοδικός θεσμός, σ. 228).

Σχέσεις με τα άλλα Πατριαρχεία

Στην ανάδειξη της προεξάρχουσας θέσης που έλαβε στην Ανατολή το Πατριαρχείο Κωνσταντινουπόλεως συνετέλεσαν καθοριστικά δύο εξωγενείς παράγοντες: κατ' αρχήν, με το να βρίσκεται στην πρωτεύουσα της αυτοκρατορίας και συνέδραμε την ανάπτυξή του και το προστάτεψε από τις συνέπειες των επιδρομών για μεγαλύτερο χρονικό διάστημα. Δεύτερον, οι περιπέτειες που χρειάστηκε να αντιμετωπίσουν τα υπόλοιπα Πατριαρχεία της Ανατολής, τόσο ο μονοφυσιτισμός, που με την ευρεία διάδοσή του προκάλεσε σύγχυση, συγκρούσεις και σχίσματα, όσο και η εξάπλωση του Μωαμεθανισμού, που βρήκε πρόσφορα έδαφος, τα αποδυνάμωσαν τόσο, που οδηγήθηκαν σε παρακμή.

Έτσι, το ισχυρό Πατριαρχείο Κωνσταντινουπόλεως συγκρινόμενο μαζί τους φαινόταν και ήταν, πράγματι, ισχυρότερο. Η πορεία των σχέσεων που ανέπτυξε με το καθένα από αυτά υπήρξε κατά κανόνα ομαλή, χωρίς συγκρούσεις και διαφωνίες. Αυτό επιβεβαιώνεται από το γεγονός, ότι ποτέ οι Εκκλησίες αυτές δεν διέκοψαν την μεταξύ τους *κοινωνία*, δηλαδή, δεν βρέθηκαν ποτέ σε κατάσταση σχίσματος. Αν ληφθεί μάλιστα υπόψη, ότι τα περισσότερα σχίσματα ήταν απόρροια κυρίως διοικητικών παραβάσεων ή υπερβάσεων, τότε αυτό δείχνει ότι η πιο ισχυρή Εκκλησία της Κωνσταντινούπολης δεν εκδήλωσε εξουσιαστικές τάσεις προς αυτές. Και αφού αυτό δεν συνέβη το πρώτο διάστημα της ανάπτυξης του Πατριαρχείου (Δ΄ Οικουμενική – αρχές 7ου αι.), στην συνέχεια αυτό απέκτησε αρκετά «οικουμενική» δικαιοδοσία, ώστε να μην εποφθαλμιά περιοχές και μάλιστα με αυξημένα προβλήματα. Εξάλλου, ο πατριάρχης Αντιοχείας, από την κατάληψή της από τους Πέρσες ακόμα (611), εκλεγόταν και διέμενε μόνιμα στην Κωνσταντινούπολη. Μάλιστα, η εκτός κάποιων μικρών διαστημάτων συνεχής εκλογή και διαμονή του πατριάρχη Αντιοχείας, ως τιτουλάριου, στην πρωτεύουσα, δημιούργησε το έθος να εκλέγεται στην Κωνσταντινούπολη, ακόμα και όταν οι Τούρκοι κατακτητές της Αντιόχειας του επέτρεψαν να επιστρέψει στην έδρα του (1263).

Κάτι ανάλογο συνέβη και με το πατριαρχείο Ιεροσολύμων. Οι Άραβες στην αρχή (638), οι Σταυροφόροι στην συνέχεια (1099) και τέλος οι Μαμελούκοι (1186) έκαναν ιδιαίτερα δύσκολη την επιβίωση των Χριστιανών. Ο Πατριάρχης αναζήτησε κι αυτός καταφύγιο στην Κωνσταντινούπολη για μεγάλο χρονικό διάστημα.

Αξίζει να αναφερθεί, ότι καθ' όλη την διάρκεια της διαμονής τους στην Κωνσταντινούπολη, ο Πατριάρχης της δεν τους προσέφερε απλώς την αρμόζουσα στους προκαθημένους των αδελφών Εκκλησιών φιλοξενία, αλλά τους αντιμετώπιζε ως οργανικά μέλη του σώματος της τοπικής Εκκλησίας με το να τους δέχεται ως μέλη στις συνόδους της.

Από τις πηγές μαρτυρείται, ότι, εκτός από αναζήτηση φιλοξενίας οι πρόεδροι των συγκεκριμένων Εκκλησιών προσέφυγαν στην Κωνσταντινούπολη προκειμένου να ζητήσουν, άλλοτε από τον πατριάρχη κι άλλοτε από τον αυτοκράτορα την παρέμβασή τους, για την επίλυση ζητημάτων που τους απασχολούσαν, κυρίως κατά την διάρκεια των μονοφυσιτικών ερίδων, που ταλαιπώρησαν ιδιαίτερα τις συγκεκριμένες Εκκλησίες. Έτσι, για παράδειγμα, όταν από τις ενέργειες του μονοφυσίτη Τιμοθέου Αιλούρου προέκυψε αναστάτωση και σχίσμα στην Εκκλησία της Αλεξάνδρειας, ο ορθόδοξος επίσκοπός της Προτέριος, προτού θανατωθεί είχε προλάβει να ζητήσει την συνδρομή της Κωνσταντινούπολης. Η καταδίκη του Τιμόθεου από τον σύνοδο που συγκάλεσε ο Ανατόλιος Κωνσταντινουπόλεως είχε ως αποτέλεσμα, ο αυτοκράτορας να διατάξει την εξορία του από την Αλεξάνδρεια. Ανάλογο αίτημα συνδρομής έφθασε στην Κωνσταντινούπολη από τον ορθόδοξο αρχιεπίσκοπο Αντιοχείας Μαρτύριο, εναντίον του μονοφυσίτη αντιπάλου του Πέτρου Γναφέα.

Κείμενα

Α. Ο 28ος κανόνας της Δ´ Οικουμενικής Συνόδου (451)

Πανταχού τοις των αγίων πατέρων όροις επόμενοι, και τον αρτίως αναγνωσθέντα κανόνα των εκατόν πεντήκοντα θεοφιλεστάτων επισκόπων, των συναχθέντων επί του της ευσεβούς μνήμης Μεγάλου Θεοδοσίου, του γενομένου βασιλέως εν τη βασιλίδι Κωνσταντινουπόλεως Νέα Ρώμη, γνωρίζοντες, τα αυτά και ημείς ορίζομέν τε και ψηφιζόμεθα περί των πρεσβείων της αγιωτάτης Εκκλησίας της αυτής Κωνσταντινουπόλεως, Νέας Ρώμης· και γαρ τω θρόνω της πρεσβυτέρας Ρωμης, δια το βασιλεύειν την πόλιν εκείνην, οι πατέρες εικότως αποδεδώκασι τα πρεσβεία. Και τω αυτώ σκοπώ κινούμενοι οι εκατόν πεντήκοντα θεοφιλέστατοι επίσκοποι, τα ίσα πρεσβεία απένειμαν τω της Νέας Ρώμης αγιωτάτω θρόνω, ευλόγως κρίναντες την βασιλεία και συγκλήτω τιμηθείσαν πόλιν, και των ίσων απολαύουσαν πρεσβείων τη πρεσβυτέρα βασιλίδι Ρώμη, και εν τοις εκκλησιαστικοίς ως εκείνην μεγαλύνεσθαι πράγμασι, δευτέραν μετ' εκείνην υπάρχουσαν. Και ώστε τους της Ποντικής, και της Ασιανής, και της Θρακικής Διοικήσεως μητροπολίτας μόνους, έτι δε και τους εν τοις βαρβαρικοίς επισκόπους των προειρημένων Διοικήσεων χειροτονείσθαι υπό του προειρημένου αγιωτάτου θρόνου της κατά την Κωνσταντινούπολιν αγιωτάτης εκκλησίας· δηλαδή εκάστου μητροπολίτου των προειρημένων Διοικήσεων μετά των της επαρχίας επισκόπων χειροτονούντος τους της επαρχίας επισκόπους, καθώς τοις θείοις κανόσι διηγόρευται· χειροτονείσθαι δε, καθώς είρηται, τους μητροπολίτας των προειρημένων Διοικήσεων παρά του Κωνσταντινουπόλεως αρχιεπισκόπου, ψηφισμάτων συμφώνων κατά το έθος γινομένων, και επ' αυτών αναφερομένων.

Ράλλη Α. Γ. – Ποτλή Μ., *Σύνταγμα των Θείων και Ιερών Κανόνων*, Αθήναι 1852, τόμ. 2, σ. 280-281 (επανέκδοση, Αθήναι 1966).

Β. Όσα δει παραφυλάττειν επί χειροτονία πατριάρχου Κωνσταντινουπόλεως

Τελευτώντος του πατριάρχου, δηλοί ο βασιλεύς τοις θεοφιλεστάτοις μητροπολίταις, οι και αυτοίς δόξουσιν είναι άξιοι εις πατριάρχην. Και δη τούτων συναθροισθέντων εν τοις καητηχουμενίοις της αγιωτάτης Μεγάλης εκκλησίας, και ψηφισάμενοι ους αν βουληθώσι, αντιδηλούσι τω βασιλεί τούτους, και κελεύει ο βασιλεύς εισελθείν τούτους εις το παλάτιον. Και δη τούτων εισελθόντων και στάντων ενώπιον του βασιλέως, διδούσιν εγγράφους ούστινας εψηφίσαντο. Ο δε βασιλεύς ει μεν συγκατατίθεται και αρεσθή εις ον αν ευδοκήση· ει δε και μήγε, λέγει· «Εγώ τον δείνα θέλω γενέσθαι.» Και των μητροπολιτών επί τούτω συγκαταθεμένων και τη βασιλική προστάξει και κρίσει κατά το δίκαιον υπεικόντων, ει άρα άξιος είη, γίνεται μεταστάσιμον, και απέρχεται εν τη μανναύρα πάσα η σύγκλητος και οι μητροπολίται πάντες και πάντες οι της Εκκλησίας άρχοντες και πρεσβύτεροι και λοιποί ιερείς. Και εξέρχεται ο βασιλεύς από σκαραμαγκίου, φορών και το χρυσοπερίκλειστον σαγίον, και ίσταται, και λέγει προς τε την σύγκλητον και τους μητροπολίτας· «Η θεία χάρις και η εξ αυτής βασιλεία ημών προβάλλεται τον ευλαβέστατον τούτον πατριάρχην Κωνσταντινουπόλεως.» Και αυτός γαρ εκείσε πάρεστιν ο μέλλων χειροτονηθήναι. Και πάντων αποδεξαμένων, επεύχονται τον βασιλέα, και άλλα, όσα βούλονται, λέγουσι προς αυτόν. Ειθ' ούτως ο βασιλεύς παραδίδωσιν αυτόν τω πραιποσίτω και άρχουσι τοις του κουβουκλείου και σιλεντιαρίοις, και υπό του πραιποσίτου κι σιλενταρίου παρακρατούμενος και υπό των εκκλησιαστικών δηριγευόμενος, απέρχεται εν τω πατριαρχείω. Ο δε βασιλεύς υποστρέφει και εισέρχεται εν τω παλατίω. Και εορτής ενισταμένης ή Κυριακής, γίνεται πρόκενσον εν τη Μεγάλη εκκλησία, καθώς η συνήθεια έχει, και δέχεται τούτους ο υποψήφιος μετά της εκκλησιαστικής πάσης τάξεως. Και δη κατά τα ειωθότα τύπον εισοδεύσαντες, και των εξής επιτελεσθέντων κατά τας λοιπάς προελεύσεις, απάρχονται οι θεοφιλείς μητροπολίται της τιμίας χειροτονίας. Οι δε φιλόχριστοι βασιλείς μικρόν τι οπισθοποδούσιν, έως αν τελεσθή παρά των μητροπολιτών τα της χειροτονίας, και ειθ' ούτως δια του δεξιού μέρους του βήματος και του κυκλίου εισέρχονται εν τω ευκτηρίω, εν ω και η αργυρά ίδρυται σταύρωσις, και δια της τρισσής μετά των κηρών προσκυνήσεως απευχαριστούσιν τω Θεώ, και τον πατριάρχην αποχαιρετίσαντες, εξέλθόντες, ει μεν έστιν μεγάλη Κυριακή ή Πεντηκοστή, είτε άλλη εορτή, εν αις απέρχονται οι δεσπόται εν τη Μεγάλη εκκλησία, εισέρχονται εν τω μητατωρίω, και τα εξής επιτελείται, καθώς και εν ταις λοιπαίς προελεύσεσιν. Ει δε άλλη εορτή, εν η ουκ απέρχεται ο βασιλεύς εν τη Μεγάλη εκκλησία, ή παγανή Κυριακή, ανέρχονται δια του κοχλιού του προς το μέρος του αγίου Φρέατος εν τοις προς ανατολήν δεξιοίς μέρσιν των κατηχουμενίων, εκδεχόμενοι την του αγίου Ευαγγελίου ανάγνωσιν.

  Κωνσταντίνου του Πορφυρογεννήτου, Έκθεσις της βασιλείου τάξεως, Migne Patrologia Graeca, 112, 1040-1048.

Γ. Περί πατριάρχου

Πατριάρχης εστίν εικών ζώσα Χριστού και έμψυχος, δι' έργων και λόγων εν αυτώ ζωγραφών την αλήθειαν.

Σκοπός τω Πατριάρχη, πρώτον μεν, ους εκ Θεού παρέλαβεν, εν ευσεβεία και σεμνότητι βίου διαφυλάξαι· έπειτα δε και πάντας τους αιρετικούς, κατά το δυνατόν αυτώ, προς την ορθοδοξίαν και την ένωσιν της Εκκλησίας επιστρέψαι· αιρετικοί δε τοις νόμοις και τοις κανόσι καλούνται, και οι τη καθολική μη κοινωνούντες Εκκλησία· έτι δε και τους απίστους δια της λαμπράς και περιφανεστάτης και θαυμασίας αυτού πράξεως εκπλήττων, μιμητάς ποιήσαι της πίστεως, και τους ορώντας τα έργα αυτού λατρευτάς της παναγίας και ομοουσίου Τριάδος, το όσον επ' αυτώ απεργάσασθαι. Τέλος τω Πατριάρχη η των καταπεπιστευμένων αυτώ ψυχών σωτηρία· και το ζην μεν Χριστώ, εσταυρώσθαι δε τω κόσμω.

Ίδια Πατριάρχου, το είναι διδακτικόν· το προς πάντας υψηλούς τε και ταπεινούς, αστενοχωρήτως εξισούσθαι, και πράον μεν είναι προς άπαντας τους εντυγχάνοντας ταις διδασκαλίαις· ελεγκτικόν δε προς τους απειθούντας· υπέρ δε της αληθείας, και της εκδικήσεως των δογμάτων, και της συντηρήσεως του δικαίου και της ευσεβείας λαλείν εναντίον βασιλέων και μη αισχύνεσθαι.

Της πολιτείας εκ μερών και μορίων αναλόγως τω τίνι ανθρώπω συνισταμένης, τα μέγιστα και αναγκαιότατα μέρη, βασιλεύς εστι και Πατριάρχης· διο και η κατά ψυχήν και σώμα των υπηκόων ειρήνη και ευδαιμονία, βασιλείας εστί και αρχιερωσύνης εν πάσιν ομοφροσύνη και συμφωνία.

Ο Κωνσταντινουπόλεως θρόνος βασιλεία επικοσμηθείς ταις συνοδικαίς ψήφοις πρώτος ανηγορεύθη· αις οι θείοι κατακολουθούντες νόμοι, και τας υπό τους ετέρους θρόνους γινομένας αμφισβητήσεις, υπό την εκείνου προστάττουσιν αναφέρεσθαι διάγνωσιν και κρίσιν.

Πάντων των μητροπόλεων, και επισκοπείων, μοναστηρίων τε και Εκκλησιών η πρόνοια και φροντίς, έτι δε και κρίσις, και κατάκρισις, και αθώωσις, τω οικείω Πατριάρχη ανάκειται· τω δε Κωνσταντινουπόλεως προέδρω, έξεστι και εν ταις των άλλων θρόνων ενορίαις, εν οις ουκ έστι προκαθιέρωσις ναών, σταυροπήγια διδόναι, ου μην, αλλά και εν τοις άλλοις θρόνοις γινομένας αμφισβητήσεις επιτηρείν και διορθούσθαι, και πέρας επιτιθέναι ταις κρίσεσιν· ωσαύτως και μετανοίας, και επιστροφής αμαρτημάτων και αιρέσεων, αυτός και μόνος καθίσταται διαιτητής τε και γνώμων.

Δ. Νικηφόρου Πατριάρχου, Και όσοι επεσκόπευσαν εν Βυζαντίω από Χριστού και των αποστόλων. Migne Patrologia Graeca, 1041 – 1049.

α'. Ανδρέας ο απόστολος εν Βυζαντίω τον λόγον κηρύξας, ευκτήριον οίκον πέραν εν Αργυροπόλει δειμάμενος, χειροτονεί επίσκοπον της αυτής πόλεως Στάχυν, ου μέμνηται ο Παύλος εν τη προς Ρωμαίους Επιστολή.
β'. Στάχυς ο αυτός έτη ις'.
γ'. Ονήσιμος έτη ιδ'.
δ'. Πολύκαρπος έτη ιη'.
ε'. Πλούταρχος έτη ις'.
ς'. Σεδεκίων έτη θ'.
ζ'. Διογενής έτη ιε'.
η'. Ελευθέριος έτη ζ'.
θ'. Φήλιξ έτη ε'.
ια'. Αθηνόδωρος έτη δ'. Ούτος έτερον οίκον κτίσας εν τοποθεσία τη λεγομένη Ελαία, εκεί τας συνάξεις εποιοίτο.

ιβ'. Ευζώιος έτη ις'.
ιγ'. Λαυρέντιος έτη ια', μήνας ς'.
ιδ'. Αλύπιος έτη ια', μήνας ς'.
ιε'. Περτίναξ υπατικός της εν Ρώμη συγκλήτου έτη ιθ'.
ις'. Ολυμπιανός έτη ια'.
ιζ'. Μάρκος έτη ιγ'.
ιη'. Κυριακός έτη ις'.
ιθ'. Καστίνος έτη ζ'. Ούτος εν Βυζαντίω εν τω επιλεγομένω Πετρίω ευκτήριον της αγίας Ευφημίας ήγειρε, τότε μαρτυρησάσης.
κ'. Τίτος έτη λε', μήνας ς'.
κα'. Δομέτιος ο αδελφός Πρόβου του βασιλέως έτη κα', μήνας ς'.
κβ'. Πρόβος υιός του αυτού Δομετίου έτη ιβ'.
Ούτοι πάντες επεσκόπευσαν προ της του μεγάλου Κωνσταντίνου αναδείξεως εν τω Βυζαντίω. Αυτού δε παραγενομένου εν Βυζαντίω δια τον προς Λικίνιον πόλεμον εύρεν επίσκοπον Μητροφάνην.
κγ') Μητροφάνης υιός του προγεγραμμένου Δομετίου, αδελφός δε Πρόβου και αδελφόπαις Πρόβου του βασιλέως έτη ι'.
κδ') Αλέξανδρος έζησεν και επεσκόπευσεν κγ'.
κε') Παύλος ο ομολογητής γ', εκβληθείς υπό Κωνσταντίου
κς') Ευσέβιος αρειανός αντεισήχθη, ο πρότερον Βηρυττού, έπειτα Νικομηδείας, έτη ιβ'.
κζ') Μακεδόνιος πρεσβύτερος της εκκλησίας Κωνσταντινουπόλεως, έτη ιβ'.
κη') Ευδόξιος αρειανός πρότερον της Γερμανικείας έπειτα Αντιοχείας, έτη ι'.
κθ') Δημόφιλος αρειανός ο πρότερον Βερροίας της Θράκης, έτη ια' μήνς ε'.
λ') Ευάγριος ορθόδοξος χειροτονηθείς υπό Ευσταθίου του Αντιοχείας, περευθύς και εξωρίσθη υπό Ουάλεντος.
λα') Γρηγόριος ο Ναζιανζού παρέστη της εκκλησίας έτη ιβ' και επανήλθε προς τα οικεία
λβ') Νεκτάριος αξιωματικός υπό των ρν' πατέρων άμα και βαπτίζεται και χειροτονείται έτη ις' μήνας γ'.
λγ') Ιωάννης ο Χρυσόστομος πρεσβύτερος Αντιοχείας έτη ε' μήνας ς'. Τούτου εξορισθέντος
λδ') Αρσάκιος πρεσβύτερος αδεδλφός Νεκταρίου, έτη β'.
λε') Αττικός πρεσβύτερος Κωνσταντινουπόλεως έτη κ'.

λς') Σισίνιος πρεσβύτερος της αυτής εκκλησίας έτη β'.
λζ') Νεστόριος ανθρωπολάτρης, της Αντιοχείας πρεσβύτερος έτη γ' μήνας β'. Τούτου εξορισθέντος εν Οάσει
λη') Μαξιμιανός πρεσβύτερος Κωνσταντινουπόλεως έτη β' μήνας ε'.
λθ') Πρόκλος υπό Σισινίου χειροτονηθείς επίσκοπος Κυζίκου και μη δεχθείς εσχόλαζεν· μετά δε τον θάνατον Μαξιμιανού χειροτονείται, ήτουν μετατίθεται κειμένου του λειψάνου αυτού, εν τω ιερατείω έτη ιβ' μήνας γ'.
μ') Φλαβιανός πρεσβύτερος Κωνσταντινουπόλεως έτος α' μήνας ι'. Τούτου εξορισθέντος υπό Διοσκόρου εν τη ληστρική συνόδω Εφέσου
μα') Ανατόλιος πρεσβύτερος και αποκρισάριος Αλεξανδρείας έτη η' μήνας η'.
μβ') Γεννάδιος πρεσβύτερος Κωνσταντινουπόλεως, έτη ιγ' μήνας β'.
μγ') Ακάκιος πρεσβύτερος και ορφανοτρόφος αιρετικός, έτη ιζ' μήνας θ'.
μδ') Φραϊτας πρεσβύτερος της αγίας Θέκλης Συκών, μήνας γ', ημέρας ιζ'.
με') Ευφήμιος πρεσβύτερος Κωνσταντινουπόλεως και πτωχοτρόφος Νεαπόλεως έτη ς' μήνας γ'. Τούτου εκβληθέντος υπό Αναστασίου βσιλέως
μς') Μακεδόνιος πρεσβύτερος Κωνσταντινουπόλεως και σκευοφύλαξ έτη ς'.
μζ') Τιμόθεος πρεσβύτερος Κωνσταντινουπόλεως και σκευοφύλαξ έτη ς'.
μη') Ιωάννης ο Καππαδόκης πρεσβύτης και σύγκελλος έτος α' μήνας ι'.
μθ') Επιφάνιος πρεσβύτερος Κωνσταντινουπόλεως επί Ιουστινιανού έτη ις', μήνας γ'.
ν') Άνθιμος Τραπεζούντος επίσκοπος μήνας γ'. Τούτου καθαιρεθέντος υπό της κατά Σεβήρου συνελθούσης συνόδου.
να') Μηνάς πρεσβύτερος και ξενοδόχος του Σαμψών, έτη ς', μήνας ς'.
νβ') Ευτύχιος πρεσβύτερος και μοναχός του εν Αμασεία μοναστηρίου, έτη ιβ', μήνας β'. Τούτου εκβληθέντος υπό Ιουστινιανού τω τριακοστώ ογδόω της αυτού βασιλείας δια τον υπ' αυτού γεγονότα περί αφθάρτου ίδικτον μη καταδέξασθαι.
νγ') Ιωάννης πρεσβύτερος Αντιοχείας, ο από σχολαστικών έτη ιβ', μήνας ζ'.
νδ') Ευτύχιος πάλιν επί Ιουστίνου αποκατέστη και εποίησεν έτη θ', μήνας ς'.
νε') Ιωάννης ο νηστευτής διάκονος Κωνσταντινουπόλεως επί Τιβερίου έτη ιγ', μήνας ε'.
νς') Κυριακός πρεσβύτερος της αυτής εκκλησίας έτη ια',
νζ') Θωμάς διάκονος της αυτής εκκλησίας και σακελλάριος έτη γ', μήνας ε'.
νη') Σέργιος διάκονος της αυτής εκκλησίας έτη κη', μήνας ζ', ημέρας κα'.

νθ') Πύρρος πρεσβύτερος της αυτής εκκλησίας μοναχός και άρχων των μοναστηρίων και ηγούμενος Χρυσοπόλεως, στάσεως δε γενομένης αυτώ, παρητήσατο, έτη β', μήνας θ', ημέρας θ'.
ξ') Παύλος πρεσβύτερος της αυτής εκκλησίας και οικονόμος έτη β', ημέρας κς'.
ξα') Πύρρος πάλιν αποκατέστη μήνας δ', ημέρας κγ'.
ξβ') Πέτρος πρεσβύτερος της αυτής εκκλησίας έτη β', μήνας κγ'.
ξγ') Θωμάς διάκονος της αυτής εκκλησίας και χαρτοφύλαξ έτη β', μήνας ζ'.
ξδ') Ιωάννης πρεσβύτερος και σκευοφύλαξ της Μεγάλης Εκκλησίας έτη ε', μήνας θ'.
ξε') Κωνσταντίνος διάκονος της αυτής Εκκλησίας σκευοφύλαξ και οικονόμος έτος α', μήνας η', ημέρας ζ'.
ξς') Θεόδωρος πρεσβύτερος της αυτής εκκλησίας σύγκελλος και σκευοφύλαξ έτη β', μήνας γ'.
ξζ') Γεώργιος πρεσβύτερος σύγκελλος και σκευοφύλαξ έτη γ', μήνας ι'. Θεόδωρος και πάλιν αποκατέστη έτος α', μήνας γ'.
ξη') Παύλος από λαϊκών ασηκρήτις έτη ς', μήνας η'.
ξθ') Καλλίνικος πρεσβύτερος και σκευοφύλαξ Βλαχερνών έτη ιβ'. Ετυφλώθη επί Ιουστινιανού του ρινικοπομένου
ο') Κύρος πρεσβύτερος και μοναχός από νήσου Αμάστριδος έτη ς' και εξεβλήθη υπό Φιλίππου.
οα') Ιωάννης διάκονος και χαρτουλάριος του οικονομείου έτη γ'.
οβ') Γερμανός επίσκοπος Κυζίκου και ομολογητής έτη ιε' και εξεβλήθη υπό του ασεβούς Λέοντος του Ισαύρου.
ογ'. Αναστάσιος πρεσβύτερος και σύγκελλος έτη κδ'.
οδ'. Κωνσταντίνος μοναχός και επόσκοπος Συλλαίου έτη ιβ', και απεκεφαλίσθη.
οε'. Νικήτας πρεσβύτερος των αγίων Αποστόλων, και άρχων των μοναστηρίων, ο ευνούχος, έτη ιδ'.
ος'. Παύλος ο Κύπριος διάκονος έτη ε', μήνας η'.
οζ'. Ταράσιος ασηκρήτις έτη κα', ημέρας β'.
οη'. Νικηφόρος ασηκρήτις μοναχός γεγονώς έτη θ'. Και εξεβλήθη υπό του ασεβούς Λέοντος του Αρμένη.
οθ'. Θεόδοτος ο Κασσητηράς έτη ιε'.
π'. Αντώνιος έτη ιβ', ο του Συλλαίου.

πα'. Ιωάννης ο πρεσβύτερος και σύγκελλος, ο εαυτώ επιβουλεύσας, έτη θ'.
πβ'. Μεθόδιος ορθόδοξος και ομολογητής έτη δ', μήνας γ'.
πγ'. Ιγνάτιος ο ευνούχος έτη ια', μήνας ε'.

Ευαγγελία Αμοιρίδου

Ενδεικτική Βιβλιογραφία

Αναστασίου Ιω., *Εκκλησιαστική Ιστορία*, τόμ. Α', Θεσσαλονίκη 1984.

Γεδεών Μ., *Πατριαρχικοί πίνακες* Ειδήσεις ιστορικαί βιογραφικαί περί των πατριαρχών Κωνσταντινουπόλεως από Ανδρέου του Πρωτοκλήτου μέχρις Ιωακείμ Γ' του από Θεσσαλονίκης, Αθήνα 1996.

Γενναδίου, Μητρ. Ηλιουπόλεως και Θείρων, *Ιστορία του Οικουμενικού Πατριαρχείου*, τόμ. 1ος, Βυζαντινοί χρόνοι, Θεσσαλονίκη 2001.

Dagron G., Η γέννηση μιας πρωτεύουσας. Η Κωνσταντινούπολη και οι θεσμοί της 330- 451, Αθήνα 2000 (μετάφραση: Μαρ. Λουκάκη, Μορφωτικό Ίδρυμα Εθνικής Τραπέζης).

Μαξίμου, Μητρ. Σάρδεων, *Το Οικουμενικόν Πατριαρχείον εν τη Ορθοδόξω Εκκλησία*, Ιστορικοκανονική μελέτη, Θεσσαλονίκη 1972.

Μενεβίσογλου Παύλου, Μητρ. Σουηδίας και πάσης Σκανδιναβίας, *Ιστορική εισαγωγή εις τους κανόνας της Ορθοδόξου Εκκλησίας*, Στοκχόλμη 1990.

Σταυρίδου Βασ., *Ο συνοδικός θεσμός εις το Οικουμενικόν Πατριαρχείον*, Θεσσαλονίκη 1986

Στεφανίδου Βασ., αρχιμ., *Εκκλησιαστική Ιστορία απ' αρχής μέχρι σήμερον*, Αθήναι 1959.

Φειδά Βλ., *Εκκλησιαστική Ιστορία*, Α', Αθήναι 1992.

Ostrogorsky G., *Ιστορία του Βυζαντινού κράτους*, τόμ. Α'- Γ', Αθήνα 1978.

Vasiliev A.A., *Ιστορία της Βυζαντινής Αυτοκρατορίας 324-1453*, [Αθήνα, χ. χ.].

Κείμενα

Ιωάννης Δαμασκηνός: Μωαμεθανισμός η 100η αίρεση.

2934 006

De haeresibus, ed. B. Kotter, Die Schriften des Johannes von Damaskos, vol. 4 [Patristische Texte und Studien 22. Berlin: De Gruyter, 1981]: 19-67. = pars operis Fons scientiae. (Cod: 10,758: Theol.)in UW inser. cap., quod apud Lequien—Migne numeratur c. 100: ϱ' (om. W)

Αὐτοπροσκόπται, πάντα μὲν ὀρθόδοξοι τυγχάνοντες (τυγχάν-] ὑπάρχοντες U), ἀδεῶς δὲ τῆς καθολικῆς ἐκκλησίας καὶ κοινωνίας, σφᾶς αὐτοὺς προφάσεώς τινος (τινος om. U) εὐτελοῦς ἕνεκα, εἰ τύχοι (εἰ τύχοι om. U), ἀποκόπτοντες. Κανονικοὺς δὲ θεσμοὺς δῆθεν ἐπιζητοῦντες, οὔτε ἐπίσκοποι οὔθ' ὅλως λαοῦ προεστῶτες (οὔτε—προεστῶτες om. W), ἀλλά τινες ἀγελαῖοι ὄντες, ὅμως αὐτοὶ προσκόπτουσιν, ἐν οἷς ἐγκαλοῦσι. Συνοικοῦσι γὰρ γυναιξὶ προφανῶς, καὶ παρεισάκτοις συνδιάγουσι (συνάγουσιν U), πραγματείαις τε καὶ πλεονεξίαις καὶ τοῖς ἄλλοις ἐντρίβοντες (-βονται U) βιωτικοῖς πράγμασιν, Ἀλόγως (add. τε U) βιωτεύουσιν ἐκεῖνα ἔργῳ καταλύοντες, ἅπερ λόγῳ συνιστᾶν ἰσχυρίζονται, παραβάται ὄντες κατὰ τὴν ἀποστολικὴν ἀπόφασιν· λόγῳ γὰρ τιμῶντες ἔργῳ τὸν θεὸν ἀτιμάζουσι, μοναχοὶ καὶ ὑπὸ κλῆρον ταττόμενοι. Ἕπονται δὲ αὐτοῖς, ὅσοι (ὡς οἱ U) τεθαμβωμένοι καὶ τῇ ἑαυτῶν ἁπλότητι πορευόμενοι. Οἱ δέ γε τρόφιμοι τῆς ἐκκλησίας τοὺς μὲν ἱεροὺς σέβονται κανόνας, τὰ δὲ τούτοις συντείνοντα ἐπισκόποις καὶ προεστῶσι παραχωροῦντες, αὐτοὶ μάλα περιέπουσιν ἔργῳ τε (τε om. U) τούτους, δι' εὐταξίας ὑπερτιμῶσιν.

Ἔστι δὲ καὶ ἡ μέχρι τοῦ νῦν κρατοῦσα λαοπλανὴς θρησκεία τῶν Ἰσμαηλιτῶν πρόδρομος οὖσα τοῦ ἀντιχρίστου. Κατάγεται δὲ ἀπὸ τοῦ Ἰσμαὴλ τοῦ ἐκ τῆς Ἄγαρ τεχθέντος τῷ Ἀβραάμ· διόπερ Ἀγαρηνοὶ καὶ Ἰσμαηλῖται προσαγορεύονται. Σαρακηνούς δὲ αὐτοὺς καλοῦσιν ὡς ἐκ τῆς Σάρρας κενοὺς διὰ τὸ εἰρῆσθαι ὑπὸ τῆς Ἄγαρ τῷ ἀγγέλῳ· Σάρρα κενήν με ἀπέλυσεν.

Οὗτοι μὲν οὖν εἰδωλολατρήσαντες καὶ προσκυνήσαντες τῷ ἑωσφόρῳ ἄστρῳ καὶ τῇ Ἀφροδίτῃ, ἣν δὴ καὶ Χαβὰρ τῇ ἑαυτῶν ἐπωνόμασαν γλώσσῃ, ὅπερ σημαίνει μεγάλη.

Ἕως μὲν οὖν τῶν Ἡρακλείου χρόνων προφανῶς εἰδωλολάτρουν, ἀφ' οὗ χρόνου καὶ δεῦρο ψευδοπροφήτης αὐτοῖς ἀνεφύη Μάμεδ ἐπονομαζόμενος, ὃς τῇ τε παλαιᾷ καὶ νέᾳ διαθήκῃ περιτυχών, ὁμοίως ἀρειανῷ προσομιλήσας δῆθεν μοναχῷ ἰδίαν συνεστήσατο αἴρεσιν. Καὶ προφάσει τὸ δοκεῖν θεοσεβείας τὸ ἔθνος εἰσποιησάμενος, ἐξ οὐρανοῦ γραφὴν ὑπὸ θεοῦ κατενεχθῆναι ἐπ' αὐτὸν διαθρυλλεῖ. Τινὰ δὲ συντάγματα ἐν τῇ παρ' αὐτοῦ βίβλῳ χαράξας γέλωτος ἄξια τὸ σέβας αὐτοῖς οὕτω παραδίδωσι.

Λέγει ἕνα θεὸν εἶναι ποιητὴν τῶν ὅλων, μήτε γεννηθέντα μήτε γεγεννηκότα. Λέγει τὸν Χριστὸν λόγον εἶναι τοῦ θεοῦ καὶ πνεῦμα αὐτοῦ, κτιστὸν δὲ καὶ δοῦλον, καὶ ὅτι ἐκ Μαρίας, τῆς ἀδελφῆς Μωσέως καὶ Ἀαρών, ἄνευ σπορᾶς ἐτέχθη. Ὁ γὰρ λόγος, φησί, τοῦ θεοῦ καὶ τὸ πνεῦμα εἰσῆλθεν εἰς τὴν Μαρίαν, καὶ ἐγέννησε τὸν Ἰησοῦν προφήτην ὄντα καὶ δοῦλον τοῦ θεοῦ. Καὶ ὅτι οἱ Ἰουδαῖοι παρανομήσαντες ἠθέλησαν αὐτὸν σταυρῶσαι καὶ κρατήσαντες ἐσταύρωσαν τὴν σκιὰν αὐτοῦ, αὐτὸς δὲ ὁ Χριστὸς οὐκ ἐσταυρώθη, φησίν, οὔτε ἀπέθανεν· ὁ γὰρ θεὸς ἔλαβεν αὐτὸν πρὸς ἑαυτὸν εἰς τὸν οὐρανὸν διὰ τὸ φιλεῖν αὐτόν. Καὶ τοῦτο δὲ λέγει, ὅτι, τοῦ Χριστοῦ ἀνελθόντος εἰς τοὺς οὐρανούς, ἐπηρώτησεν αὐτὸν ὁ θεὸς λέγων· Ὦ Ἰησοῦ, σὺ εἶπας, ὅτι υἱός εἰμι τοῦ θεοῦ καὶ θεός; Καὶ ἀπεκρίθη, φησίν, ὁ Ἰησοῦς· Ἵλεώς μοι, κύριε· σὺ οἶδας, ὅτι οὐκ εἶπον οὐδὲ ὑπερηφανῶ εἶναι δοῦλός σου· ἀλλ' οἱ ἄνθρωποι οἱ παραβάται ἔγραψαν, ὅτι εἶπον τὸν λόγον τοῦτον, καὶ ἐψεύσαντο κατ' ἐμοῦ, καί εἰσι πεπλανημένοι. Καὶ ἀπεκρίθη, φησίν, αὐτῷ ὁ θεός· Οἶδα, ὅτι σὺ οὐκ ἔλεγες τὸν λόγον τοῦτον.

Καὶ ἄλλα πολλὰ τερατολογῶν ἐν τῇ τοιαύτῃ συγγραφῇ γέλωτος ἄξια, ταύτην πρὸς θεοῦ ἐπ' αὐτὸν κατενεχθῆναι φρυάττεται. Ἡμῶν δὲ λεγόντων· Καὶ τίς ἐστιν ὁ μαρτυρῶν, ὅτι γραφὴν αὐτῷ δέδωκεν ὁ θεός, ἢ τίς τῶν προφητῶν προεῖπεν, ὅτι τοιοῦτος ἀνίσταται προφήτης, καὶ διαπορούντων αὐτοῖς, ὡς ὁ Μωϋσῆς τοῦ θεοῦ κατὰ τὸ Σινᾶ ὄρος ἐπόψεσι παντὸς τοῦ λαοῦ, ἐν νεφέλῃ καὶ πυρὶ καὶ γνόφῳ καὶ θυέλλῃ φανέντος ἐδέξατο τὸν νόμον, καὶ ὅτι πάντες οἱ προφῆται ἀπὸ Μωσέως καὶ καθεξῆς περὶ τῆς τοῦ Χριστοῦ παρουσίας προηγόρευσαν καὶ ὅτι θεὸς ὁ Χριστὸς καὶ θεοῦ υἱὸς σαρκούμενος ἥξει καὶ σταυρωθησόμενος θνῄσκων καὶ ἀναστησόμενος καὶ ὅτι κριτὴς οὗτος ζώντων καὶ νεκρῶν, καὶ λεγόντων ἡμῶν, πῶς οὐχ οὕτως ἦλθεν ὁ προφήτης ὑμῶν, ἄλλων μαρτυρούντων περὶ αὐτοῦ, ἀλλ' οὐδὲ παρόντων ὑμῶν ὁ θεός, ὡς τῷ Μωσεῖ βλέποντος παντὸς τοῦ λαοῦ, καπνιζομένου τοῦ ὄρους δέδωκε τὸν νόμον, κἀκείνῳ τὴν γραφήν, ἥν φατε, παρέσχεν, ἵνα καὶ ὑμεῖς τὸ βέβαιον ἔχητε, ἀποκρίνονται, ὅτι ὁ θεός, ὅσα θέλει, ποιεῖ. Τοῦτο καὶ ἡμεῖς, φαμέν, οἴδαμεν, ἀλλ', ὅπως ἡ γραφὴ κατῆλθεν εἰς τὸν προφήτην ὑμῶν, ἐρωτῶμεν. Καὶ ἀποκρίνονται, ὅτι, ἐν ὅσῳ κοιμᾶται, κατέβη ἡ γραφὴ ἐπάνω αὐτοῦ. Καὶ τὸ γελοιῶδες πρὸς αὐτοὺς λέγομεν ἡμεῖς, ὅτι λοιπόν, ἐπειδὴ κοιμώμενος ἐδέξατο τὴν γραφὴν καὶ οὐκ ᾔσθετο τῆς ἐνεργείας, εἰς αὐτὸν ἐπληρώθη τὸ τῆς δημώδους παροιμίας. Πάλιν ἡμῶν ἐρωτώντων· Πῶς αὐτοῦ ἐντειλαμένου ὑμῖν ἐν τῇ γραφῇ ὑμῶν μηδὲν ποιεῖν ἢ δέχεσθαι ἄνευ μαρτύρων, οὐκ ἠρωτήσατε αὐτόν, ὅτι πρῶτον αὐτὸς ἀπόδειξον διὰ μαρτύρων, ὅτι προφήτης εἶ καὶ ὅτι ἀπὸ θεοῦ ἐξῆλθες, καὶ ποία γραφὴ μαρτυρεῖ περὶ σοῦ, σιωπῶσιν αἰδούμενοι. Πρὸς οὓς εὐλόγως φαμέν· Ἐπειδὴ γυναῖκα γῆμαι οὐκ ἔξεστιν ὑμῖν ἄνευ μαρτύρων οὐδὲ ἀγοράζειν οὐδὲ κτᾶσθαι, οὔτε δὲ ὑμεῖς αὐτοὶ καταδέχεσθε ὄνους ἢ κτῆνος ἀμάρτυρον ἔχειν, ἔχετε μὲν καὶ γυναῖκας καὶ κτήματα καὶ ὄνους καὶ τὰ λοιπὰ διὰ μαρτύρων, μόνην δὲ πίστιν καὶ γραφὴν ἀμάρτυρον ἔχετε· ὁ γὰρ ταύτην ὑμῖν παραδοὺς οὐδαμόθεν ἔχει τὸ βέβαιον οὐδέ τις προμάρτυς ἐκείνου γνωρίζεται, ἀλλὰ καὶ κοιμώμενος ἐδέξατο ταύτην.

Καλοῦσι δὲ ἡμᾶς ἑταιριαστάς, ὅτι, φησίν, ἑταῖρον τῷ θεῷ παρεισάγομεν λέγοντες εἶναι τὸν Χριστὸν υἱὸν θεοῦ καὶ θεόν. Πρὸς οὕς φαμεν, ὅτι τοῦτο οἱ προφῆται καὶ ἡ γραφὴ παραδέδωκεν· ὑμεῖς δέ, ὡς διισχυρίζεσθε, τοὺς προφήτας δέχεσθε. Εἰ οὖν κακῶς λέγομεν τὸν Χριστὸν θεοῦ υἱόν, ἐκεῖνοι ἐδίδαξαν καὶ παρέδωκαν ἡμῖν. Καί τινες μὲν αὐτῶν φασιν, ὅτι ἡμεῖς τοὺς προφήτας ἀλληγορήσαντες τοιαῦτα προστεθείκαμεν, ἄλλοι δέ φασιν, ὅτι οἱ Ἑβραῖοι μισοῦντες ἡμᾶς ἐπλάνησαν ὡς ἀπὸ τῶν προφητῶν γράψαντες, ἵνα ἡμεῖς ἀπολώμεθα.

Πάλιν δέ φαμεν πρὸς αὐτούς· Ὑμῶν λεγόντων, ὅτι ὁ Χριστὸς λόγος ἐστὶ τοῦ θεοῦ καὶ πνεῦμα, πῶς λοιδορεῖτε ἡμᾶς ὡς ἑταιριαστάς; Ὁ γὰρ λόγος καὶ τὸ πνεῦμα ἀχώριστόν ἐστι τοῦ ἐν ᾧ πέφυκεν· εἰ οὖν ἐν τῷ θεῷ ἐστιν ὡς λόγος αὐτοῦ, δῆλον, ὅτι καὶ θεός ἐστιν. Εἰ δὲ ἐκτός ἐστι τοῦ θεοῦ, ἄλογός ἐστι καθ' ὑμᾶς ὁ θεὸς καὶ ἄπνους. Οὐκοῦν φεύγοντες ἑταιριάζειν τὸν θεὸν ἐκόψατε αὐτόν. Κρεῖσσον γὰρ ἦν λέγειν ὑμᾶς, ὅτι ἑταῖρον ἔχει, ἢ κόπτειν αὐτὸν καὶ ὡς λίθον ἢ ξύλον ἤ τι τῶν ἀναισθήτων παρεισάγειν. Ὥστε ὑμεῖς μὲν ἡμᾶς ψευδηγοροῦντες ἑταιριαστὰς καλεῖτε· ἡμεῖς δὲ κόπτας ὑμᾶς προσαγορεύομεν τοῦ θεοῦ.

Διαβάλλουσι δὲ ἡμᾶς ὡς εἰδωλολάτρας προσκυνοῦντας τὸν σταυρόν, ὃν καὶ βδελύττονται. Καί φαμεν πρὸς αὐτούς· Πῶς οὖν ὑμεῖς λίθῳ προστρίβεσθε κατὰ τὸν

Χαβαθὰν ὑμῶν καὶ φιλεῖτε τὸν λίθον ἀσπαζόμενοι; Καί τινες αὐτῶν φασιν, ἐπάνω αὐτοῦ τὸν Ἀβραὰμ συνουσιάσαι τῇ Ἄγαρ, ἄλλοι δέ, ὅτι ἐπ' αὐτὸν προσέδησε τὴν κάμηλον μέλλων θύειν τὸν Ἰσαάκ. Καὶ πρὸς αὐτοὺς ἀποκρινόμεθα· Τῆς γραφῆς λεγούσης, ὅτι ὄρος ἦν ἀλσῶδες καὶ ξύλα, ἀφ' ὧν καὶ εἰς τὴν ὁλοκάρπωσιν σχίσας ὁ Ἀβραὰμ ἐπέθηκε τῷ Ἰσαάκ, καὶ ὅτι μετὰ τῶν παίδων τὰς ὄνους κατέλιπεν. Πόθεν οὖν ὑμῖν τὸ ληρεῖν; Οὐ γὰρ ἐκεῖσε ξύλα δρυμώδη κεῖται οὔτε ὄνοι διοδεύουσιν. Αἰδοῦνται μέν, ὅμως φασὶν εἶναι τὸν λίθον τοῦ Ἀβραάμ. Εἶτά φαμεν· Ἔστω τοῦ Ἀβραάμ, ὡς ὑμεῖς ληρεῖτε· τοῦτον οὖν ἀσπαζόμενοι, ὅτι μόνον ὁ Ἀβραὰμ ἐπ' αὐτὸν συνουσίασε γυναικὶ ἢ ὅτι τὴν κάμηλον προσέδησεν, οὐκ αἰδεῖσθε, ἀλλ' ἡμᾶς εὐθύνετε, ὅτι τὸν σταυρὸν τοῦ Χριστοῦ προσκυνοῦμεν, δι' οὗ δαιμόνων ἰσχὺς καὶ διαβόλου καταλέλυται πλάνη. Οὗτος δέ, ὃν φασι λίθον, κεφαλὴ τῆς Ἀφροδίτης ἐστίν, ἣ προσεκύνουν, ἣν δὴ καὶ Χαβὰρ προσηγόρευον, ἐφ' ὃν καὶ μέχρι νῦν ἐγγλυφίδος ἀποσκίασμα τοῖς ἀκριβῶς κατανοοῦσι φαίνεται.

Οὗτος ὁ Μάμεδ πολλάς, ὡς εἴρηται, ληρωδίας συντάξας ἑκάστῃ τούτων προσηγορίαν ἐπέθηκεν, οἷον ἡ γραφὴ «τῆς γυναικὸς» καὶ ἐν αὐτῇ τέσσαρας γυναῖκας προφανῶς λαμβάνειν νομοθετεῖ καὶ παλλακάς, ἐὰν δύνηται, χιλίας, ὅσας ἡ χεὶρ αὐτοῦ κατάσχῃ ὑποκειμένας ἐκ τῶν τεσσάρων γυναικῶν. Ἣν δ' ἂν βουληθῇ ἀπολύειν, ἣν ἐθελήσειε, καὶ κομίζεσθαι ἄλλην, ἐκ τοιαύτης αἰτίας νομοθετήσας. Σύμπονον ἔσχεν ὁ Μάμεδ Ζεῖδ προσαγορευόμενον. Οὗτος γυναῖκα ὡραίαν ἔσχεν, ἧς ἠράσθη ὁ Μάμεδ. Καθημένων οὖν αὐτῶν φησιν ὁ Μάμεδ· Ὁ δεῖνα, ὁ θεὸς ἐνετείλατό μοι τὴν γυναῖκά σου λαβεῖν. Ὁ δὲ ἀπεκρίθη· Ἀπόστολος εἶ· ποίησον, ὥς σοι ὁ θεὸς εἶπε· λάβε τὴν γυναῖκά μου. Μᾶλλον δέ, ἵνα ἄνωθεν εἴπωμεν, ἔφη πρὸς αὐτόν· Ὁ θεὸς ἐνετείλατό μοι, ἵνα ἀπολύσῃς τὴν γυναῖκά σου. Ὁ δὲ ἀπέλυσε. Καὶ μεθ' ἡμέρας ἄλλας φησίν· Ἵνα κἀγὼ αὐτὴν λάβω, ἐνετείλατο ὁ θεός. Εἶτα λαβὼν καὶ μοιχεύσας αὐτὴν τοιοῦτον ἔθηκε νόμον· Ὁ βουλόμενος ἀπολυέτω τὴν γυναῖκα αὐτοῦ. Ἐὰν δὲ μετὰ τὸ ἀπολῦσαι ἐπ' αὐτὴν ἀναστρέψῃ, γαμείτω αὐτὴν ἄλλος. Οὐ γὰρ ἔξεστι λαβεῖν αὐτήν, εἰ μὴ γαμηθῇ ὑφ' ἑτέρου. Ἐὰν δὲ καὶ ἀδελφὸς ἀπολύσῃ, γαμείτω αὐτὴν ἀδελφὸς αὐτοῦ ὁ βουλόμενος. Ἐν αὐτῇ δὲ τῇ γραφῇ τοιαῦτα παραγγέλλει· Ἔργασαι τὴν γῆν, ἣν ἔδωκέ σοι ὁ θεός, καὶ φιλοκάλησον αὐτήν, καὶ τόδε ποίησον καὶ τοιῶσδε, ἵνα μὴ πάντα λέγω ὡς ἐκεῖνος αἰσχρά.

Πάλιν γραφὴ τῆς καμήλου τοῦ θεοῦ, περὶ ἧς λέγει, ὅτι ἦν κάμηλος ἐκ τοῦ θεοῦ καὶ ἔπινεν ὅλον τὸν ποταμὸν καὶ οὐ διήρχετο μεταξὺ δύο ὀρέων διὰ τὸ μὴ χωρεῖσθαι. Λαὸς οὖν, φησίν, ἦν ἐν τῷ τόπῳ, καὶ τὴν μὲν μίαν ἡμέραν αὐτὸς ἔπινε τὸ ὕδωρ, ἡ δὲ κάμηλος τῇ ἑξῆς. Πίνουσα δὲ τὸ ὕδωρ ἔτρεφεν αὐτοὺς τὸ γάλα παρεχομένη ἀντὶ τοῦ ὕδατος.

Πτυχές από την ιστορία της αδιαίρετης Εκκλησίας

Ἀνέστησαν οὖν οἱ ἄνδρες ἐκεῖνοι, φησί, πονηροὶ ὄντες καὶ ἀπέκτειναν τὴν κάμηλον· τῆς δὲ γέννημα ὑπῆρχεν μικρὰ κάμηλος, ἥτις, φησί, τῆς μητρὸς ἀναιρεθείσης ἀνεβόησε πρὸς τὸν θεόν, καὶ ἔλαβεν αὐτὴν πρὸς ἑαυτόν. Πρὸς οὕς φαμεν· Πόθεν ἡ κάμηλος ἐκείνη· Καὶ λέγουσιν, ὅτι ἐκ θεοῦ. Καὶ φαμεν· Συνεβιβάσθη ταύτῃ κάμηλος ἄλλη; Καὶ λέγουσιν· Οὐχί. Πόθεν οὖν, φαμέν, ἐγέννησεν; Ὁρῶμεν γὰρ τὴν κάμηλον ὑμῶν ἀπάτορα καὶ ἀμήτορα καὶ ἀγενεαλόγητον, γεννήσασα δὲ κακὸν ἔπαθεν. Ἀλλ' οὐδὲ ὁ βιβάσας φαίνεται, καὶ ἡ μικρὰ κάμηλος ἀνελήφθη. Ὁ οὖν προφήτης ὑμῶν, ᾧ, καθὼς λέγετε, ἐλάλησεν ὁ θεός, διὰ τί περὶ τῆς καμήλου οὐκ ἔμαθε, ποῦ βόσκεται καὶ τίνες γαλεύονται ταύτην ἀμέλγοντες; Ἢ καὶ αὐτὴ μή ποτε κακοῖς ὡς ἡ μήτηρ περιτυχοῦσα ἀνῃρέθη ἢ ἐν τῷ παραδείσῳ πρόδρομος ὑμῶν εἰσῆλθεν, ἀφ' ἧς ὁ ποταμὸς ὑμῖν ἔσται, ὃν ληρεῖτε, τοῦ γάλακτος; Τρεῖς γὰρ φατε ποταμοὺς ὑμῖν ἐν τῷ παραδείσῳ ῥέειν· ὕδατος, οἴνου καὶ γάλακτος. Ἐὰν ἐκτός ἐστιν ἡ πρόδρομος ὑμῶν κάμηλος τοῦ παραδείσου, δῆλον, ὅτι ἀπεξηράνθη πείνῃ καὶ δίψῃ ἢ ἄλλοι τοῦ γάλακτος αὐτῆς ἀπολαύουσι, καὶ μάτην ὁ προφήτης ὑμῶν φρυάττεται ὡς ὁμιλήσας θεῷ· οὐ γὰρ τὸ μυστήριον αὐτῷ ἀπεκαλύφθη τῆς καμήλου. Εἰ δὲ ἐν τῷ παραδείσῳ ἐστί, πάλιν πίνει τὸ ὕδωρ, καὶ ἀνυδρίᾳ ξηραίνεσθε ἐν μέσῳ τῆς τρυφῆς τοῦ παραδείσου. Κἂν οἶνον ἐκ τοῦ παροδεύοντος ἐπιθυμήσητε ποταμοῦ, μὴ παρόντος ὕδατος—ἀπέπιε γὰρ ὅλον ἡ κάμηλος— ἄκρατον πίνοντες ἐκκαίεσθε καὶ μέθῃ παραπαίετε καὶ καθεύδετε· καρηβαροῦντες δὲ καὶ μεθ' ὕπνον καὶ κεκραιπαληκότες ἐξ οἴνου τῶν ἡδέων ἐπιλανθάνεσθε τοῦ παραδείσου. Πῶς οὖν ὁ προφήτης ὑμῶν οὐκ ἐνενοήθη ταῦτα, μήποτε συμβῇ ὑμῖν ἐν τῷ παραδείσῳ τῆς τρυφῆς, οὐδὲ περὶ τῆς καμήλου πεφρόντικεν, ὅπου νῦν διάγει; Ἀλλ' οὐδὲ ὑμεῖς ἠρωτήσατε αὐτόν, ὡς ὑμῖν περὶ τῶν τριῶν διηγόρευσεν ὀνειροπολούμενος ποταμῶν. Ἀλλ' ἡμεῖς σαφῶς τὴν θαυμαστὴν ὑμῶν κάμηλον εἰς ψυχὰς ὄνων, ὅπου καὶ ὑμεῖς μέλλετε διάγειν ὡς κτηνώδεις, προδραμοῦσαν ὑμῶν ἐπαγγελλόμεθα. Ἐκεῖσε δὲ σκότος ἐστὶ τὸ ἐξώτερον καὶ κόλασις ἀτελεύτητος, πῦρ ἠχοῦν, σκώληξ ἀκοίμητος καὶ ταρτάριοι δαίμονες.

Πάλιν φησίν ὁ Μάμεδ· ἡ γραφὴ «τῆς τραπέζης» λέγει δέ, ὅτι ὁ Χριστὸς ᾐτήσατο παρὰ τοῦ θεοῦ τράπεζαν, καὶ ἐδόθη αὐτῷ. Ὁ γὰρ θεός, φησίν, εἶπεν αὐτῷ, ὅτι δέδωκά σοι καὶ τοῖς σοῖς τράπεζαν ἄφθαρτον.

Πάλιν γραφὴν «βοιδίου» λέγει καὶ ἄλλα τινὰ ῥήματα γέλωτος ἄξια, ἃ διὰ τὸ πλῆθος παραδραμεῖν οἴομαι δεῖν. Τούτους περιτέμνεσθαι σὺν γυναιξὶ νομοθετήσας καὶ μήτε σαββατίζειν μήτε βαπτίζεσθαι προστάξας, τὰ μὲν τῶν ἐν τῷ νόμῳ ἀπηγορευμένων ἐσθίειν, τῶν δὲ ἀπέχεσθαι παραδούς· οἰνοποσίαν δὲ παντελῶς ἀπηγόρευσεν.

265

ΟΜΙΛΙΑ ΕΙΣ ΕΥΤΡΟΠΙΟΝ ΕΥΝΟΥΧΟΝ ΠΑΤΡΙΚΙΟΝ ΚΑΙ ΥΠΑΤΟΝ.

JOANNES CHRYSOSTOMUS Scr. Eccl. (A.D. 4-5: Antiochenus, Constantinopolitanus) In Eutropium, MPG 52: 391-396.

α'. Ἀεὶ μὲν, μάλιστα δὲ νῦν εὔκαιρον εἰπεῖν· Ματαιότης ματαιοτήτων, καὶ πάντα ματαιότης. Ποῦ νῦν ἡ λαμπρὰ τῆς ὑπατείας περιβολή; ποῦ δὲ αἱ φαιδραὶ λαμπάδες; ποῦ δὲ οἱ κρότοι, καὶ οἱ χοροὶ, καὶ αἱ θαλίαι, καὶ αἱ πανηγύρεις; ποῦ οἱ στέφανοι καὶ τὰ παραπετάσματα; ποῦ ὁ τῆς πόλεως θόρυβος, καὶ αἱ ἐν ἱπποδρομίαις εὐφημίαι, καὶ τῶν θεατῶν αἱ κολακεῖαι; Πάντα ἐκεῖνα οἴχεται· καὶ ἄνεμος πνεύσας ἀθρόον τὰ μὲν φύλλα κατέβαλε, γυμνὸν δὲ ἡμῖν τὸ δένδρον ἔδειξε, καὶ ἀπὸ τῆς ῥίζης αὐτῆς σαλευόμενον λοιπόν· τοιαύτη γὰρ ἡ τοῦ πνεύματος γέγονε προσβολὴ, ὡς καὶ πρόρριζον ἀπειλεῖν ἀνασπᾶν, καὶ ταῦτα διασαλεῦσαι τοῦ δένδρου τὰ νεῦρα. Ποῦ νῦν οἱ πεπλασμένοι φίλοι; ποῦ τὰ συμπόσια καὶ τὰ δεῖπνα; ποῦ ὁ τῶν παρασίτων ἑσμὸς, καὶ ὁ δι' ὅλης ἡμέρας ἐγχεόμενος ἄκρατος, καὶ αἱ ποικίλαι τῶν μαγείρων τέχναι, καὶ οἱ τῆς δυναστείας θεραπευταὶ, οἱ πάντα πρὸς χάριν ποιοῦντες καὶ λέγοντες; Νὺξ ἦν πάντα ἐκεῖνα καὶ ὄναρ, καὶ ἡμέρας γενομένης ἠφανίσθη· ἄνθη ἦν ἐαρινὰ, καὶ παρελθόντος τοῦ ἔαρος ἅπαντα κατεμαράνθη· σκιὰ ἦν, καὶ παρέδραμε· καρπὸς ἦν, καὶ διελύθη· πομφόλυγες ἦσαν, καὶ διερράγησαν· ἀράχνη ἦν, καὶ διεσπάσθη. Διὸ ταύτην τὴν πνευματικὴν ῥῆσιν ἐπάδομεν συνεχῶς ἐπιλέγοντες· Ματαιότης ματαιοτήτων, καὶ πάντα ματαιότης. Ταύτην γὰρ τὴν ῥῆσιν καὶ ἐν τοίχοις, καὶ ἐν ἱματίοις, καὶ ἐν ἀγορᾷ, καὶ ἐν οἰκίᾳ, καὶ ἐν ὁδοῖς, καὶ ἐν θύραις, καὶ ἐν εἰσόδοις, καὶ πρὸ πάντων ἐν τῷ ἑκάστου συνειδότι συνεχῶς ἐγγεγράφθαι δεῖ, καὶ διαπαντὸς αὐτὴν μελετᾶν. Ἐπειδὴ ἡ τῶν πραγμάτων ἀπάτη, καὶ τὰ προσωπεῖα, καὶ ἡ ὑπόκρισις, ἀλήθεια παρὰ τοῖς πολλοῖς εἶναι δοκεῖ· ταύτην καθ' ἑκάστην ἡμέραν, καὶ ἐν δείπνῳ, καὶ ἐν ἀρίστῳ, καὶ ἐν συλλόγοις ἐπιλέγειν ἕκαστον τῷ πλησίον ἐχρῆν, καὶ παρὰ τοῦ πλησίον ἀκούειν, ὅτι Ματαιότης ματαιοτήτων, τὰ πάντα ματαιότης. Οὐκ ἔλεγόν σοι συνεχῶς, ὅτι δραπέτης ὁ πλοῦτός ἐστι; Σὺ δὲ ἡμῶν οὐκ ἠνείχου. Οὐκ ἔλεγον ὅτι ἀγνώμων ἐστὶν οἰκέτης; Σὺ δὲ οὐκ ἐβούλου πείθεσθαι. Ἰδοὺ ἐκ τῶν πραγμάτων ἔδειξεν ἡ πεῖρα, ὅτι οὐ δραπέτης μόνον, οὐδὲ ἀγνώμων, ἀλλὰ καὶ ἀνδροφόνος· οὗτος γάρ σε τρέμειν νῦν καὶ δεδοικέναι παρεσκεύασεν. Οὐκ ἔλεγόν σοι, ἡνίκα συνεχῶς ἐπετίμας μοι λέγοντι τἀληθῆ, ὅτι Ἐγώ σε φιλῶ μᾶλλον τῶν κολακευόντων; ἐγὼ ὁ ἐλέγχων πλέον κήδομαι τῶν χαριζομένων; Οὐ προσετίθην τοῖς ῥήμασι τούτοις, ὅτι ἀξιοπιστότερα τραύματα φίλων ὑπὲρ ἑκούσια φιλήματα ἐχθρῶν; Εἰ τῶν ἐμῶν ἠνέσχου τραυμάτων, οὐκ ἄν σοι τὰ φιλήματα ἐκείνων τὸν θάνατον τοῦτον ἔτεκον· τὰ γὰρ ἐμὰ τραύματα ὑγείαν ἐργάζεται, τὰ δὲ ἐκείνων φιλήματα νόσον ἀνίατον κατεσκεύασε. Ποῦ νῦν οἱ οἰνοχόοι; ποῦ δὲ οἱ σοβοῦντες ἐπὶ τῆς ἀγορᾶς, καὶ μυρία παρὰ πᾶσιν ἐγκώμια λέγοντες; Ἐδραπέτευσαν, ἠρνήσαντο τὴν φιλίαν, ἀσφάλειαν ἑαυτοῖς διὰ τῆς σῆς ἀγωνίας πορίζουσιν. Ἀλλ' οὐχ ἡμεῖς οὕτως, ἀλλὰ καὶ τοῦ δυσχεραίνοντός σου οὐκ ἀποπηδῶμεν, καὶ νῦν πεσόντα περιστέλλομεν καὶ θεραπεύομεν. Καὶ ἡ μὲν πολεμηθεῖσα Ἐκκλησία παρὰ σοῦ τοὺς κόλπους ἥπλωσε καὶ ἐπεδέξατο· τὰ δὲ θεραπευθέντα θέατρα, ὑπὲρ ὧν πολλάκις πρὸς ἡμᾶς ἠγανάκτεις, προὔδωκε καὶ ἀπώλεσεν. Ἀλλ' ὅμως οὐκ ἐπαυσάμεθα ἀεὶ λέγοντες· Τί ταῦτα ποιεῖς; ἐκβακχεύεις τὴν Ἐκκλησίαν, καὶ κατὰ κρημνῶν σαυτὸν φέρεις· καὶ παρέτρεχες ἅπαντα. Καὶ αἱ μὲν ἱπποδρομίαι, τὸν πλοῦτον τὸν σὸν ἀναλώσασαι, τὸ ξίφος ἠκόνησαν· ἡ δὲ Ἐκκλησία ἡ τῆς ὀργῆς τῆς σῆς ἀπολαύσασα τῆς ἀκαίρου, πανταχοῦ παρατρέχει, τῶν δικτύων σε ἐξαρπάσαι βουλομένη.

β'. Καὶ ταῦτα λέγω νῦν, οὐκ ἐπεμβαίνων τῷ κειμένῳ, ἀλλὰ τοὺς ἑστῶτας ἀσφαλεστέρους ποιῆσαι βουλόμενος· οὐκ ἀναξαίνων τὰ ἕλκη τοῦ τετρωμένου, ἀλλὰ τοὺς μηδέπω τετρωμένους ἐν ὑγείᾳ διατηρῆσαι ἀσφαλεῖ· οὐ καταποντίζων τὸν κλυδωνιζόμενον, ἀλλὰ τοὺς ἐξ οὐρίας πλέοντας παιδεύων, ὥστε μὴ γενέσθαι ὑποβρυχίους. Πῶς δ' ἂν τοῦτο γένοιτο; Εἰ τὰς μεταβολὰς τῶν ἀνθρωπίνων ἐννοώμεθα πραγμάτων. Καὶ γὰρ οὗτος εἰ ἔδεισε μεταβολήν, οὐκ ἂν ὑπέμεινε μεταβολήν· ἀλλ' ἐπείπερ οὗτος οὔτε οἴκοθεν, οὔτε παρ' ἑτέρων ἐγίνετο βελτίων, ὑμεῖς γοῦν οἱ κομῶντες τῷ πλούτῳ, ἀπὸ τῆς τούτου κερδάνατε συμφορᾶς· οὐδὲν γὰρ τῶν ἀνθρωπίνων πραγμάτων ἀσθενέστερον. Διόπερ οἷον ἂν εἴποι τις ὄνομα τῆς εὐτελείας αὐτῶν, ἔλαττον τῆς ἀληθείας ἐρεῖ· κἂν καπνὸν αὐτά, κἂν χόρτον, κἂν ὄναρ, κἂν ἄνθη ἐαρινά, κἂν ὁτιοῦν ὀνομάσῃ· οὕτως ἐστὶν ἐπίκηρα, καὶ τῶν οὐδὲν ὄντων οὐδαμινώτερα. ὅτι δὲ μετὰ τῆς οὐθενείας καὶ πολὺ ἔχει τὸ ἀπόκρημνον, δῆλον ἐντεῦθεν. Τίς γὰρ τούτου γέγονεν ὑψηλότερος; οὐ πᾶσαν τὴν οἰκουμένην παρῆλθε τῷ πλούτῳ; οὐ πρὸς αὐτὰς τῶν ἀξιωμάτων ἀνέβη τὰς κορυφάς; οὐχὶ πάντες αὐτὸν ἔτρεμον, καὶ ἐδεδοίκεισαν; Ἀλλ' ἰδοὺ γέγονε καὶ δεσμωτῶν ἀθλιώτερος, καὶ οἰκετῶν ἐλεεινότερος, καὶ τῶν λιμῷ τηκομένων πτωχῶν ἐνδεέστερος, καθ' ἑκάστην ἡμέραν ξίφη βλέπων ἠκονημένα, καὶ βάραθρον, καὶ δημίους, καὶ τὴν ἐπὶ θάνατον ἀπαγωγήν· καὶ οὐδὲ εἴποτε γέγονεν ἐπὶ τῆς ἡδονῆς οἶδεν ἐκείνης, οὐδὲ αὐτῆς αἰσθάνεται τῆς ἀκτῖνος· ἀλλ' ἐν μεσημβρίᾳ μέσῃ, καθάπερ ἐν πυκνοτάτῃ νυκτί, περιεστοιχισμένος οὗτος τὰς ὄψεις πεπήρωται. Μᾶλλον δὲ ὅσα ἂν φιλονεικήσωμεν, οὐ δυνησόμεθα τῷ λόγῳ παραστῆσαι τὸ πάθος, ὅπερ ὑπομένειν αὐτὸν εἰκὸς, καθ' ἑκάστην ὥραν ἀποκτείνεσθαι προσδοκῶντα. Ἀλλὰ γὰρ τί δεῖ τῶν λόγων τῶν παρ' ἡμῶν, αὐτοῦ ταῦτα καθάπερ ἐν εἰκόνι σαφῶς ὑπογράψαντος ἡμῖν; Τῇ γὰρ προτεραίᾳ, ὅτε ἐπ' αὐτὸν ἦλθον ἐκ τῶν βασιλικῶν αὐλῶν πρὸς βίαν ἀφελκύσαι βουλόμενοι, καὶ τοῖς σκεύεσι προσέδραμε τοῖς ἱεροῖς, ἢν αὐτοῦ τὸ πρόσωπον, καὶ τανῦν, νεκρωθέντος ἅπαξ οὐδὲν ἄμεινον διακείμενον· κτύπος δὲ τῶν ὀδόντων, καὶ πάταγος καὶ τρόμος παντὸς τοῦ σώματος, καὶ φωνὴ διακοπτομένη, καὶ γλῶττα διαλυομένη, καὶ σχῆμα τοιοῦτον, οἷον εἰκὸς τὴν λιθίνην ἔχειν ψυχήν.

γ'. Καὶ ταῦτα λέγω, οὐκ ὀνειδίζων, οὐδὲ ἐπεμβαίνων αὐτοῦ τῇ συμφορᾷ, ἀλλὰ τὴν ὑμετέραν διάνοιαν μαλάξαι βουλόμενος, καὶ εἰς ἔλεον ἐπισπάσασθαι, καὶ πεῖσαι ἀρκεσθῆναι τῇ τιμωρίᾳ τῇ γεγενημένῃ. Ἐπειδὴ γὰρ εἰσι πολλοὶ παρ' ἡμῖν ἀπάνθρωποι, ὥστε ὁμοίως καὶ ἡμῖν ἐγκαλεῖν, ὅτι αὐτὸν ἐδεξάμεθα τῷ βήματι· τὸ ἄστοργον αὐτῶν τοῖς διηγήμασι μαλάξαι βουλόμενος, ἐκπομπεύω τὰ τούτου πάθη.

Τίνος γὰρ ἕνεκεν ἀγανακτεῖς, εἰπέ μοι, ἀγαπητέ; Ὅτι, φησίν, εἰς ἐκκλησίαν κατέφυγεν ὁ πολεμήσας αὐτὴν διηνεκῶς. Διὰ τοῦτο μὲν οὖν μάλιστα δοξάζειν ἐχρῆν τὸν Θεὸν, ὅτι ἀφῆκεν αὐτὸν ἐν τοσαύτῃ καταστῆναι ἀνάγκῃ, ὥστε καὶ τὴν δύναμιν τῆς Ἐκκλησίας καὶ τὴν φιλανθρωπίαν μαθεῖν· τὴν δύναμιν μὲν, ἀφ' ὧν τοσαύτην ὑπέμεινε μεταβολὴν ἐκ τῶν πρὸς ἐκείνην πολέμων· τὴν φιλανθρωπίαν δὲ, ἐξ ὧν πολεμηθεῖσα νῦν τὴν ἀσπίδα προβάλλεται, καὶ ὑπὸ τὰς πτέρυγας ἐδέξατο τὰς αὐτῆς, καὶ ἐν ἀσφαλείᾳ πάσῃ κατέστησεν, οὐ μνησικακήσασα ὑπὲρ τῶν ἔμπροσθεν οὐδενός, ἀλλὰ τοὺς κόλπους αὐτῷ μετὰ πολλῆς ἁπλώσασα τῆς φιλοστοργίας. Τοῦτο γὰρ τροπαίου παντὸς λαμπρότερον, τοῦτο νίκη περιφανὴς, τοῦτο Ἕλληνας ἐντρέπει, τοῦτο καὶ Ἰουδαίους καταισχύνει, τοῦτο φαιδρὸν αὐτῆς τὸ πρόσωπον δείκνυσιν· ὅτι τὸν πολέμιον αἰχμάλωτον λαβοῦσα, φείδεται, καὶ πάντων αὐτὸν ἐν ἐρημίᾳ παριδόντων, μόνη καθάπερ μήτηρ φιλόστοργος, ὑπὸ τὰ παραπετάσματα αὐτῆς ἔκρυψε, καὶ πρὸς βασιλικὴν ὀργὴν ἔστη, πρὸς δήμου θυμὸν, καὶ πρὸς μῖσος ἀφόρητον· τοῦτο τῷ θυσιαστηρίῳ κόσμος. Ποῖος κόσμος, φησί, τὸ τὸν ἐναγῆ καὶ πλεονέκτην καὶ ἅρπαγα ἅπτεσθαι τοῦ θυσιαστηρίου; Μὴ λέγε ταῦτα· ἐπειδὴ καὶ ἡ πόρνη ἥψατο τῶν ποδῶν τοῦ Χριστοῦ, ἡ σφόδρα ἐναγὴς καὶ ἀκάθαρτος· καὶ οὐκ ἦν ἔγκλημα τῷ Ἰησοῦ τὸ γενόμενον, ἀλλὰ θαῦμα καὶ ὕμνος μέγας· οὐ γὰρ τὸν καθαρὸν ἔβλαπτεν ἡ ἀκάθαρτος, ἀλλὰ τὴν ἐναγῆ πόρνην ὁ καθαρὸς καὶ ἄμωμος διὰ τῆς ἀφῆς καθαρὰν εἰργάσατο. Μὴ δὴ μνησικακήσῃς, ὦ ἄνθρωπε. Ἐκείνου οἰκέται ἐσμὲν τοῦ σταυρουμένου καὶ λέγοντος· Ἄφες αὐτοῖς, οὐ γὰρ οἴδασι τί ποιοῦσιν. Ἀλλ' ἀπετείχισε, φησί, τὴν ἐνταῦθα καταφυγὴν γράμμασι καὶ νόμοις διαφόροις. Ἀλλ' ἰδοὺ διὰ τῶν ἔργων ἔμαθεν, ὅπερ ἐποίησε, καὶ τὸν νόμον ἔλυσε πρῶτος αὐτός, δι' ὧν ἐποίησε, καὶ γέγονε τῆς οἰκουμένης θέατρον, καὶ σιγῶν ἐντεῦθεν ἀφίησι φωνὴν ἅπασι παραινῶν, Μὴ ποιεῖτε τοιαῦτα, ἵνα μὴ πάθητε τοιαῦτα. Διδάσκαλος ἀνεφάνη διὰ τῆς συμφορᾶς, καὶ λαμπηδόνα μεγάλην ἀφίησι τὸ θυσιαστήριον, νῦν φοβερὸν μάλιστα καὶ ἐκ τούτου φαινόμενον, ὅτι τὸν λέοντα δεδεμένον ἔχει· ἐπεὶ καὶ βασιλικῇ εἰκόνι μέγας γένοιτο κόσμος, οὐχ ὅταν ἐπὶ τοῦ θρόνου κάθηται πορφυρίδα περιβεβλημένος, καὶ διάδημα περικείμενος ὁ βασιλεὺς μόνον, ἀλλὰ καὶ ὅταν ὑπὸ τῷ ποδὶ τῷ βασιλικῷ βάρβαροι τῶν χειρῶν ὀπίσω δεδεμένοι, κάτω τὰς κεφαλὰς νεύωσι κείμενοι. Καὶ ὅτι οὐ πιθανότητι κέχρηται λόγων, ὑμεῖς μάρτυρες τῆς σπουδῆς καὶ τῆς συνδρομῆς. Καὶ γὰρ λαμπρὸν ἡμῖν τὸ θέατρον σήμερον, καὶ φαιδρὸς ὁ σύλλογος, καὶ ὅσον ἐν τῷ Πάσχα τῷ ἱερῷ δῆμον εἶδον ξυναγόμενον, τοσοῦτον ὁρῶ καὶ ἐνταῦθα νῦν· καὶ οὕτω σιγῶν πάντας ἐκάλεσε, σάλπιγγος λαμπροτέραν φωνὴν διὰ τῶν πραγμάτων ἀφείς. Καὶ παρθένοι θαλάμους, καὶ γυναῖκες γυναικῶνας, καὶ ἄνδρες τὴν ἀγορὰν κενώσαντες, πάντες ἐνταῦθα συνεδράμετε, ἵνα τὴν ἀνθρωπίνην φύσιν ἴδητε ἐλεγχομένην, καὶ τῶν βιωτικῶν πραγμάτων τὸ ἐπίκηρον ἀπογυμνούμενον, καὶ τὴν πορνικὴν ὄψιν τὴν χθὲς καὶ πρώην φαιδρὸν ἀπολάμπουσαν (καὶ γὰρ τοιοῦτον ἡ εὐπραγία ἡ ἀπὸ τῶν πλεονεξιῶν, παντὸς γραϊδίου ῥυτίδας ἔχοντος αἰσχροτέρα φαινομένην), καθάπερ σπογγιᾷ τινι τῇ μεταβολῇ τὰ ἐπιτρίμματα καὶ τὰς ἐπιγραφὰς ἐκμάξασαν.

δ'. Τοιαύτη γὰρ τῆς δυσημερίας ταύτης ἡ ἰσχύς· τὸν φαιδρὸν καὶ περιφανῆ πάντων ἐποίησεν εὐτελέστερον φαίνεσθαι νῦν. Κἂν πλούσιος εἰσέλθῃ, μεγάλα κερδαίνει· ὁρῶν γὰρ ἐκ τοσαύτης κορυφῆς κατενεχθέντα τὸν σείοντα τὴν οἰκουμένην ἅπασαν, καὶ συνεσταλμένον, καὶ λαγωοῦ καὶ βατράχου δειλότερον γεγενημένον, καὶ χωρὶς δεσμῶν τῷ κίονι τούτῳ προσηλωμένον, καὶ ἀντὶ ἁλύσεως τῷ φόβῳ περισφιγγόμενον, καὶ δεδοικότα, καὶ τρέμοντα, καταστέλλει τὴν φλεγμονήν, καθαιρεῖ τὸ φύσημα, καὶ φιλοσοφήσας ἃ χρὴ περὶ τῶν ἀνθρωπίνων φιλοσοφεῖν, οὕτως ἄπεισιν, ἃ διὰ ῥημάτων λέγουσιν αἱ Γραφαί, ταῦτα διὰ τῶν πραγμάτων μανθάνων· ὅτι Πᾶσα σὰρξ χόρτος, καὶ πᾶσα δόξα ἀνθρώπου ὡς ἄνθος χόρτου· καὶ ὁ χόρτος ἐξηράνθη, καὶ τὸ ἄνθος ἐξέπεσεν. οἷον, Ὡσεὶ χόρτος ταχὺ ἀποξηρανθήσονται, καὶ ὡσεὶ λάχανα χλόης ταχὺ ἀποπεσοῦνται· ὅτι Ὡσεὶ καπνὸς αἱ ἡμέραι αὐτοῦ, καὶ ὅσα τοιαῦτα. Πάλιν ὁ πένης εἰσελθών, καὶ πρὸς τὴν ὄψιν ταύτην ἰδών, οὐκ ἐξευτελίζει ἑαυτόν, οὐδὲ ὀδυνᾶται διὰ τὴν πτωχείαν· ἀλλὰ καὶ χάριν οἶδε τῇ πενίᾳ, ὅτι χωρίον αὐτῷ γέγονεν ἄσυλον καὶ λιμὴν ἀκύμαντος, καὶ τεῖχος ἀσφαλές· καὶ πολλάκις ἂν ἕλοιτο ταῦτα ὁρῶν μένειν, ἔνθα ἐστίν, ἢ πρὸς βραχὺ τὰ πάντων λαβών, ὕστερον καὶ ὑπὲρ αἵματος κινδυνεύειν ἑαυτοῦ. Ὁρᾷς ὡς οὐ μικρὸν κέρδος γέγονε καὶ πλουσίοις, καὶ πένησι, καὶ ταπεινοῖς, καὶ ὑψηλοῖς, καὶ δούλοις, καὶ ἐλευθέροις ἀπὸ τῆς ἐνταῦθα τούτου καταφυγῆς; ὁρᾷς πῶς ἕκαστος φάρμακα λαβὼν ἐντεῦθεν ἄπεισιν, ἀπὸ τῆς ὄψεως ταύτης μόνης θεραπευόμενος; Ἆρα ἐμάλαξα ὑμῶν τὸ πάθος, καὶ ἐξέβαλον ὀργήν; ἆρα ἔσβεσα τὴν ἀπανθρωπίαν; ἆρα εἰς συμπάθειαν ἤγαγον; Σφόδρα ἔγωγε οἶμαι, καὶ δηλοῖ τὰ πρόσωπα, καὶ αἱ τῶν δακρύων πηγαί. Ἐπεὶ οὖν ὑμῖν ἡ πέτρα γέγονε βαθύγειος, καὶ λιπαρὰ χώρα, φέρε δὴ καὶ καρπὸν ἐλεημοσύνης βλαστήσαντες, καὶ τὸν στάχυν κομῶντα τῆς συμπαθείας ἐπιδειξάμενοι, προσπέσωμεν τῷ βασιλεῖ, μᾶλλον δὲ παρακαλέσωμεν τὸν φιλάνθρωπον Θεὸν, μαλάξαι τὸν θυμὸν τοῦ βασιλέως, καὶ ἀπαλὴν αὐτοῦ ποιῆσαι τὴν καρδίαν, ὥστε ὁλόκληρον ἡμῖν δοῦναι τὴν χάριν. Καὶ ἤδη μὲν γὰρ ἀπὸ τῆς ἡμέρας ἐκείνης, ἧς οὗτος κατέφυγεν ἐνταῦθα, οὐ μικρὰ γέγονεν ἡ μεταβολή· ἐπειδὴ γὰρ ὁ βασιλεὺς ἔγνω, ὅτι εἰς τὸ ἄσυλον τοῦτο χωρίον κατέδραμε, τοῦ στρατοπέδου παρόντος, καὶ παροξυνομένου ὑπὲρ τῶν αὐτῷ πεπλημμελημένων, καὶ εἰς σφαγὴν αὐτὸν αἰτούντων, μακρὸν ἀπέτεινε λόγον, τὸν στρατιωτικὸν καταστέλλων θυμὸν, ἀξιῶν μὴ τὰ ἁμαρτήματα μόνον, ἀλλὰ καὶ εἴ τι αὐτῷ γέγονε κατόρθωμα, καὶ τοῦτο λογίζεσθαι, καὶ τοῖς μὲν εἰδέναι χάριν ὁμολογῶν, ὑπὲρ δὲ τῶν ἑτέρως ἐχόντων ὡς ἀνθρώπῳ συγγινώσκων. Ὡς δὲ ἐπέκειντο πάλιν εἰς ἐκδικίαν τοῦ ὑβρισμένου βασιλέως, βοῶντες, πηδῶντες, θανάτου μεμνημένοι, καὶ τὰ δόρατα σείοντες, πηγὰς λοιπὸν ἀφεὶς δακρύων ἀπὸ τῶν ἡμερωτάτων ὀφθαλμῶν, καὶ ἀναμνήσας τῆς ἱερᾶς τραπέζης, εἰς ἣν κατέφυγεν, οὕτω τὴν ὀργὴν κατέπαυσε.

ε'. Πλὴν ἀλλὰ καὶ ἡμεῖς τὰ παρ' ἑαυτῶν προσθῶμεν. Τίνος γὰρ ἂν ἦτε συγγνώμης ἄξιοι, εἰ τοῦ βασιλέως τοῦ ὑβρισμένου μὴ μνησικακοῦντος, ὑμεῖς οἱ μηδὲν τοιοῦτον παθόντες τοσαύτην ὀργὴν ἐπεδείξασθε; πῶς δὲ τοῦ θεάτρου τούτου λυθέντος, ὑμεῖς μυστηρίων ἅψεσθε, καὶ τὴν εὐχὴν ἐρεῖτε ἐκείνην, δι' ἧς κελευόμεθα λέγειν· Ἄφες ἡμῖν καθὼς καὶ ἡμεῖς ἀφίεμεν τοῖς ὀφειλέταις ἡμῶν, τὸν ὑμῶν ὀφειλέτην ἀπαιτοῦντες δίκην; Ἠδίκησε μεγάλα καὶ ὕβρισεν; Οὐδὲ ἡμεῖς ἀντεροῦμεν. Ἀλλ' οὐ δικαστηρίου καιρὸς νῦν, ἀλλ' ἐλέους· οὐκ εὐθύνης, ἀλλὰ φιλανθρωπίας· οὐκ ἐξετάσεως, ἀλλὰ συγχωρήσεως· οὐ ψήφου καὶ δίκης, ἀλλὰ οἴκτρου καὶ χάριτος. Μὴ τοίνυν φλεγμαινέτω τις, μηδὲ δυσχεραινέτω, ἀλλὰ μᾶλλον δεηθῶμεν τοῦ φιλανθρώπου Θεοῦ, δοῦναι αὐτῷ προθεσμίαν ζωῆς, καὶ τῆς ἀπειλουμένης ἐξαρπάσαι σφαγῆς, ὥστε αὐτὸν ἀποδύσασθαι τὰ πεπλημμελημένα, καὶ κοινῇ προσέλθωμεν τῷ φιλανθρώπῳ βασιλεῖ, ὑπὲρ τῆς Ἐκκλησίας, ὑπὲρ τοῦ θυσιαστηρίου, ἕνα ἄνδρα τῇ τραπέζῃ τῇ ἱερᾷ χαρισθῆναι παρακαλοῦντες. Ἂν τοῦτο ποιήσωμεν, καὶ αὐτὸς ὁ βασιλεὺς ἀποδέξεται, καὶ ὁ Θεὸς πρὸ τοῦ βασιλέως ἐπαινέσεται, καὶ μεγάλην ἡμῖν τῆς φιλανθρωπίας ἀποδώσει τὴν ἀμοιβήν. Ὥσπερ γὰρ τὸν ὠμὸν καὶ ἀπάνθρωπον ἀποστρέφεται καὶ μισεῖ, οὕτω τὸν ἐλεήμονα καὶ φιλάνθρωπον προσίεται καὶ φιλεῖ· κἂν μὲν δίκαιος ὁ τοιοῦτος ᾖ, λαμπροτέρους αὐτῷ πλέκει τοὺς στεφάνους· ἂν δὲ ἁμαρτωλὸς, παρατρέχει τὰ ἁμαρτήματα, τῆς πρὸς τὸν ὁμόδουλον συμπαθείας ἀμοιβὴν αὐτῷ ταύτην ἀποδιδούς. Ἔλεον γὰρ, φησί, θέλω, καὶ οὐ θυσίαν· καὶ πανταχοῦ τῶν Γραφῶν ὁρᾷς αὐτὸν τοῦτο ἀεὶ ἐπιζητοῦντα, καὶ ταύτην λύσιν τῶν ἁμαρτημάτων εἶναι λέγοντα. Οὕτω τοίνυν αὐτὸν καὶ ἡμεῖς ἵλεων ἐργασόμεθα, οὕτω τὰ ἡμέτερα διαλύσομεν πλημμελήματα, οὕτω τὴν Ἐκκλησίαν κοσμήσομεν, οὕτω καὶ βασιλεὺς ἡμᾶς ὁ φιλάνθρωπος ἐπαινέσεται, καθάπερ ἔφθην εἰπών, καὶ ἅπας ὁ δῆμος κροτήσει, καὶ τὰ πέρατα τῆς οἰκουμένης τὸ φιλάνθρωπον καὶ ἥμερον τῆς πόλεως θαυμάσεται, καὶ μαθόντες οἱ πανταχοῦ τῆς γῆς τὰ γενόμενα κηρύξουσιν ἡμᾶς. Ἵνα οὖν ἀπολαύσωμεν τῶν τοσούτων ἀγαθῶν, προσπέσωμεν, παρακαλέσωμεν, δεηθῶμεν, ἐξαρπάσωμεν τοῦ κινδύνου τὸν αἰχμάλωτον, τὸν φυγάδα, τὸν ἱκέτην, ἵνα καὶ αὐτοὶ τῶν μελλόντων ἀγαθῶν ἐπιτύχωμεν, χάριτι καὶ φιλανθρωπίᾳ τοῦ Κυρίου ἡμῶν Ἰησοῦ Χριστοῦ, ᾧ ἡ δόξα καὶ τὸ κράτος, νῦν καὶ ἀεὶ, καὶ εἰς τοὺς αἰῶνας τῶν αἰώνων. Ἀμήν.

Θεοδώρου Στουδίτη, *Επιστολή προς Ναυκράτιο*

THEODORUS STUDITES Scr. Eccl. et Theol. (A.D. 8-9: Bithynius, Constantinopolitanus) Epistulae, ed. G. Fatouros, Theodori Studitae Epistulae, vol. 1-2 [Corpus Fontium Historiae Byzantinae, Series Berolinensis 31. Berlin: De Gruyter, 1992]: 1: 5-187; 2: 189-861.

Ναυκρατίῳ τέκνῳ

Πάλιν ἑτέρα σοι φυλακή, τέκνον ἠγαπημένον, ἀλλὰ καὶ πάλιν στήλη μὲν τῶν δυσωνύμων αἱρετικῶν, σοὶ δὲ προσθήκη ἄθλων τε καὶ ἐπαίνων οὐρανίων. διὰ τοῦτο ὑπὲρ μὲν ἐκείνων τὸ στένειν μοι καὶ δακρύειν, ὑπὲρ δὲ σοῦ τὸ χαίρειν καὶ εὐχαριστεῖν. ἢ οὐχὶ δοκιμώτερον ἔστι σε γίγνεσθαι τῇ μεταφρουρήσει, καθάπερ χρυσὸν διπυρούμενον ὑπὸ χωνείας; εὐριζωθεὶς οὖν, ὦ ἱερὲ παῖ, καὶ ὀφθεὶς τῷ δεσπότῃ Κυρίῳ ἐν πᾶσι καθαρὸς καὶ ἀκίβδηλος, σκεῦος ὄντως εὔχρηστον, κατηρτισμένος πρὸς πᾶν ἔργον ἀγαθόν. φέρε οὖν μακροθυμίᾳ τὸ ἄηθες τοῦ δευτέρου φύλακός σου (οὐ γὰρ ἡγουμένου οὐδὲ ἱερέως λέγοιμι· οὐδεὶς γὰρ θεοῦ λειτουργὸς καί γε μοναστὴς στρατιωτικοῖς ἔργοις ὑπουργήσειεν, ἀλλὰ μὴν οὐδὲ τῷ οὕτω ὑπουργοῦντι κοινωνήσειε), πλὴν δήλωσόν μοι ὅπως σε κρατεῖ· δοκῶ γὰρ διαφορώτερον εἶναι τοῦ προτέρου. ἀλλ' εἴ γε οὕτως ἢ ἑτέρως, σὺ δὲ ὅμως, τέκνον μου, στῆθι γενναίως, εὐμαρίζων τὰ λυπηρὰ τῇ τῶν ἐλπίδων περιχαρείᾳ καὶ κατακτώμενος ἑαυτῷ τὴν μόνωσιν ἀπαθείας εὕρεσιν διὰ τῆς ἐπὶ μόνον τὸν ὁρῶντά σε θεὸν ἀποβλέψεώς τε καὶ σχέσεως, σκυβαλίζων καὶ λικμίζων τοὺς ἐπεισαγομένους ἀχυρώδεις λογισμοὺς παρὰ τοῦ τῶν ζιζανίων σπορέως ἑκάστοτε.

Πτυχές από την ιστορία της αδιαίρετης Εκκλησίας

Ἃ δὲ ἐπεζήτησας ἀποκριθῆναί με περί τε τῶν αἱρέσεων καὶ βαπτισμάτων κατ' ἔπος, ἐπιστολῆς ὑπερβαίνει μέτρον· καὶ πάλιν περιττολογεῖν ἐστι ταῦτα ἀφηγεῖσθαι, ἃ ὁ θεοφόρος Ἐπιφάνιος ἐξεῦρε καὶ διέγραψεν ὡς οὐδεὶς τῶν πατέρων. ἔντυχε οὖν τῇ περὶ αὐτῶν ἱερᾷ αὐτοῦ βίβλῳ, κἀκεῖσε διαγνώσεις ἃ μαθεῖν ἐφίεσαι. παράσχοι δὲ αὐτὴν ἐν χερσί σου ὁ καλὸς Εὐπρεπιανός.

Τὸ δὲ τῶν βαπτιζομένων συντομώτερον ἀποκριθήσομαι. τριχῆ διήρηται τὸ θεώρημα. βαπτίζονται μὲν γὰρ Μαρκιωνισταί, Τασκορδιουργοί, Μανιχαῖοι καὶ οἱ σύστοιχοι αὐτῶν ὁμοῦ ἕως τῶν Μελχισεδεκιτῶν, αἱρέσεις εἰκοσιπέντε· χρίονται δὲ τῷ ἁγίῳ μύρῳ Τεσσαρεσκαιδεκατῖται, Ναυατιανοί, Ἀρειανοί, Μακεδονιανοί, Ἀπολιναρισταί, ὁμοῦ πέντε· οἱ δὲ μήτε βαπτιζόμενοι μήτε χριόμενοι, ἀλλὰ μόνον ἀναθεματίζοντες τὴν ἰδίαν καὶ πᾶσαν ἄλλην αἵρεσιν, Μελετιανοί, Νεστοριανοί, Εὐτυχιανισταὶ καὶ οἱ τούτων ὁμόστοιχοι μέχρι τῆς δεῦρο αἱρέσεως, τῷ ἀριθμῷ οὐχ ὑποβαλλόμενοί μοι κατὰ τὸ παρὸν διὰ τὸ πολυσχεδὲς τῶν Ἀκεφάλων καὶ τὸ ὑπερτενὲς τῆς ἐπιστολῆς.

Τὸ δὲ εἰρηκέναι σε μὴ διακρῖναι τὸν κανόνα, ἀλλ' ὁριστικῶς ἀποφάναι τοὺς ἀπὸ αἱρετικῶν χειροτονηθέντας ἢ βαπτισθέντας οὔτε κληρικοὺς εἶναι δυνατὸν οὔτε πιστούς, ἐκεῖνο λογίζου, ὅτι αἱρετικοὺς ὁ ἀποστολικὸς κανὼν ἐκείνους ἔφη, τοὺς μὴ εἰς ὄνομα πατρὸς καὶ υἱοῦ καὶ ἁγίου πνεύματος βαπτισθέντας ἢ βαπτίζοντας. καὶ τοῦτο ἐκ θείας φωνῆς τοῦ Μεγάλου Βασιλείου διδασκόμεθα· φησὶ γὰρ αἱρέσεις μὲν τὰς παντελῶς ἀπερρηγμένας καὶ κατ' αὐτὴν τὴν πίστιν ἠλλοτριωμένας, σχίσματα δὲ τοὺς δι' αἰτίας τινὰς ἐκκλησιαστικὰς καὶ ζητήματα ἰάσιμα πρὸς ἀλλήλους διενεχθέντας, παρασυναγωγὰς δὲ τὰς συνάξεις τὰς παρὰ τῶν ἀνυποτάκτων πρεσβυτέρων ἢ ἐπισκόπων <καὶ> παρὰ τῶν ἀπαιδεύτων λαῶν γινομένας. καὶ τοῦ μὲν πρώτου αὐτὸς ἐπιφέρων ἓν παράδειγμα φησὶ πρὸς τὸν Ἅγιον Ἀμφιλόχιον· τίνα οὖν λόγον ἔχει τὸ τῶν Πεπουζηνῶν βάπτισμα ἐγκριθῆναι, τῶν βαπτιζόντων εἰς πατέρα καὶ υἱὸν καὶ Μοντανὸν ἢ Πρίσκιλλαν; οὐ γὰρ ἐβαπτίσθησαν οἱ εἰς τὰ μὴ <παρα>δεδομένα ἡμῖν βαπτισθέντες. τούτους οὖν καὶ τοὺς κατ' αὐτοὺς ὁ κανὼν καὶ οἱ πατέρες, ὥς φησιν ὁ θεῖος Βασίλειος, αἱρετικοὺς ὠνόμασαν. τοῦ δὲ δευτέρου παράδειγμα πάλιν φησὶν ὁ Ἅγιος Βασίλειος· οἱ Καθαροί, καὶ αὐτοὶ τῶν ἀπεσχισμένων εἰσίν.

Εἰ δὲ φαίης· καὶ πῶς λέγονται αἱρετικοὶ καὶ οὗτοι καὶ πάντες οἱ μεταγενέστεροι; τοῦτο λέγομεν καὶ νοοῦμεν, οἱ μὲν πρῶτοι κυρίως αἱρετικοὶ διὰ τὸ εἰς αὐτὸ τὸ καίριον τῆς τριαδικῆς ἡμῶν πίστεως ἠσεβηκέναι, οἱ δὲ δεύτεροι κατὰ κατάχρησιν καὶ ὡς ἐκ τῶν πρώτων παρηγμένοι, ὁμολογοῦντες δ' ὅμως εἰς τριάδα καὶ πιστεύειν καὶ βαπτίζειν, ἐν ἰδιώματι οἰκείῳ τῆς ἑκάστης ὑποστάσεως καὶ οὐχὶ μιᾶς τῶν τριῶν ὑπαρχούσης, κἂν ἐν ἄλλοις ἡρέτιζον· τοῦ τρίτου παράδειγμα αὐτὸς ὁ ἅγιος πάλιν

273

φησίν, οἷον εἴ τις ἐν πταίσματι ἐξετασθεὶς ἐπεσχέθη τῆς λειτουργίας καὶ μὴ ὑπέκυψε τοῖς κανόσιν, ἀλλ' ἑαυτῷ ἐξεδίκησε τὴν προεδρίαν καὶ τὴν λειτουργίαν. καὶ γε ὡς οἱ δεύτεροι ὁμώνυμοι τοῖς πρώτοις, οὕτω καὶ οἱ τρίτοι ὁμώνυμοι τοῖς δευτέροις. ἀμέλει τοὺς Μελετιανοὺς σχισματικοὺς οἱ πάλαι καλοῦσι Μελετίῳ τῷ σχισματικῷ συναπαχθέντες, καίτοι μὴ ὄντας κακοδόξους· ἀναθεματίζοντες γὰρ τὸ ἴδιον σχίσμα, ὥς φασι, δεδεγμένοι εἰσὶ τῇ καθολικῇ ἐκκλησίᾳ.

Ἔοικε δὲ σειρά τις εἶναι δαιμονόπλοκος ἡ καθόλου αἵρεσις, ἑτέρα τῆς ἑτέρας ἐχομένη καὶ ὡς ἐκ κορυφῆς μιᾶς ἐξηρτημένων ἁπασῶν τῆς ἀσεβείας καὶ ἀθεΐας, κἂν ἑτερωνυμίᾳ καὶ χρόνῳ καὶ τόπῳ καὶ ποσότητι καὶ ποιότητι καὶ δυνάμει καὶ ἐνεργείᾳ διαφέρωσιν. ἐπεὶ μηδὲ ἓν καὶ τὸ αὐτὸ σῶμα ἓν μόνον μέλος, ἀλλὰ καὶ πολλά, καὶ διάφοροι αἱ τούτων πρὸς ἄλληλα ἐνέργειαι, δυνάμεις, ἰδιότητες, θέσεις τε καὶ τιμαί.

Περὶ τῶν ἑτέρων σου ἐρωτήσεων· ἡ πρώτη, περὶ πρεσβυτέρου τοῦ ὀρθοδοξοῦντος, ἀλλ' ὅμως μνημονεύοντος φόβῳ διωγμοῦ τὸν αἱρετικὸν ἐπίσκοπον προαπεκρίθη σοι, πλὴν καὶ αὖθις· εἰ μὴ συλλειτουργεῖ αἱρετικῷ καὶ εἰ μὴ μεταδιδοῖ τοῖς τοιούτοις, δεκτέον τὸν τοιοῦτον εἰς συνεστίασιν καὶ ψαλμῳδίαν καὶ εὐλογίαν βρωμάτων (καὶ τοῦτο κατ' οἰκονομίαν), οὐ μέντοι εἰς θείαν μετάληψιν. δεῖ δὲ ἐπερωτᾶν τῆς αἱρέσεως κρατούσης πάντως, ὁμολογίαν δὲ δεχομένοις ἀρκεῖσθαι, οὐκ οἶδα εἰ μὴ προδήλως ψευδολόγος αὕτη· τὸ γὰρ φαίειν σε διδάσκεσθαι ἡμᾶς παρὰ τῶν πατέρων, μὴ ἐπερωτᾶν, περὶ καιροῦ οὗ μή ἐστιν αἵρεσις μαινομένη καὶ περὶ τῶν μὴ προδήλως κατεγνωσμένων. τοιοῦτον δὲ πρεσβύτερον σπάνιον εὑρεῖν νῦν μὴ μιγνύμενον καὶ συγκοινωνοῦντα αἱρετικοῖς.

Ἡ δευτέρα, περὶ φιλοχρίστου προσκαλουμένου εἰς τὸ εὐκτήριον αὐτοῦ ποιῆσαι παννυχίδα, καὶ εἰ δεῖ ἐν αὐτῷ λειτουργῆσαι, καὶ μεθ' ὧν χρή. ὑπακουστέον καὶ ἰτέον καὶ συμψαλτέον δῆλον ὅτι, εἰ ὀρθόδοξος ὁ προσκαλούμενος καὶ οἱ ψαλτῳδοί, φυλαττόμενοι ἀμφότεροι τῆς τῶν αἱρετικῶν κοινωνίας. καὶ μὴν καὶ λειτουργητέον ἐν τῷ εὐκτηρίῳ, εἴ γε ὁμολογοίη ὁ κατέχων μηκέτι ὑπὸ αἱρετικοῦ αὐτὸ λειτουργεῖσθαι· προείρηται γὰρ ἀναγκαῖον εἶναι τὸ ἐπερωτᾶν ἐν πᾶσι διὰ τὴν λυττῶσαν αἵρεσιν.

Ἡ τρίτη, εἰ λάβοι τις παρά τινος ἐκκλησίαν ὀρθόδοξος, ἔστι δὲ συνήθεια τοῦ κατ' ἐνιαυτὸν ἅπαξ ἢ δὶς συνηθροῖσθαι ἐν αὐτῇ λαὸν καὶ ἐν τῇ λειτουργίᾳ ἀναφέρεσθαι τὸν αἱρετικόν. τοῦ μὲν ψάλλειν ἐκεῖσε κατὰ ἀνάγκην συγχωρητέον, λειτουργεῖν δὲ οὔ· εἰ δὲ δυνατὸν διακοπῆναι τὴν συνήθειαν, καὶ λειτουργητέον.

Ἡ τετάρτη, εἰ ἐκκλησία ἐστὶν ἐφ' ᾗ ὁ λειτουργῶν ἀναφέρει τὸν αἱρετικόν, ἔχει δὲ ὁ ὀρθόδοξος θυσιαστήριον καθηγιασμένον ἐν σινδόνι ἢ ἐν σανίσι, προσήκει αὐτὸ τεθεῖναι ἐν τῇ αὐτῇ ἐκκλησίᾳ, μὴ παρόντος τοῦ ἀναφέροντος καὶ ἐν αὐτῷ συλλειτουργῆσαι τὸν ὀρθόδοξον. οὐ προσήκει, ἀλλ' ἢ μᾶλλον κατὰ ἀνάγκην ἐν κοινῷ οἴκῳ, ἐκλελεγμένῳ τινὶ καθαρωτέρῳ τόπῳ.

Ἡ πέμπτη, εἰ καθ' ὁδὸν τύχοι ὀρθόδοξον ὑπό τινος ἱερωμένου ἢ λαϊκοῦ προσκληθῆναι εἰς συνεστίασιν, εἴη δὲ καιρὸς ψαλμῳδίας· πῶς ἔστι διαγενέσθαι; εἶπον, καὶ πάλιν λέγω· αἱρέσεως ἐπικρατούσης καὶ μὴ καταβληθείσης δι' ὀρθοδόξου συνόδου, ἀναγκαῖον τὸ διερωτᾶν ἐπί τε τῆς θείας μεταλήψεως καὶ κοινῆς ἑστιάσεως, καὶ οὐδεὶς καιρὸς πρὸς ταῦτα αἰδοῦς καὶ ἀωρίας. λαβεῖν μὲν γὰρ ἄρτον ἁπλῶς παρὰ τοῦ τυχόντος οὐκ ἀναγκαῖον εἰς ἐρώτησιν καὶ παρ' αὐτῷ ἑστιαθῆναι, κατὰ μόνας τυχόν, καὶ κοιτασθῆναι, εἰ μή γε προεγνωσμένος ἐστὶν ἐν αἱρέσει ἢ κακίᾳ· περὶ δὲ τῶν λοιπῶν ἐξ ἀνάγκης ἐρωτητέον.

Ἡ ἕκτη, εἰ κατὰ πάροδον εὑρόντα ὀρθόδοξον ἐκκλησίαν πλησιάζουσαν πόλει ἢ κώμῃ δέον αὐτὸν εὔξασθαι ἐκεῖ ἢ καὶ καταλῦσαι, φεύγοντα ὑφέστιον γενέσθαι λαϊκοῖς. καὶ εὐκτέον καὶ καταλυτέον, εἴ γε μόνη ἐστίν· ἀλλὰ καὶ εἰς οἰκίαν λαϊκοῦ ἢ ἱερωμένου, ὡς εἴρηται, κατεπειγούσης ἀναγκαίας ὥρας ἀδιάφορόν ἐστι μεῖναι καὶ ἑστιαθῆναι καθ' ἑαυτὸν ἄνευ ἐρωτήσεως καὶ λαβεῖν τὰ πρὸς χρείαν, εἴ γε, ὡς εἶπον, μὴ εἴη ὁ ὑποδεχόμενος προεγνωσμένος τῷ ὑποδεχθέντι ἀσεβῶν ἢ ἀνόμων. πλὴν δὲ ἀνάγκης, οὐ καλὸν ὡς ἔτυχε τὰ προρρηθέντα καταδέξασθαι, ἀλλ' ἐρωτᾶν καὶ παρὰ τῷ ὀρθοδόξῳ καταλύειν καί, εἰ χρεία, παρ' αὐτοῦ ἐφόδια αἴρειν· οὕτω γὰρ ὁ Κύριος ἐντέλλεται διὰ τῶν ἁγίων αὐτοῦ.

Τῷ πρεσβυτέρῳ καὶ ἡγουμένῳ καλῶς ἀπεκρίθης, εἰρχθῆναι τῆς λειτουργίας τοὺς νυνὶ χειροτονηθέντας ὑπὸ τοῦ εὑρεθέντος ἀρτίως ἀρχιερέως ἐν ἐκκλησίᾳ, λέγοντος δὲ ὅμως ὅτι κακῶς ἐγένετο ἡ σύνοδος, καὶ ,ἀπολώλαμεν'. διατί γὰρ ὁμολογῶν οὐ φεύγει τὴν ἀπώλειαν, διαστέλλων ἑαυτὸν τῆς αἱρέσεως, ἵνα μένῃ παρὰ θεῷ ἐπίσκοπος; καὶ εἰσὶν αὐτοῦ δεκταὶ αἱ χειροτονίαι αὐτίκα. ἢ διατί προκειμένης τῆς αἱρέσεως εἰς χειροτονίαν ὁ ἡγούμενος προήγαγε τοὺς ἀδελφοὺς αἱρετικήν; ἂν οὖν ὁ χειροτονήσας ὤρθωσεν, ἦν αὐτοῖς εὐθὺς ἱερουργεῖν, ὄντος δὲ ἐν τῇ αἱρέσει διὰ τοῦ ἀναφέρειν αὐτὸν αἱρετικόν, κἂν τὸ φρόνημα λέγοι ἔχειν ὑγιές, οὐχ οἷόν τε οὓς χειροτονεῖ τῇ ἀληθείᾳ εἶναι λειτουργοὺς θεοῦ. εἰ δὲ πνεῦμα ζήλου θεοῦ ἀνῆψεν ἐν τῷ καθηγουμένῳ καὶ προθυμεῖται ὁμολογίας στέφανον ἀναδήσασθαι, μηδὲ λειτουργείτω ἐν τῇ ὑπ' αὐτοῦ ἐνθρονιασθείσῃ ἐκκλησίᾳ μήτε ἀναφερέτω αὐτὸν ὡς ἐπίσκοπον. καὶ μακάριος οὗτος, πολλῶν καὶ ἄλλων παράδειγμα σωτηρίας γινόμενος. τεθέντος δὲ θυσιαστηρίου ἐν τῇ αὐτῇ ἐκκλησίᾳ οὐδὲν τὸ κωλύον λειτουργεῖν ἐκεῖσε.

Ὃ δέ με ἔλαθεν ἀνωτέρω σημᾶναι, μνησθήσομαι ἐνταῦθα· ὅτι, ἐπειδὴ λέγει ὁ Ἅγιος Βασίλειος περὶ τῶν ἐν παρασυναγωγῇ γενομένων τάδε, ὥστε πολλάκις καὶ τοὺς ἐν βαθμῷ συναπελθόντας τοῖς ἀνυποτάκτοις, ἐπειδὰν μεταμεληθῶσιν, εἰς τὴν αὐτὴν παραδέχεσθαι τάξιν, μὴ οἰέσθω σου ἡ εὐλάβεια ἐναντιοῦσθαι τὸν λόγον τῷ ἀποστολικῷ κανόνι λέγοντι, εἴ τις καθηρημένῳ κληρικὸς ὢν ὡς κληρικῷ συνεύξεται, καθαιρείσθω καὶ αὐτός, ἀλλὰ νομιζέτω ὅτι, ὡς διεκρίθη παρὰ τῶν πατέρων, τίνες εἶεν αἱρέσεις πρὸς σχίσματα, οὕτω διακέκριται δηλονότι κατὰ τὴν ἀκόλουθον ἔννοιαν, τίς ἐστιν ὁ ἀπαραιτήτως καθαίρων κανὼν τὸν καθηρημένῳ συνευξάμενον παρὰ τὸν ἐν παρασυναγωγῇ γενόμενον· ὅτι ὁ μὲν εἰδὼς ὅτι ὁμολογουμένως καθηρημένῳ συνεύχεται εἰκότως αὐτίκα καθαίρεται, ἀδιαφόρως ἐνεχθεὶς καὶ μὴ προσεσχηκὼς τῷ κανόνι, ὁ δὲ ὡς οὐκ οἰόμενος εἶναι καθηρημένον ᾧ συναπήχθη μετὰ πλήθους, ἐπάν, φησί, μεταμεληθῇ, εἰς τὴν αὐτὴν παραδέδεκται τάξιν. πρόσκειται δὲ καὶ τοῦτο πολλάκις ἐν τῷ λόγῳ τοῦ ἁγίου, ὥστε ἔστι καὶ μεταμελόμενον μὴ εἰς τὴν αὐτὴν τάξιν παραδεχθῆναι. καὶ οὗτος μὲν ὁ λόγος ἐνδεχομένως ἐκδέδοται, ὁ ἀποστολικὸς δὲ κανὼν ἀναγκαίως καὶ ἀπαραιτήτως.

Ὅτι ὁ ψευδώνυμος Χριστοφόρος πάλιν εἰς τὸ ἴδιον ἐξέρασμα ὑπέστρεψεν, οὐδόλως ἐθαύμασα, εἰδὼς αὐτοῦ τὸ ἄστατον καὶ ἀπαγές· ὅτι δὲ ὁ Κληδόνιος ὑπὲρ ἀληθείας μίαν μόνην ἡμέραν ἤνεγκε φυλακὴν καὶ πληγὰς παρὰ τῶν ἀσεβῶν, πάνυ ἐξέστην. ὥστε, εἰ ἕως τοῦ νῦν ἐπιμένει δυνάμει θεοῦ, μὴ ἀεργὸν γένηταί σοί τε καὶ ἄλλοις ἀδελφοῖς ὀρέγειν αὐτῷ χεῖρα, εἴπερ οἷόν τε.

Περὶ δὲ τῶν προειρημένων, βαπτιζομένων λέγω χριομένων τε τῷ ἁγίῳ μύρῳ καὶ ἀναθεματιζόντων τε τὴν αἵρεσιν, οὐχ ὡς ὁ θεῖος Ἐπιφάνιος τέταχε καὶ ἠρίθμησε τὰς αἱρέσεις γέγραφα, ἀλλ' ὡς εὗρον παρασημείωσίν τινος τῶν ἀρχαιοτέρων φιλοπόνου ἀνδρὸς καὶ ἐκ τῆς ἐν Βυζαντίδι ἐκκλησίας τὴν ἐκ βιβλίων ἔρευναν καὶ εὕρεσιν ποιησαμένου.

Ὁ ἀδελφὸς Γρηγόριος γνησίως προσαγορεύει.

Γνωστικοί

** ἀλλ' οὐδὲ οἱ παλαίτατοι τῶν φιλοσόφων ἐπὶ τὸ ἀμφισβητεῖν καὶ ἀπορεῖν ἐφέροντο. ἦ πού γ' ἂν ἡμεῖς οἱ τῆς ὄντως ἀληθοῦς ἀντεχόμενοι φιλοσοφίας, οἷς ἄντικρυς ἡ γραφὴ εὑρέσεως χάριν ἐπὶ τὸ διερευνᾶσθαι τὸ ζητεῖν παρεγγυᾷ· οἱ μὲν γὰρ νεώτεροι τῶν παρ' Ἕλλησι φιλοσόφων ὑπὸ φιλοτιμίας κενῆς τε καὶ ἀτελοῦς ἐλεγκτικῶς ἅμα καὶ ἐριστικῶς εἰς τὴν ἄχρηστον ἐξάγονται φλυαρίαν, ἔμπαλιν δὲ ἡ βάρβαρος φιλοσοφία τὴν πᾶσαν ἔριν ἐκβάλλουσα «ζητεῖτε» εἶπεν «καὶ εὑρήσετε, κρούετε καὶ ἀνοιγήσεται, αἰτεῖσθε καὶ δοθήσεται ὑμῖν». κρούει μὲν οὖν κατὰ τὴν ζήτησιν ὁ πρὸς ἐρώτησιν καὶ ἀπόκρισιν λόγος τὴν θύραν τῆς ἀληθείας κατὰ τὸ φαινόμενον, διοιχθέντος δὲ τοῦ ἐμποδὼν κατὰ τὴν ἔρευναν ἐπιστημονικὴ ἐγγίνεται θεωρία. τοῖς οὕτως, οἶμαι, κρούουσιν ἀνοίγνυται τὸ ζητούμενον καὶ τοῖς οὕτως αἰτοῦσιν τὰς πεύσεις κατὰ τὰς γραφὰς ἐφ' ὃ βαίνουσιν ἐκ τοῦ θεοῦ γίνεται, ἡ δόσις τῆς θεοδωρήτου γνώσεως καταληπτικῶς διὰ τῆς λογικῆς ὄντως ἐκλαμπούσης ζητήσεως. οὐ γὰρ εὑρεῖν μὲν οἷόν τε, μὴ ζητῆσαι δέ· οὐδὲ ζητῆσαι μέν, οὐχὶ δὲ ἐρευνήσασθαι· οὐδὲ διερευνήσασθαι μέν, οὐχὶ δὲ διαπτύξαι καὶ ἀναπετάσαι δι' ἐρωτήσεως εἰς σαφήνειαν ἄγοντα τὸ ζητούμενον, οὐδ' αὖ διὰ πάσης ἐξετάσεως χωρήσαντα μὴ οὐχὶ λοιπὸν τὸ ἔπαθλον λαβεῖν, τὴν ἐπιστήμην τοῦ ζητουμένου. ἀλλ' ἔστι μὲν εὑρεῖν τὸν ζητήσαντα, ζητῆσαι δέ, εἰ οἰηθείη πρότερον μὴ εἰδέναι. πόθῳ δὴ ἐντεῦθεν ἀγόμενος πρὸς τὴν εὕρεσιν τοῦ καλοῦ εὐγνωμόνως ζητεῖ, ἀφιλονίκως. ἀφιλοδόξως ἐρωτώμενος καὶ ἀποκρινόμενος, πρὸς δὲ καὶ αὐτὰ ἐπισκεπτόμενος τὰ λεγόμενα. ἐχομένους γὰρ καθήκει οὐ μόνον τῶν γραφῶν τῶν θείων, ἀλλὰ καὶ τῶν ἐννοιῶν τῶν κοινῶν τὰς ζητήσεις ποιεῖσθαι εἴς τι πέρας ὠφέλιμον τῆς εὑρέσεως καταληγούσης. ἐκδέχεται γὰρ ἄλλος τόπος τε καὶ ὄχλος τοὺς ταραχώδεις τῶν ἀνθρώπων καὶ τὰς ἀγοραίους εὑρησιλογίας, τὸν δὲ τῆς ἀληθείας ἐραστήν τε ἅμα καὶ γνώριμον εἰρηνικὸν εἶναι κἂν ταῖς ζητήσεσι προσῆκεν, δι' ἀποδείξεως ἐπιστημονικῆς ἀφιλαύτως καὶ φιλαλήθως εἰς γνῶσιν προσιόντα καταληπτικήν. ἡ δὲ αὐτὴ ἐπιχείρησις τῆς ἀποδείξεως κἀπὶ τοῦ τρίτου προβλήματος. φασὶν οὖν τινες μὴ ἐγχωρεῖν πλείους ἀρχὰς ἑνὸς εἶναι ζώου. ὁμογενεῖς μὲν οὖν ἀρχὰς οὐκ ἐγχωρεῖ πλείους ὑπάρχειν ἑνὸς ζώου, διαφερούσας δὲ τοῖς γένεσιν οὐδὲν ἄτοπον.

Πρὸς τοὺς Πυρρωνείους.

Εἴ φησιν ἡ ἐποχὴ βέβαιον εἶναι μηδέν, δῆλον ὅτι ἀφ' ἑαυτῆς ἀρξαμένη πρῶτον ἀκυρώσει ἑαυτήν. ἡ τοίνυν δίδωσιν ἀληθές τι εἶναι καὶ οὐ περὶ πάντων ἐφεκτέον, ἢ ἐνίσταται μηδὲν εἶναι ἀληθὲς λέγουσα, καὶ δῆλον ὅτι οὐδ' αὐτὴ πρότερον ἀληθεύσει. ἤτοι γὰρ αὐτὴ ἀληθεύει ἢ οὐκ ἀληθεύει. ἀλλ' εἰ μὲν ἀληθεύει, δίδωσιν ἄκουσά τι εἶναι ἀληθές, εἰ δὲ μὴ ἀληθεύει, ἀληθῆ ἀπολείπει ἅπερ ἀνελεῖν ἐβούλετο. ἐν ᾧ γὰρ ψευδὴς δείκνυται ἡ ἀναιροῦσα ἐποχή, ἐν τούτῳ τὰ ἀναιρούμενα ἀληθῆ δείκνυται, ὡς ὁ ὄνειρος ὁ λέγων ψευδεῖς εἶναι πάντας τοὺς ὀνείρους. ἑαυτῆς γὰρ ἀναιρετικὴ οὖσα τῶν ἄλλων γίνεται κυρωτική. καὶ ὅλως εἰ ἔστιν ἀληθής, ἀφ' ἑαυτῆς ποιήσεται τὴν ἀρχήν, οὐκ ἄλλου τινὸς οὖσα ἐποχή, ἀλλ' ἑαυτῆς πρῶτον.

Ἔπειτα εἰ καταλαμβάνει τις ὅτι ἄνθρωπός ἐστιν ἢ ὅτι ἐπέχει, δῆλός ἐστι μὴ ἐπέχων. πῶς δ' ἂν καὶ τὴν ἀρχὴν εἰς τὴν ἀμφισβήτησιν ἀφίκετο περὶ πάντων ἐπέχων; πῶς δ' ἂν καὶ ἀπεκρίνετο πρὸς τὸ ἐρωτηθέν; περὶ γὰρ αὐτοῦ τούτου δῆλός ἐστιν οὐκ ἐπέχων, ναὶ μὴν καὶ ἀποφαίνεται ὅτι ἐπέχει, <δι'> ὃ καὶ εἰ δεῖ πειθόμενον αὐτοῖς περὶ πάντων ἐπέχειν, περὶ αὐτῆς πρότερον τῆς ἐποχῆς ἐφέξομεν, εἴτε πειστέον αὐτῇ εἴτε καὶ μή.

Ἔτι εἰ τοῦτο αὐτό ἐστι τὸ ἀληθὲς τὸ μὴ εἰδέναι τὸ ἀληθές, οὐδὲ τὴν ἀρχὴν ἀληθές τι παρ' ἐκείνου δίδοται. εἰ δὲ καὶ τοῦτο ἀμφισβητήσιμον ἐρεῖ τὸ ἀγνοεῖν τἀληθές, ἐν αὐτῷ τούτῳ δίδωσιν εἶναι τὸ ἀληθὲς γνώριμον, ἐν ᾧ τὴν περὶ αὐτοῦ ἐποχὴν φαίνεται μὴ βεβαιῶν.

Αἵρεσίς ἐστι πρόσκλισις δογμάτων ἤ, ὥς τινες, πρόσκλισις δόγμασι πολλοῖς ἀκολουθίαν πρὸς ἄλληλα καὶ τὰ φαινόμενα περιέχουσι πρὸς τὸ εὖ ζῆν συντείνουσα. καὶ τὸ μὲν δόγμα ἐστὶ κατάληψίς τις λογική, κατάληψις δὲ ἕξις καὶ συγκατάθεσις τῆς διανοίας.

Οὐ μόνον οἱ ἐφεκτικοί, ἀλλὰ καὶ πᾶς δογματικὸς ἔν τισιν ἐπέχειν εἴωθεν ἤτοι παρὰ γνώμης ἀσθένειαν ἢ παρὰ πραγμάτων ἀσάφειαν ἢ παρὰ τὴν τῶν λόγων ἰσοσθένειαν.

Αἱ τῶν ζητήσεων ἔφοδοι καὶ ἀρχαὶ περὶ ταῦτα καὶ ἐν τούτοις εἰσίν.

ε'. Ἀρείου ἐπιστολὴ πρὸς Εὐσέβιον τὸν Νικομηδείας ἐπίσκοπον

Συνῳδὰ τούτοις ἐπέστειλε καὶ Φιλογονίῳ τῷ τῆς Ἀντιοχέων ἐκκλησίας προέδρῳ καὶ Εὐσταθίῳ τῷ τηνικαῦτα τὴν Βέροιαν ἰθύνειν πεπιστευμένῳ καὶ τοῖς ἄλλοις ὅσοι τῶν ἀποστολικῶν ἦσαν δογμάτων συνήγοροι. ἀλλ' οὐδὲ ὁ Ἄρειος ἡσυχίαν ἄγειν ἠνέσχετο. Ἔγραψε δὲ καὶ αὐτὸς πρὸς ἐκείνους οὓς ὁμόφρονας ἔχειν ἡγεῖτο. ὅτι δὲ οὐδὲν ψευδὲς κατ' αὐτοῦ γέγραφεν ὁ θεῖος Ἀλέξανδρος, αὐτὸς Ἄρειος ἐν τοῖς πρὸς Εὐσέβιον τὸν Νικομηδείας μεμαρτύρηκε γράμμασιν. ἐνθήσω δὲ καὶ ταύτην τῇ συγγραφῇ, ἵνα καὶ τοὺς κοινωνοὺς τῆς ἀσεβείας δήλους τοῖς ἀγνοοῦσι ποιήσω.

«Κυρίῳ ποθεινοτάτῳ, ἀνθρώπῳ θεοῦ, πιστῷ, ὀρθοδόξῳ Εὐσεβίῳ Ἄρειος ὁ διωκόμενος ὑπὸ Ἀλεξάνδρου τοῦ πάπα ἀδίκως διὰ τὴν πάντα νικῶσαν ἀλήθειαν, ἧς καὶ σὺ ὑπερασπίζεις, ἐν κυρίῳ χαίρειν.

‹Τοῦ πατρός μου Ἀμμωνίου ἐρχομένου εἰς τὴν Νικομήδειαν, εὔλογον ὀφειλόμενον ἐφάνη προσαγορεῦσαί σε δι' αὐτοῦ ὁμοῦ τε καὶ ὑπομνῆσαι τὴν ἔμφυτόν σου ἀγάπην καὶ διάθεσιν, ἣν ἔχεις εἰς τοὺς ἀδελφοὺς διὰ τὸν θεὸν καὶ τὸν Χριστὸν αὐτοῦ, ὅτι μεγάλως ἡμᾶς ἐκπορθεῖ καὶ ἐκδιώκει καὶ πάντα κάλων κινεῖ καθ' ἡμῶν ὁ ἐπίσκοπος, ὥστε καὶ ἐκδιῶξαι ἡμᾶς ἐκ τῆς πόλεως ὡς ἀνθρώπους ἀθέους, ἐπειδὴ οὐ συμφωνοῦμεν αὐτῷ δημοσίᾳ λέγοντι· «ἀεὶ θεός, ἀεὶ υἱός· ἅμα πατήρ, ἅμα υἱός· συνυπάρχει ἀγεννήτως ὁ υἱὸς τῷ θεῷ, ἀειγενής ἐστιν, ἀγεννητογενής ἐστιν· οὔτε ἐπινοίᾳ οὔτε ἀτόμῳ τινὶ προάγει ὁ θεὸς τοῦ υἱοῦ· ἀεὶ θεός, ἀεὶ υἱός· ἐξ αὐτοῦ ἐστι τοῦ θεοῦ ὁ υἱός». καὶ ἐπειδὴ Εὐσέβιος ὁ ἀδελφός σου ὁ ἐν Καισαρείᾳ καὶ Θεόδοτος καὶ Παυλῖνος καὶ Ἀθανάσιος καὶ Γρηγόριος καὶ Ἀέτιος καὶ πάντες οἱ κατὰ τὴν Ἀνατολὴν λέγουσιν ὅτι προϋπάρχει ὁ θεὸς τοῦ υἱοῦ ἀνάρχως, ἀνάθεμα ἐγένοντο, δίχα μόνου Φιλογονίου καὶ Ἑλλανικοῦ καὶ Μακαρίου, ἀνθρώπων αἱρετικῶν ἀκατηχήτων, τὸν υἱὸν λεγόντων οἱ μὲν ἐρυγήν, οἱ δὲ προβολήν, οἱ δὲ συναγέννητον. καὶ τούτων τῶν ἀσεβειῶν οὐδὲ ἀκοῦσαι δυνάμεθα, ἐὰν μυρίους θανάτους ἡμῖν ἐπαπειλῶσιν οἱ αἱρετικοί. Ἡμεῖς δὲ τί λέγομεν καὶ φρονοῦμεν καὶ ἐδιδάξαμεν καὶ διδάσκομεν; ὅτι ὁ υἱὸς οὐκ ἔστιν ἀγέννητος οὐδὲ μέρος ἀγεννήτου κατ' οὐδένα τρόπον, οὔτε ἐξ ὑποκειμένου τινός, ἀλλ' ὅτι θελήματι καὶ βουλῇ ὑπέστη πρὸ χρόνων καὶ πρὸ αἰώνων πλήρης θεός, μονογενής, ἀναλλοίωτος· καὶ πρὶν γεννηθῇ ἤτοι κτισθῇ ἢ ὁρισθῇ ἢ θεμελιωθῇ, οὐκ ἦν· ἀγέννητος γὰρ οὐκ ἦν. διωκόμεθα ὅτι εἴπαμεν· «ἀρχὴν ἔχει ὁ υἱός, ὁ δὲ θεὸς ἄναρχός ἐστιν». διὰ τοῦτο διωκόμεθα, καὶ ὅτι εἴπαμεν ὅτι ἐξ οὐκ ὄντων ἐστίν· οὕτως δὲ εἴπαμεν, καθότι οὐδὲ μέρος θεοῦ ἐστιν οὐδὲ ἐξ ὑποκειμένου τινός. διὰ τοῦτο διωκόμεθα· λοιπὸν σὺ οἶδας. ἐρρῶσθαί σε ἐν κυρίῳ εὔχομαι, μεμνημένον τῶν θλίψεων ἡμῶν, συλλουκιανιστὰ ἀληθῶς Εὐσέβιε.»

Πτυχές από την ιστορία της αδιαίρετης Εκκλησίας

Ἐπιστολὴ τῆς συνόδου, περὶ ὧν ὥρισεν ἡ σύνοδος· καὶ ὡς καθηρέθη Ἄρειος, καὶ οἱ ὁμοφρονοῦντες αὐτῷ.

Τῇ ἁγίᾳ Θεοῦ χάριτι, καὶ μεγάλῃ Ἀλεξανδρέων ἐκκλησίᾳ, καὶ τοῖς κατ' Αἴγυπτον, καὶ Λιβύην καὶ Πεντάπολιν ἀγαπητοῖς ἀδελφοῖς, οἱ ἐν Νικαίᾳ συναχθέντες, καὶ τὴν μεγάλην καὶ ἁγίαν σύνοδον συγκροτήσαντες ἐπίσκοποι, ἐν Κυρίῳ χαίρειν.

Ἐπειδὴ τῆς τοῦ Θεοῦ χάριτος, καὶ τοῦ θεοφιλεστάτου βασιλέως Κωνσταντίνου συναγαγόντος ἡμᾶς ἐκ διαφόρων πόλεών τε καὶ ἐπαρχιῶν, μεγάλη καὶ ἁγία σύνοδος ἐν Νικαίᾳ συνεκροτήθη, ἐξ ἅπαντος ἀναγκαῖον ἐφάνη, παρὰ τῆς ἱερᾶς συνόδου καὶ πρὸς ὑμᾶς ἐπιστεῖλαι γράμματα· ἵν' εἰδέναι ἔχοιτε τίνα μὲν ἐκινήθη καὶ ἐξητάσθη, τίνα δὲ ἔδοξε καὶ ἐκρατύνθη. Πρῶτον μὲν οὖν ἐξ ἁπάντων ἐξητάσθη τὰ κατὰ τὴν ἀσέβειαν καὶ τὴν παρανομίαν Ἀρείου καὶ τῶν σὺν αὐτῷ ἐπὶ παρουσίᾳ τοῦ θεοφιλεστάτου βασιλέως Κωνσταντίνου· καὶ παμψηφεὶ ἔδοξεν ἀναθεματισθῆναι τὴν ἀσεβῆ αὐτοῦ δόξαν, καὶ τὰ ῥήματα καὶ τὰ ὀνόματα τὰ βλάσφημα, οἷς ἐκέχρητο βλασφημῶν, τὸν Υἱὸν τοῦ Θεοῦ λέγων 'ἐξ οὐκ ὄντων,' καὶ 'εἶναι ποτὲ ὅτε οὐκ ἦν,' καὶ αὐτεξουσιότητι κακίας καὶ ἀρετῆς δεκτικὸν τὸν Υἱὸν τοῦ Θεοῦ λέγοντος, καὶ κτίσμα καὶ ποίημα ὀνομάζοντος, ἅπαντα ταῦτα ἀνεθεμάτισεν ἡ ἁγία σύνοδος, οὐδὲ ὅσον ἀκοῦσαι τῆς ἀσεβοῦς δόξης ἢ ἀπονοίας, καὶ τῶν βλασφήμων ῥημάτων, ἀνασχομένη. Καὶ τὰ μὲν κατ' ἐκεῖνον οἵου τέλους τετύχηκε, πάντως ἢ ἀκηκόατε ἢ ἀκούσεσθε, ἵνα μὴ δόξωμεν ἐπεμβαίνειν ἀνδρὶ δι' οἰκείαν ἁμαρτίαν ἄξια τὰ ἐπίχειρα κομισαμένῳ. Τοσοῦτον δὲ ἴσχυσε αὐτοῦ ἡ ἀσέβεια, ὡς καὶ παραπολέσαι Θεωνᾶν ἀπὸ Μαρμαρικῆς, καὶ Σεκοῦνδον ἀπὸ Πτολεμαΐδος· τῶν γὰρ αὐτῶν κἀκεῖνοι τετυχήκασιν. Ἀλλ' ἐπειδὴ ἡ τοῦ Θεοῦ χάρις τῆς μὲν κακοδοξίας ἐκείνης καὶ ἀσεβείας καὶ τῆς βλασφημίας, καὶ τῶν προσώπων τῶν τολμησάντων διάστασιν καὶ διαίρεσιν ποιήσασθαι τοῦ εἰρηνευομένου ἄνωθεν λαοῦ, ἠλευθέρωσεν ἡμᾶς, ἐλείπετο δὲ τὸ κατὰ τὴν προπέτειαν Μελιτίου, καὶ τῶν ὑπ' αὐτοῦ χειροτονηθέντων· καὶ περὶ τούτου τοῦ μέρους ἃ ἔδοξε τῇ συνόδῳ, ἐμφανίζομεν ὑμῖν, ἀγαπητοὶ ἀδελφοί. Ἔδοξεν οὖν Μελίτιον μὲν, φιλανθρωπότερον κινηθείσης τῆς συνόδου, —κατὰ γὰρ τὸν ἀκριβῆ λόγον οὐδεμιᾶς συγγνώμης ἄξιος ἦν, — μένειν ἐν τῇ πόλει ἑαυτοῦ, καὶ μηδεμίαν ἐξουσίαν ἔχειν αὐτὸν μήτε χειροθετεῖν, μήτε προχειρίζεσθαι, μήτε ἐν χώρᾳ μήτε ἐν πόλει ἑτέρᾳ φαίνεσθαι ταύτης τῆς προφάσεως ἕνεκα· ψιλὸν δὲ τὸ ὄνομα τῆς τιμῆς κεκτῆσθα. Τοὺς δὲ ὑπ' αὐτοῦ κατασταθέντας, μυστικωτέρᾳ χειροτονίᾳ βεβαιωθέντας κοινωνῆσαι ἐπὶ τούτοις, ἐφ' ᾧτε ἔχειν μὲν αὐτοὺς τὴν τιμὴν καὶ λειτουργίαν, δευτέρους δὲ εἶναι ἐξάπαντος πάντων τῶν ἐν ἑκάστῃ παροικίᾳ τε καὶ ἐκκλησίᾳ ἐξεταζομένων, τῶν ὑπὸ τοῦ τιμιωτάτου καὶ συλλειτουργοῦ ἡμῶν Ἀλεξάνδρου προκεχειρισμένων· ὥστε τούτοις μηδεμίαν ἐξουσίαν εἶναι τοὺς ἀρέσκοντας αὐτοῖς προχειρίζεσθαι, ἢ ὑποβάλλειν ὀνόματα, ἢ ὅλως ποιεῖν τι χωρὶς γνώμης τῶν τῆς καθολικῆς ἐκκλησίας ἐπισκόπων, τῶν ὑπὸ Ἀλέξανδρον. Τοὺς δὲ χάριτι Θεοῦ καὶ εὐχαῖς ὑμετέραις ἐν μηδενὶ σχίσματι εὑρεθέντας, ἀλλὰ ἀκηλιδώτους ἐν τῇ καθολικῇ ἐκκλησίᾳ ὄντας, καὶ ἐξουσίαν ἔχειν προχειρίζεσθαι καὶ ὀνόματα ἐπιλέγεσθαι τῶν ἀξίων τοῦ κλήρου, καὶ ὅλως πάντα ποιεῖν κατὰ νόμον καὶ θεσμὸν τὸν ἐκκλησιαστικόν. Εἰ δέ τινας συμβαίη ἀναπαύσασθαι τῶν ἐν τῇ ἐκκλησίᾳ, τηνικαῦτα προσαναβαίνειν εἰς τὴν τιμὴν τοῦ τετελευτηκότος τοὺς ἄρτι προσληφθέντας, μόνον εἰ ἄξιοι φαίνοιντο, καὶ ὁ λαὸς αἱροῖτο, συνεπιψηφίζοντος αὐτῷ καὶ ἐπισφραγίζοντος τοῦ τῆς Ἀλεξανδρείας ἐπισκόπου. Τοῦτο δὲ τοῖς μὲν ἄλλοις πᾶσι συνεχωρήθη· ἐπὶ δὲ τοῦ Μελιτίου προσώπου οὐκέτι τὰ αὐτὰ ἔδοξε, διὰ τὴν ἀνέκαθεν αὐτοῦ ἀταξίαν, καὶ διὰ τὸ πρόχειρον καὶ προπετὲς τῆς γνώμης, ἵνα μηδεμία ἐξουσία ἢ αὐθεντία αὐτῷ δοθείη, ἀνθρώπῳ δυναμένῳ πάλιν τὰς αὐτὰς ἀταξίας ἐμποιῆσαι. Ταῦτα ἐστὶ τὰ ἐξαίρετα καὶ διαφέροντα Αἰγύπτῳ, καὶ τῇ ἁγιωτάτῃ Ἀλεξανδρέων ἐκκλησίᾳ. Εἰ δέ τι ἄλλο ἐκανονίσθη ἢ ἐδογματίσθη, συμπαρόντος τοῦ κυρίου καὶ τιμιωτάτου συλλειτουργοῦ καὶ ἀδελφοῦ ἡμῶν Ἀλεξάνδρου, αὐτὸς παρὼν ἀκριβέστερον ἀνοίσει πρὸς ὑμᾶς, ἅτε δὴ καὶ κύριος καὶ κοινωνὸς τῶν γεγενημένων τυγχάνων. Εὐαγγελιζόμεθα δὲ ὑμῖν, περὶ τῆς συμφωνίας τοῦ ἁγιωτάτου Πάσχα, ὅτι ὑμετέραις εὐχαῖς κατωρθώθη καὶ τοῦτο τὸ μέρος· ὥς τε πάντας τοὺς ἐν τῇ ἑῴᾳ ἀδελφοὺς, τοὺς μετὰ τῶν Ἰουδαίων τὸ πρότερον ποιοῦντας, συμφώνως Ῥωμαίοις καὶ ἡμῖν, καὶ πᾶσιν ὑμῖν τοῖς ἐξ ἀρχαίου μεθ' ἡμῶν φυλάττουσι τὸ Πάσχα, ἐκ τοῦ δεῦρο ἄγειν. Χαίροντες οὖν ἐπὶ τοῖς κατορθώμασι, καὶ τῇ τῆς εἰρήνης συμφωνίᾳ, καὶ ἐπὶ τῷ πᾶσαν αἵρεσιν ἐκκοπῆναι, ἀποδέξασθε μὲν μετὰ μείζονος τιμῆς καὶ πλείονος ἀγάπης τὸν συλλειτουργὸν ἡμῶν, ὑμῶν δὲ ἐπίσκοπον Ἀλέξανδρον, τὸν εὐφράναντα ἡμᾶς ἐν τῇ παρουσίᾳ, καὶ ἐν ταύτῃ τῇ ἡλικίᾳ τοσοῦτον πόνον ὑποστάντα ὑπὲρ τοῦ εἰρήνην γενέσθαι καὶ παρ' ὑμῖν. Εὔχεσθε δὲ ὑπὲρ ἡμῶν ἁπάντων, ἵνα τὰ καλῶς ἔχειν δόξαντα, ταῦτα βέβαια μένῃ, διὰ τοῦ παντοκράτορος Θεοῦ, καὶ διὰ τοῦ Κυρίου ἡμῶν Ἰησοῦ Χριστοῦ, σὺν Ἁγίῳ Πνεύματι· ᾧ ἡ δόξα εἰς τοὺς αἰῶνας, ἀμήν.

Ἐν ταύτῃ τῇ τῆς συνόδου ἐπιστολῇ φανερὸν καθίστησιν, ὅτι οὐ μόνον Ἄρειον καὶ τοὺς ὁμοδόξους αὐτοῦ ἀνεθεμάτισαν, ἀλλὰ καὶ τὰς λέξεις τῆς δόξης αὐτοῦ· καὶ ὅτι περὶ τοῦ Πάσχα ὁμοφρονήσαντες, ἐδέξαντο τὸν αἱρεσιάρχην Μελίτιον, τὴν μὲν ἀξίαν τῆς ἐπισκοπῆς ἔχειν αὐτὸν συγχωρήσαντες, τὴν δὲ ἐξουσίαν τοῦ πράττειν αὐτὸν τινὰ ὡς ἐπίσκοπον, περιελόντες· δι' ἣν αἰτίαν νομίζω, ἄχρι νῦν κεχωρίσθαι τῆς ἐκκλησίας τοὺς ἐν Αἰγύπτῳ Μελιτιανούς, ὅτι περιεῖλεν ἡ σύνοδος Μελιτίου τὸ δύνασθαι. Ἰστέον δὲ, ὅτι Ἄρειος βιβλίον συνέγραψε περὶ τῆς ἑαυτοῦ δόξης, ὃ ἐπέγραψε Θάλειαν· ἔστι δὲ ὁ χαρακτὴρ τοῦ βιβλίου χαῦνος καὶ διαλελυμένος, τοῖς Σωταδίοις ᾄσμασιν, ἤτοι μέτροις, παραπλήσιος· ὅπερ καὶ αὐτὸ τότε ἡ σύνοδος ἀπεκήρυξεν. Οὐ μόνη δὲ ἡ σύνοδος τοῦ γράψαι περὶ τῆς γενομένης εἰρήνης ἐφρόντισεν, ἀλλὰ γὰρ καὶ ὁ βασιλεὺς Κωνσταντῖνος δι' οἰκείων γραμμάτων τῇ Ἀλεξανδρέων ἐκκλησίᾳ τάδε ἐπέστειλεν.

Ευαγγελία Αμοιρίδου

η'. Περὶ τῆς ἐν Κωνσταντινουπόλει συναθροισθείσης συνόδου.

Τοῦ δὲ ἐπιγενομένου θέρους εἰς ἐκείνην αὖθις τὴν πόλιν οἱ πλεῖστοι τούτων παραγενόμενοι (ἐκκλησιαστικαὶ γὰρ αὐτοὺς πάλιν συνεκάλεσαν χρεῖαι) συνοδικὴν ἐπιστολὴν τῶν τῆς Ἑσπέρας ἐπισκόπων ἐδέξαντο εἰς τὴν Ῥώμην αὐτοὺς ἀφικέσθαι προτρέπουσαν, ὡς συνόδου μεγίστης αὐτόθι συγκροτουμένης. ἀλλὰ τὴν μὲν ἀποδημίαν παρῃτήσαντο, ὡς οὐδὲν ἔχουσαν κέρδος· ἐπέστειλαν δὲ τόν τε κλύδωνα τὸν κατὰ τῶν ἐκκλησιῶν ἐπαναστάντα σημαίνοντες καὶ τὴν γεγενημένην αὐτῶν ἀμέλειαν αἰνιττόμενοι, ἐν κεφαλαίῳ δὲ καὶ τὸ ἀποστολικὸν τοῖς γράμμασιν ἐνέθηκαν φρόνημα. σαφέστερον δὲ τὴν τῶν γεγραφότων ἀνδρείαν τε καὶ σοφίαν αὐτὰ δηλώσει τὰ γράμματα.

«Κυρίοις τιμιωτάτοις καὶ εὐλαβεστάτοις ἀδελφοῖς καὶ συλλειτουργοῖς, Δαμάσῳ, Ἀμβροσίῳ, Βρίττωνι, Οὐαλεριανῷ, Ἀχολίῳ, Ἀνεμίῳ, Βασιλείῳ καὶ τοῖς λοιποῖς ἁγίοις ἐπισκόποις τοῖς συνεληλυθόσιν ἐν τῇ μεγαλοπόλει Ῥώμῃ, ἡ ἁγία σύνοδος τῶν ὀρθοδόξων ἐπισκόπων τῶν συνεληλυθότων ἐν τῇ μεγαλοπόλει Κωνσταντινουπόλει, ἐν κυρίῳ χαίρειν. Τὸ μὲν ὡς ἀγνοοῦσαν διδάσκειν τὴν ὑμετέραν εὐλάβειαν καὶ διηγεῖσθαι τῶν παθημάτων τὸ πλῆθος τῶν ἐπαχθέντων ἡμῖν παρὰ τῆς τῶν Ἀρειανῶν δυναστείας, περιττὸν ἴσως. οὔτε γὰρ οὕτω πάρεργον τὰ καθ' ἡμᾶς κρίνειν τὴν ὑμετέραν ἡγούμεθα θεοσέβειαν ὡς δεῖσθαι τοῦ μαθεῖν ταῦτα οἷς ἐχρῆν συναλγεῖν, οὔτε τοιοῦτοί τινες οἱ περιχόντες ἡμᾶς χειμῶνες ὡς λανθάνειν ὑπὸ σμικρότητος· ὅ τε χρόνος τῶν διωγμῶν νεαρός, ἔναυλον ἔτι φυλάττων τὴν μνήμην οὐ τοῖς πεπονθόσι μόνον, ἀλλὰ καὶ τοῖς δι' ἀγάπην τὰ τῶν πεπονθότων οἰκειουμένοις.

χθὲς γὰρ ὡς εἰπεῖν ἔτι καὶ πρώην οἱ μὲν τῶν τῆς ἐξορίας λυθέντες δεσμῶν εἰς τὰς ἑαυτῶν ἐκκλησίας διὰ μυρίων ἐπανήκασι θλίψεων, τῶν δὲ καὶ τελειωθέντων ἐν ταῖς ἐξορίαις ἐπανεκομίσθη τὰ λείψανα. τινὲς δὲ καὶ μετὰ τὴν τῆς ἐξορίας ἐπάνοδον, ἔτι βράζοντι τῷ τῶν αἱρετικῶν περιπεσόντες θυμῷ, πικρότερα τῶν ἐπὶ τῆς ἀλλοτρίας ἐπὶ τῆς οἰκείας ὑπέμειναν, λίθοις παρ' αὐτῶν τελειωθέντες κατὰ τὸν μακάριον Στέφανον· ἄλλοι διαφόροις καταξανθέντες αἰκίαις ἔτι τὰ στίγματα τοῦ Χριστοῦ καὶ τοὺς μώλωπας ἐν τῷ σώματι περιφέρουσι. χρημάτων δὲ ζημίας καὶ προστιμήσεις πόλεων, καὶ τὰς τῶν καθ' ἕνα δημεύσεις καὶ συσκευὰς καὶ ὕβρεις καὶ δεσμωτήρια τίς ἂν ἐξαριθμήσασθαι δύναιτο; πᾶσαι γὰρ ὄντως ἐφ' ἡμᾶς αἱ θλίψεις ἐπληθύνθησαν ὑπὲρ ἀριθμόν, ἴσως μὲν ἐπειδὴ δίκας ἁμαρτημάτων ἐτίναμεν, ἴσως δὲ καὶ τοῦ φιλανθρώπου θεοῦ διὰ τοῦ πλήθους τῶν παθημάτων ἡμᾶς γυμνάζοντος.

Τούτων μὲν οὖν τῷ θεῷ χάρις, ὃς καὶ διὰ τοσούτων θλίψεων τοὺς ἑαυτοῦ δούλους ἐπαίδευσε, καὶ κατὰ τὸ πλῆθος τῶν οἰκτιρμῶν αὐτοῦ πάλιν ἐξήγαγεν ἡμᾶς εἰς ἀναψυχήν. ἡμῖν δὲ μακρᾶς μὲν ἔδει σχολῆς καὶ πολλοῦ χρόνου καὶ πόνου πρὸς τὴν τῶν ἐκκλησιῶν ἐπανόρθωσιν, ἵν' ὥσπερ ἐκ μακρᾶς ἀρρωστίας ταῖς κατὰ μικρὸν ἐπιμελείαις τὸ σῶμα τῆς ἐκκλησίας ἐκνοσηλεύοντες, πρὸς τὴν ἀρχαίαν τῆς εὐσεβείας ὑγίειαν ἐπαναγάγωμεν. καὶ γὰρ εἰ τὰ μάλιστα δοκοῦμεν τῆς τῶν διωγμῶν ἀπηλλάχθαι σφοδρότητος καὶ τὰς ἐκκλησίας χρονίως παρὰ τῶν αἱρετικῶν κατασχεθείσας ἀρτίως ἀνακομίζεσθαι, πλὴν ἀλλὰ βαρεῖς ἡμῖν οἱ λύκοι καὶ μετὰ τὸ τῆς μάνδρας ἐξωσθῆναι δήμων κινοῦντες ἐπαναστάσεις, ὀκνοῦντες οὐδὲν εἰς τὴν τῶν ἐκκλησιῶν βλάβην. ἦν μὲν οὖν, ὅπερ εἰρήκαμεν, ἀναγκαῖον πλείονα ἡμᾶς προσασχοληθῆναι χρόνον.

Ἐπειδὴ μέντοι τὴν ἀδελφικὴν περὶ ἡμᾶς ἀγάπην ἐπιδεικνύμενοι, σύνοδον ἐπὶ τῆς Ῥώμης θεοῦ βουλήσει συγκροτοῦντες καὶ ἡμᾶς ὡς οἰκεῖα μέλη προσεκαλέσασθε διὰ τῶν τοῦ θεοφιλεστάτου βασιλέως γραμμάτων, ἵν' ἐπειδὴ τότε τὰς θλίψεις μόνοι κατεδικάσθημεν, νῦν ἐν τῇ τῶν αὐτοκρατόρων περὶ τὴν εὐσέβειαν συμφωνίᾳ μὴ χωρὶς ἡμῶν βασιλεύσητε, ἀλλὰ καὶ ἡμεῖς ὑμῖν κατὰ τὴν ἀποστολικὴν φωνὴν συμβασιλεύσωμεν, εὐχὴ μὲν ἦν ἡμῖν, εἰ δυνατόν, ἅπασιν ἀθρόως καταλιποῦσι τὰς ἐκκλησίας, τῷ πόθῳ ἢ τῇ χρείᾳ χαρίσασθαι. τίς γὰρ ἡμῖν δώσει πτέρυγας ὡσεὶ περιστερᾶς, καὶ πετασθησόμεθα καὶ πρὸς ὑμᾶς καταπαύσομεν; ἐπειδὴ δὲ τοῦτο παντελῶς ἐγύμνου τὰς ἐκκλησίας ἄρτι τῆς ἀνανεώσεως ἀρχομένας καὶ τὸ πρᾶγμα παντάπασιν ἦν τοῖς πολλοῖς ἀδύνατον (συνδεδραμήκειμεν γὰρ εἰς τὴν Κωνσταντινούπολιν ἐκ τῶν πέρυσι γραμμάτων τῶν παρὰ τῆς ὑμετέρας τιμιότητος μετὰ τὴν ἐν Ἀκυληΐᾳ σύνοδον πρὸς τὸν θεοφιλέστατον βασιλέα Θεοδόσιον ἐπισταλθέντων,

285

πρὸς μόνην ταύτην τὴν ἀποδημίαν τὴν μέχρι Κωνσταντινουπόλεως παρασκευασάμενοι, καὶ περὶ ταύτης μόνης τῆς συνόδου τῶν ἐν ταῖς ἐπαρχίαις μεινάντων ἐπισκόπων συγκατάθεσιν ἐπαγόμενοι, μείζονος δὲ ἀποδημίας μήτε προσδοκήσαντες χρείαν μήτε προακούσαντες ὅλως πρὶν ἐν Κωνσταντινουπόλει συνελθεῖν, πρὸς δὲ τούτοις καὶ τῆς προθεσμίας διὰ στενότητα μήτε πρὸς παρασκευὴν μακροτέρας ἀποδημίας ἐνδιδούσης καιρὸν μήτε πάντας τοὺς ἐν ταῖς ἐπαρχίαις κοινωνικοὺς ἐπισκόπους ὑπομνησθῆναι καὶ τὰς παρ' αὐτῶν συγκαταθέσεις λαβεῖν), ἐπειδὴ ταῦτα καὶ πολλὰ πρὸς τούτοις ἕτερα τὴν τῶν πλειόνων ἄφιξιν διεκώλυσεν, ὃ δεύτερον ἦν, εἴς τε τὴν τῶν πραγμάτων ἐπανόρθωσιν καὶ τὴν τῆς ὑμετέρας περὶ ἡμᾶς ἀγάπης ἀπόδειξιν, τοῦτο πεποιήκαμεν, τοὺς αἰδεσιμωτάτους καὶ τιμιωτάτους ἀδελφοὺς καὶ συλλειτουργοὺς ἡμῶν ἐπισκόπους, Κυριακόν, Εὐσέβιον καὶ Πρισκιανὸν προθύμως καμεῖν ἄχρις ὑμῶν δυσωπήσαντες· δι' ὧν καὶ τὴν ἡμετέραν προαίρεσιν εἰρηνικὴν οὖσαν καὶ σκοπὸν ἑνώσεως ἔχουσαν ἐπιδείκνυμεν, καὶ τὸν ζῆλον ἡμῶν τὸν ὑπὲρ τῆς ὑγιοῦς πίστεως φανερὸν ποιοῦμεν.

Ἡμεῖς γὰρ εἴτε διωγμούς, εἴτε θλίψεις, εἴτε βασιλείους ἀπειλάς, εἴτε τὰς τῶν ἀρχόντων ὠμότητας, εἴτε τινὰ πειρασμὸν ἕτερον παρὰ τῶν αἱρετικῶν ὑπεμείναμεν, ὑπὲρ τῆς εὐαγγελικῆς πίστεως τῆς ἐν Νικαίᾳ τῆς Βιθυνίας παρὰ τῶν τιη πατέρων κυρωθείσης ὑπέστημεν. ταύτην γὰρ καὶ ὑμῖν καὶ ἡμῖν καὶ πᾶσι τοῖς μὴ διαστρέφουσι τὸν λόγον τῆς ἀληθοῦς πίστεως συναρέσκειν † δεῖ [ἣν μόλις ποτὲ] πρεσβυτάτην τε οὖσαν καὶ ἀκόλουθον τῷ βαπτίσματι, καὶ διδάσκουσαν ἡμᾶς πιστεύειν εἰς τὸ ὄνομα τοῦ πατρὸς καὶ τοῦ υἱοῦ καὶ τοῦ ἁγίου πνεύματος, δηλαδὴ θεότητος καὶ δυνάμεως καὶ οὐσίας μιᾶς τοῦ πατρὸς καὶ τοῦ υἱοῦ καὶ τοῦ ἁγίου πνεύματος πιστευομένης, ὁμοτίμου τε τῆς ἀξίας καὶ συναϊδίου τῆς βασιλείας, ἐν τρισὶ τελειοτάταις ὑποστάσεσιν, ἤγουν τρισὶ τελείοις προσώποις, ὡς μήτε τὴν Σαβελλίου νόσον χώραν λαβεῖν συγχεομένων τῶν ὑποστάσεων εἴτ' οὖν τῶν ἰδιοτήτων ἀναιρουμένων, μήτε μὴν τὴν Εὐνομιανῶν καὶ Ἀρειανῶν καὶ Πνευματομάχων βλασφημίαν ἰσχύειν, τῆς οὐσίας ἢ τῆς φύσεως ἢ τῆς θεότητος τεμνομένης καὶ τῇ ἀκτίστῳ καὶ ὁμοουσίῳ καὶ συναϊδίῳ τριάδι μεταγενεστέρας τινὸς ἢ κτιστῆς ἢ ἑτεροουσίου φύσεως ἐπαγομένης. καὶ τὸν τῆς ἐνανθρωπήσεως δὲ τοῦ κυρίου λόγον ἀδιάστροφον σώζομεν, οὔτε ἄψυχον οὔτε ἄνουν ἢ ἀτελῆ τὴν τῆς σαρκὸς οἰκονομίαν παραδεχόμενοι, ὅλον δὲ εἰδότες τέλειον μὲν πρὸ αἰώνων ὄντα θεὸν λόγον, τέλειον δὲ ἄνθρωπον ἐπ' ἐσχάτων τῶν ἡμερῶν διὰ τὴν ἡμετέραν σωτηρίαν γενόμενον.

Τὰ μὲν οὖν κατὰ τὴν πίστιν τὴν παρ' ἡμῶν ἀνυποστόλως κηρυττομένην ὡς ἐν κεφαλαίῳ τοιαῦτα· περὶ ὧν καὶ ἐπὶ πλεῖον ψυχαγωγηθῆναι δυνήσεσθε, τῷ τε ἐν

Πτυχές από την ιστορία της αδιαίρετης Εκκλησίας

Ἀντιοχείᾳ τόμῳ παρὰ τῆς ἐκεῖ συνελθούσης συνόδου γεγενημένῳ καταξιώσαντες ἐντυχεῖν καὶ τῷ πέρυσιν ἐν Κωνσταντινουπόλει παρὰ τῆς οἰκουμενικῆς ἐκτεθέντι συνόδου, ἐν οἷς πλατύτερον τὴν πίστιν ὡμολογήσαμεν καὶ τῶν ἔναγχος καινοτομηθεισῶν αἱρέσεων ἀναθεματισμὸν ἔγγραφον πεποιήκαμεν.

Περὶ δὲ τῶν οἰκονομιῶν τῶν κατὰ μέρος ἐν ταῖς ἐκκλησίαις παλαιός τε, ὡς ἴστε, θεσμὸς κεκράτηκε καὶ τῶν ἐν Νικαίᾳ ἁγίων πατέρων ὅρος, καθ' ἑκάστην ἐπαρχίαν τοὺς τῆς ἐπαρχίας καί, εἴπερ ἐκεῖνοι βούλοιντο, σὺν αὐτοῖς τοὺς ὁμόρους πρὸς τὸ συμφέρον ποιεῖσθαι τὰς χειροτονίας· οἷς ἀκολούθως τάς τε λοιπὰς ἐκκλησίας παρ' ἡμῖν οἰκονομεῖσθαι γινώσκετε καὶ τῶν ἐπισημοτάτων ἐκκλησιῶν ἀναδεδεῖχθαι τοὺς ἱερεῖς. ὅθεν τῆς μὲν ἐν Κωνσταντινουπόλει νεοπαγοῦς, ὡς ἂν εἴποι τις, ἐκκλησίας, ἣν ὥσπερ ἐκ στόματος λέοντος τῆς τῶν αἱρετικῶν βλασφημίας ὑπόγυον ἐξηρπάσαμεν διὰ τῶν οἰκτιρμῶν τοῦ θεοῦ, τὸν αἰδεσιμώτατον καὶ θεοφιλέστατον Νεκτάριον ἐπίσκοπον κεχειροτονήκαμεν ἐπὶ τῆς οἰκουμενικῆς συνόδου Θεοδοσίου παντός τε τοῦ κλήρου καὶ πάσης ἐπιψηφιζομένης τῆς πόλεως. τῆς δὲ πρεσβυτάτης καὶ ὄντως ἀποστολικῆς ἐκκλησίας τῆς ἐν Ἀντιοχείᾳ τῆς Συρίας, ἐν ᾗ πρώτῃ τὸ τίμιον τῶν Χριστιανῶν ἐχρημάτισεν ὄνομα, τὸν αἰδεσιμώτατον καὶ θεοφιλέστατον ἐπίσκοπον Φλαβιανὸν οἵ τε τῆς ἐπαρχίας καὶ τῆς ἀνατολικῆς διοικήσεως συνδραμόντες κανονικῶς ἐχειροτόνησαν, πάσης συμψήφου τῆς ἐκκλησίας ὥσπερ διὰ μιᾶς φωνῆς τὸν ἄνδρα τιμησάσης· ἥνπερ ἔνθεσμον χειροτονίαν ἐδέξατο καὶ τὸ τῆς συνόδου κοινόν. τῆς δέ γε μητρὸς ἁπασῶν τῶν ἐκκλησιῶν τῆς ἐν Ἱεροσολύμοις τὸν αἰδεσιμώτατον καὶ θεοφιλέστατον Κύριλλον ἐπίσκοπον εἶναι γνωρίζομεν, κανονικῶς τε παρὰ τῶν τῆς ἐπαρχίας χειροτονηθέντα πάλαι καὶ πλεῖστα πρὸς τοὺς Ἀρειανοὺς ἐν διαφόροις χρόνοις ἀθλήσαντα.

Οἷς ὡς ἐνθέσμως καὶ κανονικῶς παρ' ἡμῖν κεκρατηκόσι καὶ τὴν ὑμετέραν συγχαίρειν παρακαλοῦμεν εὐλάβειαν, τῆς πνευματικῆς μεσιτευούσης ἀγάπης καὶ τοῦ κυριακοῦ φόβου πᾶσαν μὲν καταστέλλοντος ἀνθρωπίνην προυπάθειαν, τὴν δὲ τῶν ἐκκλησιῶν οἰκοδομὴν προτιμοτέραν ποιοῦντος τῆς πρὸς τὸν καθ' ἕνα συνηθείας ἢ χάριτος. οὕτω γὰρ τοῦ τε τῆς πίστεως συμφωνηθέντος λόγου καὶ τῆς Χριστιανικῆς κυρωθείσης ἐν ἡμῖν ἀγάπης, παυσόμεθα λέγοντες τὸ παρὰ τῶν ἀποστόλων κατεγνωσμένον· «ἐγὼ μέν εἰμι Παύλου, ἐγὼ δὲ Ἀπολλώ, ἐγὼ δὲ Κηφᾶ», πάντες δὲ Χριστοῦ φανέντες, ὃς ἐν ἡμῖν οὐ μεμέρισται, θεοῦ καταξιοῦντος, ἄσχιστον τὸ σῶμα τῆς ἐκκλησίας τηρήσομεν καὶ τῷ βήματι τοῦ κυρίου μετὰ παρρησίας παραστησόμεθα.»

Ταῦτα κατὰ τε τῆς Ἀρείου καὶ Ἀετίου καὶ Εὐνομίου μανίας, καὶ μέντοι καὶ κατὰ Σαβελλίου καὶ Φωτεινοῦ καὶ Μαρκέλλου, Παύλου τε τοῦ Σαμοσατέως καὶ Μακεδονίου γεγράφασιν. ὡσαύτως δὲ καὶ τὴν Ἀπολιναρίου καινοτομίαν προφανῶς ἀπεκήρυξαν εἰρηκότες· «καὶ τὸν τῆς ἐνανθρωπήσεως δὲ τοῦ κυρίου λόγον ἀδιάστροφον σώζομεν, οὔτε ἄψυχον οὔτε ἄνουν ἢ ἀτελῆ τὴν τῆς σαρκὸς οἰκονομίαν παραδεχόμενοι».

Καὶ Δάμασος δὲ ὁ πανεύφημος, ταύτην μαθὼν ἀναφυεῖσαν τὴν αἵρεσιν, οὐκ Ἀπολινάριον μόνον ἀλλὰ καὶ Τιμόθεον τὸν ἐκείνου γε φοιτητὴν καθελὼν ἀπεκήρυξε· καὶ τοῦτο τοῖς τὴν Ἑῴαν ἰθύνουσιν ἐπισκόποις διὰ γραμμάτων δεδήλωκεν, ἅπερ ἐνθεῖναι τῇ συγγραφῇ νενόμικα χρήσιμον.

«Ἐπιστολὴ Δαμάσου ἐπισκόπου Ῥώμης.

Ὅτι τῇ ἀποστολικῇ καθέδρᾳ τὴν ὀφειλομένην αἰδῶ ἡ ἀγάπη ὑμῶν ἀπονέμει, ἑαυτοῖς τὸ πλεῖστον παρέχεσθε, υἱοὶ τιμιώτατοι. καὶ γὰρ εἰ τὰ μάλιστα ἐν τῇ ἁγίᾳ ἐκκλησίᾳ, ἐν ᾗ ὁ ἅγιος ἀπόστολος καθεζόμενος ἐδίδαξε πῶς προσήκει ἡμᾶς τοὺς οἴακας ἰθύνειν οὓς ἀνεδεξάμεθα, ὅμως ὁμολογοῦμεν ἑαυτοὺς ἐλάττονας εἶναι τῆς τιμῆς. ἀλλὰ διὰ τοῦτο οἵῳ δή ποτε τρόπῳ σπουδάζομεν εἴ πως δυνηθεῖ ἡμεν πρὸς τὴν δόξαν τῆς μακαριότητος αὐτοῦ παραγενέσθαι.

Γινώσκετε τοίνυν ὅτι τὸν πάλαι Τιμόθεον τὸν βέβηλον, τὸν μαθητὴν τοῦ Ἀπολιναρίου τοῦ αἱρετικοῦ, μετὰ τοῦ ἀσεβοῦς αὐτοῦ δόγματος καθείλομεν, καὶ οὐδαμῶς πιστεύομεν αὐτοῦ τὰ λείψανα λόγῳ τινὶ τοῦ λοιποῦ ἰσχύειν. εἰ δ' ἔτι ἐκεῖνος ὁ ὄφις ὁ παλαιός, ἅπαξ καὶ δεύτερον καταδηχθείς, πρὸς ἰδίαν τιμωρίαν ἀναζῇ, ὅστις ἐκτὸς τῆς ἐκκλησίας ὑπάρχει, ὃς σφῆλαι τοῖς ἑαυτοῦ θανατηφόροις φαρμάκοις τινὰς ἀπίστους διαπειράζων οὐ παύεται, ταύτην ὥσπερ φθοράν τινα ἐκκλίνατε. ὅμως ὑμεῖς μεμνημένοι τῆς ἀποστολικῆς πίστεως, ταύτης μάλιστα ἥτις ἐν Νικαίᾳ παρὰ τῶν πατέρων ἐγγράφως ἐξετέθη, βεβαίῳ βαθμῷ ἰσχυρῶς τῇ πίστει ἀμετακίνητοι διαμείνατε· καὶ μὴ ματαιολογίας καὶ ἠφανισμένας ζητήσεις κατὰ ταύτης ὑπομείνητε ἀκούειν τοὺς κληρικοὺς ἢ τοὺς λαϊκοὺς ὑμῶν. ἤδη γὰρ ἅπαξ τύπον ἐδώκαμεν, ἵνα ὁ γινώσκων ἑαυτὸν Χριστιανὸν ἐκεῖνο φυλάττοι ὅπερ παρὰ τῶν ἀποστόλων παρεδόθη, λέγοντος τοῦ ἁγίου Παύλου· «εἴ τις ὑμᾶς εὐαγγελίζεται παρ' ὃ παρελάβετε, ἀνάθεμα ἔστω». ὁ γὰρ Χριστὸς ὁ υἱὸς τοῦ θεοῦ ὁ κύριος ἡμῶν τῷ γένει τῶν ἀνθρώπων διὰ τοῦ ἰδίου πάθους πληρεστάτην ἀπέδωκε τὴν σωτηρίαν, ἵνα ὅλον τὸν ἄνθρωπον ταῖς ἁμαρτίαις ἐνεχόμενον πάσης ἁμαρτίας ἐλευθερώσῃ. τοῦτον εἴ τις ἤτοι ἀνθρωπότητος ἢ θεότητος ἔλαττον ἐσχηκέναι εἴποι, πνεύματος διαβόλου πεπληρωμένος τῆς γεέννης υἱὸν ἑαυτὸν ἀποδείκνυσι.

Τί τοίνυν πάλιν παρ' ἐμοῦ ζητεῖτε τὴν καθαίρεσιν Τιμοθέου; ὃς καὶ ἐνταῦθα κρίσει τῆς ἀποστολικῆς καθέδρας, παρόντος καὶ Πέτρου τοῦ ἐπισκόπου τῆς Ἀλεξανδρέων πόλεως, καθῃρέθη ἅμα τῷ διδασκάλῳ αὐτοῦ Ἀπολιναρίῳ, ὃς καὶ ἐν ἡμέρᾳ τῆς κρίσεως τὰς ὀφειλομένας τιμωρίας καὶ βασάνους ὑπομενεῖ. εἰ δέ τινας κουφοτέρους πείθει ἐκεῖνος, ὥς τινα ἐλπίδα ἔχων ὅστις τὴν ἀληθῆ ἐλπίδα τὴν εἰς Χριστὸν τῇ ὁμολογίᾳ μετέβαλε, μετὰ τούτου ὁμοίως ἀπολεῖται ὅστις δή ποτε βούλεται τῷ κανόνι τῆς ἐκκλησίας ἀντιπαλαῖσαι. ὁ θεὸς ὑμᾶς ὑγιαίνοντας διαφυλάττοι, υἱοὶ τιμιώτατοι.»

Καὶ ἄλλα δέ τινα συναθροισθέντες ἐν τῇ μεγάλῃ Ῥώμῃ γεγράφασι κατὰ διαφόρων αἱρέσεων, ἅπερ ἀναγκαῖον ᾠήθην ἐνθεῖναι τῇ συγγραφῇ.

Ὁμολογία τῆς καθολικῆς πίστεως, ἣν ὁ πάπας Δάμασος ἀπέστειλε πρὸς τὸν ἐπίσκοπον Παυλῖνον ἐν τῇ Μακεδονίᾳ, ὃς ἐγένετο ἐν Θεσσαλονίκῃ.

Ἐπειδὴ μετὰ τὴν ἐν Νικαίᾳ σύνοδον αὕτη ἡ πλάνη ἀνέκυψεν ὥστε τολμᾶν τινας βεβήλῳ στόματι εἰπεῖν τὸ πνεῦμα τὸ ἅγιον γεγενῆσθαι διὰ τοῦ υἱοῦ, ἀναθεματίζομεν τοὺς μὴ μετὰ πάσης ἐλευθερίας κηρύττοντας σὺν τῷ πατρὶ καὶ τῷ υἱῷ τῆς μιᾶς καὶ τῆς αὐτῆς οὐσίας τε καὶ ἐξουσίας ὑπάρχειν τὸ ἅγιον πνεῦμα.

Ὁμοίως δὲ ἀναθεματίζομεν καὶ τοὺς τῇ τοῦ Σαβελλίου ἀκολουθοῦντας πλάνῃ, τὸν αὐτὸν λέγοντας καὶ πατέρα εἶναι καὶ υἱόν.

Ἀναθεματίζομεν Ἄρειον καὶ Εὐνόμιον, οἳ τῇ ἴσῃ δυσσεβείᾳ, εἰ καὶ τοῖς ῥήμασι διαφέροντες, τὸν υἱὸν καὶ τὸ ἅγιον πνεῦμα κτίσμα εἶναι διισχυρίζονται.

Ἀναθεματίζομεν τοὺς Μακεδονιανούς, οἵτινες ἐκ τῆς τοῦ Ἀρείου ῥίζης καταγόμενοι οὐχὶ τὴν ἀσέβειαν ἀλλὰ τὴν προσηγορίαν ἐνήλλαξαν.

Ἀναθεματίζομεν Φωτεινόν, ὃς τὴν τοῦ Ἐβίωνος αἵρεσιν ἀνακαινίζων τὸν κύριον ἡμῶν Ἰησοῦν Χριστὸν μόνον ἐκ τῆς Μαρίας ὡμολόγει.

Ἀναθεματίζομεν καὶ τοὺς δύο υἱοὺς εἶναι διισχυριζομένους, ἕνα πρὸ τῶν αἰώνων καὶ ἄλλον μετὰ τὴν τῆς σαρκὸς ἐκ τῆς Μαρίας ἀνάληψιν.

Ἀναθεματίζομεν κἀκείνους οἵτινες ἀντὶ λογικῆς ψυχῆς διισχυρίζονται ὅτι ὁ τοῦ θεοῦ λόγος ἐστράφη ἐν τῇ ἀνθρωπίνῃ σαρκί. αὐτὸς γὰρ ὁ υἱὸς ὁ τοῦ θεοῦ λόγος οὐχὶ ἀντὶ τῆς λογικῆς καὶ νοερᾶς ψυχῆς ἐν τῷ ἑαυτοῦ σώματι γέγονεν, ἀλλὰ τὴν ἡμετέραν, τουτέστι λογικὴν καὶ νοεράν, ἄνευ τῆς ἁμαρτίας ψυχὴν ἀνέλαβέ τε καὶ ἔσωσεν.

Ἀναθεματίζομεν καὶ τοὺς λέγοντας τὸν λόγον τοῦ θεοῦ τῇ ἐκτάσει καὶ τῇ συστολῇ ἀπὸ τοῦ πατρὸς κεχωρίσθαι, καὶ ἀνυπόστατον αὐτὸν ἢ μέλλειν τελευτᾶν βλασφημοῦντας.

Τοὺς δὲ ἀπὸ ἐκκλησιῶν εἰς ἑτέρας ἐκκλησίας μετελθόντας ἄχρι τοσούτου ἀπὸ τῆς ἡμετέρας κοινωνίας ἀλλοτρίους ἔχομεν, ἄχρις οὗ πρὸς αὐτὰς ἐπανέλθωσι τὰς πόλεις ἐν αἷς πρῶτον ἐχειροτονήθησαν. ἐὰν δέ τις, ἄλλου ἀπὸ τόπου εἰς τόπον μετελθόντος, ἐν τόπῳ τοῦ ζῶντος ἐχειροτονήθη, ἄχρι τοσούτου σχολάσῃ ἀπὸ τοῦ ἱερατικοῦ ἀξιώματος ὁ τὴν ἰδίαν πόλιν καταλείψας ἄχρις οὗ ὁ διαδεξάμενος αὐτὸν ἀναπαύσηται ἐν κυρίῳ.

Εἴ τις μὴ εἴπῃ ἀεὶ τὸν πατέρα καὶ ἀεὶ τὸν υἱὸν καὶ ἀεὶ τὸ πνεῦμα τὸ ἅγιον εἶναι, ἀνάθεμα ἔστω.

Εἴ τις μὴ εἴπῃ τὸν υἱὸν γεννηθέντα ἐκ τοῦ πατρός, τουτέστιν ἐκ τῆς οὐσίας τῆς θείας αὐτοῦ, ἀνάθεμα ἔστω.

Εἴ τις μὴ εἴπῃ ἀληθινὸν θεὸν τὸν υἱὸν τοῦ θεοῦ, ὡς ἀληθινὸν θεὸν τὸν πατέρα αὐτοῦ, καὶ πάντα δύνασθαι καὶ πάντα εἰδέναι, καὶ τῷ πατρὶ ἴσον, ἀνάθεμα ἔστω.

Εἴ τις εἴπῃ ὅτι ἐν σαρκὶ διάγων ὁ υἱὸς τοῦ θεοῦ, ὅτε ἦν ἐν τῇ γῇ, ἐν τοῖς οὐρανοῖς καὶ σὺν τῷ πατρὶ οὐκ ἦν, ἀνάθεμα ἔστω.

Εἴ τις εἴπῃ ὅτι ἐν τῷ πάθει τοῦ σταυροῦ τὴν ὀδύνην ὑπέμεινεν ὁ υἱὸς τοῦ θεοῦ θεός, καὶ οὐχὶ ἡ σὰρξ σὺν τῇ ψυχῇ ἥνπερ ἐνεδύσατο μορφὴν δούλου ἥνπερ ἑαυτῷ ἀνέλαβεν, ὡς εἴρηκεν ἡ ἁγία γραφή, ἀνάθεμα ἔστω.

Εἴ τις μὴ εἴπῃ ὅτι ἐν τῇ σαρκὶ ἥνπερ ἀνέλαβε καθέζεται ἐν τῇ δεξιᾷ τοῦ πατρός, ἐν ᾗ καὶ ἐλεύσεται κρῖναι ζῶντας καὶ νεκρούς, ἀνάθεμα ἔστω.

Εἴ τις μὴ εἴπῃ τὸ πνεῦμα τὸ ἅγιον ἐκ τοῦ πατρὸς εἶναι ἀληθῶς καὶ κυρίως, ὡς καὶ τὸν υἱὸν ἐκ τῆς θείας οὐσίας καὶ θεὸν θεοῦ λόγον, ἀνάθεμα ἔστω.

Εἴ τις μὴ εἴπῃ πάντα δύνασθαι τὸ πνεῦμα τὸ ἅγιον καὶ πάντα εἰδέναι καὶ πανταχοῦ παρεῖναι, ὡς καὶ τὸν υἱὸν καὶ τὸν πατέρα, ἀνάθεμα ἔστω.

Εἴ τις εἴπῃ τὸ πνεῦμα τὸ ἅγιον ποίημα ἢ διὰ τοῦ υἱοῦ γεγενῆσθαι, ἀνάθεμα ἔστω.

Εἴ τις μὴ εἴπῃ πάντα διὰ τοῦ υἱοῦ καὶ τοῦ ἁγίου πνεύματος τὸν πατέρα πεποιηκέναι, τουτέστι τὰ ὁρατὰ καὶ τὰ ἀόρατα, ἀνάθεμα ἔστω.

Εἴ τις μὴ εἴπῃ τοῦ πατρὸς καὶ τοῦ υἱοῦ καὶ τοῦ ἁγίου πνεύματος μίαν θεότητα, ἐξουσίαν, θειότητα, δυναστείαν, μίαν δόξαν, κυριότητα, μίαν βασιλείαν, μίαν θέλησιν καὶ ἀλήθειαν, ἀνάθεμα ἔστω.

Εἴ τις τρία πρόσωπα μὴ εἴπῃ ἀληθινά, τοῦ πατρὸς καὶ τοῦ υἱοῦ καὶ τοῦ ἁγίου πνεύματος, ἴσα, ἀεὶ ζῶντα, τὰ πάντα κατέχοντα τὰ ὁρατὰ καὶ τὰ ἀόρατα, πάντα δυνάμενα, πάντα κρίνοντα, πάντα ζωοποιοῦντα, πάντα δημιουργοῦντα, πάντα σώζοντα, ἀνάθεμα ἔστω.

Εἴ τις μὴ εἴπῃ προσκυνητὸν τὸ πνεῦμα τὸ ἅγιον παρὰ πάσης τῆς κτίσεως, ὡς καὶ τὸν υἱὸν καὶ τὸν πατέρα, ἀνάθεμα ἔστω.

Εἴ τις περὶ τοῦ πατρὸς καὶ τοῦ υἱοῦ καλῶς φρονήσει, περὶ δὲ τοῦ ἁγίου πνεύματος οὐκ ὀρθῶς ἔχει, αἱρετικός ἐστιν ὅτι πάντες οἱ αἱρετικοί, περὶ τοῦ υἱοῦ τοῦ θεοῦ καὶ περὶ τοῦ ἁγίου πνεύματος κακῶς φρονοῦντες, ἐν τῇ τῶν Ἰουδαίων καὶ τῶν ἐθνικῶν ἀπιστίᾳ τυγχάνειν ἐλέγχονται.

Εἴ τις δὲ μερίσῃ θεὸν τὸν πατέρα λέγων καὶ θεὸν τὸν υἱὸν καὶ θεὸν τὸ πνεῦμα τὸ ἅγιον, καὶ διισχυρίσαιτο θεοὺς λέγεσθαι καὶ οὐχὶ θεὸν διὰ τὴν μίαν θεότητα καὶ δυναστείαν, ἥνπερ εἶναι πιστεύομεν καὶ οἴδαμεν, τοῦ πατρὸς καὶ τοῦ υἱοῦ καὶ τοῦ ἁγίου πνεύματος, θεὸν ἕνα, ὑπεξελόμενος δὲ τὸν υἱὸν καὶ τὸ πνεῦμα τὸ ἅγιον, ὡς μόνον ὑπονοήσει τὸν πατέρα θεὸν λέγεσθαι ἢ πιστεύεσθαι ἕνα θεόν, ἀνάθεμα ἔστω.

Τὸ γὰρ ὄνομα τῶν θεῶν καὶ τοῖς ἀγγέλοις καὶ τοῖς πᾶσιν ἁγίοις παρὰ τοῦ θεοῦ ἐτέθη καὶ ἐχαρίσθη· περὶ δὲ τοῦ πατρὸς καὶ τοῦ υἱοῦ καὶ τοῦ ἁγίου πνεύματος, διὰ τὴν μίαν καὶ ἴσην θεότητα, οὐχὶ τῶν θεῶν ὀνόματα ἀλλὰ τοῦ θεοῦ ἡμῶν ἐνδείκνυται καὶ σημαίνεται, ἵνα πιστεύωμεν ὅτι εἰς πατέρα καὶ υἱὸν καὶ ἅγιον πνεῦμα μόνον βαπτιζόμεθα, καὶ οὐχὶ εἰς τὰ τῶν ἀρχαγγέλων καὶ ἀγγέλων ὀνόματα, ὡς αἱρετικοὶ ἢ ὡς Ἰουδαῖοι ἢ ἐθνικοὶ παραφρονοῦντες. αὕτη τοίνυν ἡ τῶν Χριστιανῶν σωτηρία ἐστὶν ὥστε πιστεύοντες τῇ τριάδι, τουτέστι τῷ πατρὶ καὶ τῷ υἱῷ καὶ τῷ ἁγίῳ πνεύματι, καὶ βαπτιζόμενοι εἰς αὐτήν, μίαν θεότητα καὶ δυναστείαν καὶ θειότητα καὶ οὐσίαν, εἰς αὐτὸν πιστεύομεν.»

Ταῦτα μὲν οὖν Γρατιανοῦ περιόντος ἐγένετο. ἐπειδὴ δὲ ἐκεῖνος ἔν τε πολέμοις ἀριστεύων καὶ τὰς πόλεις σωφρόνως τε καὶ δικαίως ἰθύνων ἐξ ἐπιβουλῆς ἐτελεύτησε, παῖδας μὲν οὐ καταλιπὼν κληρονόμους τῆς βασιλείας, ἀδελφὸν δὲ κομιδῇ νέον ὁμώνυμον τοῦ πατρός, Μάξιμός τις τῆς Βαλεντινιανοῦ καταφρονήσας νεότητος ἥρπασε τὴν τῆς Ἑσπέρας ἡγεμονίαν.

Ευαγγελία Αμοιρίδου

Κανόνες Β' Οικουμενικής Συνόδου

Κανών Ζ'

Τοὺς προστιθεμένους τῇ ὀρθοδοξίᾳ, καὶ τῇ μερίδι τῶν σῳζομένων, ἀπὸ αἱρετικῶν, δεχόμεθα κατὰ τὴν ὑποτεταγμένην ἀκολουθίαν, καὶ συνήθειαν. Ἀρειανοὺς μὲν, καὶ Μακεδονιανοὺς, καὶ Σαββατιανοὺς, καὶ Ναυατιανοὺς, τοὺς λέγοντας ἑαυτοὺς Καθαροὺς καὶ Ἀριστεροὺς, καὶ τοὺς Τεσσαρεσκαιδεκατίτας, εἴτουν Τετραδίτας, καὶ Ἀπολλιναριστάς, δεχόμεθα διδόντας λιβέλλους, καὶ ἀναθεματίζοντας πᾶσαν αἵρεσιν, μὴ φρονοῦσαν, ὡς φρονεῖ ἡ ἁγία τοῦ Θεοῦ καθολικὴ καὶ ἀποστολικὴ ἐκκλησία, καὶ σφραγιζομένους, ἤτοι χριομένους, πρῶτον τῷ ἁγίῳ μύρῳ τό τε μέτωπον, καὶ τοὺς ὀφθαλμοὺς καὶ τὰς ῥίνας, καὶ τὸ στόμα, καὶ τὰ ὦτα· καὶ σφραγίζοντες αὐτούς, λέγομεν· Σφραγὶς δωρεᾶς Πνεύματος ἁγίου. Εὐνομιανοὺς μέντοι τοὺς εἰς μίαν κατάδυσιν βαπτιζομένους, καὶ Μοντανιστάς, τοὺς ἐνταῦθα λεγομένους Φρύγας, καὶ Σαβελλιανούς, τοὺς υἱοπατορίαν διδάσκοντας, καὶ ἕτερά τινα καὶ χαλεπὰ ποιοῦντας, καὶ τὰς ἄλλας πάσας αἱρέσεις· (ἐπειδὴ πολλοί εἰσιν ἐνταῦθα, μάλιστα οἱ ἀπὸ τῶν Γαλατῶν χώρας ὁρμώμενοι), πάντας τοὺς ὑπ' αὐτῶν θέλοντας προστίθεσθαι τῇ ὀρθοδοξίᾳ, ὡς Ἕλληνας δεχόμεθα· καὶ τὴν πρώτην ἡμέραν ποιοῦμεν αὐτοὺς Χριστιανούς, τὴν δὲ δευτέραν κατηχουμένους· εἶτα τῇ τρίτῃ ἐξορκίζομεν αὐτούς, μετὰ τοῦ ἐμφυσᾷν τρίτον εἰς τὸ πρόσωπον, καὶ εἰς τὰ ὦτα, καὶ οὕτω κατηχοῦμεν αὐτούς, καὶ ποιοῦμεν χρονίζειν εἰς τὴν ἐκκλησίαν, καὶ ἀκροᾶσθαι τῶν γραφῶν, καὶ τότε αὐτοὺς βαπτίζομεν.

Κανόνες της εν Λαοδικεία Συνόδου

Κανών Ζ'
Περὶ τοῦ τοὺς ἐκ τῶν αἱρέσεων, τουτέστι Ναυατιανῶν, ἤτοι Φωτεινιανῶν, ἢ Τεσσαρεσκαιδεκατιτῶν, ἐπιστρεφόμενους, εἴτε κατηχουμένους, εἴτε πιστοὺς τοὺς παρ᾽ ἐκείνοις, μὴ προσδέχεσθαι, πρὶν ἀναθεματίσωσι πᾶσαν αἵρεσιν, ἐξαιρέτως δὲ ἐν ᾗ κατείχοντο· καὶ τότε λοιπὸν τοὺς λεγομένους παρ᾽ αὐτοῖς πιστούς, ἐκμαθάνοντας τὰ τῆς πίστεως σύμβολα, χρισθέντας τε τῷ ἁγίῳ χρίσματι, οὕτω κοινωνεῖν τῶν μυστηρίων τῶν ἁγίων.

Κατὰ Πνευματομάχων

1. Ἀπὸ τούτων τῶν Ἡμιαρείων καὶ ἀπὸ ὀρθοδόξων τινὲς ὡς εἰπεῖν, τεράστιοι γενηθέντες ἄνθρωποι διφυεῖς καὶ ἡμίπλαστοι, ὡς τοὺς Κενταύρους ἢ Πᾶνας ἢ Σειρῆνας διέγραψαν οἱ ἀναγράψαντες τοὺς μύθους, ἐπανέστησαν ἡμῖν, ὧν οἱ μὲν ἀπὸ Ἀρείου ὄντες καὶ δῆθεν τὸν υἱὸν οὐ τέλεον κτιστὸν ὁριζόμενοι, ἀλλ' υἱὸν ἀχρόνως γεγεννημένον, χρόνου δὲ ἐν ὑπονοίᾳ λέγουσι αὐτὸν ἀπ' † οὐρανοῦ καὶ δεῦρο *, οὐ μὴν ἀπηλλαγμένοι τῆς ἐν πρώτοις ἀπὸ Ἀρείου ἐξεμεθείσης λέξεως, τῆς φασκούσης εἶναί ποτε ὅτε οὐκ ἦν, πρὸ χρόνων δὲ πάντων αὐτὸν εἶναι, «δι' οὗ τὰ πάντα γέγονε», λέγοντες, κτιστὸν δὲ τὸ πνεῦμα λέγοντες βλασφημοῦσι τὸ πνεῦμα τὸ ἅγιον. ἄλλοι δὲ φύσει καὶ περὶ τοῦ υἱοῦ ὀρθοδόξως ἔχοντες, ὅτι ἦν ἀεὶ σὺν πατρί, καὶ οὐδέποτε διέλειπε τοῦ εἶναι, ἀλλ' ἐκ πατρὸς μὲν † αὐτὸν γεγεννημένον ἀνάρχως καὶ ἀχρόνως· εἰς τὸ πνεῦμα δὲ τὸ ἅγιον πάντες οὗτοι βλασφημοῦσι, μὴ συναριθμοῦντες αὐτὸ πατρὶ καὶ υἱῷ ἐν τῇ θεότητι. πολλάκις δὲ περὶ τούτου πολλὰ διελέχθημεν καὶ ἐν ἑκάστῃ αἱρέσει τήν τε ἀληθινὴν περὶ αὐτοῦ σύστασιν οὐ μικρῶς ὑφηγησάμεθα, ὡς σὺν πατρὶ καὶ υἱῷ κυριολεκτεῖται. «πνεῦμα γὰρ κυρίου πεπλήρωκε τὴν οἰκουμένην», «τὸ πνεῦμα τῆς ἀληθείας», τὸ πνεῦμα τοῦ θεοῦ· πνεῦμα γὰρ κυρίου λέγεται, [καὶ] «ἐκ πατρὸς ἐκπορευόμενον καὶ τοῦ υἱοῦ λαμβάνον», «χαριζόμενόν τε τὰ χαρίσματα διαφόρως ὡς βούλεται», «ἐρευνῶν καὶ τὰ βάθη τοῦ θεοῦ», σὺν πατρὶ καὶ υἱῷ ὄν, βαπτίζον, σφραγίζον, τελειοῦν τὸν ἐσφραγισμένον. ἵνα δὲ μὴ ἐνταῦθα κάματον ἀναδέξωμαι, τὰ ἤδη μοι εἰρημένα ἐν τῷ μεγάλῳ λόγῳ τῷ περὶ πίστεως γραφέντι εἰς τὰ μέρη τῆς Παμφύλων παραθήσομαι, πρὸς ἀντίθεσιν μὲν τῶν βλασφημούντων

τὸ ἅγιον πνεῦμα, εἰς διδασκαλίαν δὲ τῶν ἐντυγχανόντων καὶ εἰς εὐφρασίαν τῶν πνεύματος ἁγίου καταξιουμένων. καὶ ἔστι τόδε· Ἐκ τοῦ Ἀγκυρωτοῦ λόγος.

2. «Ἐπεφάνη ἡ χάρις τοῦ κυρίου ἡμῶν Ἰησοῦ Χριστοῦ διδάσκουσα ἡμᾶς, ἵνα ἀρνησάμενοι τὴν ἀσέβειαν καὶ τὰς κοσμικὰς ἐπιθυμίας σωφρόνως καὶ εὐσεβῶς καὶ δικαίως ζήσωμεν ἐν τῷ νῦν αἰῶνι, προσδεχόμενοι τὴν μακαρίαν ἐλπίδα καὶ ἐπιφάνειαν τῆς δόξης τοῦ μεγάλου θεοῦ καὶ σωτῆρος ἡμῶν Ἰησοῦ Χριστοῦ· ὃς ἔδωκεν ἑαυτὸν ὑπὲρ ἡμῶν, ἵνα λυτρώσηται ἡμᾶς ἀπὸ πάσης ἀνομίας, καὶ καθαρίσῃ ἑαυτῷ λαὸν περιούσιον, ζηλωτὴν καλῶν ἔργων»· «ἐξαλείψας τὸ καθ' ἡμῶν χειρόγραφον τοῖς δόγμασιν, ὃ ἦν ὑπεναντίον ἡμῶν, ἦρκεν ἐκ μέσου προσηλώσας αὐτὸ τῷ σταυρῷ, ἀπεκδυσάμενος τὰς ἀρχὰς καὶ τὰς ἐξουσίας, ἐδειγμάτισεν ἐν παρρησίᾳ, θριαμβεύσας αὐτοὺς ἐν αὐτῷ»· «θύρας χαλκᾶς συντρίψας, καὶ μοχλοὺς σιδηροῦς συνθλάσας», τὸ φῶς αὖθις ὑπέδειξε τῆς ζωῆς, χεῖρα ὀρέγων, ὁδοποιῶν, ὑποβάθρας οὐρανῶν ὑποδεικνύς, παράδεισον αὖθις οἰκεῖν ἀξιῶν. τοίνυν «κατῴκησεν ἐν ἡμῖν», καὶ «τὸ δικαίωμα τοῦ νόμου» δοὺς ἡμῖν τοῦ πνεύματος, εἰς τὸ γνῶναι αὐτὸν καὶ τὰ περὶ αὐτοῦ, ὅ ἐστιν ἀρχὴ καὶ τέλος ζωῆς, «νόμος δικαιοσύνης» γέγονεν ἡμῖν, «νόμος πίστεως», «νόμος πνεύματος», ἐλεύθερος ἐκ «νόμου σαρκὸς ἁμαρτίας». διὸ «συνήδομαι τῷ νόμῳ τοῦ θεοῦ κατὰ τὸν ἔσω ἄνθρωπον». ἔσω δὲ ἡμῶν ὁ Χριστός, εἴπερ οἰκεῖ ἐν ἡμῖν. αὐτὸς γὰρ θανὼν ὁδὸς ζωῆς ὑπὲρ ἡμῶν γέγονεν, «ἵνα οἱ ζῶντες μηκέτι ἑαυτοῖς ζῶσιν, ἀλλὰ τῷ ὑπὲρ ἡμῶν ἀποθανόντι καὶ ἀναστάντι» αἰτίῳ ζωῆς· «τοῦ πρὸ πολλῶν γενεῶν ὅρκου μνησθείς», κατὰ τὸν Δαυίδ «ὁ θεὸς ἦν ἐν Χριστῷ, κόσμον καταλλάσσων ἑαυτῷ, μὴ λογιζόμενος αὐτοῖς τὰ παραπτώματα αὐτῶν». «ὅτι ἐν αὐτῷ εὐδόκησε πᾶν τὸ πλήρωμα κατοικῆσαι καὶ δι' αὐτοῦ ἀποκαταλλάξαι τὰ πάντα εἰς αὐτόν, εἰρηνοποιήσας διὰ τοῦ αἵματος τοῦ σταυροῦ». παρεγένετο τοίνυν «εἰς οἰκονομίαν τοῦ πληρώματος τῶν καιρῶν», καθὼς ἐπήγγελται Ἀβραὰμ καὶ λοιποῖς ἁγίοις, «ἀνακεφαλαιώσασθαι τὰ πάντα ἐν αὐτῷ, τὰ ἐν τοῖς οὐρανοῖς καὶ τὰ ἐπὶ τῆς γῆς». διάστασις δὲ ἦν καὶ ἔχθρα «ἐν τῇ ἀνοχῇ τοῦ θεοῦ», «ἀποκατήλλαξε δὲ ἐν τῷ σώματι τῆς σαρκὸς αὐτοῦ, δι' αὐτοῦ ποιήσας τὰ ἀμφότερα ἕν». ἦλθε γὰρ «ἡ εἰρήνη ἡμῶν», καὶ «τὸ μεσότοιχον τοῦ φραγμοῦ λύσας, τὴν ἔχθραν ἐν τῇ σαρκὶ αὐτοῦ τὸν νόμον τῶν ἐντολῶν ἐν δόγμασι καταργήσας, ἵνα τοὺς δύο κτίσῃ ἐν ἑαυτῷ εἰς ἕνα καινὸν ἄνθρωπον», «εἶναι [δὲ] τὰ ἔθνη σύσσωμα καὶ συμμέτοχα καὶ συγκληρονόμα τῆς ἐπαγγελίας» ἐκέλευσεν, εἰπών «δεῦτε πρός με πάντες οἱ κοπιῶντες καὶ πεφορτισμένοι, κἀγὼ ἀναπαύσω ὑμᾶς». τοίνυν «ἐν ᾧ ἐγὼ ἠσθένουν διὰ τῆς σαρκός», ἀπεστάλη μοι σωτήρ «ἐν ὁμοιώματι σαρκὸς ἁμαρτίας» οἰκονομίαν τοιαύτην πληρῶν, ἵνα με δουλείας «ἐξαγοράσῃ», ἵνα με φθορᾶς, ἵνα με θανάτου. καὶ ἐγένετό μοι «δικαιοσύνη καὶ ἁγιασμὸς καὶ ἀπολύτρωσις»· δικαιοσύνη μέν, διὰ πίστε-

ως αὐτοῦ ἁμαρτίαν λύσας· ἁγιασμὸς δέ, δι' ὕδατος καὶ πνεύματος καὶ ἐν ῥήματι αὐτοῦ ἐλευθερώσας· ἀπολύτρωσις δέ, τὸ αἷμα αὐτοῦ, λύτρον ἀμνοῦ ἀληθοῦς ὑπὲρ ἐμοῦ ἑαυτὸν παραδούς, ἱλαστήριον καθάρσεως κόσμου, καταλλαγῆς ἁπάντων, οὐρανοῦ καὶ γῆς, «μυστήριον τὸ ἀπόκρυφον πρὸ τῶν αἰώνων καὶ γενεῶν» πληρῶν καιροῖς τοῖς ὡρισμένοις. ὁ αὐτὸς «μετασχηματίσει τὸ σῶμα τῆς ταπεινώσεως ἡμῶν εἰς τὸ γενέσθαι σύμμορφον τῆς δόξης αὐτοῦ κατὰ τὴν ἐνέργειαν τοῦ δύνασθαι καὶ ὑποτάξαι αὐτῷ τὰ πάντα», «ὅτι ἐν αὐτῷ κατοικεῖ πᾶν τὸ πλήρωμα τῆς θεότητος σωματικῶς».

3. Τὸ δοχεῖον τοίνυν τῆς σοφίας καὶ τῆς θεότητος ὁ Χριστὸς μεσιτεύων «καταλλάσσει τὰ πάντα τῷ θεῷ ἐν αὐτῷ», «μὴ λογιζόμενος ἁμαρτίας», ἀπόκρυφα μυστήρια πληρῶν πίστει διαθήκης αὐτοῦ τῆς προεπηγγελμένης ὑπὸ τοῦ νόμου καὶ τῶν προφητῶν, υἱὸς θεοῦ κηρυσσόμενος, υἱὸς Δαυὶδ λεγόμενος· ἄμφω γὰρ θεὸς καὶ ἄνθρωπος, «μεσίτης θεοῦ καὶ ἀνθρώπων», ἀληθινὸς «οἶκος θεοῦ», «ἱεράτευμα ἅγιον», ἁγίου πνεύματος δοτὴρ τοῦ ἀναγεννῶντος καὶ ἀνακαινίζοντος αὖθις τὰ πάντα τῷ θεῷ, «ὅτι ὁ λόγος σὰρξ ἐγένετο, καὶ ἐσκήνωσεν ἐν ἡμῖν, καὶ εἴδομεν τὴν δόξαν αὐτοῦ, ὡς δόξαν μονογενοῦς παρὰ πατρός». ὁ ὑετὸς δένδρεσι καὶ φυτοῖς συμφυσιούμενος σῶμα ἀπεργάζεται καὶ τῶν καρπῶν καθ' ὁμοιότητα ἕκαστον. καὶ ἐν μὲν τῇ ἐλαίᾳ ἔλαιον πῖον γίνεται, προσλαμβανόμενος ἐξ αὐτῆς τὸ οὐσιῶδες, ἐν δ' ἀμπέλῳ οἶνος ἡδὺς χροΐζεται, ἐν δὲ συκῇ σῦκον γλυκαίνεται καὶ ἐν ἑκάστῳ τῶν σπερμάτων πρὸς τὸ εἶδος αὐτοῦ αὔξει φυήν· οὕτως, οἶμαι, ὁ λόγος τοῦ θεοῦ ἐν Μαρίᾳ σὰρξ ἐγένετο καὶ ἐν σπέρματι Ἀβραὰμ ἄνθρωπος εὑρίσκετο, κατὰ τὴν ἐπαγγελίαν «εὑρήκαμεν γὰρ Μεσσίαν ὃν ἔγραψε Μωυσῆς». ὡς δὲ Μωυσῆς ἔφη «καταβήτω ὡς ὑετὸς τὸ ἀπόφθεγμά μου» καὶ ὁ Δαυὶδ «καταβήτω ὡς δρόσος ἐπὶ πόκον, καὶ ὡς σταγόνες στάζουσαι ἐπὶ τὴν γῆν», ἔριον τοίνυν δεχόμενον τὴν δρόσον αὔξει πόκου γονήν, γῆ δὲ δεχομένη τὸν ὑετὸν αὔξει καρπὸν ἐλπίδος γεωργῶν, τῷ δέχεσθαι προστάγματι τοῦ δεσπότου, προσδιδοῦσα τὴν φύσιν προθύμως, τοῦ δὲ λαμβάνειν παρ' αὐτοῦ πλέον ἔχουσα σπουδήν), οὕτω δὴ καὶ ἡ παρθένος Μαρία «κατὰ τί γνώσομαι», ὅτε φησίν, «ὅτι ἔσται μοι τοῦτο;» ἤκουσε «πνεῦμα κυρίου ἐπὶ σὲ καὶ δύναμις ὑψίστου ἐπισκιάσει σοι. διὸ καὶ τὸ γεννώμενον ἐκ σοῦ ἅγιον ἔσται καὶ υἱὸς ὑψίστου κληθήσεται». Χριστὸς ἐν ἀγγέλῳ λαλεῖ, ἀναπλάττει δὲ ἑαυτὸν ἐν τῇ ἑαυτοῦ πλάσει ὁ δεσπότης «μορφὴν δούλου λαβών»· καὶ Μαρία μὲν ἀνιμᾶται τὸν λόγον εἰς σύλληψιν, ὡς ὑετὸν ἡ γῆ, ἑαυτὸν δὲ καρπὸν ἅγιον ἀποδείκνυσιν ὁ τοῦ θεοῦ λόγος προσλαμβανόμενος θνητὴν φύσιν. οὗτος ἦν ἐξ αὐτῆς ἀνιμώσης, ὡς γῆ καὶ πόκος, ὁ τῆς ἀληθοῦς ἐλπίδος καρπός, ἁγίοις ἐν προσδοκίᾳ, καθὼς Ἐλισάβετ ἔλεγεν «εὐλογημένη σὺ ἐν γυναιξὶ καὶ εὐλογημένος ὁ καρπὸς τῆς κοιλίας σου», ὃν

προσελάβετο ἐξ ἀνθρωπότητος παθῶν ἀπαθὴς ὢν ὁ λόγος· οὗτος «ὁ ἄρτος ὁ ζῶν, ὁ καταβὰς ἐξ οὐρανοῦ» καὶ ζωὴν διδούς· οὗτος ὁ τῆς ἀληθοῦς ἐλαίας καρπός, τὸ ἔλαιον τῆς χρίσεως καὶ τῆς συνθέσεως, ὃ προετύπωσε Μωυσῆς· οὗτος «ἡ ἀληθινὴ ἄμπελος», ἣν γεωργεῖ μόνος ὁ πατήρ, βότρυν χαρᾶς γεννήσας ἡμῖν· οὗτος «τὸ ὕδωρ τὸ ζῶν, ὃ διψῶν ἄνθρωπος λαβὼν οὐ διψήσει πάλιν, ἀλλ' ἔστιν ἐν τῇ κοιλίᾳ αὐτοῦ ἁλλόμενον εἰς ζωὴν αἰώνιον». ἐκ τούτου λαβόντες μετέδωκαν οἱ νέοι γεωργοὶ εἰς τὸν κόσμον, παλαιοὶ δὲ γεωργοὶ ἐξήραναν καὶ ἔφθειραν διὰ ἀπιστίαν. αἵματι μὲν ἑαυτοῦ ἁγιάζει τὰ ἔθνη, πνεύματι δὲ αὐτοῦ ἰδίῳ ἀνάγει τοὺς κλητοὺς εἰς οὐρανούς. «ὅσοι γοῦν πνεύματι αὐτοῦ ἄγονται, αὐτοὶ» ζῶσι θεῷ· ὅσοι δὲ μή, ἔτι θανάτῳ λελογισμένοι εἰσί, ψυχικοὶ ἤτοι σαρκικοὶ οὗτοι καλοῦνται. τοίνυν ἀθετεῖν τὰ ἔργα τῆς σαρκός, ὀχυρώματα ὄντα τῆς ἁμαρτίας, νεκροῦν δὲ τὰ μέλη τοῦ θανάτου διὰ τῆς χάριτος αὐτοῦ, λαβεῖν τε πνεῦμα ἅγιον, ὃ οὐκ εἴχομεν, προστάσσει, τὸ ζωοποιοῦν ἐμὲ τὸν πάλαι τεθνηκότα, ὅπερ μὴ λαβὼν τεθνήξομαι· δίχα γὰρ πνεύματος αὐτοῦ πᾶς νεκρός. «εἰ τοίνυν τὸ πνεῦμα αὐτοῦ ἐν ἡμῖν, ὁ ἐγείρας αὐτὸν ἐκ νεκρῶν ζωοποιήσει τὰ θνητὰ σώματα ἡμῶν διὰ τοῦ ἐνοικοῦντος αὐτοῦ πνεύματος ἐν ἡμῖν». ἀλλ', οἶμαι, ἀμφότερα κατοικεῖ ἐν τῷ δικαίῳ, ὁ Χριστὸς καὶ τὸ πνεῦμα αὐτοῦ.

4. Εἰ δὲ Χριστὸς ἐκ τοῦ πατρὸς πιστεύεται θεὸς ἐκ θεοῦ καὶ τὸ πνεῦμα αὐτοῦ ἐκ τοῦ Χριστοῦ ἢ παρ' ἀμφοτέρων (ὥς φησιν ὁ Χριστός, «ὃ παρὰ τοῦ πατρὸς ἐκπορεύεται» καὶ «οὗτος ἐκ τοῦ ἐμοῦ λήψεται»), ὁ δὲ Χριστὸς ἐκ πνεύματος ἁγίου («τὸ γὰρ ἐν αὐτῇ», φησίν, «ἐκ πνεύματος ἁγίου», ἀγγέλου φωνή), συνίω τὸ λυτρούμενόν με μυστήριον, πίστει, ἀκοῇ μόνῃ, φιλίᾳ τῇ πρὸς τὸν ἐλθόντα πρὸς ἐμέ. ἑαυτὸν γὰρ ὁ θεὸς γινώσκει, ἑαυτὸν Χριστὸς κηρύττει, ἑαυτὸ τὸ πνεῦμα τὸ ἅγιον δηλοῖ τοῖς ἀξίοις. ἐν γραφαῖς δὲ ἁγίαις τριὰς ἡμῖν καταγγέλλεται καὶ πιστεύεται ἀπεριέργως, ἀφιλονείκως <ἐκ> συνθημάτων ἀκοῆς. ἐκ πίστεως δὲ ταύτης ἡ σωτηρία τῆς χάριτος, «ἐκ πίστεως ἡ δικαιωσύνη χωρὶς ἔργων νόμου», γέγραπται <γὰρ> «ἐξ ἀκοῆς πίστεως τὸ πνεῦμα τοῦ Χριστοῦ» δίδοσθαι τοῖς σωζομένοις. πίστις δὲ ἡ καθόλου κηρύκων φωναῖς αὕτη σημαίνεται, ὡς ἔγωγε οἶμαι κατηχούμενος ἐκ γραφῶν· τρία ἅγια τρία συνάγια, τρία ὑπαρκτὰ τρία συνύπαρκτα, τρία ἔμμορφα τρία σύμμορφα, τρία ἐνεργὰ τρία συνεργά, τρία ἐνυπόστατα τρία συνυπόστατα ἀλλήλοις συνόντα, τριὰς αὕτη ἁγία καλεῖται, τρία ὄντα, μία συμφωνία, μία θεότης τῆς αὐτῆς οὐσίας, τῆς αὐτῆς θεότητος, τῆς αὐτῆς ὑποστάσεως, ὅμοια ἐξ ὁμοίου, ἰσότητα χάριτος ἐργαζομένη πατρὸς καὶ υἱοῦ καὶ ἁγίου πνεύματος. τὸ δὲ πῶς αὐτοῖς ἀπολείπεται διδάσκειν. «οὐδεὶς γὰρ οἶδε τὸν πατέρα εἰ μὴ ὁ υἱός, οὐδὲ τὸν υἱὸν εἰ μὴ ὁ πατὴρ καὶ ᾧ ἐὰν ὁ υἱὸς ἀποκαλύψῃ»· ἀποκαλύπτει δὲ διὰ πνεύματος ἁγίου. οὐκοῦν ταῦτα τρία ὄντα ἢ ἐξ αὐτοῦ ἢ παρ'

αὐτοῦ ἢ πρὸς αὐτόν, ἑκάστῳ ἀξίως νοούμενα, καθὼς ἑαυτὰ ἀποκαλύπτει, φῶς πῦρ πνεῦμα καὶ ἄλλαις, οἶμαι, ὁράσεων ὁμοιώσεσι, καθὼς ἄξιος ὁ διακονούμενος ἄνθρωπος. αὐτὸς τοίνυν ὁ θεὸς ὁ ἐν ἀρχῇ εἰπὼν «γενηθήτω φῶς, καὶ ἐγένετο φῶς», τὸ ὁρώμενον, αὐτὸς ὁ φωτίσας ἡμᾶς «τὸ φῶς» ἰδεῖν «τὸ ἀληθινόν, τὸ φωτίζον πάντα ἄνθρωπον ἐρχόμενον εἰς τὸν κόσμον» («ἐξαπόστειλον τὸ φῶς σου καὶ τὴν ἀλήθειάν σου», ὁ Δαυίδ φησιν), αὐτός ἐστιν ὁ κύριος ὁ εἰπὼν «ἐν ταῖς ἐσχάταις ἡμέραις ἐκχεῶ ἀπὸ τοῦ πνεύματός μου ἐπὶ πᾶσαν σάρκα, καὶ προφητεύσουσιν οἱ υἱοὶ αὐτῶν καὶ αἱ θυγατέρες αὐτῶν καὶ οἱ νεανίσκοι αὐτῶν ὁράσεις ὄψονται», τρία πρόσωπα ἁγίας λειτουργίας δεικνὺς ἡμῖν ἐξ ὑποστάσεως οὔσης τριττῆς.

5. «Λέγω οὖν Χριστὸν διάκονον γεγενῆσθαι περιτομῆς ὑπὲρ ἀληθείας θεοῦ, εἰς τὸ πληρῶσαι τὰς ἐπαγγελίας», συνδιακονεῖν δὲ τὸ πνεῦμα τὸ ἅγιον παρειλήφαμεν ἐκ θείων γραφῶν οὕτως· ἀποστέλλεται ὁ Χριστὸς ἀπὸ πατρός, ἀποστέλλεται τὸ πνεῦμα τὸ ἅγιον· λαλεῖ ἐν ἁγίοις Χριστός, λαλεῖ τὸ πνεῦμα τὸ ἅγιον· ἰᾶται Χριστός, ἰᾶται τὸ πνεῦμα τὸ ἅγιον· ἁγιάζει Χριστός, ἁγιάζει τὸ πνεῦμα τὸ ἅγιον· βαπτίζει Χριστὸς ἐν τῷ ὀνόματι αὐτοῦ, βαπτίζει τὸ πνεῦμα τὸ ἅγιον. οὕτως λέγουσιν αἱ γραφαί· «ἀποστελεῖς τὸ πνεῦμά σου, καὶ ἀνακαινιεῖς τὸ πρόσωπον τῆς γῆς», ὅμοιον τῷ λέγειν «ἐξαποστελεῖς τὸν λόγον σου καὶ τήξεις αὐτά»· «λειτουργούντων δὲ αὐτῶν (φησί) τῷ κυρίῳ καὶ νηστευόντων εἶπε τὸ πνεῦμα τὸ ἅγιον, ἀφορίσατε δή μοι Βαρνάβαν καὶ Σαῦλον εἰς τὸ ἔργον ὃ προσκέκλημαι αὐτούς», ὅμοιον τῷ λέγειν «ὁ δὲ κύριος εἶπεν, εἴσελθε εἰς τὴν πόλιν, κἀκεῖ λαληθήσεταί σοι, τί σε δεῖ ποιεῖν»· «αὐτοὶ μὲν οὖν ἐκπεμφθέντες ὑπὸ τοῦ ἁγίου πνεύματος κατῆλθον εἰς Σελεύκειαν», ὡς ἂν εἴποι Χριστὸς «ἰδοὺ ἀποστέλλω ὑμᾶς ὡς πρόβατα ἐν μέσῳ λύκων»· «ἔδοξε γὰρ τῷ πνεύματι τῷ ἁγίῳ μηδὲν ἄλλο ἐπιτίθεσθαι βάρος, πλὴν τῶν ἐπάναγκες», ὡς ἂν εἴποι «λέγω δὲ οὐκ ἐγώ, ἀλλ' ὁ κύριος, γυναῖκα ἀπὸ ἀνδρὸς μὴ χωρισθῆναι»· «διῆλθον δὲ τὴν Φρυγίαν καὶ τὴν Γαλατικὴν χώραν, κωλυθέντες ὑπὸ τοῦ πνεύματος τοῦ ἁγίου λαλῆσαι τὸν λόγον ἐν τῇ Ἀσίᾳ. ἐλθόντες δὲ εἰς τὴν Μυσίαν ἐπείραζον εἰς τὴν Βιθυνίαν πορεύεσθαι καὶ οὐκ εἴασεν αὐτοὺς τὸ πνεῦμα», ὡς ἂν εἴποι Χριστὸς «πορευθέντες βαπτίσατε πάντα τὰ ἔθνη» <ἢ> «μὴ βαστάζετε πήραν, μὴ ῥάβδον, μηδὲ ὑποδήματα»· «οἵτινες (φησίν) ἔλεγον τῷ Παύλῳ διὰ τοῦ πνεύματος μὴ ἀναβαίνειν εἰς Ἱερουσαλήμ», ἢ Ἄγαβος «τάδε λέγει τὸ πνεῦμα τὸ ἅγιον, τὸν ἄνδρα οὗ ἐστιν ἡ ζώνη αὕτη», ὅμοιον ᾧ εἶπε Παῦλος «εἰ δοκιμὴν ζητεῖτε τοῦ ἐν ἐμοὶ λαλοῦντος Χριστοῦ» ἢ «μνημονεύετε τῶν λόγων κυρίου, ὅτι αὐτὸς εἶπεν ἀγαθὸν διδόναι μᾶλλον ἢ λαμβάνειν»· «καὶ νῦν ἰδοὺ ἐγὼ δεδεμένος τῷ πνεύματι πορεύομαι», ὡς ἂν εἴποι «Παῦλος δέσμιος Ἰησοῦ Χριστοῦ»· «πλὴν τὸ πνεῦμά μοι διαμαρτύρεται κατὰ πόλιν

Πτυχές από την ιστορία της αδιαίρετης Εκκλησίας

λέγον», ὅμοιον τῷ εἰπεῖν «κύριος μαρτυρεῖ τῇ ἐμῇ ψυχῇ ὅτι οὐ ψεύδομαι»· «ἐν δυνάμει κατὰ πνεῦμα ἁγιωσύνης», ὅμοιον τῷ εἰπεῖν «ἅγιος ὁ ἐν ἁγίοις ἀναπαυόμενος»· «καὶ περιτομὴ καρδίας ἐν πνεύματι» ὅμοιον τῷ εἰπεῖν «καὶ περιετμήθητε περιτομῇ ἀχειροποιήτῳ ἐν τῇ ἀπεκδύσει τοῦ σώματος τῶν ἁμαρτιῶν ἐν τῇ περιτομῇ τοῦ Χριστοῦ»· «εἴπερ πνεῦμα θεοῦ οἰκεῖ ἐν ὑμῖν», ὅμοιον τῷ εἰπεῖν «καθὼς ἐλάβετε Χριστόν, ἐν αὐτῷ περιπατεῖτε»· καὶ «πνεῦμα κυρίου ἐλάλησεν ἐν ἐμοὶ καὶ λόγος αὐτοῦ ἐν τῷ στόματί μου» καὶ «τὴν ἀπαρχὴν τοῦ πνεύματος ἔχοντες», ὅμοιον τῷ εἰπεῖν «ἀπαρχὴ Χριστός»· «ἀλλ' αὐτὸ τὸ πνεῦμα ὑπερεντυγχάνει ὑπὲρ ἡμῶν», ὅμοιον τῷ εἰπεῖν «ὅς ἐστιν ἐν δεξιᾷ τοῦ θεοῦ, ὃς καὶ ἐντυγχάνει ὑπὲρ ἡμῶν»· «ἵνα γένηται ἡ προσφορὰ τῶν ἐθνῶν εὐπρόσδεκτος, ἁγιασθεῖσα ἐν πνεύματι ἁγίῳ», ὅμοιον τῷ εἰπεῖν «ὁ δὲ κύριος ἁγιάσαι ὑμᾶς, ἵνα ἦτε εἰλικρινεῖς καὶ ἀπρόσκοποι εἰς ἡμέραν Χριστοῦ»· «ἡμῖν δὲ ἀπεκάλυψεν ὁ θεὸς διὰ τοῦ πνεύματος αὐτοῦ», ὅμοιον τῷ εἰπεῖν «ὅτε εὐδόκησεν ὁ ἀφορίσας με ἐκ κοιλίας μητρός μου διὰ τῆς χάριτος αὐτοῦ ἀποκαλύψαι τὸν υἱὸν αὐτοῦ ἐν ἐμοί»· «ἡμεῖς δὲ οὐ τὸ πνεῦμα τοῦ κόσμου ἐλάβομεν, ἀλλὰ τὸ πνεῦμα τὸ ἐκ θεοῦ», ὅμοιον τῷ εἰπεῖν «ἑαυτοὺς δοκιμάζετε εἰ ὁ Χριστὸς ἐν ὑμῖν»· «ναὸς τοῦ θεοῦ ἐστε καὶ τὸ πνεῦμα τοῦ θεοῦ οἰκεῖ ἐν ὑμῖν», ὅμοιον τῷ εἰπεῖν «ἐνοικήσω ἐν αὐτοῖς καὶ ἐμπεριπατήσω, καὶ ἔσομαι αὐτῶν θεὸς καὶ αὐτοὶ ἔσονταί μοι λαός».

6. Ἀλλὰ <καὶ> τὴν δικαίωσιν ἐξ ἀμφοῖν λέγει καὶ τὴν χάριν· «δικαιωθέντες δὲ ἐν τῷ ὀνόματι τοῦ κυρίου ἡμῶν Ἰησοῦ Χριστοῦ καὶ ἐν τῷ πνεύματι τοῦ θεοῦ ἡμῶν», ὅμοιον τῷ εἰπεῖν «δικαιωθέντες δὲ ἐκ πίστεως εἰρήνην ἔχομεν πρὸς τὸν θεὸν διὰ τοῦ κυρίου ἡμῶν Ἰησοῦ Χριστοῦ»· «οὐδεὶς δύναται εἰπεῖν κύριον Ἰησοῦν εἰ μὴ ἐν πνεύματι ἁγίῳ» καὶ οὐδεὶς δύναται πνεῦμα ἅγιον λαβεῖν ἢ παρὰ κυρίου, «διαιρέσεις δὲ χαρισμάτων εἰσί, τὸ δὲ αὐτὸ πνεῦμα, καὶ διαιρέσεις διακονιῶν εἰσιν, ὁ δὲ αὐτὸς κύριος, καὶ διαιρέσεις ἐνεργημάτων εἰσίν, ὁ δὲ αὐτὸς θεὸς ὁ ἐνεργῶν τὰ πάντα ἐν πᾶσι», καὶ «ἀπὸ δόξης εἰς δόξαν, καθὼς ἀπὸ κυρίου πνεύματος»· καὶ «μὴ λυπεῖτε τὸ πνεῦμα τὸ ἅγιον, ἐν ᾧ ἐσφραγίσθητε εἰς ἡμέραν ἀπολυτρώσεως», ὅμοιον τῷ εἰπεῖν «ἢ παραζηλοῦμεν τὸν κύριον; μὴ ἰσχυρότεροι αὐτοῦ ἐσμεν;» «τὸ δὲ πνεῦμα ῥητῶς λέγει» ὅμοιον τῷ εἰπεῖν «τάδε λέγει κύριος παντοκράτωρ». καὶ «τὸ πνεῦμά μου ἐφέστηκεν ἐν μέσῳ ὑμῶν» <ὅμοιον τῷ εἰπεῖν> «ἐάν τις ἐμοὶ ἀνοίξῃ, εἰσέλθω ἐγὼ καὶ ὁ πατὴρ καὶ μονὴν παρ' αὐτῷ ποιησόμεθα». Ἠσαΐας δὲ «καὶ ἐπ' αὐτὸν πνεῦμα θεοῦ», ὁ δὲ Χριστὸς «πνεῦμα κυρίου ἐπ' ἐμέ, οὗ εἵνεκεν ἔχρισέ με»· καὶ «Ἰησοῦν τὸν ἀπὸ Ναζαρέτ, ὃν ἔχρισεν ὁ θεὸς πνεύματι ἁγίῳ», ἢ «κύριος ἀπέσταλκέ με καὶ τὸ πνεῦμα αὐτοῦ». φανερὰ δὲ καὶ ἡ φωνὴ τῶν Σεραφίμ, κράζουσα «ἅγιος ἅγιος ἅγιος κύριος Σαβαώθ». ἐὰν δὲ ἀκούσῃς ὅτι «τῇ δεξιᾷ τοῦ θεοῦ ὑψωθεὶς τήν τε ἐπαγγελίαν

τοῦ πνεύματος λαβὼν παρὰ τοῦ πατρὸς» ἢ «περιμένειν τὴν ἐπαγγελίαν τοῦ πατρὸς ἣν ἠκούσατε»· ἢ ὅτι «τὸ πνεῦμα αὐτὸν ἐκβάλλει εἰς τὴν ἔρημον», ἢ ὅτι αὐτὸς λέγει «μὴ μεριμνήσητε τί εἴπητε, ὅτι τὸ πνεῦμα τοῦ πατρός μου τὸ λαλοῦν ἐν ὑμῖν», ἢ «εἰ δὲ ἐν πνεύματι θεοῦ ἐκβάλλω τὰ δαιμόνια», ἢ «ὁ δὲ βλασφημῶν εἰς τὸ πνεῦμα τὸ ἅγιον οὐκ ἀφεθήσεται αὐτῷ» καὶ τὰ ἑξῆς, ἢ «πάτερ, εἰς χεῖράς σου παραθήσομαι τὸ πνεῦμά μου», ἢ «τὸ παιδίον ηὔξανε καὶ ἐκραταιοῦτο τῷ πνεύματι», ἢ «Ἰησοῦς δὲ πλήρης πνεύματος ἁγίου ὑπέστρεψεν ἀπὸ τοῦ Ἰορδάνου» ἢ «ὑπέστρεψεν Ἰησοῦς τῇ δυνάμει τοῦ πνεύματος» ἢ «τὸ γεγεννημένον ἐκ τοῦ πνεύματος πνεῦμά ἐστιν», ὅμοιον τῷ εἰπεῖν «ὃ γέγονεν ἐν αὐτῷ ζωὴ ἦν» ἢ «κἀγὼ παρακαλέσω τὸν πατέρα καὶ ἄλλον παράκλητον δώσει ὑμῖν, τὸ πνεῦμα τῆς ἀληθείας» ἢ «διὰ τί ἐπλήρωσε τὴν καρδίαν σου ὁ Σατανᾶς (τῷ Ἀνανίᾳ Πέτρος) ψεύσασθαί σε τὸ πνεῦμα τὸ ἅγιον;» καὶ μετὰ ταῦτα «οὐκ ἀνθρώποις ἐψεύσω, ἀλλὰ θεῷ». ἄρα θεὸς ἐκ θεοῦ καὶ θεὸς τὸ πνεῦμα τὸ ἅγιον, ᾧ ἐψεύσαντο οἱ τοῦ τιμήματος τοῦ χωρίου νοσφισάμενοι, ἢ «θεὸς ἐφανερώθη ἐν σαρκί, ἐδικαιώθη ἐν πνεύματι. τούτου μεῖζον οὐκ ἔχω λέγειν. θεὸς δὲ ὁ υἱός· «ἐξ ὧν (φησίν) ὁ Χριστὸς τὸ κατὰ σάρκα, ὁ ὢν ἐπὶ πάντων θεός». «πίστευσον (φησίν) εἰς τὸν κύριον Ἰησοῦν, καὶ σωθήσῃ», καὶ «ἐλάλησε (φησίν) αὐτοῖς τὸν λόγον τοῦ κυρίου», «ἀναγαγών τε αὐτοὺς εἰς τὸν οἶκον παρέθηκεν αὐτοῖς τράπεζαν, καὶ ἠγαλλιάσατο πανοικὶ πεπιστευκὼς τῷ θεῷ», ἢ ὅτι «ἐν ἀρχῇ ἦν ὁ λόγος, καὶ ὁ λόγος ἦν πρὸς τὸν θεόν, καὶ θεὸς ἦν ὁ λόγος», ἢ «ἵνα τὴν διδασκαλίαν τοῦ σωτῆρος ἡμῶν θεοῦ κοσμήσωσιν», ἢ «ἐπεφάνη γὰρ ἡ χάρις τοῦ θεοῦ καὶ σωτῆρος πᾶσιν ἀνθρώποις, παιδεύουσα ἡμᾶς», ἢ «προσδεχόμενοι τὴν μακαρίαν ἐλπίδα καὶ ἐπιφάνειαν τῆς δόξης τοῦ μεγάλου θεοῦ καὶ σωτῆρος ἡμῶν Ἰησοῦ Χριστοῦ». ἡ δὲ αὐτὴ ἡ διακονία τοῦ πνεύματος καὶ τοῦ λόγου· «προσέχετε (φησίν) ἑαυτοῖς καὶ παντὶ τῷ ποιμνίῳ, ἐν ᾧ ὑμᾶς ἔθετο τὸ πνεῦμα τὸ ἅγιον ἐπισκόπους ποιμαίνειν τὴν ἐκκλησίαν τοῦ θεοῦ», ὅμοιον τῷ εἰπεῖν «χάριν ἔχω τῷ ἐνδυναμώσαντί με Χριστῷ Ἰησοῦ τῷ κυρίῳ ἡμῶν, ὅτι πιστόν με ἡγήσατο θέμενος εἰς διακονίαν».

7. Συνεργεῖ τοίνυν, ὡς ἀποδέδεικται, τῷ πατρὶ ὁ υἱὸς καὶ τὸ πνεῦμα τὸ ἅγιον· «τῷ λόγῳ γὰρ κυρίου οἱ οὐρανοὶ ἐστερεώθησαν, καὶ τῷ πνεύματι τοῦ στόματος αὐτοῦ πᾶσα ἡ δύναμις αὐτῶν». προσκυνητὸν δὲ τὸ πνεῦμα τὸ ἅγιον· «τοὺς γὰρ προσκυνοῦντας θεῷ ἐν πνεύματι δεῖ προσκυνεῖν καὶ ἀληθείᾳ». εἰ δὲ συνεργεῖ ταῦτα, κτίσις κτίσιν οὐκ ἐργάζεται οὐδὲ κτιστὴ ἡ θεότης γίνεται οὐδὲ ἐν μέτρῳ ἢ περιοχῇ θεὸς γινώσκεται. ἔστι γὰρ ἀπερίγραφος, ἀχώρητος, ἀπερινόητος, πάντα περιέχων τὰ ποιήματα τοῦ θεοῦ. οὐδὲ λατρευτὴ ἡ κτίσις. «ἐλάτρευσαν γὰρ τῇ κτίσει παρὰ τὸν κτίσαντα, καὶ ἐμωράνθησαν». πῶς γὰρ οὐ μωρὸν κτίσιν θεολογεῖν, ἀθετεῖν δὲ τὴν πρώτην ἐντολὴν

τὴν λέγουσαν «ἄκουε Ἰσραήλ, κύριος ὁ θεός σου κύριος εἷς ἐστιν», «οὐκ ἔσται ἐν σοὶ θεὸς πρόσφατος;» ἐν γραφαῖς δὲ ἁγίαις διάφορα ὀνόματα καλεῖται πατρὸς καὶ υἱοῦ καὶ ἁγίου πνεύματος· πατρὸς μὲν πατὴρ παντοκράτωρ, πατὴρ ἁπάντων, πατὴρ Χριστοῦ· υἱοῦ δὲ λόγος, Χριστός, φῶς ἀληθινόν· τοῦ δὲ ἁγίου πνεύματος παράκλητος, πνεῦμα ἀληθείας, πνεῦμα θεοῦ, πνεῦμα Χριστοῦ. ἔτι τοίνυν ὁ θεὸς νοεῖται καὶ πατὴρ φῶς, ἀλλ', ὡς ὑπέρλαμπρον, δύναμις, σοφία. εἰ δὲ φῶς ὁ θεὸς καὶ πατήρ, φῶς ἄρα ἐκ φωτὸς ὁ υἱὸς καὶ διὰ τοῦτο «φῶς οἰκῶν τὸ ἀπρόσιτον». δύναμις δὲ ὅλος ὁ θεός, καὶ διὰ τοῦτο <ὁ υἱὸς> «κύριος τῶν δυνάμεων». σοφία ὅλος ὁ θεός, οὐκοῦν σοφία ὁ υἱὸς ἐκ σοφίας, «ἐν ᾧ πάντες οἱ θησαυροὶ τῆς σοφίας ἀπόκρυφοι». ζωὴ δὲ ὅλος ὁ θεός, οὐκοῦν ζωὴ ἐκ ζωῆς ὁ υἱός· «ἐγὼ γάρ εἰμι ἡ ἀλήθεια καὶ ἡ ζωή». τὸ δὲ ἅγιον πνεῦμα παρὰ ἀμφοτέρων, πνεῦμα ἐκ πνεύματος. «πνεῦμα γὰρ ὁ θεός», † θεότης χαρισμάτων ἐστὶ δοτήρ, ἀληθέστατον, φωτιστικόν, παράκλητον, βουλευμάτων τοῦ πατρὸς ἀγγελτικόν. ὡς γὰρ ὁ υἱὸς «μεγάλης βουλῆς ἄγγελος», οὕτω καὶ τὸ πνεῦμα τὸ ἅγιον· «ἀλλ' ἐλάβομεν (φησί) πνεῦμα θεοῦ, ἵνα ἴδωμεν τὰ χαρισθέντα ἡμῖν ὑπὸ θεοῦ, ἃ καὶ λαλοῦμεν, οὐκ ἐν πειθοῖ σοφίας λόγοις, ἀλλ' ἐν ἀποδείξει πνεύματος θεοῦ, πνευματικοῖς πνευματικὰ συγκρίνοντες».

8. Ἀλλ' ἐρεῖ τις, οὐκοῦν φαμεν δύο εἶναι υἱούς, καὶ πῶς μονογενής; «μενοῦνγε, σὺ τίς εἶ ὁ ἀντιλογιζόμενος τῷ θεῷ;» εἰ γὰρ τὸν μὲν υἱὸν καλεῖ τὸν ἐξ αὐτοῦ, τὸ δὲ ἅγιον πνεῦμα τὸ παρ' ἀμφοτέρων, ἃ μόνον πίστει νοούμενα ὑπὸ τῶν ἁγίων, φωτεινά, φωτοδότα, φωτεινὴν τὴν ἐνέργειαν ἔχει συμφωνίαν τε πρὸς αὐτὸν τὸν πατέρα ποιεῖται φωτός, πίστει ἄκουε, ὦ οὗτος, ὅτι ὁ πατὴρ ἀληθοῦς υἱοῦ ἐστὶ πατήρ, φῶς ὅλος, καὶ <ὁ> υἱὸς ἀληθοῦς πατρὸς <υἱός>, φῶς ἐκ φωτός, οὐχ ὡς τὰ ποιητὰ ἢ κτιστὰ προσηγορίᾳ μόνῃ· καὶ πνεῦμα ἅγιον πνεῦμα ἀληθείας ἐστί, φῶς τρίτον παρὰ πατρὸς καὶ υἱοῦ· τὰ δ' ἄλλα πάντα θέσει ἢ κλήσει, οὐχ ὅμοια τούτοις ἐνεργείᾳ ἢ δυνάμει ἢ φωτὶ ἢ ἐννοίᾳ· ὡς ἂν εἴποι τις «υἱοὺς ἐγέννησα καὶ ὕψωσα» ἢ ὡς ἂν εἴποι τις «ἐγὼ εἶπα, θεοί ἐστε καὶ υἱοὶ ὑψίστου πάντες» ἢ ὡς ἂν εἴποι τις «ὁ τετοκὼς βώλους δρόσου» ἢ ὡς ἂν εἴποι τις «ἐξ οὗ πᾶσα πατριὰ ἐν οὐρανοῖς καὶ ἐπὶ γῆς» ἢ ὡς ἂν εἴποι τις «ἐγὼ ὁ στερεῶν βροντὴν καὶ κτίζων πνεῦμα». οὐ γὰρ ὡς οἱ λοιποὶ πατέρες ἢ πατριάρχαι ὁ ἀληθινὸς πατὴρ ἀρξάμενος τοῦ εἶναι πατὴρ ἢ ἐκλείπων ποτὲ τῷ χρόνῳ τοῦ εἶναι πατήρ. εἰ γὰρ ἄρχεται τοῦ εἶναι πατήρ, υἱὸς ἄρα ἦν ποτε ἑτέρου πατρὸς πρὸ τοῦ εἶναι αὐτὸν πατέρα μονογενοῦς· καθ' ὁμοιότητα δὲ πατέρες πατέρων νοοῦνται τέκνα, καὶ εἰς ἄπειρον τὸν ἀληθῶς πατέρα τῆς ἀρχαιολογίας εὑρεῖν ἔστιν. οὐδὲ ὡς τὰ λοιπὰ τέκνα θέσει ὁ υἱὸς ὁ ἀληθινός, νέος τοῦ εἶναι υἱός. εἰ γὰρ νέος τοῦ εἶναι υἱός, ἦν ποτε χρόνος ὅτε οὐκ ἦν ὁ πατὴρ πατὴρ μονογενοῦς. οὐδὲ ὡς τὰ λοιπὰ πνεύματα τὸ πνεῦμα τῆς ἀληθείας κτιστὸν ἢ ποιητόν. οὐδὲ ὡς οἱ λοιποὶ ἄγγελοι «ὁ τῆς μεγάλης

βουλῆς ἄγγελος» καλεῖται. ἃ μὲν γὰρ ἀρχὴν καὶ τέλος ἔχει, ἃ δὲ ἀνεπινόητον ἔχει τὴν ἀρχὴν καὶ τὸ κράτος· καὶ ἃ μὲν κτίζει τὰ πάντα εἰς ἀπείρους αἰῶνας, συνεργοῦντα τῷ πατρί, ἃ δὲ κτίζεται ὑπὸ τούτων ὡς ἂν ἐθέλοιεν· καὶ ἃ μὲν λατρεύει τούτοις, ἃ δὲ λατρευτὰ ὑπὸ τῶν ὅλων κτισμάτων· καὶ ἃ μὲν ἰᾶται τὰ ποιήματα, ἃ δὲ τὴν ἴασιν λαμβάνει παρ' αὐτῶν· καὶ ἃ μὲν κρίνεται κατ' ἀξίαν, ἃ δὲ τὴν κρίσιν ἔχει τὴν δικαίαν· καὶ ἃ μὲν <ἐν> χρόνῳ ἔστιν, ἃ δὲ οὐκ ἐν χρόνῳ τυγχάνει· καὶ ἃ μὲν φωτίζει τὰ πάντα, ἃ δὲ φωτίζεται ὑπὸ τούτων· καὶ ἃ μὲν καλεῖ νηπίους εἰς ὕψος, ἃ δὲ καλεῖται ὑπὸ τοῦ τελείου. καὶ ἃ μὲν χαρίζεται πᾶσιν, ἃ δὲ χαρίσματα λαμβάνει· καὶ καθάπαξ εἰπεῖν, ἃ μὲν ἐξυμνεῖ τὴν ἁγιότητα ἐν οὐρανοῖς οὐρανῶν καὶ λοιποῖς ἀοράτοις τόποις, ἃ δὲ ἐξυμνούμενα τὰ δῶρα ἀξίως παρέχει τοῖς ἀξίοις.

9. Πνεύματα δὲ πλεῖστά φησιν ἡ γραφή· «ὁ ποιῶν τοὺς ἀγγέλους αὐτοῦ πνεύματα, καὶ τοὺς λειτουργοὺς αὐτοῦ πυρὸς φλόγα», καὶ «πάντα τὰ πνεύματα αἰνεῖτε τὸν κύριον». χάρισμα δὲ ἀξίοις δίδοται «διακρίσεως πνευμάτων». ἃ μὲν γὰρ ἐπουράνιά ἐστι, «χαίροντα τῇ ἀληθείᾳ», ἃ δὲ ἐπίγεια, ἀπάτης καὶ πλάνης ἐπιτήδεια, ἃ δὲ ὑπόγεια, ἀβύσσου καὶ σκότους τέκνα. «παρεκάλει» γὰρ τὸ εὐαγγέλιόν φησιν «ἵνα μὴ πέμψῃ αὐτοὺς εἰς τὴν ἄβυσσον ἀπελθεῖν»· ὡσαύτως δὲ καὶ τοῖς πνεύμασιν ἐπέτασσε. καὶ πνεύματα δὲ ἐξεδίωκε λόγῳ καὶ «οὐκ εἴα αὐτὰ λαλεῖν». λέγεται δὲ «πνεῦμα κρίσεως καὶ πνεῦμα καύσεως», λέγεται καὶ πνεῦμα κόσμου· «ἡμεῖς δὲ οὐ τὸ πνεῦμα τοῦ κόσμου ἐλάβομεν» φησί, καὶ πνεῦμα δὲ ἀνθρώπου· «τίς γὰρ οἶδεν ἀνθρώπων τὰ τοῦ ἀνθρώπου εἰ μὴ τὸ πνεῦμα τοῦ ἀνθρώπου;» καὶ «πνεῦμα πορευόμενον καὶ οὐκ ἐπιστρέφον»· «ὅτι πνεῦμα διῆλθεν ἐν αὐτῷ, καὶ οὐχ ὑπάρξει», καὶ «ἀντανελεῖς τὸ πνεῦμα αὐτῶν, καὶ ἐκλείψουσι», καὶ «πνεύματα δὲ προφητῶν προφήταις ὑποτάσσεται». καὶ «ἰδού, πνεῦμα ψευδὲς ἔστη ἐνώπιον κυρίου, καὶ εἶπεν αὐτῷ, ἐν τίνι ἀπατήσεις τὸν Ἀχαάβ; καὶ ἔσομαι, φησί, πνεῦμα ψευδὲς ἐν στόματι τῶν προφητῶν». λέγεται δὲ «πνεῦμα κατανύξεως» εἶναι, «πνεῦμα δειλίας», καὶ «πνεῦμα Πύθωνος» καὶ «πνεῦμα πορνείας» καὶ «πνεῦμα καταιγίδος» καὶ «πνεῦμα πολυρρῆμον» καὶ «πνεῦμα ἀσθενείας» καὶ «πνεῦμα ἀκάθαρτον» καὶ «πνεῦμα κωφὸν καὶ πνεῦμα ἄλαλον» καὶ «πνεῦμα μογιλάλον» καὶ «πνεῦμα χαλεπὸν λίαν, ὃ καλεῖται λεγεών», καὶ τὰ «πνευματικὰ τῆς πονηρίας». ἄπειρα δὲ τὰ περὶ πνευμάτων λόγια σοφοῖς. ἀλλ' ὥσπερ οἱ πολλοὶ υἱοὶ θέσει ἢ κλήσει, οὐκ ἀληθείᾳ δέ, διὰ τὸ ἀρχὴν ἔχειν καὶ τέλος * ἁμαρτητικῶς, οὕτω καὶ πνεύματα πλεῖστα θέσει ἢ κλήσει, κἂν ἁμαρτητικὰ ᾖ, τὸ δὲ ἅγιον πνεῦμα μόνον καλεῖται ὑπὸ πατρὸς καὶ υἱοῦ «πνεῦμα ἀληθείας» καὶ πνεῦμα θεοῦ καὶ πνεῦμα Χριστοῦ καὶ πνεῦμα χάριτος. χαρίζεται γὰρ ἑκάστῳ διαφόρως τὸ ἀγαθόν, «ᾧ μὲν πνεῦμα σοφίας, ᾧ δὲ πνεῦμα γνώσεως, ᾧ δὲ

πνεῦμα ἰσχύος, ᾧ δὲ πνεῦμα ἰαμάτων, ᾧ δὲ πνεῦμα προφητείας, ᾧ δὲ πνεῦμα διακρίσεως, ᾧ δὲ γλωσσῶν, ᾧ δὲ ἑρμηνειῶν», καὶ τὰ λοιπὰ χαρίσματα, ὥς φησιν «ἓν δὲ καὶ τὸ αὐτὸ πνεῦμα, διαιροῦν ἑκάστῳ ὡς βούλεται»· ὅτι «τὸ πνεῦμά σου τὸ ἀγαθὸν ὁδηγήσει με, ὁ θεός», φησὶν ὁ Δαυίδ, ἢ «τὸ πνεῦμα ὅπου θέλει πνεῖ», τὸ ἐνυπόστατον διὰ τῶν τοιούτων τοῦ ἁγίου πνεύματος δεικνὺς ἡμῖν, «καὶ τὴν φωνὴν αὐτοῦ ἀκούεις, ἀλλ' οὐκ οἶδας πόθεν ἔρχεται καὶ ποῦ ὑπάγει», καὶ «ἐὰν μὴ γεννηθῆτε ἐξ ὕδατος καὶ πνεύματος», ὅμοιον ᾧ εἶπε Παῦλος «ἐν γὰρ Χριστῷ Ἰησοῦ ἐγὼ ὑμᾶς ἐγέννησα». περὶ τούτου ὁ κύριος «ὅταν ἔλθῃ ὁ παράκλητος, ὃν ἐγὼ πέμψω ὑμῖν, τὸ πνεῦμα τῆς ἀληθείας, ὃ παρὰ τοῦ πατρὸς ἐκπορεύεται, ἐκεῖνος μαρτυρήσει περὶ ἐμοῦ». καὶ «ἔτι πολλὰ ἔχω λέγειν, ἀλλ' οὐ δύνασθε βαστάζειν ἄρτι. ὅταν ἔλθῃ ἐκεῖνος, τὸ πνεῦμα τῆς ἀληθείας, ὁδηγήσει ὑμᾶς εἰς πᾶσαν τὴν ἀλήθειαν. οὐ γὰρ λαλήσει ἀφ' ἑαυτοῦ, ἀλλ' ὅσα ἀκούσει λαλήσει, καὶ τὰ ἐρχόμενα ἀναγγελεῖ ὑμῖν. ἐκεῖνός με δοξάσει, ὅτι ἐκ τοῦ ἐμοῦ λήψεται, καὶ ἀναγγελεῖ ὑμῖν πάντα».

10. Εἰ τοίνυν παρὰ τοῦ πατρὸς ἐκπορεύεται καὶ ἐκ τοῦ ἐμοῦ, φησὶν ὁ κύριος, λήψεται, ὃν τρόπον «οὐδεὶς ἔγνω τὸν πατέρα εἰ μὴ ὁ υἱὸς οὐδὲ τὸν υἱὸν εἰ μὴ ὁ πατήρ», οὕτως τολμῶ λέγειν, ὅτι οὐδὲ τὸ πνεῦμα εἰ μὴ ὁ υἱὸς ἐξ οὗ λαμβάνει, καὶ ὁ πατὴρ παρ' οὗ ἐκπορεύεται, καὶ οὐδὲ τὸν υἱὸν καὶ τὸν πατέρα εἰ μὴ τὸ πνεῦμα τὸ ἅγιον, τὸ δοξάζον ἀληθῶς, τὸ διδάσκον τὰ πάντα, τὸ μαρτυροῦν περὶ τοῦ υἱοῦ, ὃ παρὰ τοῦ πατρός, ὃ ἐκ τοῦ υἱοῦ, μόνος ὁδηγὸς ἀληθείας, νόμων ἐξηγητὴς ἁγίων, πνευματικοῦ νόμου ὑφηγητής, προφητῶν καθηγητής, ἀποστόλων διδάσκαλος, εὐαγγελικῶν δογμάτων φωστήρ, ἁγίων ἐκλογεύς, φῶς τὸ ἀληθινὸν ἐξ ἀληθινοῦ φωτός· υἱὸς φυσικός, υἱὸς ἀληθής, υἱὸς γνήσιος, μόνος ἐκ μόνου, σὺν αὐτῷ καὶ τὸ πνεῦμα <οὐχ υἱός>, ἀλλὰ πνεῦμα ὀνομαζόμενον. οὗτος ὁ θεὸς δοξαζόμενος ἐν ἐκκλησίᾳ· πατὴρ ἀεί, υἱὸς ἀεί, καὶ πνεῦμα ἅγιον ἀεί, ὑψηλὸς <ἐξ> ὑψηλοῦ καὶ ὕψιστος, νοερός, δόξαν ἔχων ἀμέτρητον, ᾧ ὑποβέβηκε τὰ κτιστὰ καὶ τὰ ποιητά, ἁπαξαπλῶς τὰ σύμπαντα μετρούμενα καὶ περιεχόμενα ἕκαστα. θεότης δὲ μία ἐν Μωυσῇ μάλιστα καταγγέλλεται, δυὰς δὲ ἐν προφήταις σφόδρα κηρύσσεται, τριὰς δὲ ἐν εὐαγγελίοις φανεροῦται, πλεῖον κατὰ καιροὺς καὶ γενεὰς ἁρμόζουσα τῷ δικαίῳ εἰς γνῶσιν καὶ πίστιν. γνῶσις δὲ αὕτη ἀθανασία, ἐκ πίστεώς τε αὐτῆς ἡ υἱοθεσία γίνεται. ἀλλὰ πρῶτον δικαιώματα σαρκὸς ἐκψάζει, ὡς περίβολον ναοῦ τὸν ἔξω διεγείρουσα ἐν Μωυσῇ· δεύτερον δὲ δικαιώματα ψυχῆς ἐκδιηγεῖται, ὡς τὰ ἅγια κοσμοῦσα ἐν λοιπαῖς προφητείαις· τρίτον δὲ δικαιώματα πνεύματος, ὡς τὸ ἱλαστήριον καὶ τὰ ἅγια τῶν ἁγίων ῥυθμίζουσα ἐν εὐαγγελικοῖς πρὸς κατοίκησιν ἑαυτῆς, σκηνὴν δὲ ἁγίαν λαὸν ἅγιον, <ὃς> τὸν δίκαιον ἔχει μόνον [τὸν] συνόντα τούτοις. κατοικεῖ δὲ ἐν αὐτῷ μία θεότης ἄπειρος, μία θεότης ἄφθαρτος,

μία θεότης ἀπερινόητος, ἀκατάληπτος, ἀνεκδιήγητος, ἀόρατος, ἑαυτὴν γινώσκουσα μόνη, ἑαυτὴν ἐμφανίζουσα οἷς βούλεται, μάρτυρας ἑαυτῇ διεγείρουσα, καλοῦσα, προορίζουσα, δοξάζουσα, ἐξ Ἅιδου ὑψοῦσα, ἁγιάζουσα, ἑνοποιοῦσα πάλιν πρὸς τὴν ἑαυτῆς δόξαν καὶ πίστιν τὰ τρία ταῦτα, ἐπουράνια, ἐπίγεια καὶ καταχθόνια, πνεῦμα ψυχὴν σάρκα, πίστιν ἐλπίδα ἀγάπην, παρελθόντα ἐνεστῶτα μέλλοντα, αἰώνια, αἰῶνα αἰῶνος, αἰῶνας αἰώνων, σάββατα σαββάτων, περιτομὴν σαρκός, περιτομὴν καρδίας, «περιτομὴν Χριστοῦ ἐν τῇ ἀπεκδύσει τοῦ σώματος τῶν ἁμαρτιῶν»· καθόλου δὲ καθαροποιεῖ ἑαυτῇ τὰ πάντα, τὰ ἀόρατα καὶ τὰ ὁρατά, θρόνους, κυριότητας, ἀρχάς, ἐξουσίας, δυνάμεις· ἐν πᾶσι δὲ ἡ αὐτὴ φωνὴ ἁγία, ἀπὸ δόξης εἰς δόξαν ἅγιος ἅγιος ἅγιος φωνοῦσα, πατέρα ἐν υἱῷ, υἱὸν δὲ ἐν πατρὶ <δοξάζουσα> σὺν ἁγίῳ πνεύματι, ᾧ ἡ δόξα καὶ τὸ κράτος εἰς τοὺς αἰῶνας τῶν αἰώνων, ἀμήν. καὶ ἐρεῖ ὁ οὕτω πιστεύων, γένοιτο γένοιτο. <Πεπλήρωται τὰ <ἐκ> τοῦ Ἀγκυρωτοῦ.

11. Καὶ ταῦτα μέν ἐστιν ἃ ἤδη περὶ τῆς πίστεως πατρὸς καὶ υἱοῦ καὶ ἁγίου πνεύματος γράφοντες κατὰ τὸ βραχύτατον ἡμῶν τῆς μετριότητος ἐξηγησάμεθα καὶ ἐκ τῶν προρρηθέντων παρεθέμεθα. ἔτι δὲ ἐπιμενοῦμεν εἰς σύστασιν τῆς ἑαυτῶν ζωῆς εὐσεβῶς μαρτυρίας φέροντες καὶ ἐξ ὀρθοῦ λογισμοῦ εὐσεβῶς περὶ θεότητος διαλαμβάνοντες. ὅτι μὲν γὰρ ἐν τοῖς πρὸ τούτου ἀπεδείχθη διὰ πολλῶν μαρτυριῶν ὁ μονογενὴς συμπράττων τῷ πατρὶ καὶ τὰ ἴσα ἐν ἅπασι τελειῶν καὶ χαριζόμενος, ὡς ἐξ αὐτοῦ ὢν καὶ οὐκ ἀλλοῖος παρὰ τὴν τοῦ πατρὸς δύναμιν καὶ θεότητα, ἀλλὰ ὁμοούσιος πατρί, οὐ μόνον δὲ ὁ υἱός, ἀλλὰ καὶ τὸ ἅγιον πνεῦμα συμπρᾶττον υἱῷ καὶ πατρὶ καὶ τὰ ἴσα ἐργαζόμενον δωρούμενόν τε καὶ χαριζόμενον ὡς βούλεται, ὡς καὶ αὐτὸ ὄντως ἐκ θεοῦ ὂν καὶ οὐκ ἀλλότριον πατρὸς καὶ υἱοῦ, ἀλλ' ὁμοούσιον πατρὶ καὶ υἱῷ, παντί τῳ σαφὲς <καὶ> κατὰ πάντα ἐκ τῶν τοσούτων μαρτυριῶν ἀπεδείχθη τε καὶ ἀποδειχθήσεται. νῦν δὲ διὰ τοὺς ἀντιθέτους καὶ ἐχθροὺς τοῦ ἁγίου πνεύματος περὶ μόνου τοῦ ἁγίου πνεύματος τὰ εὐσεβῆ τοῦ ὀρθοῦ λογισμοῦ καὶ τὰ ἀπὸ μαρτυριῶν τῆς αὐτῆς θείας γραφῆς διηγησάμενοι περισσοτέρως ταῖς πρότερον παραθησόμεθα μαρτυρίαις, ἀκολούθως τῇ περὶ ἁγίου πνεύματος ἀληθινῇ εὐσεβείᾳ· ὡς ἔχει γὰρ καὶ ἔστι πνεῦμα ἅγιον ἑνικόν, ὑπὸ πάντων προσκυνούμενον, πᾶσιν ἐπιπόθητον τοῖς κτίσμασί τε καὶ ποιήμασιν, οὐδενὶ ἐξισούμενον, οὐκ ἀγγέλῳ, οὐ πνεύματι ἑτέρῳ, ἀλλ' ἑνικόν· ἐπειδὴ γὰρ καὶ πολλὰ πνεύματά ἐστι, τοῦτο δὲ ἀνώτατον πάντων πνευμάτων, ὡς ὂν ἀεὶ ἐκ πατρὸς καὶ μὴ ἀπὸ τῶν ἄλλων τῶν ἐξ οὐκ ὄντων γενομένων ὄν. πολλὰ γάρ ἐστι πνεύματα, ἓν δὲ τὸ ἅγιον πνεῦμα· ὥσπερ εἷς θεὸς καὶ εἷς μονογενὴς υἱὸς τοῦ θεοῦ, οὕτω καὶ <ἓν> πνεῦμα ἅγιον θεοῦ, ἀπὸ δὲ θεοῦ καὶ ἐν θεῷ. ἀλλὰ ὁ μὲν μονογενὴς υἱὸς ἀκατάληπτος, τὸ δὲ πνεῦμα ἀκατάληπτον, ἐκ θεοῦ δὲ καὶ οὐκ ἀλλότριον πατρὸς

καὶ υἱοῦ. οὐ συναλοιφὴ δέ ἐστι πατρὶ καὶ υἱῷ, ἀλλὰ τριὰς ἀεὶ οὖσα τῆς αὐτῆς οὐσίας, οὐχ ἑτέρα οὐσία παρὰ τὴν θεότητα, οὐχ ἑτέρα θεότης παρὰ τὴν οὐσίαν, ἀλλ' ἡ αὐτὴ θεότης, καὶ ἐκ τῆς αὐτῆς θεότητος ὁ υἱὸς καὶ τὸ ἅγιον πνεῦμα. καὶ τὸ μὲν πνεῦμα πνεῦμα ἅγιον, ὁ δὲ υἱὸς υἱός. τὸ δὲ πνεῦμα παρὰ πατρὸς ἐκπορευόμενον καὶ τοῦ υἱοῦ λαμβάνον, «ἐρευνῶν τὰ βάθη τοῦ θεοῦ», «ἀναγγέλλον» τὰ υἱοῦ ἐν κόσμῳ, ἁγιάζον ἁγίους διὰ τῆς τριάδος· τρίτον τῇ ὀνομασίᾳ, (ἐπειδὴ ἡ τριάς ἐστι πατὴρ καὶ υἱὸς καὶ ἅγιον πνεῦμα «ἀπελθόντες, γάρ φησι, βαπτίσατε εἰς τὸ ὄνομα τοῦ πατρὸς καὶ τοῦ υἱοῦ καὶ τοῦ ἁγίου πνεύματος»), ἐπισφραγὶς τῆς χάριτος, σύνδεσμος τῆς τριάδος, οὐκ ἀλλότριον τοῦ ἀριθμοῦ, οὐ διεστὼς τῆς ὀνομασίας, οὐκ ἀλλότριον τῆς δωρεᾶς, ἀλλ' εἷς θεός, μία πίστις, εἷς κύριος, ἓν χάρισμα, μία ἐκκλησία, ἓν βάπτισμα.

12. Ἀεὶ γὰρ ἡ τριὰς τριάς, ὡς πολλάκις ἔφην, καὶ οὐδέποτε προσθήκην λαμβάνει, ὡς γλυκέως ἔστιν ὁμολογεῖν καὶ ἀκορέστως λέγειν· «γλύκια» γάρ φησιν ὁ προφήτης «τῷ λάρυγγί μου τὰ λόγιά σου». καὶ εἰ τὰ λόγια γλύκια, πόσῳ γε μᾶλλον τὸ ὄνομα τὸ ἅγιον ἡ τριάς, ἡ πηγὴ πάσης γλυκύτητος; τριὰς οὖν οὕτως ἀριθμουμένη· πατὴρ καὶ υἱὸς καὶ ἅγιον πνεῦμα. οὐ συναλοιφὴ δὲ ἡ τριάς, οὐ διεστῶσα τῆς ἑαυτῆς μονάδος, ἐν ὑποστάσει δὲ τελειότητος τέλειος ὁ πατήρ, τέλειος ὁ υἱός, τέλειον τὸ ἅγιον πνεῦμα, πατὴρ καὶ υἱὸς καὶ ἅγιον πνεῦμα. τὸ δὲ ἀνάπαλιν πνεῦμα ταττόμενον ἐν χαρίσμασι· «διαιρέσεις γὰρ χαρισμάτων εἰσί, τὸ δὲ αὐτὸ πνεῦμα, καὶ διαιρέσεις διακονιῶν εἰσιν, ὁ δὲ αὐτὸς κύριος, καὶ διαιρέσεις ἐνεργημάτων εἰσίν, ὁ δὲ αὐτὸς θεὸς ὁ ἐνεργῶν τὰ πάντα ἐν πᾶσι». Τούτων δὲ οὕτως ἐχόντων ἀσφαλισώμεθα μὴ ἐκπέσωμεν τῆς ἀληθείας, ἀλλ' ὁμολογήσωμεν τὴν ἀλήθειαν, οὐ συνηγοροῦντες ὑπὲρ θεοῦ, ἀλλ' εὐσεβῶς νοοῦντες, ἵνα μὴ ἀπολώμεθα. ἀνένδεκτον γὰρ κτιστόν τι ἐν τριάδι λέγειν ἢ διανοεῖσθαι ἢ ἐπιγένητον, ἀλλὰ ἦν ἀεὶ πατὴρ καὶ υἱὸς καὶ ἅγιον πνεῦμα. οὔτε συνάδελφος υἱὸς πατρὶ οὔτε συναλοιφή, καὶ τὸ πνεῦμα οὔτε συναλοιφὴ οὔτε συνάδελφον πατρὶ καὶ υἱῷ [οὔτε συναλοιφὴ τὸ πνεῦμα πατρὶ καὶ υἱῷ]. υἱὸς δὲ γεννητὸς ἐκ πατρὸς καὶ πνεῦμα προελθὸν ἐκ πατρός, ἀνεκδιηγήτως τῆς τριάδος οὔσης ἐν ταυτότητι δοξολογίας καὶ ἀκαταλήπτως υἱοῦ ὄντος σὺν πατρὶ καὶ πνεύματος ἁγίου ὡσαύτως, καὶ μηδέποτε διαλειπούσης τῆς τριάδος τῆς αὐτῆς ἀϊδιότητος. πατὴρ οὖν ἀεὶ ἀγέννητος καὶ ἄκτιστος καὶ ἀκατάληπτος, υἱὸς δὲ γεννητός, ἀλλ' ἄκτιστος καὶ ἀκατάληπτος, πνεῦμα ἅγιον ἀεί, οὐ γεννητόν, οὐ κτιστόν, οὐ συνάδελφον, οὐ προπάτορον, οὐκ ἔκγονον, ἀλλ' ἐκ τῆς αὐτῆς οὐσίας πατρὸς καὶ υἱοῦ πνεῦμα ἅγιον· «πνεῦμα γὰρ ὁ θεός».

13. Τῆς δὲ τοιαύτης ἠσφαλισμένης ἡμῶν ζωῆς αἱ μαρτυρίαι ἐν πάσῃ γραφῇ ἐμφέρονται. ἀπὸ δὲ τῶν πλειόνων ὀλίγα παραθήσομαι κατὰ τὸ δυνατόν, ἵνα μὴ ἀμάρτυρον

περὶ πνεύματος καὶ ἐν τῷ παρόντι παρελεύσομαι τὴν ὑφήγησιν. εὐθὺς μὲν γὰρ ὁ πατὴρ φησι περὶ τῆς τοῦ υἱοῦ παρουσίας ὅτι «θήσομαι τὸ πνεῦμά μου ἐπ' αὐτὸν καὶ κρίσιν τοῖς ἔθνεσιν ἀπαγγελεῖ», ἵνα γνήσιον κηρύξῃ θεὸν τὸ ἅγιον αὐτοῦ πνεῦμα, πᾶσι πιστοῖς εἰς σωτηρίαν. εἶτα δὲ ὁ μονογενὴς τῇ αὐτοῦ μαρτυρίᾳ προσθεὶς φάσκει «πνεῦμα κυρίου ἐπ' ἐμέ, οὗ εἵνεκεν ἔχρισέ με», ἵνα ἡ ἔνσαρκος αὐτοῦ παρουσία καὶ τῷ πνεύματι τῷ ἁγίῳ ἠσφαλισμένη καὶ πιστοῖς κηρυττομένη σαφῶς ὁμολογηθῇ ἀπὸ τῆς τοῦ Χριστοῦ μαρτυρίας, ὅτι οὐκ ἀλλότριον τὸ πνεῦμά ἐστι τοῦ θεοῦ. πάλιν δὲ ὁ κύριος περὶ τοῦ πνεύματος, ὅτι «τὸ πνεῦμα τοῦ πατρός μού ἐστι τὸ λαλοῦν ἐν ὑμῖν», καὶ πάλιν ὡς οὐκ ἀλλοτρίου τοῦ πνεύματος τυγχάνοντος τῆς τοῦ θεοῦ θεότητος, «ἐνεφύσησεν εἰς τὸ πρόσωπον τῶν μαθητῶν, καὶ εἶπε· λάβετε πνεῦμα ἅγιον», καὶ πάλιν, ἵνα δείξῃ τὴν ἑαυτοῦ ἰσότητα καὶ ὁμοουσιότητα πρὸς τὸ πνεῦμα αὐτοῦ τε καὶ τοῦ πατρὸς αὐτοῦ τὸ ἅγιον, φησίν «ἐὰν ἀγαπᾶτέ με, τὰς ἐντολάς μου τηρήσετε. κἀγὼ ἐρωτήσω τὸν πατέρα, καὶ ἄλλον παράκλητον δώσει ὑμῖν», ὡς αὐτοῦ τοῦ κυρίου παρακλήτου ὄντος καὶ τοῦ πνεύματος τοῦ ἁγίου συμπαρακλήτου ὄντος ὁμοίως. οἱ δὲ ἀπόστολοι δεικνύοντες ὅτι οὐ δοῦλον τυγχάνει τὸ πνεῦμα, ἀλλὰ τῆς αὐτῆς θεότητος, τὴν αὐτοῦ αὐθεντίαν ὑποδεικνύντες φασὶ «καὶ εἶπε τὸ πνεῦμα τὸ ἅγιον· ἀφορίσατέ μοι Βαρνάβαν καὶ Σαῦλον εἰς τὸ ἔργον ὃ προσκέκλημαι αὐτούς», καὶ τὰ ἑξῆς. ὁ δὲ ἀπόστολος σαφῶς περὶ αὐτοῦ λέγει «ὁ δὲ κύριός ἐστι τὸ πνεῦμα, οὗ δὲ τὸ πνεῦμα κυρίου, ἐκεῖ ἐλευθερία», καὶ «ὑμεῖς ναὸς θεοῦ ἐστε, καὶ τὸ πνεῦμα κυρίου οἰκεῖ ἐν ὑμῖν». εἰ τοίνυν ναὸς θεοῦ καλούμεθα δι' ἐνοίκησιν ἁγίου πνεύματος, τίς τολμήσειε παραιτήσασθαι τὸ πνεῦμα καὶ ἀπαλλοτριῶσαι τῆς τοῦ θεοῦ οὐσίας, σαφῶς τοῦ ἀποστόλου λέγοντος ἡμᾶς ναοὺς θεοῦ γίνεσθαι, διὰ τὸ ἐνοικοῦν πνεῦμα ἅγιον ἐν τοῖς ἀξίοις; πῶς δὲ ἀλλότριον θεοῦ ἔσται τὸ πνεῦμα «τὰ βάθη τοῦ θεοῦ ἐρευνῶν;» καὶ μὴ λέγε μοι· ἐρευνᾷ, καὶ οὔπω γινώσκει, ὥς τινες τολμῶσι βλασφημεῖν καὶ ἑαυτοὺς ἀπολλύειν, ἐπεὶ ἂν καὶ ‹τὸ› αὐτὸ λέξωσι περὶ τοῦ πατρός, ὅτι καὶ περὶ αὐτοῦ γέγραπται ὅτι «ἐρευνᾷ ταμεῖα κοιλίας». καὶ εἰ ἀσεβῶς νοήσεις διὰ τὸ μὴ ἐπικεῖσθαι τῷ ἐρευνᾶν τὸ γινώσκειν ἐπὶ τοῦ πνεύματος, ἀσεβήσαις ἂν καὶ περὶ τοῦ πατρὸς τὴν αὐτὴν ἀναγκαζόμενος παρεκφέρειν ὑπόνοιαν. οὔτε γὰρ ἐπὶ πατρὸς ἐρευνῶντος ταμεῖα κοιλίας πρόσκειται τὸ γινώσκειν (οὔτε γὰρ χρεία ἦν εἰπεῖν) σαφῶς δηλουμένης τῆς τοῦ θεοῦ προγνωσίας ἀπὸ τοῦ ἐρευνᾶν ‹καὶ› τὸ τέλειον τῆς ἀποφάσεως ἐχούσης. οὕτω μοι καὶ περὶ πνεύματος καὶ υἱοῦ καὶ πατρὸς ‹νόησον› τὴν μίαν γνῶσιν καὶ τὴν προγνωσίαν, σαφῶς ἐχούσης τῆς ἁγίας τριάδος τὴν τελειότητά τε καὶ ταυτότητα.

14. Καὶ ἀμύθητά ἔστι περὶ τούτων λέγειν καὶ ἀπὸ θείας γραφῆς ὄγκον μαρτυριῶν φέρειν καὶ εἰς πλάτος ἐπιμηκύνειν καὶ κάματον ἐμποιεῖν τοῖς ἐντυγχάνουσιν.

ἀρκετῶς γὰρ ἐν πάσῃ αἱρέσει πολλὰ εἰπόντες τὰς πάσας ἐν θεοῦ δυνάμει ἡμεῖς οἱ ἀσθενεῖς ἀνετρέψαμεν καὶ ἀπεδείξαμεν ἀλλοτρίας οὔσας τῆς ἀληθείας καὶ ἑκάστην αὐτῶν βλασφημοῦσαν καὶ ἀρνουμένην τὴν ἀλήθειαν, κἄν τε ἐν βραχεῖ κἄν τε ἐν πολλῷ, ὡς καὶ οὗτοι <οἱ> μάτην εἰς τὸν κύριον βλασφημοῦντες καὶ εἰς τὸ ἅγιον πνεῦμα καὶ μὴ ἔχοντες «μήτε ἐνταῦθα μήτε ἐν τῷ μέλλοντι αἰῶνι» κατὰ τὰ ὑπὸ κυρίου εἰρημένα «ἄφεσιν» ἁμαρτιῶν διὰ τὴν εἰς τὸ ἅγιον πνεῦμα βλασφημίαν, καταπατηθέντες ὑπ' αὐτῆς τῆς ἀληθείας δίκην κεράστου δεινοῦ μονοκέρωτος, τοῦ νοῦ τῆς βλασφημίας δυναμένου ὅλον τὸ σῶμα φθείρειν, παισθέντες τῷ τοῦ ξύλου λόγῳ καὶ τῇ τοῦ μονογενοῦς ἀληθινῇ ὁμολογίᾳ, ὅτι τῷ βλασφημοῦντι εἰς τὸ πνεῦμα «οὔτε ἐν τῷ αἰῶνι τούτῳ οὔτε ἐν τῷ μέλλοντι ἀφεθήσεται», ὡς ἔφην, καταπατηθέντες καὶ συντριβέντες, μὴ ἰσχύοντες κατὰ τῆς ἀληθείας. «πύλαι γὰρ Ἅιδου» ἀληθῶς πᾶσαι αἱ αἱρέσεις, ἀλλὰ «κατὰ τῆς πέτρας οὐ κατισχύσουσι», τουτέστι κατὰ τῆς ἀληθείας. κἄν τε γὰρ ἐξ αὐτῶν τινες θελήσειαν λέγειν ὅτι «τὴν μὲν πίστιν τὴν ἐκτεθεῖσαν κατὰ Νίκαιαν καὶ αὐτοὶ ὁμολογοῦμεν· δεῖξον δέ μοι ἀπ' αὐτῆς ὅτι τὸ ἅγιον πνεῦμα ἐν τῇ θεότητι συναριθμεῖται», εὑρεθήσονται καὶ ἀπ' αὐτῆς ἐλεγχόμενοι. οὐ γέγονε δὲ τότε περὶ τοῦ πνεύματος ἡ ζήτησις. πρὸς γὰρ τὸ ὑποπῖπτον ἐν καιρῷ καὶ καιρῷ αἱ σύνοδοι τὴν ἀσφάλειαν ποιοῦνται. ἐπεὶ οὖν ὁ Ἄρειος εἰς τὸν υἱὸν τὴν δυσφημίαν ἀπετείνετο, τούτου ἕνεκα μετὰ περισσῆς διαλογῆς ἀκρίβεια τῶν λόγων γεγένηται. ὅρα δὲ ἀπ' αὐτῆς τῆς ὁμολογίας ὅτι οὔτε ἐν τούτῳ εὑρεθήσονταί τι λέγοντες οἱ εἰς τὸ πνεῦμα βλασφημοῦντες, οἱ Πνευματομάχοι καὶ ἀλλότριοι τῆς αὐτοῦ δωρεᾶς καὶ ἁγιαστείας. εὐθὺς γὰρ ἡ ἔκθεσις ὁμολογεῖ καὶ οὐκ ἀρνεῖται· «πιστεύομεν γὰρ εἰς ἕνα θεὸν πατέρα παντοκράτορα». τὸ δὲ πιστεύομεν οὐχ ἁπλῶς εἴρηται, ἀλλὰ ἡ πίστις εἰς τὸν θεὸν «καὶ εἰς ἕνα κύριον Ἰησοῦν Χριστόν»· <καὶ> οὐχ ἁπλῶς εἴρηται, ἀλλ' εἰς θεὸν ἡ πίστις «καὶ εἰς τὸ ἅγιον πνεῦμα»· καὶ οὐχ ἁπλῶς εἴρηται, ἀλλ' εἰς μίαν δοξολογίαν καὶ εἰς μίαν ἕνωσιν θεότητος καὶ μίαν ὁμοουσιότητα, εἰς τρία τέλεια, μίαν δὲ θεότητα, μίαν οὐσίαν, μίαν δοξολογίαν, μίαν κυριότητα ἀπὸ τοῦ «πιστεύομεν» καὶ «πιστεύομεν» καὶ «πιστεύομεν». καὶ ἐνταῦθα διέπεσεν ὁ τῶν τοιούτων λόγος. καὶ ἕως ποῦ μηκύνω τὸν λόγον, ἀρκετῶς ἡγησάμενος τοῖς τὴν ἀλήθειαν ἀγαπῶσι τὰ κατὰ τούτων εἰρημένα; διὸ ὑπερβήσομαι καὶ ταύτην, δεόμενος θεοῦ ἡμῶν συνήθως ἀντιλαβέσθαι πρὸς τὴν τούτων ἀνατροπὴν ἁπάντων, ὅπως ἐν τῇ αὐτοῦ δυνάμει τὸ ἐπάγγελμα τελειώσαντες κατὰ πάντα αὐτῷ εὐχαριστήσωμεν.

Ευαγγελία Αμοιρίδου

Κατὰ Τεσσαρεσκαιδεκατιτῶν

1. Ἀπὸ τούτων τῶν δύο αἱρέσεων τῶν ὁμοῦ ἀλλήλαις μιχθεισῶν, κατὰ Φρύγας τε καὶ Κυϊντιλλιανῶν ἤτοι Πρισκιλλιανῶν, ἀνέκυψε πάλιν τῷ κόσμῳ ἑτέρα αἵρεσις Τεσσαρεσκαιδεκατιτῶν οὕτως καλουμένη. καὶ οὗτοι μὲν πάντα ἔχουσιν ὡς ἡ ἐκκλησία, σφάλλονται δὲ ἀπὸ πάντων διὰ τὸ μὴ τῇ ἀκολουθίᾳ καὶ τῇ διδασκαλίᾳ τοῦ θεσμοῦ προσανέχειν, Ἰουδαϊκοῖς ἔτι μύθοις προσανέχοντες. καὶ οὐδὲ τὰ ἴσα αὐτοῖς δογματίζουσιν· «οὐ γὰρ ἃ λέγουσιν οἴδασιν οὔτε περὶ τίνων διαβεβαιοῦνται». ἅπαξ γὰρ τοῦ ἔτους μίαν ἡμέραν τὸ Πάσχα οἱ τοιοῦτοι φιλονείκως ἄγουσι, καίτοι γε περὶ πατρὸς καὶ υἱοῦ καὶ ἁγίου πνεύματος καλῶς καὶ ἴσως <ἡμῖν> ἔχοντες, προφήτας τε δεχόμενοι καὶ ἀποστόλους καὶ εὐαγγελιστάς, ἀνάστασιν δὲ σαρκὸς ὁμοίως ὁμολογοῦντες καὶ κρίσιν ἐσομένην καὶ ζωὴν αἰώνιον. περιέπεσαν δὲ ἀστοχήματι καὶ οὐ τῷ τυχόντι οὗτοι, δῆθεν κεχρημένοι τῷ ῥητῷ ᾧ εἶπεν ὁ νόμος ὅτι «ἐπικατάρατος ὃς οὐ ποιήσει τὸ Πάσχα τῇ τεσσαρεσκαιδεκάτῃ τοῦ μηνός». ἕτεροι δὲ ἐξ αὐτῶν τὴν αὐτὴν μίαν ἡμέραν ἄγοντες καὶ τὴν αὐτὴν μίαν ἡμέραν νηστεύοντες καὶ τὰ μυστήρια ἐπιτελοῦντες, ἀπὸ τῶν Ἄκτων δῆθεν Πιλάτου αὐχοῦσι τὴν ἀκρίβειαν εὑρηκέναι, ἐν οἷς ἐμφέρεται τῇ πρὸ ὀκτὼ καλανδῶν Ἀπριλλίων τὸν σωτῆρα πεπονθέναι. καὶ ἐν ἐκείνῃ τῇ ἡμέρᾳ βούλονται ἄγειν τὸ Πάσχα ὁποίᾳ δἂν ἐμπέσῃ ἡ τεσσαρεσκαιδεκάτη τῆς σελήνης· οἱ δὲ ἐν τῇ Καππαδοκίᾳ τὴν αὐτὴν μίαν ἡμέραν τὴν πρὸ ὀκτὼ καλανδῶν Ἀπριλλίων ἄγουσι. καὶ ἐν αὐτοῖς δὲ στάσις οὐχ ἡ τυχοῦσα, τῶν μὲν λεγόντων τῇ τεσσαρεσκαιδεκάτῃ τῆς σελήνης, τῶν δὲ πρὸ ὀκτὼ καλανδῶν Ἀπριλλίων. ἔτι δὲ εὕραμεν ἀντίγραφα Ἄκτων Πιλάτου, ἐν οἷς σημαίνει πρὸ δεκαπέντε καλανδῶν Ἀπριλλίων τὸ πάθος γεγενῆσθαι· τἀληθῆ δέ, ὡς ἐκ πολλῆς ἀκριβείας ἔγνωμεν, ἐν

τῇ πρὸ δεκατριῶν καλανδῶν Ἀπριλλίων τὸν σωτῆρα πεπονθέναι κατειλήφαμεν· τινὲς δὲ τῇ πρὸ δέκα καλανδῶν Ἀπριλλίων λέγουσιν. ἐξέπεσον δὲ καὶ οὗτοι τοῦ προκειμένου. δέδια δὲ καὶ περὶ τούτων ἐπὶ πλεῖστον μηκῦναι τὸν λόγον· πολλὰ γὰρ ἔχομεν λέγειν.

2. Πληρώσας γὰρ ὁ νομοθέτης τὸν πάντα νόμον Μωυσῆς, ἐκ θεοῦ λαβὼν τὸ πρόσταγμα ἐν τῇ ἐσχάτῃ βίβλῳ τουτέστιν Δευτερονομίῳ τίθησι πάσας τὰς κατάρας, οὐ μόνον περὶ Πάσχων ἀλλὰ καὶ περὶ περιτομῆς καὶ περὶ δεκατώσεως καὶ προσφορῶν· ὥστε οὖν εἰ μίαν κατάραν πεφεύγασιν, εἰς πολλὰς ἑαυτοὺς ἐνέπειραν· εὑρεθήσονται γὰρ ἐπικατάρατοι μὴ περιτεμνόμενοι, ἐπικατάρατοι μὴ ἀποδεκατοῦντες καὶ ἐπικατάρατοι γίνονται μὴ εἰς Ἰερουσαλὴμ προσφέροντες. καὶ ὢ τῶν ἀνθρώπων τῶν εἰς πολλὰς ἑαυτοὺς ἐρεσχελίας ἐμβαλ λόντων· ἀληθῶς γάρ ἐστιν εἰπεῖν ἐκεῖνο τὸ ῥῆμα τὸ συνετὸν τοῦ Ἐκκλησιαστοῦ, τὸ ἐκ πνεύματος ἁγίου ἡμῖν διεσταλμένον ὅτι «τοῦτο ἔγνω ὁ Ἐκκλησιαστής, ὅτι ὁ θεὸς συνετὸν ἄνθρωπον ἐποίησεν εὐθῆ, αὐτοὶ δὲ ἐζήτησαν αὐτοῖς πολλὰς ὁδούς». πόθεν γὰρ οὐ διαπίπτει τούτων ἡ διάνοια; πρῶτον γὰρ εἰ τῇ τεσσαρεσκαιδεκάτῃ τὸ Πάσχα ἄγουσι, χρείαν ἔχουσι τὸ πρόβατον λαβεῖν ἀπὸ δεκάτης καὶ τηρεῖν αὐτὸ ἕως τεσσαρεσκαιδεκάτης, καὶ οὐκέτι μία ἡμέρα ἔσται τῆς νηστείας ἀλλὰ πέντε, ἥ τε δεκάτη καὶ ἑνδεκάτη καὶ δωδεκάτη καὶ τρισκαιδεκάτη καὶ τεσσαρεσκαιδεκάτη· ἐὰν δὲ πρὸς ἑσπέραν τυθῇ τὸ Πάσχα, ἡ αὐτὴ τεσσαρεσκαιδεκάτη ἐπιφώσκουσα ἐξ ἐπιτελεῖ ἡμέρας ἐν τῇ νηστείᾳ, καὶ οὐκέτι μία ἔσται τῆς νηστείας καὶ διέπεσεν ἡ περὶ μιᾶς ἡμέρας αὐτῶν ζήτησις, οὐ μία τις οὖσα. ἔστι γὰρ τὰ πρωτότυπα συνεζευγμένα καὶ ἐζημίωνται οὐκ ὀλίγην κατὰ θεὸν πραγματείαν. ἔδει γὰρ τὸν Χριστὸν ἐν τῇ τεσσαρεσκαιδεκάτῃ ἡμέρᾳ θύεσθαι κατὰ τὸν νόμον, ὅπως λήξῃ παρ' αὐτοῖς τὸ φωτίζον αὐτοὺς φῶς κατὰ τὸν νόμον, τοῦ ἡλίου ἀνατείλαντος καὶ σκεπάσαντος τῆς σελήνης τὸ σέλας. ἀπὸ γὰρ τεσσαρεσκαιδεκάτης καὶ κάτω φθίνει τὸ φαινόμενον τῆς σελήνης· οὕτω καὶ ἐν τῷ νόμῳ ἀπὸ τῆς τοῦ Χριστοῦ παρουσίας καὶ πάθους ἠμαυρώθη ἡ Ἰουδαϊκὴ συναγωγή, κατηύγασε δὲ τὸ εὐαγγέλιον, μὴ καταλυθέντος τοῦ νόμου ἀλλὰ πληρωθέντος, μὴ καταργηθέντος τοῦ τύπου ἀλλὰ παραστήσαντος τὴν ἀλήθειαν. οὕτω γὰρ καὶ ἐν τῷ πεποιηκέναι τὸ Πάσχα ἐν τῇ Ἰεριχὼ εὐθὺς ἐπήνεγκεν ἡ θεία γραφὴ λέγουσα «καὶ ἐποίησαν οἱ υἱοὶ Ἰσραὴλ τὸ Πάσχα καὶ ἔφαγον ἐν Γαλγάλοις, καὶ ἐξέλιπε τὸ μάννα», προσμαρτυροῦσα αὐτοῖς [ἡ θεία γραφὴ] καὶ προφητεύουσα ὅτι τῷ πάθει κυρίου διὰ τὴν αὐτῶν ἐπαρνησιθεῖαν λήξει παρ' αὐτοῖς ἡ βρῶσις ἡ ἀγγελικὴ καὶ ἐπουράνιος, ὅπερ

3. Πανταχόθεν δὲ ἡ ἁγία τοῦ θεοῦ ἐκκλησία περὶ τῆς χρείας ταύτης τῆς μυσταγωγίας συλλέγουσα τὸν σύνδεσμον οὐ διαπίπτει τῆς ἀληθείας. κέχρηται γὰρ

οὐ μόνον τῇ τεσσαρεσκαιδεκάτῃ, ἀλλὰ καὶ τῇ ἑβδομάδι τῇ κατὰ περίοδον ἀνακυκλουμένῃ <ἐν τῇ> τάξει τῶν τοῦ σαββάτου ἑπτὰ ἡμερῶν, ἵνα κατὰ τὰ ὑπὸ τοῦ κυρίου γενόμενα <ὡς> κατὰ τὸ πρωτότυπον εἴη ἡ ἀνάστασίς τε καὶ εὐωχία. καὶ κέχρηται οὐ μόνον τῇ τεσσαρεσκαιδεκάτῃ τῆς σελήνης, ἀλλὰ καὶ τῷ δρόμῳ τοῦ ἡλίου, ἵνα μὴ ἐν ἑνὶ ἐνιαυτῷ δύο Πάσχα ποιοῦντες ἐν τῷ ἑτέρῳ μηδὲ ἓν Πάσχα τελέσωμεν. διὸ παρατηρούμεθα μὲν τὴν τεσσαρεσκαιδεκάτην, ὑπερβαίνομεν δὲ τὴν ἰσημερίαν φέρομέν τε ἐπὶ τὴν ἁγίαν κυριακὴν τὸ τέλος τῆς συμπληρώσεως· λαμβάνομεν δὲ τὸ πρόβατον ἀπὸ δεκάτης, <τὸ> ὄνομα Ἰησοῦ ἐπιγνόντες διὰ τοῦ ἰῶτα, ἵνα μὴ λάθῃ ἡμᾶς μηδὲν τῶν κατὰ τὴν ἀλήθειαν πᾶσαν τῆς ζωτικῆς ταύτης τοῦ Πάσχα * τῆς ἐκκλησιαστικῆς καὶ ἀληθινῆς πραγματείας. ὑπερβήσομαι δὲ καὶ τοῦτο τὸ ἐμφύσημα τοῦ βαιῶνος εἴτ' οὖν φυσάλου ὄφεως, διὰ τῆς τοῦ Χριστοῦ δυνάμεως ἐπισφραγισάμενος καὶ ἐπὶ τὰς ἑξῆς τὸν νοῦν προτείνων, θεὸν συνήθως ἐπικαλούμενος εἰς βοήθειαν.

Πτυχές από την ιστορία της αδιαίρετης Εκκλησίας

Κατά Γνωστικών

Πολὺς δὲ ὁ τοιόσδε ὄχλος· οἱ μὲν αὐτῶν, ἡδοναῖς δεδουλωμένοι, ἀπιστεῖν ἐθέλοντες, γελῶσι τὴν ἁπάσης σεμνότητος ἀξίαν ἀλήθειαν, τὸ βάρβαρον ἐν παιδιᾷ τιθέμενοι, οἳ δέ τινες σφᾶς αὐτοὺς ἐπαίροντες διαβολὰς τοῖς λόγοις ἐξευρίσκειν βιάζονται, ζητήσεις ἐριστικὰς ἐκπορίζοντες, λεξειδίων θηράτορες, ζηλωταὶ τεχνυδρίων, «ἐριδαντέες καὶ ἱμαντελικτέες,» ὡς ὁ Ἀβδηρίτης ἐκεῖνός φησιν· στρεπτὴ γὰρ γλῶσσα, φησί, βροτῶν· πολέες δ' ἔνι μῦθοι· παντοίων ἐπέων δὲ πολὺς νομὸς ἔνθα καὶ ἔνθα. καὶ· ὁπποῖόν κ' εἴπησθα ἔπος, τοῖόν κ' ἐπακούσαις. ταύτῃ γοῦν ἐπαιρόμενοι τῇ τέχνῃ οἱ κακοδαίμονες σοφισταὶ τῇ σφῶν αὐτῶν στωμυλλόμενοι τερθρείᾳ, ἀμφὶ τὴν διάκρισιν τῶν ὀνομάτων καὶ τὴν ποιὰν τῶν λέξεων σύνθεσίν τε καὶ περιπλοκὴν τὸν πάντα πονούμενοι βίον τρυγόνων ἀναφαίνον<ται> λαλίστεροι· κνήθοντες καὶ γαργαλίζοντες οὐκ ἀνδρικῶς, ἐμοὶ δοκεῖν, τὰς ἀκοὰς τῶν κνήσασθαι γλιχομένων, ποταμὸς ἀτεχνῶς ῥημάτων, νοῦ δὲ σταλαγμός. ἀμέλει καὶ καθάπερ τῶν παλαιῶν ὑποδημάτων τὰ μὲν ἄλλα αὐτοῖς ἀσθενεῖ καὶ διαρρεῖ, μόνη δὲ ἡ γλῶσσα ὑπολείπεται. παγκάλως ὁ Ἀθηναῖος ἀποτείνεται καὶ γράφει Σόλων· εἰς γὰρ γλῶσσαν ὁρᾶτε καὶ εἰς ἔπη αἱμύλου ἀνδρός· ὑμῶν δὲ εἷς <μὲν> ἕκαστος ἀλώπεκος ἴχνεσι βαίνει, σύμπασι<ν> δὲ ὑμῖν χαῦνος ἔνεστι νόος. τοῦτό που αἰνίσσεται ἡ σωτήριος ἐκείνη φωνή· «αἱ ἀλώπεκες φωλεοὺς ἔχουσιν, ὁ δὲ υἱὸς τοῦ ἀνθρώπου οὐκ ἔχει ποῦ τὴν κεφαλὴν κλίνῃ.» μόνῳ γάρ, οἶμαι, τῷ πιστεύοντι, διακεκριμένῳ τέλεον τῶν ἄλλων τῶν πρὸς τῆς γραφῆς θηρίων εἰρημένων, ἐπαναπαύεται τὸ κεφάλαιον τῶν ὄντων, ὁ χρηστὸς καὶ ἥμερος λόγος, «ὁ δρασσόμενος τοὺς σοφοὺς ἐν τῇ πανουργίᾳ αὐτῶν· κύριος γὰρ μόνος γινώσκει τοὺς διαλογισμοὺς τῶν σοφῶν, ὅτι εἰσὶ μάταιοι,» σοφοὺς δή που τοὺς σοφιστὰς τοὺς περὶ τὰς λέξεις καὶ τὰς τέχνας περιττοὺς καλούσης τῆς γραφῆς. ὅθεν οἱ Ἕλληνες καὶ αὐτοὶ τοὺς περὶ ὁτιοῦν πολυπράγμονας σοφοὺς ἅμα καὶ σοφιστὰς παρωνύμως κεκλήκασι. Κρατῖνος γοῦν ἐν τοῖς Ἀρχιλόχοις ποιητὰς καταλέξας ἔφη· οἷον σοφιστῶν σμῆνος ἀνεδιφήσατε. Ἰοφῶν τε ὁμοίως <ὡς> ὁ κωμικὸς ἐν Αὐλῳδοῖς σατύροις ἐπὶ ῥαψῳδῶν καὶ ἄλλων τινῶν λέγει· καὶ γὰρ εἰσελήλυθεν πολλῶν σοφιστῶν ὄχλος ἐξηρτυμένος. ἐπὶ τούτων καὶ τῶν παραπλησίων ὅσοι τοὺς κενοὺς μεμελετήκασι λόγους ἡ θεία γραφὴ παγκάλως λέγει· «ἀπολῶ τὴν σοφίαν τῶν σοφῶν, καὶ τὴν σύνεσιν τῶν συνετῶν ἀθετήσω.»

Πτυχές από την ιστορία της αδιαίρετης Εκκλησίας

ΚΓ Περὶ τοῦ τότε κινηθέντος ἀμφὶ τοῦ πάσχα ζητήματος.

Ζητήσεως δῆτα κατὰ τούσδε οὐ σμικρᾶς ἀνακινηθείσης, ὅτι δὴ τῆς Ἀσίας ἁπάσης αἱ παροικίαι ὡς ἐκ παραδόσεως ἀρχαιοτέρας σελήνης τὴν τεσσαρεσκαιδεκάτην ᾤοντο δεῖν ἐπὶ τῆς τοῦ σωτηρίου πάσχα ἑορτῆς παραφυλάττειν, ἐν ᾗ θύειν τὸ πρόβατον Ἰουδαίοις προηγόρευτο, ὡς δέον ἐκ παντὸς κατὰ ταύτην, ὁποίᾳ δἂν ἡμέρᾳ τῆς ἑβδομάδος περιτυγχάνοι, τὰς τῶν ἀσιτιῶν ἐπιλύσεις ποιεῖσθαι, οὐκ ἔθους ὄντος τοῦτον ἐπιτελεῖν τὸν τρόπον ταῖς ἀνὰ τὴν λοιπὴν ἅπασαν οἰκουμένην ἐκκλησίαις, ἐξ ἀποστολικῆς παραδόσεως τὸ καὶ εἰς δεῦρο κρατῆσαν ἔθος φυλαττούσαις, ὡς μηδ᾽ ἑτέρᾳ προσήκειν παρὰ τὴν τῆς ἀναστάσεως τοῦ σωτῆρος ἡμῶν ἡμέρᾳ τὰς νηστείας ἐπιλύεσθαι, σύνοδοι δὴ καὶ συγκροτήσεις ἐπισκόπων ἐπὶ ταὐτὸν ἐγίνοντο, πάντες τε μιᾷ γνώμῃ δι᾽ ἐπιστολῶν ἐκκλησιαστικὸν δόγμα τοῖς πανταχόσε διετυποῦντο ὡς ἂν μηδ᾽ ἐν ἄλλῃ ποτὲ τῆς κυριακῆς ἡμέρᾳ τὸ τῆς ἐκ νεκρῶν ἀναστάσεως ἐπιτελοῖτο τοῦ κυρίου μυστήριον, καὶ ὅπως ἐν ταύτῃ μόνῃ τῶν κατὰ τὸ πάσχα νηστειῶν φυλαττοίμεθα τὰς ἐπιλύσεις. φέρεται δ᾽ εἰς ἔτι νῦν τῶν κατὰ Παλαιστίνην τηνικάδε συγκεκροτημένων γραφή, ὧν προυτέτακτο Θεόφιλος τῆς ἐν Καισαρείᾳ παροικίας ἐπίσκοπος καὶ Νάρκισσος τῆς ἐν Ἱεροσολύμοις, καὶ τῶν ἐπὶ Ῥώμης δ᾽ ὁμοίως ἄλλη περὶ τοῦ αὐτοῦ ζητήματος, ἐπίσκοπον Βίκτορα δηλοῦσα, τῶν τε κατὰ Πόντον ἐπισκόπων, ὧν Πάλμας ὡς ἀρχαιότατος προυτέτακτο, καὶ τῶν κατὰ Γαλλίαν δὲ παροικιῶν, ἃς Εἰρηναῖος ἐπεσκόπει, ἔτι τε τῶν κατὰ τὴν Ὀσροηνὴν καὶ τὰς ἐκεῖσε πόλεις, καὶ ἰδίως Βακχύλλου τῆς Κορινθίων ἐκκλησίας ἐπισκόπου, καὶ πλείστων ὅσων ἄλλων, οἳ μίαν καὶ τὴν αὐτὴν δόξαν τε καὶ κρίσιν ἐξενηνεγμένοι, τὴν αὐτὴν τέθεινται ψῆφον. καὶ τούτων μὲν ἦν ὅρος εἷς, ὁ δεδηλωμένος·

Ευαγγελία Αμοιρίδου

Περὶ τῆς Μακεδονίου αἱρέσεως.

Μακεδόνιος δὲ τῆς Κωνσταντινουπόλεως ἐκβληθείς, καὶ μὴ φέρων τὴν καταδίκην, ἡσυχάζειν οὐδαμῶς ἠνείχετο· ἀλλὰ ἀποκλίνει μὲν πρὸς τοὺς τοῦ ἑτέρου μέρους, οἳ ἐν τῇ Σελευκείᾳ καθεῖλον τοὺς περὶ Ἀκάκιον· διεπρεσβεύετο δὲ πρός τε Σωφρόνιον καὶ Ἐλεύσιον, ἀντέχεσθαι μὲν τῆς πρότερον ἐν Ἀντιοχείᾳ ἐκτεθείσης πίστεως, μετὰ ταῦτα δὲ ἐν Σελευκείᾳ βεβαιωθείσης, καὶ παρασήμῳ ὀνόματι 'ὁμοιούσιον' τὴν πίστιν ἐπιφημισθῆναι παρῄνεσε. Συνέρρεον οὖν πρὸς αὐτὸν πολλοὶ τῶν γνωρίμων αὐτῷ, οἳ νῦν 'Μακεδονιανοὶ' χρηματίζουσιν ἐξ αὐτοῦ· ὅσοι τε ἐν τῇ κατὰ Σελεύκειαν συνόδῳ τοῖς περὶ Ἀκάκιον διεκρίθησαν, φανερῶς τὸ 'ὁμοιούσιον' ἐδογμάτισαν, τὸ πρότερον ἤδη μὲν οὐκ ἐκτρανοῦντες αὐτό. Φήμη δέ τις παρὰ τοῖς πολλοῖς ἐκράτει, ὡς οὐκ εἴη Μακεδονίου τοῦτο εὕρεμα, Μαραθωνίου δὲ μᾶλλον, ὃν μικρὸν ἔμπροσθεν τῆς Νικομηδείας πεποιήκεισαν ἐπίσκοπον· διὸ καὶ 'Μαραθωνιανοὺς' καλοῦσιν αὐτούς. Τούτοις δὴ προσφεύγει καὶ Εὐστάθιος, ὁ τῆς Σεβαστείας ἐκβληθεὶς διὰ πρόφασιν ἣν μικρῷ πρότερον εἴρηκα. Ὡς δὲ ὁ Μακεδόνιος τὸ Ἅγιον Πνεῦμα συναναλαβεῖν εἰς τὴν θεολογίαν τῆς Τριάδος ἐξέκλινε, τότε δὴ καὶ Εὐστάθιος, 'Ἐγώ,' ἔφη, 'οὔτε Θεὸν ὀνομάζειν τὸ Πνεῦμα τὸ Ἅγιον αἱροῦμαι, οὔτε κτίσμα καλεῖν τολμήσαιμι.' Διὰ ταύτην δὲ τὴν αἰτίαν καὶ 'Πνευματομάχους' ἀποκαλοῦσιν αὐτοὺς οἱ τὸ 'ὁμοούσιον' φρονοῦντες. Ὅπως μὲν οὖν οἱ περὶ Μακεδόνιον εἰς τὸν Ἑλλήσποντον πλεονάζουσι, κατὰ χώραν ἐρῶ. Οἱ δὲ περὶ Ἀκάκιον σπουδὴν πεποίηνται αὖθις ἐν τῇ Ἀντιοχείᾳ συνελθεῖν, μεταγνόντες ὅτι ὅλως 'ὅμοιον' εἰρήκασι τὸν Υἱὸν τῷ Πατρί. Τῇ οὖν ἑξῆς ὑπατείᾳ, ἥτις ἐστὶ Ταύρου καὶ Φλωρεντίου, γενόμενοι κατὰ τὴν Συρίας Ἀντιόχειαν, Εὐζωΐου κρατοῦντος τῆς ἐκεῖ ἐκκλησίας, καὶ τοῦ βασιλέως ἐν αὐτῇ διατρίβοντος, ὀλίγοι τινες ἀνεκίνουν αὖθις τὰ δεδογμένα αὐτοῖς, φάσκοντες δεῖν περιαιρεθῆναι τὴν τοῦ 'ὁμοίου' λέξιν ἐκ τῆς ἐκδοθείσης πίστεως ἐν τῇ Ἀριμήνῳ καὶ ἐν Κωνσταντινουπόλει· οὐκέτι ἐπικρύπτοντες, ἀλλὰ ἀναφανδὸν λέγοντες, ὅτι 'κατὰ πάντα ἀνόμοιος ὁ Υἱὸς τῷ Πατρὶ, οὐ μόνον κατὰ τὴν οὐσίαν, ἀλλὰ δὴ καὶ κατὰ βούλησιν.' ἐξ οὐκ ὄντων τε αὐτὸν, ὡς Ἄρειος ἔλεγε, καὶ αὐτοὶ γενέσθαι ἀπεφήναντο. Συνελαμβάνοντο δὲ ταύτῃ τῇ δόξῃ οἱ ἐν Ἀντιοχείᾳ τότε τὰ Ἀετίου φρονοῦντες· διόπερ, μετὰ τοῦ ἔχειν τὴν Ἀρειανὴν προσωνυμίαν, ἔτι καὶ 'Ἀνόμοιοι' καὶ 'Ἐξουκόντιοι' ἐκλήθησαν ὑπὸ τῶν ἐν Ἀντιοχείᾳ φρονούντων μὲν τὸ 'ὁμοούσιον,' διῃρημένων δὲ τότε διὰ τὴν ἐπὶ Μελετίῳ γενομένην αἰτίαν, ὥς μοι καὶ πρότερον εἴρηται. Ἐρωτηθέντες δ' οὖν ὅμως παρ' ἐκείνων, διὰ τί, ἐν τῇ ἐκθέσει τῆς ἑαυτῶν πίστεως 'Θεὸν ἐκ Θεοῦ' τὸν Υἱὸν εἰπόντες, ἀνόμοιόν τε καὶ ἐξ οὐκ ὄντων τολμῶσιν ὀνομάζειν, τοιοῖσδε σοφίσμασιν ἐπεχείρουν τὴν ἀντίθεσιν ἀποδύεσθαι· ὅτι 'οὕτως,' φησὶν, 'εἴρηται τὸ "ἐκ Θεοῦ," ὡς εἴρηται παρὰ τῷ ἀποστόλῳ, "Τὰ δὲ πάντα ἐκ τοῦ Θεοῦ." ἓν οὖν τῶν πάντων, καὶ ὁ Υἱός ἐστιν ἐκ τοῦ Θεοῦ· καὶ διὰ τοῦτο πρόσκειται ἐν ταῖς ἐκδόσεσι τὸ "κατὰ τὰς γραφάς." Τούτου δὲ τοῦ σοφίσματος ἀρχηγὸς ἦν Γεώργιος ὁ Λαοδικείας ἐπίσκοπος· ὅστις ἀνάγωγος ὢν τῶν τοιούτων λόγων, ἠγνόησεν ὅπως τὰ τοιαῦτα τοῦ ἀποστόλου ἰδιώματα τοῖς ἀνωτέρω χρόνοις Ὠριγένης πλατύτερον ἐξετάσας ἡρμήνευσεν. Ἀλλ' ὅμως, εἰ καὶ τοιαῦτα ἐπεχείρουν σοφίζεσθαι, τοὺς ὀνειδισμοὺς καὶ τὴν κατάγνωσιν οὐ φέροντες, ἀνέγνωσαν τὴν αὐτὴν πίστιν ἣν καὶ ἐν Κωνσταντινουπόλει· καὶ οὕτως κατὰ πόλεις τὰς ἑαυτῶν ἀνεχώρησαν. Γεώργιος μὲν οὖν ἐπὶ τὴν Ἀλεξάνδρειαν ὁρμήσας τῶν τε ἐκκλησιῶν ἔτι ἐκράτει, Ἀθανασίου ἔτι ἀφανοῦς τυγχάνοντος, καὶ τοὺς ἐν Ἀλεξανδρείᾳ μὴ φρονοῦντας τὰ αὐτοῦ συνήλαυνε. Χαλεπὸς δὲ ἦν καὶ τῷ δήμῳ τῆς πόλεως· τοῖς πλείοσι γὰρ ἦν ἀπεχθής. Ἐν δὲ τοῖς Ἱεροσολύμοις ἀντὶ Κυρίλλου προεχειρίσθη Ἀρρήνιος. Ἰστέον δὲ, ὅτι καὶ μετ' ἐκεῖνον Ἡράκλειος κατέστη, καὶ αὖθις Ἱλάριος· ὕστερον δὲ χρόνῳ Κύριλλος ἐπέβη τῶν Ἱεροσολύμων, καὶ τῆς ἐκεῖ ἐκκλησίας ἐγκρατὴς ἐγένετο. Τότε δὲ καὶ ἑτέρα παρεφύη αἵρεσις ἐξ αἰτίας τοιᾶσδε.

Ευαγγελία Αμοιρίδου

Ὡς ἐκ τῆς φιλονεικίας ἀρχὴν διαιρέσεως ἡ ἐκκλησία ἔλαβε· καὶ ὡς Ἀλέξανδρος ὁ Ἀλεξανδρείας καθεῖλεν Ἄρειον, καὶ τοὺς περὶ αὐτόν.

Ταῦτα τῷ καινοπρεπεῖ λόγῳ συλλογισάμενος, ἀναρριπίζει τοὺς πολλοὺς πρὸς τὸ ζήτημα. Καὶ ἀνάπτεται ἀπὸ σμικροῦ σπινθῆρος μέγα πῦρ. Ἀρξάμενόν τε τὸ κακὸν ἀπὸ τῆς Ἀλεξανδρέων ἐκκλησίας, διέτρεχε τὴν σύμπασαν Αἴγυπτόν τε καὶ Λιβύην, καὶ τὴν ἄνω Θηβαΐδα· ἤδη δὲ καὶ τὰς λοιπὰς ἐπενέμετο ἐπαρχίας τε καὶ πόλεις. Συνελαμβάνοντο τῇ Ἀρείου δόξῃ πολλοὶ μὲν καὶ ἄλλοι, μάλιστα δὲ Εὐσέβιος αὐτῆς ἀντείχετο, οὐχ ὁ Καισαρεὺς, ἀλλ' ὁ πρότερον μὲν τῆς Βηρυτίων ἐκκλησίας ἐπίσκοπος, τότε δὲ τῆς ἐν Βιθυνίᾳ Νικομηδείας τὴν ἐπισκοπὴν ὑποδύς. Ταῦτα ἀκούων καὶ ὁρῶν τε γινόμενα ὁ Ἀλέξανδρος, πρὸς ὀργὴν ἐξάπτεται· καὶ συνέδριον πολλῶν ἐπισκόπων καθίσας, τὸν μὲν Ἄρειον, καὶ τοὺς ἀποδεχομένους τὴν δόξαν αὐτοῦ καθαιρεῖ· γράφει δὲ τοῖς κατὰ πόλιν τοιάδε. Ἐπιστολὴ Ἀλεξάνδρου Ἀλεξανδρείας. Τοῖς ἀγαπητοῖς καὶ τιμιωτάτοις συλλειτουργοῖς τοῖς ἁπανταχοῦ τῆς καθολικῆς ἐκκλησίας, Ἀλέξανδρος ἐν Κυρίῳ χαίρειν. Ἑνὸς σώματος ὄντος τῆς καθολικῆς ἐκκλησίας, ἐντολῆς τε οὔσης ἐν ταῖς θείαις γραφαῖς, 'τηρεῖν τὸν σύνδεσμον τῆς ὁμονοίας καὶ εἰρήνης,' ἀκόλουθόν ἐστι γράφειν ἡμᾶς, καὶ σημαίνειν ἀλλήλοις τὰ παρ' ἑκάστοις γιγνόμενα, ἵνα 'εἴτε πάσχει, εἴτε χαίρει ἓν μέλος, ἢ συμπάσχωμεν, ἢ συγχαίρωμεν ἀλλήλοις.' Ἐν τῇ ἡμετέρᾳ τοίνυν παροικίᾳ, ἐξῆλθον νῦν ἄνδρες παράνομοι καὶ Χριστομάχοι, διδάσκοντες ἀποστασίαν, ἣν εἰκότως ἄν τις πρόδρομον τοῦ Ἀντιχρίστου νομίσειε καὶ καλέσειε. Καὶ ἐβουλόμην μὲν σιωπῇ παραδοῦναι τὸ τοιοῦτον, ἵν' ἴσως ἐν τοῖς ἀποστάταις μόνοις ἀναλωθῇ τὸ κακὸν, καὶ μὴ εἰς ἑτέρους

Πτυχές από την ιστορία της αδιαίρετης Εκκλησίας

τόπους διαβάν, ῥυπώση τινῶν ἀκεραίων τὰς ἀκοάς· ἐπειδὴ δὲ Εὐσέβιος, ὁ νῦν ἐν τῇ Νικομηδείᾳ, νομίσας ἐπ' αὐτῷ κεῖσθαι τὰ τῆς ἐκκλησίας, ὅτι καταλείψας τὴν Βηρυτὸν, καὶ ἐποφθαλμίσας τῇ ἐκκλησίᾳ Νικομηδέων, οὐκ ἐκδεδίκηται κατ' αὐτοῦ, προΐσταται καὶ τούτων τῶν ἀποστατῶν, καὶ γράφειν ἐπεχείρησε πανταχοῦ, συνιστῶν αὐτούς, εἴπως ὑποσύρῃ τινὰς ἀγνοοῦντας εἰς τὴν ἐσχάτην καὶ Χριστομάχον αἵρεσιν, ἀνάγκην ἔσχον, εἰδὼς τὸ ἐν τῷ νόμῳ γεγραμμένον, μηκέτι μὲν σιωπῆσαι, ἀναγγεῖλαι δὲ πᾶσιν ὑμῖν, ἵνα γινώσκητε τούς τε ἀποστάτας γενομένους, καὶ τὰ τῆς αἱρέσεως αὐτῶν δύστηνα ῥημάτια, καὶ ἐὰν γράφῃ Εὐσέβιος, μὴ προσέχητε. Τὴν πάλαι γὰρ αὐτοῦ κακόνοιαν τὴν χρόνῳ σιωπηθεῖσαν, νῦν διὰ τούτων ἀνανεῶσαι βουλόμενος, σχηματίζεται μὲν ὡς ὑπὲρ τούτων γράφων· ἔργῳ δὲ δείκνυσιν, ὡς ὅτι ὑπὲρ ἑαυτοῦ σπουδάζων, τοῦτο ποιεῖ. Οἱ μὲν οὖν ἀποστάται γενόμενοι εἰσίν, Ἄρειος, Ἀχιλλᾶς, Ἀειθαλὴς καὶ Καρπώνης, καὶ ἕτερος Ἄρειος, καὶ Σαρμάτης, καὶ Εὐζώιος, καὶ Λούκιος, καὶ Ἰουλιανός, καὶ Μηνᾶς, καὶ Ἑλλάδιος, καὶ Γάϊος, καὶ σὺν αὐτοῖς Σεκοῦνδος καὶ Θεωνᾶς, οἱ ποτὲ λεχθέντες ἐπίσκοποι. Ποῖα δὲ παρὰ τὰς γραφὰς ἐφευρόντες λαλοῦσιν, ἐστὶ ταῦτα. 'Οὐκ ἀεὶ ὁ Θεὸς Πατὴρ ἦν, ἀλλ' ἦν ὅτε ὁ Θεὸς Πατὴρ οὐκ ἦν· οὐκ ἀεὶ ἦν ὁ τοῦ Θεοῦ Λόγος, ἀλλ' ἐξ οὐκ ὄντων γέγονεν. Ὁ γὰρ ὢν Θεὸς τὸν μὴ ὄντα ἐκ τοῦ μὴ ὄντος πεποίηκε· διὸ καὶ ἦν ποτὲ ὅτε οὐκ ἦν. Κτίσμα γάρ ἐστι καὶ ποίημα ὁ Υἱός. Οὔτε δὲ ὅμοιος κατ' οὐσίαν τῷ Πατρί ἐστιν, οὔτε ἀληθινὸς καὶ φύσει τοῦ Πατρὸς Λόγος ἐστίν, οὔτε ἀληθινὴ Σοφία αὐτοῦ ἐστί· ἀλλ' εἷς μὲν τῶν ποιημάτων καὶ γενητῶν ἐστί· καταχρηστικῶς δὲ λόγος καὶ σοφία, γενόμενος καὶ αὐτὸς δὲ τῷ ἰδίῳ τοῦ Θεοῦ Λόγῳ, καὶ τῇ ἐν τῷ Θεῷ Σοφίᾳ, ἐν ᾗ καὶ τὰ πάντα καὶ αὐτὸν πεποίηκεν ὁ Θεός· διὸ καὶ τρεπτός ἐστι καὶ ἀλλοιωτὸς τὴν φύσιν, ὡς καὶ πάντα τὰ λογικά· ξένος τε καὶ ἀλλότριος, καὶ ἀπεσχοινισμένος ἐστὶν ὁ Λόγος τῆς τοῦ Θεοῦ οὐσίας. Καὶ ἄρρητός ἐστιν ὁ Πατὴρ τῷ Υἱῷ· οὔτε γὰρ τελείως καὶ ἀκριβῶς γινώσκει ὁ Λόγος τὸν Πατέρα, οὔτε τελείως ὁρᾶν αὐτὸν δύναται. Καὶ γὰρ ἑαυτοῦ τὴν οὐσίαν οὐκ οἶδεν ὁ Υἱὸς ὡς ἐστι· δι' ἡμᾶς γὰρ πεποίηται, ἵνα ἡμᾶς δι' αὐτοῦ ὡς δι' ὀργάνου κτίσῃ ὁ Θεός· καὶ οὐκ ἂν ὑπέστη, εἰ μὴ ἡμᾶς ὁ Θεὸς ἤθελεν ποιῆσαι.' Ἠρώτησε γοῦν τις αὐτούς, εἰ δύναται ὁ τοῦ Θεοῦ Λόγος τραπῆναι ὡς ὁ διάβολος ἐτράπη· καὶ οὐκ ἐφοβήθησαν εἰπεῖν, 'Ναὶ δύναται· τρεπτῆς γὰρ φύσεως ἐστί, γενητὸς καὶ τρεπτὸς ὑπάρχων.' Ταῦτα λέγοντας τοὺς περὶ Ἄρειον, καὶ ἐπὶ τούτοις ἀναισχυντοῦντας, αὐτούς τε καὶ τοὺς συνακολουθήσαντας αὐτοῖς, ἡμεῖς μὲν μετὰ τῶν κατ' Αἴγυπτον ἐπισκόπων καὶ τὰς Λιβύας, ἐγγὺς ἑκατὸν ὄντων, συνελθόντες ἀνεθεματίσαμεν. Οἱ δὲ περὶ Εὐσέβιον προσεδέξαντο, σπουδάζοντες συγκαταμίξαι τὸ ψεῦδος τῇ ἀληθείᾳ, καὶ τῇ εὐσεβείᾳ τὴν ἀσέβειαν. Ἀλλ' οὐκ ἰσχύσουσι, νικᾷ γὰρ

317

ἡ ἀλήθεια· καὶ οὐδεμία ἐστὶ 'κοινωνία φωτὶ πρὸς σκότος, οὐδὲ συμφώνησις Χριστῷ πρὸς Βελίαρ.' Τίς γὰρ ἤκουσε πώποτε τοιαῦτα; ἢ τίς νῦν ἀκούων οὐ ξενίζεται, καὶ τὰς ἀκοὰς βύει, ὑπὲρ τοῦ μὴ τὸν ῥύπον τούτων τῶν ῥημάτων ψαῦσαι τῆς ἀκοῆς; Τίς ἀκούων Ἰωάννου λέγοντος, ''Εν ἀρχῇ ἦν ὁ Λόγος,' οὐ καταγινώσκει τούτων λεγόντων, ''Ἦν ποτὲ ὅτε οὐκ ἦν'; ἢ τίς ἀκούων ἐν τῷ εὐαγγελίῳ, ''Ο μονογενὴς Υἱός,' καί, 'Δι' αὐτοῦ ἐγένετο τὰ πάντα,' οὐ μισήσει τούτους φθεγγομένους, ὅτι εἷς ἐστι τῶν ποιημάτων ὁ Υἱός; Πῶς δὲ δύναται εἷς εἶναι τῶν δι' αὐτοῦ γενομένων; ἢ πῶς μονογενής, ὁ τοῖς πᾶσι κατ' ἐκείνους συναριθμούμενος; πῶς δὲ ἐξ οὐκ ὄντων ἂν εἴη, τοῦ Πατρὸς λέγοντος, ''Εξηρεύξατο ἡ καρδία μου λόγον ἀγαθόν·' καί, ''Εκ γαστρὸς πρὸ ἑωσφόρου ἐγέννησα σέ'; ἢ πῶς ἀνόμοιος τῇ οὐσίᾳ τοῦ Πατρός, ὁ ὢν εἰκὼν τελεία καὶ 'ἀπαύγασμα' τοῦ Πατρός, καὶ λέγων, ''Ο ἐμὲ ἑωρακώς, ἑώρακε τὸν Πατέρα'; Πῶς δὲ εἰ Λόγος καὶ Σοφία καὶ ἄσοφον ποτὲ τὸν Θεόν. Πῶς δὲ τρεπτὸς ἢ ἀλλοιωτός, ὁ λέγων δι' ἑαυτοῦ, ''Εγὼ ἐν τῷ Πατρί, καὶ ὁ Πατὴρ ἐν ἐμοί·' καί, ''Εγὼ καὶ ὁ Πατὴρ ἕν ἐσμεν.' διὰ δὲ τοῦ προφήτου, ''Ιδετέ με ὅτι ἐγώ εἰμι, καὶ οὐκ ἠλλοίωμαι'; Εἰ δὲ καὶ ἐπ' αὐτόν τις τὸν Πατέρα τὸ ῥητὸν δύναται ἀναφέρειν, ἀλλὰ ἁρμοδιώτερον ἂν εἴη περὶ τοῦ Λόγου νῦν λεγόμενον, ὅτι καὶ γενόμενος ἄνθρωπος οὐκ ἠλλοίωται, ἀλλ' ὡς ὁ Ἀπόστολος, ''Ιησοῦς Χριστὸς χθὲς καὶ σήμερον ὁ αὐτός, καὶ εἰς τοὺς αἰῶνας.' Τί δὲ ἄρα εἰπεῖν αὐτοὺς ἔπεισεν, ὅτι δι' ἡμᾶς γέγονε, καίτοι τοῦ Παύλου γράφοντος, 'Δι' ὃν τὰ πάντα,' καὶ 'δι' οὗ τὰ πάντα'; Περὶ μὲν οὖν τοῦ βλασφημεῖν αὐτούς, ὅτι οὐκ οἶδε τελείως ὁ Υἱὸς τὸν Πατέρα, οὐ δεῖ θαυμάζειν. Ἅπαξ γὰρ προθέμενοι Χριστομαχεῖν, παρακρούονται καὶ τὰς φωνὰς αὐτοῦ Κυρίου λέγοντος, 'Καθὼς γινώσκει με ὁ Πατήρ, κἀγὼ γινώσκω τὸν Πατέρα.' Εἰ μὲν οὖν ἐκ μέρους γινώσκει ὁ Πατὴρ τὸν Υἱόν, δῆλον ὅτι καὶ ὁ Υἱὸς ἐκ μέρους γινώσκει τὸν Πατέρα. Εἰ δὲ τοῦτο λέγειν οὐ θέμις, οἶδε δὲ τελείως ὁ Πατὴρ τὸν Υἱόν, δῆλον ὅτι καθὼς γινώσκει ὁ Πατὴρ τὸν ἑαυτοῦ Λόγον, οὕτω καὶ ὁ Λόγος γινώσκει τὸν ἑαυτοῦ Πατέρα, οὗ καί ἐστι Λόγος. Καὶ ταῦτα λέγοντες, καὶ ἀναπτύσσοντες τὰς θείας γραφάς, πολλάκις ἀνετρέψαμεν αὐτούς. Καὶ πάλιν ὡς χαμαιλέοντες μετεβάλλοντο, φιλονεικοῦντες εἰς ἑαυτοὺς ἐφελκύσαι τὸ γεγραμμένον, ''Οτ' ἂν ἔλθῃ ὁ ἀσεβὴς εἰς βάθη κακῶν, καταφρονεῖ.' Πολλαὶ γοῦν αἱρέσεις πρὸ αὐτῶν γεγόνασιν, αἵτινες πλέον τοῦ δέοντος τολμήσασαι, πεπτώκασιν εἰς ἀφροσύνην· οὗτοι δὲ διὰ πάντων αὐτῶν τῶν ῥημάτων, ἐπιχειρήσαντες ταῖς ἀναιρέσεσι τῆς τοῦ Λόγου θεότητος, ἐδικαίωσαν ἐξ ἑαυτῶν ἐκείνας, ὡς ἐγγύτεροι τοῦ Ἀντιχρίστου γενόμενοι. Διὸ καὶ ἀπεκηρύχθησαν ἀπὸ τῆς ἐκκλησίας, καὶ ἀνεθεματίσθησαν. Λυπούμεθα μὲν οὖν ἐπὶ τῇ ἀπωλείᾳ τούτων, καὶ μάλιστα ὅτι μαθόντες ποτὲ καὶ αὐτοὶ τὰ τῆς ἐκκλησίας, νῦν ἀπεπήδησαν. Οὐ ξενιζόμεθα δέ· τοῦτο γὰρ καὶ

Πτυχές από την ιστορία της αδιαίρετης Εκκλησίας

Ὑμέναιος καὶ Φιλητὸς πεπόνθασι· καὶ πρὸ αὐτῶν Ἰούδας. ἀκολουθήσας τῷ Σωτῆρι, ὕστερον δὲ προδότης καὶ ἀποστάτης γενόμενος. Καὶ περὶ τούτων δὲ αὐτῶν, οὐκ ἀδίδακτοι μεμενήκαμεν· ἀλλ' ὁ μὲν Κύριος προείρηκε, 'Βλέπετε μή τις ὑμᾶς πλανήσῃ· πολλοὶ γὰρ ἐλεύσονται ἐπὶ τῷ ὀνόματί μου λέγοντες, Ἐγώ εἰμι, καὶ ὁ καιρὸς ἤγγικε· καὶ πολλοὺς πλανήσουσι· μὴ πορευθῆτε ὀπίσω αὐτῶν.' Ὁ δὲ Παῦλος μαθὼν ταῦτα παρὰ τοῦ Σωτῆρος, ἔγραψεν, 'Ὅτι ἐν ὑστέροις καιροῖς ἀποστήσονταί τινες τῆς πίστεως τῆς ὑγιαινούσης, προσέχοντες πνεύμασι πλάνοις, καὶ διδασκαλίαις δαιμονίων, ἀποστρεφομένων τὴν ἀλήθειαν.' Τοῦ τοίνυν Κυρίου καὶ Σωτῆρος ἡμῶν Ἰησοῦ Χριστοῦ, διά τε αὐτοῦ παραγγέλλοντος, καὶ διὰ τοῦ Ἀποστόλου σημαίνοντος περὶ τῶν τοιούτων, ἀκολούθως ἡμεῖς αὐτήκοοι τῆς ἀσεβείας αὐτῶν γενόμενοι, ἀνεθεματίσαμεν, καθὰ προείπομεν, τοὺς τοιούτους, ἀποδείξαντες αὐτοὺς ἀλλοτρίους τῆς καθολικῆς ἐκκλησίας τε καὶ πίστεως. Ἐδηλώσαμεν δὲ καὶ τῇ ὑμετέρᾳ θεοσεβείᾳ, ἀγαπητοὶ καὶ τιμιώτατοι συλλειτουργοί, ἵνα μήτε τινας ἐξ αὐτῶν, εἰ προπετεύσαιντο καὶ πρὸς ὑμᾶς ἐλθεῖν, μὴ προσδέξησθε, μήτε Εὐσεβίῳ, ἢ ἑτέρῳ τινὶ γράφοντι περὶ αὐτῶν πεισθῆτε. Πρέπει γὰρ ὑμᾶς ὡς Χριστιανοὺς ὄντας, πάντας τοὺς κατὰ Χριστοῦ λέγοντάς τε καὶ φρονοῦντας, ὡς Θεομάχους καὶ φθορέας τῶν ψυχῶν ἀποστρέφεσθαι, καὶ μηδὲ κἂν χαίρειν τοῖς τοιούτοις λέγειν, ἵνα μή ποτε καὶ ταῖς ἁμαρτίαις αὐτῶν κοινωνοὶ γενώμεθα, ὡς παρήγγειλεν ὁ μακάριος Ἰωάννης. Προσείπατε τοὺς παρ' ὑμῖν ἀδελφούς. Ὑμᾶς οἱ σὺν ἐμοὶ προσαγορεύουσι. Τοιαῦτα τοῖς ἁπανταχοῦ κατὰ πόλιν Ἀλεξάνδρου γράφοντος, χεῖρον ἐγένετο τὸ κακόν, εἰς φιλονεικίαν ἐξαπτομένων, οἷς τὰ γραφέντα ἐγνωρίζετο. Καὶ οἱ μὲν τοῖς γραφεῖσι σύμψηφοι γινόμενοι, καὶ προσυπέγραφον· οἱ δὲ τοὐναντίον ἐποίουν. Μάλιστα δὲ πρὸς ἀντιπάθειαν ἐκεκίνητο ὁ τῆς Νικομηδείας Εὐσέβιος, ὅτι αὐτοῦ κακῶς Ἀλέξανδρος ἐν τοῖς γραφεῖσι μνήμην πεποίητο. Ἴσχυε δὲ κατ' ἐκεῖνο τοῦ καιροῦ μάλιστα ὁ Εὐσέβιος, ὅτι κατὰ τὴν Νικομήδειαν ὁ βασιλεὺς τότε διέτριβε· καὶ γὰρ ἐκεῖ τὰ βασίλεια μικρὸν ἔμπροσθεν οἱ περὶ Διοκλητιανὸν ἐπεποίηντο. Διὰ τοῦτο οὖν πολλοὶ τῶν ἐπισκόπων τῷ Εὐσεβίῳ ὑπήκουον· κἀκεῖνος συνεχῶς ἐπέστελλεν, Ἀλεξάνδρῳ μέν, ἵνα καθυφεὶς τὸ κινούμενον ζήτημα, δέξηται τοὺς περὶ Ἄρειον· τοῖς δὲ κατὰ πόλιν, ὅπως ἂν μὴ γένοιντο σύμψηφοι Ἀλεξάνδρῳ. Ὅθεν τὰ πάντα ἦν ταραχῆς ἀνάμεστα· οὐ γὰρ μόνους ἦν ἰδεῖν τοὺς τῶν ἐκκλησιῶν προέδρους λόγοις διαπληκτιζομένους, ἀλλὰ καὶ πλήθη τεμνόμενα· τῶν μέν, ὡς τούτοις· τῶν δέ, θατέροις ἐπικλινομένων. Εἰς τοσοῦτον δὲ ἀτοπίας προέβη τὸ πρᾶγμα, ὥστε δημοσίᾳ καὶ ἐν αὐτοῖς θεάτροις τὸν Χριστιανισμὸν γελᾶσθαι. Οἱ μὲν οὖν περὶ αὐτὴν τὴν Ἀλεξάνδρειαν, νεανικῶς περὶ τῶν ἀνωτάτω δογμάτων διεπληκτίζοντο, διεπρεσβεύοντο δὲ πρὸς

319

τοὺς κατ' ἐπαρχίαν ἐπισκόπους· οἱ δὲ, εἰς θάτερον τεμνόμενοι μέρος, τῆς ἐκείνων ὁμοίας στάσεως ἐγίνοντο. Συνανεμίγνυντο δὲ τοῖς Ἀρειανίζουσι Μελιτιανοί, οἱ μικρὸν ἔμπροσθεν τῆς ἐκκλησίας χωρισθέντες, τίνες δέ εἰσιν οὗτοι, λεκτέον. Ὑπὸ Πέτρου τοῦ ἐπισκόπου Ἀλεξανδρείας, τοῦ ἐπὶ Διοκλητιανοῦ μαρτυρήσαντος, Μελίτιός τις μιᾶς τῶν ἐν Αἰγύπτῳ πόλεων ἐπίσκοπος καθηρέθη, δι' ἄλλας τε πολλὰς αἰτίας, καὶ μάλιστα ὅτι ἐν τῷ διωγμῷ, ἀρνησάμενος τὴν πίστιν, ἐπέθυσεν. Οὗτος καθαιρεθεὶς, πολλούς τε ἐσχηκὼς τοὺς ἑπομένους αὐτῷ, αἱρεσιάρχης κατέστη τῶν ἄχρι νῦν ἐξ αὐτοῦ κατὰ τὴν Αἴγυπτον Μελιτιανῶν καλουμένων. Ἀπολογίαν τε οὐδὲ μίαν εὔλογον ἔχων τοῦ κεχωρίσθαι τῆς ἐκκλησίας, ἠδικῆσθαι μὲν ἔλεγεν ἑαυτὸν ἁπλῶς· ἐκακηγόρει δὲ καὶ ἐλοιδόρει τὸν Πέτρον. Ἀλλὰ Πέτρος μὲν ἐν τῷ διωγμῷ μαρτυρήσας, ἐτελεύτησεν· ὁ δὲ μεταφέρει τὰς λοιδορίας ἐπὶ Ἀχιλλᾶν, ὃς μετὰ Πέτρον ἐπίσκοπος ἦν· καὶ αὖθις ἐπὶ τὸν μετὰ Ἀχιλλᾶν γεγενημένον Ἀλέξανδρον. Ἐν τούτοις δὴ καθεστώτων αὐτῶν, ἐπιγίνεται τὸ κατὰ Ἄρειον ζήτημα. Καὶ ὁ Μελίτιος ἅμα τοῖς αὐτοῦ, συνελαμβάνετο τῷ Ἀρείῳ, κατὰ τοῦ ἐπισκόπου συμφατριάζων αὐτῷ. Καὶ ὅσοις μὲν ἄτοπος ἦν ἡ Ἀρείου δόξα, ἀπεδέχοντο τοῦ Ἀλεξάνδρου τὴν ἐπὶ Ἀρείῳ κρίσιν, καὶ ὡς δικαία εἴη ἡ κατὰ τῶν οὕτω φρονούντων ψῆφος. Ἔγραφον δὲ καὶ οἱ περὶ τὸν Νικομηδέα Εὐσέβιον, καὶ ὅσοι τὴν Ἀρείου δόξαν ἠσμένιζον, ὥστε λύειν μὲν τὴν φθάσασαν ἀποκήρυξιν, ἐπανάγειν δὲ εἰς τὴν ἐκκλησίαν τοὺς ἀποκηρυχθέντας· μήτε γὰρ δοξάζειν κακῶς. Οὕτως ἐναντίων τῶν γραμμάτων πρὸς τὸν ἐπίσκοπον τὸν Ἀλεξανδρείας πεμπομένων, πεποίηνται τῶν ἐπιστολῶν τούτων συναγωγάς, Ἄρειος μὲν τῶν ὑπὲρ αὐτοῦ, Ἀλέξανδρος δὲ τῶν ἐναντίων· καὶ τοῦτο πρόφασις γέγονεν ἀπολογίας ταῖς νῦν ἐπιπολαζούσαις αἱρέσεσιν Ἀρειανῶν, Εὐνομιανῶν, καὶ ὅσοι τὴν ἐπωνυμίαν ἀπὸ Μακεδονίου ἔχουσιν· ἕκαστοι γὰρ μάρτυσι ταῖς ἐπιστολαῖς ἐχρήσαντο τῆς οἰκείας αἱρέσεως.

Πτυχές από την ιστορία της αδιαίρετης Εκκλησίας

Κεντρικό Διάγραμμα των Χαρακτηριστικών Ιστορικών Αναφορών

Το ακριβές έτος της γέννησης του Ιησού Χριστού δεν είναι σωστό. Ο συνδυασμός των πληροφοριών των Ευαγγελίων (η βασιλεία του Ηρώδη του Μεγάλου, σύμφωνα με το Ματθ. 2 καί Λουκ. 1,5 καί το έτος της ηγεμονίας του Καίσαρα Τιβέριου, σύμφωνα με το Λουκ. 3,1) συνηγορούν στο να τοποθετείται η γέννηση μεταξύ των ετών 4 π.Χ.-1 μ.Χ. Η συμβατική οριοθέτηση της «μετά την γέννηση του Χριστού» χρονολόγησης, όπως είναι αναμενόμενο, συντόνισε προς αυτήν και όλα τα εφεξής γεγονότα. Κατά συνέπεια κατά τα έτη:

28/29	Δραστηριοποιείται ο Ιωάννης ο Πρόδρομος και Βαπτιστής
29/30 (ή 33)	Δημόσια διδασκαλία του Ιησού Χριστού (μονοετής, σύμφωνα με τους Συνοπτικούς, τριετής σύμφωνα με τον Ευαγγελιστή Ιωάννη) 7 Απριλίου (14 του Νισσάν) του 30 (ή 33) Η Σταύρωση του Ιησού Χριστού - Ίδρυση της Εκκλησίας
33/35	Η μεταστροφή του Παύλου
35-48/49	Ο Απόστολος Παύλος στην Συρία και την Κιλικία
48/49	Αποστολική Σύνοδος, Ιεροσόλυμα
51-53	Ο Απόστολος Παύλος στην Μακεδονία (Φίλιπποι, Θεσσαλονίκη, Βέρροια), στην Αθήνα και στην Κόρινθο
53-57	Ο Απόστολος Παύλος στην Έφεσο
57	Ο Απόστολος Παύλος φυλακίζεται στα Ιεροσόλυμα
63/64	Ο Απόστολος Παύλος στην Ρώμη
64	Ο Απόστολος Πέτρος μαρτυρεί στην Ρώμη

1. Διωγμοί των χριστιανών (από ιουδαίους και ρωμαίους)

33	Ο λιθοβολισμός του πρωτομάρτυρα Στεφάνου από ιουδαίους
43/44	Διωγμός των χριστιανών στα Ιεροσόλυμα από ιουδαίους
61/62	Ο λιθοβολισμός του Ιακώβου του Αδελφοθέου στα Ιεροσόλυμα από ιουδαίους
64	Ο διωγμός του Νέρωνα με αφορμή την πυρπόληση της Ρώμης
95	Διωγμοί του Δομιτιανού στην Ρώμη και την Μικρά Ασία
98-210	Τοπικοί διωγμοί (Μικρά Ασία, Γαλλία)
110	στην Αντιόχεια
112	στην Βιθυνία
140	στην Αθήνα
155 (ή 166)	μαρτυρεί ο Πολύκαρπος Σμύρνης
165	μαρτυρεί ο Ιουστίνος
177	δωγμοί στην Γαλλία (Λυών και Βιέν)
202	εξ. διωγμοί στην Αλεξάνδρεια και την Β. Αφρική
250-311	Γενικοί διωγμοί:
250	Ο διωγμός του Δεκίου
257	Ο διωγμός του Βαλερίου
303-311	Ο διωγμός του Δεκίου
311	Το διάταγμα του Γαλερίου για την κατάπαυση του διωγμού
313	Το διάταγμα των Μεδιολάνων
324	Τίθεται το οριστικό τέλος των διωγμών με την ανάκληση των σχετικών διαταγμάτων
330	Εγκαίνια της *Νέας Ρώμης*, της Κωνσταντινούπολης
380	Ο Μ. Θεοδόσιος με διάταγμα ορίζει τον Χριστιανισμό ως επίσημη θρησκεία της αυτοκρατορίας

2. Διαμόρφωση του αρχέγονου Χριστιανισμού (Θεολογία, Αιρέσεις, Σύνοδοι, Σχίσματα)

95-150	*Αποστολικοί Πατέρες*
95	Διδαχή. Επιστολή Κλήμεντος Ρώμης
115	Επιστολές (7) του Ιγνατίου Αντιοχείας
140	Ποιμήν του Ερμά
155 (166)	Πολύκαρπος Σμύρνης. Προς Διόγνητον επιστολή.

138	Ο Μαρκίων στην Ρώμη
160	Μοντανός
140-170	*Απολογητές*
165	Ιουστίνος Μάρτυρας
172	Τατιανός
174	Αθηναγόρας
50-300	Εμφάνιση και εξάπλωση του Γνωστικισμού
250	Εμφάνιση σχίσματος μεταξύ Ρώμης και Καρχηδόνας λόγω των *πεπτωκότων*
190-300	Εμφάνιση και εξάπλωση των Μοναρχιανισμών
276	Θάνατος του Μάνη, θεμελιωτή του Μανιχαϊσμού.
300	Ο χριστιανισμός στην Αρμενία και στην Βρεττανία. Εμφάνιση του αναχωρητικού μοναχισμού (Μ. Αντώνιος) και λίγο αργότερα και του κοινοβιακού μοναχισμού (Παχώμιος)
306	Το Μελετιανό σχίσμα στην Αίγυπτο λόγω των *πεπτωκότων*
311	Το σχίσμα των Δονατιστών λόγω των *πεπτωκότων*
318-381	Αρειανική έριδα
318	Αφορισμός του Αρείου
325	Α' Οικουμενική Σύνοδος, Νίκαια
381	Β' ΟΙκουμενική Σύνοδος, Κωνσταντινούπολη
398	Ο Ιωάννης Χρυσόστομος εκλέγεται Αρχιεπίσκοπος Κωνσταντινουπόλεως
411-431	Πελαγιανική έριδα- Μονοθελητισμός (439-529 Ημιπελαγιανικές έριδες)
431	Γ' Οικουμενική Σύνοδος, Έφεσος
432	Ο άγιος Πατρίκιος εκχριστιανίζει την Ιρλανδία
428-451	Χριστολογικές έριδες
428-431	Νεστόριος
448-451	Ευτυχής
449	*Ληστρική Σύνοδος, Έφεσος*
451	Δ' Οικουμενική Σύνοδος, Χαλκηδόνα
476-681	Μονοφυσιτικές έριδες (4 φάσεις) α' φάση:
476	*Εγκύκλιον* του αυτοκράτορα Βασιλίσκου
482	*Ενωτικόν* του αυτοκράτορα Ζήνωνος

484-519	Ακακιανό σχίσμα μεταξύ Ανατολικής και Δυτικής Εκκλησίας β'φάση:
519-533	Θεοπασχητική έριδα γ' φάση:
544-553	Η έριδα των *Τριών Κεφαλαίων*
553	Ε' Οικουμενική Σύνοδος, Κωνσταντινούπολη δ' φάση:
622-638	Μονοενεργητική διαμάχη
638-681	Μονοθελητική διαμάχη
570-632	Μωάμεθ
589	Η Σύνοδος του Τολέδο προσθέτει στο Σύμβολο της Πίστεως το filioque
681	Στ' Οικουμενική Σύνοδος, Κωνσταντινούπολη (1η *εν Τρούλλῳ*)
727-843	Εικονομαχικές έριδες (2 περίοδοι)
727-787	α' περίοδος
754	Εικονομαχική σύνοδος, ανάκτορο της *Ιέρειας*.
787	Ζ' Οικουμενική Σύνοδος, Νίκαια. Απόφαση για αναστήλωση των εικόνων
813-843	β' περίοδος των εικονομαχικών ερίδων
843	Καθιερώνεται η *Κυριακή της Ορθοδοξίας* σε ανάμνηση της επαναφοράς των εικόνων στους ναούς
863	Οι *φωτιστές* των Σλάβων θεσσαλονικείς αδελφοί Κύριλλος και Μεθόδιος στην Μοραβία
864	Ο ηγεμόνας των Βουλγάρων Βόρης βαπτίζεται χριστιανός
867-876	Φωτιανό σχίσμα μεταξύ των εκκλησιών Κωνσταντινούπολης και Ρώμης
955	Βαπτίζεται χριστιανή η Μεγάλη Πριγκήπισσα του Κιέβου Όλγα και μισό αιώνα αργότερα και ο ηγεμόνας των Ρώσων Βλαδίμηρος
1054	*Μέγα σχίσμα* μεταξύ των εκκλησιών Κωνσταντινούπολης και Ρώμης

Διαγράμματα - Πίνακες

Πτυχές από την ιστορία της αδιαίρετης Εκκλησίας

Επισκοπικός Κατάλογος Κωνσταντινουπόλεως		Δημόφιλος	370 - 380
		Γρηγόριος Α' Ναζιανζηνός	379 - 381
		(Μάξιμος ο Κυνικός)	380
Επίσκοποι Βυζαντίου		Νεκτάριος	381 - 397
Στάχυς	39 - 55	Ιωάννης Α' ο Χρυσόστομος	398 - 404
Ονήσιμος	55 - 69	Αρσάκιος	404 - 405
Πολύκαρπος Α	69 - 72	Αττικός	406 - 425
Πλούταρχος	72 - 88	Σισίνιος Α'	426, 427
Σεδεκίων	88 - 97	Νεστόριος	428 - 431
Διογένης	97 -112	Μαξιμιανός	431 - 434
Ελευθέριος	112 - 119	Πρόκλος	434 - 446
Φήλιξ	119 - 121	Φλαβιανός	446 - 449
Πολύκαρπος Β'	124 - 136	Ανατόλιος	449 - 458
Αθηνόδωρος	136 - 140	Γεννάδιος Α'	458 - 471
Ευζώιος	140 - 146	Ακάκιος	471 - 489
Λαυρέντιος	146 - 158	Φραβίτας	489 - 490
Αλύπιος	158 - 171	Ευφήμιος	490 - 496
Περτίναξ	177 - 190	Μακεδόνιος Β'	496 - 511
Ολυμπιανός	190 - 201	Τιμόθεος Α'	511 - 518
Μάρκος	201 - 214	Ιωάννης Β'	518 - 520
Κυριλλιανός	214 - 230	Επιφάνιος	520 - 535
Καστίνος	230 - 237	Άνθιμος Α'	535 - 536
Τίτος	237 - 273	Μηνάς	536 -5 52
Δομέτιος	273 - 297	Ευτύχιος	552 - 565, 577 - 582
Πρόβος	297 - 307	Ιωάννης Γ' Σχολαστικός	565 - 577
Μητροφάνης	304 - 314	Ιωάννης Δ' Νηστευτής	582 - 595
		Κυριακός	595 - 606
Επίσκοποι Κωνσταντινουπόλεως		Θωμάς Α'	607 - 610
Αλέξανδρος	314 - 337	Σέργιος Α'	610 - 638
Παύλος Α'	337-339,341-342, 346-351	Πύρρος	638 - 641, 655
Ευσέβιος	339-341	Παύλος Β'	641 - 654
Μακεδόνιος	342 - 346, 351 - 360	Πέτρος	655 - 666
Ευδόξιος	360 - 370	Θωμάς Β'	667 - 669
Ευάγριος	370	Ιωάννης Ε'	669 - 675

Κωνσταντίνος Α'	675 - 677	Αλέξιος Στουδίτης	1025 - 1043
Θεόδωρος Α'	677 - 679, 686 - 687	Μιχαήλ Α' Κηρουλάριος	1043 - 1058.
Γεώργιος Α'	679 - 686		
Παύλος Γ'	688 - 694	Επισκοπικός Κατάλογος Ρώμης	
Καλλίνικος	694 - 706	Λίνος	64 - 76
Κύρος	706 - 712	Ανέγκλητος	76 - 88
Ιωάννης	712 - 715	Κλήμης Α'	88 – 97, 78 – 89
Γερμανός Α'	715 - 729	Ευάρεστος	97 -105
Αναστάσιος	729 - 752	Αλέξανδρος Α'	105 -115
Κωνσταντίνος Β'	753 - 765	Ξύστος (Σίξτος Α')	115 -125
Νικήτας Α'	765 - 780	Τελεσφόρος	125 -136
Παύλος Δ'	780 - 784	Υγίνος	136 -1140
Ταράσιος	784 - 806	Πίος Α'	140 -1555
Νικηφόρος Α'	806-815	Ανίκητος	155 -166
Θεόδοτος Α' Κασσιτεράς	815 - 821	Σωτήρ	166 -175
Αντώνιος Α'Κασσιματάς	821 - 832	Ελεύθερος	175 -189
Ιωάννης Ζ' Γραμματικός	32 - 843	Βίκτωρ Α'	189 -199
Μεθόδιος Α'	843 - 847	Ζεφυρίνος	199 -218
Ιγνάτιος Α'	847 - 858,867 - 877	Κάλλιστος Α'	218 -222
Φώτιος Α' ο Μέγας	858-867,877- 886	(αντίπαπας Ιππόλυτος 217 -235)	
Στέφανος Α'	886 -893	Ουρβανός Α'	222 -230
Αντώνιος Β' Καυλέας	893 - 901	Ποντιανός	230 -235
Νικόλαος Α' Μυστικός	901 - 907, 912 -925	Αντέρως	235 -236
Ευθύμιος	907 - 912	Φαβιανός	236 -250
Στέφανος Β'	925 - 928	Κορνήλιος	251 -253
Τρύφων	928 - 931	(αντίπαπας Ναβατιανός)	251
Θεοφύλακτος	931 - 956	Λούκιος Α'	253 -254
Πολύευκτος	956 - 970	Στέφανος Α'	254 -257
Βασίλειος Α' Σκαμανδρηνός	970 -974	Ξύστος (Σίξτος Β')	257 -258
Αντώνιος Γ' Στουδίτης	974 - 980	Διονύσιος	259 -268
Νικόλαος Β' Χρυσοβέργης	984 - 996	Φήλιξ Α'	269 -274
Σισίνιος Β'	996 - 998	Ευτυχιανός	275 -283
Σέργιος Β'	999 - 1019	Γάϊος	283 – 296
Ευστάθιος	1020 - 1025	Μαρκελλίνος	296 -304

Πτυχές από την ιστορία της αδιαίρετης Εκκλησίας

Κάρκελλος Α'	308 -309	Πελάγιος Α'	556 – 561
Ευσέβιος	309	Ιωάννης Γ'	561 – 574
Μιλτιάδης (Μελχιάδης)	311 - 314	Βενέδικτος Α'	575 – 579
Σίλβεστρος Α'	314 - 335	Πελάγιος Β'	579 – 590
Μάρκος	336	Γρηγόριος Α' ο Μέγας	590 – 604
Ιούλιος Α'	337 - 352	Σαβινιανός	604 – 606
Λιβέριος	352 - 366	Βονιφάτιος Γ'	607
(αντίπαπας Φήλιξ 355 - 366)		Βονιφάτιος Δ'	608 – 615
Δάμασος Α'	366 - 384	Ντεουσντέντιτ Α'	615 – 618
(αντίπαπας Ουρσίνος 384 - 399)		Βονιφάτιος Ε'	619 – 625
Αναστάσιος Α'	399 - 401	Ονώριος Α'	625 – 638
Ιννοκέντιος Α'	401 - 417	Σεβερίνος	640
Ζώσιμος	417 – 418	Ιωάννης Δ'	640 - 642
Βονιφάτιος Α'	418 - 422	Θεόδωρος Α'	642 – 649
(αντίπαπας Ευλάλιος 418 - 419)		Μαρτίνος Α'	649 – 655
Καιλεστίνος Α'	422 - 432	Ευγένιος Α'	655 – 657
Σίξτος Γ'	432 – 440	Βιταλιανός	657 – 672
Λέων Α' ο Μέγας	440 – 461	Ντεουσντέντιτ Β'	672 – 676
Ιλάριος	461 - 468	Δόνος	676 – 678
Σιμπλίκιος	468 – 483	Αγάθων	678 – 681
Φήλιξ Γ' (Β')	483 – 492	Λέων Β'	682 – 683
Γελάσιος Α'	492 – 496	Βενέδικτος Β'	684 -685
Αναστάσιος Β'	496 – 498	Ιωάννης Ε'	685 – 686
Σύμμαχος	498 - 514	Κώνων	686 – 687
(αντίπαπας Λαυρέντιος 498, 501 - 505)		Σέργιος Α'	687 – 701
Ορμίσδας	514 – 523	(αντίπαπας Πασχάλης 687)	
Ιωάννης Α'	523 – 526	Ιωάννης Στ'	701 – 705
Φήλιξ Δ' (Γ')	526 – 530	Ιωάννης Ζ'	705 – 707
Βονιφάτιος Β'	530 – 532	Σισίνιος	708
(αντίπαπας Διόσκουρος 530)		Κωνσταντίνος	708 – 715
Ιωάννης Β'	533 -535	Γρηγόριος Β'	715 -731
Αγαπητός Α'	35 – 536	Γρηγόριος Γ'	731 – 741
Σιλβέριος	36 – 537	Ζαχαρίας	741 – 752
Βιγίλιος	537 – 555	Στέφανος (Β')	752

329

Στέφανος Β' (Γ')	752 – 757	Στέφανος Ζ' (Η')	928 – 931
(αντίπαπας Κων/νος Β'	767 – 768)	Ιωάννης ΙΑ'	931 – 935
(αντίπαπας Φίλιππος 768)		Λέων Ζ'	936 – 939
Στέφανος Γ'(Δ')	768 – 772	Στέφανος Η' (Θ')	939 – 942
Αδριανός Α'	772 – 795	Μαρίνος ή Μαρτίνος Β'	942 – 946
Λέων Γ'	795 – 816	Αγαπητός Β'	946 – 955
Στέφανος Δ' (Ε')	816 – 817	Ιωάννης ΙΒ'	955 – 964
Πασχάλης Α'	817 – 824	Βενέδικτος ΙΕ'	964
Ευγένιος Β'	824 – 827	Ιωάννης ΙΓ'	965 – 972
Βαλεντίνος	827	Βενέδικτος Στ'	973 – 974
Γρηγόριος Δ'	827 – 844	(αντίπαπας Βονιφάτιος Ζ' 974, 984 -985)	
(αντίπαπας Ιωάννης 844)		Βενέδικτος Ζ'	974 – 983
Σέργιος Β'	844 – 847	Ιωάννης ΙΔ'	983 – 984
Λέων Δ'	847 – 855	Ιωάννης ΙΕ'	985 – 996
(αντίπαπας Αναστάσιος	855)	Γρηγόριος Ε'	996 – 999
Βενέδικτος Γ'	855 – 858	(αντίπαπας Ιωάννης ΙΣΤ' 997 – 998)	
Νικόλαος Α'	858 – 867	Σιλβέστρος Β'	999 – 1003
Αδριανός Β'	867 – 872	Ιωάννης ΙΖ'	1003
Ιωάννης Η'	872 -882	Ιωάννης ΙΗ'	1004 -1009
Μαρίνος ή Μαρτίνος Α'	882 – 884	Σέργιος Δ'	1009 – 1012
Αδριανός Γ'	884 – 885	Βενέδικτος Η'	1012 – 1024
Φορμόζος	891 – 896	(αντίπαπας Γρηγόριος 1012)	
Βονιφάτιος Στ'	896	Ιωάννης ΙΘ'	1024 – 1032
Στέφανος Στ' (Ζ')	896 – 897	Βενέδικτος Θ'	1032 -1045, 1047 – 1048
Ρωμανός	897	(αντίπαπας Σίλβεστρος Γ' 1045)	
Θεόδωρος Β'	898 – 900	Γρηγόριος Στ'	1045 - 1046
Βενέδικτος Δ'	900 – 903	Κλήμης Β'	1046 – 1047
Λέων Ε'	903	Δάμασος Β'	1048
(αντίπαπας Χριστόφορος 903 – 904)		Λέων Θ'	1049 – 1054
Σέργιος Γ'	904 – 911		
Αναστάσιος Γ'	904 – 911		
Λάνδων	913 – 914		
Ιωάννης Ι'	914 – 928		
Λέων Στ'	928		

Πτυχές από την ιστορία της αδιαίρετης Εκκλησίας

Κατάλογος Αυτοκρατόρων Κωνσταντινουπόλεως

Τιβέριος Β'	578 – 582
Μαυρίκιος	582 – 602
Φωκάς	602 – 610

Δυναστεία Κωνσταντίνου του Μεγάλου

Κωνσταντίνος Α'	324 – 337
Κωνστάντιος Β'	337 – 361
Κωνσταντίνος Β' (Γαλλία)	337 – 361
Κώνστας Α' (Ιταλία)	337 – 340
Μαγνέντιος (Δύση)	350 – 353
Ιουλιανός Β'	361 – 363
Ιοβιανός	363 - 364
Ουάλης (Ανατολή)	364 – 378
Βαλαντινιανός Α' (Δύση)	364 – 375
Γρατιανός (συναυτοκρ.)	367 – 383
Βαλεντινιανός Β'	375 – 392

Δυναστεία Ηρακλείου

Ηράκλειος	610 – 641
Κωνσταντίνος Γ'	641
Ηρακλεωνάς	641
Κώνστας Β'	641 – 668
Κωνσταντίνος Δ' ο Πωγωνάτος	668 – 685
Ιουστινιανός Β' ο Ρινότμητος	685 – 695
Λεόντιος	695 – 698
Τιβέριος Γ'	698 – 705
Ιουστινιανός Β' (2η φορά)	705 – 711
Φιλιππικός	711 – 713
Αναστάσιος Β'	713 – 715
Θεοδόσιος Γ'	715 -717

Δυναστεία Θεοδοσίου του Μεγάλου

Θεοδόσιος Α' ο Μέγας	379 – 395
Αρκάδιος	395 – 408
Θεοδόσιος Β' ο Μικρός	408 – 450
Μαρκιανός	450 – 457

Δυναστεία Ισαύρων

Λέων Γ' ο Ίσαυρος	717 – 741
Κωνσταντίνος Ε'	741 – 775
Λέων Δ' ο Χάζαρος	775 – 780
Κωνσταντίνος ΣΤ'	780 – 802
Ειρήνη η Αθηναία	797 – 802
Νικηφόρος Α'	802 – 811
Σταυράκιος	811
Μιχαήλ Α' Ραγκαβές	811 – 813
Λέων Ε' ο Αρμένιος	813 – 820

Δυναστεία Λέοντος Α'

Λέων Α'	457 – 474
Λέων Β'	474
Ζήνων	474 – 475
(Βασιλίσκος	475 – 476)
Ζήνων (2η φορά)	476 – 491
Αναστάσιος Α'	491 – 518

Δυναστεία Αμορίου

Μιχαήλ Β' ο Τραυλός	820 – 829
Θεόφιλος	829 – 842
Μιχαήλ Γ'	842 – 867

Δυναστεία Ιουστίνου Α'

Ιουστίνος Α'	518 – 527
Ιουστινιανός Α' ο Μέγας	527 – 565
Ιουστίνος Β'	565 – 576

Μακεδονική δυναστεία

Βασίλειος Α' ο Μακεδών	867 - 886
Λέων ο Στ' ο Σοφός	886 – 912
Αλέξανδρος	912 – 913
Κωνσταντίνος Ζ' ο Πορφυρογέννητος	913 – 959
Ρωμανός Α' Λεκαπηνός, συναυτοκράτορας,	919 – 944
Ρωμανός Β'	959 – 963
Νικηφόρος Β' ο Φωκάς	963 – 969
Ιωάννης Α' ο Τσιμισκής	969 – 976
Βασίλειος Β' ο Βουλγαροκτόνος	976 – 1025
Κωνσταντίνος Η'	1025 – 1028
Ζωή, συμβασίλισσα	1028 -1050
Ρωμανός Γ' ο Αργυρός	1028 – 1034
Μιχαήλ Δ' ο Παφλαγών	1034 – 1041
Μιχαήλ Ε' ο Καλαφάτης	1041 – 1042
Κωνσταντίνος Θ' ο Μονομάχος	1042 – 1055
Θεοδώρα	1055 – 1056
Μιχαήλ Στ' ο Στρατιωτικός	1056 – 1057.

www.ingramcontent.com/pod-product-compliance
Lightning Source LLC
Chambersburg PA
CBHW080758300426
44114CB00020B/2751